LA GESTIÓN FINANCIERA

© Ediciones Deusto, S.A.
Alda. Recalde, 27. 48009 Bilbao

La gestión financiera

ISBN: 84-234-1502-3
ISBN: 84-234-1500-7
Depósito Legal: B-2.616-1997
Impreso en España - Printed in Spain

Imprime: Cayfosa, Santa Perpètua de Mogoda (Barcelona)
Distribuye: Marco Ibérica Distribución de Ediciones, S.A.
Carretera de Irún, km 13,350,
variante de Fuencarral.
28034 Madrid

Índice

A mis alumnos 15

CAPÍTULO 1. *El subsistema financiero de la empresa* 17

1. La razón histórica de la empresa 17

   1.1. El ciclo del capital 17
   1.2. Teoría de la empresa 18

2. Los objetivos de la empresa... 24

   2.1. Pluralidad de objetivos.. 24
   2.2. Maximización del beneficio... 24
   2.3. Maximización del valor de las acciones... 25
   2.4. Otros objetivos 26

3. Los instrumentos de análisis financiero de la empresa 27

   3.1. Las cotizaciones en la Bolsa 27
   3.2. El balance de situación... 28
   3.3. La cuenta de pérdidas y ganancias.. 32

CAPÍTULO 2. *Teoría y cálculo del interés* 37

1. El concepto de interés 37

   1.1. Definición.. 37
   1.2. Justificación 37
   1.3. Determinación del tipo de interés 40

2. Clases de interés.. 42

   2.1. Interés nominal anual... 42
   2.2. Interés nominal subanual equivalente 42
   2.3. Interés efectivo anual... 46
   2.4. Interés plurianual promedio 46
   2.5. Interés real 48

3. Valor futuro de una cantidad actual 49
   3.1. Concepto 49
   3.2. Fórmula 50
4. Valor actual de una cantidad futura 52
   4.1. Concepto 52
   4.2. Fórmula 52
5. Valor futuro de una anualidad constante 54
   5.1. Concepto 54
   5.2. Fórmula 55
6. Valor actual de una anualidad constante 58
   6.1. Concepto 58
   6.2. Fórmula 59

CAPÍTULO 3. *El mercado de capitales* 63

1. Conceptos generales 63
   1.1. Definición de mercado financiero 63
   1.2. Objetivo del mercado financiero 63
   1.3. Funciones del mercado financiero 64
   1.4. Clases de mercado financiero 64
   1.5. Agentes del mercado financiero 66
2. La Bolsa 67
   2.1. Concepto 67
   2.2. Organización 67
   2.3. Funciones económicas 68
3. Valor de los títulos 71
   3.1. Valor nominal 71
   3.2. Valor de emisión 71
   3.3. Valor de mercado 72
   3.4. Valor de adquisición 72
   3.5. Valor teórico bursátil 72
   3.6. Valor contable 73
   3.7. Valor intrínseco 73
4. Los índices de la Bolsa 73
   4.1. Definición 73
   4.2. Clases de índices 74
   4.3. Cálculo del índice normal 75
   4.4. Cálculo del índice total 76
   4.5. Deflactación del índice 89
   4.6. Índices de Bolsas extranjeras 90
5. Evolución de las cotizaciones en la Bolsa de Madrid 91

CAPÍTULO 4. *Rentabilidad y riesgo de las inversiones financieras* 96

1. La tasa de rentabilidad en general 96
   1.1. Como factor de actualización de flujos al momento inicial 96
   1.2. Como factor de capitalización de flujos futuros al momento final 97

2. La tasa de rentabilidad obtenida (r'') 98

2.1. La rentabilidad obtenida de un título aislado 98
2.2. La rentabilidad obtenida de una cartera 100

3. La tasa de rentabilidad esperada ($\hat{r}$) 103

3.1. La rentabilidad esperada de un título aislado 104
3.2. La rentabilidad esperada de una cartera 110

4. La tasa de rentabilidad exigida (r') 110

4.1. La rentabilidad exigida de un título aislado 110
4.2. La rentabilidad exigida de una cartera 113

CAPÍTULO 5. *Valoración de acciones y obligaciones* 130

1. Introducción 130

1.1. Valor y precio de los títulos negociables 130
1.2. Los determinantes del precio de los títulos-valores 132

2. Valor de los títulos de renta fija 133

2.1. Clases de títulos 133
2.2. Componentes de los flujos futuros 136
2.3. Fórmula para el cálculo 137

3. Valor de los títulos de renta variable 141

3.1. Clases de títulos 141
3.2. Componentes de los flujos futuros 141
3.3. Fórmula para el cálculo 142

4. Otros métodos de valoración 145

4.1. El ratio PER 145
4.2. La medida de la aversión al riesgo 147

CAPÍTULO 6. *El coste del capital* 149

1. Introducción 149

1.1. Las fuentes de financiación de la empresa 149
1.2. La retribución a los aportantes de recursos 149
1.3. El equilibrio del mercado financiero 151
1.4. Utilización del concepto de coste de capital 151
1.5. La indeterminación del coste de capital 152

2. El coste del capital de los recursos financieros en general 152

2.1. Definición 152
2.2. Fórmula 152

3. El coste de capital de los recursos ajenos 153

3.1. Definición 153
3.2. Fórmula 154
3.3. Ejemplo 155

4. El coste de las aportaciones de capital 158

4.1. Definición 158
4.2. Fórmula 160
4.3. Ejemplo 162

5. Coste de la autofinanciación 162

5.1. Definición 162
5.2. Fórmula 163

6. El coste medio ponderado del capital 165

CAPÍTULO 7. *La política de dividendos* 167

1. Introducción terminológica 167

1.1. Los conceptos 167
1.2. Las variables 169

2. La política de distribución de dividendos 170

2.1. Enfoque de la cuestión 170
2.2. La política activa 172
2.3. La política residual 173
2.4. Conclusión 176

3. La política de dividendos determina la cotización de las acciones: Gordon-Lintner 176

3.1. Los estudios empíricos 176
3.2. Los análisis teóricos 180
3.3. Desarrollos posteriores 185

4. La política de dividendos es irrelevante para la cotización de las acciones: Modigliani-Miller 186

4.1. Antecedentes 186
4.2. Las hipótesis de la tesis de Modigliani y Miller 186
4.3. Definición de la tesis 187
4.4. Ejemplo demostrativo de la tesis 188
4.5. Demostración matemática de la tesis 191
4.6. El coste de capital en la tesis de Modigliani y Miller y de Gordon 193

5. El reparto de dividendos disminuye el valor de las acciones: Litzenberger-Ramiswamy 195

5.1. Definición de la tesis 195
5.2. Demostración de la tesis 196
5.3. Discusión de la tesis 198

6. Aspectos colaterales que influyen en la política de dividendos 199

6.1. Restricciones legales del pago de dividendos 199
6.2. La autofinanciación 201
6.3. Disponibilidad de fuentes externas de financiación 201
6.4. Mantenimiento del control de la empresa 202

CAPÍTULO 8. *Evaluación de inversiones en horizonte cierto* 203

1. Introducción 203

1.1. Razonamiento estático y dinámico 203
1.2. Clasificación de los modelos 204

2. Valor actual neto (VAN) 205

2.1. Definición 205
2.2. Fórmulas 206
2.3. Ejemplo 210
2.4. Fundamentación teórica 212
2.5. Valoración 213

3. Tasa interna de rentabilidad (TIR) 213

3.1. Definición 213
3.2. Fórmula 213
3.3. Ejemplo 215
3.4. Fundamentación teórica 216
3.5. Valoración 216

4. Período de recuperación 218

4.1. Definición 218
4.2. Fórmulas 218
4.3. Ejemplo 219
4.4. Fundamentación teórica 220
4.5. Valoración 221

CAPÍTULO 9. *Análisis crítico del modelo VAN y TIR* 222

1. Reducciones simplificadoras de los modelos de selección de inversiones 222
2. Flujos y saldos de un proyecto de inversión 224

2.1. Los flujos del proyecto: actualización y capitalización 224
2.2. Los saldos del proyecto: capitalización 225

3. La función del valor actual neto (VAN) 227

3.1. La forma típica de la función 227
3.2. La forma atípica de la función 228

4. Explicación de la anomalía de la función atípica 229

4.1. La explicación matemática 229
4.2. La explicación financiera 232

5. Resolución del algoritmo 237

5.1. La tasa interna de rentabilidad de un proyecto mixto será la que iguale a cero el saldo final del proyecto 237
5.2. Proceso lógico de resolución 239
5.3. Proceso mecanizado de resolución con Quattro Pro 239
5.4. Representaciones gráficas 242

6. Conclusiones sobre los proyectos mixtos 243

6.1. Capitalización de flujos o de saldos 243
6.2. En la hipótesis de reinversión de los flujos, los proyectos puros tienen infinitas tasas internas de rentabilidad 245
6.3. Los proyectos mixtos pueden tener una sola solución para la función VAN 246

7. La intersección de dos funciones VAN 248

7.1. La anomalía matemática 248
7.2. Ejemplo 250
7.3. Explicación financiera de la anomalía matemática 250

CAPÍTULO 10. *Modelos de selección de inversiones en situación de riesgo* 252

1. Análisis probabilista de una inversión arriesgada (Hillier) 252

1.1. Introducción 252
1.2. Valor esperado del VAN 253

1.3. Desviación típica del VAN 253
1.4. Ejemplo numérico 257
1.5. Crítica del modelo de Hillier 263

2. La incertidumbre de la demanda y el volumen de la inversión (Adelson) 264

2.1. Campo de aplicación del modelo 264
2.2. Modo de operar 264
2.3. Ejemplo numérico 265

CAPÍTULO 11. *La amortización* 268

1. Definición de amortización 268

1.1. Concepto de amortización 268
1.2. Aspectos de la amortización 268

2. Métodos de amortización 269

2.1. Amortización decreciente: porcentaje fijo sobre la cantidad no amortizada 270
2.2. Amortización decreciente: proporcional a la serie de números naturales 272
2.3. Amortización lineal 273
2.4. Amortización creciente: proporcional a la serie de números naturales 273
2.5. Amortización constante sobre el valor de reposición 274
2.6. Amortización proporcional 275

3. Análisis financiero de la amortización 276
4. La amortización como origen de fondos 278

4.1. Condición previa 278
4.2. Efecto financiero de la amortización 278
4.3. Empleo de los fondos de amortización 279
4.4. Explicación del efecto de expansión 279

CAPÍTULO 12. *Las existencias* 283

1. Introducción 283

1.1. Definición 283
1.2. Clasificación 284
1.3. Razón de ser de las existencias 284
1.4. Problemas planteados 285

2. El volumen óptimo de pedido 285

2.1. Variables a utilizar en el modelo 285
2.2. Planteamiento del problema 286
2.3. La función de coste total de inventario 287
2.4. Solución algebraica del mínimo de la función 289
2.5. Ejemplo numérico 289
2.6. Compra a precios diferenciales 292

3. Volumen óptimo de un lote de producción 293

3.1. Planteamiento 293
3.2. Solución algebraica 295
3.3. Ejemplo numérico 296

4. Stock de seguridad 298

4.1. Justificación del planteamiento 298
4.2. Causas del riesgo de la ruptura de stock 298

4.3. Planteamiento en términos de probabilidad 300
4.4. La función del coste de posesión 305
4.5. La función del coste de ruptura de stock 306
4.6. La función de coste combinado 309

CAPÍTULO 13. *Los clientes y proveedores* 312

1. Las cuentas a cobrar 312
2. Problemática de las cuentas a cobrar 312
3. El coste financiero de las cuentas de clientes 313

3.1. Financiadas por los proveedores 313
3.2. Financiadas por entidades de crédito 318
3.3. Financiadas por los propios clientes 322
3.4. Evaluación del coste financiero de las cuentas de clientes 322

4. Análisis del crédito a clientes 323

4.1. Información sobre los clientes 323
4.2. Criterios de clasificación 324
4.3. Clasificación de los clientes 325

5. Control de las cuentas de clientes 326

5.1. Previsión de cobro a clientes 326
5.2. Los ratios de las cuentas de clientes 328

6. Transferencia del riesgo 328

CAPÍTULO 14. *El fondo de maniobra* 330

1. El ciclo financiero 330
2. Período de maduración 332

2.1. Definición 332
2.2. Desagregación en períodos elementales 332
2.3. Cálculo del período de maduración 333
2.4. Ejemplo numérico 335

3. El fondo de rotación 336

3.1. Nomenclatura 336
3.2. Definición 336
3.3. Importancia del fondo de rotación 337

4. Equilibrio financiero del fondo de rotación 337

4.1. Las zonas de riesgo del activo circulante 337
4.2. Distintas posiciones del fondo de rotación 338
4.3. Repercusiones de la distribución de beneficios en el fondo de rotación 339

5. Planificación del fondo de rotación 339

5.1. Comparación interempresas 340
5.2. Función de las ventas 343
5.3. Función de las masas financieras 348
5.4. Función del riesgo 352

CAPÍTULO 15. *Análisis del balance mediante ratios financieros* 355

1. Concepto de ratio y su utilización 355

1.1. Definición de ratio 355
1.2. Utilidad de los ratios 355
1.3. Reglas a tener en cuenta en la elaboración de los ratios 356

2. Clasificación de los ratios 357

2.1. Ratios técnicos 357
2.2. Ratios económicos 358
2.3. Ratios financieros 358

3. Ratios financieros 359

3.1. Ratios de rentabilidad 361
3.2. Ratios de rendimiento 361
3.3. Ratios de circulación 362
3.4. Ratios de período de maduración 363
3.5. Ratios de estructura 364
3.6. Ratios de solvencia 365
3.7. Ratios de cobertura 366

4. Pirámide de ratios 367

4.1. Justificación 367
4.2. La pirámide de Dupont 368

5. Análisis de tendencias 368

5.1. Análisis cronológico 368
5.2. Análisis de regresión 369

6. Valoración de una empresa por ratios 369

6.1. Procedimiento 369
6.2. Ejemplo numérico 370

CAPÍTULO 16. *Umbral de rentabilidad* 371

1. Análisis conceptual del gasto 371

1.1. Definiciones 371
1.2. Clasificación de los costes 371

2. El umbral de rentabilidad 376

2.1. Las funciones del modelo 376
2.2. Las variables del modelo 380
2.3. El modelo monoproducto 381
2.4. El modelo pluriproducto 388

CAPÍTULO 17. *El apalancamiento* 392

1. El apalancamiento operativo 392
2. El grado de apalancamiento operativo 395

2.1. Concepto y fórmula del grado de apalancamiento operativo 395
2.2. La función del grado de apalancamiento operativo 396

3. El apalancamiento financiero 398

4. El grado de apalancamiento financiero 401

4.1. Concepto y fórmula del grado de apalancamiento financiero 401
4.2. La función del grado de apalancamiento financiero 401

5. El grado de apalancamiento combinado 402
6. Ejemplo numérico 403

6.1. Planteamiento del problema de expansión 403
6.2. Cuantificación probabilística de las previsiones 404
6.3. Comentario y conclusiones 406

A mis alumnos

Este libro es el resultado de las explicaciones sobre gestión financiera, durante varios años, en la Facultad de Ciencias Empresariales, ETEA, de Córdoba. Lo he escrito con la intención de hacer comprensible los mecanismos financieros de la empresa en el marco del sistema capitalista.

Está lleno de fórmulas algebraicas y de curvas analíticas por dos razones: primero porque la teoría financiera es sumamente lógica. A partir de unos principios básicos, se deducen lógica y matemáticamente las conclusiones. En segundo lugar porque, como decía Alfred Marshall, el lenguaje matemático es un medio de expresión muy útil para fijar con exactitud y precisión los conceptos y las relaciones entre los conceptos.

Para la comprensión de este libro os doy tres consejos, que considero esenciales.

Primero: para la comprensión del libro procurad pasar más allá de las cifras y de las fórmulas. Éstas no son más que un lenguaje para expresar ideas. Si en cada fórmula o en cada curva no descubrís la idea subyacente, os habréis quedado en la mera superficie. *Los números son planos, las ideas profundas.*

Segundo: nunca penséis que la realidad del mercado de capitales, y de la gestión financiera de las empresas reproducen con exactitud los principios lógicos de la teoría financiera. En el mundo de las finanzas actúan numerosas variables, como la especulación, la ambición por el poder, y los intereses políticos, que no están recogidos en los modelos algebraicos de los textos de teoría financiera. *La teoría financiera comprende y analiza la realidad, pero no la representa con exactitud.*

Tercero: haced un esfuerzo por comprender la lógica coherente del sistema capitalista. Todos los principios y axiomas del sistema capitalista son válidos en cuanto forman parte del sistema. No son válidos absolutamente. El sistema capitalista ocupa una etapa de la historia del mundo. Los hombres pudieron vivir antes de que el sistema capitalista viera la luz, y seguirán viviendo, cuando el sistema capitalista se agote, y dé paso a otra cultura. *En la teoría financiera nada es verdad ni es mentira, es simplemente coherente.*

Capítulo 1

El subsistema financiero de la empresa

1. **La razón histórica de la empresa**

1.1. El ciclo del capital

En las ciencias de la naturaleza se habla del ciclo del nitrógeno o del ciclo del agua. El agua pasa por diversos estados y transformaciones: cae sobre la tierra en forma de lluvia o nieve, discurre por la superficie y penetra en el subsuelo, es extraída o meramente elevada para diversos usos domésticos, industriales y agrícolas mezclándose con otros residuos sólidos, es evacuada a través de las corrientes fluviales hacia el mar, allí finalmente se evapora retornando a la atmósfera en forma gaseosa, de donde volverá a caer sobre la tierra en forma líquida o sólida. Este ciclo del agua que comprende las diversas transformaciones y estados del elemento, es el que hace posible el desarrollo de la vida vegetal, animal y humana en la biosfera.

De forma más o menos análoga hemos de hablar de un ciclo del capital. Éste, a través de diversas transformaciones y estados diferenciados, hace posible el desarrollo de la actividad económica: la producción y consumo de bienes y servicios. El ciclo del capital viene representado en la figura 1.

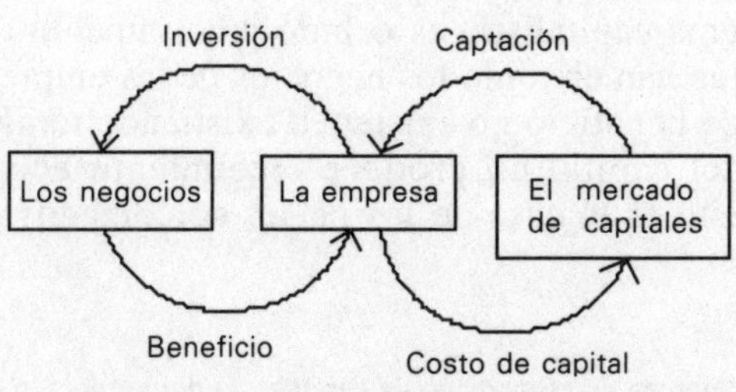

Figura 1. **El ciclo del capital**

El capital procede del ahorro de las familias, de las empresas y del Estado. Hay familias que tienen ingresos superiores a lo que necesitan para vivir: gracias a ello pueden acumular un excedente de ahorro en metálico. Hay empresas que tienen ingresos ordinarios superiores a sus gastos ordinarios: ello genera un beneficio y produce un excedente de tesorería. El propio Estado puede tener, al menos durante períodos parciales del ejercicio fiscal, un superávit de la recaudación fiscal sobre el gasto público: ello genera un excedente de liquidez en el Tesoro Público. Estos tres agentes económicos, las familias, las empresas y el Estado, actúan en el mercado de capitales como oferentes de dinero. Las empresas y el Estado acuden al mercado de capitales como demandantes de dinero, *captando* los ahorros ofertados ya sea en forma de capital (acciones), ya sea en forma de préstamos o de empréstitos (obligaciones u otros títulos de deuda pública)[1].

Las empresas, que captan recursos financieros en el mercado de capitales, los *invierten* en sus respectivos negocios. Supuestamente, tales negocios proporcionan unos ingresos superiores a los gastos que ocasionan: ello reporta un *beneficio* a las empresas.

Por último las empresas remuneran a los ahorradores-inversores (familias, otras empresas, Estado) con parte o con la totalidad de esos beneficios: dividendos (en el caso de las aportaciones de capital), intereses y devolución del principal (en el caso de préstamos y empréstitos). El importe de esta remuneración constituye el *coste del capital.*

Este proceso de captación del ahorro en el mercado de capitales, inversión en los negocios de las empresas, beneficio obtenido en dichos negocios, y finalmente remuneración a los agentes ahorradores, constituye el ciclo del capital. En dicho ciclo las empresas juegan un papel sustancial. Juegan en el sistema económico de la sociedad un papel análogo al que juega el corazón en el flujo sanguíneo. El corazón toma la sangre del tejido venoso, la impulsa a los pulmones para su oxigenación, la recupera una vez oxigenada, y la remite de nuevo hacia el tejido arterial. Juega así un doble papel: activación del movimiento circulatorio, y reoxigenación de la sangre enviándola a los pulmones. De forma equivalente, las empresas activan la circulación del dinero entre los agentes económicos, y lo multiplican invirtiéndolo en sus negocios.

En este ciclo financiero hay dos aspectos sustanciales:

a) La existencia del ahorro: el ciclo del capital existe en la medida en que haya agentes económicos que no consumen todos sus ingresos, sino que acumulan ahorros que pueden ceder a las empresas. En aquellas sociedades donde las familias viven en régimen de mera subsistencia, donde dada la escasez de los ingresos el ahorro es inexistente, donde no hay empresas que puedan ceder a otras empresas los beneficios sobrantes, donde el Estado tiene ingresos fiscales insuficientes para sufragar los gastos públicos, el ahorro no tiene lugar, y en consecuencia no puede existir el ciclo del capital. Esta es la situación de los países del Tercer Mundo.

b) La multiplicación del dinero: este es el rol que juegan los negocios de las empresas en el sistema, y ello es lo que permite el crecimiento económico. El ingente desarrollo experimentado por los países occidentales del hemisferio Norte en los 250 años de sistema capitalista, es debido precisamente a la potencia multiplicadora del dinero que han ejercido los negocios de las empresas. Donde tales empresas generadoras de beneficio no existen, o existiendo remiten sus beneficios al exterior, el ciclo del capital no produce crecimiento económico; se produce un estancamiento. Este es el caso de los países colonizados por las potencias industriales.

---

[1] Las empresas y el Estado ejercen en el mercado de capitales la doble función de oferentes y demandantes de dinero.

1.2. TEORÍA DE LA EMPRESA

La empresa se encuentra, pues, situada entre dos universos: el universo del mercado de capitales donde capta los recursos financieros; y el universo de los negocios donde invierte los recursos previamente obtenidos[2]. Según que atendamos preferentemente a uno u otro de estos dos universos que constituyen el entorno de la empresa, se configuran dos teorías de la empresa. En el fondo ambas son convergentes, pero responden a dos concepciones del sistema económico diferentes.

1.2.1. *La reproducción de bienes y servicios*

Hemos afirmado la necesidad de que la empresa genere beneficios para que el ciclo del capital ejerza su función multiplicadora. Según los principios de contabilidad generalmente aceptados, cuya finalidad es que la contabilidad pueda ofrecer la imagen fiel del patrimonio, de la situación financiera y de *los resultados* de la empresa, el beneficio de la empresa se representa en el saldo de la cuenta de pérdidas y ganancias. Pero en realidad, este saldo no es el beneficio propiamente dicho, sino la medida monetaria del beneficio. Los factores de producción consumidos, y el producto obtenido, son magnitudes heterogéneas, que no pueden sumarse o restarse. Lo que se suma y resta son los valores monetarios asignados a dichos factores y productos. El beneficio contable es meramente la medida monetaria del excedente entre el valor monetario asignado al producto y el valor monetario asignado a los factores de producción. No es el excedente entre los factores mismos y el producto mismo; ni puede serlo, porque se trata de magnitudes que no pueden sumarse y restarse entre sí.

El beneficio también se mide por la diferencia entre activo y pasivo. Se plantea el mismo problema del *velo monetario* encubriendo la realidad, puesto que la diferencia activo menos pasivo es una diferencia resultante de los valores monetarios asignados a los elementos del activo y del pasivo. No es la diferencia entre los elementos del activo y del pasivo en sí mismos, cuya heterogeneidad hace imposible la suma y la resta entre ellos. Con objeto de desvelar la realidad que se oculta tras este velo monetario hemos de hacer algunas consideraciones.

Llamamos activo de una comunidad, al conjunto de bienes económicos que esa comunidad tiene a su disposición en un momento dado. Supongamos que en un determinado instante, una comunidad (una familia, una ciudad, un país, la humanidad entera) pudiera hacer inventario de todas aquellas mercancías y equipos duraderos disponibles para la satisfacción de las necesidades de sus miembros: los alimentos almacenados en las despensas de las casas particulares, las mercaderías almacenadas en las tiendas, las máquinas, los edificios, las carreteras, los puertos, las líneas eléctricas, etc. Además del inventario de estas mercaderías y equipos duraderos pudiera hacer también el inventario de los servicios disponibles: organizaciones de transporte, de servicios hospitalarios, de servicios comerciales, financieros, deportivos, culturales, etc. Todo este conjunto de bienes y servicios disponibles constituye el activo de una comunidad en un momento dado: por ejemplo, en el momento inicial de un ejercicio económico o, de forma más general, en el momento T_0.

A partir de este momento inicial, y hasta llegar al momento final del ejercicio considerado, llamémosle T_n, la comunidad consume una determinada cantidad de estos bienes y servicios usándolos para su subsistencia. Al llegar al momento T_n, si no hay reposición de los bienes consumidos, el activo de la comunidad habrá disminuido. Si el proceso de

---

2 Terry S. MANESS, *Introduction to corporate finance*, Ed. McGraw-Hill Book Company, 1988, p. 10.

consumo sin reposición, continuase indefinidamente, el activo de la comunidad tendería a desaparecer completamente, la comunidad se iría empobreciendo y, finalmente, llegaría a carecer de cualquier recurso para la satisfacción de las necesidades de sus miembros. Tendría lugar un fallecimiento generalizado por inanición.

Con objeto de que este empobrecimiento de la sociedad no tenga lugar, la comunidad realiza actividades productivas, mediante las cuales se va reponiendo el stock de bienes y servicios que sustituyen a los consumidos. Además la actividad productiva consume bienes y servicios que son utilizados para la fabricación de otros nuevos bienes y servicios. Este consumo contribuye también a disminuir el stock inicial existente en el momento T_0.

Existen, por tanto, dos corrientes de consumo del activo inicial de la comunidad: una corriente que deriva hacia el consumo familiar, y otra que deriva hacia la actividad productiva de las empresas. La actividad productiva ha de reponer la cantidad de bienes y servicios utilizada por ella misma, y la que ha sido utilizada para el consumo de las familias. Es la única forma de que el activo de la comunidad en el momento T_n no haya disminuido respecto del momento T_0.

Cumpliéndose estrictamente esta condición, todavía la comunidad permanecería estacionaria, sin desarrollo económico: en el momento T_n tendría la misma cantidad de mercancías y servicios disponibles que en el momento T_0. Si se pretende un progreso económico, es preciso que al final del ejercicio, momento T_n, la cantidad de mercancías y servicios disponibles sea mayor que al comienzo de él, momento T_0. Para ello es preciso que el output de la actividad productiva no solamente compense el consumo de las familias y el gasto de factores de producción de las empresas, sino que añada un incremento adicional. Este incremento es el que permite el aumento del bienestar de la comunidad.

En la figura 2 representamos esta corriente de bienes que se establece entre el activo inicial y el activo final de una comunidad.

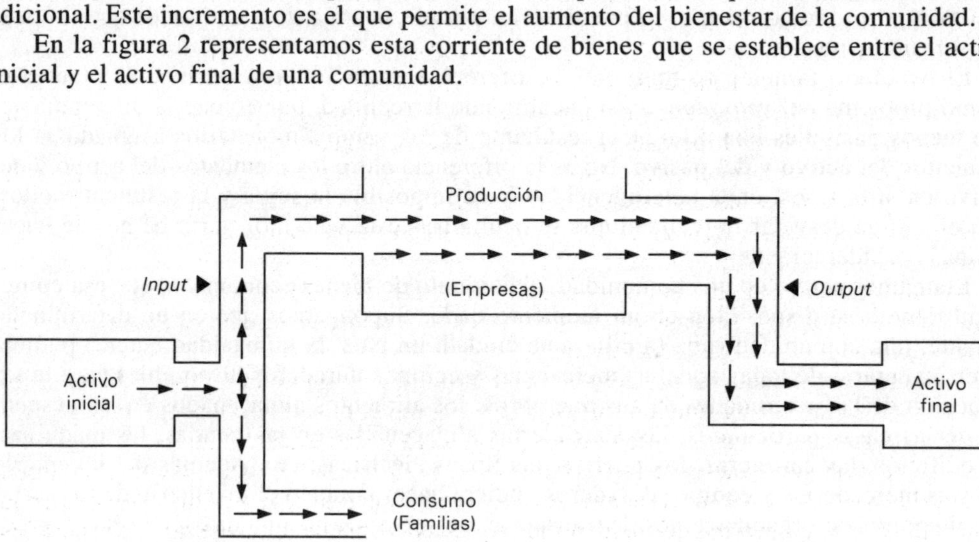

FIGURA 2

Si hemos llegado a la conclusión de que, para el conjunto de empresas de una comunidad, el output ha de ser superior al input, es evidente que ello mismo ha de ser cierto para cada una de las empresas en particular. Una empresa individualmente considerada consume factores de producción, y obtiene un producto. El valor de este producto, según lo que llevamos dicho, ha de ser superior al valor de los recursos consumidos en la producción, más el valor de lo consumido por las familias durante ese mismo período, y ha de quedar una cantidad excedentaria para asegurar el progreso de la comunidad.

Se configura así una primera teoría de la empresa, según la cual la razón histórica de su existencia es producir bienes y servicios en cantidad suficiente para asegurar el mantenimiento y la mejora del nivel de vida de la comunidad. En consecuencia, la razón de ser de la empresa es producir un output más cuantioso que el input. La diferencia output menos input es el beneficio. El beneficio, pues, es la razón de ser de la empresa.

1.2.2. *La reproduccion del patrimonio de los ahorradores*

Los excedentes monetarios de los colectivos que ahorran son en sí mismos inertes; ya estén representados en papel moneda, o en metales preciosos (oro), abandonados a sí mismos, no se autorreproducen. La autorreproducción es una cualidad de los seres vivos. Ni el papel moneda ni el oro tienen en sí mismos esa capacidad. El fabuloso descubrimiento del sistema capitalista a partir de la segunda mitad del siglo XVIII ha sido el dotar al dinero de una potencia reproductora similar a la de los seres vivos. De la misma manera que el propietario de una vaca al cabo de un año cuenta en su patrimonio con una vaca y una ternera; el sistema capitalista ha descubierto que el propietario de un lingote grande de oro, al cabo de un año puede contar en su patrimonio con un lingote y un lingotito chico. Y el propietario de un billete de 1.000 ptas. al cabo de un año puede contar en su patrimonio con un billete de 1.000 ptas. y una moneda de 100 ptas.

Esta autorreproducción del dinero requiere que se le coloque en un ambiente apto para la autorreproducción; lo mismo que la vaca necesita condiciones aptas para que pueda quedar preñada y parir. El ambiente que necesita el dinero es que no sea atesorado en cofres, o en los sótanos de los castillos de la nobleza, sino cedido a las empresas para que lo multipliquen ejerciendo negocios, y devuelvan al ahorrador el principal más los intereses. Este rol lo cumple el mercado de capitales. Los ahorros son depositados en los bancos o directamente cedidos a las empresas que emiten títulos-valores. Con ello ninguna masa monetaria queda en hibernación, sino que está permanentemente activa.

Atendiendo a este aspecto del ciclo del capital, se configura una segunda teoría de la empresa, según la cual las empresas existen para llevar a cabo la autorreproducción del dinero, y aumentar así la riqueza de los ahorradores que se lo han cedido. La finalidad de las empresas no sería primariamente la reposición de los bienes y servicios consumidos, sino la multiplicación de los recursos financieros captados en el mercado de capitales. La producción de bienes y servicios consumidos es solamente un medio para conseguir la multiplicación del capital de los ahorradores.

La figura 3 representa en paralelo ambas teorías. La teoría de la reproducción de bienes y servicios parte de la función que la empresa realiza al servicio de la sociedad, para proveerla de cuanto necesita. Su objetivo, pues, es el incremento del activo de la propia empresa, y consecuentemente de la riqueza total de la sociedad. Contempla el tema desde un punto de vista *real*. Como fundamento ideológico de esta teoría podríamos relatar la *leyenda de la ciudad sitiada*. Consideremos una ciudad medieval protegida por murallas inexpugnables para cualquier ejército. La ciudad se encuentra sitiada por un poderoso ejército que impide que nadie pueda entrar ni salir de la ciudad. En estas condiciones, la ciudad podrá resistir el asedio tanto tiempo cuanto duren los víveres que tiene almacenados. La hipótesis de recibir suministros del exterior está excluida. Pero si los habitantes de la ciudad sitiada, renuncian a consumir todo el trigo de que disponen y siembran parte de él en los parques; si no sacrifican el ganado, sino que procuran reproducirlo en los bajos de las viviendas; si ponen en marcha algunos talleres artesanales que fabriquen ropa a partir del algodón sembrado en los parques, y de las pieles de los animales, y así sucesivamente; el cerco de la ciudad podrá durar generaciones enteras. El ejército sitiador no podrá escalar las murallas, la población sitiada no podrá salir al exterior. Pero la ciudad puede resistir indefinidamente.

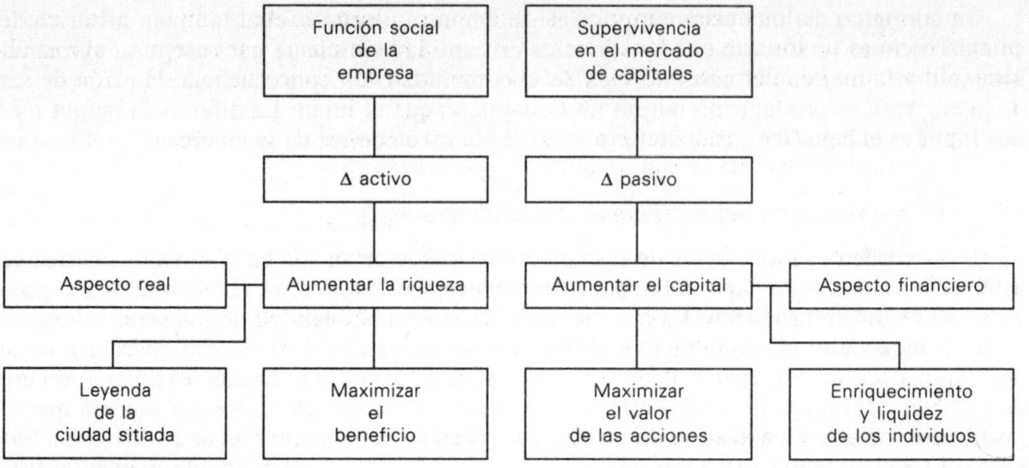

FIGURA 3

Esta leyenda es una realidad. La ciudad sitiada es la Tierra, en la cual habitan unos 6.000 millones de seres humanos. Nadie puede salir ni entrar, no se pueden recibir suministros externos. La supervivencia de la humanidad no es posible nada más que reponiendo los bienes y servicios que la población consume. La razón histórica de la existencia de las empresas es precisamente cumplir el rol de tal reposición.

La teoría alternativa considera el problema desde la posición de la empresa en el mercado de capitales. Su objetivo es aumentar el patrimonio de los accionistas. Atiende, por tanto a un incremento del pasivo no exigible. Contempla el tema desde un punto de vista *financiero*. Consiguientemente su objetivo fundamental es maximizar el valor de las acciones. Como fundamento ideológico de esta teoría citaríamos aquella página de Adam Smith, en la que habla del carnicero y del panadero, los cuales ejercen su actividad mercantil, no porque estén preocupados por la alimentación de sus conciudadanos, sino porque esperan obtener una ganancia de sus operaciones[3].

1.2.3. *Convergencia de ambas teorías*

Las dos teorías de la empresa que hemos expuesto son los puntos de vista de dos sistemas económicos que se han repartido el poder político mundial en la segunda mitad del siglo XX: el sistema de economía centralizada, y el sistema de economía de libre mercado.

En el marco de los países socialistas el objetivo prioritario de la empresa ha sido la producción de bienes y servicios:

> «Está fuera de toda duda que, con rara unanimidad, todos los países socialistas han considerado hasta el momento, que acelerar el ritmo de crecimiento de la economía constituye un objetivo prioritario. Han sido muchos y muy poderosos los factores que contribuyeron a la adopción del crecimiento económico como objetivo fundamental. El deseo de garantizar la supervivencia del sistema socialista, frente a la amenaza de otros que le son hostiles, así como el de extenderlo a otras naciones, exigía y exige alcanzar la consideración de potencia militar, y esto no es posible para economías poco desarrolladas, puesto que el crecimiento económico es consustancial con el objetivo pretendido.»[4]

---

[3] *La riqueza de las naciones*, Ed. Aguilar, 1961, p.18.

[4] J. R. QUINTAS, *La empresa socialista: una aproximación económica,* Ed. Estudios del Instituto de Desarrollo Económico, 1971, p. 23.

En el marco de los países capitalistas el objetivo prioritario de las empresas es multiplicar el ahorro de los que pueden ahorrar. Esta es la razón por la que se afirma que el objetivo financiero de la empresa es maximizar el valor de las acciones.

> «La primera meta de la gestión es maximizar el patrimonio de los accionistas. Como veremos, ello significa maximizar el precio de las acciones.»[5]

Estas dos teorías de la empresa no son contradictorias ni incompatibles. Ambas concepciones de la empresa, la socialista y la capitalista, tienen coincidencias fundamentales. Ambas forman parte de un único sistema económico que postula el crecimiento como a priori esencial. Su diferencia consiste en poner más confianza en unos resortes que en otros para impulsar el crecimiento. Pero el origen y punto de partida de ambos sistemas de empresa es exactamente el mismo.

> Por diferentes que sean las relaciones de propiedad y las capacidades de decisión en los países industriales desarrollados del bloque del Este respecto de los del Occidente capitalista, también allí dominan circunstancias análogas tras la asunción estatal de la faena de desarrollar las fuerzas productivas y tomar las decisiones económicas. El antiguo ministro de economía de la República Socialista de Checoslovaquia, Ota Sik, constata que en la URSS, «a pesar de todas las intenciones subjetivas revolucionarias, contrarias a ello, el nivel de las fuerzas productivas [forzó al] surgimiento de un sistema que sólo pudo acometer aceleradamente las tareas que [allí] aún tenía pendientes el capitalismo [es decir, la industrialización]. No pudieron superarse las contradicciones del capitalismo de acuerdo con criterios socialistas, sino que se llevaron al absurdo determinados procesos capitalistas de desarrollo y determinados rasgos esenciales del capitalismo en la forma de un monopolio estatal absoluto y burocrático»[6].

Tampoco en el ámbito del sistema capitalista está ausente la producción de bienes y servicios, y la satisfacción de las necesidades sociales de la comunidad, como objetivo de la empresa. No podemos ignorar que muchas empresas, aunque no sean las más grandes ni las más importantes, toman decisiones financieras en función de objetivos sociales. Pero se ha de tener en cuenta que por mucho que pesen los objetivos sociales en la toma de decisiones de una empresa, ésta no queda excluida de la competencia de otras empresas que se guían por criterios exclusivamente económico-financieros. Por tanto, su supervivencia está subordinada a su competitividad en el mercado de bienes y servicios.

> «Hay, por supuesto, otros sistemas en los que los objetivos de las unidades de producción no se formulan desde el punto de vista de los proveedores de capital. Puede que llegue un tiempo en que, en el mundo occidental, los objetivos de las empresas no se expresen en los términos de los intereses de los accionistas. Esto tendrá lugar cuando todos los accionistas queden satisfechos con una rentabilidad razonable de su dinero. Pero ese momento no ha llegado todavía. Hoy por hoy, los inversores pueden comprar y vender acciones de cualquier sociedad, según la rentabilidad esperada. Así pues, trasladarán sus ahorros a donde quiera que puedan esperar mayor rentabilidad, incluso a otras inversiones distintas de las acciones. Ello significa que, mientras algunas compañías se propongan como objetivo la maximización del patrimonio de los accionistas, es difícil que otras sociedades con objetivos de mayor mentalidad social, puedan sobrevivir, o al menos crecer.»[7]

---

[5] E. F. BRIGHAM, *Financial management, theory and practice,* Ed. The Dryden Press, 1985, p. 8.

[6] J. HERBIG, *El final de la civilización burguesa,* Ed. Crítica, 1983, p. 115. Cita a Ota SIK, Der dritte Mann, Hamburgo, 1972, p. 248.

[7] J.M. SAMUELS, F.M. WILKES y R.E. BRAYSHAW, *Management of company finance,* Ed. Chapman and Hall, 1990, p. 4.

2. **Los objetivos de la empresa**

2.1. PLURALIDAD DE OBJETIVOS

Cada empresa puede tener, y de hecho tiene, objetivos y finalidades muy diferentes, según sus particulares circunstancias. Observando la conducta de las personas que invierten en los negocios, se detectan los objetivos más diversos en cada una de ellas, y por ello pensamos, que más bien que hablarse del *objetivo* de la empresa, lo correcto sería hablar de los distintos *objetivos* que puede tener una empresa. Ello posiblemente nos lleve a la conclusión de que carece de significado formular una *teoría de la empresa* que sea igualmente válida para todas las que actúan en el mercado.

> «La empresa privada procurará maximizar su excedente económico, la gran empresa tenderá a maximizar su crecimiento a medio y largo plazo, la pequeña empresa procurará la supervivencia e independencia, algunas empresas públicas perseguirán el equilibrio financiero y otras maximizar su beneficio, y aquellas empresas públicas de naturaleza deficitaria, cuyo déficit es financiado por el presupuesto del Estado y socialmente aceptado, tenderán a mejorar las prestaciones de servicios públicos.»[8]

Posiblemente lo más coherente con la realidad sería no hablar de los objetivos de la empresa, sino de los objetivos de los empresarios[9]. La empresa, en cuanto tal, no toma decisiones por sí misma, las decisiones las toman los directivos de las empresas, ya sean sus dueños, o sus ejecutivos. Y estas personas, según su talante, su cultura y su ética, pueden tener y tienen de hecho objetivos muy diferentes cuando emprenden un negocio, o cuando evalúan la oportunidad de hacer una inversión.

Tiene poco sentido establecer *cuál debe ser* por principio el objetivo de la empresa. Lo procedente es razonar empíricamente, observando cuáles son *realmente* los objetivos que persiguen las personas que participan en los negocios como agentes económicos.

2.2. MAXIMIZACIÓN DEL BENEFICIO

Si subrayamos la primera de las teorías de la empresa, según la cual su razón histórica es la reproducción de bienes y servicios llegaremos a la conclusión de que el objetivo de la empresa es la maximización del beneficio. Beneficio es el excedente del *output* sobre el *input*.

Por ello, la forma tradicional de definir el objetivo de la empresa ha sido la maximización del beneficio. Efectivamente, el caso más corriente es que los negocios se hagan para ganar dinero; aunque no sea éste el único motivo de constituir y llevar adelante un negocio, en algunos casos a lo mejor ni siquiera sea el más decisivo. Pero de hecho es el más corriente. Las empresas necesitan obtener un beneficio, pues esta es la *garantía de su independencia y de su supervivencia*. Hemos de reconocer que de la misma manera que

---

[8] E. BUENO CAMPOS, I. CRUZ ROCHE y J. J. DURÁN HERRERA, *Economía de la empresa, análisis de las decisiones empresariales,* Ed. Pirámide, 1983, p. 145.

[9] Cfr. R.M. CYERT y J.G. MARCH, *Teoría de las decisiones económicas en la empresa,* Ed. Herrero Hermanos, 1965. También hay que tener en cuenta la llamada «teoría contractual de la empresa», que analiza la diferencia entre los objetivos perseguidos por los empresarios y los perseguidos por los directivos: Cfr. Eugene F. FAMA, «Agency problem and the theory of the firm», *Journal of Political Economy* 88 (abril 1980), pp. 288-307; Eugene F. FAMA y Michael C. JENSEN, «Separation of ownership and control», *The Journal of Law and Economics,* 26 (junio 1983), pp. 301-325; Eugene F. FAMA, «Agency problems and residual claims», *The Journal of Law and Economics,* 26 (junio 1983), pp. 327-349.

un barco sirve fundamentalmente para surcar el mar, aun cuando el motivo de comprar un barco puede ser para organizar fiestas de sociedad en la cubierta; igualmente una empresa sirve fundamentalmente para ganar dinero, aunque en muchas ocasiones los fines de quienes las constituyen y las administran, sean otros diferentes.

Esta formulación resulta pobre, pues no contempla ciertas variables que han de ser igualmente maximizadas o minimizadas. Las decisiones empresariales han de cubrir varios frentes, no solamente el del beneficio. Además es una formulación excesivamente vinculada a los procedimientos de la contabilidad. El aumentar lo más posible el saldo acreedor de la cuenta de pérdidas y ganancias, resulta una formulación incompleta y miope del objetivo de la empresa, por las razones siguientes:

—en primer lugar, porque el beneficio es un término contable que no tiene en cuenta el tiempo en que se cobran los ingresos monetarios, siendo así que la *liquidez* es una de las consideraciones fundamentales de la gestión financiera;

—en segundo lugar, porque la maximización del beneficio no tiene en cuenta el *riesgo* de los ingresos esperados;

—en tercer lugar, porque el beneficio es una medida de la eficacia de la empresa que se extiende a *un solo ejercicio económico*, mientras la empresa ha de ser considerada como una entidad que permanece más allá del horizonte de un ejercicio, y que continuará proporcionando ventajas a los propietarios también en el futuro;

—en cuarto lugar, porque la cuantía del beneficio depende de las *convenciones contables* utilizadas en su determinación[10].

2.3. Maximización del valor de las acciones

Esta segunda formulación del objetivo de la empresa parte del supuesto de que la empresa es esencialmente dependiente del mercado de capitales. Da por supuesto que la empresa no puede subsistir de espaldas al mercado de capitales. La hipótesis de base es que el futuro de la empresa está garantizado o amenazado en la medida en que los dueños (accionistas) se encuentren satisfechos o insatisfechos con las ventajas que obtienen por el dinero que han aportado al negocio. La imagen que los ahorradores-inversores se formulen sobre una empresa, condiciona su supervivencia.

No se da, en cambio, la misma importancia a la imagen que la empresa se haya creado ante sus propios empleados. No es que este último aspecto sea ignorado totalmente, pero se estima que no es una condición definitiva de supervivencia. En cambio la imagen que de la empresa se haya traslucido en el mercado de capitales, condiciona definitivamente el futuro de la empresa, dado que es la clave para obtener recursos financieros que permitan su expansión y renovación tecnológica.

El criterio que permite valorar si efectivamente el nivel de ventajas obtenidas por los accionistas es suficiente y competitivo con el ofrecido por otras empresas, es el precio que las acciones alcanzan en el mercado de capitales. Por ello se afirma, desde estas consideraciones, que el objetivo de la empresa es mantener elevado el precio de las acciones, en cuanto que este precio es una muestra del aprecio que los ahorradores-inversores hacen de las ventajas que tales acciones proporcionan.

Esta formulación puede expresarse también diciendo que el objetivo de la empresa es maximizar la riqueza de los accionistas[11].

---

[10] Terry S. Maness, *Introduction to corporate finance,* Ed. McGraw-Hil, 1988, p. 9. J. Fred Weston y Thomas E. Copeland, *Managerial finance,* Ed. Cassell, 1988, p. 8-9. C.J. Higson, *Business finance,* Ed. Butterworths, 1986, p. 13.

[11] Eugene F. Brigham, *Financial management, theory and practice,* Ed. The Dryden Press, 1985, p. 8.

2.4. Otros objetivos

A parte de estas dos formulaciones del objetivo de la empresa, la maximización del beneficio, y la maximización del precio de las acciones, se observan en la realidad empresarial otros objetivos. No responden a una teoría de la empresa con una elaboración conceptual estructurada, pero son componentes reales del tejido social.

2.4.1. *Objetivos sociales*

Abastecimiento estratégico

Cuando una comunidad necesita bienes estratégicos o de primera necesidad, se emprenden inversiones para producirlos, aun cuando su rentabilidad no esté asegurada. Este es el caso de las empresas públicas de transportes, vivienda, siderurgia, etc. También es motivo de que el Estado subvencione ciertas empresas privadas, que se dedican a la producción de cereales, a la investigación, etc.

Oferta de empleo

En situación de desempleo creciente, la creación de puestos de trabajo o, al menos, la conservación de los existentes, es un motivo para emprender o mantener en funcionamiento una empresa. Esta motivación pesa en las decisiones de los directivos tanto de las empresas públicas, como de algunas empresas privadas, por ejemplo, empresas individuales, cooperativas de producción, o sociedades anónimas laborales.

2.4.2. *Objetivos personales*

Realización personal

Existe en la realidad socioeconómica el tipo de empresario que emprende una actividad inversora-productora simplemente porque se siente realizado en ella (agricultura, galería de arte, automovilismo, etc.). El objetivo de tales empresarios es hacer aquello que les gusta hacer. No están motivados para cambiar de actividad simplemente por el hecho de que en otra podrían ganar más dinero de lo que ganan haciendo lo que hacen actualmente.

Independencia económica

Muchas de las empresas individuales o familiares se constituyen para conseguir una independencia económica. Independencia que en último término significa independencia humana. No trabajar para otro sino para sí mismo, no tener obligaciones respecto de un patrón, ser autónomo en las decisiones.

Imagen

También existe el tipo de personas que emprenden una actividad empresarial no precisamente con la intención de aumentar sus ganancias, sino de conseguir una determinada imagen de prestigio social. Este es el caso de profesionales liberales que compran fincas rústicas, o que entran a formar parte como socios de determinadas sociedades, porque desean «estar» dentro de ciertos «grupos» que tienen poder y prestigio social.

2.4.3. *Objetivos monopolistas*

Dominación de los recursos naturales

Esta ha sido la motivación de numerosas empresas coloniales, filiales en el extranjero de las empresas multinacionales. Las empresas extractoras de materias primas o de petróleo están en realidad subordinadas a las finalidades de la empresa matriz del país colonizador, sin que las empresas extractoras tengan una finalidad en sí mismas.

Dominación del mercado

Es un objetivo empresarial que puede en ciertos casos dominar sobre la intención de obtener beneficios. Con objeto de eliminar la posible competencia, se mantienen empresas con pérdidas, pero que generan beneficios en otros sitios, al permitir un monopolio nacional o internacional.

Dominación política

El imperialismo militar de épocas pasadas ha sido sustituido hoy día por el imperialismo económico. En su virtud ciertos países mantienen actividades empresariales en países dependientes con la finalidad de mantener un control económico sobre el mismo. Gracias al control económico, se consiguen finalidades geopolíticas.

3. **Los instrumentos de análisis financiero de la empresa**

El estudio financiero de la empresa abarca los dos universos que la envuelven: el mercado de capitales y sus propios negocios. La posición de la empresa en el mercado de capitales se estudia a través de las cotizaciones de sus acciones en la Bolsa. La marcha de los negocios de la empresa se hace a partir de las cuentas anuales: el balance de situación, la cuenta de pérdidas y ganancias y la memoria. Dentro de esta última tiene especial relieve el cuadro de financiación.

3.1. Las cotizaciones en la Bolsa

Contemplada la empresa desde el mercado de capitales, las variables que han de estudiarse son:

a) La rentabilidad que el ahorrador-inversor ha obtenido o puede obtener en el futuro por sus inversiones financieras en un título-valor. Asimismo la rentabilidad que, desde su particular punto de vista, el ahorrador-inversor exige para colocar sus ahorros en un título con preferencia a otro cualquiera.

b) El riesgo: la rentabilidad que puede esperarse de un título nunca es segura, no pasa de ser una expectativa probable. El futuro de un título puede ser prometedor en un momento dado. Pero la certidumbre de un éxito garantizado no la tienen nada más que los ingenuos. Cualquier inversionista debe hacer previsiones sobre las ganancias que puede esperar de su inversión; pero debe así mismo considerar las posibles pérdidas que puedan sobrevenirle. La posibilidad de ganar más, ganar menos o incluso perder, es el riesgo.

El estudio de la rentabilidad y el riesgo de un título-valor se lleva a cabo mediante el análisis de las cotizaciones en la Bolsa y de su volumen de contratación. El Boletín Oficial de la Bolsa publica diariamente la cotización y el volumen de negociación de cada título en particular, de cada grupo de títulos (bancos, eléctricas, inmobiliarias, siderometalúrgicas, etc.), y de la Bolsa en su conjunto.

En el caso de empresas que no cotizan en Bolsa, el análisis queda obstaculizado por la opacidad de las fuentes de información. Puesto que no hay un mercado organizado, la información no es transparente.

3.2. El balance de situación

3.2.1. *Lecturas del balance*

Lectura contable

El activo comprende las cuentas de situación con saldo deudor, y el pasivo las cuentas de situación con saldo acreedor. Si cuadran ambas columnas[12] es señal de que el proceso contable ha sido correcto, sin errores de registro ni de suma.

Lectura jurídica

El activo comprende los bienes y derechos de la empresa. Deben estar justificados por documentos fehacientes. El pasivo comprende las obligaciones de la empresa. La diferencia entre uno y otro es el patrimonio neto.

Lectura financiera

El activo está constituido por los empleos que la empresa hace de sus recursos, ya sea de forma permanente (inmovilizado), ya sea de forma temporal (circulante). El pasivo explica los orígenes de donde tales recursos provienen. Como tales orígenes, las partidas del pasivo no son objetos ni materiales ni inmateriales, son meras relaciones. El pasivo, pues, no existe en realidad. Indica meramente cuál es la procedencia de los bienes y derechos relacionados en el activo. Tanto el activo como el pasivo son una relación valorada de los bienes y derechos de la empresa.

En el activo están mencionados haciendo referencia a su naturaleza: terrenos, construcciones, maquinaria, materias primas, productos terminados, créditos a clientes, dinero; y están clasificados por orden creciente de liquidez. El hecho de que estén mencionados atendiendo a su naturaleza, permite que aquello que es mencionado en el activo, se pueda ver y tocar si es material, o se pueda acreditar mediante un título de propiedad, si es inmaterial o financiero (patentes, concesiones administrativas, créditos a terceros).

El pasivo es la relación valorada de los mismos bienes y derechos que hay en el activo, pero en este caso no se los menciona refiriéndose a su naturaleza, sino a su procedencia. Los bienes y derechos aportados por terceras personas constituyen el exigible, ya sea a corto o a largo plazo. Los bienes y derechos aportados por la propiedad constituyen el capital. Finalmente los bienes y derechos generados por la propia empresa constituyen las reservas.

---

[12] El saldo de la cuenta de pérdidas y ganancias se incluye en el balance antes de la distribución de beneficios como una cuenta de situación.

La procedencia no es más que una relación, no es una cosa, ni material ni inmaterial. Como decían los viejos escolásticos es un «modo». Cuando hablamos de las reservas, hablamos de bienes y derechos del activo generados por la propia empresa. Cuando hablamos del capital, hablamos de bienes y derechos del activo aportados por los propietarios. Cuando hablamos del exigible hablamos de bienes y derechos del activo aportados transitoriamente por terceros.

La empresa no tiene nada más que una lista de bienes, que son los que están mencionados en el activo. El pasivo lo único que indica es de dónde procede esa lista de bienes y derechos, y por cuánto tiempo la empresa dispone de ellos. El pasivo no tiene una entidad distinta de la del activo. Por ello decimos que el pasivo no existe. Queremos decir con ello que el pasivo no existe como un ente diferenciado del activo. Contiene los mismos bienes y derechos del activo catalogados de otra manera.

3.2.2. *Crítica al Plan General de Contabilidad de 1990*

Las masas financieras del activo

Desde el punto de vista del diagnóstico financiero, el activo se subdivide esencialmente en *dos* masas financieras: el *inmovilizado* y el *circulante*. La Ley de Sociedades Anónimas de 1989 rompe esta división ya clásica. Añade un grupo más: *Accionistas por desembolsos no exigidos*. El Plan General de Contabilidad añade ese mismo, y un segundo: *Gastos a distribuir en varios ejercicios*. Con lo cual en la Ley de Sociedades Anónimas resultan *tres* grupos financieros, y en el Plan *cuatro* grupos, en lugar de *dos*.

Hubiera sido más aconsejable, a nuestro juicio, que tanto la Ley de Sociedades Anónimas como el Plan General de Contabilidad se hubieran atenido con más rigor a los postulados de la ciencia financiera. Los grupos añadidos tienen su lugar propio en un balance preparado para el análisis financiero.

El grupo *Accionistas por desembolsos no exigidos*, debiera formar parte del grupo deudores[13]. Y el grupo *Gastos a distribuir en varios ejercicios*, es una parte de los antiguos gastos amortizables (los antiguos gastos financieros diferidos). Esta masa financiera constituye un activo ficticio, y como tal una disminución de los fondos propios. Por tanto su puesto lógico en el balance, como veremos más abajo, sería en el pasivo, en el grupo fondos propios minorando su importe[14].

Además no se atiene a la 4.ª Directriz en lo que se refiere a los desembolsos pendientes. La 4.ª Directriz se ocupa de los desembolsos pendientes y *exigidos*. Da la opción para situarlo en un grupo independiente del activo, o dentro del grupo *deudores*. La Ley española coloca los desembolsos pendientes y exigidos en el *circulante* pero como subgrupo independiente. Y para los desembolsos pendientes y no exigidos crea un grupo especial. Estimamos que tal solución no tiene justificación suficiente ni en la 4.ª Directriz, ni en la doctrina financiera.

La subdivisión del inmovilizado

En el Plan General de Contabilidad de 1973 el activo inmovilizado se subdividía en material, inmaterial, financiero y gastos amortizables (activo ficticio). La Ley de So-

---

[13] En todo caso, si se prefiere considerarlo como un activo financiero con vencimiento a largo plazo, iría en el subgrupo inmovilizado financiero. Pero dado que su vencimiento depende de la decisión de los administradores, puede ser incluido en el activo circulante.

[14] La activación de estos gastos está prohibida en la legislación británica. La española sólo la acepta como una excepción.

ciedades de 1989 mantiene los mismos grupos. La única variación consiste en que varía el orden, y que en el activo inmovilizado solamente tiene en cuenta los *gastos de establecimiento*. Para los gastos financieros diferidos, crea un grupo aparte. La 4.ª Directriz no considera que los *gastos de establecimiento* pertenezcan al inmovilizado.

En cuanto a los *gastos financieros diferidos*, la 4.ª Directriz no toma posición definida. En el art. 41 menciona que pueden figurar en el activo; pero en el esquema del balance del art. 9 no les señala lugar específico. El legislador español, por una parte les ha cambiado el nombre y los denomina *Gastos a distribuir en varios ejercicios*, por otra parte, los segrega y coloca en una masa financiera independiente, intermedia entre el inmovilizado y el circulante.

El Plan General de Contabilidad añade un subgrupo más en el inmovilizado, las *acciones propias*.

Desde el punto de vista de la teoría financiera estimamos que los tres conceptos que estamos analizando podrían quedar de la forma siguiente:

—El activo ficticio: que comprendería los *gastos de establecimiento* y los *gastos financieros diferidos* (gastos a distribuir en varios ejercicios) tienen más bien su sitio en el pasivo, en el grupo *fondos propios*, minorando su importe.
—Las acciones propias: tienen también su sitio en el activo financiero donde las coloca la Ley de Sociedades Anónimas.

La subdivisión del circulante

Por lo que respecta a la subdivisión del activo circulante, también se ha añadido un grupo a los *tres* subgrupos clásicos: existencias, deudores, disponible. La Ley de Sociedades Anónimas, añade a los tres clásicos otros tres: accionistas por desembolsos exigidos, valores mobiliarios, y ajustes por periodificación. El Plan General de Contabilidad todavía añade uno más: acciones propias a corto plazo, con lo cual resultan *seis* subgrupos en la Ley de Sociedades y *siete* en el Plan General de Contabilidad.

Creemos que esta subdivisión del circulante resulta excesiva, y que no aclara, sino que oscurece el análisis financiero del activo circulante. La única subdivisión añadida que nos parece útil desde el punto de vista del análisis financiero del balance es la de los *valores mobiliarios*:

—Accionistas por desembolsos exigidos: como ya hemos dicho, tiene la categoría financiera de deudores, y debería ir incluido en ese grupo financiero.
—Inversiones financieras temporales (la Ley denomina a este grupo «valores mobiliarios»): en el Plan General de Contabilidad de 1973 iba incluido en el grupo cuentas financieras. Estimamos que es un acierto el haberlo segregado de este grupo, y haber creado una masa financiera distinta de los deudores y del disponible.
—Acciones propias a corto plazo: por las mismas razones que hemos dicho de las acciones propias que figuran en el inmovilizado, esta partida debería ir en las inversiones financieras temporales. En todo caso la normativa española sigue literalmente la 4.ª Directriz que prevé un lugar para las acciones propias en el inmovilizado, y otro en el circulante.

3.2.3. *El balance tipo*

Ateniéndonos a las críticas formuladas al Plan General de Contabilidad, llegamos a la elaboración del balance tipo. El balance tipo es una ordenación del balance con finalidad de disponer este documento para el análisis financiero.

Activo

Inmovilizado

Inmovilizado inmaterial
menos Amortización acumulada
menos Provisiones por depreciación
Inmovilizado material
menos Amortización acumulada
menos Provisiones por depreciación
Inmovilizado financiero
menos Provisiones por insolvencia
menos Provisiones por depreciación

Existencias

Comerciales
Materias primas
Productos semiterminados
Productos terminados
Subproductos
Anticipos a proveedores
menos Provisiones por depreciación

Deudores

Clientes
Efectos a cobrar (no negociables)
Préstamos a plazo corto
Cuentas no bancarias (saldo deudor)
Accionistas, desembolsos pendientes
Deudas a corto plazo del grupo
menos Provisiones por insolvencia
Ajustes por periodificación

Inversiones financieras temporales

Imposiciones a plazo fijo
Fianzas y depósitos constituidos
Títulos-valores (no cotizados en Bolsa)
menos Desembolsos pendientes
menos Provisiones por depreciación
Acciones propias

Disponible

Títulos-valores (cotizados en Bolsa)
menos Desembolsos pendientes
menos Provisiones por depreciación
Efectos a cobrar (negociables)
menos Provisiones por insolvencia
Caja y bancos

Pasivo

Fondos propios

Aportaciones
Capital
Prima de emisión de acciones
Reservas indisponibles
Capital amortizado
Reserva legal
Reserva por actualización del activo
Reservas especiales
Reservas estatutarias
Reservas disponibles
Reservas voluntarias
Remanente
Reservas condicionadas
Ingresos a distribuir en varios ejercicios
Provisiones para riesgos y gastos
Reservas negativas
Resultados negativos anteriores
Activo ficticio
Dividendo a cuenta

Exigible a largo plazo

Fondo de reversión
Empréstitos
menos Obligaciones no suscritas
menos Obligaciones recogidas
Préstamos
Otros acreedores
Préstamos del grupo

Exigible a corto plazo

Proveedores
Otros acreedores
Efectos comerciales a pagar
Acreedores no comerciales
Cuentas no bancarias (saldo acreedor)
Créditos de empresas del grupo
Ajustes por periodificación

Resultados

Beneficio o pérdida

Algunas de las sugerencias que indicamos en este «balance tipo» han sido igualmente sugeridas por otros autores[15]. Proponemos la justificación de algunas de las innovaciones que introducimos en nuestro balance tipo:

1. Efectos a cobrar negociables y no negociables: damos una categoría financiera diferente a los efectos a cobrar según que puedan ser negociados en una entidad bancaria, o que no lo sean. En el primer caso consideramos que pueden formar parte del disponible, puesto que aunque no sean dinero líquido, se les puede considerar cuasi-dinero. En cambio, si por razones de solvencia del librador o del librado, o por el límite de riesgo admitido por el banco no se pueden llevar al descuento, y se debe esperar a su vencimiento para hacerlos efectivos, han de ser incluidos en el grupo de deudores.
2. Ajustes por periodificación: su clasificación financiera, siempre será discutible, pero pensamos que el incluirlos en el grupo de deudores o acreedores a corto, según que sean activos o pasivos, clarifica el análisis financiero.
3. Títulos-valores cotizables y no cotizables: los títulos-valores cotizados en Bolsa, y que constituyen una inversión financiera temporal, pueden ser considerados como cuasi-dinero. Aplicamos el mismo criterio que para los efectos a cobrar. Dada su total liquidez en el mercado de capitales, estimamos que desde un punto de vista financiero, forman parte del disponible. En cambio, si no son cotizados en Bolsa, su liquidez es mucho menor, por lo que los situamos en el grupo de inversiones financieras temporales.
4. Reservas condicionadas: tanto los ingresos a distribuir en varios ejercicios, como las provisiones para riesgos y gastos, se encuentran en la frontera entre los fondos propios y el exigible. El Plan General de Contabilidad los sitúa precisamente en un grupo específico entre ambas masas. Creemos que pueden ser contemplados como formando parte de los fondos propios, si bien no de forma definitiva. Por eso hemos constituido una clase especial de reservas, las reservas condicionadas.
5. Beneficio o pérdida: esta partida no aparece nada más que en el balance antes de la distribución del beneficio. Este es un balance meramente provisional, hasta tanto se haya celebrado la junta general de accionistas. A partir de ese momento esta partida desaparece y se incorpora bien a fondos propios, bien a exigible a corto, según que los beneficios se apliquen a reservas o a dividendos. Tratándose, pues, de una partida meramente provisional, creemos que debería mantenerse fuera de las masas financieras del pasivo.

3.3. La cuenta de pérdidas y ganancias

3.3.1. *Concepto*

La cuenta de pérdidas y ganancias se construye con los saldos deudores y acreedores de todas las cuentas de gestión. Las cuentas de *gestión*, son aquellas cuyos saldos expresan un flujo de valores a lo largo del tiempo. Por el contrario las cuentas de *situación* son aquellas cuyos saldos expresan el valor de un bien, un derecho, o una obligación, en una fecha determinada. Las cuentas de gestión están codificadas en el Plan General de Contabilidad en los grupos 6 y 7.

---

[15] Rodríguez Fernández, José Miguel y Rodríguez Castellanos, Arturo, *Normalización contable y análisis de estados financieros: una aplicación al Plan español, en fiscalidad y contabilidad empresarial,* Ed. Instituto de Estudios Fiscales, 1983, pp. 560-593.

Así pues, la cuenta de pérdidas y ganancias representa el resultado de la empresa por la diferencia entre el flujo de factores de producción consumidos y el flujo de productos obtenidos. Por su parte el balance representa el resultado por el incremento o disminución del patrimonio neto entre el inicio y el cierre del ejercicio económico.

En efecto, según el principio de la partida dobble:

$$\sum \text{cuentas con saldo deudor} = \sum \text{cuentas con saldo acreedor}$$

Luego,

$$\text{Activo} + \text{Gastos} = \text{Pasivo} + \text{Ingresos}$$

$$\text{Ingresos} - \text{Gastos} = \text{Resultado} = \text{Activo} - \text{Pasivo}$$

3.3.2. *La ecuación del beneficio*

El Plan General de Contabilidad de 1990 estructura la cuenta de pérdidas y ganancias en base a una ecuación del beneficio, que se resume en el cuadro 1:

CUADRO 1

<table>
<tr><td>+ Ingresos de explotación</td><td rowspan="2">Resultado de explotación</td><td rowspan="4">Resultado ordinario</td><td rowspan="6">Resultado del ejercicio</td></tr>
<tr><td>+ Gastos de explotación</td></tr>
<tr><td>+ Ingresos financieros</td><td rowspan="2">Resultado financiero</td></tr>
<tr><td>– Gastos financieros</td></tr>
<tr><td colspan="2">+ Ingresos extraordinarios</td><td rowspan="2">Resultado extraordinario</td></tr>
<tr><td colspan="2">– Gastos extraordinarios</td></tr>
<tr><td colspan="4">– Impuesto sobre sociedades</td></tr>
</table>

Esta ecuación se basa en la siguiente clasificación, de los gastos y de los ingresos:

Gastos o ingresos
- Ordinarios
  - Explotación
  - Financieros
- Extraordinarios

La separación en la cuenta de resultados de los gastos e ingresos ordinarios de los extraordinarios, fue introducida en el Código de Comercio con motivo de la reforma de 1973 (art. 38). Este criterio ha sido confirmado por la 4.ª Directriz (art. 29), y recogido de nuevo en la redacción actual del Código de Comercio (art. 35.2), y LSA (art. 192.1).

Según el Código de Comercio (art. 35.2), se consideran gastos e ingresos ordinarios los propios de la explotación. El Plan General de Contabilidad introduce una precisión que va más allá de la 4.ª Directriz, del Código de Comercio y de la Ley de Sociedades Anónimas: dentro de los gastos e ingresos ordinarios, distingue los que son de *explotacion*, de los *financieros*. Es ésta una precisión sobre los gastos importante, cuyo fundamento teórico consiste en el reconocimiento de que los gastos financieros no constituyen remuneración de un factor de producción.

Son gastos e ingresos ordinarios de *explotación* los siguientes:

Gastos	Ingresos
Reducción de productos terminados	Ventas
Consumo de mercaderías	Prestaciones de servicios
Consumo de mat. primas y consumibles	Aumento de existencias de productos terminados
Gastos de personal	Trabajos de la empresa para su inmovilizado
Amortizaciones	Ingresos accesorios de carácter periódico
Provisiones por depreciación e insolvencias de tráfico	Subvenciones
Trabajos realizados por otras empresas	
Servicios exteriores	
Dotación al fondo de reversión	

Son gastos e ingresos ordinarios *financieros* los siguientes:

Gastos	Ingresos
Intereses de obligaciones y bonos	Ingresos de participaciones en capital
Intereses de deudas	Ingresos de otros valores negociables y créditos
Intereses por descuento de efectos	Diferencias positivas de cambio
Descuentos sobre ventas por pronto pago	
Provisiones por insolvencias de créditos a largo plazo	
Provisiones por depreciación de valores mobiliarios	
Diferencias negativas de cambio	

Son gastos e ingresos *extraordinarios* los siguientes:

Gastos	Ingresos
Provisiones por depreciación del inmovilizado	Beneficios en la enajenación del inmovilizado
Pérdidas por operaciones con acciones propias	Beneficios por operaciones con acciones propias
Gastos significativos no periódicos	Subvenciones de capital transferidas al ejercicio
Gastos y pérdidas de ejercicios anteriores	Ingresos significativos no periódicos
	Ingresos y beneficios de ejercicios anteriores

3.3.3. *El Impuesto sobre Sociedades* [16]

Los Estados modernos mantienen una serie de servicios públicos en beneficio de la población: centros educativos, centros sanitarios, carreteras, pantanos, puentes, fuerzas armadas, etc. Todos estos servicios que constituyen una renta en especie para la población, son financiados por la misma población usufructuaria. El Estado actúa de administrador intermediario reuniendo los recursos financieros aportados por la población (tributos), y administrándolos para financiar los servicios públicos que la población requiere. Uno de los puntos donde el Estado recolecta tributos es en las empresas que operan en el país. Así pues, el Estado, por Ley, participa en los beneficios de todas las empresas nacionales y extranjeras que realizan operaciones lucrativas dentro de sus fronteras. En cierto sentido se le podría considerar un accionista nato, por derecho propio, de todas las sociedades, con derecho a un porcentaje del beneficio de cada una de las empresas existentes.

Puesto que el beneficio se calcula restando los gastos de los ingresos, la Ley determina cuáles son los productos que han de ser considerados ingresos desde el punto de vista fiscal, y cuáles son los gastos que pueden ser deducidos, también desde el punto de vista fiscal. La diferencia así calculada constituye la base imponible del Impuesto sobre Sociedades. Sin embargo los criterios según los cuales el Ministerio de Hacienda establece los ingresos imponibles y los gastos deducibles no tienen por qué coincidir con los principios de la doctrina financiera. El Ministerio de Hacienda al regular el procedimiento para calcular la base imponible del Impuesto sobre Sociedades se rige por orientaciones de política fiscal coyunturales, establece gravámenes y exenciones en función de lo que él estima que es el bien común en cada momento. Puede, pues, existir disparidad, y de hecho existe, entre el beneficio calculado según la normativa fiscal del Ministerio de Hacienda, y el beneficio calculado según los principios de la doctrina económico-financiera.

Las innovaciones de la reforma de la legislación mercantil de 1989

La primera novedad que introduce la Ley de Sociedades Anónimas de 1989 es que el Impuesto sobre Sociedades se considera como un gasto de la sociedad, y por tanto el beneficio *contable* es en adelante el *beneficio después de impuestos*, que es la auténtica retribución del capital.

Ha habido un cambio importante no solamente en la contabilización, sino incluso en el concepto del Impuesto sobre Sociedades. Antes de la reforma de 1989, tal impuesto era una de las posibles aplicaciones del beneficio contable. Como tal debía ser aprobado por la junta general de accionistas. Sin embargo tal acuerdo era puramente formal, pues la aplicación de parte de los beneficios al pago del Impuesto sobre Sociedades es una exigencia legal, y cualquier acuerdo que contraviniese esta obligación hubiera sido nulo.

La segunda novedad importante es el reconocimiento de la diferencia que puede producirse en el cálculo del Impuesto sobre Sociedades, según que se haga de acuerdo con la legislación mercantil, o de acuerdo con la legislación fiscal. La reforma de la legislación mercantil de 1989 está inspirada en la autonomía de ambas legislaciones, con lo cual el resultado del ejercicio puede ser diferente según una u otra normativa.

Esta autonomía está recogida tanto en la Ley de Sociedades Anónimas como en el Plan General de Contabilidad.

---

[16] *Principios contables. Impuesto sobre Sociedades,* Ed. AECA, 1989.

El art. 200 de la Ley de Sociedades Anónimas, al mencionar las informaciones que debe contener la memoria, se refiere expresamente a este hecho:

«10.ª La diferencia que se pudiera producir entre el cálculo del resultado contable del ejercicio, y el que resultaría de haber efectuado una valoración de las partidas con criterios fiscales, por no coincidir éstos con los principios contables de obligada aplicación.

Cuando tal valoración influya de forma sustancial sobre la carga fiscal futura, deberán darse indicaciones al respecto.

11.ª La diferencia entre la carga fiscal imputable al ejercicio y a los ejercicios anteriores, y la carga fiscal ya pagada o que habrá de pagarse por esos ejercicios, en la medida en que esa diferencia tenga un interés cierto con respecto a la carga fiscal futura.

Este importe podrá figurar igualmente de forma acumulada en el balance en una partida individualizada con el título correspondiente.»

El Plan General de Contabilidad de 1990 incorpora este mismo criterio en la disposición transitoria 7.ª del Real Decreto 1.643/90 por el que se aprueba el Plan General de Contabilidad:

«Los sujetos pasivos de los diferentes tributos, y en particular los del Impuesto sobre Sociedades, contabilizarán sus operaciones de acuerdo con el Plan General de Contabilidad, en cuanto estuvieran comprendidos en el artículo 2.º[17]. En consecuencia quedan derogadas las disposiciones sobre registro contable contenidas en las normas fiscales, y en particular las del Reglamento del Impuesto sobre Sociedades aprobado por Real Decreto 2.631/1982, de 15 de octubre, que resulten incompatibles con lo establecido en el Plan General de Contabilidad, sin perjuicio de la obligación de cumplimentar los registros fiscales especiales contenidos en las normas citadas.

Lo dispuesto en los párrafos anteriores no afectará a la aplicación de las normas fiscales sobre calificación, valoración e imputación temporal, establecidas para los diferentes tributos, y en particular para determinar la base imponible del Impuesto sobre Sociedades.

Las diferencias entre la base imponible del Impuesto sobre Sociedades, calculada de acuerdo con las normas fiscales sobre valoración, imputación temporal o calificación, y el resultado contable, calculado conforme a los criterios establecidos en la legislación mercantil, incluido el Plan General de Contabilidad, deberán reflejarse en el apartado correspondiente de la memoria. A estos efectos no se podrán compensar los activos y pasivos fiscales que surjan como consecuencia de estas diferencias, ni aun los derivados de diferencias de signo contrario producidas en el mismo ejercicio.»[18]

Las normas citadas de la Ley de Sociedades Anónimas y del Plan General de Contabilidad, exigen fijar una metodología de *cálculo* del Impuesto sobre Sociedades, así como una metodología de su *contabilización*. Ambos aspectos exceden el ámbito de este tratado sobre dirección financiera de la empresa. Pertenecen al ámbito de la contabilidad de sociedades[19].

---

[17] El art. 2.º dice que el Plan General de Contabilidad es de aplicación obligatoria para todas las empresas, cualquiera que sea su forma jurídica, individual o societaria.

[18] Real Decreto 1.643/1990, de 20 de diciembre, por el que se aprueba el Plan General de Contabilidad, disposición final 7.ª

[19] Cfr. Jaime LORING, *Contabilidad de sociedades,* Ed. Pirámide, 1991.

Capítulo 2

Teoría y cálculo del interés

1. El concepto de interés

1.1. Definición

El interés se define como el pago realizado por el alquiler del dinero recibido en préstamo. Es el equivalente al alquiler pagado por el uso temporal de un bien ajeno, cedido por su propietario durante un tiempo definido. En términos estrictos el concepto de interés se aplica exclusivamente a los préstamos y a los empréstitos. Pero en una concepción generalizadora del mercado de capitales, otras formas de remunerar a los cedentes de recursos financieros, tales como el dividendo de las acciones, pueden ser incluidas también dentro del concepto general de interés. La renta percibida por la inversión en obligaciones o en acciones es diferente en cuanto a su fundamentación legal-mercantil, pero desde el punto de vista financiero tienen el mismo fundamento, y son evaluados con los mismos modelos matemáticos.

1.2. Justificación

El dinero tiene una doble función: por una parte sirve para adquirir bienes de consumo, y por otra parte puede ser invertido en la adquisición de bienes de producción, con la expectativa de recuperar más tarde una mayor cantidad de dinero de la que se había invertido. Su valor, por tanto, será estimado desde dos puntos de vista: el del consumidor y el del inversor.

Consumidores son fundamentalmente las familias. Inversores son las empresas, el Estado, y también las familias. Las inversiones que hacen cualesquiera de estos tres agentes económicos son tanto inversiones físicas en bienes de producción, como inversiones financieras, cediendo el dinero a otro agente económico que es el que hará la inversión en bienes físicos de producción.

Tanto el consumidor como el inversor atribuye más valor a una unidad monetaria poseída actualmente, que a una unidad monetaria que espera recibir en el futuro. El valor del dinero depende de dos variables: la cantidad de unidades monetarias, y el tiempo en que el dinero está disponible. Si utilizamos el dinero como medida del valor de las cosas no basta decir que el valor de algo es un millón de ptas., sino que se ha de precisar además en qué fecha valió, vale o valdrá esa cantidad. Esto le lleva a afirmar a Brigham que:

> «entre todas las técnicas que se usan en la gestión financiera, ninguna es más importante que el valor del dinero en función del momento»[1].

La justificación de que el valor de una suma de dinero no dependa solamente de la cantidad de unidades monetarias, sino del momento en que se puede disponer de ella se apoya en varios fenómenos del sistema económico.

1.2.1. *La inflación*

Desde el punto de vista del *consumidor*, el valor del dinero es función de su poder adquisitivo. Debido al proceso inflacionario tal poder adquisitivo va disminuyendo a medida que transcurre el tiempo. Si la inflación fuese nula, el dinero mantendría un poder adquisitivo constante a lo largo del tiempo. Si la inflación fuese negativa, el dinero adquiriría cada vez un mayor poder adquisitivo, puesto que una unidad monetaria futura permitiría la adquisición de mayores cantidades de bienes que una unidad monetaria actual.

Pero, dado que en la realidad histórica que vivimos la inflación es positiva, el poder adquisitivo de una peseta futura es menor que el poder adquisitivo de una peseta actual. Por ello para que haya equivalencia real entre el valor de una cantidad de dinero en el momento T_0 y otra cantidad de dinero en el momento T_n, es preciso que la cantidad de dinero futura sea nominalmente mayor que la cantidad de dinero actual.

Desde el punto de vista del *inversor* se produce un fenómeno parecido. La reposición de los equipos industriales, aun manteniendo las mismas especificaciones técnicas y de calidad, exigirá más unidades monetarias, que las invertidas en la adquisición inicial.

1.2.2. *La productividad*

El dinero permite la adquisición de activos fijos o circulantes, cuya explotación ofrece la oportunidad de obtener un beneficio. También se pueden hacer inversiones financieras, y de ellas obtener una renta. El sistema capitalista da por supuesto que los activos productivos, sean físicos sean financieros, no permanecen nunca ociosos, más aún no permite que estén ociosos. Y para impedir que ningún individuo dentro del sistema se tome la libertad de contravenir esta norma de conducta, ha creado medidas eficaces para premiar a los que cumplen este requisito, y penalizar a quienes no lo tienen en cuenta. Tal premio y tal penalización, en coherencia con la totalidad del sistema capitalista, consisten en premiar con una ganancia, y en penalizar con una pérdida.

No existen excepciones a esta hipótesis fundamental del sistema. Precisamente la rigidez con que esta norma —el que los activos productivos, tanto físicos como financieros, no permanezcan ociosos— es aplicada, ha sido la causa de la eficacia histórica del sistema capitalista. Para aplicar esta norma esencial, el sistema estima, en *primer lugar*, la tasa de rentabilidad anual promedio que en cada coyuntura puede exigirse a los activos productivos. Esta estimación se hace mediante el equilibrio entre la tasa exigida por los ofe-

---

[1] Eugene F. BRIGHAM, *Financial management, theory and practice*, Ed. The Dryden Press, 1985, p. 90.

rentes de dinero, y la tasa que razonablemente pueden aceptar los demandantes de dinero. Son oferentes de dinero las familias, que por tener ingresos superiores a sus gastos de consumo pueden ahorrar, y las empresas con exceso de liquidez. Son demandantes de dinero el Tesoro Público y las empresas. En *segundo lugar*, utiliza esta tasa de rentabilidad exigida anual promedio para establecer el valor del dinero en dos momentos distintos, T_0 y T_n.

Llamando C_0 al valor nominal de un capital en el momento T_0, y C_n a su valor nominal en el momento T_n, el sistema exige que cualquier capital C_0 se convierta al cabo de n años en el producto del capital original, C_0, multiplicado por un coeficiente de *capitalización*: la potencia enésima de 1 más la tasa de rentabilidad exigida anual promedio que se ha estimado. A la inversa, C_0 será igual a C_n dividido por el mismo coeficiente, que en este caso se llamará coeficiente de *actualización*.

$$C_n = C_0(1+r)^n$$

$$C_0 = \frac{C_n}{(1+r)^n} \qquad [1]$$

Midiendo el valor del dinero exclusivamente en unidades monetarias, $C_n > C_0$. Pero, si atendemos al tiempo, que es el segundo elemento determinante del valor del dinero, $C_n = C_0$. Esto significa que, si durante los n años transcurridos entre T_0 y T_n, el tenedor de un activo productivo, físico o financiero, ha añadido al capital original una renta *igual* a la que se deduce de la tasa de rentabilidad exigida anual promedio equilibradora del sistema, el capital que poseerá en T_n, tendrá el mismo valor real que el capital original. El tenedor del capital no habrá sido premiado ni penalizado. Si, por el contrario, ha obtenido una tasa de rentabilidad *superior* a la tasa anual de rentabilidad exigida promedio equilibradora del sistema, el capital en el momento T_n, tendrá mayor valor real que el capital en el momento T_0. El tenedor del capital habrá sido premiado con una ganancia. Si, finalmente, la rentabilidad obtenida ha sido *inferior* a la tasa de rentabilidad exigida anual promedio equilibradora del sistema, el capital en el momento T_n tendrá menor valor real que el que tenía en el momento T_0. El tenedor del capital habrá sido penalizado con una pérdida.

El mercado de capitales ofrece permanentemente oportunidades de inversión. Ceder a un tercero una suma de dinero durante un tiempo implica renunciar a la ganancia que podría obtenerse durante ese tiempo. Por ello, el cesionario indemniza al cedente con parte de la ganancia que se juzga ha tenido oportunidad de obtener, independientemente de que la haya obtenido de hecho o no. El sistema capitalista presupone que los capitales no están nunca improductivos. Por ello exige que cualquier capital esté continuamente produciendo una ganancia. En consecuencia el valor de cualquier capital futuro, es igual al valor del capital actual más las ganancias que el sistema juzga que por término medio podrán obtenerse durante el lapso de tiempo a transcurrir. Para buscar la igualdad entre el valor de ambos capitales, el futuro y el actual, hay que restarle al capital futuro las ganancias que por hipótesis acumulará durante el período, o añadírselas al capital actual. Esta hipótesis del sistema capitalista es la que se expresa en el dicho inglés *time is money*.

La suma de las supuestas rentas al capital original para igualar su valor real con el del capital final, o, por el contrario, la resta de esas mismas rentas al capital final para hacer coincidir su valor real con el del capital original, se lleva a cabo mediante las fórmulas de capitalización y de actualización. Tales fórmulas constituyen la base de toda la teoría financiera.

1.2.3. *El riesgo*

El tenedor de recursos financieros, sea una familia o una empresa, que invierte en el mercado de capitales, asume un doble riesgo: el derivado de la posible insolvencia de la entidad a quien cede sus ahorros, y el derivado de las imprevisibles variaciones de la coyuntura económica que pudieran ocurrir desde el momento en que hace cesión de sus ahorros hasta el momento en que los recupera. El dinero invertido en títulos de una sociedad puede llegar a ser irrecuperable por la quiebra de la sociedad emisora. También puede ocurrir que, una vez hecha la inversión, y antes de recuperarla, cambie la coyuntura y se presenten oportunidades más favorables, de las cuales no podría beneficiarse, por tener los ahorros ya colocados. Cuanto más largo sea el plazo de vencimiento, mayor será este riesgo.

Existen inversiones financieras, donde el riesgo puede ser considerado nulo: los títulos de la deuda pública (el caso de insolvencia está descartado), las inversiones con vencimiento a muy corto plazo (la posibilidad de cambios en la coyuntura económica es mínima). Este sería, por ejemplo el caso de las letras del Tesoro, emitidas por el Estado a un año. A estos títulos se les denomina títulos no arriesgados. A partir de este umbral cero de riesgo, cualquier otro título emitido por una entidad privada, o con mayor plazo de vencimiento, será un título arriesgado, y con mayor o menor riesgo según la entidad emisora y el plazo de vencimiento.

El riesgo es un nuevo factor de depreciación del dinero futuro, respecto del dinero presente. Debido a los dos riesgos mencionados, el dinero futuro puede esfumarse, y perder la totalidad o parte de su valor. Si esta volatilización del dinero futuro fuese cierta, el dinero futuro no valdría nada. Si la volatilización no es nada más que probable, perderá solamente una parte de su valor, tanto mayor cuanto mayor sea la probabilidad de volatilización.

Igual que hemos hecho en el caso de la inflación y en el caso de la productividad, para igualar el valor de un capital C_0 a un capial C_n hemos de añadir a las unidades monetarias de C_0 nuevas unidades monetarias que compensen los riesgos mencionados o, a la inversa, restárselos a C_n.

1.3. DETERMINACIÓN DEL TIPO DE INTERÉS

En un sistema de libre mercado, el tipo de interés se fija por el equilibrio de la oferta y la demanda en el mercado de capitales. En una economía dirigida, el tipo de interés se fija por las autoridades monetarias. Estas dos situaciones no son totalmente puras, puesto que aunque sea el mercado quien fija los tipos de interés, la autoridad monetaria interviene para corregir disfunciones tanto de orden económico como de orden social. Un sistema puramente liberal, donde el mercado financiero se rija exclusivamente por la oferta y la demanda de dinero, respondería a prejuicios liberales anticuados. Hoy todo el mundo está de acuerdo en que la autoridad monetaria tiene un papel que jugar en la planificación general de la economía nacional. La actuación sobre los tipos de interés es uno de los recursos fundamentales que tiene la autoridad monetaria de una nación para planificar la economía. Así mismo, por motivos de interés social, se establecen ciertas líneas de crédito preferencial, con tipos de interés más reducidos que los vigentes en el mercado: por ejemplo, en el caso de los créditos para viviendas.

Los dos factores fundamentales que determinan el nivel de los tipos de interés son:

1. Por parte de la *demanda de dinero*: las oportunidades de inversión.
2. Por parte de la *oferta de dinero*: la preferencia temporal por el consumo.

Los *demandantes de dinero* para invertirlo en negocios productivos estarán dispuestos a pagar por el dinero alquilado un tipo de interés tanto más alto, cuanto mayor sea la rentabilidad que puedan esperar de sus negocios. Y supuesto que el sistema económico sea de libre mercado, las empresas que tengan oportunidades de inversión más rentables, podrán ofrecer mayores tipos de interés a los ahorradores-inversores, atrayendo hacia sí las disponibilidades limitadas de capital existentes en el mercado, en competencia con otras menos eficientes.

Los *ofertantes de dinero* cederán sus ahorros en la medida en que la posibilidad de mayor consumo futuro les compense del menor consumo actual. Además para invertir en un activo concreto, exigirán una rentabilidad igual o superior a la de otros activos con el mismo riesgo. Por lo pronto, se ha de cumplir una condición sine qua non, para que exista oferta de dinero en el mercado de capitales: el que una parte significativa de la población ahorre. Es decir, que disponga de unos ingresos tales que una vez cubiertas sus necesidades fundamentales de consumo, le sobren disponibilidades de dinero, para poder elegir entre ampliar más aún su consumo hoy, o prescindir por el momento de ciertos consumos supererogatorios, con la esperanza de compensarlos por la posibilidad de otro consumo alternativo el día de mañana. En el caso en que la totalidad de la población se encuentre en niveles de mera subsistencia, el costo humano de una reducción del consumo actual puede considerarse infinito, y consecuentemente también será infinita la tasa de interés exigida. Por esta razón en los países del Tercer Mundo, la existencia de un mercado de capitales no pasa de ser un sueño imaginario. Con niveles de ingreso que apenas alcanzan para subsistir diariamente, la posibilidad de un ahorro nacional para ser invertido en negocios productivos es una ilusión ficticia. En estas circunstancias la formación de un capital nacional es prácticamente inviable.

En la medida en que las familias, y también las empresas, dispongan de un excedente monetario, estarán dispuestas a soportar la desventaja de abstenerse de un consumo actual, para obtener la ventaja de un mayor consumo o una mayor inversión futura. Pero no es solamente el nivel de consumo actual o futuro lo que cuenta en la decisión de ahorrar e invertir, cuenta tanto más el precaverse contra posibles déficits de ingresos futuros. El riesgo de que en el futuro el nivel de ingresos no alcance niveles de suficiencia, inclina a prescindir hoy de ciertos gastos, a cambio de asegurar mañana unos ingresos complementarios. Esta es la razón de la existencia de los fondos de pensiones, o de las pólizas de seguros, por ejemplo. La tasa de rentabilidad exigida por los ahorradores-inversores será directamente proporcional a la desutilidad experimentada por el menor consumo actual, y al grado de inseguridad futura.

Por lo que se refiere al *consumo*, supuesto que estén cubiertos los niveles de mera subsistencia, existen ciertas satisfacciones supererogatorias, pero consideradas imprescindibles en ciertos niveles de desarrollo, tales como el automóvil, el turismo, las vacaciones, etc. de las cuales solamente se prescindirá si, en compensación, se pueden conseguir tipos de interés muy elevados. Por lo que se refiere a la *confianza en el futuro de la economía*, si la estructura general de la economía no ofrece garantías suficientes para el mañana habrá un nuevo motivo para exigir tipos de interés elevados. En este caso la participación de las clases medias en la creación de un ahorro nacional será muy escasa. Solamente aquellas capas de la sociedad con ingresos realmente importantes, se decidirán a ahorrar y a realizar inversiones. Y si éstas son poco numerosas en comparación con la población total, la formación de capital será escasa. La existencia, pues, de una oferta importante de dinero en el mercado de capitales y a un tipo de interés aceptable para las entidades demandantes de dinero está condicionada por unos niveles de ingresos suficientemente elevados en la masa de la población, y por el hecho de que el futuro de la economía no sea excesivamente inseguro.

2. Clases de interés

2.1. Interés nominal anual

Es la tasa anual de interés estipulada en el contrato de cesión del activo respectivo: programa de emisión de obligaciones, póliza de crédito, contrato de alquiler. La representamos por el símbolo *r*.

Es la forma estándar de expresar la tasa de interés, tanto en las operaciones de capitalización como de actualización.

Representa el concepto de interés por antonomasia. Es la unidad de medida del interés que se utiliza como término de referencia básica. En otros ámbitos, por ejemplo, en la medida de superficies, existen distintas unidades de medida: la fanega, el acre, la manzana, etc. Pero universalmente se ha impuesto el sistema métrico decimal, donde se emplea el metro cuadrado, y sus múltiplos como el área, o la hectárea. Las demás medidas de superficie son traducidas en términos de equivalencia al sistema métrico decimal. Igualmente en el caso del interés, es el interés nominal anual el que sirve de término básico de referencia. Los demás intereses que vamos a mencionar han de ser traducidos a este interés nominal anual en términos de equivalencia.

2.2. Interés nominal subanual equivalente

Son bastantes las operaciones financieras en las que el interés anual se devenga por períodos subanuales. Es corriente que los títulos de renta fija, obligaciones y bonos, paguen el importe del interés anual en dos plazos, cada seis meses. Es corriente que las entidades financieras cobren el interés de los créditos, que conceden a sus clientes, trimestralmente, cuatro veces al año. Es corriente que los propietarios cobren el alquiler de los inmuebles o de la maquinaria mensualmente, doce veces al año.

El interés subanual equivalente es la tasa que se ha de aplicar al principal de la operación en cada período subanual para calcular el pago fraccionado correspondiente al subperíodo, de forma que la suma de las cantidades fraccionadas equivalgan a la cantidad devengada anualmente. La representamos por el símbolo *r'*.

La deducción de la tasa nominal subanual equivalente, a partir de la tasa nominal anual, puede hacerse de dos formas distintas: desde los principios del interés simple y desde los principios del interés compuesto.

2.2.1. *Aplicación de la fórmula del interés simple*

La tasa subanual equivalente es igual a la tasa anual nominal dividida por el número de subperíodos anuales.

Siendo:

r' = Tasa subanual equivalente.
r = Tasa anual nominal.
m = Número de períodos subanuales.

$$r' = \frac{r}{m} \qquad [2]$$

También podemos hablar de una subanualidad equivalente, que será la cantidad a pagar por intereses cada período subanual:

Siendo:

a' = el importe de los intereses devengados subanualmente (subanualidad).
a = el importe de los intereses devengados anualmente (anualidad).
m = el número de períodos subanuales.

$$a' = \frac{a}{m} \qquad [3]$$

o bien,

$$a' = C_0 \, r' \qquad [4]$$

Por ejemplo, si un capital de 5 millones devenga un interés del 12% la anualidad sería:

$$5.000.000 \times 0,12 = 600.000$$

Si los intereses se devengan trimestralmente, la tasa subanual equivalente, y la subanualidad serían:

$$r' = 0,12/4 = 0,03$$
$$a' = 600.000 / 4 = 150.000$$
$$a' = 5.000.000 \times 0,03 = 150.000$$

La fórmula [2], que establece la correspondencia entre la tasa anual y la tasa subanual equivalente, opera en la suposición del «interés simple». Es decir, los intereses no se suman al principal para, a su vez, devengar nuevos intereses. El perceptor de los intereses considerará que la cantidad percibida no tiene nada que ver con el principal, la situará, digamos, en otra hucha diferente.

Esta forma de resolver el problema favorece al perceptor de los intereses: al obligacionista en el caso de obligaciones, al Banco en el caso de un préstamo, al propietario en el caso de un alquiler.

Efectivamente todo pago adelantado favorece a su perceptor, pues le permite reinvertir esos fondos, y obtener una ganancia suplementaria. En nuestro caso el perceptor de los intereses, en lugar de cobrar 600.000 ptas. el día 31 de diciembre, cobrará 150.000 ptas. el 31 de marzo, 150.000 ptas. el 30 de junio, 150.000 ptas. el 30 de setiembre, y 150.000 ptas. el 31 de diciembre. Este adelanto en el cobro de los intereses le permite reinvertir tales fondos durante 3, 2, 1 y 0 trimestres respectivamente, obteniendo así una rentabilidad suplementaria. Si lo hiciera de nuevo al 12% anual, tal rentabilidad suplementaria está recogida en el cuadro 1.

CUADRO 1

Por lo percibido el 31 de marzo:	$150.000 \times (1 + 0{,}12/4)^3 = 163.909{,}05$
Por lo percibido el 30 de junio:	$150.000 \times (1 + 0{,}12/4)^2 = 159.135{,}00$
Por lo percibido el 30 de setiembre:	$150.000 \times (1 + 0{,}12/4)^1 = 154.500{,}00$
Por lo percibido el 31 de diciembre:	$150.000 \times (1 + 0{,}12/4)^0 = 150.000{,}00$
Total	627.544,05

Habrá obtenido, pues, una ganancia suplementaria de 27.544,05 ptas.

Por el contrario, el pagador de intereses pierde la oportunidad de obtener esa misma ganancia suplementaria. Al adelantar el pago de los intereses, se ha privado de la oportunidad de negociar en beneficio propio, cediendo dicha oportunidad al perceptor.

Llegamos, pues, a la conclusión de que el mero adelanto del pago de los intereses da una mayor rentabilidad al perceptor de los mismos, sea el obligacionista si se trata de un empréstito, sea el Banco si se trata de un crédito, sea el propietario si se trata de un alquiler. Ello quiere decir que el hecho de adelantar el pago de los intereses haciendo de ellos una mera división aritmética por el número de períodos subanuales, equivale a elevar la tasa anual nominal. Ello nos llevará, más abajo, a hablar de la tasa de interés anual efectiva.

2.2.2. *Aplicación de la fórmula del interés compuesto*

La segunda manera de calcular la tasa de interés subanual equivalente pretende eliminar la ventaja del perceptor y el perjuicio del pagador de los intereses. En lugar de proceder por una mera división aritmética de la cantidad global en partes alícuotas, se procede a una actualización del gasto financiero devengado, disminuyendo su importe nominal. El 31 de marzo, por ejemplo, se ha de pagar la cuarta parte de los intereses anuales. Esta cuarta parte, calculada en términos simplemente nominales, son 150.000 ptas. Ahora bien, puesto que en principio se hubieran pagado el 31 de diciembre, al adelantarlas a marzo, junio y septiembre, deberán sufrir una disminución de su importe nominal. Esta disminución equivale a calcular una serie de cuatro subanualidades constantes, que capitalizadas a la tasa subanual equivalente tengan un valor final precisamente de 600.000 ptas.

La tasa subanual equivalente a emplear en este caso viene expresada en la fórmula [5]:

$$1 + r = (1 + r')^m$$

$$\sqrt[m]{1 + r} = 1 + r'$$

$$r' = \sqrt[m]{1 + r} - 1 \qquad [5]$$

Aplicando la fórmula al ejemplo anterior, donde la tasa anual nominal es $r = 0{,}12$, y considerando que se hacen cuatro pagos trimestrales:

$$r' = \sqrt[4]{1 + 0{,}12} - 1 = 0{,}028737 = 2{,}87\%$$

También hemos de calcular la subanualidad equivalente a': es aquella que capitalizada durante los m períodos subanuales a la tasa de interés subanual equivalente r', da al final del año un valor igual al de la anualidad nominal a. Para calcular la subanualidad equivalente aplicamos la fórmula [6], deducida de la fórmula que expresa el valor futuro de una anualidad constante. En este caso la anualidad a ocupa el lugar del valor final C_n.

$$a' = a\frac{r'}{(1+r')^m - 1} = a\frac{r'}{(1+r)-1} = a\frac{r'}{r} \qquad [6]$$

En el caso de nuestro ejemplo,

$$a' = 600.000\ \frac{0,28737}{0,12} = 600.000 \times 0,239478 = 143.686,80$$

La cantidad, pues, a percibir al final de cada trimestre, los días 31 de marzo, 30 de junio, 30 de setiembre y 31 de diciembre, no serán las 150.000 ptas., sino 143.686,80. Continuemos el mismo razonamiento, y supongamos que el perceptor de tales intereses los reinvierte al 12% anual, lo que significa al 2,8737% trimestral. Al final del año, el 31 de diciembre, lo percibido en concepto de intereses, más la renta percibida por haberlos reinvertido de nuevo, viene reproducido en el cuadro 2.

CUADRO 2

	Intereses	Reinversión de intereses	Renta total
Por lo recibido el 31 de marzo:	143.686,80 × (1 + 0,28737)^3 =		156.433,56
Por lo recibido el 30 de junio:	143.686,80 × (1 + 0,28737)^2 =		152.063,71
Por lo recibido el 30 de setiembre:	143.686,80 × (1 + 0,28737)^1 =		147.815,93
Por lo recibido el 31 de diciembre:	143.686,80 × (1 + 0,28737)^0 =		143.686,80
Total	574.747,19		600.000,00

Lo percibido en valores nominales ha sido solamente 143.686,80 × 4 = 574.747,19. Pero supuesta la rentabilidad suplementaria de haberlos reinvertido, se han convertido en 600.000 ptas. Esto quiere decir que el valor real de las 574.747,19 ptas. nominales, pagadas anticipadamente por cuartas partes al final de cada trimestre es el mismo que el valor real de 600.000 ptas. pagadas de una sola vez al final de año.

Esta segunda manera de calcular la tasa de interés subanual equivalente elimina las ventajas y perjuicios que producía al perceptor y pagador respectivamente la aplicación de la fórmula [2].

Debido a las ventajas que la aplicación de la fórmula del interés simple produce al perceptor de los intereses, el Banco de España[2] obliga a las entidades financieras a calcular la tasa subanual equivalente utilizando la fórmula del interés compuesto.

[2] Circular n.º 15 del Banco de España de 5-12-1988 sobre «Tipos de interés, comisiones y normas de actuación con la clientela», norma séptima, apartado 2, y anexo V, Cfr. BOE, n.º 301, de 16-12-1988, Repertorio Aranzadi, n.º 2.486.

2.3. Interés efectivo anual

Cuando los intereses se devengan por períodos subanuales, son pagados antes de lo que podríamos llamar su vencimiento natural. Si durante los períodos subanuales que restan hasta el final del año el perceptor de los intereses reinvierte su importe a la misma tasa de interés, obtiene una ganancia suplementaria. La suma del interés nominal más está ganancia suplementaria potencial es el interés efectivo.

Cuando la tasa de interés subanual equivalente se calcula aplicando el interés simple, hemos visto que se produce una ventaja para el perceptor de los intereses.

Definimos, pues, el interés efectivo como la tasa resultante de considerar que las cantidades devengadas en cada período subanual han continuado teniendo la misma rentabilidad durante los períodos subanuales subsiguientes. La representamos por el símbolo r''.

La fórmula para deducir la tasa de interés anual efectiva a partir de la tasa anual nominal es la [7]:

Siendo:

r'' = tasa efectiva anual.
r = tasa nominal anual.
m = número de períodos subanuales.

$$r'' = \left(1 + \frac{r}{m}\right)^m - 1 \qquad [7]$$

En nuestro caso la tasa anual efectiva sería:

$$r'' = (1 + 0{,}12/4)^4 - 1 = 0{,}12550881 = 12{,}55\%$$

Aplicando esta tasa anual efectiva al capital de 5 millones,

$$5.000.000 \times 0{,}12550881 = 627.544{,}05$$

se obtiene el mismo resultado que aplicando el 0,03 en cada trimestre, y considerando la posibilidad de reinvertirlo durante el tiempo restante del año.

En cambio si calculamos la tasa subanual equivalente, y la subanualidad correspondiente según las fórmulas del interés compuesto, [5] y [6], el interés anual efectivo es igual al interés anual nominal:

$$r'' = (1 + 0{,}028737)^4 - 1 = 0{,}12 = \mathrm{r}$$

2.4. Interés plurianual promedio

Cuando la inversión en un activo físico o financiero se prolonga a lo largo de varios períodos anuales, se produce una ganancia acumulada, que puede haber sido la misma todos los años, o diferente en cada uno de ellos. En estos casos llamamos interés plurianual promedio a la tasa de interés anual constante a lo largo de estos años que expresa la ganancia total del período plurianual. Lo representamos por el símbolo $\hat{r}$.

Son muchos los casos en que las inversiones físicas o financieras tienen una duración superior al año. Las ganancias totales de la inversión, en estos casos, son evidentemente las ganancias acumuladas a lo largo de toda la vida de la inversión. Pero de nuevo hemos de tener en cuenta que la medida estándar de la rentabilidad es el *interés nominal anual*. Por tanto, hemos de referir la ganancia total durante toda la vida de la inversión a una tasa de interés anual. Por otra parte, es verosímil que la ganancia de un año no sea igual a la de otros años, y por eso hablamos de un interés anual *promedio*, que es una tasa anual acumulativa.

2.4.1. *Inversiones de un único flujo*

Existen inversiones que constan de un solo flujo negativo, y un solo flujo positivo. Por ejemplo: la compra de un activo en el momento T_0, y la venta del mismo en el momento T_n. En estos casos el interés plurianual promedio viene dado por la fórmula [8].

Siendo:

$\hat{r}$ = interés plurianual promedio.
C_n = valor nominal de la inversión en el momento T_n.
C_0 = valor nominal de la inversión en el momento T_0.
n = número de años de vida de la inversión.

$$\hat{r} = \sqrt[n]{\frac{C_n}{C_0}} - 1 \qquad [8]$$

Ejemplo: compramos un solar en diciembre de 1980 por un valor de 3.000.000, y lo vendemos en diciembre de 1988 por un valor de 15.000.000. ¿Cuál ha sido la tasa de interés plurianual promedio que ha producido la inversión?

$$\hat{r} = \sqrt[8]{\frac{15.000.000}{3.000.000}} - 1 = 0,222845 = 22,28\%$$

2.4.2. *Inversiones de flujos múltiples*

En el caso de inversiones cuyos flujos tienen lugar en fechas sucesivas, la manera de calcular el interés plurianual promedio es la aplicación de la fórmula del TIR (tasa interna de rentabilidad), que reproducidmos en la fórmula [9].

Siendo:

$\hat{r}$ = interés plurianual promedio.
F_t = flujo de fondos percibidos al final del año t.
t = número de orden de cada año.
n = número de años de vida de la inversión.

$$0 = \sum_{t=0}^{n} \frac{F_t}{(1+\hat{r})^t} \qquad [9]$$

$\hat{r}$ se obtiene mediante iteraciones, hasta hallar el valor que verifica la igualdad.

Ejemplo: supongamos una inversión inicial de 4.500.000 de ptas. realizada al final de 1982. Al final de 1987 se vende el mismo equipo con un valor residual de 6.000.000. Los flujos percibidos a lo largo de los 5 años, que ha durado la inversión, han sido 450.000 ptas. cada año. El interés plurianual promedio es el valor $\hat{r}$ que verifica la siguiente igualdad:

$$0 = -4.500.000 + \frac{450.000}{(1+\hat{r})} + \frac{450.000}{(1+\hat{r})^2} + \frac{450.000}{(1+\hat{r})^3} + \frac{450.000}{(1+\hat{r})^4} + \frac{450.000}{(1+\hat{r})^5}$$

El valor de $\hat{r}$ que verifica la igualdad es,

$$\hat{r} = 0,149489 = 14,95\%$$

2.5. INTERÉS REAL

La doctrina distingue entre el tipo *nominal* de interés y el tipo *real* de interés. Se llama *tipo nominal de interés* al tipo de interés expresado en términos monetarios proporcionado por activos que simbolizan préstamos. Cuando se habla de obligaciones o bonos al 12%, al 15%, etc. se está haciendo referencia al tipo de interés *nominal*. En cambio el *tipo de interés real* hace referencia al rendimiento efectivamente proporcionado por un préstamo cuando ha habido inflación. El tipo de interés nominal dividido por la tasa de crecimiento de los precios es el tipo *real* de interés.

El interés nominal representa la rentabilidad, que tiene el dinero para el prestamista, en pesetas corrientes, es decir en pesetas cuyo valor adquisitivo son las del año en curso. Para conocer la rentabilidad en pesetas constantes, pesetas que tengan todas el mismo valor adquisitivo, estas pesetas han de ser corregidas teniendo en cuenta la tasa de inflación. El interés así corregido lo denominamos *interés real*. Su cálculo se lleva a cabo aplicando la fórmula [10].

Siendo:

r^* = tipo de interés real.
r = tipo de interés nominal anual.
I = tasa de inflación.

$$r^* = \frac{1+r}{1+I} - 1 \qquad [10]$$

Ejemplo: retomemos el caso de un capital de 5.000.000 que devenga un interés nominal anual del 12%. Si durante ese mismo año la inflación ha sido, por ejemplo, el 7%, el interés real habrá sido,

$$r^* = \frac{1+0,12}{1+0,07} - 1 = 0,046729 = 4,67\%$$

Cuando el período tomado en consideración abarca varios años, en lugar de tomar como punto de partida el interés nominal anual, hemos de tomar el interés plurianual promedio. Igualmente se ha de tomar la inflación plurianual promedio del período considerado.

Ejemplo: en el caso de la inversión realizada al final de 1982, y recuperada al final de 1987, habíamos obtenido un interés plurianual promedio de 14,95%. Pero si tenemos en cuenta la inflación ocurrida durante el período, el interés real será sensiblemente menor.

Efectivamente el IPC, tomando como base el mes de diciembre de 1940, fue[3]:

—en diciembre de 1982 .... 4.564,15
—en diciembre de 1987 .... 6.827,71

Luego la inflación plurianual promedio del período diciembre de 1982 a diciembre de 1987, fue:

$$I = \sqrt[5]{\frac{6.827,71}{4.564,15}} - 1 = 0,083885 = 8,39\%$$

Consiguientemente el interés real plurianual promedio de la inversión fue:

$$r^* = \left(\frac{1,149489}{1,083885}\right) - 1 = 0,060527 = 6,05\%$$

El concepto de tipo de interés *real* no debe confundirse con el de tipo de interés *natural*. Este último concepto fue analizado por Wicksell[4], si bien el propio Wicksell rehuyó utilizar el término. Cuando expresó su teoría en inglés utilizó términos como «tipo ordinario», «tipo normal», y «beneficios medios del capital», como sinónimos de tipo natural de interés. Podemos definir el tipo natural de interés como la productividad marginal del capital físico, la productividad real que rinden los negocios en la vida económica.

3. **Valor futuro de una cantidad actual**

3.1. Concepto

Valor que la cantidad actual, C_0, tendrá al cabo de *n* años, a una tasa de capitalización compuesta, *r*. Es el valor que, en unidades monetarias, puede esperarse que adquiera una cantidad monetaria actual, si a la cifra inicial le sumamos los intereses devengados durante un determinado período de tiempo. El valor futuro se toma como la incógnita, el valor actual como dato, la tasa de capitalización y el plazo son los parámetros de la ecuación.

En las operaciones financieras normales, cuentas de ahorro, depósitos a plazo, etc., la tasa de capitalización coincide con el interés nominal.

---

3 Cfr. «Índices de cotización de acciones en la Bolsa de Madrid 1941-1987», Ed. Servicio de Estudios de la Bolsa de Madrid, pp. 119-122. Hemos reproducido esta serie al final del capítulo 3.

4 Johan Gustav Knut Wicksell (1851-1926). Economista sueco, fundador de la llamada escuela sueca. A juicio de Shumpeter, Wicksell anticipó en considerable medida los elementos más valiosos de las investigaciones modernas sobre dinero e interés. Su obra más importante es *Geldzins und Güterpreise* (1898).

3.2. Fórmula

3.2.1. *En períodos anuales*

Siendo:

C_n = Valor nominal en el momento T_n.
C_0 = Valor nominal en el momento T_0.
r = Tasa de capitalización.
n = Número de años del período considerado.

$$C_n = C_0 (1 + r)^n \qquad [11]$$

Ejemplo: Eufemia, hija de Dionisio Enríquez ha terminado el bachillerato y va a empezar la carrera de medicina. Tiene la intención de establecerse como oculista, una vez terminada la carrera y cursado la especialización correspondiente. Con este motivo su padre hace un depósito en una cuenta de ahorros a plazo fijo por valor de 3.500.000 de ptas. Su intención es poder regalar a su hija ese capital más la renta que haya producido, al finalizar los estudios universitarios, y los años de especialización, para que pueda instalar su consulta como oculista. La cuenta devenga un interés del 16,5% anual, y los intereses se van sumando al capital, produciendo nuevos intereses durante toda la vida del depósito. ¿Qué capital puede esperar Dionisio Enríquez que podrá entregar a su hija Eufemia, llegada la ocasión, teniendo en cuenta que la carrera universitaria dura seis años, y la especialidad dura tres años?

$$C_n = 3.500.000\ (1 + 0{,}165)^9 = 3.500.000 \times 3{,}953059 = 13.835.707{,}52$$

Despejando r en la fórmula [11] calculamos la tasa de capitalización anual acumulativa que convierte una cantidad actual conocida en una cantidad futura también conocida:

$$r = \sqrt[n]{\frac{C_n}{C_0}} - 1 \qquad [12]$$

Ejemplo: dentro de 5 años deberé hacer un pago de 5 millones de ptas. Deposito hoy 2,5 millones en una cuenta de ahorro. ¿Cuál es la tasa de capitalización necesaria para que en el plazo convenido, disponga de los 5 millones que necesitaré?

$$r = \sqrt[5]{\frac{5.000.000}{2.500.000}} - 1 = 0{,}1487 = 14{,}87\%$$

Esto significa que a una tasa de capitalización anual acumulativa del 14,87%, el capital se duplica cada 5 años.

Despejando n en la fórmula [11] calculamos el número de períodos que se necesitan para convertir una cantidad actual conocida en una cantidad futura dada a una tasa de interés también conocida:

$$\log C_n = \log C_0 + n \log (1 + r)$$

$$n = \frac{\log C_n - \log C_0}{\log(1+r)} \qquad [13]$$

Ejemplo: ¿Cuántos años se necesitan para convertir 1 millón de pesetas en 2 millones de pesetas a una tasa de interés anual del 18%? Van a ser necesarios algo más de 4 años: exactamente 4,1878 años.

$$n = \frac{\log 2.000.000 - \log 1.000.000}{\log(1+0,18)} = \frac{6,301030-6}{0,071882} = 4,19$$

3.2.2. *En períodos subanuales*

La cuenta de depósito de Dionisio Enríquez, padre de Eufemia, devenga los intereses trimestralmente. ¿Cuál será el capital acumulado al final de los 9 años?

a) Si se aplica la fórmula del *interés simple*:
Reconvertimos la fórmula [11], utilizando la tasa de interés subanual equivalente:

$$C_n = C_0 (1 + r')^{nm} \qquad [14]$$

$$r' = r/m = 0,165/4 = 0,041250$$

$$C_n = C_0 (1 + r')^{nm} = 3.500.000 (1 + 0,041250)^{9 \times 4} = 3.500.000 \times 4,285293 = 14.998.525$$

Hay pues una ganancia suplementaria para el perceptor de los intereses de 14.998.525 – – 13.835.707 = 1.162.818 ptas. Esta ventaja para el perceptor de los intereses se explica por el hecho de que la tasa anual efectiva, r'', en este caso es superior a la tasa anual nominal, r. Utilizamos la fórmula [7] para calcular el interés efectivo en este caso:

$$r'' = \left[1 + \frac{0,165}{4}\right]^4 - 1 = 0,175493 = 17,55\%$$

Efectivamente si en vez de considerar la tasa anual nominal, consideramos la tasa anual efectiva:

$$C_n = 3.500.000 \times (1 + 0,175493)^9 = 3.500.000 \times 4,285293 = 14.998.525$$

b) Si aplicamos la fórmula del *interés compuesto*:
Utilizamos la misma fórmula, pero dando a r', tasa subanual equivalente otra definición:

$$r' = (1 + 0,165)^{1/4} - 1 = 0,038919$$

$$C_n = C_0 (1 + r')^{nm} = 3.500.000 (1 + 0,038919)^{9 \times 4} = 3.500.000 \times 3,953059 = 13.835.707$$

Desaparece la ganancia suplementaria del perceptor de los intereses.

4. Valor actual de una cantidad futura

4.1. Concepto

Valor que tiene hoy una cantidad futura, C_n, que se percibirá dentro de n años, actualizándola a una tasa compuesta de actualización r. Es el valor que debe asignarse hoy a una cantidad monetaria futura. En este caso el valor futuro es el dato, y el valor actual es la incógnita.

Mientras que la tasa de capitalización coincidía con el interés nominal de la operación, la tasa de actualización la fija el inversor según sus propios criterios. Se denomina tasa de rentabilidad exigida. Depende de las oportunidades alternativas que cada inversor tenga a su alcance. La tasa de actualización coincide con la rentabilidad que el inversor podría obtener de otra inversión alternativa. Para comparar la equivalencia de una suma de dinero percibida en el futuro, con una cantidad de dinero disponible en la actualidad, el inversor sumará a la cantidad actual la rentabilidad que podría obtener en otra inversión; si a pesar de eso la cantidad futura que le ofrecen sigue siendo superior, optará por ceder la cantidad de dinero actual, y esperar el reembolso de una cantidad futura superior a la que él por otros medios hubiera conseguido.

4.2. Fórmula

4.2.1. *En períodos anuales*

Siendo:

C_0 = Valor nominal en el momento T_0.
C_n = Valor nominal en el momento T_n.
r = Tasa de actualización.
n = Número de años del período considerado.

$$C_0 = \frac{C_n}{(1+r)^n} \qquad [15]$$

Esta fórmula se deduce construyendo una sucesión equivalente a la empleada en la demostración de la fórmula [11], pero utilizando los valores inversos de $(1 + r)$.

Ejemplo: Hipólito de las Heras vende una finca por un total de 20 millones de ptas. El comprador ofrece pagar la mitad en el momento de la firma de la escritura. El resto se lo pagaría dentro de 3 años, pero en lugar de pagarle otros 10 millones, le pagaría 12. Hipólito de las Heras tiene otros negocios, en los cuales obtiene por término medio una rentabilidad del 11,5%. ¿Qué contestación daría al comprador?

$$C_0 = 10.000.000 + \frac{12.000.000}{(1+0{,}115)^3} = 10.000.000 + \frac{12.000.000}{1{,}386196} = 18.656.785{,}25$$

La fórmula ofrecida por el comprador no le interesa a Hipólito de las Heras, pues el valor actual de los 10 millones pagados al contado, más los 12 millones pagaderos dentro de 3 años es inferior a los 20 millones cobrados al contado. La operación a plazo le podría interesar, siempre que el comprador le pagase dentro de 3 años al menos 13.861.958,75. Efectivamente,

$$C_0 = 10.000.000 + \frac{13.861.958,75}{(1+0,115)^3} = 10.000.000 + \frac{13.861.958,75}{1,386196} = 20.000.000$$

Despejando r: de la fórmula [15] podemos obtener la fórmula [16] que sirve para calcular la tasa de actualización que convierte una cantidad futura conocida en una cantidad actual también conocida:

$$r = \sqrt[n]{\frac{C_n}{C_0}} - 1 \qquad [16]$$

Ejemplo: un matrimonio recién casado compra un piso por 3 millones de ptas. Al cabo de 5 años, han tenido tres hijos, por lo que el piso les resulta demasiado pequeño, y deciden mudarse. Por la venta del piso les ofrecen 8 millones de ptas. ¿Qué rentabilidad plurianual promedio han obtenido?

$$r = \sqrt[5]{\frac{8.000.000}{3.000.000}} - 1 = 0,216729 = 21,67\%$$

Han ganado el 21,67% anual acumulativo.

Despejando n en la fórmula [15] obtenemos la misma fórmula [13], cuya aplicación tiene la misma finalidad explicada entonces.

4.2.2. *En períodos subanuales*

Hipólito de las Heras considera que no es correcto estimar que la rentabilidad de sus negocios es el 11,5% anual. En realidad él obtiene beneficios todos los meses. Por tanto, la actualización de los 10 millones que el comprador de la finca pretende retrasar 3 años, no debe hacerse mediante una tasa anual, sino mediante una tasa mensual. En este caso, los datos para la negociación del precio de la finca serán diferentes.

a) Si se aplica la fórmula del *interés simple*:

Reconvertimos la fórmula [15], utilizando la tasa de interés subanual equivalente:

$$C_0 = \frac{C_n}{(1+r')^{nm}} \qquad [17]$$

$r' = r/m = 0,115/12 = 0,009583 = 0,96\%$

$$C_0 = \frac{12.000.000}{(1+0,009583)^{3\times 12}} = \frac{12.000.000}{1,409672} = 8.512.616$$

La actualización produce una pérdida de valor más drástica, equivalente a haber utilizado un coeficiente de actualización anual efectivo superior. La tasa anual efectiva de actualización la calculamos usando la fórmula [16]:

$$r'' = \left[1 + \frac{0,115}{12}\right]^{12} - 1 = 0,121259 = 12,12\%$$

Efectivamente:

$$C_0 = \frac{12.000.000}{(1 + 0,121259)^3} = \frac{12.000.000}{1,409672} = 8.512.616$$

Haciendo este tipo de razonamiento, Hipólito de las Heras exigirá a su comprador que dentro de 3 años le pague 14.096.724,18. Efectivamente:

$$C_0 = \frac{14.096.724,18}{(1 + 0,121259)^3} = \frac{14.096.724,18}{1,409672} = 10.000.000$$

b) Si se aplica la fórmula del *interés compuesto*.

Utilizamos la misma fórmula [17], pero dando a r', tasa subanual equivalente, otra definición:

$$r' = \sqrt[12]{1 + 0,115} - 1 = 0,009112 = 0,91\%$$

$$C_0 = \frac{12.000.000}{(1 + 0,009112)^{3 \times 12}} = \frac{12.000.000}{1.386.196} = 8.656.785,38$$

Se obtiene así el mismo valor actualizado, que haciendo la actualización al 11,5% anual.

5. **Valor futuro de una anualidad constante**

5.1. CONCEPTO

Llamamos anualidad a cada uno de los elementos de una serie de pagos anuales de *cantidad constante* efectuados a lo largo de un número consecutivo de años.

El valor futuro de una serie de anualidades constantes es el valor que adquiere al final de *n* años, la suma de la serie de anualidades constantes, con una tasa de capitalización de *r*.

Si el depósito de las anualidades se hace al final de cada año, en cuyo caso se denominan anualidades *pospagables*, la formación del valor futuro de la serie se representa en la figura 1. Consideramos una serie de anualidades constantes de 1.000 ptas. depositadas al final de cada año, durante 3 años, al 15%.

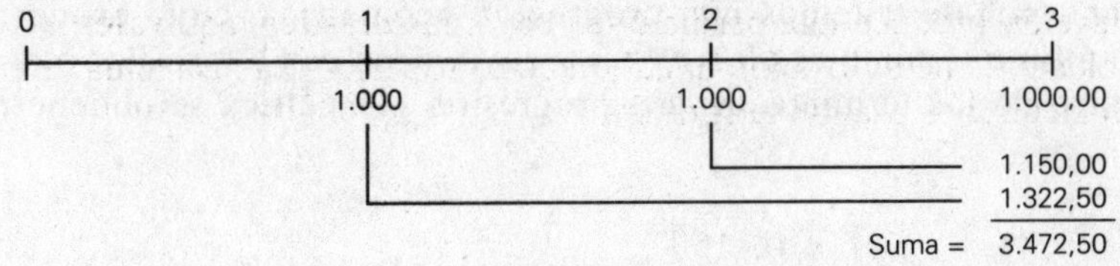

FIGURA 1. **Anualidades pospagables**

Si, por el contrario, el depósito se hiciera al principio de cada año, en cuyo caso se denominan anualidades *prepagables*, la formación del valor futuro vendría representada en la figura 2.

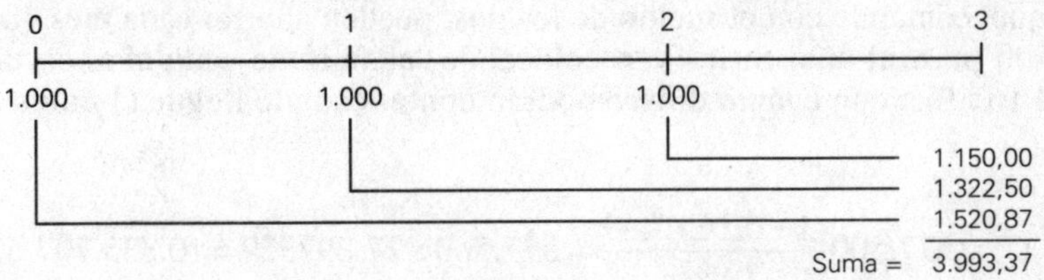

FIGURA 2. **Anualidades prepagables**

Recordemos que la tasa de capitalización coincide con el interés nominal de la operación financiera en cuestión.

5.2. FÓRMULA

5.2.1. *En períodos anuales*

Siendo:

C_n = Valor nominal en el momento T_n.
a = Anualidad.
r = Tasa de capitalización.
n = Número de años del período considerado.

La fórmula para calcular el valor final de las anualidades *pospagables* será la [18]:

$$C_n = a\frac{(1+r)^n - 1}{r} \qquad [18]$$

La dedución de la fórmula [18] es la siguiente:

$$C_n = a\,(1+r)^{n-1} + a\,(1+r)^{n-2} + ... + a\,(1+r)^2 + a\,(1+r)^1 + a\,(1+r)^0 =$$
$$= a\,[(1+r)^{n-1} + (1+r)^{n-2} + ... + (1+r)^2 + (1+r)^1 + 1]$$

Dentro del corchete tenemos una progresión geométrica, cuyo primer término es $(1 + r)^0$, cuyo último término es $(1 + r)^{n-1}$, y cuya razón es $(1 + r)$. Por otra parte sabemos que la suma de los términos de una progresión geométrica se obtiene mediante la fórmula [19]:

$$S = \frac{a_n q - a_1}{q - 1} \qquad [19]$$

Sustituyendo en la fórmula [19] los valores correspondientes, se obtiene la fórmula [18].

Ejemplo: Teresa y Ernesto llevan casados 16 años. Su hijo mayor acaba de cumplir 15 años. Cuando cumplan sus bodas de plata, dentro de 9 años, su hijo tendrá 24, habrá acabado la carrera y estará a punto de casarse también o en vísperas de ello. Con ese motivo quisieran hacerle un importante obsequio. Haciendo cuentas sobre el presupuesto familiar consideran que, contando con el sueldo de los dos, pueden ahorrar cada mes 48.125 ptas., es decir, 577.500 ptas. al año. Si las van colocando, al final de cada año, en una cuenta de depósitos al 16,5%, ¿con cuánto dinero podrán contar cuando llegue el momento?

$$C_n = 577.500 \frac{(1 + 0{,}165)^9 - 1}{0{,}165} = 577.500 \times 17{,}897329 = 10.335.707{,}52$$

La fórmula para el cálculo del valor final de las anualidades *prepagables* será la misma, pero multiplicando por un término adicional $(1 + r)$. La reproducimos en la fórmula [20]:

$$C_n = a(1 + r)\frac{(1 + r)^n - 1}{r} \qquad [20]$$

Ejemplo: ¿Qué cantidad hubieran acumulado Teresa y Ernesto al final de los 9 años, si en lugar de ingresar sus ahorros en la cuenta de depósitos al final del año, hacen sus previsiones de gasto, y los ingresan al principio de cada año?

$$C_n = 577.500(1 + 0{,}165)\frac{(1 + 0{,}165)^9 - 1}{0{,}165} = 577.500 \times 1{,}165 \times 17{,}897329 = 12.041.099{,}26$$

Despejando a en la fórmula [18] calculamos el importe de las anualidades que hay que depositar durante n años, al final de cada año, a una tasa de capitalización r, para alcanzar al término de esos n años, un valor final dado. En este caso el valor futuro es el dato, y la anualidad es la incógnita. La fórmula [18] se transforma en la [21]:

$$a = C_n \frac{r}{(1 + r)^n - 1} \qquad [21]$$

Ejemplo: ¿Qué cantidad de dinero deberían depositar Teresa y Ernesto, al final de cada año, a la misma tasa de capitalización del 16,5%, y durante el mismo plazo de 9 años, si la cantidad que entonces quisieran darle a su hijo fueran 12.000.000?

$$a = 12.000.000 \frac{0,165}{(1+0,165)^9 - 1} = 12.000.000 \times 0,055874 = 670.491,11$$

En la fórmula [18] no es posible *despejar r*, por lo que para calcular su valor, conociendo la anualidad y el valor futuro, habrá que hacerlo por interpolación. Así lo hacen las máquinas de calcular y los ordenadores.

Tampoco es posible *despejar n*.

5.2.2. *En períodos subanuales*

Recordemos que la tasa de capitalización coincide con el interés nominal devengado por la operación financiera.

a) Si el depósito de estas cantidades en la cuenta de ahorros lo hicieran *mensualmente*, y aplicasen la fórmula del *interés simple*: ello significa que cada mes depositan la duodécima parte de la suma anual, y que esa mensualidad se capitaliza a una tasa subanual equivalente que es también la duodécima parte de la tasa anual nominal:

$$C_n = a' \frac{(1+r')^{nm} - 1}{r'} \qquad [22]$$

Según la fórmula [2],

$$r' = \frac{r}{m} = \frac{0,165}{12} = 0,013750 = 1,38\%$$

Según la fórmula [3],

$$a' = \frac{a}{m} = \frac{577.500}{12} = 48.125$$

$$C_n = 48.125 \frac{(1+0,01375)^{9\times12} - 1}{0,01375} = 48.125 \times 245,129128 = 11.796.839,29$$

Se produce, pues, una ganancia para el perceptor de los intereses de 11.796.839,29 – – 10.335.707,32 = 1.461.131,97 ptas.

Esta ganancia es el resultado de haber aplicado una tasa de capitalización efectiva anual r'', del 17,81%. Efectivamente, según la fórmula [7],

$$r'' = \left[1 + \frac{0,165}{12}\right]^{12} - 1 = 0,178068 = 17,81\%$$

En la hipótesis que estamos trabajando, se hacen entregas mensuales de 48.125 ptas. Capitalizando estas mensualidades al 1,375% mensual, que es el valor que hemos dado a la tasa subanual equivalente, las 12 mensualidades tendrán al término de cada año un valor final de 623.238,45 ptas.

$$a'' = a'\frac{(1+r')^m - 1}{r'} = 48.125\frac{(1+0,01375)^{12} - 1}{0,01375} = 48.125 \times 12,9504 = 623.238,45$$

Y capitalizando de nuevo esta suma final anual a la tasa anual efectiva del 17,81% durante 9 años, obtenemos:

$$C_n = a''\frac{(1+r'')^n - 1}{r''} = 623.238,45\frac{(1+0,178068)^9 - 1}{0,178068} = 623.238,45 \times 18,9283 = 11.796.839,29$$

b) Si el depósito de estas cantidades en la cuenta de ahorros lo hicieran *mensualmente*, y utilizasen la hipótesis del *interés compuesto*:

Utilizamos la misma fórmula [22] pero dando a r', interés subanual equivalente, y a la subanualidad equivalente a', otra definición.

Según la fórmula [5],

$$r' = (1 + r)^{1/m} - 1 = (1 + 0,165)^{1/12} - 1 = 0,012808 = 1,28\%$$

Según la fórmula [6],

$$a' = a\frac{r'}{r} = 577.500\frac{0,012808}{0,165} = 577.500 \times 0,077624 = 44.828,30$$

Si ahora calulamos el valor final a partir de una mensualidad de 44.828 capitalizadas a un interés mensual acumulativo del 1,2808%, durante 9 × 12 = 108 meses desaparece la ganancia suplementaria del perceptor de los intereses:

$$C_n a'\frac{(1+r')^{nm} - 1}{r'} = 44.828,30\frac{(1+0,012808)^{9\times 12} - 1}{0,012808} = 44.828,30 \times 230,562087 = 10.335.707,52$$

6. **Valor actual de una anualidad constante**

6.1. Concepto

Valor que tiene en el momento presente la suma de una serie de anualidades constantes durante los n años próximos, a una tasa de actualización de r. La figura 3 representa la formación del valor actual de una serie de anualidades constantes de 1.000 ptas. depositadas al final de cada año (pospagables), durante 3 años, al 14%.

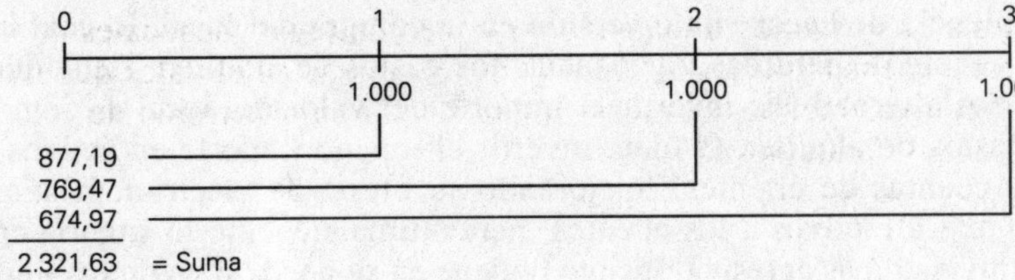

FIGURA 3

Si, por el contrario, el depósito se hiciera al principio de cada año, en cuyo caso se denominan anualidades *prepagables*, la formación del valor actual vendría representada en la figura 4.

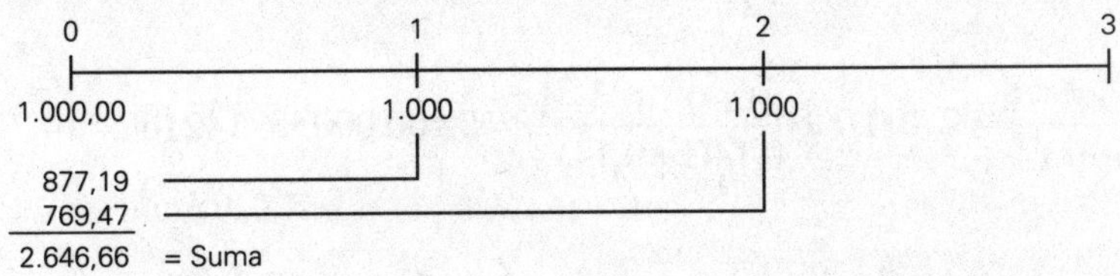

FIGURA 4

Recordemos que la tasa de actualización equivale a la rentabilidad alternativa que se pudiera obtener en el caso de optar por otra forma de inversión, lo que hemos llamado rentabilidad exigida por el inversor.

6.2. FÓRMULA

6.2.1. *En períodos anuales*

Siendo:

C_0 = Valor nominal en el momento T_0.
a = Anualidad.
r = Tasa de actualización.
n = Número de años del período considerado.

La fórmula para calcular el valor de las anualidades *pospagables* será la [23]:

$$C_0 = a\frac{(1+r)^n - 1}{r(1+r)^n} \qquad [23]$$

Ejemplo: Jacinto Enríquez explota un negocio de electrodomésticos, situado en la calle Concepción. El local, donde tiene establecido su actividad comercial, es alquilado. Paga un alquiler mensual de 200.000 ptas., lo que equivale, en términos nominales, a un alquiler anual de 2.400.000 ptas. Suponiendo un horizonte de 15 años, Jacinto se pregunta sobre la conveniencia de hacer una inversión en la compra del local, lo cual le permitiría eliminar de su cuenta de pérdidas y ganancias los gastos de alquiler. Tiene que hacer una elección entre dos alternativas: invertir el importe del valor del local en inmovilizado, y ahorrarse los gastos de alquiler. O bien, invertir el mismo importe en activos circulantes (mercaderías y cuentas de clientes), mejorando su oferta de electrodomésticos y dando plazos de pago más atractivos a los clientes. Esta última elección lo situaría en una situación de competitividad más agresiva. Jacinto obtiene en su negocio una rentabilidad del 14% sobre la inversión. Al objeto de preparar la negociación del precio del local con el propietario pretende saber cuál es el precio que la rentabilidad de su negocio razonablemente le permite aceptar.

Para ello debe preguntarse cuál es el valor actual de los flujos futuros (importe de los alquileres que pagará durante los próximos 15 años).

$a = 2.400.000$
$r = 0,14$
$n = 15$

$$C_0 = a\frac{(1+r)^n - 1}{r(1+r)^n} = 2.400.000\frac{(1+0,14)^{15} - 1}{0,14(1+0,14)^{15}} = 2.400.000 \times 6,142168 = 14.741.203,16$$

La fórmula para el cálculo del valor actual de las anualidades *prepagables* será la misma, pero multiplicada por un término adicional (1 + r). La reproducimos en la fórmula [24]:

$$C_0 = a(1+r)\frac{(1+r)^n - 1}{r(1+r)^n} \qquad [24]$$

Ejemplo: en el supuesto de que Jacinto pagase los alquileres por adelantado, habría que considerar que son anualidades prepagables. Aplicando, pues, la fórmula [24], Jacinto podría aceptar razonablemente un precio de compra del local mayor.

$$C_0 = 2.400.000(1+0,14)\frac{(1+0,14)^{15} - 1}{0,14(1+0,14)^{15}} = 2.400.000 \times 1,14 \times 6,142168 = 16.804.971,65$$

Despejando a en la fórmula [23] calculamos cuál ha de ser el importe de las anualidades que, depositadas durante [n] años, al final de cada año, tendrán en el momento actual un valor dado. En este caso el valor actual es el dato, y la anualidad es la incógnita. La fórmula [23] se transforma en la [25].

$$a = C_0\frac{r(1+r)^n}{(1+r)^n - 1} \qquad [25]$$

Ejemplo: Hemos construido un chalet en la zona del Brillante. El coste total de la construcción ha sido de 14 millones de ptas. Dado que no lo vamos a habitar, encargamos a una agencia inmobiliaria que encuentre un inquilino. ¿Cuál sería el importe del alquiler anual, considerando que la rentabilidad de otras inversiones alternativas es del 12%, y pretendemos recuperar el valor inicial en un plazo de 15 años?

$$a = 14.000.000 \frac{0,12(1+0,12)^{15}}{(1+0,12)^{15}-1} = 14.000.000 \times 0,146824239 = 2.055.539,36$$

En la fórmula [23] no es posible *despejar r*, por lo que para calcular su valor, conociendo la anualidad y el valor actual, habrá que hacerlo por interpolación. Así lo hacen las máquinas de calcular y los ordenadores.

Tampoco es posible *despejar n*.

6.2.2. *En períodos subanuales*

Suponemos que Jacinto Enríquez, el propietario del negocio de electrodomésticos en la calle Concepción, paga el alquiler del local todos los meses, a razón de 200.000 ptas., al final de cada mes. En ese caso el precio de compra que puede aceptar, es diferente.

a) Si aplica la fórmula del *interés simple*:

$$C_0 = a' \frac{(1+r')^{nm}-1}{r'(1+r')^{nm}} \qquad [26]$$

Según la fórmula [2]:

$$r' = \frac{r}{m} = \frac{0,14}{12} = 0,011667 = 1,166\%$$

Según la fórmula [3]:

$$a' = \frac{a}{m} = \frac{2.400.000}{12} = 200.000$$

$$C_0 = 200.000 \frac{(1+0,011667)^{15\times12}-1}{0,011667(1+0,011667)^{15\times12}} = 200.000 \times 75,089655 = 15.017.930,92$$

El valor actual del inmueble, en este supuesto, es mayor, derivado del hecho de que el cálculo de la tasa subanual equivalente utilizando la fórmula del interés simple favorece al perceptor de los intereses, en este caso, al perceptor de los alquileres. La ganancia suplementaria está representada por la diferencia, 15.017.930,92 – 14.741.203,16 = = 276.727,76 ptas.

b) Si se aplica la fórmula del *interés compuesto*:

Utilizamos la misma fórmula [26], pero dando a *r'* y *a'*, interés subanual equivalente y subanualidad equivalente, respectivamente, otra definición.

Según la fórmula [5]:

$$r' = \sqrt[m]{1+r} - 1 = \sqrt[12]{1+0{,}14} - 1 = 0{,}0110979 = 1{,}10\%$$

Según la fórmula [6]:

$$a' = a\left(\frac{r'}{r}\right) = 2.400.000\left(\frac{0{,}010979}{0{,}14}\right) = 2.400.000 \times 0{,}078420 = 188.208{,}89$$

Lo cual significa que si el alquiler se ha estipulado en el contrato en términos de 2.400.000 al año, al convertirlo en pagos mensuales, no corresponde pagar todos los meses 200.000 ptas., sino 188.208,89.

Esta cantidad capitalizada al final de cada año, mediante la aplicación de la fórmula [18], representa exactamente un alquiler anual de 2.400.000 ptas.

$$188.208{,}89\frac{(1+0{,}010979)^{12} - 1}{0{,}010979} = 188.208{,}89 \times 12{,}7518 = 2.400.000$$

A su vez, la actualización de este alquiler mensual de 188.208,89 ptas. a lo largo de 15 años, aplicando la fórmula [26], arroja exactamente 14.741.203,16 ptas. La misma cantidad que obteníamos haciendo una actualización del alquiler anual. Así pues, aplicando la hipótesis del interés compuesto desaparece la ganancia suplementaria del perceptor de los intereses.

Resumen de las fórmulas financieras

		C	a	r	n
Futuro	Cantidad	$C_n = C_0(1+r)^n$		$r = \sqrt[n]{\frac{C_n}{C_0}}$	$n = \frac{\log C_n - \log C_0}{\log(1+r)}$
	Anualidad	$C_n = a\frac{(1+r)^n - 1}{r}$	$a = C_n\frac{r}{(1+r)^n - 1}$	No puede despejarse r	No puede despejarse n
Actual	Cantidad	$C_0 = \frac{C_n}{(1+r)^n}$		$r = \sqrt[n]{\frac{C_n}{C_0}}$	$n = \frac{\log C_n - \log C_0}{\log(1+r)}$
	Anualidad	$C_0 = a\frac{(1+r)^n - 1}{r(1+r)^n}$	$a = C_0\frac{r(1+r)^n}{(1+r)^n - 1}$	No puede despejarse r	No puede despejarse n

Capítulo 3

El mercado de capitales

1. Conceptos generales

1.1. Definición de mercado financiero

El término «mercado», en un sentido muy amplio, indica el ámbito en que se encuentran la oferta y la demanda para intercambiar bienes contra dinero, y como resultado fijar un precio. También puede tener acepciones restringidas.

Referido a un *lugar*, abarca ya sea una nación (mercado español, mercado francés, etc.), una ciudad (mercado de Madrid, de Londres, de Buenos Aires), o incluso un edificio o sitio público destinado permanente o periódicamente a la compra, venta o intercambio de mercancías (lonja de pescado, mercados en origen de productos agrarios, mercadillo de utensilios domésticos en la plaza de la Corredera, el Rastro de Madrid).

Referido a un *producto*, se refiere al conjunto de compradores y vendedores de dicho producto en un momento dado: mercado del cobre, mercado de la soja. Es en este sentido en el que hablamos de «mercado financiero».

El mercado financiero puede definirse como el mecanismo por el que se intercambian activos financieros contra dinero en efectivo, y se determinan sus precios.

1.2. Objetivo del mercado financiero

El objetivo último de los mercados financieros en una economía capitalista es la distribución del ahorro generado por los individuos o entidades que tienen más ingresos que gastos, entre aquellos otros individuos o entidades que generan iniciativas y proyectos, donde tenga lugar la reproducción multiplicadora del ahorro de los primeros. El cumplimiento de este objetivo exige la existencia de un mercado financiero.

El sistema capitalista pretende crear normativas e instituciones, que acerquen el mercado financiero al modelo de competencia perfecta. Se denomina competencia perfecta a la estructura del mercado caracterizada por la existencia de numerosos oferentes y demandantes, de tal forma que ninguno de ellos en particular pueda imponer restricciones sobre el precio o las cantidades intercambiadas. Ello exige movilidad total en los recursos, y una información igualmente accesible para todos los participantes en el mercado.

Digamos, pues, que el objetivo de los mercados financieros es garantizar la existencia del modelo de competencia perfecta en ellos. Sin embargo, en la realidad, ni siquiera en la Bolsa se verifican las condiciones teóricas de un mercado de competencia perfecta. La información no es igualmente transparente para todos los agentes del mercado, y la presencia de grupos oligopolistas distorsiona la perfección de la competencia.

1.3. Funciones del mercado financiero

Las funciones básicas de un mercado financiero se pueden dividir en dos:

- —En primer lugar *poner en contacto a vendedores y compradores* de activos financieros, constituyendo, por tanto, un sistema de intercambio, por el que oferentes y demandantes pueden manifestar sus deseos de compra y venta de activos. Es irrelevante en el cumplimiento de esta función que el mercado se constituya en un espacio físico y diferenciado. Puede hacerse igualmente a través de líneas de comunicación telefónicas o electrónicas a larga distancia.
- —En segundo lugar, todo mercado financiero sirve de cauce para la *determinación del precio* de los activos financieros que en él se intercambian, reduciendo los costes de intercambio, y facilitando la circulación de activos financieros.

1.4. Clases de mercado financiero

1.4.1. *Por la forma*

Se distinguen los mercados negociados y los mercados organizados:

- —Los *mercados negociados* tienen normas flexibles, están poco intervenidos y operan con mediadores privados y aislados. Tal es el caso del conjunto de acuerdos e intercambios que mantienen los bancos entre sí, y con sus clientes.
- —Los *mercados organizados* están reglamentados y fiscalizados como lugares públicos de reunión donde se ponen en contacto la oferta y la demanda. Un ejemplo de mercado organizado son precisamente las Bolsas Oficiales de Valores.

1.4.2. *Por el tipo de fondos*

Se distinguen un mercado de crédito, un mercado monetario y un mercado de capitales:

- —El *mercado de crédito* se refiere al mercado nacional del crédito bancario. Aparte de las operaciones que las instituciones financieras llevan a cabo con las empresas o las familias, hay que incluir en este apartado el mercado de crédito interbancario. Este es el mercado al que concurren los bancos y cajas de ahorro con déficit o superávit transitorio de tesorería, con el fin de corregir los desajustes que diariamente se producen en sus flujos de negocio. La necesidad de este mercado surge, entre otras causas, de: las diferentes estructuras activo/pasivo de cada banco en particular; la distinta estructura entre los bancos y cajas de ahorro, u otras instituciones financieras; las desiguales posibilidades de captación e inversión de recursos a nivel nacional, regional o local; el desarrollo de la política monetaria que obliga a mantener unos grados de liquidez ajustados. El plazo de estos créditos interbancarios, es a corto plazo: se cotiza diariamente para plazos de un día, un mes, tres meses, seis meses y un año. Se conoce con un nombre que hace referencia a la plaza bancaria correspondiente: MIBOR (Madrid Inter Bank Offered Rate), LIBOR (London Inter Bank Offered Rate), PIBOR (Paris Inter Bank Offered Rate).

—El *mercado monetario*, está constituido por el intercambio de activos financieros a corto plazo, caracterizados por su seguridad y su liquidez. La seguridad se debe al tipo de prestatarios, pues son títulos emitidos por el Estado, instituciones financieras, y grandes empresas que gozan de solvencia. La liquidez viene garantizada por la existencia de los mercados secundarios de dichos activos. En este mercado se cambia dinero a la vista contra dinero a plazo, instrumentos de pago contra instrumentos de crédito. A él acuden los bancos para alimentar su tesorería cuando es deficitaria, o para verter en él sus excedentes, cuando les sobra. Igualmente acude la tesorería del Estado con la misma finalidad. Es preferentemente un mercado negociado. Se consideran activos financieros de este mercado: pagarés del Tesoro, letras de cambio, pagarés de empresa, pagarés bancarios, certificados de depósito, títulos hipotecarios, bonos de caja y bonos de tesorería.

—El *mercado de capitales* es aquel en que se negocian fondos a más largo plazo (más de un año). Comprende tanto la emisión de acciones u obligaciones (mercado primario), como el comercio con los títulos ya emitidos (mercado secundario). Es en principio un mercado organizado. Pero también tiene la forma de mercado negociado para aquellos títulos que no son cotizados en Bolsa. Se consideran activos financieros de este mercado los títulos de renta fija (obligaciones y bonos) y los títulos de renta variable (acciones). Los títulos son emitidos por el Estado, organismos y empresas estatales, o empresas privadas.

La distinción entre mercado monetario y mercado de capitales se basa en la duración de la operación de crédito. En la realidad muchas operaciones se encuentran a caballo entre ambos tipos de mercado, existiendo entre ellos una gran interrelación en todo el sistema financiero. En la práctica la divisoria entre un mercado y otro no es completamente clara[1].

1.4.3. *Por el tipo de transacciones*

Se distingue un mercado primario y un mercado secundario:

—*Mercado primario*: el mercado primario de valores es aquel donde se venden por primera vez los valores mobiliarios. Este mercado pone en contacto a los ahorradores con las empresas y otras instituciones de gasto, para que estas últimas consigan recabar recursos financieros mediante la emisión de acciones y obligaciones.

—*Mercado secundario*: donde se negocian e intercambian los títulos ya existentes. La Bolsa es el mercado secundario más importante y organizado, el cual centraliza las ofertas y las demandas de los valores admitidos a cotización.

Ambos mercados están estrechamente relacionados, y cumplen funciones complementarias. El buen funcionamiento del mercado de capitales en general, y del mercado

[1] Cfr. *Curso de introducción a la Bolsa,* Ed. Servicio de Estudios de la Bolsa de Madrid, 1987, pp. 43-44.

primario en particular, depende en gran medida de la existencia de un mercado secundario que proporcione liquidez con facilidad. Si éste no reuniera esas condiciones, el mercado de emisión funcionaría de forma precaria, y las empresas no podrían obtener del mercado financiero los capitales permanentes necesarios para financiar sus inversiones a largo plazo.

1.4.4. *Segundo mercado*

El segundo mercado de la Bolsa no debe confundirse con el mercado secundario. El primer mercado es la Bolsa propiamente dicha. El segundo mercado, es un mercado paralelo al primer mercado, en el cual los requisitos para admitir un título a cotización oficial son menos exigentes. El segundo mercado ha sido concebido para posibilitar a la pequeña y mediana empresa el acceso al mercado de capitales[2]. Fue creado por Real Decreto 710/1986, de 4 de abril, posteriormente desarrollado en Orden del Ministerio de Economía y Hacienda de 26 de septiembre de 1986. El segundo mercado no ha conseguido la aceptación que en principio se esperaba. A lo largo de 1990 y 1991 solamente tres sociedades cotizaban en el segundo mercado[3].

1.5. AGENTES DEL MERCADO FINANCIERO

Son básicamente los siguientes: familias e instituciones financieras, por el lado de la *oferta* de fondos; empresas, administraciones públicas e instituciones financieras por el lado de la *demanda* de fondos. Coyunturalmente, cada uno de los agentes mencionados puede actuar como demandante u oferente en función de su posición neta como excedentario o deficitario de recursos.

La *oferta* de dinero está organizada por intermediarios que acumulan grandes fondos de ahorro, y cuya presencia es muy activa. Entre éstos distinguimos:

—Los *bancos*, que recogen los depósitos de los individuos y de las entidades en forma de cuentas corrientes, de ahorro, de imposiciones a plazo fijo, etc., y lo prestan a otros individuos, a las empresas, y al propio Estado, con el objeto de que lo inviertan en negocios de los que se espera una rentabilidad.

—Las *instituciones de inversión*, que son organismos de gestión colectiva del ahorro. Los particulares les confían sus ahorros, y ellos aseguran su inversión en las mejores condiciones de seguridad. Son principalmente las compañías de seguros, las sociedades de inversión, los fondos de inversión mobiliaria, y las cajas de ahorros.

—Los *institutos de crédito* especializados que suelen gozar de un estatuto público, y están en relación con categorías específicas de prestatarios. En España comprenden las entidades oficiales de crédito: Banco de Crédito Agrícola, Banco de Crédito Industrial, Banco de Crédito Local, Banco Hipotecario. Los cuatro están integrados en el Instituto de Crédito Oficial. Todos ellos se han fusionado en 1991, juntamente con la Caja Postal de Ahorros, en una gran agrupación bancaria estatal, liderada por el Banco Exterior, la cual es conocida como Corporación Argentaria.

---

[2] Cfr. *Curso de introducción a la Bolsa,* Ed. Servicio de Estudios de la Bolsa de Madrid, 1987, pp. 302-303.

[3] Cfr. Bolsa de Madrid. Informe anual de 1990 (p. 65) y 1991 (p. 57).

La *demanda* de capitales a largo plazo tiene dos grandes corrientes que emanan una de las empresas, y otra del Estado:

—Las *empresas* requieren capitales a largo plazo, tanto en el momento de su constitución, como durante el curso de su existencia, para mantenimiento, renovación y ampliación. La forma de obtener capitales en el mercado financiero organizado es la emisión de valores mobiliarios, ya sean éstos de renta fija o de renta variable.

—El *Estado* y los entes públicos ocupan en la actualidad un lugar importante en la demanda del mercado de capitales, en razón de la ampliación constante de sus atribuciones y el acrecentamiento de sus gastos.

2. La Bolsa

2.1. Concepto

La palabra Bolsa se usa indistintamente en varios sentidos, designándose con ella, ya el lugar o *edificio* en que se reúnen los ahorradores, negociantes, banqueros, especuladores e intermediarios para tratar de negocios mercantiles y concertar éstos; ya la *reunión* de aquéllos considerada en sí misma, ya el *conjunto de operaciones* hechas en un día; ya el *movimiento u oscilación* de los efectos (se dice que la Bolsa sube o baja o está firme); ya la *institución en su totalidad*. Refiriéndonos a esta última acepción, las Bolsas son unos establecimientos públicos, autorizados por el Gobierno de la nación, en el que se reúnen comerciantes, negociantes, intermediarios, y demás personas interesadas para concertar y cumplir los diferentes contratos u operaciones a que puedan dar lugar los efectos públicos, y los otros valores mercantiles o industriales.

2.2. Organización

La organización del mercado de valores según la Ley 24/1988 se resume en el cuadro 1.

Cuadro 1

El Ministerio de Economía y Hacienda ejerce un control funcional sobre la Comisión Nacional del Mercado de Valores. De hecho los miembros componentes del Consejo de dicha Comisión son de nombramiento gubernamental, o del propio Ministro de Economía y Hacienda (LMV art. 17). La Comisión Nacional de Valores queda configurada como un ente de derecho público, con capacidad jurídica propia (LMV art. 13).

La Comisión Nacional del Mercado de Valores tiene competencias sobre todas las Bolsas existentes en el país, y debe velar sobre (LMV art. 13):

—la transparencia de los mercados de valores,
—la correcta formación de los precios en dichos mercados,
—la protección de los inversores, promoviendo la difusión de la información necesaria;
—asesora al Gobierno y a las Comunidades Autónomas en materias relacionadas con los mercados de valores.

Las Bolsas de Valores estarán regidas y administradas por una sociedad anónima, que será responsable de su organización y funcionamiento internos, y será titular de los medios necesarios para ello. Las acciones de dichas sociedades serán nominativas. Tales sociedades tendrán como únicos accionistas a todos los miembros de las correspondientes Bolsas (LMV art. 48).

Las sociedades y agencias de valores pueden ser miembros de una o varias Bolsas, y esta condición se materializa por la participación en el capital de la sociedad anónima gestora de dicha Bolsa (LMV art. 64). Las sociedades y agencias de valores, que sean miembros de alguna Bolsa de Valores, deberán incluir en su denominación social la expresión «Sociedad de Valores y Bolsa» y «Agencia de Valores y Bolsa».

La diferencia entre sociedades y agencias radica en que las sociedades pueden realizar ciertas actividades, que no pueden realizar las agencias. Las agencias no pueden actuar en el mercado de valores por cuenta propia, no pueden ser titulares de la Central de Anotaciones (LMV art. 71). Tanto unas como otras han de revestir la forma de sociedades anónimas (LMV art. 66).

La diferencia entre las sociedades y agencias de valores que son miembros de la Bolsa y las sociedades y agencias de valores que no son miembros de la Bolsa, radica en que sólo las primeras pueden negociar valores en Bolsa (LMV art. 70).

Existen por tanto cuatro tipos de entidades:

—Sociedad de valores y Bolsa.
—Sociedad de valores.
—Agencia de valores y Bolsa.
—Agencia de valores.

Además de las sociedades y agencias de valores otras entidades como las entidades oficiales de crédito, los bancos y las cajas de ahorro, las cooperativas de crédito, las sociedades mediadoras del mercado de dinero, las sociedades gestoras de cartera, los corredores de comercio colegiados pueden desarrollar también algunas de las actividades bursátiles (LMV art. 76).

2.3. Funciones económicas

2.3.1. *Función de liquidez*

Generalmente al hablar de la Bolsa nos referimos a las transacciones diarias sobre títulos ya existentes. La función fundamental de este mercado secundario es proporcionar liquidez a los títulos emitidos previamente en el mercado primario. Si la Bolsa no existiera, los inversores se resistirían a comprar valores mobiliarios en el mercado de emisión, porque no podrían deshacerse de ellos cuando necesitaran dinero efectivo. Por ello es necesario tener en cuenta la transcendencia del mercado secundario en cuanto que posibilita la realización de nuevas emisiones. En principio, a la sociedad emisora no le afectan las condiciones de contratación o la cotización de sus títulos en el mercado secundario, ya que se realiza una compraventa que no incide directamente en la inversión real. Pero sí tiene importancia esta cuestión desde la perspectiva de nuevas emisiones, cuya aceptación dependerá, entre otras cosas, de las expectativas que puedan tener los compradores de emisiones anteriores acerca de los resultados futuros de la sociedad en cuestión. El buen funcionamiento del mercado de emisión, mercado primario, depende en gran medida de la existencia de un mercado secundario que proporcione liquidez con facilidad. Si éste no reuniera estas condiciones, el mercado de emisión funcionaría de forma precaria, y las sociedades no podrían obtener del mercado financiero los capitales permanentes necesarios para financiar sus inversiones a largo plazo.

La función de liquidez ha cobrado tal importancia, que la Bolsa se comporta como un gran banco al servicio de los ahorradores que colocan en él sus ahorros temporalmente, comprando aquellos títulos que ofrecen, incluso a corto plazo, mayor rentabilidad.

La Bolsa ha permitido la movilidad de los capitales. Las inversiones en activos inmobiliarios, tales como fincas, solares, casas, ha podido ser sustituida por títulos mobiliarios, recuperando su movilidad. Esto tiene para el ahorrador, o para las instituciones financieras que concentran los ahorros individuales, la ventaja de poderlos recuperar para trasladarlos en el momento deseado a otras inversiones cuando se manifiestan más rentables. El ahorro puede así trasladarse cuasi anónimamente de un sector productivo a otro, a medida que unos sectores entran en depresión, y otros surgen innovadores. Evidentemente ello comporta un riesgo. Los bienes de oferta fija, tales como el suelo o los metales y piedras preciosas, ofrecen mayor seguridad que los títulos mobiliarios. Pero en contrapartida su rentabilidad es nula. Esta es precisamente una de las razones por la que el sistema financiero capitalista exige una continua rentabilidad a los fondos invertidos. La rentabilidad debe compensar el riesgo.

2.3.2. *Función de inversión*

La Bolsa es el cauce mediante el cual el ahorro de todo el sistema económico revierte de nuevo al sistema para alimentar las inversiones. No es, evidentemente, el único cauce, ni siquiera canaliza la mayor parte del ahorro. A través del mercado negociado se canaliza más ahorro que a través de la Bolsa. Pero dado su carácter de mercado público, ejerce un papel decisivo y orientador de primera importancia. El sistema capitalista ha terminado con el atesoramiento, y ha logrado que ningún ahorro permanezca ocioso. Los agentes que transforman en activos productivos los ahorros familiares ya sean aislados, ya sean agrupados a través de los intermediarios financieros, no tienen que ser precisamente los propietarios del ahorro.

En el otro lado del mercado han nacido las sociedades anónimas que captan el dinero ajeno para hacerlo continuamente productivo. Las grandes empresas a que ha dado luz el sistema capitalista han podido existir gracias al negocio de títulos mobiliarios en la Bolsa, que canaliza las grandes masas de capital hacia inversiones productivas. Este es el mecanismo financiero que ha permitido el enorme desarrollo económico que las naciones industrializadas han alcanzado en los últimos 150 años.

2.3.3. *Función de participación*

Teóricamente permite la participación de los ahorradores en la gestión de las empresas. En realidad esta función es bastante precaria, sobre todo tratándose de pequeños ahorradores que colocan su dinero en las grandes empresas. Los tenedores de acciones, auténticos propietarios de las empresas, no actúan como tales, generalmente no se preocupan de las incidencias del negocio empresarial. Éste queda en manos de los ejecutivos. La atención de los tenedores de acciones se reduce casi exclusivamente al cobro de los dividendos, a la negociación de los derechos de suscripción, y a la evolución de las cotizaciones. Aun cuando jurídicamente sean propietarios de una parte alícuota del activo de las empresas, realmente se consideran meros colocadores de ahorros en un mercado financiero, del cual esperan obtener una rentabilidad igualmente financiera, sin que los problemas de la empresa misma tengan para ellos relevancia significativa.

Este es sobre todo el caso de los pequeños ahorradores. Sin embargo en el caso de grupos financieros poderosos existe igualmente una intención de control efectivo de las sociedades a través del poder que da el voto en las juntas generales. Recientemente hemos asistido en España a operaciones de compra de importantes paquetes de acciones en sociedades del grupo químico y bancario, dirigidas a ejercer el dominio sobre las mismas.

2.3.4. *Función de valoración*

Uno de los objetivos de la empresa es la maximización de su valor. Las decisiones financieras se toman en función de este objetivo. Los mercados financieros permiten medir y controlar en qué medida se alcanza este objetivo. Así la Bolsa aparece como un jurado que dictamina las decisiones financieras de la empresa. La maximización del valor de la empresa se expresa por el valor de sus acciones en el mercado, que a su vez es una consecuencia de las decisiones que los directivos toman sobre inversión, financiación y política de dividendos. Una empresa encontrará demanda para sus títulos sólo cuando las inversiones realizadas, y la política empresarial seguida garanticen que los recursos obtenidos en el mercado de capitales han sido empleados de manera eficiente. Así es la Bolsa quien juzga, mediante la cotización de sus títulos, si la empresa cumple los objetivos que el sistema capitalista le asigna. La cotización bursátil es una suerte de prueba objetiva de la política financiera de la empresa. Los inversores potenciales en el mercado financiero demandan aquellos títulos que ofrecen perspectivas de alta rentabilidad, y sólida seguridad. Cuando las empresas no pueden mantener hacia los accionistas una remuneración suficientemente aceptable según los criterios del mercado, sus títulos dejarán de ser demandados, y su cotización descenderá. El mercado de capitales no admite excepciones a esta ley general del sistema, ni tiene piedad con el negocio que fracasa. El dinero acude solamente al negocio próspero.

Se dan, sin embargo, casos donde la afluencia de dinero a la compra de determinados títulos está basada, no precisamente en la rentabilidad de las empresas emisoras, sino en movimientos especulativos.

En virtud de estas consideraciones, en ausencia de otros criterios más objetivos para hacer una valoración global de una empresa, se puede recurrir a su valor bursátil. El valor bursátil de una empresa se define como el producto del valor en Bolsa de una acción multiplicado por el número de acciones en circulación.

Sin embargo, no puede tampoco ignorarse que la cotización de las acciones en la Bolsa no depende solamente de la situación económica o financiera de la empresa en cuestión, y de las expectativas especulativas, sino también de otras variables de orden macroeconómico, como son: política monetaria, fiscal, expectativas macroeconómicas, estabilidad político-social, que pueden afectar a las expectativas y, por ello, a la cotización.

2.3.5. *Función de información*

El dinero es precavido. Y la única manera de estar cubierto contra posibles incidencias desagradables, es estar bien informado. La Bolsa es una caja de resonancia donde acontecimientos cuyos efectos económicos todavía no son manifiestos, producen reacciones en cadena de retirada o de afluencia de dinero. La situación política interior y exterior, las medidas monetarias y fiscales del Gobierno aun cuando todavía no hayan tenido lugar, la inestabilidad o firmeza de la coyuntura aun cuando sean simplemente presentidas, tienen rápida influencia en las cotizaciones bursátiles. El dinero no juega al azar, sino en base a informaciones suficientemente contrastadas, aun cuando sean confidenciales o incluso secretas. Por ello las oscilaciones de las cotizaciones suelen tomarse como barómetro del estado general de la economía y de la política.

2.3.6. *Función de protección del ahorro frente a la inflación*

La inflación es causa de un constante desgaste del valor adquisitivo del dinero. Por ello se busca la inversión en metales preciosos o en tierras[4], que suelen resistir a la inflación. Pero como ya dijimos antes, en contrapartida su rentabilidad es nula, y su liquidez tampoco es inmediata. La custodia del dinero en depósitos bancarios a la vista tampoco impide la pérdida de valor del dinero con el paso del tiempo. En cambio los títulos de renta variable, teóricamente, al menos, deben revalorizarse en proporción a la inflación. El que en la práctica ocurra así, dependerá de otras muchas circunstancias coyunturales, por lo que a corto plazo, según la curva de los ciclos económicos, la revalorización de los títulos puede ser superior o inferior a la inflación. A largo plazo, por lógica, debe compensar la inflación.

3. **Valor de los títulos**

3.1. VALOR NOMINAL

Valor de la parte que la acción u obligación representa en el capital social o en el empréstito. Es, por tanto, igual al importe de la totalidad del capital social o del empréstito, dividido por el número de acciones u obligaciones respectivamente. Deberá estar reflejado en el título mismo.

3.2. VALOR DE EMISIÓN

Es el precio a que la sociedad emisora de acciones u obligaciones oferta los títulos en el mercado. Puede coincidir con el valor nominal (emisión a la par), ser superior al valor nominal (emisión sobre la par) o inferior al valor nominal (emisión bajo la par). La emisión de acciones bajo la par está prohibida por la Ley. Sin embargo, cuando una sociedad tiene reservas constituidas, pueden emitirse acciones liberadas, incluso totalmente gratuitas (valor de emisión igual a 0), lo cual supone que el aumento de capital se hace con cargo a las reservas disponibles de la sociedad, mediante traspaso de la cuenta de reservas a la de capital, y entrega a los accionistas de nuevas acciones[5].

En el caso de las obligaciones, resulta difícil pensar en la existencia de una emisión de obligaciones a precio superior al nominal con reembolso a la par[6]. Sin embargo, sí es

---

[4] En los últimos dos años la tierra empieza a dejar de ser un activo financiero que resista la inflación.
[5] Cfr. artículo 157 de la Ley de Sociedades Anónimas de 1989.
[6] RIVERO, *Contabilidad de sociedades,* Ed. ICE, 1978, p. 357.

frecuente la emisión con prima de emisión negativa, es decir, las obligaciones se emiten por un valor inferior al nominal, y se reembolsan por el nominal. En este caso, la diferencia entre el valor de emisión y el valor nominal se denomina «prima de emisión» o «descuento de emisión»[7]. También pueden emitirse con prima de reembolso: en este caso el suscritor percibirá a su vencimiento el nominal de la obligación más la prima, en cambio los intereses se devengarán exclusivamente por el nominal.

3.3. Valor de mercado

En el caso de acciones u obligaciones cotizadas en Bolsa el valor de mercado está señalado por la cotización que los títulos adquieren en el mercado financiero, dado el juego de la oferta y la demanda de capital. En el caso de acciones u obligaciones no cotizadas en Bolsa, también existe un valor de mercado, si bien carecen de una cotización públicamente conocida.

El valor de mercado de los títulos se expresa de dos formas distintas: en unidades monetarias o en tanto por ciento del valor nominal. La Bolsa de Nueva York los expresa en dólares, la Bolsa de Madrid en el mercado continuo los expresa en pesetas. En cambio, los valores cotizados en la Bolsa de Madrid, que no han entrado todavía en el mercado continuo, se siguen expresando en la forma tradicional de las Bolsas españolas: en tanto por ciento del valor nominal. Por ejemplo, una cotización de 180% significa que, si el valor nominal del título son 500 ptas., se está vendiendo y comprando en la Bolsa a 900 ptas. En el argot bursátil, un entero significa un 1% del valor nominal. Así se dice que los títulos suben o bajan 2, 3, etc, enteros. Puesto que gran parte de los títulos cotizados en la Bolsa de Madrid tienen un valor nominal de 500 ptas., un entero equivale a 5 ptas. en muchos casos.

Tanto en el caso de acciones como de obligaciones, el valor de mercado tiene una matización, según que esté pendiente el ejercicio del derecho al cobro del interés o del dividendo, o que tal ejercicio se haya ejercido previamente. Cuando el interés o el dividendo correspondiente a un título está en período de cobro, y no se ha ejercido todavía, se dice que es una obligación *cum interés*, o una acción *cum dividendo*. Cuando tal derecho ya se ha ejercido, se dice que es una obligación *ex interés*, o una acción *ex dividendo*[8].

3.4. Valor de adquisición

Estará «constituido por el importe total satisfecho al vendedor, incluidos, en su caso, los derechos de suscripción, más los gastos inherentes a la operación»[9].

3.5. Valor teórico bursátil

Es el valor que teóricamente debería tener una acción seguidamente a una ampliación de capital, una vez que haya sufrido el efecto *dilución*. Este valor se calcula mediante una fórmula algebraica que pretende fijar un precio a la acción *ex dividendo* de forma que se produzca un equilibrio entre el comprador y el vendedor de la acción. Dicha ecuación la encontramos en la fórmula [4].

---

[7] Rivero, *Contabilidad de sociedades*, Ed. ICE, p. 354.

[8] A este precio «cum dividendo» se refiere la norma de valoración 8.ª del Plan General de Contabilidad, cuando menciona los dividendos o intereses devengados y no vencidos.

[9] Cfr. Plan General de Contabilidad, «Criterios de valoración».

3.6. VALOR CONTABLE

Se obtiene dividiendo el patrimonio neto (capital + reservas – activo ficticio) por el número de acciones en circulación. Así pues el valor contable se deduce del balance referido a la fecha de la valoración. Para que el valor contable tenga una significación real, sería necesario que el activo contable tuviera también un valor real. Dado que según las normas de valoración del Plan General de Contabilidad, los activos se valoran a su precio de adquisición o al costo de producción, el valor contable de la acción tiene una significación muy limitada. También se denomina «valor en libros», aludiendo a los libros de contabilidad.

3.7. VALOR INTRÍNSECO

Es el valor actualizado del flujo de ingresos futuros, que se pueden derivar de dicho título, ya sea en forma de dividendos, de ganancias por aumentos de capital, y de plusvalías en el momento de la venta, descontados todos ellos a un tipo de interés que compense el menor valor del dinero futuro respecto del dinero actual. Rivero[10] denomina este valor intrínseco «valor teórico», estimamos que es una denominación inapropiada.

Suponiendo la racionalidad económica de los inversores, y una situación de competencia perfecta en el mercado de capitales, el valor de mercado tenderá a igualarse con el valor intrínseco. Las empresas procurarán elevar, o al menos mantener, el valor intrínseco de sus acciones, con objeto de que, a su vez, se mantenga o eleve el valor de mercado. Por ello todas las decisiones importantes de las sociedades anónimas deberían ser analizadas desde el punto de vista de cómo una decisión en particular afectará al valor intrínseco y, consiguientemente, al valor de mercado de sus acciones. Consiguientemente los responsables de la toma de decisiones deben conocer qué es lo que determina el valor de las acciones[11].

Esta racionalidad económica queda a veces inhibida por las tendencias especulativas, o por las intenciones políticas de los grupos oligopolistas. En estos casos el valor de mercado y el valor intrínseco pueden estar muy alejados uno de otro.

4.5. Los índices de la Bolsa

4.1. DEFINICIÓN

Número índice es una medida estadística que sirve para comparar una magnitud en dos situaciones, una de las cuales se considera de referencia. Si el valor P de una cierta magnitud en el momento base, es P_0, y en el momento t es P_t, el número índice es $I_t = P_t/P_0$.

En el caso de los índices de la Bolsa se compara el valor de mercado de un título en un momento dado $[C_t]$, con el valor de mercado que tenía ese mismo título en el período de referencia o período base $[C_0]$.

El período base varía según que se trate del índice *largo* o del índice *corto*. En la actualidad el índice *largo* toma como período base el 31 de diciembre de 1940, y el índice *corto* el 31 de diciembre de 1985.

---

[10] RIVERO, *Contabilidad de sociedades,* Ed. ICE, p. 115.
[11] Eugene F. BRIGHAM, *Financial management: theory and practice,* Ed. The Dryden Press, 1985, p. 130.

4.2. Clases de índices

Los índices se denominan *cortos* o *largos*, *normales* o *totales*. El término *corto* y *largo* hace referencia al período base empleado para el cálculo. Son índices *cortos* los que se calculan sobre la base del 31 de diciembre del año anterior. Son índices *largos* los que tienen su base en un año más lejano. El término *normal* y *total* hace referencia a la rentabilidad del título. Los índices *normales* son índices de precios: miden simplemente las variaciones de cotización de los distintos valores seleccionados, una vez depuradas las incidencias técnicas ajenas a las fuerzas del mercado, como ampliaciones de capital y reparto de dividendos. Los índices *totales* son índices de rentabilidad: miden la rentabilidad por todos los conceptos (plusvalías, dividendos, ampliaciones). Son por ello el mejor instrumento para el seguimiento del mercado de acciones a largo plazo.

La hipótesis del índice *total* es que el inversor al cobrar su dividendo lo reinvierte en la compra de acciones del mismo título que le ha proporcionado el dividendo. Así mismo en el caso de una ampliación de capital se adopta la hipótesis de que el propietario de acciones antiguas vende los derechos de suscripción necesarios para concurrir a la ampliación sin realizar ningún desembolso suplementario. Es lo que se llama operación blanca.

En el caso de reparto de dividendos o de ampliación de capital, el inversor percibe una ganancia que hay que añadir a la ganancia que pueda experimentar por la variación de las cotizaciones en el mercado. El índice *total* corrige el índice *normal* incorporando al propio índice tanto las ganancias por dividendos como las ganancias por ampliaciones de capital. Estas dos correcciones del índice *normal* de cada valor se van produciendo sucesivamente, según el orden cronológico de ocurrencia del suceso (ampliación de capital y reparto de dividendos) que los origina. De esta forma el índice *total* ya no es solamente un índice del nivel de cotizaciones, recogiendo únicamente las variaciones del valor de los títulos, sino que incluye también el otro componente: el rendimiento de un título valor. El índice *total* es pues un índice de valor y de resultados[12].

La Bolsa de Madrid elabora los índices siguientes:

1. *Índice corto normal*. Base 31 diciembre 1985. Hasta 1986 se calculaba sobre el 31 de diciembre del año anterior. Cuando se produce una mayor integración de la Bolsa de Madrid en el contexto internacional, se decidió mantener en el futuro la base de 31 de diciembre de 1985, año clave para la economía española por la integración del país en la CEE. Refleja únicamente la oscilación de las cotizaciones. Es el que se utiliza con más frecuencia. Es el índice que publica diariamente el Boletín Oficial de la Bolsa para todos los grupos, y para la Bolsa en su conjunto, y el que reproducen la mayoría de los medios de comunicación. Aun cuando el Diario Oficial de la Bolsa publica actualmente el índice diario sobre la base de 31 de diciembre de 1985; el índice *corto normal*, calculado sobre la base del 31 de diciembre del año inmediatamente anterior, ha sido publicado por la Bolsa en una serie continua que alcanza desde 1941 a 1987, con el nombre de *índice normal en cadena*[13]. La memoria anual de la Bolsa de Madrid publica cada año el índice *corto* sobre la base del 31 de diciembre del año anterior.

   Los índices extrajeros suelen utilizar períodos de referencia bastante alejados: el Dow Jones toma como referencia el 2 de enero de 1897, el Standard and Poors la media de 1941-43, y posteriormente ha sido reconstruido hacia atrás hasta 1928.

---

[12] Índices de cotización de acciones de la Bolsa de Madrid 1941-1987, Ed. Servicio de Estudios de la Bolsa de Madrid, 1988, pp. 7 y 25.

[13] Índice de cotización de acciones en la Bolsa de Madrid 1941-1987, Ed. Servicio de Estudios de la Bolsa de Madrid, 1988, pp. 89-91.

2. *Índice largo normal*. Base 31 de diciembre de 1940. Se empezó a calcular en 1973 a fin de disponer de un índice que permitiese hacer comparaciones de alcance temporal más amplio. Se calcula sólo con las cotizaciones de fin de mes. Es elaborado por el Servicio de Estudios de la Bolsa de Madrid, y se ha publicado para el período 1941-1987[14]. La memoria anual de la Bolsa de Madrid publica cada año la continuación de este índice *largo normal*. Se utilizan para su cálculo los mismos valores que para el índice corto. En cambio no se hacen correcciones por razones de ampliaciones de capital, ni por pago de dividendos.
3. *Índice corto total*. Este índice no es publicado diariamente. Sin embargo ha sido publicado por la Bolsa de Madrid en una serie continua desde1941 a 1987[15].
4. *Índice largo total*. Base 31 diciembre 1940. Se crea en 1977. Ha sido publicado por la Bolsa de Madrid para el período 1941-1987[16]. La memoria anual de la Bolsa de Madrid publica cada año la continuación de ese índice *largo total*. La hipótesis en la que se basa el cálculo de este índice *largo total* es diferente. En cuanto a las ampliaciones de capital se supone que el accionista antiguo practica la llamada «operación blanca», es decir, vende los derechos de suscripción necesarios para la compra de los nuevos títulos, de forma que no tenga que efectuar ningún desembolso adicional. En cuanto a los dividendos, se supone que el accionista reinvierte inmediatamente los dividendos percibidos en acciones de la misma clase que las que pagan el dividendo. Esta forma de calcularlo da una especial importancia a este índice, puesto que no refleja solamente el nivel de las cotizaciones, sino que incluye también el rendimiento de los títulos. Este índice permite estimar no solamente las ganancias (o pérdidas) de capital por las plusvalías (o minusvalías) del patrimonio, sino también la rentabilidad del patrimonio mismo.

4.3. CÁLCULO DEL ÍNDICE NORMAL

4.3.1. *Variables utilizadas*

Damos a continuación los símbolos y la definición de las variables que vamos a utilizar para la construcción de los índices bursátiles:

I_t = Índice individual normal, no corregido, de un título al final del período [t].
$I_{t \cdot d}$ = Índice individual normal de un título al final del período [t], corregido en función de las expectativas de dividendo.
$I_{t \cdot a}$ = Índice individual normal de un título al final del período [t], corregido en función de una ampliación de capital.
$I_{t \cdot ad}$ = Índice individual normal de un título al final del período [t], corregido en función de ambas expectativas: dividendo y ampliación de capital,.
$I_{G \cdot t}$ = Índice normal del grupo al final del período [t].
$I_{B \cdot t}$ = Índice normal de la Bolsa al final del período [t].
I_T = Índice total de un título.
K_d = Factor de corrección del índice individual normal por razón de las expectativas de dividendos.
K_a = Factor de corrección del índice individual normal por razón de una ampliación de capital.

[14] *Ib.* pp. 89-91.
[15] *Ib.* pp. 59-61.
[16] *Ib.* pp. 59-61.

$P_{G \cdot t}$ = Coeficiente de ponderación de un título individual en el índice del grupo, en función de la capitalización bursátil, al final del período [t].
$P_{B \cdot t}$ = Coeficiente de ponderación de un grupo en el índice de la Bolsa, en función de la capitalización bursátil, al final del período [t].
$Q_{G \cdot t}$ = Coeficiente de ponderación de un grupo en el índice de la Bolsa, en función del volumen de negociación, al final del período [t].
C_0 = Valor de mercado en ptas. de un título en el período base.
C_t = Valor de mercado en ptas. de un título al final del período [t].
$C_{G \cdot t}$ = Valor de mercado en ptas. de los títulos comprendidos en el grupo correspondiente, al final del período [t].
$C_{B \cdot t}$ = Valor de mercado en ptas. de todos los títulos cotizados en la Bolsa, al final del período [t].
E = Valor de emisión de un título.
M = Valor nominal de un título.
T = Valor bursátil teórico de un título después de una ampliación de capital.
D = Valor bursátil teórico del derecho de suscripción.
$V_{G \cdot t}$ = Valor total en ptas. de la contratación de los títulos pertenecientes al grupo correspondiente, durante el período [t].
$V_{B \cdot t}$ = Valor total en ptas. de la contratación de todos los títulos cotizados en la Bolsa, durante el período [t].
A = Número de acciones en circulación de una sociedad, antes de una ampliación de capital. Acciones antiguas.
a = Número de acciones antiguas en poder de un accionista.
$A_{G \cdot t}$ = Número de acciones en circulación de todas las sociedades pertenecientes a un grupo, al final del período [t].
$A_{B \cdot t}$ = Número de acciones en circulación de todas las sociedades admitidas a cotización en la Bolsa, al final del período [t].
N = Número de acciones nuevas emitidas por una sociedad en una ampliación de capital.
n_d = Número de acciones que un accionista puede adquirir reinvirtiendo el dividendo en la compra de acciones, mediante una «operación blanca».
n_a = Número de acciones nuevas que un accionista puede adquirir en una ampliación de capital vendiendo parte de sus derechos y reinvirtiendo el importe en la compra de acciones, mediante una «operación blanca».
W = Número total de acciones que un accionista posee después de haber reinvertido el dividendo y/o el importe de la venta de derechos de suscripción en la compra de acciones, mediante una «operación blanca».
d = Dividendo por cupón.
l = Días trascurridos desde el principio de cada año, hasta el día [t], en que se calcula un índice.
J = Número total de derechos que un accionista canjea por acciones nuevas en una ampliación de capital.
j = Número de derechos requeridos para adquirir una acción nueva en una ampliación de capital.

4.3.2. *El índice individual de un título*

La Bolsa de Madrid elabora diariamente un índice individual para cada título, un índice para cada grupo, y un índice general para la Bolsa.

El índice individual se confecciona tomando como período de referencia, el 31 de diciembre de 1985. Este índice individual no se publica. Sirve únicamente para el cálculo del índice de los grupos y del índice general. Referente a cada título en particular solamente se publica la cotización.

El índice individual de un título en el momento [t], respecto del momento base, es el cociente del valor del título en ese momento, [C_t], dividido por el valor del título en el momento base [C_0]. Algebraicamente se expresa en la fórmula [1].

$$I_t = \frac{C_t}{C_0} \qquad [1]$$

Ejemplo: supongamos un título que el 31 de diciembre de 1985, momento que actualmente toma la Bolsa de Madrid como período base, valía 625 ptas. y que el 23 de febrero de 1991 tuviera un valor de mercado de 750 ptas. Su índice normal sería:

$$C_{31\text{-XII-}85} = 625 \text{ ptas.}$$

$$C_{23\text{-II-}91} = 750 \text{ ptas.}$$

$$I_{23\text{-II-}91} = \frac{750}{625} = 1{,}2 = 120{,}00\%$$

Al objeto de eliminar aquellos factores de oscilación —pago de dividendos o ampliaciones de capital— que pueden repercutir en las cotizaciones, y que no se deben exclusivamente a las tendencias del mercado, se efectúan determinadas correcciones a este índice. La expectativa del cobro de dividendos es un factor exógeno que contribuye a elevar la cotización de la acción, por tanto dará lugar a una corrección del índice a la baja. La ampliación de capital es un factor exógeno que provoca un efecto dilución sobre la cotización de la acción, por tanto dará lugar a una corrección del índice al alza.

En el caso de los *dividendos* se emplea el factor de correción [K_d]. Este factor de corrección se calcula a partir del próximo dividendo por cupón que se espera devengue el título. No existiendo otra estimación mejor, se toma como referencia el mismo dividendo del año anterior. Se calcula la parte proporcional de este dividendo futuro [d][17], devengada y no vencida, correspondiente a los días transcurridos desde el 1 de enero de cada año hasta la fecha del índice: para ello se divide el dividendo esperado entre el número de días del año, y se multiplica por el número de días transcurridos desde el comienzo del año natural hasta el día de la fecha del índice [l][18]. Algebraicamente se expresa en la fórmula [2].

$$K_d = \frac{d}{365} \cdot l \qquad [2]$$

[17] En el *Curso de introducción a la Bolsa,* editado por el Servicio de Estudios de la Bolsa de Madrid, 1987, p. 336, se dice que el dividendo se expresa en porcentaje del valor nominal. Estimamos que esta relación con el valor nominal no procede.

[18] Cfr. *Curso de introducción a la Bolsa,* Ed. Bolsa de Madrid, 1987, p. 328 y 336. A nuestro juicio sería más correcto que el valor de [l] representase el número de días trascurridos, no desde el comienzo del año natural, sino desde la fecha del reparto del último dividendo.

El sentido de esta corrección es restar al valor de mercado del título el importe de los dividendos devengados y no vencidos. Para ello se resta a la cotización del día el factor de corrección K_d, según se expresa en la fórmula [3][19].

$$I_{t \cdot d} = \frac{C_t - K_d}{C_0} \qquad [3]$$

Ejemplo: el mismo título devengó a los accionistas en 1990 un dividendo de 25 ptas. por cupón. Suponemos que en 1991 devengará un dividendo igual. Vamos a realizar la corrección del índice en función del dividendo:

$$\begin{aligned} C_{31\text{-XII-}85} &= 625 \\ C_{23\text{-II-}91} &= 750 \\ d &= 25 \text{ ptas.} \\ l &= 54 \text{ días} \end{aligned}$$

$$K_d = \frac{d}{365} \cdot l = \frac{25}{365} \cdot 54 = 3{,}698630$$

$$I_{23\text{–II-}91 \cdot \text{d}} = \frac{C_t - K_d}{C_{31\text{–XII-}85}} = \frac{750 - 3{,}698630}{625} = 1{,}194082 = 119{,}41\%$$

Sin tener en cuenta el factor de corrección por dividendos, el índice normal sabemos que hubiera sido 120%.

En el caso de las *ampliaciones de capital*, hay que tener en cuenta el efecto «dilución» que sufre el título. La bajada de cotización experimentada por los títulos cuyo número ofrecido en el mercado aumenta, no se debe a un cambio de actitud de los ahorradores-inversores respecto del título, sino a un cambio de la oferta. Por tanto, hemos de corregirlo para que la bajada de su cotización en el mercado debida al hecho exógeno de la ampliación de capital quede soslayada.

Para corregir el índice individual de un título en función de las ampliaciones de capital, se manejan dos conceptos financieros: el valor bursátil teórico de las acciones después de una ampliación de capital, y el valor bursátil teórico del derecho de suscripción.

El *valor bursátil teórico de las acciones después de la ampliación*: es un cociente que tiene por numerador el producto del número de acciones antiguas [*A*] multiplicadas por su valor de mercado [C_t], más el producto del número de acciones nuevas [*N*] multiplicadas por su valor de emisión [*E*]; y por denominador el número total de acciones en circulación, tanto antiguas como nuevas [*A* + *N*]. Algebraicamente será:

$$T = \frac{AC_t + NE}{A + N} \qquad [4]$$

[19] En el *Curso de introducción a la Bolsa,* Ed. Bolsa de Madrid, 1987, p. 336, se expone el cálculo y uso de este factor de corrección de forma diferente. A nuestro juicio existen dificultades conceptuales para aceptar el cálculo y uso del factor de corrección que allí se exponen.

El *valor bursátil teórico del derecho de suscripción*: se deduce a partir de la fórmula [4]. Las emisiones de nuevas acciones se hacen a un valor [E] inferior al valor de cotización [C_t]. Después de la ampliación teóricamente el valor de las acciones habría descendido de [C_t] a [T], luego el antiguo accionista ha perdido en cada acción antigua un valor [$C_t - T$]. Al contrario, el comprador de nuevas acciones, que no poseía acciones antiguas, experimenta en cada acción que compra una ganancia equivalente a [$T - E$]. Suponiendo un equilibrio de competencia perfecta en el mercado de capitales, el vendedor del derecho pretenderá recuperar, en la venta de cada derecho, la pérdida que ha experimentado en cada acción, por el efecto dilución, o sea [$C_t - T$]; y el comprador del derecho estará dispuesto a pagar por cada derecho que adquiere hasta un importe de [$T - E$], dividido por el número de derechos que necesita adquirir para comprar una acción nueva [A/N]. A partir de esta hipótesis de equilibrio del mercado se calcula el valor teórico del derecho.

Desde el punto de vista del *vendedor*,

$$D = C_t - T = C_t - \frac{AC_t + NE}{A+N} = \frac{AC_t + NC_t - AC_t - NE}{A+N} = \frac{NC_t - NE}{A+N} = \frac{N(C_t - E)}{A+N}$$

Desde el punto de vista del *comprador*,

$$D = \frac{T-E}{\frac{A}{N}} = \frac{N}{A}(T-E) = \frac{N}{A}\left[\frac{AC_t + NE}{A+N} - E\right] = \frac{N}{A}\cdot\frac{AC_t + NE - AE - NE}{A+N} = \frac{N}{A}\cdot\frac{AC_t - AE}{A+N} =$$
$$= \frac{N(C_t - E)}{A+N}$$

Así pues, desde ambos puntos de vista llegamos a la misma definición del valor bursátil teórico del derecho de suscripción:

$$D = \frac{N(C_t - E)}{A+N} \qquad [5]$$

También podemos decir que el valor bursátil teórico de las acciones después de la ampliación de capital es igual al valor de cotización inmediatamente antes de la ampliación menos el *valor bursátil teórico del derecho de suscripción:*

$$T = C_t - D = C_t - \frac{N(C_t - E)}{A+N} = \frac{C_t(A+N) - N(C_t - E)}{A+N} = \frac{C_tA + C_tN - C_tN + NE}{A+N} = \frac{C_tA + NE}{A+N}$$

Ejemplo de valor bursátil de la acción y del derecho de suscripción: supongamos que la sociedad emisora del título que venimos considerando, tiene en curso una ampliación de capital, el 23 de febrero de 1991. Las condiciones de la ampliación son las siguientes: se emiten acciones nuevas en la proporción de 1 × 4; el valor de emisión es de 550 ptas.

Las circunstancias que pueden ocurrir son tres:

a) Que el valor de cotización sea superior al valor bursátil teórico: este es precisamente el caso de nuestro ejemplo. Tiene lugar cuando las acciones se emiten a un precio inferior a su valor de cotización. El valor bursátil teórico del derecho de suscripción es la diferencia entre el valor de cotización y el valor bursátil teórico de la acción.

El *valor bursátil teórico de la acción* después de la ampliación es:

$$T = \frac{AC_t + NE}{A+N} = \frac{(4 \times 750) + (1 \times 550)}{4+1} = 710$$

El *valor bursátil teórico del derecho de suscripción* es:

$$D = \frac{N(C_t - E)}{A+N} = \frac{1(750-550)}{4+1} = 40$$

Un accionista nuevo que quiera comprar una acción nueva durante el plazo de suscripción preferente tendrá que pagar 4 derechos más el valor de emisión de la acción, es decir, deberá pagar (4 × 40) + 550 = 710, valor que coincide con el valor bursátil teórico de la acción después de la ampliación.

b) Que el valor de cotización sea igual al valor bursátil teórico: este sería el caso si las acciones se emiten al valor de cotización. En este caso el valor bursátil teórico del derecho de suscripción será cero.

El *valor bursátil teórico de la acción* después de la ampliación es:

$$T = \frac{AC_t + NE}{A+N} = \frac{(4 \times 750) + (1 \times 750)}{4+1} = 750$$

El *valor bursátil teórico del derecho de suscripción* es:

$$D = \frac{N(C_t - E)}{A+N} = \frac{1(750-750)}{4+1} = 0$$

Un accionista nuevo, durante el plazo de suscripción preferente, no tendrá ventajas en comprar una acción nueva en lugar de una antigua, por tanto los derechos de suscripción no tendrán compradores ni precio en el mercado. Si los accionistas antiguos no cubren la emisión, las acciones nuevas podrán adquirirse libremente una vez transcurrido el plazo de suscripción preferente.

c) Que el valor de cotización sea inferior al valor bursátil teórico: este sería el caso si las acciones se emitiesen a un precio superior a su valor de cotización. En este caso el valor bursátil teórico del derecho de suscripción será negativo. Es un caso extraño en condiciones normales de mercado. Ocurre únicamente cuando ciertas circunstancias de política financiera de la empresa conducen a esta decisión. Supongamos que las acciones se emiten a 900 ptas.

El *valor bursátil teórico de la acción* después de la ampliación es:

$$T = \frac{AC_t + NE}{A+N} = \frac{(4\times 750)+(1\times 900)}{4+1} = 780$$

El *valor bursátil teórico del derecho de suscripción* es:

$$D = \frac{N(C_t - E)}{A+N} = \frac{1(750-900)}{4+1} = -30$$

Estas acciones normalmente no encontrarán suscritores en el mercado de capitales. Únicamente pueden ser atractivas para un inversor que se mueva por motivaciones ajenas al mercado de capitales estrictamente dicho:

—Si las acciones se cotizan por encima de su valor bursátil teórico, [$C_t > T$], significa que la cotización de la acción es empujada al alza por las fuerzas endógenas del mercado. El mercado tiene una apreciación del título superior a la expresada por el índice [I_t]. Si no hubieran aparecido las acciones nuevas en el mercado su cotización sería superior. En consecuencia, es procedente una correción del índice [I_t], aumentándolo.

—Si las acciones se cotizan justamente a su valor teórico, [$C_t = T$], se considera que la cotización de la acción es justamente la que corresponde a un mercado sin variaciones endógenas, el mercado está equilibrado coherentemente. El índice no necesita ser corregido.

—Si las acciones se cotizan por debajo de su valor bursátil teórico, [$C_t < T$], se considera que el mercado está distorsionado por intenciones ajenas a las estrictamente financieras, que su cotización está supervalorada. En consecuencia, es procedente una correción del índice [I_t], disminuyéndolo.

Esta correción se lleva a cabo multiplicando el índice individual [I_t] por el factor de corrección en función de la ampliación de capital [K_a]. Para calcular este factor de corrección, consideramos que el valor bursátil teórico de la acción después de la ampliación [T], expresa el valor que teóricamente debería tener la acción después de la ampliación para que los tenedores no experimenten ni pérdida ni ganancia.

El factor de corrección [K_a] del índice individual [I_t] es:

$$K_a = \frac{C_t}{T} \qquad [6]$$

El índice individual corregido en función de la ampliación de capital es:

$$I_{t\cdot a} = I_t \cdot K_a \qquad [7]$$

El factor de corrección en cada una de las tres hipótesis es el siguiente:

a) K_a = 750/710 = 1,056338 = 105,63%
b) K_a = 750/750 = 1,000000 = 100,00%
c) K_a = 750/780 = 0,961530 = 96,15%

El índice corregido será:

a) $I_{t \cdot a} = 1{,}20 \times 1{,}056338 = 1{,}267606 = 126{,}76\%$
b) $I_{t \cdot a} = 1{,}20 \times 1{,}000000 = 1{,}200000 = 120{,}00\%$
c) $I_{t \cdot a} = 1{,}20 \times 0{,}961530 = 1{,}153846 = 115{,}38\%$

En el caso de que la corrección se haya de hacer por ambos motivos, las expectativas de dividendos y la ampliación de capital, se han de tomar en cuenta ambos factores de corrección, tal como se expresa en la fórmula [8].

$$I_{t \cdot ad} = \left(\frac{C_t - K_d}{C_0} \right) \cdot K_a \qquad [8]$$

En el caso que venimos considerando, y si las acciones nuevas se hubieran emitido a 550 ptas., el índice corregido por ambos motivos sería:

$$I_{t \cdot ad} = \frac{750 - 3{,}698630}{625} \cdot 1{,}056338 = 1{,}261354 = 126{,}14\%$$

4.3.3. *El índice de un grupo*

El índice de cada título individual no se publica, sirve para calcular el índice del grupo. Los índices de la Bolsa no toman en consideración los títulos de renta fija, solamente se refieren a los de renta variable. Los títulos de renta variable se agrupan por sectores homogéneos en 9 grupos distintos, que según la memoria de la Bolsa de 1991 son los siguientes:

1. Banca.
2. Eléctricas.
3. Construcción, cementos e inmobiliarias.
4. Alimentación.
5. Química, textil y papel.
6. Siderometalúrgicas y automóvil.
7. Comunicaciones.
8. Varios.
9. Inversión y cartera.

Para elaborar el índice del grupo se procede según los pasos siguientes[20]:

1.º Selección de títulos que se han de incorporar al cálculo del índice: no se toman todos los títulos pertenecientes al grupo, sino una selección de ellos. Por tanto, hay que proceder a la selección de los títulos que van a componer la muestra, de tal manera que ésta sea fiel reflejo del grupo.

---

[20] Cfr. *Curso de introducción a la Bolsa,* Ed. Bolsa de Madrid, 1987, p. 325.

2.º Ponderación de cada uno de los títulos que forman la muestra.
3.º Formulación del índice, que estará reflejado en una expresión matemática.

Para elaborar un índice no es preciso incluir todos los valores que se cotizan en la Bolsa. Generalmente una *muestra de ellos es suficiente*, pues generalmente unas pocas empresas representan un alto porcentaje de la contratación bursátil total, y la cotización de los demás valores suele moverse en el mismo sentido. Generalmente en torno a 40 o 50 valores puede ser suficiente. Los índices más antiguos, como el Dow Jones que empezó a publicarse en 1884, incluía en aquella fecha solamente 12 valores. La justificación de este número tan exiguo estribaba en la dificultad de los cálculos, que, en aquella fecha, había que hacer manualmente. Hoy cuando los cálculos están totalmente mecanizados el número se ha ampliado bastante. Algunos índices como el Standard and Poor's incluye 500 acciones, y el New York Stock Exchange incluye la totalidad de los valores que se cotizan en la Bolsa de Nueva York.

En España se suelen tomar alrededor de 70 valores. En 1991 fueron 70 valores. En 1992 son 94. De hecho la representatividad de los índices no queda debilitada por el hecho de que se utilice una muestra en lugar de la totalidad. Los ejemplos de índices de distinto tamaño y estructura resultan sorprendentemente parecidos en sus variaciones. Los análisis financieros han puesto de relieve que a partir de un cierto nivel de diversificación, unos 40 o 50 valores, la inclusión de más títulos en la muestra no cambia su variabilidad.

La Bolsa de Madrid selecciona cada año los valores que han de ser incluidos en el cálculo del índice mediante una combinación de criterios: capitalización bursátil[21] al final del año anterior, volumen de contratación y frecuencia de cotización, por este orden de importancia. Ello permite una adaptación de los índices a la cartera típica del mercado. La selección de los valores que se consideran para confeccionar el índice se actualiza cada año. El hecho de incluir en la muestra valores, con una capitalización bursátil relativamente poco importante, de reducido nivel de contratación o de escasa frecuencia de contratación, en lugar de hacerlo más representativo, produce efectos contrarios, pues puede hacer que el índice sea sensible a manipulaciones que nada tengan que ver con las tendencias del mercado, o bien que se retrase en manifestar la intensidad de las variaciones por falta de cotización de los componentes de la muestra. Los valores incluidos en el índice de 1987 representaron respecto del 31 de diciembre de 1986 un 73% de la capitalización bursátil, y un 88% de la contratación efectiva[22].

El índice de grupo se obtiene mediante la media ponderada de los índices individuales de cada uno de los títulos que componen la muestra del grupo, aplicando como factor de ponderación la capitalización bursátil de cada uno de ellos.

El número de títulos que se han tomado en cada grupo para elaborar el índice durante el año 1992 han sido los siguientes[23]:

---

[21] Se denomina capitalización bursátil de una sociedad al producto del valor de cotización de un título de dicha sociedad en Bolsa, por el número de títulos que constituyen el capital social de la misma. Es el valor que adquiriría la sociedad en Bolsa si se vendieran todas sus acciones. Da idea del valor de mercado de la sociedad.

[22] Cfr. *Índices de cotización de acciones de la Bolsa de Madrid 1941-1987,* Ed. Servicio de Estudios de la Bolsa, 1988, p. 8.

[23] Memoria de la Bolsa de Madrid, 1991, pp. 106-109. Los títulos que se han utilizado cada año, desde 1941 a 1987, para el cálculo de los índices de grupo y del general de la Bolsa, con la ponderación de cada uno de los títulos, ha sido publicado por el Servicio de Estudios en *Índice de cotización de acciones de la Bolsa de Madrid 1941-1987,* pp. 14-17. La memoria de la Bolsa de cada año reproduce la lista de los títulos seleccionados para el año siguiente, con sus ponderaciones respectivas.

Grupo	N.º de títulos
1. Banca	13
2. Eléctricas	10
3. Construcción, cementos e inmobiliaria	14
4. Alimentación	9
5. Química, textil y papel	11
6. Siderometalúrgicas y automóvil	14
7. Comunicaciones	7
8. Varios	10
9. Inversión y cartera	6
Total	94

Si la elección de la muestra se hubiese hecho al azar, o si todos los títulos que están comprendidos en ella tuviesen la misma importancia relativa y se moviesen en el mismo sentido, *la ponderación* no sería precisa. Pero como de hecho las muestras se hacen siguiendo un criterio de selección orientado, la ponderación se impone. Algunos índices, como por ejemplo el Dow Jones no usa ponderación alguna, sino una media aritmética simple.

La Bolsa de Madrid utiliza un coeficiente de ponderación para cada título en orden a calcular el índice del grupo; y un coeficiente de ponderación para cada grupo en orden a calcular el índice general de la Bolsa.

La ponderación de un título dentro de su grupo se hace multiplicando el índice del valor individual del título en cuestión por el cociente de la capitalización bursátil del título al final del período anterior, dividida por la capitalización bursátil en la misma fecha de todos los valores seleccionados en el grupo.

La expresión algebraica del coeficiente de ponderación viene representada en la fórmula [9].

$$P_{G \cdot t} = \frac{C_{t-1} \cdot A_{t-1}}{\sum C_{t-1} \cdot A_{t-1}} \qquad [9]$$

Y el índice del grupo será:

$$I_{G \cdot t} = \sum I_{t \cdot da} \cdot P_{G \cdot t} \qquad [10]$$

Ejemplo: según la Memoria de la Bolsa de Madrid del año 1988, la capitalización bursátil de todos los títulos incluidos en el cálculo del índice de los grupos Bancos y Eléctricas fue en 1988, en millones de ptas.:

—Bancos	3.432.973,2
—Eléctricas	1.170.232,5

La capitalización bursátil en 1988 (también en millones de ptas.) de algunas sociedades fue:

—Banco Exterior	89.540,6
—Banco de Bilbao-Vizcaya	905.509,0
—Fecsa	42.304,9
—Iberduero	252.076,7

El coeficiente de ponderación de los títulos de cada una de estas sociedades dentro de su respectivo grupo para el año 1989, fue el siguiente:

—Banco Exterior .... 89.540,6 / 3.432.973,2 = 0,026083 = 2,61%
—Banco Bilbao-Vizcaya .... 905.509,0 / 3.432.973,2 = 0,263768 = 26,38%
—Fecsa...................... 42.304,9 / 1.170.232,5 = 0,036151 = 3,62%
—Iberduero .... 252.076,7 / 1.170.232,5 = 0,215407 = 21,54%

4.3.4. *El índice general de la Bolsa*

El índice de cada grupo se obtiene a partir de los índices de los títulos seleccionados en el grupo, ponderados por un coeficiente. El coeficiente, según hemos visto, se obtiene a partir de la capitalización bursátil del título y del grupo.

El índice general de la Bolsa se obtiene a partir de los índices de los grupos, ponderando igualmente cada grupo con un coeficiente. La ponderación de un grupo dentro del índice general de la Bolsa se hace multiplicando el índice del grupo, por el cociente de la capitalización bursátil de todas las sociedades que figuran dentro de ese grupo en las listas del Boletín de Cotización Oficial de la Bolsa de Madrid al final del período anterior, hayan sido computadas o no para formar parte del respectivo índice del grupo, dividida por la suma de la capitalización bursátil de todas las sociedades que figuran en todos los grupos, es decir, la capitalización bursátil de todas las sociedades que figuran en las listas de cotización oficial de la Bolsa. La expresión algebraica de esta ponderación viene representada en la fórmula.

$$P_{B\cdot t} = \frac{\sum C_{G\cdot t-1} \cdot A_{G\cdot t-1}}{\sum C_{B\cdot t-1} \cdot A_{B\cdot t-1}} \quad [11]$$

Y el índice general de la Bolsa será:

$$I_{B\cdot t} = \sum I_{G\cdot t} \cdot P_{B\cdot t} \quad [12]$$

Ejemplo: según la memoria de la Bolsa de Madrid del año 1988:

—Capitalización bursátil de todos los títulos que forman parte del grupo eléctricas, hayan sido seleccionados o no para la elaboración del índice del grupo en 1988 .... 1.404.178
—Capitalización bursátil de todos los títulos de renta variable admitidos a cotización oficial en 1988 .... 10.313.057
—Coeficiente de ponderación del grupo eléctrico: 1.404.178/10.313.057 = 13,62%

También se usa como factor de ponderación el volumen de contratación:

$$Q_{G\cdot t} = \frac{V_{G\cdot t-1}}{\sum V_{B\cdot t-1}} \quad [13]$$

4.4. CÁLCULO DEL ÍNDICE *TOTAL*

El índice que hemos estudiado en los epígrafes anteriores es el índice *normal*. Ello quiere decir que su objetivo es medir la variación de la cotización de los títulos de renta variable en el mercado de capitales, una vez depuradas las incidencias ajenas a las fuerzas del mercado, como pago de dividendos y ampliaciones de capital. Es, por tanto, un *índice de precios*.

Se calcula además el índice *total* que mide la ganancia percibida por el tenedor de un título por todos los conceptos: plusvalías, ampliaciones de capital, dividendos. Es, por tanto, un *índice de rentabilidad* del capital invertido en la Bolsa de Valores.

El índice *normal* mide las ganancias de capital debidas a las *plusvalías*. El índice *total* añade a éstas las ganancias de capital por *ampliaciones de capital* y *dividendos*: ambas se traducen en un aumento del número de títulos poseídos.

El objetivo del índice *total* es medir la rentabilidad, a lo largo de un período de tiempo[24], del capital invertido en la Bolsa de Valores. Por ello hacemos el supuesto de que una vez hecha la inversión inicial en el momento base, no se hacen ya nuevas inversiones adicionales procedentes de ahorros diferentes al capital inicial; ni tampoco se desinvierte parte del capital, retirando las ganancias percibidas en los momentos intermedios. El índice *total* pretende comparar el capital inicial invertido en el momento base con el capital poseído en el momento [t], sin que haya habido durante el intervalo ni adiciones ni sustracciones desde el exterior. La renta en metálico producida por el título durante el intervalo se considera reinvertida en la compra de nuevos ejemplares de ese mismo título, pero sin aportar dinero suplementario, ni retirar para otros usos el dinero generado. Ello supone que el tenedor de la acción al cobrar el dividendo, lo dedica a comprar nuevos ejemplares del título. Igualmente, en el caso de una ampliación de capital, vende algunos de los derechos de suscripción y con ese importe, dado que ha conservado otros derechos en su poder, adquiere tantos ejemplares del título como pueda, pero sin añadir más dinero. Es lo que suele denominarse «operación blanca».

4.4.1. *Tratamiento de las ganancias por dividendos*

El dividendo total, percibido por el tenedor de un paquete de acciones, es igual al producto del dividendo por cupón [d], multiplicado por el número de acciones poseídas [a]. Dividiendo este importe por el valor de las acciones en el mercado [C_t], obtendremos el número de acciones adicionales [n_d][25], que puede comprar el tenedor de un título, realizando la «operación blanca».

$$n_d = \frac{ad}{C_t} \qquad [14]$$

Ejemplo: supongamos que con la misma cotización que hemos visto en el ejemplo anterior, valor actual 750 ptas., la sociedad reparte un dividendo de 50 ptas. por cupón, y que un accionista que posee 5.000 acciones de esta sociedad, reinvierte dicho dividendo en la compra de acciones, realizando la «operación blanca».

---

[24] Entre el momento base y el momento [t],

[25] El valor de [n_d] en la realidad de una operación financiera debe ser un número entero, puesto que las acciones no se pueden fraccionar. Sin embargo, a efectos del cálculo del índice podemos aceptar que [n_d] tenga un valor fraccionario.

Las variables a tener en cuenta son las siguientes:

a = 5.000 acciones.
C_t = 750 ptas.
d = 50 ptas.

$$n_d = \frac{ad}{C_t} = \frac{5.000 \times 50}{750} = 333{,}33$$

El número total de acciones, después de la reinversión del dividendo en la compra de más acciones, será:

$$W = a + n_d \tag{15}$$

Luego después de la operación blanca, el número de acciones que poseerá este accionista será:

$$W = 5.000 + 333{,}33 = 5.333{,}33$$

El índice *total* que representa la rentabilidad del título entre el momento base y el momento [t], teniendo en cuenta tanto la plusvalía como las ganancias por dividendos será:

$$I_T = \frac{WC_t}{aC_0} \tag{16}$$

$$I_T = \frac{WC_t}{aC_0} = \frac{5.333{,}33 \times 750}{5.000 \times 625} = 1{,}279999 = 128\%$$

4.4.2. *Tratamiento de las ganancias por ampliaciones de capital*

La «operación blanca» en el caso de una ampliación de capital consiste en conservar parte de los derechos de suscripción y vender otra parte. La parte de derechos que se conservan, se utilizan para el canje por acciones nuevas. La parte que se vende se utiliza para conseguir dinero que vuelve a reinvertirse y comprar acciones nuevas al precio de emisión. Todo ello de forma que ni se retire dinero, ni se añada dinero a la inversión inicial.

El precio de venta de los derechos depende de la cotización que los mismos adquieran en el mercado bursátil. Oscila al ritmo de las incidencias de la oferta y la demanda. A efectos del cálculo del índice *total* vamos a utilizar como precio del derecho de suscripción su valor teórico.

El número de acciones nuevas que puede adquirir un tenedor de acciones antiguas, realizando la «operación blanca» es igual al cociente del número de derechos destinados al canje [J] dividido por el número de derechos necesarios para adquirir una acción nueva [j]; y también será igual al número de derechos que se venden multiplicado por el valor teórico del derecho y dividido por el valor de emisión de las acciones nuevas.

$$n_a = \frac{J}{j} = \frac{[(a-J)D]}{E}$$

$$\frac{J}{j} = \frac{(a-J)D}{E}$$

$$EJ = Dj(a-J)$$

$$EJ = Dja - DjJ$$

$$EJ + DjJ = Dja$$

$$J(E + Dj) = Dja$$

$$J = \frac{Dja}{E + Dj} \qquad [17]$$

El número de acciones nuevas que puede adquirir vendiendo derechos, y realizando operación blanca, será:

$$n_a = \frac{J}{j} \qquad [18]$$

El número de acciones poseídas después de la suscripción mediante operación blanca, y el cálculo del índice *total* se hará aplicando la fórmula [17] y la fórmula [18].

Ejemplo: un accionista posee 5.000 acciones de una sociedad anónima, con un valor nominal de 500 ptas. La sociedad realiza una ampliación de capital de 2 × 5 emitiéndolas a la par. El precio de las acciones en el período base era de 625 ptas. El precio de las acciones en el momento de la ampliación es de 750 ptas.

El valor de las variables es el siguiente:

a = 5.000 acciones antiguas
E = 500 ptas.
C_0 = 625 ptas.
C_t = 750 ptas.
j = 5/2 = 2,5

—Valor teórico del derecho:

$$D = \frac{N(C_t - E)}{A + N} = \frac{2(750 - 500)}{2 + 5} = 71,43$$

—Número de derechos destinados al canje:

$$J = \frac{D\,j\,a}{E + D\,j} = \frac{71{,}43 \times 2{,}5 \times 5.000}{500 + (71{,}43 \times 2{,}5)} = 1.315{,}81$$

—Número de acciones que puede adquirir:

$$n_a = \frac{J}{j} = \frac{1.315{,}81}{2{,}5} = 526{,}32$$

—Número de acciones poseídas después de concurrir a la ampliación:

$$W = a + n_a = 5.000 + 526{,}32 = 5.526{,}32$$

—Índice total:

$$IT = \frac{WC_t}{AC_t} = \frac{5.526{,}32 \times 750}{5.000 \times 625} = 1{,}326317 = 132{,}63\%$$

4.5. Deflactación del índice

En el caso de los índices *largos* son particularmente interesantes las series deflactadas, ya que permiten el análisis de la rentabilidad real obtenida por un inversor tipo durante un período dilatado. La Bolsa de Madrid calcula, pues, índices deflactados por el índice de precios al consumo del Instituto Nacional de Estadística, o sea, en pesetas constantes, que permiten deslindar las ganancias bursátiles de la pérdida de poder adquisitivo de la moneda como consecuencia de la inflación.

Ejemplo: supongamos un inversor que compró una acción del Banco de Andalucía el último día de Bolsa del año 1984, y la vendió dos años más tarde el último día de Bolsa del año 1986.

Las cotizaciones del Banco de Andalucía en esas fechas fueron:

—última de 1984 . . . . 1.257
—última de 1986 . . . . 3.554

Luego el índice *normal* sin deflactar de este título, que refleja la plusvalía nominal, será:

$$I_N = \frac{3.554}{1.257} = 2{,}827367 = 282{,}74\%$$

Para calcular la plusvalía real, hemos de proceder a la deflactación. El índice de precios al consumo, sobre base 31 de diciembre de 1940, para esas fechas fue:

—diciembre de 1984 . . . . . . 5.561,42
—diciembre de 1986 . . . . . . 6.527,37

$$\text{—Índice de inflación durante el período} = \frac{6.527,37}{5.561,42} = 1,173688$$

Luego la plusvalía efectiva del título durante este período fue:

$$\text{Plusvalía efectiva} = \frac{I_N}{\text{Índice de inflación}} = \frac{2,827367}{1,173688} = 2,408960$$

4.6. Índices de bolsas extranjeras

Trataremos solamente los dos que consideramos más importantes, el índice Dow Jones, y el índice Standard and Poor's.

El índice Dow Jones fue publicado por primera vez en 1884 por la empresa Dow Jones and Company, sociedad editora del *Wall Street Journal.* Entonces incluía solamente 11 valores, todos ellos de ferrocarriles. En 1916 se aumentó el número a 20, y en 1928 a 30.

En la actualidad existen tres índices Dow Jones:

	Número de títulos
— Dow Jones Industrial Average (DJIA)	30
— Dow Jones Transportation Average: ferrocarril, aviación (DJTA)	20
— Dow Jones Utility Average: electricidad y gas (DJUA)	15
— Dow Jones: una combinación de los tres anteriores	

El índice se publica seis veces al día: a las 10 de la mañana, a las 11, a las 12, a las 13, a las 14 horas, y finalmente al terminar la sesión de la Bolsa, las 15 horas.

No utiliza ningún tipo de ponderaciones, sino que es una media aritmética simple. En cambio a lo largo del tiempo sí se le han incorporado ajustes para tener en cuenta las ampliaciones de capital, y el pago de dividendos.

El índice Standard and Poor's se empezó a publicar en 1957, por la sociedad Standard and Poor's and Company. Incluye 500 acciones, 425 industriales, 25 de ferrocarriles, y 50 eléctricas, lo cual supone el 90% del valor total de las acciones cotizadas en la Bolsa de Nueva York. Cada valor se pondera en función del volumen de contratación, y se practican ajustes cuando se llevan a cabo ampliaciones de capital o pago de dividendos. El período de referencia es la media del período 1941-43. Posteriormente se ha reconstruido hasta 1928. Lo mismo que el Dow Jones se publica también cada hora.

5. Evolución de las cotizaciones en la Bolsa de Madrid

Índice largo total

	Enero	Febrero	Marzo	Abril	Mayo	Junio	Julio	Agosto	Setiem.	Octubre	Noviem.	Diciem.
1941	108,28	111,52	115,05	124,23	124,57	128,73	140,65	139,66	152,62	144,97	132,49	138,92
1942	136,09	137,69	142,42	144,08	146,43	148,89	148,32	153,53	157,96	157,18	150,41	150,51
1943	147,36	146,29	147,78	142,52	138,84	132,84	127,12	132,04	136,20	134,03	132,83	127,66
1944	124,58	130,44	130,76	131,52	133,17	133,47	136,28	142,03	146,66	157,16	154,83	156,82
1945	157,09	162,90	163,36	161,69	163,20	166,13	163,20	166,57	166,07	162,37	162,20	168,04
1946	183,65	185,06	192,27	207,58	209,91	209,09	230,87	226,74	244,98	243,30	264,88	274,71
1947	296,97	314,80	352,84	351,83	325,65	303,48	308,67	338,52	328,52	308,01	306,18	304,24
1948	289,08	256,06	227,19	224,10	206,60	213,52	208,66	240,01	218,87	215,91	203,71	220,11
1949	215,32	198,68	209,17	199,23	193,55	186,37	191,20	206,00	221,77	207,45	205,98	205,77
1950	209,22	208,90	207,55	218,25	216,52	213,70	215,91	219,58	221,37	221,24	221,52	258,12
1951	238,51	276,49	249,98	247,23	243,43	251,98	259,57	268,94	267,07	271,05	266,18	270,02
1952	275,86	281,76	283,37	282,73	283,95	278,12	282,55	286,95	290,66	288,51	285,54	289,91
1953	291,96	290,98	286,40	283,15	286,23	287,31	285,61	294,09	296,81	310,44	317,07	320,70
1954	333,70	338,21	350,57	357,83	356,91	359,50	376,76	387,47	393,18	389,11	408,39	423,90
1955	435,75	455,95	465,87	471,00	454,84	474,67	507,15	539,12	550,62	570,48	594,38	643,54
1956	655,36	699,80	721,01	692,22	705,52	731,90	766,70	820,72	807,31	827,13	889,15	891,95
1957	970,93	936,08	833,74	882,84	836,85	828,19	840,55	861,42	793,60	767,17	718,54	787,66
1958	772,57	736,25	720,29	737,60	704,66	702,08	728,31	737,40	737,12	792,64	749,77	750,37
1959	817,71	780,79	738,98	734,17	711,83	698,49	679,81	633,26	663,33	646,05	608,56	678,26
1960	673,70	666,56	684,75	740,79	714,03	706,06	715,79	741,47	728,61	732,98	729,27	741,87
1961	753,21	808,01	829,78	835,15	850,71	926,93	966,41	1.001,01	998,04	1.009,28	1.006,34	1.024,10
1962	1.062,93	1.081,06	1.156,14	1.136,48	1.089,47	1.080,94	1.122,22	1.167,70	1.208,57	1.238,46	1.229,48	1.224,04
1963	1.256,38	1.288,71	1.293,59	1.277,51	1.234,25	1.229,35	1.247,83	1.260,06	1.255,41	1.229,73	1.232,03	1.229,41
1964	1.255,38	1.238,44	1.246,76	1.241,37	1.227,57	1.239,09	1.261,46	1.291,29	1.287,20	1.313,14	1.339,85	1.322,94
1965	1.353,34	1.329,41	1.337,26	1.364,08	1.354,67	1.322,89	1.408,31	1.459,75	1.462,36	1.457,37	1.460,37	1.467,57
1966	1.513,98	1.500,14	1.488,83	1.444,24	1.458,93	1.477,82	1.490,93	1.527,20	1.526,08	1.518,23	1.573,81	1.571,75
1967	1.584,62	1.599,64	1.587,28	1.611,56	1.595,78	1.572,75	1.615,13	1.672,24	1.678,23	1.714,16	1.673,27	1.641,17
1968	1.733,54	1.778,02	1.795,88	1.913,12	1.990,74	1.975,71	2.015,02	2.120,91	2.114,97	2.117,63	2.150,25	2.233,81
1969	2.492,92	2.613,88	2.771,06	2.829,36	2.807,83	2.870,16	3.208,86	3.269,32	3.297,64	3.378,19	3.476,60	3.478,85
1970	3.588,61	3.753,59	3.651,41	3.333,59	3.118,12	3.228,63	3.274,84	3.266,40	3.145,01	3.232,35	3.225,05	3.153,49
1971	3.285,36	3.332,56	3.270,69	3.315,35	3.369,38	3.345,71	3.500,96	3.580,00	3.537,35	3.668,56	3.645,58	3.739,15
1972	3.955,80	4.128,37	4.258,15	4.465,42	4.670,85	4.667,32	4.757,27	4.981,89	4.874,63	5.145,18	5.077,13	5.061,98
1973	5.498,27	5.756,92	6.158,59	6.288,60	5.900,82	6.074,44	5.934,29	6.149,30	6.567,13	6.628,36	5.878,54	5.877,43
1974	6.467,19	6.734,18	6.591,94	7.005,01	6.659,72	6.867,44	6.702,05	6.411,50	5.664,20	5.413,78	5.800,68	5.402,12
1975	5.636,00	5.964,49	5.743,98	5.892,69	5.642,86	5.383,54	5.332,38	5.388,88	5.149,09	5.293,67	5.914,34	5.791,74
1976	5.544,55	5.287,69	4.953,56	5.521,93	5.426,69	5.066,52	5.023,02	4.857,01	4.825,38	4.477,95	4.572,21	4.235,62
1977	4.005,34	4.215,12	3.988,07	4.010,75	3.860,01	3.863,25	3.466,30	3.369,20	2.957,81	2.920,03	2.905,40	3.055,20
1978	2.927,23	2.824,49	2.873,84	3.124,92	3.225,56	3.209,11	3.354,74	3.272,97	3.153,38	3.118,89	2.946,35	2.916,15
1979	2.784,75	2.902,40	3.228,65	3.006,84	2.950,20	2.975,17	2.896,05	2.913,22	2.792,50	2.653,91	2.545,88	2.655,93
1980	2.686,16	2.784,69	2.710,27	2.608,06	2.690,05	2.816,48	2.917,86	2.988,44	3.123,29	3.137,00	3.062,23	3.110,88
1981	3.388,70	3.577,38	3.603,43	3.740,97	3.869,32	4.421,21	4.510,45	4.794,16	4.567,27	4.275,23	4.355,48	4.224,04
1982	4.431,57	4.504,20	4.377,30	4.382,40	4.316,44	4.185,15	4.184,78	3.898,78	3.579,70	3.775,97	3.893,98	3.797,79
1983	3.897,17	3.977,73	4.409,74	4.323,23	4.650,16	4.636,72	4.814,39	4.603,35	4.765,12	5.168,69	5.204,79	5.003,73
1984	5.504,11	5.944,66	6.070,11	5.997,58	6.182,37	6.408,89	7.110,63	7.327,76	7.879,36	7.579,49	7.704,78	7.647,30
1985	8.804,22	8.659,51	8.643,29	8.480,92	8.571,83	8.309,85	8.839,80	8.744,66	8.871,88	9.930,52	10.599,84	10.940,29
1986	12.250,46	14.265,93	17.691,41	19.970,76	20.369,38	19.222,23	19.548,46	21.973,40	22.234,73	20.598,44	21.695,55	23.619,80
1987	27.785,58	28.736,87	25.725,53	25.419,30	26.223,37	28.447,29	34.373,10	37.724,06	37.443,37	27.149,05	26.369,79	27.720,08
1988	30.270,03	30.933,73	32.870,23	33.459,86	34.743,72	36.761,88	36.558,86	35.165,23	35.050,66	36.282,49	35.296,54	36.088,97
1989	35.739,44	34.103,28	35.876,54	37.771,14	39.743,99	40.100,70	40.167,66	40.786,30	41.549,19	39.436,96	38.997,83	38.166,68
1990	36.386,47	35.533,33	33.521,06	38.844,57	37.315,93	38.859,91	38.753,75	34.009,28	27.696,25	30.795,49	30.464,63	29.727,49
1991	31.135,40	35.374,40	38.071,99	37.056,11	38.372,00	37.196,96	36.607,73	37.264,41	37.696,18	36.504,52	34.340,95	34.475,71
1992	34.211,36	35.870,01	34.491,48	33.693,23	35.529,46	32.637,89	29.941,20	28.382,23	26.837,99	27.829,51	30.204,12	30.338,54

Índice largo normal

	Enero	Febrero	Marzo	Abril	Mayo	Junio	Julio	Agosto	Setiem.	Octubre	Noviem.	Diciem.
1941	108,06	110,96	114,49	123,51	123,66	127,14	138,07	137,11	149,66	141,82	129,58	135,37
1942	132,12	133,54	138,08	139,55	141,70	143,62	142,30	147,26	151,23	150,34	143,76	143,80
1943	140,01	138,94	140,09	134,81	131,02	124,22	118,33	122,91	126,50	124,21	123,08	117,79
1944	114,50	119,86	120,12	120,57	122,06	121,80	123,39	128,61	132,80	142,02	139,87	141,15
1945	140,58	145,73	145,82	143,78	145,11	147,12	143,64	146,60	145,90	142,31	144,77	147,28
1946	159,57	160,74	166,80	179,67	181,54	180,27	198,09	194,53	210,03	208,37	226,81	234,60
1947	253,27	268,47	300,71	299,36	276,85	257,40	260,81	286,36	277,60	259,84	258,23	256,16
1948	248,34	214,60	190,26	187,00	172,01	177,18	172,12	197,95	180,48	177,59	167,46	181,27
1949	175,32	161,68	170,08	161,56	156,19	150,01	152,62	164,34	176,91	134,98	163,80	162,90
1950	164,51	164,28	163,11	170,91	168,73	165,80	166,27	169,08	170,45	169,74	169,96	174,40
1951	181,20	209,99	189,86	186,96	183,25	188,62	192,96	199,90	198,54	200,73	197,14	199,10
1952	201,85	206,17	207,10	205,96	205,14	200,25	201,77	204,92	207,55	205,35	203,14	205,41
1953	205,06	204,05	200,81	197,63	198,84	198,36	195,65	201,28	203,12	211,36	215,78	217,52
1954	224,01	226,57	234,81	238,76	237,10	237,54	247,13	254,22	258,02	254,54	266,65	275,88
1955	281,16	294,14	300,43	302,78	291,17	302,81	321,04	341,30	348,38	359,89	374,61	404,16
1956	409,15	436,46	449,32	430,53	437,31	452,16	470,89	504,17	495,72	507,02	544,73	544,95
1957	590,49	568,95	506,25	535,09	505,04	497,76	503,46	515,88	474,80	457,46	428,27	466,54
1958	454,99	433,18	423,75	432,73	411,12	406,71	419,45	424,65	424,32	454,31	429,60	428,20
1959	463,42	442,24	418,41	414,37	399,91	389,92	376,85	350,78	367,10	355,99	335,09	371,19
1960	364,89	360,41	370,27	399,37	382,74	375,71	378,97	392,47	384,92	385,74	383,14	387,46
1961	389,47	417,64	428,59	430,55	435,69	471,60	488,59	505,56	503,87	508,17	505,89	511,84
1962	527,67	536,53	573,73	562,68	536,87	529,67	546,41	568,35	588,09	601,09	595,89	590,50
1963	602,25	617,68	614,99	610,82	586,79	581,98	586,87	592,59	590,11	576,49	576,75	573,06
1964	581,67	573,55	576,90	572,89	563,72	566,81	573,67	587,29	585,21	594,81	606,87	596,60
1965	606,84	595,57	598,81	609,30	601,98	585,10	618,68	641,43	642,25	638,89	639,58	639,78
1966	655,39	649,38	643,72	621,29	625,97	631,75	632,30	647,66	647,27	642,43	665,01	661,46
1967	661,96	667,67	659,84	668,63	660,78	647,85	660,12	683,57	683,15	699,38	680,22	664,51
1968	696,57	712,98	719,46	764,92	794,04	785,60	794,73	836,19	834,06	834,02	844,51	875,33
1969	971,42	1.016,08	1.076,35	1.098,23	1.088,02	1.109,65	1.233,97	1.257,19	1.267,89	1.297,36	1.332,13	1.330,48
1970	1.366,60	1.426,41	1.386,39	1.264,84	1.181,88	1.219,46	1.228,63	1.225,20	1.179,67	1.207,78	1.204,95	1.174,71
1971	1.216,42	1.233,14	1.207,48	1.221,98	1.240,40	1.227,30	1.275,01	1.303,33	1.287,83	1.334,06	1.322,86	1.353,46
1972	1.422,42	1.481,64	1.526,04	1.599,47	1.671,10	1.665,28	1.687,08	1.766,36	1.728,19	1.821,96	1.794,75	1.785,45
1973	1.928,60	2.018,93	2.159,64	2.198,96	2.061,46	2.118,16	2.057,26	2.131,81	2.277,07	2.292,49	2.032,59	2.028,35
1974	2.221,20	2.312,03	2.259,12	2.398,81	2.277,11	2.345,63	2.274,40	2.176,37	1.921,62	1.829,52	1.959,04	1.820,32
1975	1.883,72	1.992,66	1.918,02	1.965,62	1.880,08	1.791,01	1.758,07	1.776,74	1.697,23	1.738,03	1.941,03	1.897,11
1976	1.804,14	1.718,96	1.604,77	1.787,97	1.754,98	1.633,20	1.603,37	1.549,19	1.537,48	1.423,27	153,90	1.339,62
1977	1.246,98	1.310,78	1.238,54	1.242,41	1.187,78	1.186,01	1.045,39	1.014,49	889,00	875,89	872,18	906,71
1978	859,49	828,42	840,57	907,88	934,19	925,81	949,43	925,45	891,83	879,29	830,29	815,32
1979	763,39	794,75	882,80	821,17	803,02	806,07	759,30	763,23	730,80	690,67	661,54	689,62
1980	672,88	697,06	677,44	650,58	669,82	694,91	697,79	708,55	741,12	742,88	725,06	730,86
1981	773,30	815,57	820,79	851,80	880,52	1.000,69	991,38	1.052,11	1.002,01	933,92	950,99	912,79
1982	932,23	946,33	916,47	916,12	901,54	865,18	837,79	778,70	714,32	748,63	768,75	746,33
1983	743,95	750,71	832,55	814,84	875,71	863,04	875,92	829,27	859,05	929,96	935,37	877,77
1984	958,14	1.028,05	1.049,18	1.032,19	1.062,72	1.093,03	1.191,99	1.219,76	1.311,29	1.257,29	1.270,31	1.256,99
1985	1.434,96	1.405,40	1.402,32	1.374,98	1.389,14	1.328,73	1.392,80	1.372,18	1.389,77	1.553,65	1.658,89	1.704,63
1986	1.888,73	2.195,79	2.718,47	3.063,69	3.122,18	2.937,95	2.965,47	3.329,45	3.366,04	3.116,85	3.282,52	3.553,87
1987	4.170,08	4.307,98	3.853,30	3.793,09	3.912,50	4.227,06	4.905,87	5.337,34	5.296,89	3.789,66	3.688,81	3.876,16
1988	4.206,23	4.287,43	4.551,89	4.631,09	4.800,53	5.074,68	5.003,54	4.809,60	4.792,10	4.949,67	4.806,21	4.687,15
1989	4.823,08	4.602,39	4.829,53	5.075,36	5.338,34	5.371,03	5.341,63	5.422,55	5.515,33	5.220,86	5.159,83	5.032,54
1990	4.776,69	4.664,72	4.397,56	5.086,88	4.883,93	5.070,98	5.008,46	4.393,96	3.574,37	3.956,85	3.908,18	3.802,55
1991	3.959,27	4.491,52	4.829,37	4.687,61	4.850,96	4.680,15	4.571,01	4.650,79	4.702,04	4.537,45	4.255,04	4.262,51
1992	4.410,81	4.617,69	4.439,38	4.323,55	4.550,02	4.167,32	3.778,23	3.581,21	3.386,74	3.495,87	3.787,49	3.795,25

Índice de precios al consumo

	Enero	Febrero	Marzo	Abril	Mayo	Junio	Julio	Agosto	Setiem.	Octubre	Noviem.	Diciem.
1941	103,40	106,40	108,60	110,10	113,00	113,00	113,70	117,40	121,10	123,30	123,30	122,50
1942	121,80	122,50	122,50	122,50	121,80	122,50	122,50	122,50	122,50	123,30	123,30	121,80
1943	121,80	121,10	121,80	121,80	120,30	120,30	120,30	120,30	122,50	123,30	124,70	124,70
1944	124,70	124,70	126,90	127,70	126,90	126,20	126,90	127,70	127,70	128,40	129,10	129,10
1945	130,60	131,30	131,30	132,80	132,80	133,50	134,30	135,00	137,90	140,90	144,50	146,70
1946	152,60	155,50	161,40	167,30	172,40	176,80	183,40	187,10	190,00	196,40	200,30	200,30
1947	202,50	203,20	206,90	209,10	209,10	208,40	206,90	208,40	212,00	215,70	218,60	220,10
1948	222,30	224,50	226,00	226,70	223,00	221,60	220,10	220,80	223,00	226,70	228,20	229,60
1949	231,10	231,80	231,80	232,60	233,30	234,00	234,00	235,50	237,70	242,10	245,00	247,30
1950	252,40	256,10	258,30	259,00	258,30	258,30	258,30	260,50	264,10	269,30	273,70	278,10
1951	283,20	286,90	289,10	287,60	287,60	286,10	286,10	286,90	286,90	287,60	287,60	286,10
1952	286,10	284,70	283,20	282,50	279,50	278,10	278,10	278,80	279,50	280,30	280,30	281,70
1953	283,90	285,40	287,60	287,60	287,60	286,10	284,70	284,70	285,40	286,10	284,70	284,70
1954	286,90	287,60	289,10	289,80	289,80	288,30	289,10	287,60	287,60	289,10	292,00	294,20
1955	296,40	297,10	298,60	300,10	300,10	299,30	299,30	300,10	302,30	304,50	305,90	306,70
1956	307,40	311,10	314,00	316,90	318,40	317,70	316,90	316,90	316,90	322,10	327,20	332,40
1957	339,00	340,00	342,60	344,10	344,80	344,10	349,20	354,40	359,50	366,80	372,70	376,40
1958	379,30	379,30	387,40	395,50	397,70	397,70	399,90	402,80	408,70	413,10	416,70	421,10
1959	421,90	424,10	426,30	429,20	429,90	427,70	427,70	428,50	430,70	432,10	433,60	437,30
1960	433,60	433,60	432,90	433,60	432,10	432,10	431,40	432,90	435,10	436,50	436,50	440,20
1961	441,70	440,90	440,90	440,90	439,50	437,30	438,00	439,50	440,20	441,70	449,00	449,00
1962	448,30	448,70	453,40	459,30	464,40	468,10	468,80	467,40	471,80	476,20	490,10	496,00
1963	496,70	501,10	504,80	504,80	507,00	501,10	507,00	512,80	511,40	512,10	519,40	520,80
1964	520,90	520,90	523,10	526,80	528,20	538,50	547,30	555,40	560,50	571,50	584,00	591,30
1965	597,90	604,60	611,90	616,30	616,30	614,10	614,80	617,00	624,40	631,00	642,70	646,40
1966	644,90	644,20	644,90	651,50	657,40	661,00	661,00	661,00	658,80	666,90	675,70	6801,10
1967	680,10	684,50	686,70	697,70	699,20	695,50	695,50	705,10	708,70	713,10	724,90	723,40
1968	724,90	725,60	732,20	738,10	735,90	727,30	730,00	738,80	731,50	734,40	739,50	744,00
1969	741,80	737,30	741,80	750,60	750,60	741,80	747,60	749,80	751,30	754,20	760,80	768,60
1970	772,60	769,60	775,60	779,60	774,80	777,70	792,40	804,80	808,50	816,60	818,80	821,00
1971	829,80	829,10	837,90	846,70	851,80	855,50	855,50	856,90	867,20	876,70	888,50	900,20
1972	901,36	900,50	909,35	909,35	913,75	915,95	928,43	937,97	951,18	957,79	959,26	966,80
1973	973,94	975,40	983,48	997,42	1.012,10	1.027,50	1.038,50	1.055,40	1.073,75	1.090,60	1.092,10	1.103,84
1974	1.110,45	1.114,10	1.138,30	1.163,30	1.177,97	1.183,10	1.197,00	1.216,87	1.235,95	1.249,20	1.283,70	1.301,30
1975	1.319,60	1.332,10	1.340,90	1.364,40	1.381,30	1.382,00	1.407,00	1.429,00	1.451,80	1.451,80	1.461,30	14.847,80
1976	1.502,46	1.519,25	1.554,59	1.586,06	1.658,82	1.648,42	1.658,82	1.672,63	1.704,25	1.727,71	1.760,08	1.778,34
1977	1.835,60	1.863,52	1.908,16	1.942,66	1.958,13	2.014,68	2.081,37	2.148,23	2.176,15	2.208,34	2.228,26	2.248,00
1978	2.281,20	2.305,78	2.335,45	2.384,91	2.409,41	2.432,57	2.482,02	2.524,96	2.546,31	2.567,67	2.577,56	2.613,64
1979	2.658,07	2.679,33	2.706,12	2.746,71	2.779,67	2.804,68	2.866,38	2.895,04	2.932,67	2.970,79	2.979,70	3.021,41
1980	3.106,01	3.133,96	3.149,63	3.181,12	3.203,39	3.254,64	3.296,95	3.336,51	3.366,54	3.396,84	3.430,81	3.482,27
1981	3.551,91	3.569,67	3.641,06	3.677,62	3.695,73	3.699,56	3.773,73	3.822,83	3.853,48	3.895,96	3.926,95	3.982,11
1982	4.057,24	4.090,32	4.141,33	4.193,93	4.253,31	4.307,51	4.350,54	4.380,03	4.386,41	4.431,04	4.447,38	4.564,15
1983	4.615,21	4.639,73	4.672,49	4.736,59	4.756,56	4.784,33	4.800,79	4.866,65	4.906,16	4.973,66	5.026,20	5.102,08
1984	5.181,10	5.200,86	5.242,02	5.266,71	5.294,70	5.335,91	5.414,89	5.451,11	5.462,63	5.495,56	5.525,20	5.561,42
1985	5.663,49	5.703,00	5.740,87	5.801,78	5.816,60	5.810,02	5.842,94	5.854,47	5.918,68	5.948,31	5.996,06	6.014,17
1986	6.188,58	6.212,63	6.236,69	6.248,72	6.266,76	6.320,89	6.387,04	6.405,09	6.471,24	6.495,30	6.483,27	6.527,37
1987	6.579,67	6.605,78	6.644,94	6.658,00	6.651,47	6.651,47	6.716,74	6.716,74	6.775,49	6.821,18	6.801,60	6.827,71
1988	6.871,63	6.891,16	6.939,96	6.915,56	6.915,56	6.939,96	7.032,69	7.105,89	7.164,46	7.174,22	7.169,34	7.227,91
1989	7.310,87	7.315,75	7.364,56	7.384,08	7.393,84	7.432,88	7.554,89	7.569,53	7.852,50	7.681,78	7.696,43	7.725,71
1990	7.799,09	7.847,90	7.877,18	7.896,70	7.896,70	7.921,10	8.023,59	8.062,64	8.145,61	8.218,82	8.209,05	8.228,58
1991	8.326,19	8.316,43	8.340,83	8.360,35	8.364,75	8.409,16	8.511,65	8.545,81	8.614,14	8.667,82	8.682,47	8.687,35
1992	8.824,00	8.882,57	8.911,85	8.906,97	8.926,49	8.926,49	8.955,78	9.038,75	9.111,95	9.116,83	9.121,71	9.151,00

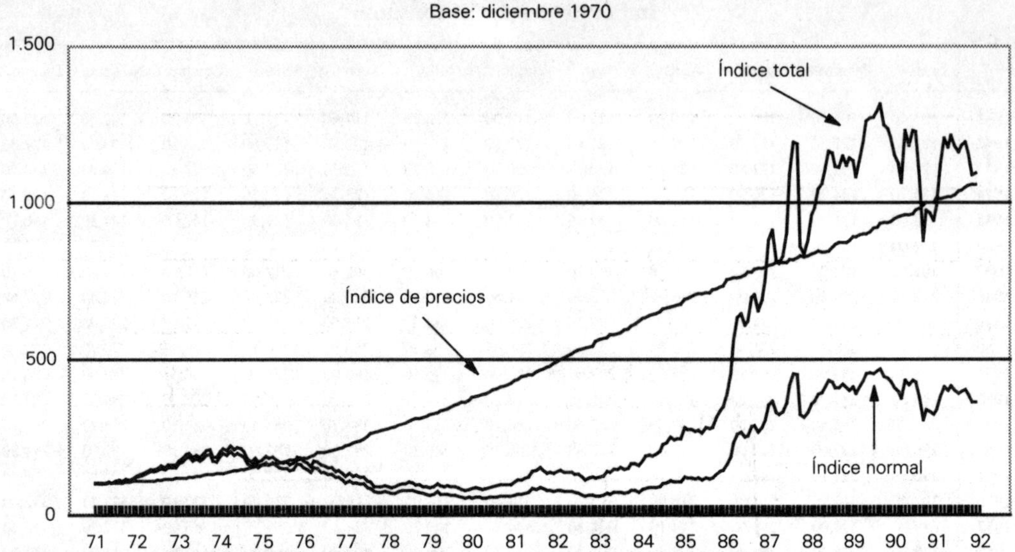

FIGURA 1. **Índice normal y total**

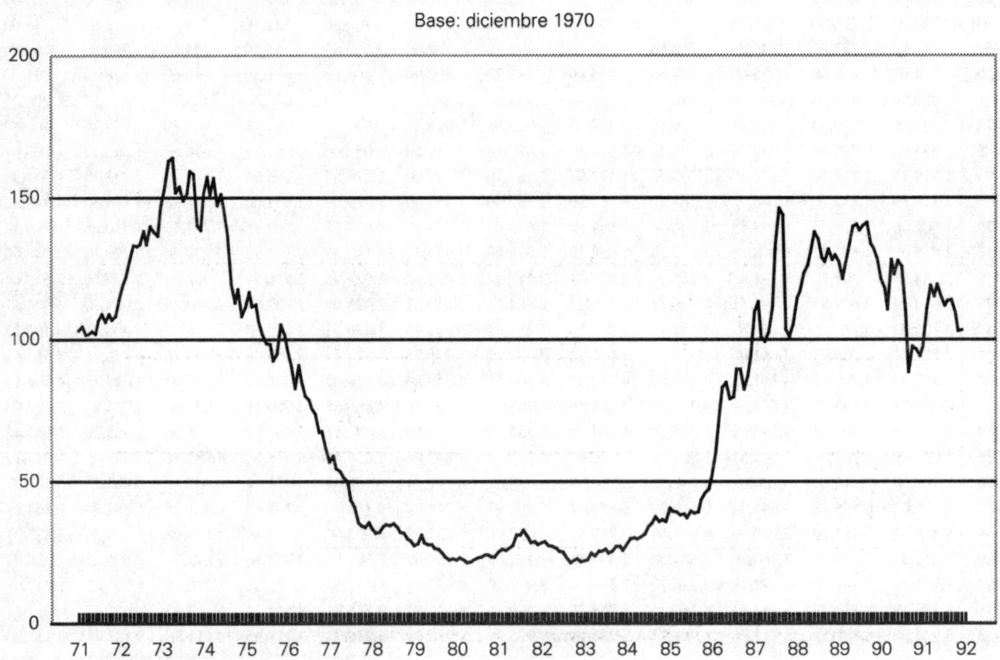

FIGURA 2. **Índice total deflactado**

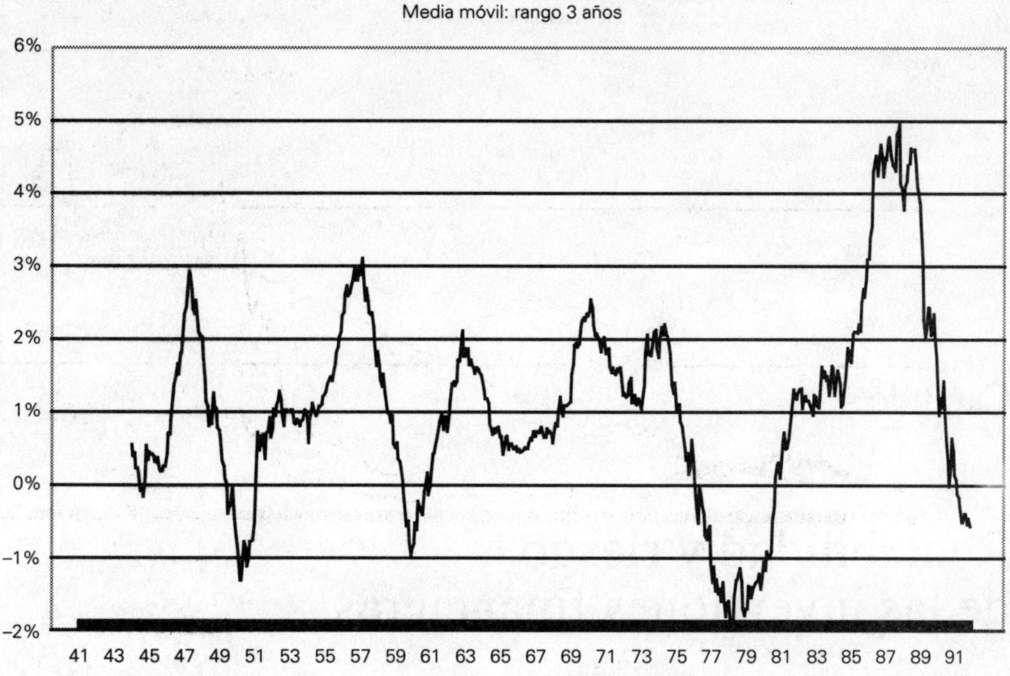

FIGURA 3. **Variación mensual del índice total**

FIGURA 4. **Índice interanual de inflación**

Capítulo 4

Rentabilidad y riesgo de las inversiones financieras

1. **La tasa de rentabilidad en general**

La tasa de rentabilidad, desde un punto de vista matemático, es un factor de conversión del valor de una magnitud monetaria en el tiempo $[t_t]$ a su valor real en un tiempo anterior $[t_0]$, o en un tiempo posterior $[t_n]$. En el primer caso será un factor de *actualización*; en el segundo caso será un factor de *capitalización* (figura 1).

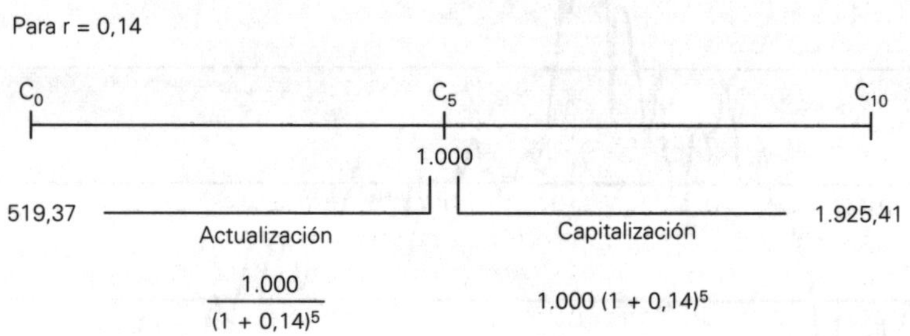

FIGURA 1

1.1. COMO FACTOR DE ACTUALIZACIÓN DE FLUJOS AL MOMENTO INICIAL

En el capítulo 3 hemos visto cómo el valor del dinero es función del tiempo y, consecuentemente, de tres variables, que influyen sobre él tanto más, cuanto más tiempo tengan para ejercer su influencia: la inflación, la productividad, y el riesgo. Cualquier inversión, tanto física como financiera, retorna en el futuro unas cantidades monetarias, cuyo valor, para poder ser comparado con la inversión inicial, debe ser actualizado. Para ello hemos de emplear la fórmula 2.15 del valor actual de una cantidad futura, adaptándola a una sucesión de ingresos en el tiempo.

Siendo:

C_0 = Valor nominal de la inversión en el tiempo [t_0].
F_t = Flujo de fondos percibido al final del período [t].
n = períodos de vida de la inversión.
t = número de orden del período dentro de los [n] períodos.
r = Tasa de rentabilidad en tanto por uno.

$$C_0 = \sum_{t=1}^{n} \frac{F_t}{(1+r)^t} \qquad [1]$$

En caso de que todos los flujos futuros sean iguales, podríamos emplear la fórmula 3.23 del valor actual de una anualidad constante. Así se facilita el cálculo, puesto que evitando el sumatorio se puede resolver la fórmula sin iteraciones.

$$C_0 = F\frac{(1+r)^n - 1}{r(1+r)^n} \qquad [2]$$

Tanto en la fórmula [1] como en la fórmula [2], la variable tiempo está expresada por los símbolos [t] y [n]. Las tres causas que determinan la pérdida de valor del dinero con el transcurso del tiempo (inflación, productividad y riesgo) están incluidas en la variable [r]. Esto significa que la tasa de rentabilidad es precisamente la compensación que se exige a una inversión (física o financiera) por el menor valor de las unidades monetarias que ésta revierte en el futuro, respecto del valor de las unidades monetarias que se invirtieron inicialmente.

Para igualar el valor real de dos cantidades de dinero distantes en el tiempo, utilizamos el factor de descuento de las fórmulas [1] y [2]. Este factor de descuento que, desde el punto de vista operativo, es un mero coeficiente matemático, desde el punto de vista financiero, es la tasa de rentabilidad. Una peseta actual, a medida que pasa el tiempo, está obligada por el sistema a producir nuevas pesetas en cantidad suficiente como para que al sumarlas a la inicial, den un valor nominal superior, pero que tendrá el mismo valor real que la cantidad inicial.

Esta capacidad del dinero para reproducirse, creando más dinero, de forma que sumándola a la cantidad original, se mantenga el valor real, es la rentabilidad. Llamamos «renta» al dinero nuevo producido; llamamos «rentabilidad» al dinero nuevo producido por cada unidad monetaria de dinero inicial.

1.2. Como factor de capitalización de flujos futuros al momento final

Desde el punto de vista del cálculo, llegamos a los mismos resultados, actualizando los flujos a su valor inicial en el tiempo [t_0], que capitalizando los flujos a su valor final en el tiempo [t_n]. En ambos casos, ya sea empleando un coeficiente de actualización, ya sea empleando un coeficiente de capitalización, el valor del coeficiente [r] será el mismo.

En efecto, sabemos por la fórmula [1] que:

$$C_0 = \sum_{t=1}^{n} \frac{F_t}{(1+r)^t}$$

Si multiplicamos ambos términos de la ecuación por $(1 + r)^n$, tenemos que:

$$C_0(1+r)^n = \sum_{t=1}^{n} \frac{F_t(1+r)^n}{(1+r)^t} = C_n$$

Luego:

$$C_n = \sum_{t=1}^{n} F_t(1+r)^{n-t} \qquad [3]$$

Desde el punto de vista del cálculo, el actualizar los flujos a su valor inicial, o capitalizarlos a su valor final, conduce al mismo resultado. Dado un valor actual [C_0] conocido, y unos flujos futuros [F_t] también conocidos, el valor de [r] que verifica la igualdad de las fórmulas [1] o [2], es el mismo que verifica la igualdad de la fórmula [3].

Razonar sobre la capitalización hacia C_n, en lugar de razonar sobre la actualización hacia C_0, presenta ciertas ventajas de orden teórico, como veremos llegado el caso.

2. La tasa de rentabilidad obtenida (r'')

La tasa de rentabilidad obtenida hace referencia a una inversión ya expirada. La calculamos a posteriori: en base a datos históricos de la inversión inicial y de los flujos de ingresos ulteriores; ambas cosas ocurridas ya anteriormente. Es, por tanto, una rentabilidad *objetiva y cierta*.

2.1. La rentabilidad obtenida de un título aislado

2.1.1. *Reinvirtiendo los flujos positivos en el mismo título (operación blanca)*

Consideremos el mismo caso del problema 1 del capítulo 3. En aquel caso, considerábamos la compra de una acción de la Compañía Sevillana de Electricidad en diciembre de 1984, cuando se cotizaban en la Bolsa al 66%, lo cual representaba un valor de mercado de 330 ptas. Después de incorporar, mediante «operación blanca», las ganancias derivadas de los dividendos y de las ampliaciones de capital durante los años 1985 y 1986, en diciembre de 1986 el patrimonio estaba representado por 1,1877 acciones, cuyo valor de mercado era de 535, dando por tanto un valor patrimonial total de 635,5 ptas.

El valor del índice total del título en diciembre de 1986 resultó ser, por consiguiente, 192,56. Es decir, en dos años el capital inicial quedó multiplicado por 1,9256.

La tasa de rentabilidad obtenida es la raíz enésima del índice total [IT_n].

Siendo:

r''_m = rentabilidad obtenida en un período subanual.
r''_a = rentabilidad obtenida en un período anual.
n = número de períodos subanuales durante los que el inversor conserva el título en su poder.
t = número de orden de cada período dentro de los [n] períodos.
IT_t = índice total del título en el período [t].
w_t = número de títulos poseídos por el inversor en el período [t].
c_t = valor de mercado de la acción en el período [t].
C_t = valor total del patrimonio en el período [t] = $w_t\, c_t$.

$$r''_m = \sqrt[n]{IT_n} - 1 \qquad [4]$$

La raíz enésima del índice total [IT_n] es igualmente la media geométrica de las variaciones del índice total, puesto que

$$\sqrt[n]{IT_n} = \sqrt[n]{\frac{C_n}{C_0}} = \sqrt[n]{\frac{C_1}{C_0} \times \frac{C_2}{C_1} \times \frac{C_3}{C_2} \times \ldots \times \frac{C_n}{C_{n-1}}} = \sqrt[n]{\prod_{t=1}^{n} \frac{C_t}{C_{t-1}}}$$

Cuando los [n] períodos considerados no son períodos anuales, sino subanuales, la raíz enésima del índice total, nos da la rentabilidad subanual equivalente. Entonces es preciso convertirla en rentabilidad anual. Para ello, hemos de aplicar la fórmula 3.7:

$$r'' = (1 + r''_m)^m - 1$$

Aplicando las fórmulas anteriores al caso de Sevillana de Electricidad: la raíz enésima del IT_n:

$$r''_m = \sqrt[24]{1{,}9256} - 1 = 0{,}027678 = 2{,}77\%$$

Y, por tanto, la rentabilidad anual será:

$$r''_a = (1 + 0{,}027678)^{12} - 1 = 0{,}387665 = 38{,}77\%$$

2.1.2. *Con operaciones de inversión y desinversión intermedias*

En este caso no se considera la hipótesis de «operación blanca» de la que nos hemos ocupado en el capítulo 3. Hacemos un planteamiento del problema equivalente al empleado para calcular el TIR de un proyecto de inversión. El valor de adquisición del título, desembolsado en el momento de la compra, es la inversión inicial, o flujo negativo del año 0. Los flujos de caja obtenidos posteriormente están compuestos: por los intereses o dividendos, por las ventajas obtenidas en las ampliaciones de capital, y por la devolución del principal de la obligación o la venta del título. Se producen, igualmente, nuevas inversiones al comprar títulos en momentos posteriores al inicial. Puede haber, pues, flujos negativos en cualquier período [t].

Para calcular la rentabilidad obtenida del título hemos de calcular el valor de [r''_m] que iguala el valor de adquisición inicial con el valor de los flujos subsiguientes.

Siendo:

C_0 = el capital invertido en el momento inicial [t_0].
F_t = el flujo de caja percibido o invertido al final de cada período [t].
C_n = el capital recuperado en la venta del título en el momento [t_n].
n = el número de períodos que el inversor mantuvo el título en su poder.
t = el número de orden de cada período dentro de los [n] períodos.
r''_m = la tasa de rentabilidad obtenida subanual equivalente.

$$0 = -C_0 + \sum_{t=1}^{n} \frac{F_t}{(1+r'')^t} + \frac{C_n}{(1+r'')^n} \qquad [5]$$

En el caso de la acción de la Compañía Sevillana de Electricidad, adquirida en diciembre de 1984, y vendida en diciembre de 1986, considerando que se desinvirtieron todas las rentas generadas por dividendos y venta de derechos, y que no se hizo ninguna inversión adicional durante los años 1985 y 1986, los flujos fueron:

Flujo 0	–330	Compra de la acción
Flujo 6	20	Dividendo
Flujo 12	20 + 1,57	Dividendo + venta del derecho
Flujo 18	12,50 + 1,22	Dividendo + venta del derecho
Flujo 23	0,73	Venta del derecho
Flujo 24	20 + 535	Dividendo + venta de la acción

Los demás flujos fueron nulos.

Aplicando la fórmula [5], buscamos el valor [r''_m] que verifica la igualdad:

$$0 = -330 + \frac{20}{(1+r'')^6} + \frac{21,57}{(1+r'')^{12}} + \frac{13,72}{(1+r'')^{18}} + \frac{0,73}{(1+r'')^{23}} + \frac{555}{(1+r'')^{24}}$$

El valor de [r''_m] que verifica la igualdad es r''_m = 0,027612 = 2,76%.

Puesto que los períodos considerados son mensuales, hemos obtenido una rentabilidad mensual. Convirtiéndola en anual:

$$r'' = (1 + 0{,}027612)^{12} - 1 = 0{,}386591 = 38{,}66\%$$

2.2. La rentabilidad obtenida de una cartera

Una cartera es un conjunto diversificado de títulos: por ejemplo: un paquete compuesto por acciones del Banco Español de Crédito, del Banco de Santander, de Tubacex, de General Azucarera y de Sevillana de Electricidad. A lo largo del capítulo vamos a tomar como ejemplo una cartera compuesta por una acción del Banco Hispanoamericano, una acción de Telefónica y una acción de Iberduero. Supondremos que las tres acciones fueron adquiridas a final de diciembre de 1984, y vendidas a final de diciembre de 1986[1].

2.2.1. *Reinvirtiendo los flujos positivos en el mismo título (operación blanca)*

La rentabilidad obtenida de una cartera es la rentabilidad media ponderada del conjunto de títulos que la componen, actuando como factor de ponderación la proporción en tanto por uno que cada título representa respecto de la inversión inicial en la cartera. Se obtiene a partir de la rentabilidad de cada título, la cual, a su vez, se ha obtenido a partir de su índice total respectivo.

Siendo:

r''_c = rentabilidad obtenida de la cartera.
r''_i = la rentabilidad obtenida del título [i].
w_i = la proporción en tanto por uno que la inversión monetaria inicial en el título [i] representa respecto de la inversión monetaria inicial total de la cartera. Es decir la inversión monetaria inicial en el título [i], dividida por la inversión monetaria inicial total de la cartera, ambos a precio de mercado. La suma de todas las [w_i] habrá de ser igual a 1.

$$r''_c = r''_1 w_1 + r''_2 w_2 + \ldots + r''_n w_n = \sum_{i=1}^{n} r''_i w_i \qquad [6]$$

Los flujos de cada una de las tres acciones que hemos incluido en la cartera son los siguientes:

Banco Hispanoamericano (valor nominal 500 ptas.):

—Diciembre 1984: cotización	165%
—Valor de mercado en esa fecha	1,65 × 500 = 825
—Junio 1986: dividendo	25 ptas. por cupón
—Diciembre 1986: dividendo	20,50 ptas. por cupón
—Diciembre 1986: cotización	455%
—Valor de mercado en esa fecha	4,55 x 500 = 2.275

Compañía Telefónica (valor nominal 500 ptas.):

—Diciembre 1984: cotización en..................	93%
—Valor de mercado en esa fecha	0,93 x 500 = 465
—Febrero 1985: ampliación de capital	1 × 8, liberadas en un 20%
—Valor teórico del derecho en esa fecha...........	24,28
—Junio 1986: dividendo	24,60 ptas. por cupón
—Diciembre 1985: ampliación de capital	1 × 9, liberadas en un 10%
—Valor teórico del derecho en esa fecha...........	18,75

[1] En el *Apéndice de datos*, al final de este capítulo, se contienen los datos originales de estos tres títulos y de la cartera en su conjunto: cotizaciones, dividendos y ampliaciones de capital. Así mismo los resultados de los cálculos, que habremos de hacer a lo largo de este capítulo.

—Enero 1986: dividendo .... 20,50 ptas. por cupón
—Julio 1986: dividendo .... 24,60 ptas. por cupón
—Diciembre 1986: dividendo .... 20,50 ptas. por cupón
—Diciembre 1986: cotización 167%
—Valor de mercado en esa fecha .... 1,67 × 500 = 835

Iberduero (valor nominal 500 ptas.):

—Diciembre 1984: cotización en 83,5%
—Valor de mercado en esa fecha .... 0,835 × 500 = 417,50
—Enero 1985: dividendo .... 25 ptas. por cupón
—Julio 1985: dividendo .... 20 ptas. por cupón
—Diciembre 1985: ampliación de capital .... 1 × 6, liberadas en un 25%
—Valor teórico del derecho en esa fecha 22,50
—Enero 1986: dividendo .... 25 ptas. por cupón
—Junio 1986: ampliación de capital .... 1 × 8, a la par
—Valor teórico del derecho 34,17
—Julio 1985: dividendo .... 17,50 ptas. por cupón
—Diciembre 1986: dividendo .... 25 ptas. por cupón
—Diciembre 1986: cotización 145%
—Valor de mercado en esa fecha .... 1,45 × 500 = 725

Reinvirtiendo los flujos procedentes de dividendos y de ampliaciones de capital de cada una de las tres acciones desde diciembre de 1984 hasta diciembre de 1986, en hipótesis de operación blanca, obtenemos los datos que se recogen el cuadro 1[2].

CUADRO 1

	Índice total	Rentabilidad mensual	Rentabilidad anual	Inversión inicial	Peso en la cartera	Rentabilidad ponderada
Banco Hispano	281,95	0,044137	0,679144	825	0,483163	0,328137
Telefónica	218,06	0,033017	0,476699	465	0,272328	0,129818
Iberduero	229,46	0,035213	0,514800	417,50	0,244510	0,125873
Cartera				1.707,50	1,000000	0,583828

2.2.2. *Con operaciones de inversión y desinversión intermedias*

Habremos de componer una serie de flujos monetarios futuros que será la suma de los flujos monetarios de cada uno de los títulos que componen la cartera. Aplicando la fórmula [1] a los flujos de la cartera, habremos calculado la rentabilidad obtenida de la cartera.

---

[2] Hay una diferencia en la tercera cifra decimal respecto de la rentabilidad obtenida de la cartera, tal como se contiene en el *Apéndice de datos*. La razón de esta diferencia estriba en que en el *Apéndice de datos* la rentabilidad de la cartera, en cada uno de los períodos, es la media ponderada de la rentabilidad de cada uno de los títulos, actuando como coeficiente de ponderación el peso de cada título en la cartera precisamente en ese período. Por el contrario, en el cuadro 1, el coeficiente de ponderación es el peso de cada uno de los títulos en la cartera en el momento inicial de su constitución.

Estas son las operaciones que se recogen en el cuadro 2.

CUADRO 2

Año	Fecha	Número de flujo	Hispano	Telefónica	Iberduero	Cartera
1984	Dic.	0	–825,00	–465,00	–417,50	–1.707,50
1985	Ene.	1			25,00	25,00
1985	Feb.	2		24,28		24,28
1985	Mar.	3				0,00
1985	Abr.	4				0,00
1985	May.	5				0,00
1985	Jun.	6		24,60	20,00	44,60
1985	Jul.	7				0,00
1985	Ago.	8				0,00
1985	Sep.	9				0,00
1985	Oct.	10				0,00
1985	Nov.	11				0,00
1985	Dic.	12		18,75	22,50	41,25
1986	Ene.	13		20,50	25,00	45,50
1986	Feb.	14				0,00
1986	Mar.	15				0,00
1986	Abr.	16				0,00
1986	May.	17				0,00
1986	Jun.	18	25,00		34,17	59,17
1986	Jul.	19		24,60	17,50	42,10
1986	Ago.	20				0,00
1986	Sep.	21				0,00
1986	Oct.	22				0,00
1986	Nov.	23				0,00
1986	Dic.	24	2.295,50	855,50	750,00	3.901,00
	TIRm		4,42%	3,40%	3,62%	4,00%
	TIRa		67,98%	49,39%	53,14%	60,02%

3. La tasa de rentabilidad esperada ($\hat{r}$)

En el caso anterior hemos hablado de hechos ocurridos en el pasado, y donde, consiguientemente, tanto la inversión inicial como los flujos de caja posteriores eran conocidos históricamente, y por ello mismo ciertos.

Pero cuando se trata de decidir sobre la conveniencia de hacer en el momento presente una inversión financiera con la esperanza de obtener unos resultados en el tiempo futuro, abandonamos el terreno de lo cierto para entrar en el terreno de lo meramente probable. En efecto, los flujos de caja futuros provenientes de un título, dado que son futuros, no pueden ser ciertos. Cualquier acontecimiento futuro, no es seguro que vaya a ocurrir, ni cuándo vaya a ocurrir. Los flujos futuros de caja son, pues, una variable aleatoria.

Como tal variable aleatoria, los flujos futuros han de ser expresados en términos de su distribución de probabilidad, es decir, cada flujo anual podrá tener varios valores posibles, y cada uno de estos valores tendrá una probabilidad asociada.

Así pues, la tasa de rentabilidad esperada hace referencia a una inversión que se acomete en el momento actual, pero cuyos rendimientos tendrán lugar en el futuro. La inversión inicial [C_0], es conocida con certeza. Los flujos futuros son estimados en función de unas probabilidades, asignadas por el sujeto inversor, quien se apoya en la información de que pueda disponer, tanto sobre la inversión en cuestión, como sobre la coyuntura económica en general. Los flujos futuros son, meramente probables. Es, por tanto, una rentabilidad *objetiva y probable*.

3.1. La rentabilidad esperada de un título aislado

A lo largo de este tema utilizamos el método de la probabilidad empírica. Las observaciones se hacen sobre el comportamiento que el título ha tenido en el próximo pasado. Suponemos que en el próximo futuro tendrá un comportamiento equivalente. Ello quiere decir que el suceso de ganancia o de pérdida, y el hecho de que éstas sean grandes o pequeñas, ocurrirá en la misma proporción que haya ocurrido antes.

Cuando un cambio de la coyuntura económica no permita suponer que el título se ha de comportar en el próximo futuro de forma equivalente a como se comportó en el próximo pasado, hay que emplear el método de la probabilidad subjetiva. Y si nos encontramos en circunstancias de total incertidumbre, no queda sino recurrir al mero juego de azar.

3.1.1. *Ajuste de la distribución de las frecuencias relativas*

Hemos medido la rentabilidad obtenida de un título a partir de su índice total. En una población de observaciones hechas en el próximo pasado el índice total de un título adquiere en cada período [t] un valor diferente en función de la cotización, de los dividendos distribuidos y de las ampliaciones de capital. Si tomamos en cada período [t], el período inmediatamente anterior [$t-1$] como período base, la rentabilidad de cada período vendrá dada por la fórmula [7].

Siendo:

r_t = rentabilidad en el período [t].
w_t = acciones poseídas en el período [t], que pueden ser más que las poseídas en el período [$t-1$] si se han incrementado por adquisición de nuevas acciones mediante «operación blanca», reinvirtiendo posibles dividendos o derechos de suscripción.
c_t = valor de mercado del título en el período [t].

$$r_t = \frac{w_t C_t}{w_{t-1} C_{t-1}} - 1 \qquad [7]$$

Los valores que haya adquirido la rentabilidad del título, durante el período observado, constituyen una población distribuida aleatoriamente, con una medida de concentración (la media) y una medida de dispersión (la desviación típica). La media será la rentabilidad esperada. La desviación típica, la dispersión de los datos en torno a la media. Cuanto mayor sea la desviación típica, más impredecible será su rentabilidad futura.

Si ocurre que la distribución de [r_t] se ajusta a una ley matemática conocida, por ejemplo la distribución normal de Gauss, podremos predecir, por supuesto en términos de probabilidad, la rentabilidad futura de un título.

CUADRO 3

Período	Valor total	Período	Valor total	Período	Valor total	Período	Valor total	Período	Valor total
0	542								
1	352	11	236	21	305	31	1.535	41	2.053
2	370	12	201	22	427	32	1.765	42	2.156
3	314	13	211	23	449	33	2.118	43	1.401
4	377	14	179	24	516	34	1.377	44	1.822
5	321	15	188	25	774	35	1.446	45	1.913
6	337	16	216	26	1.239	36	1.880	46	1.148
7	286	17	249	27	1.301	37	2.255	47	976
8	301	18	373	28	1.105	38	1.917	48	1.024
9	346	19	391	29	1.271	39	2.013	49	615
10	225	20	254	30	1.462	40	1.711	50	738

Supongamos un título que a lo largo de 50 períodos observados ha adquirido los valores totales[3] que figuran en el cuadro 3.

Para cada uno de los períodos calculamos su rentabilidad mediante la fórmula [7]. La frecuencia absoluta y relativa de las rentabilidades observadas vienen representadas en el cuadro 4. Conociendo la media y la desviación típica de esta distribución podemos ajustar la función de densidad de la probabilidad de Gauss[4], tal como se representa en la figura 2.

CUADRO 4. **Distribución de frecuencias de la rentabilidad**

Intervalos de rentabilidad	Frecuencia absoluta	Frecuencia relativa
–0,50 a –0,35	2	0,04
–0,35 a –0,20	5	0,10
–0,20 a –0,10	9	0,18
–0,10 a 0,00	0	0,00
0,00 a 0,10	15	0,30
0,10 a 0,20	7	0,14
0,20 a 0,30	6	0,12
0,30 a 0,40	2	0,04
0,40 a 0,50	1	0,02
0,50 a 0,60	2	0,04
0,60 a 0,70	1	0,02
Media	0,0340	
Desviación típica	0,2329	

[3] Denominamos *valor total* al producto $[w_t \cdot c_t]$, es decir, al número inicial de acciones, incrementadas por las nuevas acciones adquiridas mediante «operación blanca» reinvirtiendo los dividendos o el importe de los derechos de suscripción, y multiplicado por el valor de mercado de la acción en ese momento.

[4] La función de densidad de probabilidad de Gauss es la siguiente:

$$f(x) = \frac{e^{\frac{-(x-\mu)^2}{2\sigma^2}}}{\sigma\sqrt{2\pi}}$$

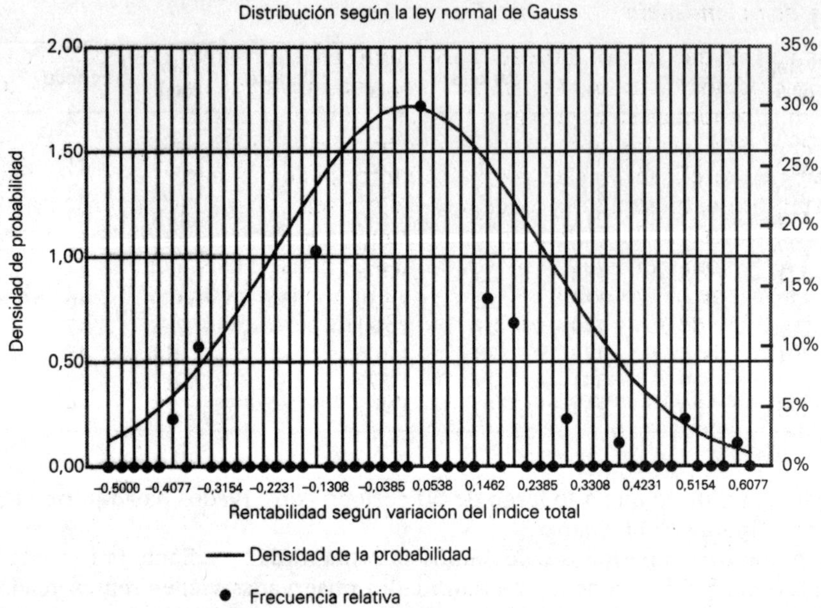

FIGURA 2. **Rentabilidad probable de un título aislado**

La rentabilidad esperada es, pues,

$$E(r) = \hat{r} = 0{,}0340 = 3{,}40\%$$

Utilizando la variable tipificada [z][5] podemos predecir la rentabilidad futura en términos de probabilidad.

Por ejemplo, la probabilidad de que la rentabilidad esperada sea superior a 0%, 2%, 4%, 6%:

$$P(\hat{r} > 0{,}00) = P\left[z > \frac{0{,}00 - 0{,}034}{0{,}2329}\right] = P(z > -0{,}145985) = 0{,}558033 = 55{,}80\%$$

$$P(\hat{r} > 0{,}02) = P\left[z > \frac{0{,}02 - 0{,}034}{0{,}2329}\right] = P(z > -0{,}0610112) = 0{,}523960 = 52{,}40\%$$

$$P(\hat{r} > 0{,}04) = P\left[z > \frac{0{,}04 - 0{,}034}{0{,}2329}\right] = P(z > 0{,}025762) = 0{,}489724 = 48{,}97\%$$

$$P(\hat{r} > 0{,}06) = P\left[z > \frac{0{,}06 - 0{,}034}{0{,}2329}\right] = P(z > 0{,}111636) = 0{,}455556 = 45{,}56\%$$

---

[5] La variable tipificada [z] es

$$z = \frac{x - \mu}{\sigma}$$

3.1.2. *Ajuste de la tendencia*

Podemos pensar que la rentabilidad de un título en el próximo pasado no constituye una población de datos distribuida normalmente, sino que sigue una tendencia, y que esa tendencia se va a continuar en el próximo futuro.

En la hipótesis de que las circunstancias que han definido esa tendencia en el próximo pasado, sigan siendo eficaces en el próximo futuro, podemos hacer una previsión de la rentabilidad del título, ajustando la tendencia. Según sea el perfil de la gráfica del índice total, se divide el curso de la gráfica en varias zonas a lo largo de las cuales la tendencia presenta una cierta homogeneidad, y para cada una de ellas se ajusta una recta.

La figura 3 recoge la evolución del índice total de una acción de la Compañía Telefónica desde diciembre de 1984 a diciembre de 1986. El perfil de la curva presenta tres zonas con tendencias distintas:

a) De enero de 1985 a enero de 1986, tenemos una tendencia ligeramente creciente. La ecuación de la recta de regresión es:

$$\hat{r} = 131{,}39 + 1{,}52\ t$$

b) De enero de 1986 a abril de 1986 la tendencia creciente es muy fuerte, pero se extiende durante un período corto. Solamente dura 3 meses. La ecuación de la recta de regresión es:

$$\hat{r} = 122{,}59 + 32{,}97\ t$$

c) De mayo de 1986 a diciembre de 1986 la tendencia es significativamente decreciente. La ecuación de regresión es:

$$\hat{r} = 254{,}78 - 5{,}25\ t$$

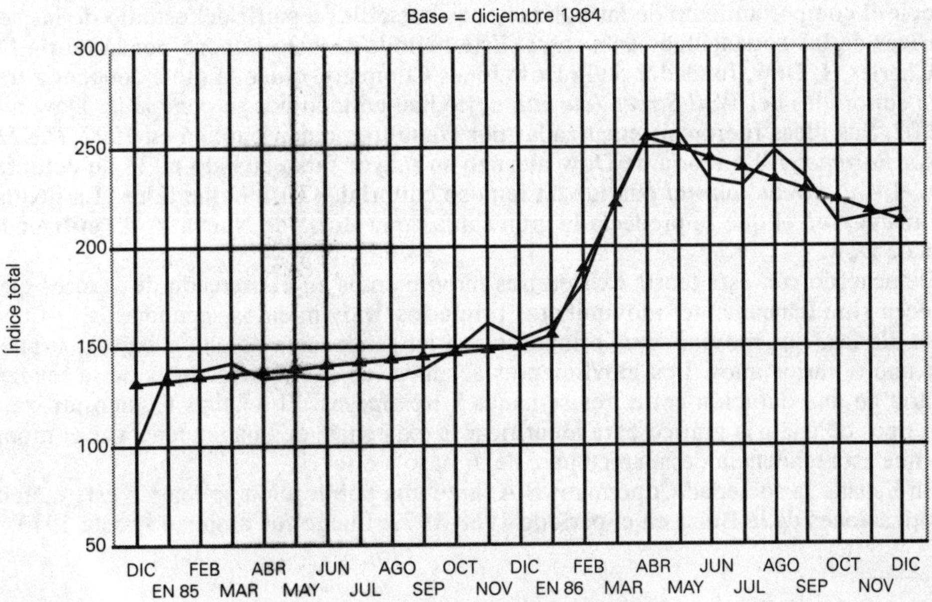

FIGURA 3. Índice total de Telefónica

En la figura 3 hemos representado la gráfica histórica de la evolución del índice total, y hemos superpuesto sobre ella las tres rectas de regresión que marcan la tendencia durante cada uno de los intervalos.

3.1.3. *Análisis fundamental*

El análisis fundamental basa su previsión de las cotizaciones futuras de una acción en el análisis de las cuentas anuales de la sociedad emisora del título. El análisis fundamental considera que el éxito o fracaso futuro de una sociedad se pone de relieve en las tendencias de los ratios y magnitudes que se obtienen de los estados contables, de la memoria y del informe de gestión, así como de otra cualquiera información válida sobre la situación económica y financiera de la empresa: valores inmovilizados y circulantes, endeudamiento, fondo de rotación, rentabilidad, rotación de stocks y clientes, penetración en el mercado, etc. A partir de una evaluación de la tendencia de estos indicadores, los analistas estiman si un título en particular, o un grupo de títulos están sobrevaluados o infravaluados al precio actual del mercado. Orientan así la compra de nuevos títulos hacia aquellos que se pueden estimar como «baratos».

3.1.4. *Análisis técnico*

Frente al enfoque del análisis fundamental, el análisis técnico se limita a estudiar la actividad del mercado, entendiendo como tal la serie de datos históricos de cotizaciones y volúmenes de contratación. El análisis técnico supone que la cotización de las acciones viene determinada únicamente por la interacción de la oferta y la demanda, y que éstas están regidas por un cúmulo de factores que pueden ser racionales o irracionales.

El análisis técnico de tendencias es un conjunto de técnicas estadísticas que pretenden predecir el comportamiento de las cotizaciones bursátiles a partir del estudio de las series históricas de las cotizaciones anteriores. Este método se hizo famoso por la teoría Dow. Fue Charles H. Dow, fundador de la Dow Jones Company, quien la dio a conocer a través de las editoriales del *Wall Street Journal,* periódico editado por su compañía. Dow murió en 1902. Sus ideas fueron sistematizadas por Hamilton, quien publicó en 1922 *The Stock Market Barometer.* La teoría de Dow alcanzó su mayor fama cuando el 23 de octubre de 1929, el *Wall Street Journal* publicó un famoso editorial, «Turn in the tide» (La inversión de la marea), en el que se predecía la gran caída de la Bolsa de Nueva York, utilizando la teoría de Dow.

De acuerdo con esta teoría existen tres movimientos en el mercado de valores que se producen simultáneamente: movimientos primarios, movimientos secundarios, y fluctuaciones diarias. Los movimientos primarios son las tendencias de alta o baja, que pueden durar uno o varios años. Los movimientos secundarios son desviaciones de la tendencia primaria de una duración entre tres semanas y tres meses. El análisis técnico utiliza distintos tipos de análisis gráfico para identificar la existencia de una tendencia, y el momento en que esta tendencia desaparece para dejar paso a otra[6].

En España la sociedad Copérnicus S.A. hizo una publicación aplicando este método a las cotizaciones de la Bolsa en el período 1968-1972. Luego fue ampliado hasta 1973.

---

[6] Cfr. Juan Antonio Palacios Raufast, «Análisis técnico. Teoría del paseo aleatorio (random walk)», en *Curso de Bolsa,* Tomo II, Ed. Ariel, 1992, pp. 59-72.

3.1.5. *Conclusión*

En todo caso es de tener en cuenta que puede haber, y de hecho hay notables diferencias entre la rentabilidad esperada, y la rentabilidad obtenida luego en la realidad. No se puede perder de vista que al fin y al cabo, para cuantificar la rentabilidad esperada hemos utilizado una información que se refería al pasado, y hemos hecho unas estimaciones meramente probables basadas en la opinión que tenemos de cómo pueden ir los negocios de la empresa en el futuro. Lo único que hemos hecho con nuestras asignaciones de probabilidad es hacer distintas hipótesis. Tales previsiones solamente tendrán verificación en la medida en que hayamos previsto adecuadamente el universo de circunstancias futuro. Pero si ocurren acontecimientos inesperados que alteren la situación comercial y económica de la empresa, puede ocurrir que «cualquier parecido entre las previsiones y la realidad sea pura coincidencia». No debe nunca olvidarse que *lo poco probable también es posible*.

Por ejemplo en enero de 1981, las acciones de IBM en la Bolsa de Nueva York se cotizaban a 67,8750 dólares por acción. El último dividendo pagado en 1980, fue de 3,44 dólares por acción. Existía el convencimiento general de que tales dividendos habrían de crecer en el futuro a un ritmo del 11% anual. Un inversor que hubiese comprado una acción de IBM en diciembre de 1980 para venderla al cabo de un año, hubiera podido forjar las expectativas siguientes:

—C_{1980} = –67,8750.
—F_{1981} = 3,44 × 1,11 = 3,8184.
—C_{1981} = 67,875 × 1,11 = 75,3412.

La rentabilidad esperada de su acción para 1981 era de 16,63%, puesto que,

$$\hat{r} = \frac{3,8184 + 75,3412}{67,8750} - 1 = 0,166256 = 16,63\%$$

Pero ocurrió que en 1981 la situación económica empeoró. La sociedad IBM no aumentó sus dividendos, sino que los mantuvo en el mismo nivel de 1980. Los intereses subieron considerablemente y el dinero se desplazó de la Bolsa hacia las imposiciones bancarias a plazo fijo, con lo que bajaron las cotizaciones bursátiles, y una acción de IBM se cotizó en la Bolsa de Nueva York en diciembre de 1981 a 46,8750 dólares. Los datos reales fueron pues los siguientes:

—C_{1980} = –67,8750.
—F_{1981} = 3,44.
—C_{1981} = 46,875.

Con estos datos, la rentabilidad obtenida fue –25,87%.

$$r'' = \frac{3,44 + 46,875}{67,875} - 1 = -0,258711 = -25,87\%$$

Lo cual significa que en lugar de una ganancia del 16,63%, experimentó una pérdida del 25,87%.

3.2. La rentabilidad esperada de una cartera

La rentabilidad de una cartera es la suma de las rentabilidades de cada uno de los títulos que la componen. Puesto que estamos ocupándonos de una rentabilidad futura, la rentabilidad de cada uno de los títulos es una variable aleatoria. Así pues, la rentabilidad de una cartera es una variable aleatoria, suma a su vez de otras variables aleatorias. Se trata, pues, del valor esperado de una variable aleatoria, suma de otras variables aleatorias. Hemos de utilizar la fórmula:

$$E(A + B) = E(A) + E(B)$$

Esta fórmula debe ser adaptada desde dos puntos de vista:

1. El número de títulos que componen la cartera puede ser grande.
2. Cada título tiene un peso en la cartera diferente, por tanto la rentabilidad de cada uno de ellos debe ser ponderada, actuando como factor de ponderación la proporción en tanto por uno que cada título representa en la inversión inicial de la cartera.

Siendo:

$\hat{r}_c$ = rentabilidad esperada de la cartera.
$\hat{r}_i$ = la rentabilidad esperada del título [i].
w_i = la proporción en tanto por uno que la inversión monetaria inicial en el título [i] representa respecto de la inversión monetaria inicial total de la cartera. Es decir la inversión monetaria inicial en el título [i], dividida por la inversión monetaria inicial total de la cartera, ambos a precio de mercado. La suma de todas las [w_i] habrá de ser igual a 1.

$$\hat{r} = \hat{r}_1 w_1 + \hat{r}_2 w_2 + \ldots + \hat{r}_n w_n = \sum_{i=1}^{n} w_i \hat{r}_i \qquad [8]$$

4. La tasa de rentabilidad exigida (*r'*)

La tasa de rentabilidad exigida hace referencia a la rentabilidad futura de una inversión que se acomete en el momento actual. Pero a diferencia de la rentabilidad esperada, la rentabilidad exigida no es una expectativa, sino una exigencia. Un inversor exigirá a cualquier inversión financiera una rentabilidad tanto mayor, cuanto más alto sea el riesgo. Además el mismo riesgo objetivo es apreciado de manera diferente por personas o empresas diferentes. Por ello su decisión estará influenciada por la actitud personal y subjetiva que él mismo tenga frente al riesgo. Es, por tanto, una *rentabilidad subjetiva*.

4.1. La rentabilidad exigida de un título aislado

4.1.1. *Definición de riesgo de un título aislado*

Al estudiar la rentabilidad esperada de un título hemos visto cómo la dispersión de los datos en torno a la media, a medida que es más amplia, hace que la rentabilidad futura sea más impredecible. Precisamente esta impredecibilidad del resultado financiero es lo que constituye el riesgo de un título. Un título es rentable en la medida en que la esperanza matemática de su rentabilidad es alta o baja; un título es arriesgado en la medida en que la desviación típica de su rentabilidad es amplia o estrecha.

Supongamos dos títulos que de forma constante, a lo largo de los 50 períodos anteriores han multiplicado constantemente su valor total por 1,2, o al contrario lo han multiplicado, también de forma constante, por 0,8. En el primer caso la $[r_t]$ tiene un valor permanente de 0,20, y en el segundo caso de –0,20. La desviación típica de $[r_t]$ es en ambos casos igual a cero. Se trata, pues, de dos títulos absolutamente seguros. Si bien en el primer caso será un título con ganancias futuras seguras; mientras que el segundo título será un título con pérdidas futuras seguras.

Hemos definido la rentabilidad esperada como la rentabilidad media de las obtenidas en el próximo pasado, siguiendo el método del ajuste de frecuencias relativas. Definimos el riesgo esperado de un título como la desviación típica de las rentabilidades obtenidas en el próximo pasado. Será, por tanto, la desviación típica de *las variaciones del índice total* de un título en cada uno de los períodos del próximo pasado[7].

Dado que las variaciones del índice total se deben fundamentalmente a las variaciones de las cotizaciones en Bolsa, no habrá diferencias apreciables si utilizamos la desviación típica de las variaciones del índice normal.

4.1.2. *La prima de riesgo*

Se considera que existen inversiones financieras «sin riesgo»: los títulos de la deuda pública a corto plazo[8]. Por el contrario los títulos de las empresas privadas se consideran, en principio, arriesgados. Por ello el inversor para elegir los títulos de las empresas privadas con preferencia a los títulos emitidos por la Administración Pública, exigirá de los títulos de las empresas privadas una rentabilidad suplementaria. Este suplemento de rentabilidad se denomina «prima de riesgo».

Así pues, la tasa de rentabilidad exigida se compone de dos elementos:

a) La tasa de interés sin riesgo: que puede considerarse como un coste de oportunidad. Es decir, la rentabilidad que en cualquier caso, y «sin riesgo», el inversor puede esperar obtener.

b) La prima por riesgo: se descompone en dos factores. Un factor objetivo: la dispersión de la rentabilidad en torno a su media aritmética, es decir, la desviación típica de las variaciones del índice total. Un factor subjetivo: la valoración que de tal dispersión hacen los diferentes inversores, es decir, su actitud frente al riesgo. Este factor subjetivo será un coeficiente que, asociado al valor objetivo de la desviación típica de la rentabilidad esperada, si es > 1, sobrevalorará el riesgo; si es = 1, lo dejará en su estricto valor objetivo; si es < 1, lo infravalorará.

Con los conceptos anteriores podemos formular la ecuación. Siendo:

r' = tasa de rentabilidad exigida.
R = tasa de rentabilidad sin riesgo.
α = coeficiente de aversión al riesgo.
σ = riesgo objetivo del título (desviación típica de la rentabilidad).

$$r' = R + \alpha\,\sigma \qquad [9]$$

[7] El cálculo de la desviación típica requiere previamente el cálculo de la media. En este caso se trata de la media aritmética. En cambio cuando hemos hablado de la rentabilidad obtenida de un título hemos considerado la media geométrica.

[8] Hay otras inversiones financieras que también pueden considerarse «sin riesgo», por ejemplo, las imposiciones bancarias a plazo fijo.

La fórmula [9] corresponde a la ecuación de una recta. Puede representarse gráficamente en un sistema de coordenadas, dando lugar a la recta que se conoce comúnmente como *«línea de seguridad del mercado»* (SML[9]) de un título, en función de su riesgo específico. Esta recta se representa en la figura 4:

—en el eje de ordenadas la función [*r*'], tasa de rentabilidad exigida;
—en el eje de abscisas el riesgo objetivo [σ], que es la variable independiente;
—la ordenada en el origen es la tasa de interés sin riesgo, [*R*];
—el coeficiente angular o pendiente de la recta es la apreciación subjetiva del riesgo, [α].

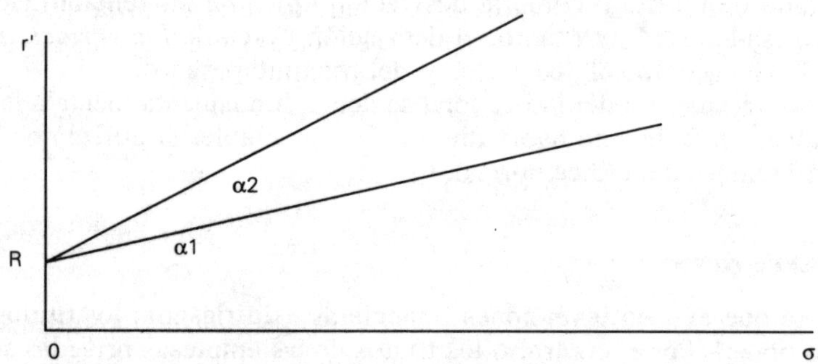

FIGURA 4. **Línea de seguridad del mercado**

Podemos ver cómo para un mismo riesgo, [σ], el primer inversor exige una rentabilidad menor que el segundo, puesto que su aversión al riesgo es menor[10].

Suponiendo que la tasa de interés sin riesgo fuera el 14%, y que dos inversores con diferente actitud frente al riesgo tuvieran coeficientes respectivos de α_1 y α_2, cada uno de ellos tomaría una decisión diferente respecto de la compra de acciones que tuvieran el mismo riesgo objetivo.

Los tres títulos que hemos tomado como ejemplo en este tema tienen las rentabilidades medias y desviaciones típicas que se contienen en el cuadro 5. Comparando el caso del Banco Hispano y de Telefónica, supongamos dos inversores cuyas aversiones al riesgo son de 2 y 3 respectivamente. La rentabilidad exigida en uno y otro caso será:

—Para el Banco Hispanoamericano:
Primer inversor: $r' = 0{,}14 + 2 \times 0{,}204242 = 0{,}548484 = 54{,}84\%$
Segundo inversor: $r' = 0{,}14 + 3 \times 0{,}204242 = 0{,}752726 = 75{,}27\%$
—Para la Telefónica:
Primer inversor: $r' = 0{,}14 + 2 \times 0{,}103293 = 0{,}346586 = 34{,}66\%$
Segundo inversor: $r' = 0{,}14 + 3 \times 0{,}103293 = 0{,}449879 = 44{,}99\%$

El primer inversor juzgará que aun siendo los títulos del Banco Hispano muy arriesgados, merece la pena adquirirlos. Mientras que él exige una rentabilidad del 54,84%, la rentabilidad esperada es notablemente superior, el 67,91%.

---

[9] Son las iniciales inglesas del término *S*ecurity *M*arket *L*ine,

[10] Eugene F. BRIGHAM, *Financial management: theory and practice,* Ed. The Dryden Press, 1985, p. 90 y 188-190.

CUADRO 5

	Banco Hispano	Telefónica	Iberduero
Media geométrica anual	67,91%	47,67%	51,48%
Media aritmética mensual	5,92%	3,77%	3,85%
Desviación típica mensual	20,42%	10,33%	8,43%

Por el contrario el segundo inversor, que es mucho más prudente en sus inversiones, ante el riesgo que presenta el Banco Hispano, exigirá una rentabilidad del 75,27%. Bastante superior a la rentabilidad esperada. Ello le hará inclinarse por la seguridad de los títulos de la Telefónica, a los que con la misma aversión al riesgo, él exige una rentabilidad del 44,99%, mientras que la rentabilidad esperada de los mismos es el 47,67%.

4.2. LA RENTABILIDAD EXIGIDA DE UNA CARTERA

4.2.1. *Definición del riesgo de una cartera*

A diferencia de lo que ocurría con la rentabilidad esperada de una cartera, fórmula [8], el riesgo de una cartera [σ_c], no es la media ponderada del riesgo de cada uno de los títulos, o media ponderada de la [σ] de cada uno de los títulos. La contribución de cada título a la rentabilidad esperada de la cartera dijimos que era $r_i w_i$, en cambio la contribución de cada título al riesgo de la cartera no es $\sigma_i w_i$ [11].

Sabemos que la rentabilidad de una cartera es una variable aleatoria, suma a su vez de otras variables aleatorias, que son las rentabilidades de cada uno de los títulos que componen la cartera. El riesgo de la rentabilidad de la cartera se mide por su varianza. Se trata pues de la varianza de una variable aleatoria que es suma de otras variables aleatorias. Hemos pues de usar la fórmula:

$$V(A + B) = V(A) + V(B) + 2 \operatorname{Cov}(A, B)$$

Esta fórmula debe ser adaptada desde dos puntos de vista:

1. El número de títulos que componen la cartera puede ser grande.
2. Cada título tiene un peso en la cartera diferente, por tanto la rentabilidad de cada uno de ellos debe ser ponderada, actuando como factor de ponderación la proporción en tanto por uno que cada título representa en la inversión inicial de la cartera.

Siendo:

σ_c^2 = Varianza de la rentabilidad de la cartera.
$\sigma_{ii} = \sigma_i^2 = V(i)$ = Varianza de la rentabilidad del título [i].
$\sigma_{ij} = \operatorname{Cov}(i, j)$ = Covarianza de la rentabilidad del título [i] con la rentabilidad del título [j].

[11] $\sigma_i w_i$ expresa el riesgo de la cartera solamente cuando se da la circunstancia de que la correlación entre los títulos que la componen es exactamente igual a 1. Circunstancia que es prácticamente irreal.

w_i = La proporción en tanto por uno que la inversión monetaria inicial en el título [i] representa respecto de la inversión monetaria inicial total en la cartera. Es decir la inversión monetaria inicial en el título [i], dividida por la inversión monetaria inicial total en la cartera, ambos a precio de mercado. La suma de todas las [w_i] habrá de ser igual a 1.

$$\sigma_c^2 = w_1^2\sigma_{11} + w_1^2\sigma_{22} + ... + w_n^2\sigma_{nn} + 2w_1w_2\sigma_{12} + 2w_1w_3\sigma_{13} + ... + 2w_1w_n\sigma_{1n} +$$
$$+ 2w_2w_3\sigma_{23} + ... + 2w_2w_n\sigma_{2n} + \text{etc}$$

$$\sigma_c^2 = \sum_{i=1}^{n}\sum_{j=1}^{n} w_iw_j\sigma_{ij} \qquad [10]$$

4.2.2. *Disminución del riesgo mediante la diversificación de la cartera*

Un título tomado aisladamente produce más riesgo a su propietario que un título que forma parte de una cartera. Efectivamente para un inversor que posee una cartera de valores, no es significativo que alguno de los títulos que forman parte de ella aumente o disminuya su rentabilidad, lo verdaderamente importante es que la cartera, en su conjunto, aumente o disminuya su rentabilidad: este es el riesgo de la cartera, que representaremos por [σ_c]. El Capital Asset Pricing Model (CAMP), es un instrumento de análisis para estudiar la variabilidad de la rentabilidad de un título, pero no considerado aisladamente, sino formando parte de una cartera: en qué medida la variabilidad de la rentabilidad, o el riesgo de un título en particular, puede influir en la variabilidad de la rentabilidad o riesgo de la cartera en su conjunto.

Teóricamente es posible combinar dos títulos que, tomados aisladamente, tengan cada uno de ellos un riesgo determinado, por ejemplo, σ_i = 2,37; y, sin embargo, al tomarlos conjuntamente formen una cartera sin riesgo alguno, $\sigma_c = 0$.

Ello va a depender del coeficiente de correlación [ρ] que mide la interdependencia entre los dos títulos. La correlación se define como la tendencia de dos variables a variar conjuntamente. El coeficiente de correlación mide esta tendencia, y tiene dos valores límites +1 y –1. El valor +1 significa que las dos variables se mueven hacia arriba y hacia abajo con total sincronización, y recibe el nombre de correlación perfecta positiva. El valor –1 significa que las dos variables se mueven exactamente en direcciones opuestas, y recibe el nombre de correlación perfecta negativa. Un valor 0 del coeficiente de correlación significa que los cambios de una variable son independientes de los cambios de la otra.

Esta es la razón por la cual a un inversor le interesa combinar dos títulos que tengan entre sí una correlación negativa perfecta, o sea, con un coeficiente de correlación igual a –1. Por la misma razón a una empresa le interesa vender productos que tengan una correlación negativa, a ser posible, perfecta. Por ejemplo, una empresa productora de aluminio estaría interesada en producir también oro. La razón es que durante los períodos de prosperidad económica general las ventas de aluminio tienden a aumentar; y en cambio la demanda de oro se refuerza durante los períodos de regresión económica. El aluminio y el oro están correlacionados negativamente. Si los negocios de la empresa se reparten entre el aluminio y el oro, la rentabilidad de la empresa se mantendrá equilibrada al oscilar los ciclos de la coyuntura económica general, de la prosperidad a la regresión. Otras combinaciones de productos negativamente correlacionados serían las de productos alimenticios con los repuestos de automóviles, el cemento con la producción textil, los productos lácteos con las hortalizas.

El cuadro 6 muestra dos series de rentabilidad de dos títulos relacionados de forma perfecta, positiva y negativamente. La representación gráfica de estas series aparecen en la figura 5 y en la figura 6.

CUADRO 6. **Correlación perfecta positiva y negativa de los títulos**

Año	Correlación positiva			Correlación negativa		
	Título 1	Título 2	Cartera	Título 1	Título 2	Cartera
1	10	18	28	10	18	28
2	12	20	32	12	16	28
3	8	16	24	8	20	28
4	15	23	38	15	13	28
5	10	18	28	10	18	28
Med.	11	19	30	11	17	28
σ	2,37	2,37	4,73	2,37	2,37	0
ρ			1			–1

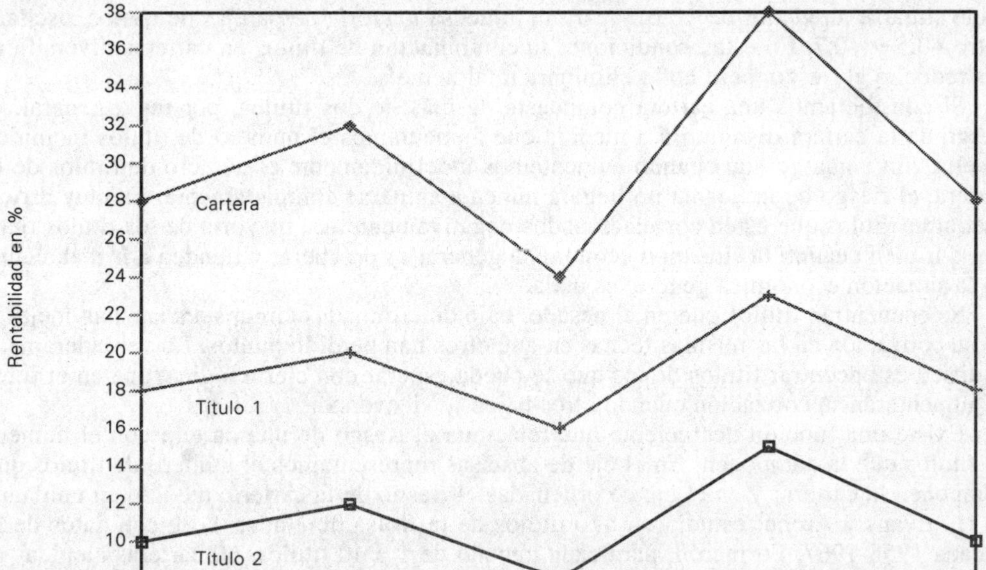

FIGURA 5. **Títulos correlacionados positivamente**

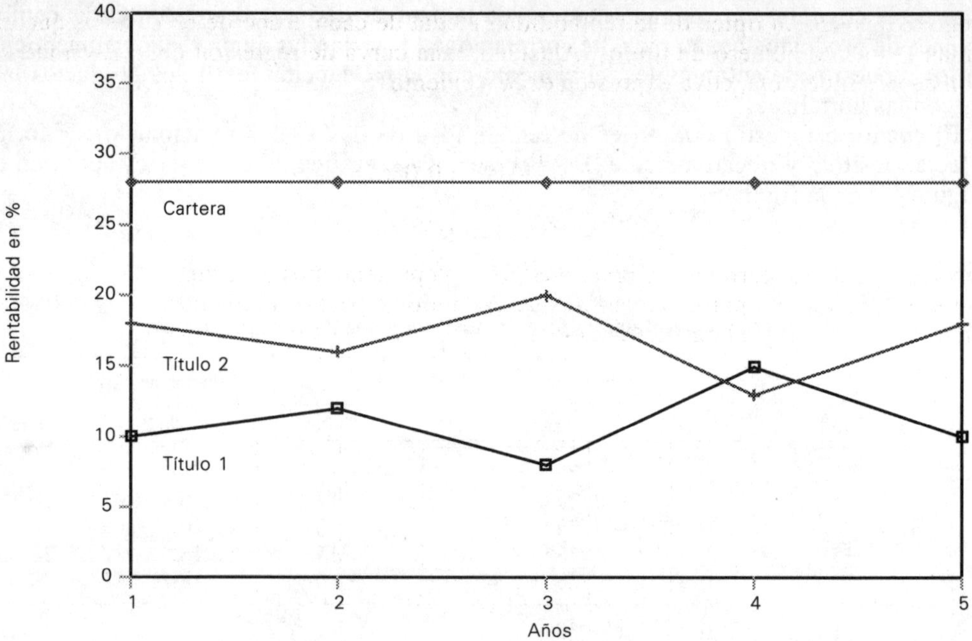

FIGURA 6. **Títulos correlacionados negativamente**

En el mundo real los títulos suelen estar correlacionados positivamente, pero no perfectamente. Por término medio el coeficiente de correlación de dos títulos tomados al azar suele situarse alrededor de +0,6, y para la inmensa mayoría de parejas de títulos, oscilará entre +0,5 y +0,7. En estas condiciones la combinación de títulos en carteras diversificadas reducirá el riesgo, pero no lo eliminará totalmente[12].

Si consideramos una cartera compuesta de más de dos títulos, por regla general, el riesgo de la cartera disminuirá a medida que aumentamos el número de títulos incluidos en ella. Sin embargo aun cuando aumentemos indefinidamente el número de títulos de la cartera, el riesgo de la misma no llegará nunca a anularse completamente. Es muy difícil encontrar títulos que estén correlacionados negativamente. La mayoría de los títulos tienden a ir bien cuando la situación económica general es próspera; y tienden a ir mal, cuando la situación económica general es mala.

Se encuentran títulos que en el pasado, bajo determinadas circunstancias, han mejorado su cotización en las mismas fechas en que otros han perdido puntos. Lo verdaderamente difícil es encontrar títulos de los que se pueda esperar con cierta lógica, que en el futuro aumentarán su cotización cuando otros bajen, y viceversa.

Existe una función decreciente que relaciona el riesgo de una cartera con el número de títulos que la componen. En el eje de abscisas representamos el número de títulos que componen la cartera; y en el eje de ordenadas el riesgo de la cartera, medido en unidades de σ_c. Evans y Archer estudiaron 470 títulos de la Bolsa de Nueva York con datos de la década 1958-1967. Formaron, para cada tamaño de 1 a 40 títulos, 60 carteras elegidas al azar. Calcularon la desviación típica de la rentabilidad de cada una de las 4.800 carteras, y

---

[12] Eugene F. BRIGHAM, *Financial management, theory and practice,* Ed. The Dryden Press, 1985, p. 191.

luego la desviación típica de la rentabilidad media de cada grupo de 60 carteras que contenían el mismo número de títulos. Ajustando una curva de regresión obtuvieron la ecuación de una hipérbola, cuya expresión es la siguiente,

$$\sigma_c = \frac{0{,}1191}{n} + 0{,}08625$$

con coeficiente de correlación igual a 0,9929. Representamos esta función en la figura 7. Como puede verse a partir de carteras de 25 títulos el riesgo no disminuye significativamente por el hecho de la diversificación.

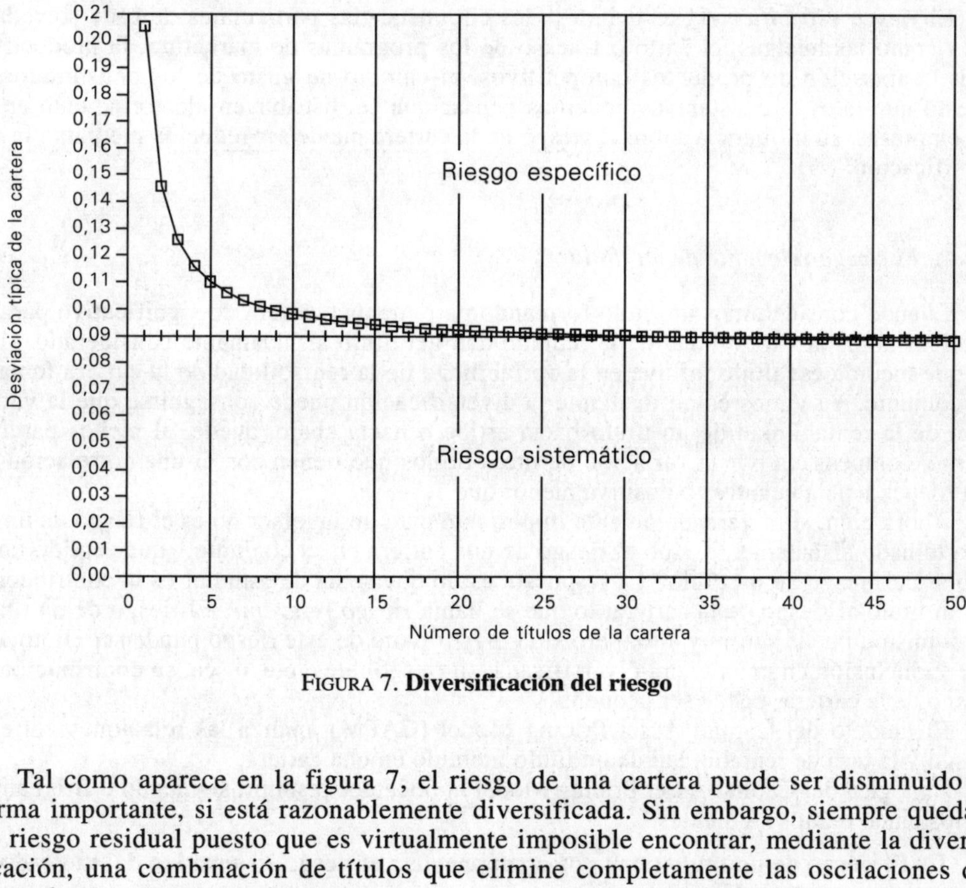

FIGURA 7. **Diversificación del riesgo**

Tal como aparece en la figura 7, el riesgo de una cartera puede ser disminuido de forma importante, si está razonablemente diversificada. Sin embargo, siempre quedará un riesgo residual puesto que es virtualmente imposible encontrar, mediante la diversificación, una combinación de títulos que elimine completamente las oscilaciones del mercado.

4.2.3. *Clases de riesgo*

Observando la figura 7 podemos distinguir el riesgo no eliminable por la diversificación de los títulos dentro de una cartera, que llamamos *riesgo sistemático* [σ_s]; y el riesgo que puede disminuirse por la diversificación de la cartera, que va disminuyendo a medida que aumenta el número de títulos componentes de la cartera, que llamamos *riesgo específico* [σ_e]. El primero sería el riesgo del sistema; el segundo sería el riesgo propio de la cartera en virtud de los títulos que la componen.

En la figura 7 el riesgo sistemático [σ_s], está representado por la ordenada 8,72%. Por debajo de ella no descendrá el riesgo de la cartera por mucho que aumente la diversificación de los títulos que la componen. Esta ordenada es, geométricamente, la asíntota de la curva de riesgo de una cartera. La diferencia, desde esta asíntota hasta la curva, es el riesgo específico [σ_e], que puede reducirse con la diversificación, y que será tanto menor cuanto mayor sea el número de títulos que componen la cartera.

El *riesgo sistemático* σ_s, es debido a sucesos que afectan a los títulos de todas las sociedades simultáneamente, tales como la guerra, la inflación, las tasas altas de los intereses bancarios, la recesión económica. Puesto que todas las sociedades quedan afectadas en la misma dirección por tales sucesos, el riesgo sistemático no puede eliminarse por la diversificación.

El *riesgo específico* σ_e, es debido a las circunstancias particulares de cada sociedad, tales como las huelgas, el éxito o fracaso de los programas de márketing, la productividad, la aparición de productos competitivos, el cambio de gusto de los consumidores. Puesto que tales circunstancias podemos pensar que se distribuyen aleatoriamente entre las empresas, su influencia sobre el riesgo de la cartera puede ser reducida mediante la diversificación.

4.2.4. *El riesgo relevante de un título*

Cuando consideramos un título formando parte de una cartera, lo significativo para el inversor no es la variabilidad de la rentabilidad del título aisladamente considerado, sino en qué medida ese título influye en la variabilidad de la rentabilidad de la cartera tomada en conjunto. Ya vimos cómo mediante la diversificación puede conseguirse que la variación de la rentabilidad de un título hacia arriba o hacia abajo, quede, al menos parcialmente, compensada por la variación de otros títulos que tienen con él una correlación de interdependencia negativa o positiva menor que 1.

Ahora bien, si lo verdaderamente importante para un inversor no es el riesgo de un título tomado aisladamente, sino el riesgo de una cartera en su conjunto, ¿qué sentido tiene hablar del riesgo de un título? La respuesta es: lo que se ha de estudiar es la contribución de un título al riesgo de la cartera, lo que se llama *riesgo relevante*. El riesgo de un título en sí mismo puede ser muy alto, pero si la mayor parte de este riesgo puede ser eliminado por su inclusión en una cartera diversificada, su riesgo relevante, o sea, su contribución al riesgo de la cartera, puede ser pequeña[13].

El modelo del Capital Asset Pricing Model (CAPM) analiza las relaciones entre el riesgo y la tasa de rentabilidad de un título incluido en una cartera.

La lógica del Capital Asset Pricing Model la podemos resumir, siguiendo a Brigham[14], en los cinco puntos siguientes:

1. El riesgo de un título tiene dos componentes: el riesgo sistemático del mercado; y el riesgo específico del negocio.
2. El riesgo específico del negocio se puede eliminar mediante la diversificación, y así lo hacen la mayoría de los inversores. Queda el riesgo sistemático del mercado

---

[13] Eugene F. BRIGHAM, *Financial management, theory and practice,* Ed. The Dryden Press, 1985, p. 197.
[14] Eugene F. BRIGHAM, *Financial management, theory and practice,* Ed. The Dryden Press, 1985, p. 200.

que es debido a las oscilaciones generales del mercado de capitales, y pone de relieve el hecho de que todos los títulos son influidos por ciertos sucesos económicos de carácter general.

3. Los inversores buscan una compensación por el riesgo. Cuanto mayor es el riesgo, mayor es la rentabilidad exigida.
4. El riesgo relevante de un título se mide por su coeficiente beta, que es un índice de la volatilidad relativa del título.
5. Puesto que el coeficiente beta de un título determina en qué medida dicho título influye en el riesgo de una cartera diversificada, beta es la medida más relevante del riesgo de un título.

Si tuviéramos que considerar el riesgo de un título aislado, utilizaríamos la [σ] de su rentabilidad, tal como hicimos con las acciones del Banco Hispano y de Telefónica. Sin embargo, cuando estamos considerando un título en cuanto parte alícuota de una cartera, lo que interesa conocer es su contribución al riesgo de la cartera de la que forma parte: lo que hemos llamado el *riesgo relevante*. Tal contribución se mide en los medios bursátiles mediante un coeficiente llamado beta, [β].

Tenemos, pues, dos medidas estadísticas para medir el riesgo de los títulos, [σ] y [β]. La desviación típica [σ], mide la variabilidad de la rentabilidad de un título considerado aisladamente. El coeficiente [β], en cambio, mide si esas variaciones se producen al unísono con el resto de los títulos de la cartera o, por el contrario, se producen desentonando con el resto de los títulos. Hay títulos con un [σ] alto y un [β] bajo. Tienen un [σ] alto porque su rentabilidad es muy oscilante. Tienen un [β] bajo porque estas oscilaciones se producen a destiempo del resto de los títulos. Puede incluso ocurrir que tengan un [β] negativo —esto será poco frecuente— cuando sus oscilaciones sean de signo contrario a las del resto de los títulos.

En este caso tendríamos un título con un alto riesgo individual [σ]; pero con un riesgo relevante, [β], bajo. Su riesgo individual es neutralizado por la presencia de otros títulos en la cartera. Así pues el coeficiente [β] mide la tendencia de un título en particular a seguir, en lo que a las oscilaciones de su rentabilidad se refiere, la tendencia general de los demás títulos de la cartera. O por el contrario tiene tendencia a frenar o contrabalancear las oscilaciones de los demás títulos de la cartera.

El coeficiente [β] es una medida de covarianza. Mide el grado en que las oscilaciones de la rentabilidad de un título siguen las oscilaciones de la rentabilidad de la cartera. Pero no es una medida de causalidad. Mide si ambas rentabilidades, la del título y la de la cartera oscilan al unísono o a contrapie. Pero no expresa cuál rentabilidad oscilante es la causa, y cuál rentabilidad oscilante es el efecto. Por ello así como hemos dicho que el coeficiente [β] determina en qué medida las oscilaciones de la rentabilidad de un título frenan o refuerzan las oscilaciones de la rentabilidad de la cartera; también podríamos decir que el coeficiente [β] mide la variabilidad de la rentabilidad de un título como respuesta a las variaciones de la rentabilidad de la cartera[15].

Si un título tiene una [β_j] mayor que 1, significa que la variabilidad de su rentabilidad *aumenta* la de la cartera; si es igual a 1, la variabilidad de su rentabilidad *no influye* sobre la de la cartera; si es menor que 1, la variabilidad de su rentabilidad *disminuye* la de la cartera. Por lo tanto, el incluir un título en una cartera concreta, contribuirá a aumentar, dejar igual, o disminuir la variabilidad de la rentabilidad de la cartera, según que el coeficiente [β] sea mayor, igual o menor que 1. Las variaciones de [β] suelen oscilar entre 0,5 y 1,5.

---

[15] J. Fred WESTON, *Fundamentos de administración financiera,* Ed. Interamericana, 1982, p. 332.

4.2.5. *Cálculo del coeficiente [β]*

Hemos definido el coeficiente [β_j] de un título [*j*] como la medida de las variaciones de la tasa de rentabilidad del título [*j*], en relación con las variaciones de la tasa de rentabilidad de una cartera.

Siendo:

r_m = tasa de rentabilidad de la cartera.
r_j = tasa de rentabilidad del título [*j*].

El coeficiente [β] mide la covarianza de [r_j] con [r_m], en unidades de Var (r_m).

$$\beta_j = \frac{\text{Cov}\,(r_j, r_m)}{\text{Var}\,(r_m)} \qquad [11]$$

O lo que es lo mismo:

$$\beta_j = \frac{\rho_{r_m \cdot r_j}\sigma_{r_m}\sigma_{r_j}}{\text{Var}\,(r_m)} \qquad [12]$$

A su vez, podemos demostrar que el coeficiente [β] es igual a la pendiente de la recta de regresión $r_j = f\,(r_m)$.

Haciendo:

$r_m = X$
$r_j = Y$

$$\beta_j = \frac{\text{Cov}(Y, X)}{\text{Var}(X)} = \frac{\dfrac{\sum(X-\mu_X)(Y-\mu_Y)}{n}}{\dfrac{\sum(X-\mu_X)^2}{n}} = \frac{\sum(XY - X\mu_Y - Y\mu_X + \mu_X\mu_Y)}{\sum(X^2 - 2X\mu_X + \mu_X^2)} =$$

$$= \frac{\sum XY - \mu_Y \sum X - \mu_X \sum Y + n\mu_X\mu_Y}{\sum X^2 - 2\mu_X \sum X + n\mu_X^2} = \frac{\sum XY - \dfrac{\sum Y \sum X}{n} - \dfrac{\sum X \sum Y}{n} + \dfrac{n \sum X \sum Y}{n^2}}{\sum X^2 - 2\dfrac{\sum X \sum X}{n} + \dfrac{n\left(\sum X\right)^2}{n^2}} =$$

$$= \frac{\sum XY - \dfrac{\sum X \sum Y}{n} - \dfrac{\sum X \sum Y}{n} + \dfrac{\sum X \sum Y}{n}}{\sum X^2 - 2\dfrac{\left(\sum X\right)^2}{n} + \dfrac{\left(\sum X\right)^2}{n}} = \frac{\sum XY - \dfrac{\sum Y \sum X}{n}}{\sum X^2 - \dfrac{\left(\sum X\right)^2}{n}} = \frac{n\sum XY - \sum Y \sum X}{n\sum X^2 - \left(\sum X\right)^2}$$

Existen publicaciones de los índices beta de los títulos de las sociedades cotizadas en Bolsa. En el cuadro 7 facilitamos los publicados en EEUU por Merrill Lynch, en abril de 1983.

CUADRO 7

Valores de:	
Reading and Bates	1,75
Lockheed	1,50
Gibralter Financial	1,45
Union Pacific	1,30
Digital Equipment	1,20
Bethlehem Steel	1,20
Atlantic Richfield	1,20
DuPont	1,10
RCA	1,05
Alcoa	1,00
US Steel	1,00
International Harvester	1,00
K Mart	1,00
Wells Fargo and Company	1,00
Chrysler	1,00
IBM	0,95
Deere and Company	0,95
Walt Disney Productions	0,95
Dow Jones and Company	0,95
Coca Cola	0,85
Hershey Foods	0,75
Public Service of Colorado	0,70
Campbell Soup	0,65
De Beers Consolidated Mines	0,45

Fuente: Value Line Investment Survey, Citado en Moyer, p., 135.

En la cartera que hemos tomado como ejemplo, tenemos los datos siguientes:

—Banco Hispano:

- Rentabilidad media mensual....... 0,059249
- Varianza........................ 0,141715
- Desviación típica................ 0,204242
- Covarianza con Telefónica........ 0,009888
- Covarianza con Iberduero......... 0,010158
- Covarianza con la cartera 0,023931

—Telefónica:

- Rentabilidad media mensual....... 0,037712
- Varianza........................ 0,010669
- Desviación típica................ 0,103293
- Covarianza con Iberduero......... 0,007787
- Covarianza con la cartera 0,009302

—Iberduero:

- Rentabilidad media mensual....... 0,038517
- Varianza........................ 0,007117
- Desviación típica................ 0,084360
- Covarianza con la cartera 0,008476

—Cartera:

- Rentabilidad media mensual....... 0,045621
- Varianza....................... 0,015432
- Desviación típica............... 0,124225

El coeficiente beta de cada uno de los tres títulos es:

Banco Hispano: $\frac{0,023931}{0,015432} = 1,550739$

Telefónica: $\frac{0,009302}{0,015432} = 0,602773$

Iberduero: $\frac{0,008476}{0,015432} = 0,549248$

El Banco Hispano tiene un riesgo relevante mayor que 1. Luego contribuye a aumentar el riesgo de la cartera. Por el contrario Telefónica e Iberduero tienen un riesgo relevante menor que 1. Luego contribuyen a la seguridad de la cartera.

Por el contrario el Banco Hispano tiene un rentabilidad superior al promedio de la cartera; mientras que Telefónica e Iberduero tienen una rentabilidad inferior a la rentabilidad promedio de la cartera.

El coeficiente es la pendiente de una recta de regresión, cuando ajustamos la rentabilidad del título a la rentabilidad de la cartera. Calculando, pues, la recta de regresión de la rentabilidad de cada uno de los títulos sobre la rentabilidad de la cartera obtenemos unas ecuaciones que responden al modelo general:

$$r_j = a_0 + \beta\, r_c$$

Es la que se llama recta [β] de regresión. Para cada uno de los títulos que componen nuestra cartera, la recta [β] de regresión es:

—Banco Hispano:

$$r_j = 0{,}0115 + 1{,}5507\, r_c \qquad [R^2 = 0{,}8896]$$

—Telefónica:

$$r_j = 0{,}0102 + 0{,}6028\, r_c \qquad [R^2 = 0{,}5255]$$

—Iberduero:

$$r_j = 0{,}0135 + 0{,}5492\, r_c \qquad [R^2 = 0{,}6541]$$

La figura 8, la figura 9, y la figura 10 representan las rectas de regresión beta de cada uno de los títulos. Finalmente la figura 11 compara simultáneamente las tres rectas de regresión.

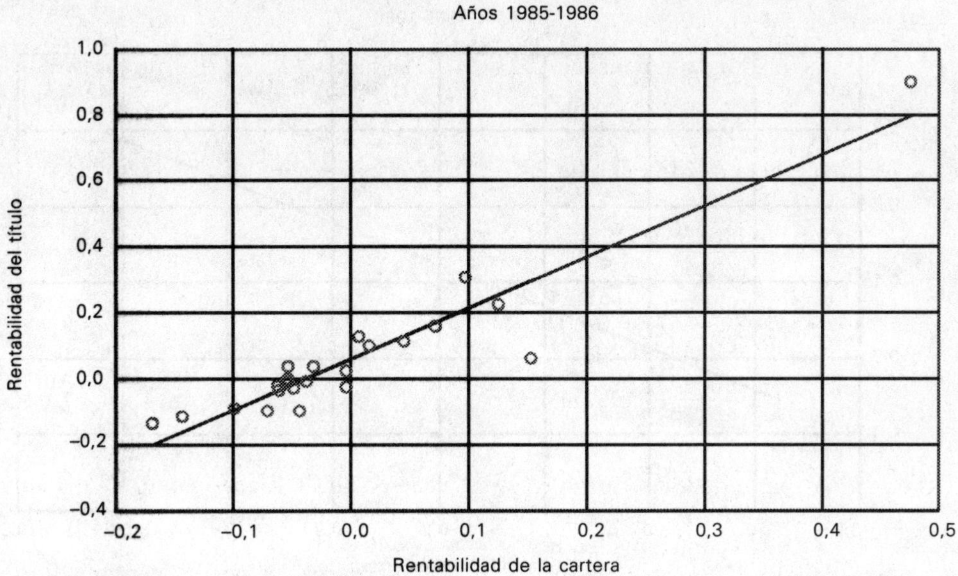

R″ = 0,8896
Beta = 1,5507

FIGURA 8. **Gráfico beta del Banco Hispano Americano**

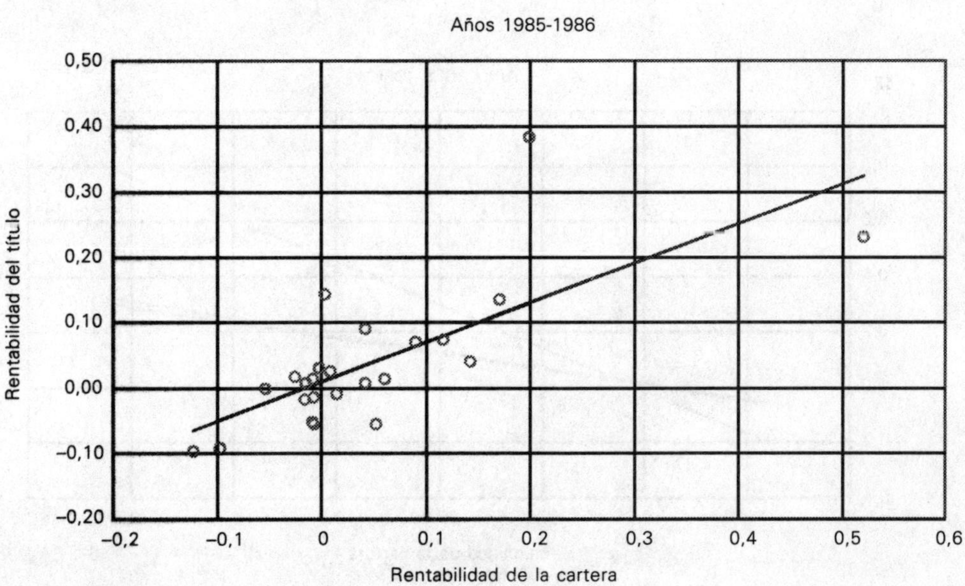

R″ = 0,5255
Beta = 0,6028

FIGURA 9. **Gráfico beta de Telefónica**

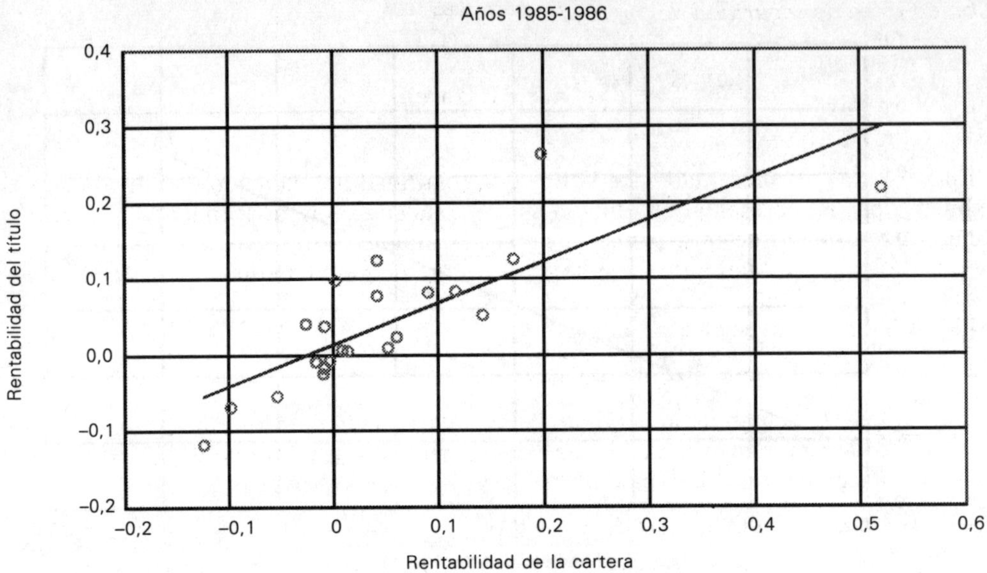

R″ = 0,6541
Beta = 0,5492

FIGURA 10. **Gráfico beta de Iberduero**

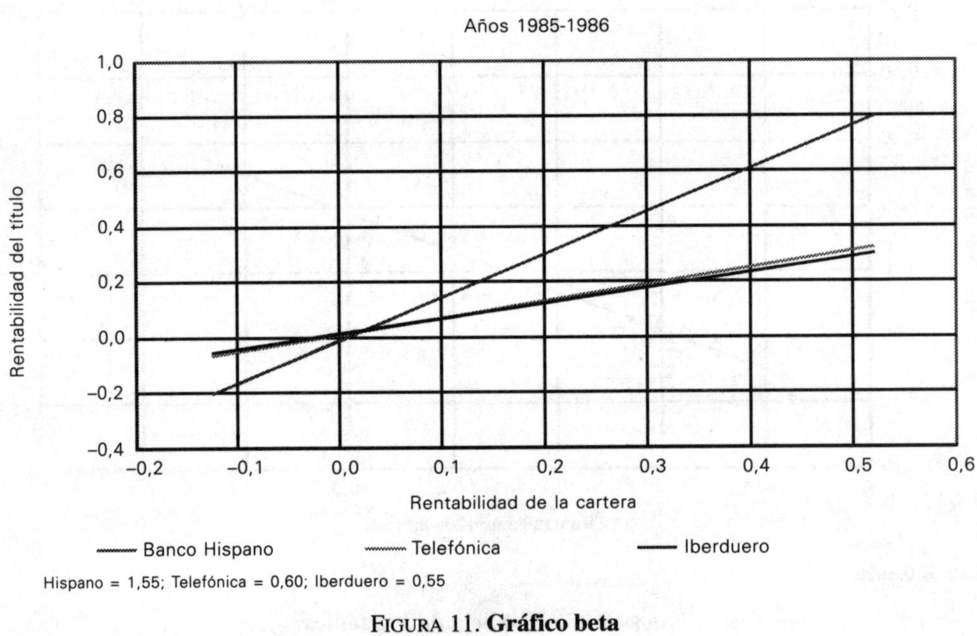

Hispano = 1,55; Telefónica = 0,60; Iberduero = 0,55

FIGURA 11. **Gráfico beta**

4.2.6. *La línea de seguridad del mercado*

$$r' = R + \alpha\,\beta + e \qquad [13]$$

En la figura 4, representábamos la línea de seguridad del mercado en función de [σ]. También se puede representar en función de [β]. Esta ecuación fue formulada por William F. Sharpe, con objeto de buscar una manera más simple de resolver el problema de las carteras eficientes de Markowitz, dándole el nombre de «modelo diagonal». La representamos en la figura 12.

Las variables de la ecuación son:

—Variable dependiente (eje de ordenadas):

r' = Tasa de rentabilidad exigida. Viene determinada por dos elementos objetivos: la tasa de rentabilidad sin riesgo [R], y el riesgo relevante del título [β]; más un elemento subjetivo, la aversión al riesgo de los inversores (α).

—Variable independiente (eje de abscisas):

β = Es el riesgo relevante del título. Expresa la relación que existe entre las fluctuaciones de la rentabilidad de la cartera y las fluctuaciones de la rentabilidad de un título en particular.

Los parámetros de la función son:

—Ordenada en el origen:

R = Tasa de rentabilidad sin riesgo. Tasa de interés devengada por los títulos de la deuda pública, o el interés de las imposiciones a plazo fijo.

—Pendiente de la recta:

α = Aversión al riesgo de los inversores. Cuanto más pronunciada sea la pendiente de la recta, mayor es la aversión al riesgo.

e = Es el error típico de la estima de la recta de regresión. Expresa las fluctuaciones de la rentabilidad del título que son independientes del comportamiento del mercado. Nos da una medida del riesgo específico del título [j].

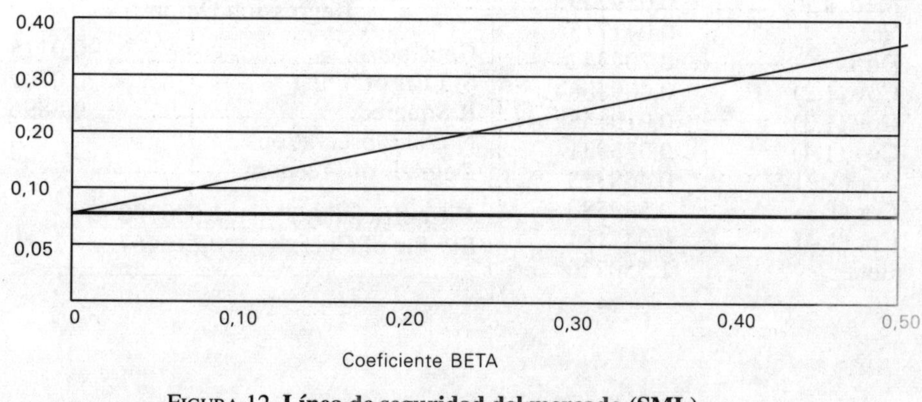

FIGURA 12. **Línea de seguridad del mercado (SML)**

Apéndice de datos

1. Banco Hispano Americano

2. Telefónica
3. Iberduero

Nominal	500
N.º de acciones	1

		Cot.	Valor mercado	W	Valor total	Índ T	Variación IT	d	N	A	E	nd	na	D	J
1984	Dic.	165	825	1,0000	825	100,00									
1985	Ene.	175	875	1,0000	875	106,06	0,060606								
1985	Feb.	159	795	1,0000	795	96,36	–0,091429								
1985	Mar.	158	790	1,0000	790	95,76	–0,006289								
1985	Abr.	164	820	1,0000	820	99,39	0,037975								
1985	May.	158	790	1,0000	790	95,76	–0,036585								
1985	Jun.	164	820	1,0000	820	99,39	0,037975								
1985	Jul.	148	740	1,0000	740	89,70	–0,097561								
1985	Ago.	145	725	1,0000	725	87,88	–0,020270								
1985	Set.	141	705	1,0000	705	85,45	–0,027586								
1985	Oct.	157	785	1,0000	785	95,15	0,113475								
1985	Nov.	153	765	1,0000	765	92,73	–0,025478								
1985	Dic.	153	765	1,0000	765	92,73	0,000000								
1986	Ene.	200	1.000	1,0000	1.000	121,21	0,307190								
1986	Feb.	245	1.225	1,0000	1.225	148,48	0,225000								
1986	Mar.	465	2.325	1,0000	2.325	281,82	0,897959								
1986	Abr.	420	2.100	1,0000	2.100	254,55	–0,096774								
1986	May.	430	2.150	1,0000	2.150	260,61	0,023810								
1986	Jun.	375	1.875	1,0133	1.900	230,30	–0,116279	25,00					0,01333		
1986	Jul.	375	1.875	1,0133	1.900	230,30	0,000000								
1986	Ago.	434	2.170	1,0133	2.199	266,54	0,157333								
1986	Set.	490	2.450	1,0133	2.483	300,93	0,129032								
1986	Oct.	423	2.115	1,0133	2.143	259,78	–0,136735								
1986	Nov.	465	2.325	1,0133	2.356	285,58	0,099291								
1986	Dic.	455	2.275	1,0225	2.326	281,95	–0,012688	20,50					0,00913		

1. *r''m*	0,044137
2. *r*	0,679144
Med. arit.	0,059249
Var.	0,041715
Dtip.	0,204242
Cov (1,2)	0,009888
Cov (1,3)	0,010158
Cov (1,4)	0,023931
Cor (1,2)	0,468715
Cor (1,3)	0,589580
Cor (1,4)	0,943187
Beta	1,550720

Regresión de Beta

Regression Output:

Constant		–0,0115
Std Err of Y Est		0,0709
R Squared		0,8896
No. of Observations		24
Degrees of Freedom		22
X Coefficient(s)	1,550720	
Std Err of Coef.	0,116467	

2. Telefónica

1. Banco Hispano
3. Iberduero

Nominal	500
N.º de acciones	1

	Cot.	Valor mercado	W	Valor total	Índ T	Variación IT	d	N	A	E	nd	na	D	J
1984 Dic.	93,0	465,0	1,0000	465	100,00									
1985 Ene.	128,7	643,5	1,0000	644	138,39	0,383871								
1985 Feb.	123,7	618,5	1,0409	644	138,45	0,000419		1	8	400		0,0409	24,2778	0,3269
1985 Mar.	127,0	635,0	1,0409	661	142,14	0,026677								
1985 Abr.	120,0	600,0	1,0409	625	134,30	–0,055118								
1985 May.	121,0	605,0	1,0409	630	135,42	0,008333								
1985 Jun.	115,0	575,0	1,0854	624	134,21	–0,008926	24,60				0,044531			
1985 Jul.	117,0	585,0	1,0854	635	136,55	0,017391								
1985 Ago.	115,0	575,0	1,0854	624	134,21	–0,017094								
1985 Set.	118,5	592,5	1,0854	643	138,30	0,030435								
1985 Oct.	127,0	635,0	1,0854	689	148,22	0,071730								
1985 Nov.	138,5	692,5	1,0854	752	161,64	0,090551								
1985 Dic.	127,5	637,5	1,1183	713	153,31	–0,051526		1	9	450		0,0329	18,7500	0,2960
1986 Ene.	128,7	643,5	1,1539	743	159,69	0,041569	20,50				0,035625			
1986 Feb.	146,2	731,0	1,1539	844	181,40	0,135975								
1986 Mar.	180,0	900,0	1,1539	1.039	223,34	0,231190								
1986 Abr.	206,0	1.030,0	1,1539	1.189	255,60	0,144444								
1986 May.	207,5	1.037,5	1,1539	1.197	257,46	0,007282								
1986 Jun.	188,5	942,5	1,1539	1.088	233,88	–0,091566								
1986 Jul.	181,0	905,0	1,1853	1.073	230,68	–0,013687	24,60				0,031366			
1986 Ago.	194,5	972,5	1,1853	1.153	247,89	0,074586								
1986 Set.	184,0	920,0	1,1853	1.090	234,50	–0,053985								
1986 Oct.	166,2	831,0	1,1853	985	211,82	–0,096739								
1986 Nov.	168,5	842,5	1,1853	999	214,75	0,013839								
1986 Dic.	167,0	835,0	1,2144	1.014	218,06	0,015430	20,50				0,029099			

1. *r″m* IT	0,033017
2. *r*	0,476699

Med. arit.	0,377712
Var.	0,010669
Dtip.	0,103293
Cov (2,3)	0,007787
Cov (2,4)	0,009302
Cor (2,3)	0,893687
Cor (2,4)	0,724902
Beta	0,602753

Regresión de Beta

Regression Output:

Constant	0,1002133
Std Err of Y Est	0,0743172
R Squared	0,5254835
No. of Observations	24
Degrees of Freedom	22
X Coefficient(s)	0,602753
Std Err of Coef.	0,122116

3. Iberduero

1. Banco Hispano
2. Telefónica

Nominal	500
N.º de acciones	1

	Cot.	Valor mercado	W	Valor total	Índ T	Variación IT	d	N	A	E	nd	na	D	J
1984 Dic.	83,5	417,5	1,0000	418	100,00									
1985 Ene.	100,5	502,5	1,0498	528	126,35	0,263473	25,00				0,049751			
1985 Feb.	95,0	475,0	1,0498	499	119,43	–0,054726								
1985 Mar.	95,7	478,5	1,0498	502	120,31	0,007368								
1985 Abr.	94,0	470,0	1,0498	493	118,18	–0,017764								
1985 May.	93,2	466,0	1,0498	489	117,17	–0,008511								
1985 Jun.	93,7	468,5	1,0498	492	117,80	0,005365								
1985 Jul.	93,5	467,5	1,0947	512	122,58	0,040555	20,00				0,044909			
1985 Ago.	92,7	463,5	1,0947	507	121,53	–0,008556								
1985 Set.	92,0	460,0	1,0947	504	120,61	–0,007551								
1985 Oct.	99,5	497,5	1,0947	545	130,44	0,081522								
1985 Nov.	107,2	536,0	1,0947	587	140,54	0,077387								
1985 Dic.	106,5	532,5	1,1430	609	145,78	0,037300		1	6	375		0,0483	22,5000	0,2898
1986 Ene.	107,0	535,0	1,1964	640	153,31	0,051643	25,00				0,053409			
1986 Feb.	120,5	602,5	1,1964	721	172,65	0,126168								
1986 Mar.	146,7	733,5	1,1964	878	210,19	0,217427								
1986 Abr.	161,0	805,0	1,1964	963	230,68	0,097478								
1986 May.	181,0	905,0	1,1964	1.083	259,33	0,124224								
1986 Jun.	161,5	807,5	1,2492	1.009	241,62	–0,068314		1	8	500		0,0529	34,1667	0,4229
1986 Jul.	155,5	777,5	1,2773	993	237,88	–0,015480	17,50				0,028117			
1986 Ago.	168,5	842,5	1,2773	1.076	257,76	0,083601								
1986 Set.	170,2	851,0	1,2773	1.087	260,36	0,010089								
1986 Oct.	150,2	751,0	1,2773	959	229,77	–0,117509								
1986 Nov.	153,7	768,5	1,2773	982	235,12	0,023302								
1986 Dic.	145,0	725,0	1,3214	958	229,46	–0,024073	25,00				0,044046			

1. *r″m*	0,035213
2. *r*	0,514800

Med. arit.	0,038517
Var.	0,007117
Dtip.	0,084360
Cov (3,4)	0,008476
Cor (3,4)	0,808782
Beta	0,549238

Regresión de Beta

Regression Output:

Constant		0,013460
Std Err of Y Est		0,051819
R Squared		0,654129
No. of Observations		24
Degrees of Freedom		22
X Coefficient(s)	0,549238	
Std Err of Coef.	0,085148	

Cartera

1. Banco Hispano Americano
2. Telefónica
3. Iberduero

		Valor total	Índice total	Variac índ tot	Bolsa I total 1940	Bolsa I total 1984	Variacion Bolsa IT
1984	Dic.	1.707,50	100,00		7.647,30	100,00	
1985	Ene.	2.046,00	119,82	0,198243	8.804,22	115,13	0,151285
1985	Feb.	1.937,40	113,46	–0,053078	8.659,51	113,24	–0,016436
1985	Mar.	1.953,25	114,39	0,008180	8.643,29	113,02	–0,001873
1985	Abr.	1.937,90	113,49	–0,007860	8.480,92	110,90	–0,018786
1985	May.	1.908,90	111,80	–0,014962	8.571,83	112,09	0,010719
1985	Jun.	1.935,91	113,38	0,014146	8.309,85	108,66	–0,030563
1985	Jul.	1.886,71	110,50	–0,025415	8.839,80	115,59	0,063774
1985	Ago.	1.856,47	108,72	–0,016024	8.744,66	114,35	–0,010763
1985	Set.	1.851,64	108,44	–0,002606	8.871,88	116,01	0,014548
1985	Oct.	2.018,81	118,23	0,090287	9.930,52	129,86	0,119325
1985	Nov.	2.103,37	123,18	0,041883	10.599,84	138,61	0,067400
1985	Dic.	2.086,53	122,20	–0,008008	10.940,29	143,06	0,032118
1986	Ene.	2.382,59	139,54	0,141894	12.250,46	160,19	0,119756
1986	Feb.	2.789,31	163,36	0,170705	14.265,93	186,55	0,164522
1986	Mar.	4.241,04	248,38	0,520463	17.691,41	231,34	0,240116
1986	Abr.	4.251,59	249,00	0,002487	19.970,76	261,15	0,128839
1986	May.	4.429,88	259,44	0,041935	20.369,38	266,36	0,019960
1986	Jun.	3.996,30	234,04	–0,097877	19.222,23	251,36	–0,056317
1986	Jul.	3.965,80	232,26	–0,007632	19.548,46	255,63	0,016971
1986	Ago.	4.427,76	259,31	0,116488	21.973,40	287,34	0,124048
1986	Set.	4.660,13	272,92	0,052479	22.234,73	290,75	0,011893
1986	Oct.	4.087,44	239,38	–0,122891	20.598,44	269,36	–0,073592
1986	Nov.	4.336,22	253,95	0,060866	21.695,55	283,70	0,053262
1986	Dic.	4.298,11	251,72	–0,008790	23.619,80	308,86	0,088693

1. *r"m*	0,039214	0,048110
2. *r*	0,586566	0,757454

Med. arit.	0,045621	0,050788
Var.	0,015432	0,005751
Dtip.	0,124225	0,075839
Cov (Cartera, Bolsa)	0,007909	
Cor (Cartera, Bolsa)	0,839509	
Beta	1,375131	

Regresión de Beta

Regression Output:

Constant	–0,02422
Std Err of Y Est	0,070498
R Squared	0,704775
No. of Observations	24
Degrees of Freedom	22
X Coefficient(s)	1,375131

Capítulo 5

Valoración de acciones y obligaciones

1. Introducción

1.1. Valor y precio de los títulos negociables

El precio de los títulos negociables cotizados en Bolsa, se fija por la concurrencia de la oferta y la demanda en el mercado. Los oferentes de títulos en el mercado primario ofrecen un interés por los títulos de renta fija, o unas expectativas de dividendo y futuras ampliaciones de capital por los títulos de renta variable, en función de la rentabilidad que esperan obtener de sus inversiones. En la medida en que los negocios de las sociedades emisoras de títulos ofrezcan mejores perspectivas de rentabilidad, estas sociedades ofrecerán mejores remuneraciones a los suscriptores de sus emisiones.

Los ahorradores-inversores colocan sus recursos eligiendo entre todos los que les ofrece el mercado, atendiendo a sus personales preferencias por la rentabilidad, el riesgo y la liquidez de cada uno de los títulos que se negocian en el mercado.

De la misma manera, en el mercado secundario el interés por vender que tienen los tenedores de títulos, se combina con el interés por comprar de otros ahorradores-inversores fijándose en consecuencia un precio de mercado.

Este precio es único en cada momento para todos los compradores y vendedores de títulos. Varía de un día para otro, incluso de una hora para otra en el mercado continuo Pero en un momento dado es el mismo para todos los agentes del mercado de capitales.

En cambio el valor de los títulos negociables, como el valor de todos los bienes de consumo o de producción es diferente para cada uno de los agentes económicos que actúan en el mercado. El valor de un objeto constituye un atributo que cada sujeto proyecta desde su particular cultura, desde su situación personal, desde sus necesidades biológicas o psicológicas, desde sus ilusiones y proyectos vitales, sobre los objetos que le rodean. Un disco, una botella de licor, un libro, un vestido de boutique, un litro de aceite, una escopeta de caza, etc. no tienen el mismo valor para todas las personas. Escojamos tres personas al azar y pidámosles que establezcan un ránking de apreciación personal a una lista de diez objetos. Obtendremos tres ordenamientos diferentes; lo cual significa que el *valor* atribuido por cada una de las tres personas a los diez objetos considerados es diferente.

En conclusión, precio y valor, son dos atributos distintos: el precio es una magnitud que se mide en unidades monetarias, y es el resultado de la concurrencia de la oferta y la demanda en el mercado[1]. El valor es la apreciación que cada sujeto hace de los objetos que tiene a su alcance.

El valor, dado que es la estima que hacemos de las cosas, no es cuantificable, no es medible en unidades cardinales. Estimamos las cosas más o menos que otras, mucho más o mucho menos que otras, pero no las estimamos 25 o 58. Pero ocurre que entre las cosas que estimamos está también el dinero. Y cuando compramos un objeto, a la vez que adquirimos un nuevo bien, nos desprendemos de una cantidad monetaria. Obtenemos una satisfacción por la nueva adquisición, y una insatisfacción por el dinero cedido a cambio. En la medida en que esta insatisfacción personal queda compensada por la satisfacción de la nueva adquisición nos decidimos a comprar. A través de este mecanismo de satisfacción se consigue cuantificar en unidades monetarias el valor de las cosas, que, en sí mismo, es incuantificable.

Viniendo al tema del valor de los títulos negociables, hemos de contemplar cuál es el fundamento del aprecio que los ahorradores-inversores hacen de ellos. En la realidad existen ciertos motivos de aprecio, que evidentemente están presentes en las decisiones de algunos compradores de títulos, pero que no vamos a tener en cuenta en nuestro análisis. Por ejemplo, la voluntad de adquirir una cuota de poder en la junta general de accionistas de una sociedad, aumentar la cuota de mercado en un sector mediante la dominación de una empresa competidora, el lavado del dinero negro, etc. Estos y otros múltiples motivos pueden llevar a un agente económico a hacer inversiones financieras en un título o en otro. Todos estos son puntos de vista de tal forma individuales, que no son susceptibles de ser introducidos en un modelo de aplicación general.

Nuestro análisis se va a centrar en el que llamamos *inversor-tipo*. Es decir en el ahorrador-inversor que acude al mercado de capitales a hacer una inversión financiera con la intención de comprar una renta futura. El valor atribuido a los títulos negociables, desde este punto de vista, será el valor actualizado de todas las rentas que por cualquier motivo pueda esperar el tenedor. Esto es lo que denominamos *valor intrínseco*.

El valor intrínseco de un título lo obtendremos mediante un proceso de actualización, actuando como factor de actualización la *rentabilidad exigida* por cada inversor. Sabemos que dicha rentabilidad exigida es un *coste de oportunidad*, diferente para cada ahorrador-inversor. Por ello aun cuando el precio de un título sea el mismo para todos los potenciales inversores, el valor intrínseco del mismo es diferente para cada uno de ellos, mayor o menor que el precio, según las circunstancias particulares y posibilidades alternativas de inversión con que cuenten. Ello trae como consecuencia que el mismo título, a un precio fijado por el mercado, sea demasiado caro para unos, y en cambio resulte atractivo para otros.

Sin embargo no hemos de perder de vista el hecho de que, al no contemplar en el modelo más que esta actitud del *comprador de una renta futura*, y no tener en cuenta otros puntos de vista también presentes y activos en el mercado de capitales, nuestro modelo no recoge la realidad completa y, por tanto, van a existir de hecho disfunciones entre las hipótesis teóricas que hagamos sobre el valor de los títulos, y los precios que éstos adquieren en la Bolsa.

---

[1] Supuesto que nos movemos en un sistema económico de libre mercado. En un sistema de economía dirigida, el precio es fijado por la autoridad administrativa atendiendo a los objetivos políticos de los gobernantes.

1.2. Los determinantes del precio de los títulos-valores

Pensamos en el *inversor-tipo*, no en las particulares estrategias financieras que un grupo o un individuo hayan forjado para introducirse en un mercado o dominarlo, para conseguir un poder decisorio en la junta general de accionistas o para absorber otra sociedad, para lavar dinero negro o beneficiarse de informaciones privilegiadas. Pensando, pues, en el inversor-tipo que pretende comprar hoy una renta futura, podemos identificar algunos fenómenos que influyen en la cotización de los títulos, ya sea de los de renta fija, ya sea de los de renta variable.

1.2.1. *Títulos de renta fija*

La *tasa de inflación*: los títulos de renta fija ofrecen una tasa de interés fija, durante un plazo fijo, y la devolución del principal en una cuantía fija (igual al nominal o superior al nominal). El adquirente de un título de renta fija puede ser afectado por la insolvencia de la sociedad emisora, y ver con asombro que sus expectativas de percibir unos intereses y recuperar un nominal se esfuman. Pero en la realidad, dadas las precauciones y garantías, exigidas por las autoridades rectoras de la Bolsa de Valores, este riesgo es mínimo, y se puede considerar prácticamente despreciable. Ocurren a veces insolvencias, quiebras o morosidades, como el caso de Banca Catalana en 1982, o el de Rumasa en 1983, o el de Fecsa en 1987, pero son casos de tal forma aislados y excepcionales, que carecen de significación relevante.

En cambio la tasa de inflación sí que constituye una amenaza permanente para la rentabilidad de los títulos de renta fija. Sobre todo cuando son emitidos a largo plazo (cinco o más años) puede ocurrir que la tasa de inflación repunte en el futuro más de lo que se hubiera podido estimar por los analistas económicos y por las previsiones del Gobierno. En este caso, si el interés devengado por las obligaciones es igual o inferior a la tasa de inflación, su renta es nula o negativa. Ello repercute en el precio de mercado de las obligaciones, las cuales cotizarán a la baja.

Naturalmente esta sensibilidad de la cotización de las obligaciones a la tasa de inflación será tanto más importante cuanto mayor sea el plazo de devolución del principal.

La *política económica del Gobierno* influye igualmente en la cotización de las obligaciones. En la medida en que el Gobierno declare exenciones fiscales para unos títulos determinados, suba o baje en términos generales el Impuesto sobre la Renta de las Personas Físicas o sobre los beneficios de las sociedades, frene el consumo reduciendo los créditos o al contrario lo fomente flexibilizando los créditos, los ahorradores-inversores estarán dispuestos a pagar más dinero o menos dinero por un título de renta fija con un interés dado.

Otras *alternativas de inversión financiera*. El mercado financiero ofrece múltiples alternativas al ahorrador-inversor: títulos de la deuda pública, imposiciones bancarias a plazo fijo, compra de oro, compra de inmuebles o suelo, títulos de renta variable, adquisición de divisas convertibles, fondos de pensiones, etc. Por otra parte el dinero se puede trasladar de un sitio a otro con gran rapidez, a la velocidad de la luz. Ya pasó la época en que el oro de las Indias tenía que venir en barcos de vela al puerto de Sevilla, y de allí ser trasladado a la velocidad de un carro de mulas hasta las arcas de los Fugger de Ausburgo que financiaban las guerras de Carlos V. Hoy día una llamada telefónica traslada en cuestión de segundos miles de millones de ptas. de Madrid a Londres, de Londres a Francfort, de Francfort a Nueva York o Tokio. Cualquier oportunidad financiera más atractiva que surja en cualquier mercado del mundo, lleva los recursos financieros de un empleo a otro, haciendo bajar la cotización de los títulos que se venden y haciendo subir las cotizaciones de los títulos que se compran.

1.2.2. *Títulos de renta variable*

La *información sobre la sociedad emisora de las acciones*. El ahorrador-inversor prefiere un título a otro guiado por las noticias que tiene sobre la sociedad emisora del título: si se espera que los dividendos aumenten en los años venideros, si se espera que se produzcan ampliaciones de capital, si se espera que la sociedad mantenga una alta rentabilidad en sus negocios que genere beneficios importantes. Este tipo de noticias crea optimismo en los potenciales compradores de acciones, y contribuye a que se mantenga, incluso aumente, la cotización de los títulos en la Bolsa. Esta es la razón del interés que tienen las empresas, tanto industriales como bancarias, en publicar en la prensa noticias sobre los buenos resultados económicos obtenidos, y sobre las expectativas prometedoras que pueden ofrecer. Como cualquier vendedor de un producto en un mercado de libre competencia, procuran defender y hacer atractiva la imagen de su producto respecto del producto de la competencia. En este caso el producto que venden son las acciones.

La *coyuntura económica, social y política, nacional e internacional*. Cualquier alteración de la estabilidad política (guerra en el Golfo Pérsico, crisis del Gobierno), de la situación económica (medidas fiscales, cambios en la paridad de la moneda, apertura o cierre de mercados internacionales), de la situación social (huelgas, acciones terroristas) modifican la disposición inversora tanto del pequeño ahorrador, como, sobre todo, de los grandes grupos financieros. El dinero huye de las áreas conflictivas para refugiarse en las áreas estabilizadas; abandona las inversiones arriesgadas para emplearse en inversiones poco erosionables (oro, bienes inmuebles).

También el mercado de títulos de renta variable está sometido a la competencia de *otras alternativas de inversión financiera*. Los títulos de la deuda pública, las obligaciones, las supercuentas, etc. constituyen posibilidades de inversión, que dada su característica de seguridad, compiten eficazmente con los títulos de renta variable.

2. **Valor de los títulos de renta fija**

2.1. Clases de títulos

2.1.1. *Deuda pública*

Deuda perpetua

Existen en el mercado títulos de deuda perpetua emitidos generalmente por el Estado. También existieron algunos casos de empresas privadas que emitieron títulos de renta perpetua.

En *Inglaterra*, después de las Guerras Napoleónicas, en 1814, se hizo una enorme emisión de bonos que se usó para pagar muchas emisiones más pequeñas que habían sido lanzadas en años anteriores para pagar la guerra. Puesto que el objeto de la nueva emisión fue consolidar deudas anteriores, los nuevos bonos se llamaron «Consols», abreviatura del término «Consolidated Annuities». Los Consols carecen de fecha de vencimiento, y devengan un interés fijo. Incluso con anterioridad, en 1751 nueve emisiones de empréstitos, que constituían la mayor parte de la deuda pública, fueron consolidados en un único título de deuda perpetua que devengaría un interés del 3%. Esta tasa se redujo en 1888 al 2,75, y todavía en 1903 al 2,5%[2].

---

2 Cfr. Weston, p. 400; *Collier's Encyclopedia,* tomo 7, p. 209.

En los *Estados Unidos*, al aparecer el ferrocarril, se hicieron emisiones de obligaciones con plazos de vencimiento que hoy nos parecen increíbles. Por ejemplo, el West Shore Railroad Co. autorizó una emisión de obligaciones de 50 millones de dólares en 1886, con vencimientos escalonados durante 475 años, es decir, hasta el año 2361. La Elmira and Williamsport Railroad Company autorizó en 1863 una emisión de 570.000 dólares en obligaciones al 5% con vencimientos escalonados durante 999 años, hasta el año 2862[3].

El *Estado Español* emitió el 1.º de octubre de 1971 una deuda perpetua al 4%, por un total de 9.875 millones de ptas. Su cotización en Bolsa era en octubre de 1990 del 30%. Los intereses se pagan trimestralmente, con una retención fiscal del 25%.

Deuda amortizable

Son emitidos por el Estado, Comunidades Autónomas, Diputaciones, Ayuntamientos, puertos, empresas públicas, o empresas privadas nacionales o extranjeras pero con garantía del Estado. Tienen un plazo de vencimiento fijo. El reembolso del principal puede hacerse de una sola vez a todos los títulos en la fecha de su vencimiento; o bien periódicamente a una parte alícuota de los títulos emitidos, parte que se designa por sorteo.

—*Deuda amortizable. Emisión 1928.* Nominal: desde 500 a 25.000 ptas. según series. Interés: 3%, pagadero anualmente. Retención fiscal: no hay. Vencimiento: 1-IV-2008 (80 años). Cotización en octubre 1990: 39%.

—*Deuda amortizable. Emisión 20-I-1950.* Nominal: desde 1.000 a 50.000 ptas. según series. Interés: 4%, pagadero semestralmente. Retención fiscal: no hay. Vencimiento: 1-VII-1992 (42,5 años). Cotización en octubre 1990: 89%.

—*Bonos. Emisión noviembre 1988.* Nominal: 10.000 ptas. Interés: 11,25%, pagadero semestralmente. Retención fiscal: 25%. Vencimiento: 18-I-1992 (3 años). Cotización en octubre 1990: 99%.

—*Ayuntamiento de Córdoba: bonos Ciudad de Córdoba. Emisión julio 1988.* Nominal: 40.000 ptas. Interés: 12%, pagadero semestralmente. Retención fiscal: 25% Vencimiento: 27-VII-1998 (10 años). Cotización en octubre 1990: 92%.

2.1.2. *Deuda privada*

Obligaciones o bonos, que pueden ser simples, hipotecarios, convertibles, subordinados:

—*Iberduero. Emisión noviembre 1983.* Nominal: 25.000 ptas. Interés: 14,25%, pagadero semestralmente. Retención fiscal: 25%. Vencimiento: 15-XI-1993 (10 años). Cotización en octubre 1990: 106,50%.

—*Telefónica. Obligaciones simples, emisión julio 1989.* Nominal: 100.000 ptas. Interés: 12%, pagaderos anualmente. Retención fiscal: 25%. Vencimiento: 24-VII-2004 (15 años). Cotización en octubre 1990: 97%.

—*Banco de Santander. Bonos de tesorería convertibles, emisión noviembre 1989.* Nominal: 1.000 ptas. Interés: 11%, pagadero semestralmente. Retención fiscal: 25%. Vencimiento: 27-XI-1990 (1 año). Cotización en octubre de 1990: 101,25%.

---

[3] Cfr. SAGARRA: *Curso de gestión*, «Índices de independencia financiera», p. 7.

2.1.3. *Acciones preferentes*

Los autores norteamericanos suelen definir estas acciones como aquellas que dan derecho a un dividendo fijo y regular, similar al interés de las obligaciones:

> «En algunos aspectos, las acciones preferentes son como obligaciones perpetuas. Cada año hay que pagar una cantidad fija. Esta cantidad se puede fijar en porcentaje del valor nominal, o directamente en dólares. Puesto que se trata de una acción estos pagos son dividendos, no intereses, y, por tanto, no pueden ser contabilizados como gastos deducibles en orden a calcular la base imponible del impuesto sobre sociedades. Por otra parte el hecho de no pagarlos tampoco constituye motivo suficiente para incoar un procedimiento de quiebra.»[4]
>
> «La acción privilegiada es legalmente un título de capital propio. Pese al hecho de que ofrece un dividendo fijo como si fuese deuda, el pago del dividendo depende casi siempre de la decisión discrecional de los administradores. La única regla estipulada es que no se puede pagar ningún dividendo a las acciones ordinarias hasta que no se haya satisfecho el dividendo de las acciones privilegiadas.»[5]

En España la acción privilegiada responde a un concepto diferente:

> «Acción, que a diferencia de la ordinaria, concede a su tenedor ventajas o privilegios en relación con los derechos de socio, salvo el derecho de voto. El privilegio debe, pues, venir referido al contenido patrimonial de la acción y puede afectar de múltiples formas: al derecho al dividendo, bien estableciendo un dividendo preferente y fijo con relación a los beneficios y además acumulable; señalando uno de cuantía superior al de la acción común; bien reservándole un porcentaje fijo de los citados beneficios; al derecho o a la participación en el patrimonio resultante de la liquidación a través de un reembolso prioritario o de una cuota superior; y al derecho de suscripción preferente de acciones[6], por medio de una primacía en decisión o en cantidad.»[7]

La Ley de Sociedades Anónimas de 1989 ha restringido el concepto de acciones privilegiadas:

> «No es válida la creación de acciones con derecho a percibir un interés, cualquiera que sea la forma de su determinación, ni la de aquellas que de forma directa o indirecta alteren la proporcionalidad entre el valor nominal de la acción y el derecho de voto o el derecho de suscripción preferente» (art. 50.2).

La prohibición legal de percibir un «interés» resulta, al menos de momento, una prohibición ambigua:

> «Anteriormente dicha emisión de acciones podía ser válida, si figuraba así en los estatutos sociales, por no haber nada en la Ley que lo impidiese. Se pretende con esta modificación evitar que algunos accionistas privilegiados acaparen el beneficio social por la vía indirecta de tener asegurado un interés fijo, independiente de los resultados.
>
> No obstante nos preguntamos qué naturaleza hay que atribuir al dividendo mínimo del 5% establecido en el art. 91.1 para las acciones sin voto.»[8]

—*Iberduero. Acciones privilegiadas.* Nominal: 500 ptas. Existen 90.000 acciones privilegiadas sobre un total de acciones en circulación de 470.834.988. Dividendo: 3,5%.

---

4 W.F. Sharpe, *Investments,* Ed. Prentice-Hall International Inc., 1985, p. 309.

5 Richard Brealey y Stewart Myers, *Fundamentos de financiación empresarial,* Ed. McGraw-Hill, 1988, p. 317.

6 La Ley de Sociedades Anónimas ha prohibido atribuir privilegios que alteren la proporcionalidad del derecho de suscripción preferente en las ampliaciones de capital.

7 *Economía Planeta, Diccionario enciclopédico,* tomo 1, p. 15.

8 Neila Neila, José María, *La nueva Ley de Sociedades Anónimas, doctrina, jurisprudencia y directivas comunitarias,* Ed. Revista de Derecho Privado, 1989, Volumen I, p. 138.

Con cargo al ejercicio 1988 se pagó un dividendo total de 45 ptas. por cupón, un dividendo a cuenta de 25 ptas. el 2-I-1989, y otro complementario de 20 ptas. el 1-VII-1989. Las mismas cantidades que se habían pagado a las acciones ordinarias. Cotización: en octubre de 1990 se cotizaban en el mercado continuo a 321 ptas. (64,20%). En la misma fecha las acciones ordinarias se cotizaban a 610 ptas. (122%).

—*Compañía Inmobiliaria Valenciana, S.A. Acciones preferentes.* Nominal: 500 ptas. Existen 6.000 acciones de esta clase, sobre un total de 1.800.000 acciones en circulación. Dividendo: con cargo al ejercicio 1988, se pagó un único dividendo de 38,40 ptas. por cupón el 1-VII-1989, la misma cantidad que a las acciones ordinarias. Con cargo al ejercicio 1989, se pagó un dividendo de 46,11 ptas. el 2-VII-1990, la misma cantidad que a las acciones ordinarias. Cotización: en octubre de 1990 se cotizaban al 252%. En la misma fecha las acciones ordinarias se cotizaban al 474%.

—*Dragados y Construcciones S.A. Acciones preferentes.* Nominal: 500 ptas. Existen 20.000 acciones de esta clase, sobre un total de 34.715.988 acciones. Dividendo: 5,50%. Con cargo al ejercicio 1988 se pagó un dividendo total de 64 ptas. por cupón, un dividendo a cuenta de 32 ptas. el 10-X-1988, y otro complementario el 3-V-1989. Con cargo al ejercicio 1989, se pagó un dividendo total de 60 ptas., un dividendo a cuenta de 30 ptas. el 10-X-1989, y otro complementario de 30 ptas. el 11-VI-1990. En ambos ejercicios las acciones ordinarias cobraron el mismo dividendo. Cotización: en octubre de 1990 se cotizaban en el mercado continuo a 2.520 ptas. (504%). En la misma fecha las acciones ordinarias se cotizaban a 2.425 ptas. (485%).

2.2. Componentes de los flujos futuros

El valor intrínseco de los títulos de renta fija es: el valor actualizado de los flujos futuros de caja que el inversor espera obtener de una obligación cuando la adquiere en el mercado de capitales. Los flujos futuros de caja de un título están constituidos por:

- —Los *intereses explícitos* que se pagan anual, o subanualmente, y se expresan en un tanto por ciento anual del valor nominal. Cada uno de los pagos se ha de situar en su período correspondiente a efectos de actualización de los flujos futuros. Se consideran los intereses netos, es decir, descontando la retención fiscal en origen.
- —Los *intereses implícitos*, constituidos por la diferencia entre el valor de emisión y su valor de reembolso. Estos intereses se perciben al final de la vida del título. Los intereses implícitos están igualmente sujetos a retención fiscal en origen.
- —La *devolución del principal*: constituido por el valor nominal del título. Cuando las obligaciones o bonos son convertibles, la devolución del principal no se hace en metálico, sino canjeando las obligaciones o bonos por acciones.

  En el caso de obligaciones convertibles nos encontramos que mientras que la renta percibida durante la vida de la obligación es cierta, el montante del reembolso del principal es aleatorio. El tipo de canje de la obligación por las nuevas acciones que en su día se emitan, se hace en función de la cotización que las acciones de la sociedad tengan en la Bolsa en ese momento. A su vez el valor intrínseco de las acciones en la fecha futura del canje también dependerá de las plusvalías, dividendos y posteriores ampliaciones de capital que pueda esperarse que se produzcan a partir de la fecha del canje. Por ello, el valor intrínseco de las obligaciones convertibles está ligado con el valor intrínseco de los títulos de renta variable que veremos a continuación.
- —Alternativamente, *la venta del título*, en el caso en que el tenedor de la obligación venda la misma antes de su vencimiento. En este caso, la devolución del principal será el importe que recibirá del comprador. Éste puede ser inferior, igual o superior al precio de adquisición. Así pueden producirse ganancias o pérdidas de capital.

2.3. FÓRMULA PARA EL CÁLCULO

2.3.1. *Fórmula general*

El cálculo del valor intrínseco se lleva a cabo utilizando una fórmula equivalente a la del valor actual neto (VAN). La única diferencia estriba en que no se toma en consideración el flujo negativo inicial del período cero. El valor intrínseco es, pues, lo mismo que el valor actual (sin añadir la especificación de neto).

Siendo:

VI = valor intrínseco.
i = el interés bruto devengado por el título en tanto por uno.
d_1 = prima de emisión en tanto por uno del valor nominal.
d_2 = prima de reembolso en tanto por uno del valor nominal.
s = retención fiscal en tanto por uno del interés bruto, tanto implícito como explícito.
N = el valor nominal.
r = la tasa de rentabilidad exigida por el inversor.
n = los períodos que el tenedor tendrá en su poder el título.
t = el número de orden de cada período dentro de los [n] períodos.

$$VI = \sum_{t=1}^{n} \frac{iN(1-s)}{(1+r)^t} + \frac{N[1+d_2 - s(d_1+d_2)]}{(1+r)^n} \qquad [1]$$

Ejemplo: El Instituto Nacional de Industria (INI) procedió a una emisión de bonos simples al portador en octubre de 1990, por un importe de 7.500 millones de ptas., con las siguientes características:

Fecha de emisión	11 de octubre de 1990
Nominal de cada título	25.000 ptas.
Tipo de emisión................	a la par
Tipo de reembolso..............	a la par
Tipo de interés	13,40% anual
Pago de intereses...............	por anualidades vencidas
Fecha de pago	11 de octubre de cada año
Duración	3 años
Amortización	11 de octubre de 1993
Retención fiscal	25% sobre intereses

El valor intrínseco del título, para tres inversores con respectivas tasas de rentabilidad exigida del 10, 13 y 16% sería el siguiente:

$$VI = \frac{25.000 \times 0,134 \times 0,75}{(1+0,10)} + \frac{25.000 \times 0,134 \times 0,75}{(1+0,10)^2} + \frac{(25.000 \times 0,134 \times 0,75) + 25.000}{(1+0,10)^3} = 25.031,09$$

$$VI = \frac{25.000 \times 0,134 \times 0,75}{(1+0,13)} + \frac{25.000 \times 0,134 \times 0,75}{(1+0,13)^2} + \frac{(25.000 \times 0,134 \times 0,75) + 25.000}{(1+0,13)^3} = 23.258,65$$

$$VI = \frac{25.000 \times 0,134 \times 0,75}{(1+0,16)} + \frac{25.000 \times 0,134 \times 0,75}{(1+0,16)^2} + \frac{(25.000 \times 0,134 \times 0,75) + 25.000}{(1+0,16)^3} = 21.669,24$$

Dado que el precio de emisión es de 25.000 el bono en cuestión del INI solamente es atractivo para inversores con una tasa de rentabilidad exigida del 10% o menor[9].

Supongamos que el mismo título hubiera sido emitido al 92% de su valor nominal y reembolsado al 105% de su valor nominal. Con la misma retención fiscal del 25%, y con una tasa de rentabilidad exigida por parte del inversor del 10%, su valor intrínseco sería:

$$VI = \frac{25.000 \times 0{,}134 \times 0{,}75}{(1+0{,}10)} + \frac{25.000 \times 0{,}134 \times 0{,}75}{(1+0{,}10)^2} +$$

$$+ \frac{(25.000 \times 0{,}134 \times 0{,}75) + 25.000[1+0{,}05-0{,}25(0{,}08+0{,}05)]}{(1+0{,}10)^3} = 25.359{,}03$$

2.3.2. *Modificaciones de la fórmula por el pago subanual del interés*

Es frecuente que los intereses devengados por los títulos de renta fija no se paguen anualmente, sino en intervalos más cortos: semestral, trimestral o mensualmente. En este caso habría que modificar la fórmula [1] para adaptarla al interés subanual equivalente.

Siendo:

N = valor nominal del título.
i = el interés devengado por el título anualmente en tanto por uno.
r = la tasa anual de rentabilidad exigida por el inversor.
n = número de años que el tenedor conserva el título en su poder.
m = número de períodos subanuales contenidos en cada año.
t = número de orden del período dentro de los [n] períodos.

$$VI = \sum_{t=1}^{n \cdot m} \frac{\frac{i}{m} N(1-s)}{\left(1+\frac{r}{m}\right)^t} + \frac{N(1+d_2-s(d_1+d_2))}{\left(1+\frac{r}{m}\right)^{n \cdot m}} \quad [2]$$

Es práctica habitual aplicar la hipótesis del interés simple para establecer los intereses subanuales equivalentes. Por ello aplicaremos esta hipótesis de cálculo tanto para el interés, como para la tasa de rentabilidad exigida. Luego:

$$i_m = \frac{i}{m}$$

$$r_m = \frac{r}{m}$$

[9] La tasa interna de rentabilidad (TIR) es exactamente 10,05%.

Ejemplo: La serie 30.ª de obligaciones de Hidroeléctrica Española, emitida en 1968, por un valor global de 7.832 millones, tuvo las características siguientes:

Fecha de emisión	27 de mayo de 1968
Nominal de cada título	1.000 ptas.
Tipo de emisión................	100%
Tipo de interés	6,3259% anual
Pago de intereses...............	por semestres vencidos
Fecha de pago	27-5 y 27-11 de cada año
Duración	28 años
Amortización	27 de mayo de 1996
Retención fiscal	1,20% sobre intereses

El 5 de noviembre de 1986, se cotizaban en la Bolsa al 78%, es decir 780 ptas. El 29 de octubre de 1990, se cotizaban en la Bolsa al 67%, es decir 670 ptas. Vamos a calcular el valor intrínseco de este título, computando su renta hasta la fecha de su vencimiento, para inversores que tuviesen respectivamente tasas de rentabilidad exigidas del 10, 13 y 16%.

$m = 2$
$i = 0{,}063259$
$i_m = 0{,}063259/2 = 0{,}0316295$
$r_m = 0{,}10/2 = 0{,}05$
$0{,}13/2 = 0{,}065$
$0{,}16/2 = 0{,}08$
$n = 19$, desde noviembre de 1986
11, desde octubre de 1990

Valor intrínseco de la obligación en noviembre de 1986:

$$VI = \sum_{t=1}^{19} \frac{(0{,}0316295 \times 1.000) \times (1 - 0{,}012)}{(1 + 0{,}05)^t} + \frac{1.000}{(1 + 0{,}05)^{19}} = 773{,}40$$

$$VI = \sum_{t=1}^{19} \frac{(0{,}0316295 \times 1.000) \times (1 - 0{,}012)}{(1 + 0{,}065)^t} + \frac{1.000}{(1 + 0{,}65)^{19}} = 637{,}70$$

$$VI = \sum_{t=1}^{19} \frac{(0{,}0316295 \times 1.000) \times (1 - 0{,}012)}{(1 + 0{,}08)^t} + \frac{1.000}{(1 + 0{,}08)^{19}} = 531{,}82$$

Dado que su precio en el mercado era en esta fecha de 780 ptas., este precio era excesivamente caro incluso para inversores con una tasa de rentabilidad exigida del 10%.

Valor intrínseco de la obligación en octubre de 1990:

$$VI = \sum_{t=1}^{11} \frac{(0{,}0316295 \times 1.000) \times (1 - 0{,}012)}{(1 + 0{,}05)^t} + \frac{1.000}{(1 + 0{,}05)^{11}} = 844{,}25$$

$$VI = \sum_{t=1}^{11} \frac{(0{,}0316295 \times 1.000) \times (1 - 0{,}012)}{(1 + 0{,}065)^t} + \frac{1.000}{(1 + 0{,}065)^{11}} = 740{,}49$$

$$VI = \sum_{t=1}^{11} \frac{(0{,}0316295 \times 1.000) \times (1 - 0{,}012)}{(1 + 0{,}08)^t} + \frac{1.000}{(1 + 0{,}08)^{11}} = 651{,}98$$

Dado que su precio en el mercado era en esta fecha de 670 ptas., este precio era barato para inversores con una tasa de rentabilidad exigida del 10 y del 13%, pero resultaba caro para inversores con una tasa de rentabilidad exigida del 16%.

2.3.3. *Modificaciones de la fórmula en el caso de deuda perpetua*

En los casos de deuda perpetua el valor intrínseco del título corresponde a la fórmula siguiente:

Siendo:

VI = el valor intrínseco del título.
i = el interés bruto anual en tanto por uno.
s = retención fiscal en tanto por uno del interés bruto.
N = valor nominal del título.
r = la tasa de rentabilidad exigida.

$$VI = \frac{i\,N(1-s)}{(1+r)} + \frac{i\,N(1-s)}{(1+r)^2} + \frac{i\,N(1-s)}{(1+r)^3} + \ldots + \frac{i\,N(1-s)}{(1+r)^\infty} = \sum_{t=1}^{\infty} \frac{i\,N(1-s)}{(1+r)^t}$$

Sacando [$i\,N\,(1-s)$] factor común:

$$VI = i\,N(1-s)\left[\frac{1}{(1+r)} + \frac{1}{(1+r)^2} + \ldots + \frac{1}{(1+r)^\infty}\right]$$

Aplicando el algoritmo de la suma de los términos de una progresión geométrica, $S = \dfrac{a_1 - a_n\,q}{1-q}$

$$VI = i\,N(1-s)\left(\frac{\frac{1}{1+r} - 0}{1 - \frac{1}{1+r}}\right) = i\,N(1-s)\left(\frac{\frac{1}{1+r}}{\frac{1+r-1}{1+r}}\right)$$

Luego,

$$VI = \frac{i\,N(1-s)}{r}$$

La deuda perpetua emitida por el Estado Español en 1971, tiene las siguientes características:

Fecha de emisión	1 de octubre de 1971
Nominal de cada título	50.000 ptas.
Tipo de emisión.................	100%
Tipo de interés	4% anual
Pago de intereses...............	por trimestres vencidos
Fecha de pago	1-1, 1-4, 1-7 y 1-10 de cada año
Duración	perpetua
Amortización	no es amortizable
Retención fiscal	25% sobre intereses

Estas acciones se cotizaban en la Bolsa de Madrid el 9 de octubre de 1990 al 30%, es decir, tenían un precio de 15.000 ptas.

Su valor intrínseco para inversores que tuviesen respectivamente tasas de rentabilidad exigida de 10, 13 y 16% era:

Siendo:

$i_m = 0{,}04/4 = 0{,}01$
$r_m = r/m$

$$VI = \frac{(0{,}01 \times 50.000) \times (1 - 0{,}25)}{\frac{0{,}10}{4}} = 15.000{,}00$$

$$VI = \frac{(0{,}01 \times 50.000) \times (1 - 0{,}25)}{\frac{0{,}13}{4}} = 11.538{,}46$$

$$VI = \frac{(0{,}01 \times 50.000) \times (1 - 0{,}25)}{\frac{0{,}16}{4}} = 9.375{,}00$$

Dado que el precio del mercado en esta fecha era de 15.000 ptas. los títulos tenían un precio justo para inversores cuya tasa de rentabilidad exigida fuera del 10% anual, pero demasiado caros para inversores con tasa de rentabilidad exigida del 13 o 16% anual.

3. **Valor de los títulos de renta variable**

3.1. CLASES DE TÍTULOS

Los títulos de renta variable son fundamentalmente las acciones, cuyo dividendo depende de los beneficios obtenidos por la sociedad en cada ejercicio económico, y de la política de dividendos que aplique la junta general de accionistas a propuesta de los administradores.

Dentro de este grupo podríamos considerar también comprendidas las obligaciones convertibles, en razón de la aleatoriedad del tipo de canje que se practicará en la fecha de la conversión.

3.2. COMPONENTES DE LOS FLUJOS FUTUROS

La composición de los flujos futuros en el caso de títulos de renta variable es más compleja que en el caso de títulos de renta fija, debido a los derechos que la Ley de Sociedades Anónimas concede al accionista en el caso de ampliaciones de capital.

—El *dividendo*. Cuando el dividendo se paga en varios plazos, mediante uno o varios dividendos a cuenta y otro complementario, cada uno de estos pagos ha de ser situado en su período correspondiente a los efectos de actualización de flujos futuros. Se han de considerar los dividendos netos, es decir, una vez deducida la retención fiscal en origen.

—Los *derechos preferentes de suscripción.* Las ganancias que un accionista antiguo puede percibir en cada ampliación de capital, ya sea por la venta de los derechos de suscripción, ya sea por la adquisición de acciones nuevas a un precio inferior a su cotización en Bolsa, puede tener tanta o más importancia que los dividendos mismos.

—La *venta de la acción.* La vida de la acción es indefinida, y por ello no ha lugar a reembolso del nominal. Sin embargo las acciones se pueden vender en el mercado secundario oficial o, si no son cotizadas en bolsa, en el mercado negociado. Por tanto se ha de tener en cuenta el flujo financiero positivo percibido por el titular de la acción en el momento en que la vendiese. El importe de este flujo es una cantidad aleatoria, pues dependerá de la cotización que tenga la acción en ese momento, o bien de las oportunidades de venderla que se puedan encontrar en el mercado negociado.

3.3. FÓRMULA PARA EL CÁLCULO

3.3.1. *Fórmula general*

En el caso de los títulos de renta variable empleamos una fórmula análoga a la de los títulos de renta fija. Es la misma fórmula del VAN, pero sin considerar el flujo negativo del período cero; lo que hemos llamado valor actual, sin la especificación de neto.

Siendo:

VI = Valor intrínseco del título.
$E(F_t)$ = Flujo esperado al final del período [t], por dividendos o venta de derechos.
$E(C_n)$ = Valor de cotización esperado de la acción al final del año [n].
s = Tasa de retención fiscal en tanto por uno de la base imponible.
g = Gastos asociados a la venta del título por comisiones y por impuestos.
r = Tasa de rentabilidad exigida.

$$VI = \frac{E(F_1)(1-s)}{(1+r)} + \frac{E(F_2)(1-s)}{(1+r)^2} + \ldots + \frac{E(F_n)(1-s)}{(1+r)^n} + \frac{E(C_n)(1-g)}{(1+r)^n} =$$

$$= \sum_{t=1}^{n} \frac{E(F_t)(1-s)}{(1+r)^t} + \frac{E(C_n)(1-g)}{(1+r)^n} \qquad [4]$$

3.3.2. *Traslado del horizonte hasta el infinito*

C_n vendrá determinado por lo que un hipotético comprador de la acción en ese momento esté dispuesto a pagar por ella. Y lo que en ese momento un hipotético comprador esté dispuesto a pagar por la acción dependerá a su vez de las expectativas que entonces pueda formarse de los ulteriores flujos, F_t ($t = n + 1, n + 2, \ldots, n + m$) y de la cotización que pueda tener la acción el año $n + m$. Pero de nuevo la cotización de la acción el año $n + m$ dependerá otra vez de las expectativas de ulteriores dividendos en los años $n + m + 1, n + m + 2, \ldots, n + m + k$; y así sucesivamente. Por lo tanto la fórmula [4] puede transformarse en:

$$VI = \sum_{t=1}^{n} \frac{E(F_t)}{(1+r)^t} + \sum_{t=n+1}^{n+m} \frac{E(F_t)}{(1+r)^t} + \sum_{t=n+m+1}^{n+m+k} \frac{E(F_t)}{(1+r)^t} + \ldots \qquad [5]$$

Y puesto que esta sucesión se prolongaría indefinidamente, la fórmula [5] puede simplificarse en:

$$VI = \sum_{t=1}^{\infty} \frac{E(F_t)}{(1+r)^t} \qquad [6]$$

Si los flujos futuros fueran todos iguales, sacando factor común, y simplificando esta ecuación mediante el algoritmo de la suma de los miembros de una progresión geométrica, la fórmula [6] se convierte en:

$$VI = \frac{E(F_t)}{r} \qquad [7]$$

3.3.3. *Hipótesis de crecimiento continuo de los dividendos*

Puede considerarse que los flujos futuros esperados de un título de renta variable crecerán en valor nominal con el paso del tiempo, para compensar la pérdida de valor del dinero. Pérdida, que según dijimos en el capítulo 3 es consecuencia de tres causas: la inflación, la productividad y el riesgo.

Aceptando esta hipótesis, podemos suponer que los flujos futuros de fondos crecerán a una tasa constante anual acumulativa. Igualmente la hipótesis incluirá que este crecimiento se prolongará indefinidamente en el futuro.

No ocultamos que tal hipótesis no pasa de ser una mera suposición teórica, pues los flujos futuros de un título de renta variable están determinados por la política de dividendos y ampliaciones de capital adoptada por los administradores de la sociedad, y aprobada por la junta general de accionistas. Esta política obedece a estrategias concretas y diferentes en cada sociedad, a la vista de las oportunidades de captación de capitales que ofrece el mercado. Tales oportunidades son muy variables según la coyuntura económica, según la política fiscal y monetaria del Gobierno y del Banco de España, y según la competencia del capital nacional y extranjero en los mercados financieros.

Pero en el marco de razonamiento de un crecimiento de los flujos futuros esperados a una tasa constante anual acumulativa que compense la pérdida de valor del dinero, el valor intrínseco de un título será:

$$VI = \frac{F_1}{(1+r)} + \frac{F_2}{(1+r)^2} + \ldots + \frac{F_\infty}{(1+r)^\infty} = \frac{F_0(1+g)}{(1+r)} + \frac{F_0(1+g)^2}{(1+r)^2} + \ldots + \frac{F_0(1+g)^\infty}{(1+r)^\infty} =$$

$$= F_0\left[\frac{(1+g)}{(1+r)} + \frac{(1+g)^2}{(1+r)^2} + \ldots + \frac{(1+g)^\infty}{(1+r)^\infty}\right]$$

Aplicando el algoritmo de la suma de los términos de una progresión geométrica:

$$VI = F_0\left(\frac{\frac{1+g}{1+r} - 0}{1 - \frac{1+g}{1+r}}\right) = F_0\left(\frac{\frac{1+g}{1+r}}{\frac{r-g}{1+r}}\right) = F_0\,\frac{1+g}{r-g}$$

Luego,

$$VI = \frac{F_1}{r-g} \qquad [8]$$

La fórmula [8] suele denominarse modelo Gordon, desde que Myron J. Gordon contribuyó de forma importante a desarrollarla y popularizarla. Por otra parte, la fórmula [7] aplicable en el caso del crecimiento cero de los flujos no es más que un caso particular de la fórmula [8] considerando que $g = 0$.

Es condición necesaria para que la fórmula [8] sea operativa que [r] sea mayor que [g]; de otro modo, la ecuación da respuestas sin sentido. Si [r] es igual a [g], el denominador es 0, y el valor intrínseco resultaría ser infinito. Si [r] es menor que [g], el denominador sería negativo, y el valor intrínseco también.

Ejemplo: supongamos un título cuyo último flujo conocido [F_0], constituido por el dividendo y la venta de derechos procedentes de una ampliación de capital, fue 60 ptas. por cupón. Podemos considerar en la coyuntura actual de la situación económica y financiera, tanto de la empresa como de la nación, que los flujos futuros esperados crecerán a una tasa constante anual acumulativa del 8%. Para un inversor con una tasa de rentabilidad exigida del 13%, el valor intrínseco de este título será:

$$VI = \frac{F_0(1+g)}{r-g} = \frac{60(1+0,08)}{0,13-0,08} = 1.296 \text{ ptas.}$$

Mediante la técnica del análisis de regresión podemos analizar hasta qué punto una sociedad ha seguido en el pasado una política de crecimiento anual constante de los dividendos. Para ello se ajusta una curva exponencial que responde al modelo:

$$y = a_0\,(1 + a_1)^x$$

donde la función sería el dividendo futuro, el término independiente sería el último dividendo conocido, el término base sería la tasa de crecimiento anual, y el exponente sería el número de orden del período que pretendemos calcular.

Siendo:

D_0 = el último dividendo conocido.
D_t = el dividendo del período [t] que pretendemos calcular.
g = la tasa anual de crecimiento.

$$D_t = D_0\,(1 + g)^t \qquad [9]$$

Extrayendo logaritmos convertimos esta ecuación en una recta

$$\log(D_t) = \log(D_0) + [\log(1 + g)]t \qquad [10]$$

Los parámetros de la recta serán: $\log D_0$ y $\log(1 + g)$

Las soluciones que buscamos son:

D_0 = antilog (log D_0)
g = antilog [log (1 + g)] – 1

4. Otros métodos de valoración

4.1. El ratio PER

4.1.1. *Definición*

PER son las iniciales inglesas de Price-Earnings-Ratio, que traducido al castellano significa coeficiente coste/ganancia de un título. Pone de relieve cuánto están pagando los oferentes de dinero en el mercado de capitales por cada unidad monetaria de renta.

Siendo:

C_t = el valor de mercado de un título en el período [t].
F_t = flujo de fondos esperado en el período [t], por dividendo, venta de derechos, y plusvalía de la acción.

$$\text{PER} = \frac{C_t}{F_t} \qquad [11]$$

Por ejemplo, si el valor de mercado de una acción en el momento actual es de 1.500 ptas., y el flujo futuro de caja anual es de 138 ptas., el PER de esta acción será:

$$\text{PER} = \frac{1.500}{138} = 10{,}87$$

Lo cual significa que los inversores en el mercado de capitales están pagando 10,87 ptas. por cada peseta de renta.

4.1.2. *Significación del PER*

A. El valor del PER puede variar según la coyuntura del mercado de capitales: en general cuando las perspectivas generales de la economía son más bien pesimistas, los inversores pagan caro una peseta de beneficio y el PER tendrá un valor elevado; por el contrario en circunstancias de prosperidad económica, cuando obtener beneficios es más sencillo, los inversores pagan poco por él, y el valor del PER desciende.

B. El PER de un título no tendrá el mismo valor que el PER de otro título. Ello quiere decir que la renta de un título se vende más cara que la renta de otro título. Esta es la importancia, y la utilidad operativa de este coeficiente. El coeficiente PER revela si un título es más caro que otro, puesto que se paga más cara una peseta de renta producida por un título que la producida por otro. Estas diferencias en el precio de la renta de los títulos mobiliarios tienen la misma explicación que las diferencias de precio en los bienes de consumo: depende de la calidad, de la imagen de marca, del hábito de consumo, de la publicidad. Por un título que ofrece más seguridad, que es más conocido, que constituye una inversión tradicional, los inversores pagan más caro que por un título emitido por una sociedad menos sólida, de la cual no han oído hablar nunca, de la cual no ven anuncios en la televisión.

3. La inversa del PER, 1/PER, puede ser interpretada como la tasa de rentabilidad exigida por los inversores a un título cuando lo compran. Efectivamente, el valor de mercado es igual al flujo dividido por la inversa del PER.

4.1.3. *Ejemplo*

En el cuadro 1 calculamos el PER, y la inversa del PER menos 1 en tanto por ciento, de algunas sociedades españolas cuyas acciones se cotizan en la Bolsa. Como flujo de fondos no hemos tomado el dividendo por acción, sino el beneficio por acción, con objeto de tener en cuenta no solamente la renta percibida en metálico por los accionistas, sino también las ganancias patrimoniales por la incorporación a reservas del beneficio no distribuido. En cambio no hemos tenido en cuenta las posibles ventajas derivadas de las ampliaciones de capital. De haberlo hecho no solamente cambiarían los valores absolutos del PER, sino también sus valores relativos.

CUADRO 1. **Valores del PER de algunas sociedades españolas**

	Valor nominal	Cotización media 1984	Valor de mercado	Beneficio por acción 1983	PER	Tasa de rentabilidad exigida
Banco de Bilbao	500	307	1.535	44,67	34,36	2,91%
Banco Central	500	317	1.585	199,65	7,94	12,59%
Banco Español de Crédito	250	340	850	48,16	17,65	5,67%
Banco Hispano Americano	500	188	940	36,51	25,75	3,88%
Iberduero S.A.	500	67	335	9,89	33,87	2,95%
Compañía Sevillana de Electricidad	500	59	295	9,22	32,00	3,13%
Unión Eléctrica Fenosa S.A.	500	58	290	9,60	30,21	3,31%
FASA-Renault	1.000	130	1.300	48,18	26,98	3,71%
Motor Ibérica	500	69	345	0,00		0,00%
Citroen Hispania	1.000	46	460	0,00		0,00%
Land Rover Santana	500	61	305	49,70	6,14	10,94%
Finanzauto	500	170	850	198,59	4,28	23,36%
Compañía Telefónica Nacional	500	92	460	55,90	8,23	12,15%
Tabacalera	500	354	1.770	78,80	22,46	4,45%
Koipe	1.000	209	2.090	149,10	14,02	7,13%

Fuente: Agenda Financiera del Banco de Bilbao, 1985.

Puesto que el coeficiente PER se manifiesta como un indicador del comportamiento de los oferentes de dinero en el mercado de capitales, ha sido objeto de algunos estudios estadísticos con objeto de determinar las variables que influyen en su valor, y en qué medida influyen. La técnica estadística utilizada ha sido el análisis de regresión lineal múltiple. Whitbeck y Kisor[10] hicieron un estudio sobre los valores cotizados en la Bolsa de Nueva York, tomando como referencia las cotizaciones del día 8 de junio de 1962. En el

[10] «A new tool in decision making», *Financial Analysis Journal,* 19, 1963, pp. 55-62.

modelo planteado se estima que el PER es función del dividendo distribuido, de la tasa de crecimiento de los beneficios de la sociedad y de la variabilidad del beneficio. La función analítica que ajustaron respondía al modelo siguiente.

Siendo:

R = la proporción de beneficio incorporada a reservas en tanto por uno.
g = la tasa anual acumulativa de los beneficios de la sociedad.
σ = la desviación típica de los beneficios por acción.

$$\text{PER} = a_0 + a_1 g + a_2 (1 - R) + a_3 \sigma$$

Realizado el ajuste, obtuvieron para los parámetros de la ecuación los valores siguientes:

$a_0 = 8{,}2$
$a_1 = 1{,}5$
$a_2 = 6{,}7$
$a_3 = -0{,}2$

Esta ecuación pone de manifiesto la importancia que los oferentes de dinero en el mercado de capitales atribuyen al dividendo efectivamente percibido. Esto se pone de manifiesto en el valor del parámetro a_2 que valora a la variable $(1 - R)$, es decir, el porcentaje de beneficios destinado a dividendos. Así mismo el valor negativo del coeficiente a_3 pone de manifiesto la aversión al riesgo de los inversores.

4.2. La medida de la aversión al riesgo

El coeficiente PER indica cuánto está dispuesto a pagar el mercado por una unidad de renta. Existen otros índices que en lugar de tomar como referencia la unidad de renta, toman la unidad de riesgo de un título, ya sea de un título considerado aisladamente [σ], ya sea formando parte de una cartera [β].

4.2.1. *El índice de Sharpe*

El primero de ellos propuesto por Sharpe[11] se calcula de la forma siguiente.

Siendo:

S = coeficiente de efectividad de Sharpe.
r = rentabilidad promedio del título.
R = rentabilidad de los títulos sin riesgo.
σ = desviación típica de la rentabilidad del título.

$$S = \frac{r - R}{\sigma} \qquad [12]$$

[11] W.F. Sharpe, «Mutual fund performance», *Journal of Business*, enero 1966, pp. 119-138.

Este índice mide la prima que los compradores de un título están dispuestos a pagar por cada unidad de riesgo. El índice de Sharpe de la fórmula [12] puede transformarse en la ecuación de una recta:

$$r = R + S\,\sigma$$

En esta ecuación la función es la rentabilidad del título, [r]; la variable independiente es el riesgo de esa rentabilidad, [σ]; la ordenada en el origen es la rentabilidad sin riesgo, [R]; y la pendiente de la recta es el índice de Sharpe, S. Es una recta similar a la *línea de seguridad del mercado* expuesta en el capítulo 4. La diferencia es que la pendiente en lugar de ser [α], aversión al riesgo, es [S], índice de Sharpe. Por ello el índice de Sharpe puede ser interpretado como una medida de la aversión al riesgo.

4.2.2. *El índice de Traynor*

Otro índice parecido ha sido propuesto por Traynor[12]. En este caso la unidad de medida no es la variabilidad de la rentabilidad de un título tomado aisladamente, sino la variabilidad de la rentabilidad de un título como respuesta a las variaciones de la rentabilidad de la cartera de la que forma parte. Es el coeficiente [β]. La construcción del índice de Traynor es semejante a la del índice de Sharpe, pero cambia en el denominador [σ] por [β].

Siendo:

T = coeficiente de efectividad de Traynor.
r = rentabilidad promedio del título.
R = rentabilidad de los títulos sin riesgo.
β = coeficiente β estudiado en el capítulo 4.

$$T = \frac{r - R}{\beta} \qquad [13]$$

Este índice mide la prima que los compradores de un título están dispuestos a pagar por cada unidad de volatilidad de la rentabilidad del título. El índice de Traynor de la fórmula [13] puede transformarse en la ecuación de una recta:

$$r = R + T\,\beta$$

En esta ecuación la función es la rentabilidad del título, [r]; la variable independiente es la volatilidad de esa rentabilidad, [β]; la ordenada en el origen es la rentabilidad sin riesgo, [R]; y la pendiente de la recta es el índice de Traynor, [T]. El índice de Traynor es igual que el de Sharpe una medida de la aversión al riesgo, pero en este caso no al riesgo específico de un título, sino a su riesgo relevante.

---

[12] J.L. TRAYNOR, «How to rate management of investment funds», *Harvard Business Review*, enero-febrero 1965, pp. 63-75.

Capítulo 6

El coste del capital

1. Introducción

1.1. Las fuentes de financiación de la empresa

El balance de situación es un estado que representa la situación y estructura financiera de la empresa. Los recursos con que la empresa cuenta para realizar su actividad productiva, se recogen en el activo clasificados por orden de liquidez creciente: inmovilizado, existencias, deudores, inversiones financieras temporales y disponible. Esos mismos recursos se recogen igualmente en el pasivo clasificados por orden de exigibilidad creciente. El pasivo representa las procedencias de los recursos:

—capital.................. recursos aportados por la propiedad,
—reservas .... recursos generados por la propia empresa,
—exigible a largo.......... recursos aportados por terceros para largo tiempo,
—exigible a corto.......... recursos aportados por terceros para corto tiempo.

El capital y el exigible se consideran recursos *externos*, ya que provienen del entorno externo a la propia empresa: ya sean los propietarios, ya sean terceras personas; las reservas son consideradas recursos *internos* ya que provienen del interior mismo de la empresa. Por ello reciben también el nombre de *autofinanciación*.

1.2. La retribución a los aportantes de recursos

1.2.1. *Las exigencias de los ahorradores-inversores*

Los agentes financieros que ofrecen dinero en el mercado de capitales, sea cual sea la modalidad financiera de realizar la inversión, reclaman una rentabilidad a los fondos invertidos. Esta rentabilidad exigida se apoya en las tres causas de pérdida de valor del dinero en función del tiempo, enumeradas en el capítulo 2: la inflación, la productividad y el riesgo. Esta exigencia de rentabilidad se aplica a cualquier modalidad de inversión financiera: deuda pública, obligaciones de sociedades privadas, acciones, depósitos bancarios. En un mercado de competencia perfecta, cual se supone que es el mercado de capitales, los ahorradores elegirán colocar su dinero en aquellas inversiones financieras que les ofrezcan una combinación de rentabilidad y riesgo más atractiva[1].

En el caso de las *aportaciones de capital*: existe una demanda de acciones porque los accionistas abrigan la expectativa de percibir dividendos, ventajas procedentes de ampliaciones de capital, y que suban las cotizaciones de las propias acciones.

En el caso de las *reservas*: la razón por la que la junta general de accionistas accede a no cobrar en efectivo de forma inmediata la totalidad del beneficio, y se muestra de acuerdo para que una parte de la tesorería se reinvierta en los negocios de la empresa en lugar de llevárselo ellos, es porque piensan que de esa manera los dividendos a cobrar en los años venideros serán todavía mayores, y porque la creación de reservas, al aumentar el valor contable de las acciones, hará subir la cotización bursátil de las mismas.

En el caso del *exigible*: los prestamistas de fondos financieros esperan el pago de un interés por la cesión temporal de esos fondos, y la devolución del principal en la fecha fijada en el contrato para el vencimiento de la cesión.

En conclusión, la norma fundamental del sistema capitalista es la eficacia. Los ahorradores ceden sus ahorros a las empresas que ganan suficiente dinero como para remunerarles por el capital cedido; no a las que pierden dinero, y se sospecha que no podrán pagar dividendos o que corren peligro de no cumplir sus obligaciones de endeudamiento. Quien en la competencia del mercado gana dinero, tendrá más ofertas de dinero, para seguir ganando más dinero. Quien pierde dinero, será aislado y abandonado a su suerte, nadie querrá montarse en el barco que zozobra. Los ahorradores no llevarán sus ahorros a un negocio que no genera beneficios. Esta ley es absoluta, y el sistema la aplica sin contemplaciones.

1.2.2. *La rentabilidad, una servidumbre de la empresa*

Si las acciones mantienen su cotización en el mercado de capitales es porque hay demanda de ellas, y si esto ocurre así, la sociedad podrá acudir al mercado de capitales en busca de recursos financieros emitiendo acciones u obligaciones para financiar sus operaciones. Por el contrario, si la cotización de las acciones baja, sin expectativa de recuperación, los oferentes de dinero en el mercado de capitales evitarán adquirir títulos emitidos por esa sociedad; ni siquiera los antiguos accionistas estarán dispuestos a concurrir a las ampliaciones de capital. La empresa se verá estrangulada financieramente, y tendrá dificultades tanto para ampliar sus instalaciones como para reponer los equipos agotados.

Por ello cualquiera que sea el origen de los recursos, la empresa no puede guardarlos celosamente, manteniéndolos intactos, sino que forzosamente ha de emplearlos de forma eficiente, multiplicarlos, y estar así en disposición de retornar al aportante una cantidad monetaria que le compense, y sea para él un aliciente para aportar otra vez nuevos recursos cuando la empresa tenga necesidad de ellos.

Esta es la razón por la cual las empresas se ven obligadas a obtener una rentabilidad a los fondos captados en el mercado de capitales. Si no lo hacen serán excluidas de la consideración de los oferentes de dinero. Esta servidumbre de la empresa hacia los mecanismos del mercado de capitales, es lo que determina que cualquier recurso financiero, ya

---

[1] Hacemos abstracción de las manipulaciones de las cotizaciones en el mercado bursátil, y de los objetivos no financieros de los inversores: dominio de una sociedad, blanqueo del dinero, etc.

sea en forma de préstamo o empréstito, ya sea en forma de capital, ya sea incluso en forma de acumulación de reservas, tenga un coste.

No suele considerarse, cuando se habla del coste del capital, el exigible a corto plazo. No porque sea gratuito, sino por una clasificación sistemática de los aspectos financieros. El costo del exigible a corto plazo suele incluirse en otro capítulo. En éste solamente consideramos los capitales permanentes, grupo 1 del Plan General de Contabilidad, que incluye el capital social, las reservas, y el exigible a largo plazo.

1.3. El equilibrio del mercado financiero

1.3.1. *Equilibrio entre las exigencias de los inversores y la rentabilidad de los negocios*

El coste de capital se forma por el mecanismo de la oferta y la demanda de dinero en el mercado de capitales.

Los oferentes de dinero exigen una rentabilidad, que está en función de las posibilidades alternativas de inversión que tienen a su alcance. A medida que el mercado es más amplio, el número de posibilidades alternativas es mayor. Cuando el mercado de capitales es internacional, sin restricciones legales a la exportación de capitales, los oferentes de dinero pueden considerar la mejor de las alternativas ofrecidas en cualquier país.

Los demandantes de dinero ofrecen una rentabilidad de acuerdo con las posibilidades de ganancia que tengan en sus respectivos negocios. Aquellas empresas cuya actividad empresarial es más rentable podrán ofrecer mejores condiciones en el mercado, y atraer hacia sus emisiones de acciones u obligaciones el dinero disponible en el mercado.

1.3.2. *El poder de la información*

La tasa de rentabilidad exigida la fijan los potenciales suscriptores de los títulos en virtud de las alternativas ofrecidas en el mercado de capitales. Tales alternativas son un dato aportado por ellos mismos en función de la información que tienen sobre las sociedades que demandan capital. Los proyectos que puedan tener los directores financieros de las sociedades, mientras no sean conocidos por los potenciales inversores, no tienen ninguna influencia en el mercado. Por ello cuando la empresa ha de calcular su coste de capital, no debe hacerlo a partir de la información interna de la propia empresa, aunque sea más completa y verídica, sino a partir de la información que sobre ella está disponible al público inversor.

1.4. Utilización del concepto de coste de capital

1.4.1. *Mantenimiento del nivel del coste medio ponderado*

Cada parte alícuota de los recursos financieros permanentes tiene su propio coste, que vamos a estudiar a continuación. Pero habremos de calcular también un coste medio ponderado de la totalidad de los recursos financieros sea cual sea su procedencia. Este coste medio ponderado es un dato fundamental para valorar si una concreta operación financiera de captación de fondos es cara o barata. Si su coste individualizado es superior al coste medio ponderado, lo hará subir, y será cara. Si es inferior, lo hará bajar, y es barata.

1.4.2. *Evaluación de las inversiones*

Igualmente servirá para decidir sobre la viabilidad de un proyecto de inversión: en toda hipótesis la rentabilidad de un proyecto de inversión ha de ser superior al coste de capital de aquellos recursos con los que ha sido financiado. Pero como las fuentes de financiación no son inagotables, y la financiación de un proyecto puede dar lugar a impedir que queden fondos disponibles para otro proyecto que aparezca posteriormente, es conveniente que cualquier proyecto no solamente tenga una rentabilidad superior al coste de capital de los fondos invertidos en él, sino además al coste medio ponderado de la totalidad de los recursos.

1.5. La indeterminación del coste de capital

La cuantificación del coste de capital es relativamente clara en el caso de las obligaciones. El hecho de que los pagos futuros de intereses sea una cantidad fija, da una cierta consistencia a los cálculos que puedan hacerse. En cambio, en el caso de las acciones y de las reservas, cualquier resultado numérico a que pueda llegarse aplicando las fórmulas que daremos a continuación ha de ser matizado mediante juicios de conjunto que se apoyen finalmente en valoraciones estimativas. Lo cual no significa que las fórmulas sean inútiles, sino que no pueden ser aplicadas con un sentido mecanicista. Constituyen una ayuda al razonamiento, y una clarificación metodológica de las conclusiones. Carecería de sentido atribuirles una precisión matemática, de la que carecen las hipótesis sobre las que están construidas.

Por ejemplo en 1981 la Public Service Company of New Mexico, que es la mayor productora de electricidad de ese Estado, encargó a diversos especialistas el cálculo del coste de capital de sus acciones en circulación. Siete fueron los estudios encargados, y siete distintos los costes de capital obtenidos: 13,75%, 14,80%, 15,30 a 16,40%, 15,81%, 17,50%, 17,80%, 17,81%[2].

2. El coste del capital de los recursos financieros en general

2.1. Definición

El coste de una fuente de financiación en particular, recursos ajenos, aportaciones de la propiedad, autofinanciación, se define como *la tasa de descuento que iguala el valor actual de los fondos netos recibidos por la empresa, con el valor actual de los flujos de fondos futuros*, ya sea para atender al pago del principal y de los intereses en el caso de exigible, o de los dividendos en el caso de capital.

2.2. Fórmula

Siendo:

E = Importe total neto de los fondos recibidos por la empresa en el momento actual (entradas).

F_t = Flujos netos de fondos al final del período [t], para reembolso del principal, intereses o dividendos.

r = Coste de capital de la fuente de financiación considerada.

n = Número de períodos a lo largo de los cuales se extiende la operación financiera.

$$E = \frac{F_1}{(1+r)} + \frac{F_2}{(1+r)^2} + \ldots + \frac{F_n}{(1+r)^n} = \sum_{t=1}^{n} \frac{F_t}{(1+r)^t} \qquad [1]$$

---

[2] R. Charles Moyer, James R. McGuigan, William J. Kretlow, *Contemporary financial management*, Ed. West Publishing Company, 1984, p.350.

La incógnita de la ecuación es [r], y su valor se calcula por iteraciones.

En el caso en que las entradas [E], no se produjeran simultáneamente en el momento actual [$t = 0$], sino a lo largo de varios años sucesivos, la variable F_t representaría el flujo de caja neto, entradas del período menos salidas del período, y su signo podría ser según los casos positivo o negativo.

3. El coste de capital de los recursos ajenos

3.1. Definición

El coste de los recursos ajenos es igual a la tasa de descuento que iguala el flujo de pagos futuros (intereses más devolución del principal) con el total de recursos recibidos por la empresa en el momento actual [$t = 0$].

3.1.1. *Los flujos de entrada*

Los flujos de entrada en el momento [t_0] son iguales al nominal del préstamo o del empréstito. Se han de considerar los fondos *netos* recibidos.

—*Gastos de formalización de la deuda*: comisiones, impuestos, publicidad, etc., y cualquier otro gasto asociado a la formalización de un préstamo o un empréstito. Se deducen del nominal del préstamo o empréstito en el momento de la emisión [$t = 0$].

—*Prima de emisión negativa*: la prima de emisión negativa se cobra de menos en el momento de la emisión, en el caso de que las obligaciones se emitan bajo la par. Junto con la prima de reembolso, que veremos luego, constituyen los gastos financieros diferidos.

3.1.2. *Los flujos de salida*

Los flujos de salida a lo largo de la vida del préstamo o empréstito, son los siguientes:

—*Intereses*: tanto por ciento del nominal, que se paga al final de cada período.

Devolución del principal: según las condiciones de la emisión puede producirse de una sola vez al final de la vida del préstamo o del empréstito, o bien de forma escalonada por partes alícuotas durante la vida del mismo. El importe del reembolso puede ser simplemente por el nominal, o con una prima de reembolso. Esta prima, junto con la de emisión, constituye los gastos financieros diferidos.

También los flujos de salida se han de considerar *netos* lo cual nos lleva a tener en cuenta el *ahorro fiscal*. Todas las partidas que constituyen un gasto (gastos de emisión, intereses y gastos financieros diferidos) reducen la base imponible del impuesto sobre sociedades, consiguientemente reducen la cuota fiscal. Tal ahorro fiscal debe ser considerado un flujo positivo. Se produce en el período en que tiene lugar el pago del impuesto de sociedades.

Por lo que se refiere a los gastos de formalización de la deuda y a los gastos financieros diferidos, si se consideran gasto del mismo ejercicio en que se hace la emisión, devengarán un ahorro fiscal único. En el caso de que se activen, y se vayan amortizando posteriormente, devengarán una corriente de ahorro fiscal a lo largo de los distintos ejercicios en que tenga lugar la amortización.

3.1.3. *Diferencia entre gasto financiero y coste de capital*

El interés o gasto financiero es uno de los flujos negativos futuros: es el importe del alquiler que se ha de pagar por usar un dinero ajeno durante un tiempo determinado, y se expresa en tanto por uno del principal. El coste de capital es la tasa de descuento que iguala los flujos futuros negativos ocasionados por el préstamo (intereses más devolución del principal) con el importe neto del préstamo recibido en el momento actual (principal menos las deducciones a que hubiera lugar). El interés es un gasto que se incluye en la cuenta de pérdidas y ganancias; el coste de capital no constituye un gasto de explotación.

3.2. Fórmula

Para obtener la fórmula que nos permita calcular el coste financiero de los recursos de acuerdo con la definición que acabamos de expresar, seguimos el criterio de la fórmula [1].

Siendo:

q = Número de obligaciones emitidas.
z_t = Número de obligaciones pendientes de amortizar al final del año [t].
N = Valor nominal de cada obligación.
i = Interés anual que producen las obligaciones o el préstamo.
d_1 = Prima de emisión en tanto por uno.
d_2 = Prima de reembolso en tanto por uno.
δ = Gastos bancarios y otros asociados a la emisión en tanto por uno.
w = Impuesto sobre Sociedades en tanto por uno.
n = Número de períodos que dura la vida del préstamo o empréstito.
t = Número de orden de cada período dentro de los [n] períodos.
r = Coste de capital de los recursos ajenos.

$$qN(1-d_1-\delta)=\sum_{t=1}^{n}\frac{z_tNi}{(1+r)^t}-\sum_{t=1}^{n}\frac{z_tNiw}{(1+r)^t}+\sum_{t=1}^{n}\frac{\frac{qN(1+d_2)}{n}}{(1+r)^t}-\sum_{t=1}^{n}\frac{\frac{w[qN(d_1+d_2+\delta)}{n}}{(1+r)^t} \quad [2]$$

El primer miembro de la ecuación expresa los fondos *netos* recibidos. El nominal del empréstito [q N], menos los gastos de emisión: ya sea la prima de emisión [d_1] o los gastos asociados a la emisión [δ] en tanto por uno del valor nominal.

En el segundo miembro se expresan los flujos futuros ocasionados por el empréstito.

En primer lugar los intereses [z_tNi], que se pagan a las obligaciones pendientes de amortizar. Han de ser disminuidos por el ahorro fiscal. Éste tendrá lugar en el momento en que haya que hacer el ingreso en la Hacienda Pública. Generalmente en el ejercicio siguiente al pago de los intereses. El ahorro fiscal [z_tNiw] viene representado por el gasto financiero [z_tNi] multiplicado por la tasa impositiva [w].

En segundo lugar la devolución del principal [qN] que en el caso de que exista prima de reembolso será aumentado en [d_2]. Puesto que la amortización del principal suele hacerse linealmente a lo largo de la vida del empréstito, fraccionamos el importe de la devolución en [n] cuotas, y situamos cada una en el período que le corresponde. Consideramos que los gastos de formalización de la deuda y los gastos financieros diferidos se activan, y luego se amortizan linealmente a lo largo de la vida del empréstito, originando en cada ejercicio subsecuente a dicha amortización un ahorro fiscal.

El valor de [*r*] que verifica la igualdad de la fórmula [2] es el coste de capital de los recursos ajenos, y se calcula por iteraciones.

3.3. Ejemplo

3.3.1. *Obligaciones, cupón cero*

En el lenguaje bursátil se denominan «obligaciones, cupón cero» aquellas que no devengan ningún interés durante la vida del empréstito, y en cambio se reembolsan con una importante prima de reembolso. Este fue el caso de la emisión de obligaciones de AMPER de setiembre de 1990.

Las características de la emisión fueron las siguientes:

Importe:.	5.000 millones
Clase de títulos:	Obligaciones simples al portador, cupón cero
Nominal de los títulos:	100.000
Número de títulos:	50.000
Período suscripción:	17-IX-1990 al 2-X-1990
Precio de emisión:.	A la par, libre de gastos para el suscriptor
Fecha de amortización:.	2-X-1995
Precio de amortización:	197,00%
Duración del empréstito:	5 años
Retención fiscal:	25,00%
Gastos emisión[3].	2,00%
Impuesto sociedades:	35,00%

La sociedad emisora, en el momento de la emisión, tuvo unas entradas netas de:

$$q\,N\,(1-\delta) = 50.000 \times 100.000\,(1-0{,}02) = 4.900.000.000$$

La sociedad emisora, en el momento del reembolso, tendrá unas salidas de:

$$q\,N\,(1+d_2) = 50.000 \times 100.000 \times (1+0{,}97) = 9.850.000.000$$

Los gastos de emisión y la prima de reembolso dieron lugar en el ejercicio siguiente a la dotación de la amortización a un ahorro fiscal de:

$$q\,N(d_2+\delta)\omega = \frac{50.000 \times 100.000 \times (0{,}97+0{,}02) \times 0{,}35}{5} = 346.500.000$$

[3] Los gastos de emisión y el impuesto de sociedades no fueron dados a conocer en la publicidad de la emisión. Ambos datos los hemos aportado nosotros, sin más fundamento que una suposición estimativa.

CUADRO 1. **Obligaciones cupón cero de AMPER (en millones de pesetas)**

Años	Entradas iniciales	Salidas finales	Ahorro fiscal por gastos financieros diferidos	Flujos para la sociedad
1990	4.900,0			4.900,00
1991				0,00
1992			346,50	346,50
1993			346,50	346,50
1994			346,50	346,50
1995		(9.850,00)	346,50	(9.503,50)
1996			346,50	346,50
Coste anual del capital para la empresa				10,09%

En el cuadro 1 se presenta el esquema de flujos positivos y negativos, que de acuerdo con la ecuación [2] da un coste de capital del 12,58%.

3.3.2. *Obligaciones, cupón normal*

La Caja General de Ahorros de Canarias hizo su 7.ª emisión de cédulas hipotecarias, serie G, en abril de 1990. Las características de la emisión fueron las siguientes:

Importe:...................... 2.500 millones
Nominal del título: .... 50.000 ptas.
Número de títulos: 50.000
Tipo de emisión:............... A la par, libre de gastos para el suscriptor
Plazo de suscripción: .... 7-V-1990 al 28-V-1990
Interés: 10,50%
Pago de intereses:.............. trimestralmente, el 28-VIII, 28-XI, 28-II, 28-V
Períodos subanuales:............ 4
Fecha de amortización:.......... la totalidad de los títulos el 28-VIII-1993
Duración: .... 13 trimestres
Precio de amortización: .... a la par
Retención fiscal:............... 25,00%
Gastos de emisión[4]:............ 2,00%
Impuesto sociedades: 35,00%

La sociedad emisora, en el momento de la emisión, tuvo unas entradas netas de:

$$q\,N\,(1-\delta) = 50.000 \times 50.000\,(1-0{,}02) = 2.450.000.000$$

Cada trimestre tendrá unos gastos financieros de:

$$q\,N\,i = 50.000 \times 50.000 \times (0{,}105/4) = 65.625.000$$

[4] Los gastos de emisión y el impuesto de sociedades no fueron dados a conocer en la publicidad de la emisión. Ambos datos los hemos aportado nosotros, sin más fundamento que una suposición estimativa.

La sociedad emisora, en el momento del reembolso, tendrá unas salidas de:

$$q\,N\,(1 + d_2) = 50.000 \times 50.000 \times (1 + 0{,}00) = 2.500.000.000$$

Los intereses dan lugar cada año a un ahorro fiscal del 35% de los gastos financieros del ejercicio anterior (suponemos que el ingreso en la Hacienda Pública se hace en el mes de agosto):

—en agosto 1991: 65.625.000 × 2 × 0,35 = 45.937.500
—en agosto 1992: 65.625.000 × 4 × 0,35 = 91.875.000
—en agosto 1993: 65.625.000 × 4 × 0,35 = 91.875.000
—en agosto 1994: 65.625.000 × 3 × 0,35 = 68.906.250

Los gastos de emisión y la prima de reembolso dan lugar en el ejercicio siguiente a la dotación de la amortización a un ahorro fiscal de:

$$qN(d_2 + \delta)\omega = \frac{50.000 \times 50.000 \times (0{,}00 + 0{,}02) \times 0{,}35}{3} = 5.833.333$$

En el cuadro 2 se presenta el esquema de flujos positivos y negativos, que de acuerdo con la ecuación [2] da un coste anual del capital del 7,83%.

CUADRO 2. **Cédulas de la Caja de Ahorros de Canarias (en millones de pesetas)**

Fechas	Entradas iniciales	Pago de intereses	Ahorro fiscal por intereses	Amortización del principal	Ahorro fiscal por gastos financieros diferidos	Flujos financieros de la sociedad	Flujos brutos del suscritor	Flujos netos del suscritor
0 May. 90	2.450,00					2.450,00	(2.500,00)	(2.500,00)
1 Ago. 90		(65,63)				(65,63)	65,63	49,22
2 Nov. 90		(65,63)				(65,63)	65,63	49,22
3 Feb. 91		(65,63)				(65,63)	65,63	49,22
4 May. 91		(65,63)				(65,63)	65,63	49,22
5 Ago. 91		(65,63)	45,94		5,83	(13,85)	65,63	49,22
6 Nov. 91		(65,63)				(65,63)	65,63	49,22
7 Feb. 92		(65,63)				(65,63)	65,63	49,22
8 May. 92		(65,63)				(65,63)	65,63	49,22
9 Ago. 92		(65,63)	91,88		5,83	32,08	65,63	49,22
10 Nov. 92		(65,63)				(65,63)	65,63	49,22
11 Feb. 93		(65,63)				(65,63)	65,63	49,22
12 May. 93		(65,63)				(65,63)	65,63	49,22
13 Ago. 93		(65,63)	91,88	(2,500,00)	5,83	(2.467,92)	2.565,63	2.549,22
14 Nov. 93						0,00		
15 Feb. 94						0,00		
16 May. 94						0,00		
17 Ago. 94			68,91			68,91		
	Costo trimestral del capital para la empresa					1,90%		
	Costo anual del capital para la empresa					7,83%		
	Rentabilidad trimestral para el accionista						2,63%	1,97%
	Rentabilidad anual para el accionista						10,92%	8,11%

4. El coste de las aportaciones de capital

4. 1. DEFINICIÓN

Según el principio general del coste de capital de los recursos financieros, expresado en la fórmula [1], la captación de recursos financieros mediante acciones, da lugar a unas salidas futuras, constituidas por los dividendos a pagar a los accionistas. Puesto que el pago de los dividendos tendrá lugar en el futuro, hemos de actualizarlos mediante una tasa de descuento para que puedan ser comparados con los fondos recibidos en el momento actual. *La tasa de descuento que iguale los dos términos de la ecuación será el costo de capital.*

4.1.1. *Necesidad financiera, no jurídica, de remunerar al capital*

Las aportaciones de capital, dado que no dan derecho al inversor a un interés obligatorio por parte de la empresa, pudiera pensarse que tienen un coste nulo[5]. Su remuneración en forma de dividendos tendrá lugar solamente en el caso de que hubiera beneficios, y previa deliberación de la junta general a propuesta del consejo de administración (o de los órganos correspondientes de gobierno en otras formas jurídicas de sociedad).

Sin embargo, en el mercado de capitales, el ahorrador-inversor comprará solamente aquellos títulos-valores que le ofrezcan una rentabilidad esperada igual o superior a su rentabilidad exigida. Por ello las sociedades se ven forzadas a repartir dividendos con el objeto de no perder posiciones en el mercado de capitales dada la competencia existente. El ahorrador-inversor no se mueve por criterios de la necesidad social del producto fabricado por la sociedad en que invierte, sino por la rentabilidad que espera obtener de su inversión, y del riesgo que la inversión lleve asociado. Este es el principio fundamental del sistema capitalista.

Así pues, el pago de dividendos a las aportaciones de capital, no está forzado por una obligación jurídica, pero sí lo está por la competencia del mercado de capitales. Esta es la razón por la que se ha de considerar que las aportaciones de capital llevan un coste asociado.

4.1.2. *Los flujos de salida*

La renta que puede esperarse de una acción está constituida por los dividendos futuros, las ventajas obtenidas en las ampliaciones de capital[6], y la subida de la cotización de la acción en el mercado de capitales. Sin embargo, de estas tres fuentes de renta, solamente los dividendos corren a cargo de la sociedad emisora, las otras dos son ganancias obtenidas en el mercado, las cuales no representan una salida de fondos para la sociedad emisora del título. Por tanto si bien en el cálculo del valor intrínseco de la acción incluíamos en el numerador la renta total esperada de la acción por cualquiera de los tres conceptos; en el cálculo del coste del capital, en el numerador solamente consideramos los dividendos futuros, única parte de la renta de una acción que grava el cash-flow de la sociedad emisora.

---

[5] Las aportaciones de capital pueden hacerse en forma de acciones privilegiadas (llamadas también preferentes) y en forma de acciones ordinarias.

Las acciones privilegiadas o preferentes están reguladas por el art. 50 de la Ley de Sociedades Anónimas. «No es válida la creación de acciones con derecho a percibir un interés, cualquiera que sea la forma de su determinación, ni la de aquellas que de forma directa o indirecta alteren la proporcionalidad entre el valor nominal de la acción y el derecho de voto o el derecho de suscripción preferente.»

[6] Posible venta de derechos de suscripción, posible adquisición de acciones total o parcialmente liberadas con cargo a reservas, posible adquisición de acciones emitidas a un tipo inferior al de cotización.

El marco conceptual en que nos vamos a situar para estimar los *dividendos* futuros es suponer que la empresa acepta la hipótesis de que el dividendo por cupón debe ir creciendo gradualmente en términos nominales al paso del tiempo para compensar la pérdida de valor del dinero. Haremos, pues, la hipótesis de que los dividendos crecerán según una tasa constante anual acumulativa[7].

Las *ampliaciones de capital*, que proporcionan importantes ventajas al accionista, si bien no representan una salida de fondos para la sociedad emisora, sin embargo sí constituyen un condicionamiento de su futura estrategia de inversiones. Los accionistas cuentan con tales ventajas, y si éstas desapareciesen de su horizonte, bajaría la apreciación que tienen por las acciones. Ello trae como consecuencia que las sociedades se ven forzadas a hacer ampliaciones de capital, por tanto a hacer nuevas inversiones, y consiguientemente a seguir ampliando la dimensión de sus negocios. Esta carrera de crecimiento continuo, constituye una constricción exógena. Puede que esté a su vez requerida por la ampliación de los mercados; pero puede que no. Las sociedades se ven, a veces, forzadas a ampliar capital desde presiones venidas del mercado financiero, cuando el mercado de sus productos quizás no lo exige. Es un nuevo fenómeno que refuerza la tesis ya explicada de la imposición del sistema capitalista a sus agentes económicos, de crecer continuamente si quieren seguir sobreviviendo.

No se debe considerar ningún flujo negativo para la sociedad emisora por *reembolso del principal*, dado que las acciones por principio no son reembolsables.

4.1.3. *Doble perspectiva del problema*

El primer término de la ecuación general [*E*], puede tener dos interpretaciones. Si se trata de una ampliación del capital social cuyo coste de capital queremos calcular, [*E*] significará el importe neto recibido por la sociedad emisora con motivo de la ampliación. Si se trata de calcular el coste del capital propio, a lo largo de la vida normal de la empresa, no considerando la operación precisa de una ampliación, [*E*] significará el valor de las acciones en el *mercado de capitales*.

En el caso de una ampliación de capital, hay que considerar que las nuevas acciones emitidas dan lugar a nuevos dividendos a pagar en el futuro. Estos dividendos, fuera de casos excepcionales o transitorios[8], serán los mismos para las acciones nuevas que para las antiguas, y serán, por tanto, proporcionales al valor nominal. Sin embargo, la empresa no recibe el nominal íntegro de la ampliación, sino solamente el importe realmente desembolsado por los accionistas[9], menos los gastos asociados a la ampliación. La tasa de descuento que iguale el flujo de los nuevos dividendos futuros con el importe neto percibido en la ampliación es el coste de capital de la ampliación.

En el caso de no considerar la operación de una ampliación del capital social, sino la vida ordinaria de la empresa, ésta debe procurar que la cotización actual de las acciones se mantenga, por las razones que ya hemos explicado. Por lo tanto la empresa debe unos dividendos tales que compensen a los accionistas como rentabilidad del valor que ellos atribuyen a sus acciones. Ese valor es el valor de mercado. Luego los dividendos deben ser tales que descontados a la tasa de rentabilidad exigida por los oferentes de dinero, igualen el valor de mercado actual de las acciones. Este es el coste del capital social de la empresa.

---

7 Cfr. capítulo 7.

8 Excepcionales, porque acciones de distinta clase pueden dar lugar a dividendos diferentes. Transitorios, porque a veces las acciones nuevas en el primer ejercicio cobran menos dividendo que las antiguas.

9 Puede ser menos que el nominal en el caso de acciones parcialmente liberadas.

4.1.4. *Planteamiento en términos de marginalidad*

En el caso de una ampliación de capital hay que tener en cuenta que las nuevas acciones percibirán, normalmente hablando, el mismo dividendo que las antiguas. Pero también hay que tener en cuenta que, con motivo de una ampliación, la cotización de las acciones en teoría debiera descender; además si el accionista ha recibido las acciones nuevas a un precio inferior a su cotización en bolsa, su inversión por acción será menos después de la ampliación que antes de la ampliación.

Por lo tanto, aun cuando después de la ampliación el dividendo por acción descienda, la rentabilidad de su capital podrá mantenerse al mismo nivel que antes. Esto trae como consecuencia que en el caso de ampliaciones de capital se ha de calcular el coste de capital en términos de marginalidad: cuál es el incremento marginal de la masa total de dividendos a pagar después de la ampliación, cuál es el incremento marginal del número de acciones en circulación después de la ampliación, y, finalmente, cuál es el dividendo que hay que pagar a cada acción nueva.

Hablando en términos de promedios se le va a pagar a todas las acciones, antiguas y nuevas, el mismo dividendo: la masa total de dividendo dividida por el número total de acciones en circulación después de la ampliación. Pero si queremos saber las consecuencias financieras de una ampliación en particular hemos de razonar en términos de marginalidad: incremento marginal de la masa total de dividendo dividido por el incremento marginal del número de acciones en circulación. Este es el dividendo que se ha de incluir en la fórmula para calcular el coste de capital de una emisión de nuevas acciones.

4.2. FÓRMULA

Las variables que van a intervenir en estas fórmulas son las siguientes:

N = Nominal de las acciones.
c_0 = Cotización de las acciones en tanto por uno del nominal.
C_0 = Valor de mercado de una acción en ptas.
k = Tanto por uno del nominal pendiente de desembolso en el momento de la suscripción.
e = Tipo de emisión de las acciones nuevas en tanto por uno del nominal, menos uno.
δ = Gastos asociados a la emisión en tanto por uno del nominal.
d_0 = Último dividendo pagado por la sociedad en tanto por uno de nominal.
g = Tasa anual constante acumulativa de crecimiento del dividendo.
r = Coste del capital.

4.2.1. *En la hipótesis de una ampliación de capital*

En el caso de una ampliación de capital, hemos de comparar el flujo neto positivo recibido por la sociedad emisora, con el flujo futuro actualizado de dividendos. Ambos términos de la ecuación los haremos en ptas. por acción:

$$N(1 \pm e - k - \delta) = \sum_{t=1}^{\infty} \frac{d_t}{(1+r)^t} = \sum_{t=1}^{\infty} \frac{d_0(1+g)^t}{(1+r)^t} = \frac{d_1}{r-g}$$

Despejando *r*:

$$r = \frac{d_0(1+g)}{N(1 \pm e - k - \delta)} + g \qquad [3]$$

En este caso también habrá que tener en cuenta el ahorro fiscal derivado de los gastos de ampliación de capital, y las entradas posteriores a medida que la sociedad reclame a los suscritores los dividendos pasivos.

4.2.2. *En la hipótesis de vida ordinaria de la empresa*

En este caso hemos de comparar el valor de mercado de la acción en ptas. con el flujo futuro actualizado de dividendos. Ambos términos de la ecuación los haremos en ptas. por acción.

$$C_0 = \frac{d_0(1+g)}{r-g}$$

Despejando *r*:

$$r = \frac{d_0(1+g)}{C_0} + g \qquad [4]$$

En los casos en que la empresa tenga en circulación un empréstito, cuyas obligaciones devengan un interés determinado, se puede lógicamente pensar que los accionistas requerirán que tanto las acciones como las reservas tengan una rentabilidad superior a la de las obligaciones. Si los títulos de renta fija emitidos por la misma empresa, que son menos arriesgados que los títulos de renta variable, producen un interés, pongamos por caso del 12%, un inversor que decide colocar su dinero en esa empresa tiene ya asegurado el 12%. Para comprar acciones, exigirá que su rentabilidad sea superior al 12%.

Siendo:

i = interés devengado por las obligaciones de la propia sociedad.
Φ = prima por el riesgo ($\alpha\,\sigma$, $\alpha\,\beta$).
d = dividendo por acción en tanto por uno del nominal.

El dividendo exigido por los hipotéticos suscritores de acciones será:

$$d = i + \Phi$$

A partir de este valor de [*d*], y aplicando la fórmula [4] obtenemos el coste de capital de las acciones.

La prima por riesgo [Φ], aplicada en este caso responde a un juicio estimativo por parte de los accionistas, que no es cuantificable en términos generales. Brigham[10] ha estimado que suele oscilar entre 1 y 4,5 puntos de porcentaje.

---

10 Eugene F. Brigham y Louis G. Gapenski, *Financial management, theory and practice,* Ed. The Dryden Press, 1985, p. 255.

4.3. Ejemplo

Agromán Empresa Constructora, S.A. Ampliación de capital social, mayo 1990.

Importe nominal de la ampliación:	1.404 millones
Acciones a emitir:	1.872.000
Valor nominal:	750 ptas.
Tipo de emisión:	300,00%
Prima de emisión:	1.500 ptas.
Precio de emisión:	2.250 ptas.
Desembolso:	100,00%
Proporción:	1 × 8
Plazo de suscripción:	7-V-1990 al 7-VI-1990
Derechos políticos y económicos:	a partir de 1-VII-1990
Retención fiscal	25,00%
Gastos de emisión:	2,00%
Impuesto sobre sociedades:	35,00%
Dividendo 1989:	0 ptas.
Dividendo 1990:	22,50 ptas.
Crecimiento anual del dividendo:	5,00%ptas.
Cotización marzo 1990:	3.230 ptas.
Cotización abril 1990:	3.515 ptas.
Cotización mayo 1990:	3.675 ptas.
Cotización junio 1990:	4.200 ptas.
Cotización julio 1990:	4.140 ptas.
Cotización agosto 1990:	3.040 ptas.
Cotización setiembre 1990:	1.700 ptas.
Cotización octubre 1990:	2.085 ptas.

Coste del capital para la empresa, aplicando la fórmula [3]

d_0[11]	(Dividendo anterior)	22,50
g	(Crecimiento anual del dividendo)	0,05
e	(Tipo de emisión en tanto por uno del nominal menos 1)	2
δ	(Gastos de emisión en tanto por uno del nominal)	0,02

$$r = \frac{22,50(1+0,05)}{750(1+2-0-0,02)} + 0,05 = 0,060570 = 6,06\%$$

5. Coste de la autofinanciación

5.1. Definición

Se puede definir la autofinanciación como los recursos generados por la propia empresa como consecuencia de su normal actividad. Estos recursos recogen el ahorro de la empresa procedente de beneficios no distribuidos.

[11] Puesto que en 1989 no se distribuyó dividendo, ni tampoco los años anteriores, hemos tomado el dividendo del mismo año 1990. En realidad según la fórmula de Gordon, hubiera que haber tomado el de 1989.

La autofinanciación, igual que las aportaciones de capital, no devenga intereses hacia terceros, y desde este punto de vista podría considerarse como un recurso financiero gratuito. Sin embargo, partiendo del concepto de coste de capital que hemos enunciado al comienzo de este tema, *lo que se ha de pagar a los accionistas para que el valor de mercado de las acciones de la sociedad se mantenga*, hemos de considerar, no los derechos de los accionistas a percibir un dividendo en función de las reservas constituidas, sino las expectativas que los accionistas mantienen de percibir dividendos futuros, expectativas que sustentan la cotización de las acciones en el mercado de capitales.

La autofinanciación tiene un *coste de oportunidad* para los accionistas. Si la sociedad hubiera distribuido en forma de dividendo la totalidad del beneficio, en lugar de destinar parte de él a reservas, los accionistas hubieran tenido la oportunidad de invertir ese dinero en otros títulos del Estado o de empresas privadas. La sociedad que acumula reservas, se ve, pues, forzada a invertirlas y obtener de ellas una rentabilidad igual o mayor que la que hubieran obtenido los propios accionistas invirtiendo ellos por su cuenta en otro sitio. Podemos suponer lógicamente que los accionistas aceptarán que la sociedad haga una política de autofinanciación en lugar de distribuir dividendos, bajo la condición de que la rentabilidad futura de las inversiones financiadas con fondos procedentes de la autofinanciación les garantice una rentabilidad futura igual o mayor que la que ellos podrían encontrar por su propia iniciativa.

Siendo el coste de capital de la autofinanciación el coste de oportunidad de los accionistas, su determinación va a depender de los puntos de vista y actitudes subjetivas de los mismos. Cualquier procedimiento que pretenda objetivizar el cálculo no puede nunca prescindir de un juicio intuitivo sobre un conjunto de circunstancias imponderables. Cualquier fórmula que pretenda arrogarse unos resultados con exactitud matemática no pasa de ser una ingenua ilusión.

Se puede, sin embargo, intentar una aproximación, que si no conduce a un resultado preciso y exacto, al menos facilite el razonamiento.

5.2. Fórmula

Podemos, pensar que el accionista esperará que la parte de beneficio que él no recibe como dividendo, sino que retiene la empresa para invertirla en el negocio, le producirá al menos la tasa de rentabilidad que él piensa podría obtener si le dieran la oportunidad de buscar por sí mismo la mejor inversión en el mercado de capitales. Y es precisamente apoyado en esa esperanza por lo que dará su voto positivo a la formación de reservas durante la junta general de accionistas.

Si tales expectativas no llegan a realizarse, el accionista perderá su confianza en la empresa, y o bien votará contra la formación de reservas en la junta general, o bien si no consigue imponer su criterio a la mayoría, se retirará de la sociedad vendiendo las acciones. Si actitudes como ésta llegan a ser suficientemente numerosas, la cotización de las acciones en el mercado descenderá. Si la empresa quiere impedir este posible descenso de las cotizaciones debe conseguir que las reservas que cada año va acumulando en su balance tengan al menos la tasa de rentabilidad que espera el inversor «tipo» del mercado.

Llamando f_0 a la autofinanciación del ejercicio actual, es decir, al beneficio no distribuido del ejercicio actual:

—Si no se practicase la autofinanciación, el accionista, aplicando la fórmula 5.8 valoraría su acción por la expectativa de los dividendos futuros $[d_0\ (1 + g)^t]$, más el dividendo suplementario que percibiría hoy, caso de haber distribuido la totalidad del beneficio:

$$VI = \frac{d_0(1+g)^t}{r-g} + f_0 \qquad [5]$$

—Si por el contrario se practica la autofinanciación, es decir, $[f_0]$ no se distribuye a los accionistas, sino que se destina a reservas para nuevas inversiones, el accionista mantendrá la expectativa de un incremento de sus actuales dividendos a partir de la rentabilidad futura de las nuevas inversiones financiadas con los beneficios retenidos.
Siendo:

r' = la rentabilidad de estas nuevas inversiones.
VI' = valor que atribuye el accionista a las acciones en la hipótesis de autofinanciación:

$$VI' = \frac{d_0(1+g)^t}{r-g} + \frac{r' f_0(1-s)}{r} \qquad [6]$$

Puesto que partimos del supuesto de que el hecho de practicar la autofinanciación no debe conducir a que los accionistas tengan menos aprecio por sus acciones, que el que tendrían si no se practica autofinanciación, debe cumplirse la desigualdad siguiente:

$$VI' \geq VI$$

por lo tanto:

$$\left(\frac{d_0(1+g)^t}{r-g} + \frac{r' f_0(1-s)}{r}\right) \geq \left(\frac{d_0(1+g)^t}{r-g} + f_0\right)$$

$$\frac{r' f_0(1-s)}{r} \geq f_0$$

$$\frac{r'(1-s)}{r} \geq 1$$

$$r'(1-s) \geq r \qquad [7]$$

Lo cual significa que la rentabilidad neta de las nuevas inversiones $[r']$ financiadas con los beneficios retenidos $[f_0]$ debe ser igual o mayor que la rentabilidad exigida por el accionista, con objeto de que no descienda la apreciación de los accionistas por sus acciones.

6. El coste medio ponderado del capital

Los recursos financieros invertidos en un proyecto no proceden de un solo origen, sino de una combinación de todos ellos. Puesto que en cada proyecto se invierten fondos procedentes de fuentes distintas, cada proyecto deberá retornar una rentabilidad igual o superior, no precisamente al coste de capital de una u otra fuente de financiación, sino al coste medio ponderado del total de fondos reunidos en la financiación de la empresa.

Así mismo, dada una estructura del pasivo permanente (grupo 1) de una sociedad, en la que figuran con pesos diferentes los tres posibles orígenes de recursos financieros, cada uno con su coste de capital específico, la sociedad en su conjunto tendrá un coste de capital medio ponderado.

El cálculo del coste medio ponderado se realiza según se indica en el cuadro 3. El importe asignado al capital no es el correspondiente al valor nominal de las acciones, sino a su valor de mercado.

CUADRO 3

Concepto	Importe	Proporción	Coste	Coste ponderado
Capital	10.000.000	0,22	0,10	0,0222
Reservas	15.000.000	0,33	0,18	0,0599
Exigible	20.000.000	0,44	0,15	0,0666
Total	45.000.000			0,1488

El coste medio ponderado del capital servirá de referencia para valorar la viabilidad de proyectos de inversión. El razonamiento sobre la viabilidad de un proyecto de inversión no debe hacerse aislándolo del resto de los componentes económicos y financieros de la empresa. En la realidad la empresa constituye una unidad de gestión, y cualquier aspecto parcial de ella tiene que ser analizado dentro del conjunto. La empresa no es una yuxtaposición de unidades independientes, sino una unidad orgánica con repercusiones mutuas de interdependencia entre sus divisiones.

Supongamos, por ejemplo, que el pasivo de una empresa está constituido al 50-50% por recursos propios y por recursos ajenos; que el coste de capital de los recursos propios es el 16%, y el de los recursos ajenos el 10%; consiguientemente el coste medio ponderado del capital será el 13%.

La empresa tiene dos factorías A y B. El director de la factoría A propone al consejo de administración adquirir unos equipos por un coste de 10 millones de ptas. Justifica su petición con un estudio económico donde se demuestra que la rentabilidad de la inversión será del 12%. Existe la posibilidad de financiarlo con un crédito bancario, cuyo coste de capital es el mismo que el de los recursos ajenos antiguos, el 10%. Puesto que la rentabilidad de la inversión es superior al coste de los recursos que se solicitan, aparentemente no existen razones para denegar la operación.

A continuación se presenta la oportunidad de una inversión en la factoría B, que representa igualmente una inversión de 10 millones. La rentabilidad del proyecto en este caso es superior, pues llega al 14%. Puesto que el objetivo financiero de la empresa es mantener la estructura del pasivo en la proporción de 50-50% entre recursos propios y recursos ajenos, este segundo proyecto ha de ser financiado mediante la emisión de acciones. Pero resulta que el coste del capital de los recursos propios es el 16%, luego el proyecto tiene que ser rechazado. Se incurre, pues, en la irracionalidad de autorizar una inversión con una rentabilidad del 12%, y rechazar otra inversión con una rentabilidad del 14%.

Para evitar este tipo de problemas, la rentabilidad de un proyecto de inversión debe compararse siempre con el coste medio ponderado del capital, como si cada proyecto hubiera de ser financiado con fondos procedentes de distintas fuentes de financiación, en la misma proporción en que estas fuentes están representadas en el pasivo total de la empresa.

Capítulo 7

La política de dividendos

1. Introducción terminológica

1.1. Los conceptos

1.1.1. *El término «dividendo»*

La palabra dividendo tiene su origen en la voz perifrástica del vervo dividir. La voz perifrástica es una de las conjugaciones de los verbos empleadas en el latín, junto con las voces activa y pasiva. Los verbos latinos tienen estas tres conjugaciones. La voz perifrástica también se usa en castellano, si bien en un ámbito mucho más reducido. Expresa el aspecto futuro u obligatorio de la acción del verbo. Por ejemplo: doctorando, el que se va a doctorar o tiene que doctorarse. Examinando, el que se va a examinar o tiene que examinarse. Así pues, en su sentido más general, dividendo significa lo que se va a dividir, o tiene que dividirse.

En la sociedad por acciones, dada su rígida estructura capitalista, todos los derechos y obligaciones de los socios, se han de dividir entre las acciones. Así pues, dividendo será cualquier derecho u obligación que hay que dividir o va a ser dividida entre las acciones que integran el capital social.

1.1.2. *Clases de dividendo*

—*Dividendo pasivo:* es un concepto que no manejaremos en este capítulo. No se refiere a una cantidad que los accionistas vayan a percibir, sino todo lo contrario a una cantidad que los accionistas tienen que desembolsar. Es la parte del capital suscrito y no desembolsado, una vez que ha sido reclamado por los administradores (LSA, art. 42).

—*Dividendo activo:* es la cantidad que la sociedad ha acordado en junta general pagar a los accionistas en concepto de su participación en los beneficios de la sociedad (LSA, arts. 48 y 215).

La política de dividendos exige estableder cuándo se abonará el dividendo. Si bien es norma general hacerlo una vez al año, hay muchas empresas que suelen fraccionar el dividendo en dos partes: uno a cuenta, y otro complementario.

—*Dividendo a cuenta:* es un adelanto que la sociedad hace a los accionistas «a cuenta» del dividendo que en su día se aprobará en la junta general de accionistas (LSA, art. 216).

—*Dividendo complementario:* es la cantidad restante que la sociedad paga a los accionistas, para completar la cantidad total de dividendo acordada en junta general, cuando previamente se ha pagado un dividendo a cuenta.

La práctica de los dividendos a cuenta y complementario es muy frecuente en las empresas españolas. La práctica más generalizada es pagar un dividendo a cuenta y otro complementario. Algunas sociedades pagan dos dividendos a cuenta y un tercer dividendo complementario. Los dividendos a cuenta están regulados por la LSA, art. 216.

En Estados Unidos es frecuente distribuir el pago del dividendo por cuatrimestres, e incluso mensualmente. Por ejemplo, Consolidated Edison pagó durante 1983 1,88$, a razón de 0,47$ cada trimestre[1].

—*Dividendo extraordinario:* es un dividendo que se paga a los accionistas algunos años en que el resultado del ejercicio ha sido anormalmente bueno. Se separa del dividendo ordinario con objeto de no crear expectativas falsas acerca de su continuidad en los años subsiguientes. Constituye una especie de premio inesperado de lotería, con el mensaje implícito de que no tiene por qué volverse a repetir.

La política de pagar regularmente un dividendo bajo más un dividendo extra al final del ejercicio en los años buenos, es un compromiso entre las políticas de altos o bajos dividendos. Da flexibilidad a la empresa, y los inversores pueden contar con recibir cada año, al menos, un dividendo mínimo. Por esto, si las ganancias de la empresa y sus flujos de caja son muy volátiles, esta política pudiera ser la mejor. Los directivos pueden fijar un dividendo relativamente bajo, suficientemente bajo como para que pueda ser mantenido incluso en los años de bajos beneficios, o en los años en que es preciso retener beneficios en cantidad considerable, y complementarlo luego con un dividendo extraordinario en los años en los que hay liquidez disponible. La *General Motors* cuyas ganancias oscilan ampliamente de un año para otro, ha seguido durante mucho tiempo esta política de complementar su dividendo regular con un dividendo extra pagado al final del ejercicio, cuando sus beneficios y sus necesidades de inversión ya eran conocidas[2].

1.1.3. *Precio de la acción y cobro del dividendo*

—*Acción cum dividendo:* acción con derecho a cobrar el dividendo anunciado por la sociedad. Lógicamente tendrá incorporado a su precio de mercado el importe del dividendo.

—*Acción ex dividendo:* acción que ya ha ejercido el derecho de cobro del dividendo. Lógicamente habrá restado de su precio de mercado el importe del dividendo[3].

---

[1] Eugene F. BRIGHAM y Louis C. GAPENSKI, *Financial management, theory and practice,* Ed. The Dryden Press, 1985, p.555.

[2] Eugene F. BRIGHAM y Louis C. GAPENSKI, *Financial management, theory and practice,* Ed. The Dryden Press, 1985, pp. 554-555.

[3] En la práctica bursátil norteamericana las fechas en que rigen los precios «cum dividendo» y «ex dividendo» están fijadas con mayor rigurosidad que en la práctica española. Cfr. Eugene F. BRIGHAM y Louis C. GAPENSKI, *Financial management, theory and practice,* Ed. The Dryden Press, 1985, pp. 555-556. C.J. HIGSON, *Business finance,* Ed. Butterworths, 1986, pp. 265-266.

1.1.4. *Ratios del dividendo*

—Payout:	Dividendo por acción / Beneficio por acción.
—Payout efectivo:	Payout menos la retención fiscal.
—Cobertura del dividendo: .	Beneficio por acción / Dividendo por acción.
—Cash-flow por acción: . . .	(Beneficio + Amortización + Provisiones) / Número de acciones.

1.2. LAS VARIABLES

En las fórmulas que usamos a lo largo de todo el capítulo, emplearemos las variables siguientes:

t = Número de orden de los años a lo largo de los cuales se calcula la rentabilidad de la acción o de la empresa, así como el dividendo distribuido.
m = Número de períodos subanuales en que se divide cada año.
N_t = Número de acciones en circulación al final del año [t].
h_t = Número de acciones nuevas emitidas durante el año [t], valoradas al precio ex-dividendo. Convencionalmente las consideramos emitidas al final del año.
E_t = Valor global de emisión de las acciones emitidas durante el año [t].
e_t = Valor de emisión de cada acción emitida durante el año [t].
B_t = Beneficio global de la empresa en ptas. obtenido durante el año [t]. Convencionalmente lo consideramos obtenido al final del año.
b_t = Beneficio por acción en ptas. obtenido durante el año [t]. Convencionalmente lo consideramos obtenido al final del año.
D_t = Dividendo global en ptas. distribuido a los accionistas, correspondiente al año [t]. Convencionalmente lo consideramos pagado al final del año. Es igual a [$N_{t-1} \cdot d_t$], puesto que se considera que las acciones emitidas durante el año [h_t] no tienen todavía derecho a la percepción de dividendos.
d_t = Dividendo por acción en pesetas correspondiente al año [t]. Convencionalmente lo consideramos pagado al final del año.
d'_t = Dividendo por peseta de valor de mercado de la acción, correspondiente al año [t]. Convencionalmente lo consideramos pagado al final del año.
C_t = Valor global de cotización de todas las acciones en circulación, al final del año [t]. También puede definirse como el valor bursátil de la empresa en ese momento.
c_t = Valor de cotización de una acción al final del año [t].
c_x = Valor ex-dividendo de una acción.
I_t = Inversiones efectuadas por la empresa durante el año [t]. Convencionalmente las consideramos efectuadas al final del año.
K = Símbolo general del término capital en la fórmulas del interés.
r = Rentabilidad obtenida o esperada, según los casos, que la empresa consigue de sus inversiones[4]. Convencionalmente la consideramos obtenida al final del año, o esperada al final de los años subsiguientes.
r_t = Rentabilidad obtenida o esperada, según los casos, de una acción durante el año [t]. Convencionalmente la consideramos obtenida al final del año, o esperada al final de cada uno de los años subsiguientes.

---

[4] El modelo de Gordon supone que la rentabilidad de las inversiones de la empresa es constante de un año para otro.

r_a = Rentabilidad bruta percibida por el accionista, es decir, antes de la retención de los impuestos que gravan la renta del accionista.
r_d = Rentabilidad neta percibida por el accionista, es decir, después de los impuestos que gravan la renta del accionista.
k = Rentabilidad exigida por el accionista: se equipara a la rentabilidad media que puede obtenerse en el mercado de capitales. Si se refiere a un inversor individual, la utilizaremos para calcular el valor intrínseco de un título; si se refiere al inversor tipo del mercado, la utilizaremos para calcular la cotización del título en el mercado. Puede interpretarse como un coste de oportunidad. Representa el coste de capital promedio de la empresa.
k_d = Rentabilidad exigida por el accionista, referida al dividendo. Representa el coste de capital de las acciones emitidas por la sociedad.
k_b = Rentabilidad exigida por el accionista, referida al beneficio de la empresa. Tiene en cuenta el riesgo económico y financiero de la empresa. Representa el coste de capital de las reservas, o, lo que es análogo, la rentabilidad exigida por los accionistas a la inversión de la empresa.
s_d = Tipo impositivo que grava la renta del accionista por dividendos.
s_g = Tipo impositivo que grava la renta del accionista por ganancias de capital.
g_B = Tasa anual de crecimiento obtenido o esperado del beneficio global [B].
g_b = Tasa anual de crecimiento obtenido o esperado del beneficio por acción [b].
g_D = Tasa anual de crecimiento obtenido o esperado del dividendo global [D].
g_d = Tasa anual de crecimiento obtenido o esperado del dividendo por acción [d].
δ = Tanto por uno del beneficio distribuido como dividendo a los accionistas[5].
λ = Tanto por uno del beneficio incorporado a reservas[6].
γ = Tasa de ajuste de [δ], para acercarse gradualmente al valor de [δ] considerado ideal,
e = Número natural = 2,718282.
α = Constante.
ε = Error típico de la estima.

2. La política de distribución de dividendos

2.1. ENFOQUE DE LA CUESTIÓN

La aplicación del resultado después de la reforma de la legislación mercantil (1989) y del Plan General de Contabilidad (1990) es una decisión que consiste en elegir entre dos aplicaciones alternativas del beneficio: las reservas o el dividendo. Antes de esta reforma existía una tercera aplicación: el impuesto sobre sociedades. Pero después de la reforma, el impuesto sobre sociedades ha sido categorizado como una partida de gastos (cuenta 630). Así pues el saldo de la cuenta de pérdidas y ganancias, denominado resultado del ejercicio, es ya el resultado neto, o resultado después de impuestos. La junta general de accionistas no ha de deliberar sobre la cuantía del impuesto devengado[7], ni sobre la base imponible[8]. Uno y otra son consecuencia de un cálculo contable y matemático, ajustado a la normativa fiscal.

---

[5] En el caso del modelo de Lintner no es el dividendo efectivamente distribuido, sino el «ratio objetivo» que las empresas pretenden llegar a distribuir.
[6] El modelo de Gordon supone que este tanto por uno es constante de un año para otro.
[7] Concepto definido en el Plan General de Contabilidad, norma de valoración 16.ª
[8] Concepto definido en el Reglamento del Impuesto sobre Sociedades.

La junta general de accionistas ha de aprobar la validez de los cálculos hechos, igual que aprueba las cuentas anuales en la medida en que expresen la «imagen fiel del patrimonio, de la situación financiera y de los resultados de la sociedad» (LSA, art. 172). Pero un debate de política financiera sobre la cuantía del impuesto sobre sociedades está fuera de sus competencias.

El debate de la junta general de accionistas sobre la aplicación del resultado del ejercicio, a partir de las cuentas anuales (LSA, arts. 95 y 213.1) consistirá en la elección entre dos alternativas excluyentes: qué proporción del beneficio se destina a dividendo [δ], y qué proporción del beneficio se destina a reservas [λ]. O dicho de otra manera equivalente, qué opción toma la sociedad frente a una política de autofinanciación.

> Si se trata de maximizar la autofinanciación, se eliminará el dividendo y viceversa. Por ello la decisión respecto al dividendo entra dentro del ámbito de la responsabilidad de la alta dirección, que ha de tratar de satisfacer simultáneamente las expectativas de los accionistas y las necesidades de autofinanciación de la empresa, llegando a un equilibrio que compatibilice ambas exigencias[9].

El transfondo de la opción entre la autofinanciación y la distribución de dividendo es la obtención de recursos que posibiliten el crecimiento de la empresa. La empresa, por la propia dinámica del sistema capitalista, está sujeta a una dinámica de crecimiento forzoso, lo cual implica invertir en nuevos proyectos que aumenten sus beneficios anuales, consiguientemente su patrimonio, y, en último término, el valor de las acciones en el mercado de capitales. La política de dividendos se enfrenta al siguiente dilema: ¿Las nuevas inversiones han de ser autofinanciadas, luego la empresa debe retener los beneficios incorporándolos a reservas? ¿O por el contrario, debe distribuir los beneficios en forma de dividendos y buscar financiación externa para las nuevas inversiones mediante la emisión de acciones u obligaciones? La solución de este dilema depende de la respuesta que se dé a la siguiente pregunta: el valor de las acciones en el mercado de capitales, ¿depende de las expectativas de los accionistas acerca de los *dividendos*, o de las expectativas de los accionistas acerca de los *beneficios* de la empresa? ¿Son los beneficios esperados por la empresa, o son los dividendos que los accionistas esperan percibir los que sostienen el valor de las acciones en el mercado? Puesto que se da por admitido que la finalidad de la empresa es aumentar el valor de las acciones, la opción entre el reparto de dividendos o la autofinanciación, dependerá de la respuesta que se dé a la pregunta: ¿cuál es la variable que influye en la cotización de las acciones?

Así pues, la política de dividendos se concreta en determinar qué cantidades se distribuirán por este concepto una vez que se hayan aprobado las cuentas anuales. Tal decisión debe contemplar no solamente el horizonte de un ejercicio económico, no solamente el próximo dividendo a distribuir. El horizonte de la decisión debe ser más prolongado, y tomar también en cuenta la evolución que previsiblemente adoptarán los beneficios y los dividendos en los años sucesivos. Se plantea un conflicto entre el corto y el largo plazo. Distribuir un dividendo alto un año, puede ser incompatible con seguir distribuyendo dividendos atractivos en los años subsiguientes.

En efecto, si partimos de la fórmula de Gordon, cuya explicación veremos más abajo, para explicar el valor de las acciones, damos por aceptado que:

$$C_t = \frac{D_{t+1}}{k - g_D} \qquad [1]$$

---

9 A. y J. Pérez-Carballo y E. Vela Sastre, *Gestión financiera de la empresa,* Ed. Alianza, 1981, p. 643.

Esta ecuación pone de relieve que el valor de las acciones al final de un año [C_t] depende del valor esperado del dividendo para el próximo período [D_{t+1}], de la rentabilidad exigida por el inversor tipo del mercado [k], y de la tasa de crecimiento esperado de los dividendos en los próximos años [g_D]. Ahora bien, si el dividendo pagado en metálico el próximo año [D_{t+1}] aumenta, quedará menos tesorería disponible para la reinversión, por tanto la tasa de crecimiento esperado de los dividendos [g_D] habrá de ser menor. Dado el signo negativo de [g_D] en la ecuación, su menor valor absoluto presionará a la baja el precio de la acción. Así pues, la política de dividendos tiene simultáneamente dos efectos contradictorios: la lógica nos obliga a concluir que no hay coherencia entre un alto dividendo en metálico pagado el próximo año y el crecimiento futuro del mismo. Esta sería la solución que colmaría los deseos de los inversionistas, y por tanto maximizaría el valor de la acción[10]. Pero el mercado de capitales todavía no es el conjunto de todos los bienes sin mezcla de mal alguno.

Volviendo al dilema planteado: si la cotización de las acciones depende de los dividendos esperados por el accionista, o de los beneficios esperados por la empresa, se pueden diseñar dos políticas de dividendos, que se conocen con los nombres de *política activa* y de *política residual*.

2.2. La política activa

2.2.1. *Definición*

La política activa de dividendos consiste en tomar como criterio de decisión el satisfacer los deseos de los ahorradores-inversores. En el mercado de capitales la empresa juega el papel de vendedor de títulos, el ahorrador-inversor el de comprador. El vendedor ha de situar en el mercado títulos atractivos, capaces de estimular la demanda. Las decisiones sobre distribución de beneficios de una empresa que adopta una política activa, están guiadas por la intención de acoplarse a las exigencias de los compradores de títulos. Dado que éstos buscan unos dividendos sostenidos y gradualmente crecientes, la política de dividendos consistirá en adaptarse a estos requerimientos de los ahorradores-inversores. En consecuencia, la empresa programará para cada ejercicio económico y los subsiguientes, una cuantía de dividendo que sea atractiva, y competitiva con la que ofrecen otros vendedores de títulos.

2.2.2. *Fundamento teórico*

La política activa tiene su fundamento teórico en la hipótesis de que los inversores aprecian las acciones atendiendo a los *dividendos futuros* que esperan percibir y que, por tanto, la cotización de las acciones en el mercado de capitales es función de las expectativas de los inversores acerca de esos *dividendos futuros*. Suponiendo que el objetivo de la empresa es maximizar su valor bursátil para aumentar la riqueza de sus accionistas, hay que procurar mantener expectativas optimistas entre el accionariado actual y potencial, acerca de la estabilidad y tendencia creciente de los *dividendos futuros*. Esta es la forma de conseguir una demanda sostenida hacia las acciones de la empresa, y, consiguientemente, salvaguardar su cotización en el mercado de capitales.

---

[10] Eugene F. Brigham y Louis C. Gapenski, *Financial management, theory and practice,* Ed. The Dryden Press, 1985, p. 538.

2.2.3. *Proceso de toma de decisiones*

La empresa que adopta una política activa sigue estos cuatro pasos cuando ha de decidir su ratio dividendo/beneficio:

1. Determina la cotización deseable de sus acciones en relación con el índice general de la Bolsa.
2. Determina el PER deseable para sus acciones de forma que las haga atractivas y competitivas en el mercado de capitales.
3. Determina la tasa de ajuste de los dividendos anuales, para irse acercando gradualmente al objetivo pretendido.
4. Determina el dividendo que se pagará a los accionistas en el próximo ejercicio.

2.2.4. *Objeciones a la política activa*

El pago de dividendos reduce los fondos líquidos disponibles para financiar las inversiones, lo que supone que o se restringe el crecimiento o se ha de acudir a financiación externa. Si la financiación externa se consigue mediante la ampliación de capital, se deberán pagar costes de emisión y colocación de las nuevas acciones, y obligarse a pagar mayores dividendos globales [D_t] en el futuro. El resultado es que primero se paga a los accionistas, para luego solicitarles nuevas aportaciones, que obligan a pagos todavía mayores en el futuro. Si la financiación externa se consigue mediante endeudamiento se debilita la solidez financiera de la empresa, y se la hace más vulnerable a los cambios de coyuntura[11].

Por todo ello puede pensarse que es más económico y seguro no distribuir dividendos y retener todo el beneficio necesario para financiar el crecimiento, y sanear la estructura del pasivo.

2.3. LA POLÍTICA RESIDUAL

2.3.1. *Definición*

La política residual consiste en que la sociedad toma sus decisiones atendiendo en primer lugar a los planes de inversión y de reflotación financiera. Los beneficios obtenidos o esperados se destinan ante todo a estos dos objetivos. Sólo en segundo término, y en la medida en que todavía queden recursos sobrantes se hará una asignación de parte de los beneficios a dividendo. Esta política trae como consecuencia que algunas empresas paguen dividendos bajos, no porque los beneficios sean escasos, sino porque la sociedad tiene a su alcance proyectos de inversión interesantes, y la dirección es optimista respecto de su rentabilidad y seguridad. En estas circunstancias, los beneficios se aplican a reservas para autofinanciar la expansión. Por el contrario, otras empresas, que también se atienen a los principios de la política residual, y que tienen igualmente perspectivas de inversión atractivas, pagan dividendos altos, porque prescinden de la autofinanciación, y proyectan financiar las futuras inversiones con ampliaciones de capital, o con endeudamiento. En definitiva, tanto unas como otras atienden prioritariamente las decisiones sobre presupuesto de capital: cómo financiar la expansión y el saneamiento de la estructura del pasivo; la decisión sobre dividendos es un subproducto de la decisión anterior.

La política de distribución de dividendos puede ser residual desde otro punto de vista: la sociedad se propone como objetivo prioritario el mantener el valor real del patrimonio

---

[11] Cfr. capítulo 17, «El apalancamiento», apartado «El apalancamiento financiero».

neto, contrarrestando el efecto diluyente de la inflación. Por ello la empresa aplica a reservas los fondos necesarios para contrarrestar el efecto de la inflación sobre el valor contable del patrimonio neto[12]. La forma de instrumentar esta política es la siguiente: se multiplica el valor en libros de los fondos propios al principio del ejercicio por 1 más la tasa de inflación del año transcurrido, el producto representa el importe que deben alcanzar los fondos propios al final del ejercicio. La diferencia entre ambos importes indica la cantidad de beneficios que deben ser aplicados a reservas.

Tanto en un caso como en otro, la palabra residual significa «sobrante», y la política residual significa que los dividendos deben ser pagados solamente con las ganancias sobrantes, o sea, aquellas que la empresa no necesita para otras finalidades consideradas prioritarias.

2.3.2. *Fundamento teórico*

La política residual tiene su fundamento teórico en la hipótesis de que la cotización de las acciones es función de las expectativas de los inversores acerca de los *beneficios futuros* de la empresa. El interés fundamental y básico del accionista es el incremento de su patrimonio. Que tal incremento se produzca por la percepción anual de una renta en metálico (el dividendo), o por la elevación del valor de mercado de las acciones que posee, le resulta indiferente: no son más que dos caminos que conducen al mismo destino.

Tanto una cosa como otra, la percepción de dividendos o la plusvalía de las acciones, tienen el mismo y único fundamento, la obtención de *beneficios* por la empresa. Si la empresa obtiene *beneficios* podrá pagar dividendos a los accionistas; si tiene pérdidas no podrá pagarlos. Si la empresa obtiene *beneficios* podrá aumentar las reservas y elevar el valor de las acciones; si tiene pérdidas, aparecerán en el pasivo reservas negativas y disminuirá el valor de las acciones. Desde cualquier punto que se mire la cuestión, los intereses de los accionistas se garantizan por la existencia de *beneficios*; la aplicación que se haga de ellos a dividendos o a reservas es indiferente.

Por ello la política de dividendos ha de tener un objetivo único: facilitar que la empresa pueda seguir teniendo beneficios en los años subsiguientes, y que la obtención de estos beneficios futuros sea lo más segura posible. La política de dividendos, pues, debe tener como objetivo prioritario la financiación de nuevas inversiones rentables, y el saneamiento de la estructura financiera del pasivo.

La política residual está sujeta a una restricción: que la rentabilidad que la empresa pueda obtener de sus inversiones sea superior a la rentabilidad que los inversores podrían obtener por sí mismos en otras inversiones con riesgo equivalente. Los accionistas preferirán que la empresa retenga los beneficios, solamente en el caso en que la sociedad pueda invertir los beneficios aplicados a reservas en negocios con una rentabilidad del 14%, cuando la mejor rentabilidad que ellos mismos podrían obtener si se les distribuyeran las ganancias sea del 12%.

El fundamento teórico de la política residual se explica en la figura 1. Sabemos que la empresa debe emprender cualquier proyeto de inversión que tenga un TIR superior a su coste de capital[13].

Suponiendo que la empresa tuviera la posibilidad de invertir en varios proyectos, cuyos TIR ordenados decrecientemente se situaran a lo largo de la línea AB de la figura 1, debería invertir en dichos proyectos el beneficio obtenido hasta la cantidad [*Y*], donde la

---

[12] Zieha y Cheg, «Proposing a more appropiate dividend policy», *Management Accounting,* setiembre 1979,

[13] El coste de capital coincide con la rentabilidad que los accionistas hubieran podido obtener de su capital invirtiéndolo en otro sitio. El coste de capital para la empresa es la rentabilidad exigida por el accionista.

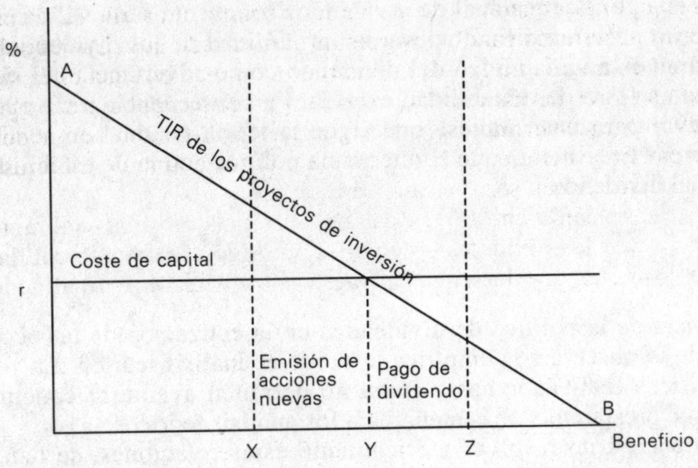

FIGURA 1

rentabilidad del proyecto iguala al coste de capital. Si el beneficio fuera [*Z*], invertiría [*Y*], y repartiría en dividendos [*Z-Y*]. Si por el contrario el beneficio no fuera más que [*X*], estaría justificado no repartir ningún dividendo y emitir acciones nuevas por el valor [*Y-X*] para completar los recursos disponibles. Si el beneficio fuera justamente [*Y*] se invertiría todo el beneficio, sin distribuir dividendos, ni emitir acciones[14].

2.3.3. *Proceso de toma de decisiones*

La empresa que adopta una política residual sigue estos cuatro pasos cuando ha de decidir su ratio dividendo/beneficio:

a) Determina el volumen de inversión requerido para las nuevas inversiones que tiene en proyecto.
b) Hace un plan de financiación donde se especifiquen las fuentes de recursos, y la cuantía de los fondos que puede aportar cada una de ellas.
c) Cuenta con los beneficios como una de esas fuentes de financiación, con carácter prioritario.
d) Paga dividendo solamente si los beneficios son superiores a sus necesidades de inversión, y exclusivamente en la cantidad del exceso.

2.3.4. *Objeciones a la política residual*

La consecuencia de esta política es que si la rentabilidad de los proyectos de inversión de la empresa varía de un año para otro, la observancia estricta de la política residual de dividendos conduciría a la variabilidad de los dividendos: un año la empresa podría anunciar dividendos cero, cuando las oportunidades de inversión son buenas; mientras que al año siguiente la misma empresa, enfrentada a oportunidades de inversión escasas, anunciaría dividendos importantes. Incluso si los planes de inversión fueran estables a lo largo del tiempo, los beneficios fluctuantes conducirían a dividendos variables.

14 C.J. HIGSON, *Business finance*, Ed. Butterworths, 1986, pp.268-269.

Así pues, una política residual de dividendos solamente sería válida en el caso en que los inversores no pusieran dificultades a la variabilidad de los dividendos; pero si los inversores tomaran esta variabilidad del dividendo como advertencia del riesgo de su renta anual, elevarían su tasa de rentabilidad exigida. La consecuencia sería que el coste de capital sería mayor para una empresa que sigue la teoría residual en sentido estricto, que para otra empresa equivalente que siguiera una política activa de estabilidad y crecimiento sostenido del dividendo[15].

2.4. Conclusión

La influencia de la política de dividendos en la cotización de las acciones puede ser abordada desde la observación empírica, o desde el análisis teórico. La verdad es que los estudios empíricos realizados hasta ahora no permiten aventurar conclusiones definitivas[16], por lo que prestaremos más atención a los análisis teóricos.

Con la intención de resolver teóricamente estas relaciones, se han elaborado tres teorías:

a) Los dividendos *influyen al alza* en la cotización de las acciones. Es la teoría que algunos han llamado del pájaro-en-mano. Los autores más representativos de esta teoría son Gordon y Lintner. La empresa debe mantener un elevado ratio de dividendos/beneficio, para minimizar su coste de capital.

b) Los dividendos *no influyen* en la cotización de las acciones, ni en el coste de capital. Es la llamada teoría de la irrelevancia de los dividendos. Los autores más representativos de esta teoría son Modigliani y Miller. Así pues, no existe una política óptima de dividendos; cualquier política de dividendos es tan buena como otra.

c) Los dividendos *influyen a la baja* en la cotización de las acciones. Es la teoría que podemos denominar de la ventaja fiscal. Los autores más representativos de esta teoría son Litzenberger y Ramiswamy. Puesto que los dividendos están sujetos a mayores tasas de imposición fiscal que las ganancias de capital, los inversores tienen tasas de rentabilidad exigida más altas para las acciones con dividendos altos. De acuerdo con esta teoría, para maximizar el valor de las acciones y minimizar el coste de capital, la empresa debe establecer un ratio dividendo/beneficio bajo. Esta también es la posición del modelo Security Model Plane (SMP), elaborado por el Wells Fargo Bank.

3. La política de dividendos determina la cotización de las acciones: Gordon-Lintner

3.1. Los estudios empíricos

3.1.1. *Observación del comportamiento de las sociedades*

Desde un punto de vista empírico, a mediados de los años cincuenta John Lintner realizó una serie de entrevistas a directivos de empresas sobre sus políticas de dividendos[17]. Lintner procedió en dos etapas. Primero realizó una serie de entrevistas con hombres de

[15] Eugene F. Brigham y Louis C. Gapenski, *Financial management, theory and practice,* Ed. The Dryden Press, 1985, p. 552.

[16] Andrés S. Suárez Suárez, *Decisiones óptimas de inversión y financiación en la empresa,* Ed. Pirámide, 1981, p. 566. A. y J. Pérez-Carballo y E. Vela Sastre, *Gestión financiera de la empresa,* Ed. Alianza, 1981, p. 648.

[17] John Lintner, «Distribution of incomes of corporation among dividens, retained earnings and taxes», *American Economic Review,* 46 (mayo 1956) 97-113.

negocios para formarse una idea de cómo tomaban sus decisiones sobre el reparto de dividendos. A continuación construyó un modelo sobre la base de estas entrevistas, modelo que pudiera ser comprobado sobre una base amplia de datos. De las entrevistas se deducía que la determinación de la política de dividendos no era la consecuencia de las necesidades de inversión. Más bien la decisión sobre la cuantía del dividendo era generalmente una respuesta a la importancia de los beneficios. Si los beneficios aumentaban, debería aumentar el dividendo; si los beneficios disminuían, deberían disminuir los dividendos. El problema se planteaba en términos de la proporción de beneficios que debía ser distribuida, más que en términos de la cantidad que debía ser retenida para financiar la expansión. Creían que los accionistas tenían derecho a una parte razonable de los beneficios de la empresa y que la empresa había de marcarse el objetivo de perseguir a largo plazo un ratio de distribución de dividendos. Este ratio perseguido como objetivo a largo plazo adquiere el nombre de ratio objetivo [δ].

La radicalización de esta política significaría que la empresa se propone pagar cada año un dividendo que fuese un porcentaje fijo del beneficio obtenido. Dado que los beneficios fluctúan, esta política significa que la cuantía monetaria del dividendo fluctuará igualmente. Antes de su quiebra, la sociedad Penn Central Railroad siguió la política de distribuir la mitad de sus beneficios: un dólar para los accionistas, un dólar para la sociedad, como decía uno de los directivos. Esta política podría conducir a cualquier sociedad a la quiebra[18].

Sin embargo, en las entrevistas de Lintner se pone de manifiesto que los directivos eran reacios a practicar una política de dividendos que tuviese como consecuencia una variabilidad de los mismos al alza y a la baja de un año para otro. Creían que los accionistas preferían un crecimiento constante de los dividendos. Por tanto, aun cuando las circunstancias de un buen ejercicio económico permitiesen un incremento importante de los dividendos de la empresa, los directivos pensaban que deberían desviarse sólo ligeramente del dividendo objetivo. Más bien deberían aplicar una tasa de ajuste anual progresiva, que les fuese acercando gradualmente al objetivo buscado. Esta tasa de ajuste anual dependerá de que la política de la empresa sea más conservadora, o más agresiva. Cuanto más conservadora sea la empresa, más lentamente se acercará a su objetivo, y, por tanto, menor será su tasa de ajuste[19].

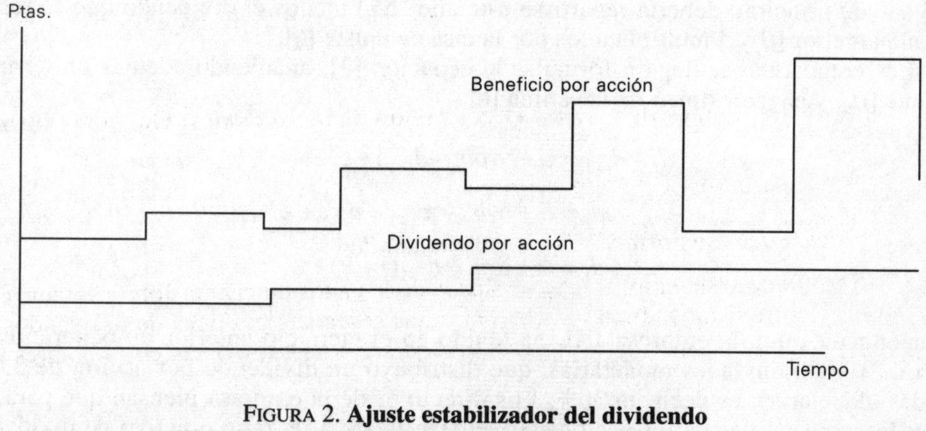

FIGURA 2. **Ajuste estabilizador del dividendo**

[18] Eugene F. BRIGHAM y Louis C. GAPENSKI, *Financial management, theory and practice,* Ed. The Dryden Press, 1985, p. 554.

[19] Richard BREALEY y Stewart MYERS, *Fundamentos de financiación empresarial,* Ed. McGraw-Hill, 1988, pp. 368-369.

La figura 2 pretende representar las conclusiones de Lintner respecto de la evolución de los dividendos a lo largo del tiempo. Los dividendos se mueven respondiendo con retraso a la evolución de los beneficios. Los administradores prefieren un crecimiento suave y constante de los dividendos a lo largo del tiempo; son cautelosos para aumentar los dividendos si prevén la posibilidad de tenerlos que reducir más adelante.

Tampoco puede afirmarse que las empresas nunca recorten los dividendos. Algunas veces tienen que hacerlo. Si hay una caída repentina y general de la coyuntura económica, y muchas sociedades se ven obligadas a recortar los dividendos, el desconcierto es menor. En todo caso es una decisión angustiosa para las primeras que dan el salto[20].

3.1.2. *El ajuste de un modelo matemático*

Según el modelo de Lintner, los dividendos dependen de:

a) los beneficios del mismo año,
b) el dividendo del año anterior,
c) la tasa de ajuste.

Lintner ajustó su modelo a los datos sobre dividendos y beneficios de las empresas norteamericanas durante los años 1918 a 1941. Encontró que las sociedades tendían a un *ratio objetivo* [δ = dividendo/beneficio] del 0,5, y que se iban acercando a él gradualmente a una tasa anual [γ] del 30%. Este modelo explicaría el 80% de los cambios en los dividendos de las sociedades que él estudió[21].

Sin tener en cuenta la tasa de ajuste, el dividendo por acción distribuido en el año [t] sería

$$d_t = \delta\, b_t \qquad [2]$$

Sin embargo, el dividendo de cada año [d_t] no se determina atendiendo exclusivamente al beneficio de ese mismo año [b_t], sino igualmente al dividendo distribuido el año anterior[d_{t-1}], y a la tasa de ajuste de crecimiento del dividendo [γ] que nos conduce al ratio objetivo [δ] siguiendo un crecimiento constante, y evitando que el dividendo varíe en función de los beneficios de cada año.

Así pues, el crecimiento del dividendo de un año para otro [$d_t - d_{t-1}$], es igual al dividendo que en principio debería repartirse este año [δb_t] menos el dividendo que se repartió el año anterior [d_{t-1}] multiplicados por la tasa de ajuste [γ].

Así es como Lintner llega a formular la ecuación [3], añadiendo además un término constante [α], y el error típico de la estima [ε].

$$d_t - d_{t-1} = \alpha + \gamma(\delta b_t - d_{t-1}) + \varepsilon$$

$$d_t = \alpha + \delta\gamma b_t - \gamma d_{t-1} + d_{t-1} + \varepsilon$$

$$d_t = \alpha + \delta\gamma b_t + d_{t-1}(1-\gamma) + \varepsilon \qquad [3]$$

Supongamos que la empresa JKL ha tenido en el ejercicio anterior un beneficio por acción de 10.000 unidades monetarias, que distribuyó un dividendo por acción de 3.000 unidades monetarias, es decir un 30%. Los directivos de la empresa piensan que para satisfacer las expectativas de los accionistas se debe llegar a un ratio objetivo de dividendo distribuido por acción de un 50% del beneficio. Con objeto de cumplir este objetivo adop-

---

20 C.J. Higson, *Business finance*, Ed. Butterworths, 1986, p. 267.
21 C.J. Higson, *Business finance*, Ed. Butterworths, 1986, p. 267.

tan una tasa de ajuste de 0,5. Aplicando la fórmula [3] distribuirán un dividendo por acción que crezca gradualmente cada año, que no oscile al ritmo de los beneficios anuales, y que en un plazo de seis a ocho años se sitúe en la proporción de beneficios planeado.

El cuadro 1 y la figura 3 representan el ritmo de evolución de los dividendos en los próximos años, aplicando la fórmula [3]. Partiendo de un beneficio distribuido el año anterior de un 30%, y aplicando una tasa de ajuste del 50%, llegamos a cumplir el objetivo perseguido a los seis años, siguiendo una línea gradualmente creciente. Una vez en ese nivel, el dividendo por acción se mantiene aproximadamente constante. Y ello sin que los dividendos hayan oscilado arriba y abajo de un año para otro, como lo han hecho los beneficios. Por término medio las empresas se proponen distribuir la mitad de su beneficio neto, y recorren alrededor de un tercio del camino hacia su objetivo en cada uno de los años[22].

CUADRO 1

Año	Beneficio por acción	Dividendo por acción	Dividendo/beneficio
0	10.000	3.000	30,00%
1	11.000	4.000	36,36%
2	9.000	4.200	46,67%
3	12.000	4.920	41,00%
4	11.000	5.152	46,84%
5	13.000	5.691	43,78%
6	11.500	5.715	49,69%
7	14.000	6.229	44,49%
8	12.000	6.137	51,14%
9	13.000	6.282	48,33%

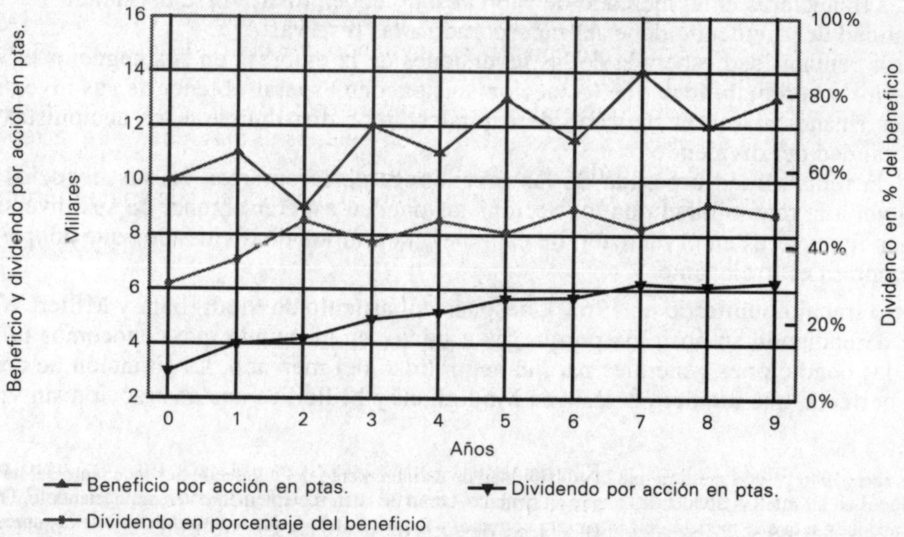

FIGURA 3. **Modelo de Lintner**

[22] Richard BREALEY y Stewart MYERS, *Fundamentos de financiación empresarial,* Ed. McGraw-Hill, 1988, pp. 369-370. Un estudio empírico de Fama y Babiak «Dividend policy: an empirical Analysis», *Journal of American Statistical Association,* 63 (diciembre 1968), 1132-1161, relativo a los dividendos de 392 empresas en los Esta-

3.1.3. *Conclusión*

En conclusión podemos afirmar que hay varias razones lógicas para seguir una política de dividendos estable:

a) Aun cuando el dividendo óptimo prescrito por la teoría residual pudiera variar algo de un año para otro, acciones tales como retrasar algunos proyectos de inversión, apartarse de la estructura de capital objetivo durante un año particular, o incluso la emisión de acciones podrían ser preferibles que suprimir el dividendo o reducir su tasa de crecimiento.

b) El fijar una tasa constante del dividendo confirmará las estimaciones de los inversores sobre el factor [g_D], reducirá el riesgo de los cobros, y así aumentará el precio de las acciones.

c) Una política de dividendos fluctuantes conduciría a una mayor incertidumbre, a un mayor coste de capital, y a un menor valor de las acciones, que la que habría con una política de estabilidad.

d) Los accionistas que usan los dividendos para el consumo diario necesitan contar con dividendos de una cuantía regular. Por tanto, los dividendos irregulares reducirían la demanda por estas acciones, y llevarían a una disminución de su precio[23].

3.2. Los análisis teóricos

3.2.1. *Antecedentes*

Walter[24] estudió el asunto en 1956. Considera que al objeto de maximizar el valor de las acciones:

a) si la rentabilidad esperada de las inversiones de la empresa en sus negocios es *superior* a la rentabilidad que los accionistas pueden esperar obtener de sus inversiones financieras en el mercado de capitales, no deben distribuirse dividendos; la totalidad del dividendo debe ser incorporado a las reservas;

b) si la rentabilidad esperada de las inversiones de la empresa en sus negocios es *inferior* a la rentabilidad que los accionistas pueden esperar obtener de sus inversiones financieras en el mercado de capitales, debe distribuirse a los accionistas la totalidad del dividendo;

c) si la rentabilidad esperada de las inversiones de la empresa en sus negocios es *igual* a la rentabilidad que los accionistas pueden esperar obtener de sus inversiones financieras en el mercado de capitales, la política de dividendos que adopte la empresa es irrelevante.

En otro trabajo publicado en 1963[25], después del artículo de Modigliani y Miller, Walter sigue defendiendo su posición porque, a su juicio, en el mundo que conocemos no se cumplen las condiciones generales para la neutralidad del mercado. La situación de competencia perfecta, que requiere la tesis de Modigliani y Miller, es una abstracción sin veri-

---

dos Unidos entre 1946 y 1964 muestra que la probabilidad de un incremento del dividendo depende tanto del número de ocasiones en las que los dividendos hayan aumentado, como de cuán recientemente vengan haciéndolo. Fama y Babiak encontraron que el modelo de Lintner era correcto, y la única mejora que le introdujeron fue la supresión del término constante [α], y la introducción de un término representativo del atraso de los dividendos. Cfr. C.J. Higson, *Business finance,* Ed. Butterworths, 1986, p. 267.

[23] Eugene F. Brigham y Louis C. Gapenski, *Financial management, theory and practice,* Ed. The Dryden Press, 1985, p. 554.

[24] James E. Walter, «Dividens policies and common stock prices», *The Journal of Finance,* 11 (marzo 1956) 29-41.

[25] James E. Walter, «Dividend policy: its influence on the value of the enterprise», *The Journal of Finance,* 18 (mayo 1963) 280-291.

ficación en la realidad del mercado de capitales. Los dividendos previstos en un futuro inmediato son estimados como menos «arriesgados» que los que se esperan para un período más alejado en el tiempo. Supuesta la aversión al riesgo por parte de los inversores, los dividendos previstos para un futuro remoto deberán descontarse a un tipo mayor para compensar este riesgo suplementario[26].

En definitiva, según la opinión de Walter existe una relación entre el precio de las acciones y los dividendos satisfechos, porque son muchos los inversores que prefieren percibir dividendos, mejor que obtener plusvalías por la revalorización de las acciones.

3.2.2. *Definición de la tesis*

Pero quien ha fundamentado teóricamente con mayor fuerza la influencia de los dividendos en la cotización de las acciones ha sido Myron J. Gordon[27]. La tesis de Gordon consiste en afirmar que la cotización de las acciones en el mercado de capitales es función creciente del dividendo esperado para el próximo año, y del aumento esperado del dividendo en los años subsiguientes. El accionista adquiere un título con la esperanza de obtener una renta, y pretende que esa renta no solamente mantenga su importe nominal en el futuro, sino que lo aumente al mismo ritmo de la inflación para compensar la dilución provocada por ésta; incluso que crezca más que la inflación para mejorar su poder adquisitivo.

Esta afirmación de Gordon se expresa en la fórmula [1]. Según ella, la cotización de una acción al final de un año [c_t] será tanto mayor cuanto mayor sea el dividendo esperado el año que viene [d_{t+1}], y el crecimiento del dividendo que pueda esperarse en los años subsiguientes [g_d]. Es, pues, una función con dos variables independientes, $c_t = f(d_{t+1}, g_d)$, y que es creciente, tanto a lo largo del eje d_{t+1}, como del eje g_d. Adquiere la forma de una superficie en el espacio.

3.2.3. *Demostración de la tesis*

El razonamiento matemático de Gordon es el siguiente[28]. Supuesto que se mantiene de un año para otro la rentabilidad de los negocios de la empresa [r], y la proporción de beneficios incorporados a reservas [λ], el beneficio de un año cualquiera será igual al beneficio del año anterior más el beneficio adicional obtenido de las inversiones adicionales efectuadas en este año y financiadas con la contrapartida de las reservas retenidas el año anterior. Lo cual puede expresarse con la siguiente formulación algebraica:

$$B_t = B_{t-1} + r\lambda B_{t-1} = B_{t-1}(1 + r\lambda)$$

$$B_{t-1} = B_{t-2}(1 + r\lambda)$$

$$B_t = [B_{t-2}(1 + r\lambda)](1 + r\lambda) = B_{t-2}(1 + r\lambda)^2$$

$$B_t = B_{t-t}(1 + r\lambda)^t$$

---

[26] Alexander A. ROBICHEK, y Stewart C. MYERS, *Decisiones óptimas financieras,* Ed. Herrero Hermanos, México, 1968, p. 71.

[27] Esta es la tesis de M.J. GORDON, «Dividends, earnings and stock prices», *Review of Economics and Statistics,* 41 (mayo 1959) 99-105. «The savings, investment and valuation of corporation», *Review of Economics and Statistics,* (febrero 1962) 37-51. *The investment, financing and valuation of the corporation,* Ed. Irwin Homewood, 1962. «Optimal investment and financing policy», *Journal of Finance,* 18 (mayo 1963) 264-272. La tesis de Gordon ha sido comentada en el sentido de que no se refería tanto a la política de dividendos, cuanto a la de inversión, M.J. BRENNAN, «A note on dividend irrelevance and the gordon valuation model», *Journal of Finance,* 26 (diciembre 1971) 1115-1122.

[28] Andrés S. SUÁREZ SUÁREZ, *Decisiones óptimas de inversión y financiación en la empresa,* Ed. Pirámide, 1981, pp. 571-574. Alexander A. ROBICHEK, y Stewart C. MYERS, *Decisiones óptimas financieras,* Ed. Herrero Hermanos, México, 1968, pp. 78-80.

Sustituyendo y generalizando:

$$B_t = B_0\,(1 + r\lambda)^t \qquad [4]$$

El sentido de la fórmula [4] es que el beneficio de cualquier año es igual al beneficio del año base capitalizado a una tasa acumulativa anual. La tasa de capitalización [$r\ \lambda$] es el producto de la rentabilidad constante de los negocios de la empresa multiplicada por el tanto por uno de retención de los beneficios.

Sin embargo hemos de suponer que la rentabilidad [r] de las inversiones no tiene lugar solamente una vez al año, y al final de él; sino con una periodicidad más frecuente, en períodos subanuales: semestrales, trimestrales, mensuales, semanales, diarios, incluso de forma continua. Por ello hemos de pasar de la fórmula [4] a la fórmula [5], que expresa la capitalización continua del beneficio.

La fórmula general de capitalización es:

$$K_t = K_0(1+r)^t = K_0\left(1+\frac{r}{m}\right)^{mt} = K_0\left[\left(1+\frac{r}{m}\right)^{m/r}\right]^{rt}$$

Y haciendo $m = r\,\Phi$, tenemos que:

$$K_t = K_0\left[\left(1+\frac{1}{\phi}\right)^{\phi}\right]^{rt}$$

Tratándose, de un rendimiento continuo, [m] tiende a infinito, y [Φ] también tiende a infinito. Puesto que el número [e] se define como:

$$e = \lim_{n\to\infty}\left(1+\frac{1}{n}\right)^{n}$$

la fórmula general de capitalización continua es:

$$K_t = K_0 e^{rt}$$

Aplicando esta expresión general de la capitalización continua a la fórmula [4], donde el factor de capitalización es [$r\ \lambda$], el beneficio de cualquier año vendrá expresado en la fórmula:

$$B_t = B_0 e^{r\lambda t} \qquad [5]$$

Por otra parte sabemos que el valor bursátil de la empresa en el período cero [C_0] es el valor actual de todos los dividendos futuros, descontados a la tasa de rentabilidad exigida [k], por tanto:

$$C_0 = \sum_{t=0}^{\infty} \frac{D_t}{(1+k)^t} = \int_0^{\infty} D_t e^{-kt} dt = \int_0^{\infty} \delta B_t e^{-kt} dt = \int_0^{\infty} \delta B_0 e^{r\lambda t} e^{-kt} dt = \int_0^{\infty} \delta B_0 e^{t(r\lambda - k)} dt \qquad [6]$$

Si [$k > r\lambda$] podemos integrar, y obtenemos el siguiente resultado:

$$C_0 = \frac{\delta B_0}{k - r\lambda} \qquad [7]$$

Según la ecuación [7], si hacemos [C_0] función de [δ], obtenemos la representación de la figura 4.

La ventaja concreta de este modelo consiste en que mide las cotizaciones de las acciones en términos de los valores actuales de r, de λ y de B_t, y no de los previstos. Estos valores actuales pueden obtenerse a partir de datos fácilmente accesibles. Con esto no queremos decir que se haya hecho caso omiso de las perspectivas; antes por el contrario, Gordon ha ofrecido una hipótesis sobre el modo en que las perspectivas de lograr futuros dividendos se reflejan en los precios actuales de las acciones[29].

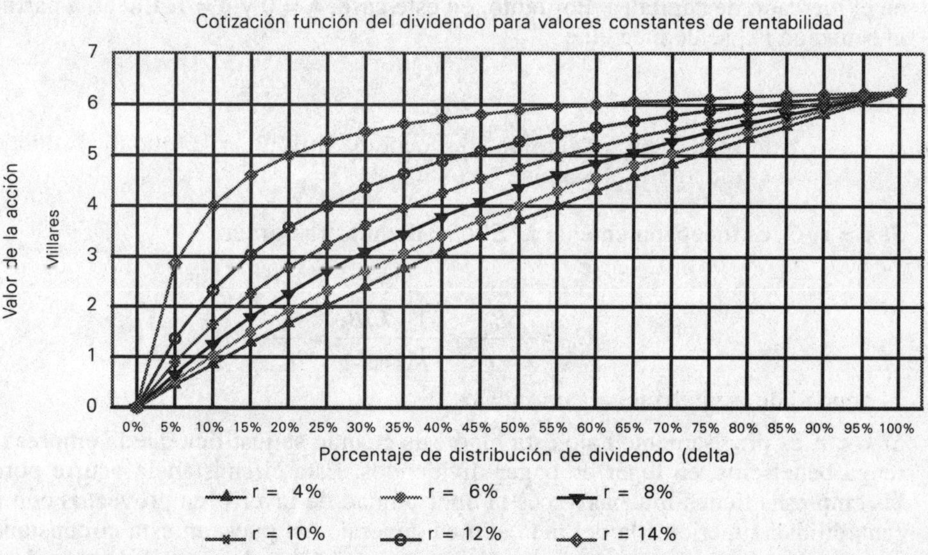

FIGURA 4. **Fórmula de Gordon**

[29] Alexander A. ROBICHEK, y Stewart C. MYERS, *Decisiones óptimas financieras,* Ed. Herrero Hermanos, México, 1968, p. 79.

3.2.4. *Discusión de las hipótesis de Gordon*

Las hipótesis de Gordon son discutibles desde los siguientes puntos de vista[30]:

a) La constancia de la rentabilidad [r] de las inversiones es discutible. La tesis de una [r] constante resulta más aceptable considerándola desde el punto de vista del accionista, quien no tiene ideas claras sobre el modo en que varía [r] en cada proyecto de inversión y, por consiguiente, considera esta variable como una rentabilidad promedio, aislada de las rentabilidades de los proyectos de inversión individuales.

b) La constancia del coeficiente de retención del beneficio [λ] puede ajustarse bastante a la realidad. Los estudios de Lintner demuestran que, en general, las sociedades anónimas tienen una meta en lo que se refiere al tanto por ciento de beneficios repartidos como dividendos, a la que se ajustan bastante rigurosamente a largo plazo.

c) En la ecuación [7] hemos supuesto que [$k > r\lambda$], pues esta era la condición matemática para poder integrar. Si el valor de [k] disminuye acercándose al valor de [$r\lambda$], la cotización de las acciones se acerca a infinito. Si [k] sigue descendiendo hasta llegar a la situación [$k < r\lambda$], se trataría de una situación pasajera y coyuntural, pero difícil de imaginar que tuviera una permanencia a largo plazo. Efectivamente, si la capacidad de autogenerar riqueza [$r\lambda$] fuese mayor que la rentabilidad exigida por los inversores [k], esta última acabaría por modificarse al alza. Por lo tanto, no es probable que esta restricción, al menos a largo plazo, suscite grandes problemas y dificultades.

d) Solamente tiene sentido si [$k < r$]. Pues si [$k > r$], debe distribuirse la totalidad del beneficio, pues la rentabilidad que puede obtener la empresa en sus inversiones es inferior a la rentabilidad que los propios accionistas pueden obtener por su cuenta en el mercado de capitales. Por tanto, en este caso, $\lambda = 0$ y $\delta = 1$. Luego a partir de la ecuación [7] se deduce que:

$$C_0 = \frac{\delta B_0}{k - r\lambda} = \frac{B_0}{k}$$

Si $k = r$, C_0 es independiente de λ. Ello se demuestra porque:

$$C_0 = \frac{\delta B_0}{k - r\lambda} = \frac{(1-\lambda)B_0}{k(1-\lambda)} = \frac{B_0}{k}$$

Si $k < r$, es precisamente bajo esta hipótesis cuando se justifica que la empresa retenga beneficios, en lugar de pagar dividendos. Esta circunstancia ocurre porque las empresas tienen muchas veces la oportunidad de invertir en proyectos con una rentabilidad superior a la del mercado en general. Así pues, en esta circunstancia, $\lambda = 1$ y $\delta = 0$. En este caso se podría interpretar el modelo en el sentido de que predice que la compañía tendrá una expansión sin límites, dado que se podrán

---

30 Alexander A. ROBICHEK, y Stewart C. MYERS, *Decisiones óptimas financieras,* Ed. Herrero Hermanos, México, 1968, pp. 80-83. A. y J. PÉREZ-CARBALLO y E. VELA SASTRE, *Gestión financiera de la empresa,* Ed. Alianza, 1981, p. 649.

emitir nuevas acciones a un costo sólo de [k], obteniendo una rentabilidad de [r]. Por tanto en virtud de la ecuación, si $\delta = 0$, es decir, si la empresa no paga dividendos, el valor de las acciones [C_0] se hace igual a cero, lo que contradice la experiencia, ya que existen sociedades que no reparten a penas dividendos y que, sin embargo, la cotización de sus acciones es alta debido a que los accionistas esperan obtener en el futuro dividendos elevados, o ganancias de capital importantes. También puede ocurrir que escogiendo un tipo adecuado de retención, la cotización de las acciones se eleve al infinito. Tal tipo de retención sería precisamente $\lambda = k/r$. Pues en este caso:

$$C_0 = \frac{\delta B_0}{k - r\lambda} = \frac{\delta B_0}{k - r\dfrac{k}{r}} = \infty$$

Pero como es imposible que el valor de las acciones suba a infinito, el modelo simple de Gordon será de poca utilidad en lo que se refiere a la adopción de decisiones financieras.

Gordon salva la coherencia del modelo suponiendo que [k] es función creciente de [λ]: al aumentar [λ] aumenta también [k]. Una expansión de la inversión financiada con beneficios incorporados a reservas, desplaza el pago de los dividendos hacia un futuro más lejano. En consecuencia aumenta [k], dado que aumenta el riesgo de la corriente prevista de dividendos. El inversor aplicará una [k_t] diferente y mayor a cada dividendo [D_t], a medida que [t] represente un período de tiempo futuro más alejado.

3.3. Desarrollos posteriores

Lerner y Carleton[31] han intentado perfeccionar y generalizar el modelo de Gordon construyendo un nuevo modelo en el que se integran, además de las variables del modelo anterior, el ratio de endeudamiento y el presupuesto de capital. El precio de las acciones óptimo en el modelo de Lerner y Carleton viene determinado por el punto de tangencia entre una curva iso-precio de las acciones y la curva LC, en el sistema de coordenadas λ y r. La curva LC traduce el plan de inversiones, cuya tasa de retorno decrece con λ es decir, la rentabilidad de las inversiones disminuye al aumentar su tamaño. El objetivo de la empresa es aumentar el beneficio.

Varios escritores han investigado si el anuncio de un cambio en los dividendos influye en el valor de las acciones. Watts[32] concluye que no se pueden conseguir ganancias significativas de valor con un acceso privilegiado a los anuncios de dividendos. Pero Petit[33] llega a la conclusión de que la información sobre dividendos es utilizada por el mercado para determinar el valor de las acciones. De estos estudios parece poder deducirse que los anuncios de dividendos tienen un contenido informativo, y que el mercado de capitales aparece como eficiente utilizando esta información[34].

---

31 E.M. Lerner y W.T. Carleton, «The integration of capital budgeting and stock valuation», *The American Economic Review,* 54 (setiembre 1964), pp. 683-702.

32 R. Watts, «The information content of dividends», *Journal of Business,* 1973, pp. 191-211.

33 R.R. Petit, «Dividend announcements, security performance and capital market efficiency», *Journal of Finance,* diciembre 1972, pp. 993-1002.

34 C.J. Higson, *Business finance,* Ed. Butterworths, 1986, p. 275.

4. La política de dividendos es irrelevante para la cotización de las acciones: Modigliani-Miller

En octubre de 1961 Modigliani y Miller publicaron un artículo que revolucionaba la teoría sobre la influencia de los dividendos en la cotización de las acciones. La afirmación fundamental de Modigliani y Miller consiste en que el inversionista es indiferente entre el pago de dividendos y la retención de los beneficios por parte de la empresa. Los dividendos no son importantes.

4.1. Antecedentes

A pesar de las tesis defendidas por Lintner y Gordon en los años 50, no todo el mundo creía que la política de dividendos seguida por la empresa contribuyese a incrementar la riqueza de los accionistas. Ya en 1938 Williams[35] se había manifestado en esa dirección. Y casi a la vez que Modigliani y Miller el propio Lintner[36] desarrolló una demostración muy similar a la de estos dos autores.

4.2. Las hipótesis de la tesis de Modigliani y Miller

La tesis de Modigliani y Miller es un planteamiento altamente teórico, que solamente alcanza significado situándolo en un escenario de circunstancias bien definido. La tesis de Modigliani y Miller no constituye un modelo que pretenda reproducir en ecuaciones algebraicas la realidad. Más bien hay que entenderla en el sentido de un análisis de laboratorio sobre las relaciones existentes entre ciertas variables presentes en el mercado de capitales. Modigliani y Miller primero aíslan un espacio financiero en donde no se produzcan perturbaciones exógenas. Una vez definido ese espacio, analizan el comportamiento de unos ahorradores-inversores, que son igualmente producto de laboratorio.

El sesgo altamente teórico del modelo elaborado por Modigliani y Miller no invalida su razonamiento. Al contrario nos permite comprender el mecanismo del mercado de capitales en sí mismo. Pero, evidentemente, cuando del espacio cerrado del laboratorio, nos trasladamos al campo abierto de las operaciones bursátiles reales, han de ser tenidas en cuenta otras variables que perturban el modelo.

Es el mismo caso de una reacción química realizada en laboratorio, en condiciones sumamente exigentes de temperatura y pureza de elementos. Las experiencias así diseñadas permiten descubrir el comportamiento de los elementos. Pero cuando se pasa a su aplicación industrial, es preciso tomar en consideración otros agentes químicos, físicos y ambientales, que fueron excluidos en el laboratorio.

Las hipótesis de Modigliani y Miller[37] que relacionamos a continuación son precisamente la definición de ese espacio cerrado donde puede verificarse el experimento financiero en estado puro:

1. El mercado de capitales es perfecto: no existen gastos de intermediación en las operaciones financieras para los accionistas, ni costo de lanzamiento de nuevos títulos para la sociedad.

---

[35] J.B. Williams, *The theory of investment value,* Ed. Harvard University Press, 1938.

[36] J. Lintner, «Dividens, earnings, leverage, stock prices and the supply of capital to corporations», *Review of Economics and Statistics,* 44 (agosto 1962) 243-269.

[37] James C. Van Horne, *Administración financiera,* Ed. Prentice-Hall Hispanoamericana, 1988, p. 368. Andrés S. Suárez Suárez, *Decisiones óptimas de inversión y financiación en la empresa,* Ed. Pirámide, 1981, p. 569. A. y J. Pérez-Carballo y E. Vela Sastre, *Gestión financiera de la empresa,* Ed. Alianza, 1981, p. 648.

2. El mercado de capitales es eficaz: lo cual supone fundamentalmente que la información es transparente, fiable, inmediata y pública; que ninguna persona o institución puede influir sobre las cotizaciones.
3. Ausencia de ventajas fiscales: no hay diferencias fiscales entre los beneficios distribuidos y no distribuidos, o sea entre dividendos y ganancias de capital.
4. Ausencia de riesgo: las ganancias futuras son igualmente ciertas que las actuales. El accionista tiene seguridad respecto de las inversiones y beneficios futuros de la empresa. Por tanto, la aversión al riesgo de los inversores no es una variable a tener en cuenta. Un dividendo futuro y lejano es tan seguro como un dividendo actual o menos lejano.
5. Ausencia de preferencia por la liquidez: los accionistas pretenden exclusivamente maximizar su riqueza, independientemente de que sea vía dividendos o vía plusvalías. Esto es lo que Modigliani y Miller llaman racionalidad del inversor.

4.3. Definición de la tesis

La afirmación fundamental de Modigliani y Miller consiste en que el valor de la empresa, y por tanto el valor de las acciones, vienen determinados por la capacidad de la propia empresa para mantener un nivel estable de beneficios, y aumentarlos progresivamente en el futuro mediante una política acertada de nuevas inversiones. Por el contrario, la forma en que distribuyan los beneficios entre dividendos y reservas no afecta al valor de las acciones. Esta teoría expuesta en 1961[38] es un corolario de la que expusieron en 1958[39] sobre la estructura del pasivo[40].

La distribución de dividendos aumenta ciertamente la riqueza del accionista, pero, dado que esta operación forzaría a la sociedad a financiar las nuevas inversiones con ampliaciones de capital, la ganancia derivada del reparto de dividendos quedaría contrarrestada por la pérdida patrimonial derivada del efecto dilución sobre las acciones antiguas. Al contrario, el hecho de no distribuir dividendos priva al accionista de una ganancia, pero a su vez su patrimonio quedaría incrementado por la ganancia de capital derivada de la aplicación de beneficios a reservas. Al accionista, pues, le ha de resultar indiferente el pago de dividendos o la aplicación de beneficios a reservas.

El valor intrínseco de las acciones en poder de los accionistas no se ve afectado por el hecho de que la sociedad financie sus inversiones de expansión reteniendo beneficios y aplicándolos a reservas, o emitiendo nuevas acciones. Por consiguiente la política de dividendos no repercute en la valoración que las acciones pueden alcanzar en el mercado de capitales. En otras palabras, la elección entre financiar la expansión mediante beneficios retenidos, o mediante la emisión de nuevas acciones carece de interés[41].

Modigliani y Miller no pretenden afirmar que los accionistas sean indiferentes al cobro de dividendos, sino sólo que el momento en que sean distribuidos, antes o después, no influye en la valoración que los inversores actuales o potenciales hagan de la acción.

---

[38] Merton H. Miller y Franco Modigliani, «Dividend policy, growth and the valuation of shares», *Journal of Business* 34 (octubre 1961), pp. 411-33.

[39] Franco Modigliani y Merton H. Miller, «The cost of capital, corporation finance, and the theory of investmen», *The American Economic Review,* 48 (junio 1958) 261-297.

[40] James C. Van Horne, *Administración financiera,* Ed. Prentice-Hall Hispanoamericana, 1988, p. 368-370. A. y J. Pérez-Carballo y E. Vela Sastre, *Gestión financiera de la empresa,* Ed. Alianza, 1981, p. 648. Eugene F. Brigham y Louis C. Gapenski, *Financial management, theory and practice,* Ed. The Dryden Press, 1985, p. 539. Andrés S. Suárez Suárez, *Decisiones óptimas de inversión y financiación en la empresa,* Ed. Pirámide, 1981, p. 569.

[41] Alexander A. Robichek, y Stewart C. Myers, *Decisiones óptimas financieras,* Ed. Herrero Hermanos, México, 1968, p. 68.

Para que una decisión de los órganos de administración de la sociedad tenga valor para los accionistas, debe ser tal que permita a éstos conseguir un objetivo, que ellos no podrían hacer por sí mismos. Pero resulta que si los dividendos son inferiores a lo que los accionistas desean percibir en metálico, ellos mismos pueden vender por su cuenta parte de sus acciones para completar el importe de efectivo deseado. La retención de beneficios provocará un mayor valor de cotización de las acciones; al vender una parte de las acciones para completar los dividendos, el patrimonio global resultante será el mismo; el accionista poseerá menos acciones, pero cada una de ellas tendrá un valor de mercado superior. Si los dividendos son superiores a lo deseado, pueden utilizar parte de los mismos para comprar acciones adicionales de la sociedad. Por consiguiente los inversionistas pueden producir *dividendos caseros*, de la misma forma en que producen apalancamiento casero en las decisiones de estructura de capital[42].

Con estos argumentos Modigliani y Miller pretendían demostrar en su artículo la irrelevancia de la política de dividendos en un mercado de capitales sin costes de intermediación, con información transparente, sin diferencias impositivas sobre la renta o las ganancias de capital, sin riesgo en las futuras inversiones de la empresa, sin preferencia por la liquidez por parte del accionista.

Dada la teoría financiera dominante en 1961 Modigliani y Miller fueron revolucionarios, porque en esa época la mayoría de la gente creía que un aumento de los dividendos incrementaba la riqueza de los accionistas, aun cuando el mercado de capitales se ajustara a condiciones de competencia perfecta. Hoy la demostración de Modigliani y Miller es generalmente aceptada como correcta, y la discusión se centra en si los impuestos u otras imperfecciones del mercado alteran la situación[43].

4.4. Ejemplo demostrativo de la tesis

Veamos un ejemplo[44]. La empresa Forjados Béticos S.A. tiene un balance, antes de la distribución de beneficios, contenido en el cuadro 2. Su activo y pasivo contables suman 31 millones. Tiene una tesorería disponible de 6 millones, y un resultado del ejercicio (después de impuestos) de 1,6 millones. El consejo de administración informa a la junta general de accionistas, donde se ha de aprobar la aplicación del resultado, que la sociedad tiene la oportunidad de invertir 1,44 millones en un proyecto, cuya rentabilidad es

Cuadro 2

Forjados Ibéricos S.A.

Activo		Pasivo	
Inmovilizado	15.000.000	Capital social	20.000.000
Existencias	5.000.000	Reservas	2.900.000
Deudores	3.000.000	Pérdidas y ganancias	1.600.000
Valores mobiliarios	2.000.000	Acreedores a largo plazo	5.000.000
Tesorería	6.000.000	Acreedores a corto plazo	1.500.000
Total	31.000.000	Total	31.000.000

42 James C. Van Horne, *Administración financiera*, Ed. Prentice-Hall Hispanoamericana, 1988, p. 370.
43 Richard Brealey y Stewart Myers, *Fundamentos de financiación empresarial*, Ed. McGraw-Hill, 1988, p. 371.
44 C.J. Higson, *Business finance*, Ed. Butterworths, 1986, p. 270, pone un ejemplo.

atractiva y su riesgo reducido. La propuesta del consejo de administración es que la sociedad debe acometer la inversión, pues aportará un incremento de los beneficios esperados de la sociedad, con lo cual se podrán distribuir los años subsiguientes dividendos superiores.

Los administradores estiman que la sociedad no debe aumentar su endeudamiento actual, que se eleva a 6,5 millones. Por tanto, las posibilidades alternativas de financiación del proyecto se reducen a dos:

a) La primera alternativa: no distribuir dividendos, y aplicar la totalidad del beneficio a reservas, la parte que corresponda a reserva legal, y el resto a reservas voluntarias. Si la sociedad escoge esta alternativa, la tesorería actual de 6 millones no sufriría ninguna merma en razón de la aplicación del resultado. Tomaría de la tesorería actual 1,44 millones para pagar la inversión proyectada, y le quedarían disponibles 4,56 millones, cantidad suficiente para atender los gastos de explotación y las deudas actuales.

b) La segunda alternativa: distribuir en dividendos la cantidad máxima que la ley permite, es decir el 90% del resultado del ejercicio (1,6 × 0,90 = 1,44 millones); destinando el otro 10% (1,6 × 0,10 = 0,16 millones) a reserva legal. Esta segunda alternativa representa una merma inmediata de la tesorería disponible, pues habría que entregar 1,44 millones a los accionistas en concepto de dividendo. En este caso no quedaría tesorería disponible para invertirla en el proyecto; por tanto habría que proceder a una ampliación de capital.

Actualmente existen en circulación 20.000 acciones de 1.000 ptas. nominales. Si destinamos a reservas la totalidad del beneficio, el valor contable de las acciones, será:

$$VR_1 = \frac{20.000.000 + 2.900.000 + 1.600.000}{20.000} = 1.225$$

Por el contrario, si la sociedad decidiese distribuir el beneficio, exceptuando la porción obligatoria de la reserva legal, podría distribuir:

$$D = 1.600.000 - (1.600.000 \times 0{,}10) = 1.440.000$$

El nuevo valor contable de las acciones sería:

$$VR_2 = \frac{20.000.000 + 2.900.000 + 160.000}{20.000} = 1.153$$

La pérdida de valor contable de las acciones debida a la distribución de dividendos (1.225 – 1.153 = 72), es exactamente la misma cantidad que los accionistas habrán percibido, puesto que el dividendo por acción será:

$$d = \frac{1.440.000}{20.000} = 72$$

Pero en este caso la sociedad tendrá que proceder a una ampliación de capital para financiar el proyecto de inversión. El valor de emisión de las nuevas acciones será tal que iguale el valor contable de las acciones antiguas después de la distribución de dividendos, es decir, 1.153 ptas., o lo que es igual se emitirán al 115,30%. El número de acciones nuevas [*N*] que hay que emitir es:

$$N = \frac{1.440.000}{1.153} = 1.248,92 \approx 1.250$$

La emisión de acciones producirá en consecuencia un aumento de capital de 1.250 × 1.000 = = 1.250.000 ptas.; y un aumento de las reservas de 351.250: correspondientes a la prima de emisión por valor de 1.250 × 153 = 191.250; más 160.000 ptas. correspondientes a la reserva legal. La tesorería de la sociedad habrá aumentado en 1.250 ptas., pues por una parte se han pagado los dividendos por valor de 1.440.000, y por otra parte se ha recibido el desembolso de las 1.250 acciones emitidas al 115,30% por un importe de 1.441.250 ptas. Con estas modificaciones el balance de la sociedad después de la ampliación será el que se contiene en el cuadro 3.

CUADRO 3

Forjados Ibéricos S.A.

Activo		Pasivo	
Inmovilizado	15.000.000	Capital social	21.250.000
Existencias	5.000.000	Reservas	3.251.250
Deudores	3.000.000	Pérdidas y ganancias	
Valores mobiliarios	2.000.000	Acreedores a largo plazo	5.000.000
Tesorería	6.001.250	Acreedores a corto plazo	1.500.000
Total	31.001.250	Total	31.001.250

El valor teórico de las acciones será:

$$V_3 = \frac{21.250.000 + 3.251.250}{21.250} = 1.153$$

Ha habido una pérdida de valor de las acciones antiguas, puesto que después de la ampliación de capital, han perdido un valor unitario de 72 ptas. Pero esta pérdida de capital ha sido exactamente compensada por el dividendo que han percibido los accionistas antiguos.

La tesis de Modigliani y Miller significa que:

a) Si la sociedad opta por la distribución de dividendo y ampliación de capital: el valor patrimonial correspondiente a cada acción después de la ampliación sería de 1.153 ptas. más 72 ptas. percibidas en metálico, es decir, 1.225 ptas.

b) Si la sociedad opta por no distribuir dividendos y aplicar la totalidad del beneficio a reservas: el valor patrimonial correspondiente a cada acción es el mismo, 1.225 ptas., representado todo él por el valor de cotización de la acción.

Si el accionista desea tener la misma posición de liquidez que hubiera tenido en el caso de la distribución de beneficios, no tiene más que vender un 5,88% de su paquete de acciones. Con ello le quedaría un patrimonio constituido por cada una de las acciones de su paquete, de la forma siguiente:

Valor en acciones	$1.225 \times 0{,}9412 = 1.153$
Valor en metálico	$1.225 \times 0{,}0588 = 72$

Esta es la razón por la que sostienen que la política de dividendos de la empresa es irrelevante para el accionista. Cuando la sociedad no distribuya dividendos, el accionista puede procurarse dividendos caseros por su propia cuenta.

En consecuencia, el valor de una acción en el mercado de capitales, no se fundamenta en la distribución de dividendos, sino en los beneficios esperados de la sociedad. Se da por supuesto que los beneficios futuros volverán a elevar el valor de la acción a 1.225 ptas., o a permitir que en el futuro se siga repartiendo un dividendo de 72 ptas.

En conclusión, ¿supone alguna ventaja para los antiguos accionistas el recibir un pago de dividendos extra, sufriendo una pérdida equivalente de capital? Pudiera ser así si fuera el único modo de tener dinero en mano. Pero mientras haya mercados eficientes de capitales se puede obtener liquidez vendiendo acciones. Por tanto los antiguos accionistas pueden *tener liquidez* bien sea votando en la Junta General para que los directivos distribuyan dividendos mayores, o bien vendiendo parte de sus acciones. La única diferencia estriba en que si se distribuyen dividendos, y se financian las nuevas inversiones con emisión de nuevas acciones, la pérdida patrimonial debida a la dilución del valor de cada una de las acciones de la empresa, queda compensada por el dividendo líquido percibido. En el caso de que no se distribuyan dividendos, y los accionistas tengan que vender parte de su paquete de acciones para atender a sus necesidades de liquidez, la pérdida experimentada por la reducción del número de acciones, queda compensada por el mayor valor que mantiene cada una de las acciones.

4.5. Demostración matemática de la tesis[45]

La rentabilidad esperada de una acción para el final del año [*t*] es igual al dividendo que se espera percibir al final de ese año, más la plusvalía que se espera acumular durante ese año, divididos ambos por el el valor de la acción al comienzo del año. Lo cual se expresa mediante la ecuación [8]:

$$r_t = \frac{d_t + (c_t - c_{t-1})}{c_{t-1}} \qquad [8]$$

[45] Alexander A. Robichek, y Stewart C. Myers, *Decisiones óptimas financieras,* Ed. Herrero Hermanos, México, 1968, pp. 68-69. Hacen una demostración matemática de la tesis de Modigliani y Miller ligeramente diferente, pero que conduce a la misma conclusión.

De la ecuación [8] deducimos que el valor de cotización al principio del año será igual a la suma del dividendo esperado para el final del año más la cotización esperada para el final del año, actualizada por la rentabilidad esperada, tal como se expresa en la ecuación [9][46]:

$$r_t c_{t-1} + c_{t-1} = d_t + c_t$$

$$c_{t-1}\,(1 + r_t) = d_t + c_t$$

$$c_{t-1} = \frac{d_t + c_t}{1 + r_t} \qquad [9]$$

Del valor de cotización de una acción pasamos al valor bursátil de la sociedad. El valor global de todas las acciones al principio del año [t] es el valor actualizado de los dividendos globales que se pagarán al final del año [t], más el valor global de todas las acciones en circulación al final del año [t], menos el valor total de las acciones nuevas que se emitirán durante ese año [h_t][47].

Ello se demuestra mediante el proceso siguiente: multiplicamos los dos miembros de la ecuación [9] por N_{t-1}

$$N_{t-1}c_{t-1} = \frac{N_{t-1}d_t + N_{t-1}c_t}{1 + r_t} \qquad [10]$$

Si sustituimos en la ecuación [10] [$N_{t-1}\, c_{t-1}$], [$N_{t-1}\, d_t$] y [$N_{t-1}\, c_t$] por sus iguales, formulamos la ecuación [11]:

$$N_t = N_{t-1} + h_t$$

$$N_t c_t = N_{t-1}c_t + h_t c_t$$

$$N_{t-1}c_t = C_t - h_t c_t$$

$$C_{t-1} = \frac{D_t + C_t - h_t c_t}{1 + r_t} \qquad [11]$$

Por otra parte, la totalidad de los recursos percibidos por la empresa, ya sea por beneficios aplicados a reservas, ya sea por emisión de nuevas acciones, debe ser invertido, para asegurar su capacidad de generar nuevos beneficios en el futuro. Por tanto:

$$I_t = h_t\, c_t + (B_t - D_t)$$

$$h_t\, c_t = I_t - (B_t - D_t) \qquad [12]$$

---

46 El factor de actualización que usamos en la fórmula [9] es la rentabilidad esperada por el mercado, y no la rentabilidad exigida por un inversor individual. La razón estriba en que estamos deduciendo el valor de cotización de una acción en el mercado de capitales; no el valor que una acción tenga para un inversor concreto, con expectativas de inversión alternativas, y con una aversión al riesgo individualizadas.

47 Cfr. Richard BREALEY y Stewart MYERS, *Fundamentos de financiación empresarial,* Ed. McGraw-Hill, 1988, p. 374. Eugene F. BRIGHAM y Louis C. GAPENSKI, *Financial management, theory and practice,* Ed. The Dryden Press, 1985, pp. 539-540.

Sustituyendo en la ecuación [11] [h_t c_t] por su igual en la ecuación [12] obtenemos la ecuación [13], según la cual el valor bursátil de la sociedad al principio del año [t] es independiente de la decisión que vaya a tomar sobre la aplicación del beneficio al final de ese año. Lo que entonces puedan ganar los accionistas por mayores dividendos quedará compensado por la dilución del valor de sus acciones. [C_{t-1}] no resulta afectado por las decisiones sobre distribución de dividendos que se tomen para el año [t], ni tampoco por las decisiones que se tomen en los años futuros:

$$C_{t-1} = \frac{D_t + C_t - I_t + B_t - D_t}{1 + r_t} = \frac{C_t + B_t - I_t}{1 + r_t} \qquad [13]$$

La ecuación [13] es la ecuación básica de Modigliani y Miller para determinar el valor bursátil de la empresa. Hemos de observar que este valor bursátil [C_{t-1}] no depende directamente del dividendo del año [t], puesto que el término [D_t] no está presente en la ecuación [13]. Por tanto, en los supuestos de Modigliani y Miller, el valor de las acciones no está influido por la decisión de distribuir dividendos. Los accionistas pueden percibir la renta derivada de sus inversiones en la empresa, ya sea en forma de dividendos, ya sea en forma de ganancias de capital. En los supuestos de Modigliani y Miller, el accionista sería indiferente a cualquiera de las dos alternativas.

Modigliani y Miller extienden su modelo a la hipótesis multiperíodo, observando las decisiones subsecuentes de dividendos. Los resultados son los mismos: en los supuestos de Modigliani y Miller los dividendos son irrelevantes.

4.6. El coste de capital en las tesis de Modigliani y Miller y de Gordon

La cuestión de si la política de dividendos influye o no en el coste de capital ha sido acaloradamente discutida en los círculos académicos. La conclusión de la teoría de Modigliani y Miller sobre la irrelevancia del dividendo es que la rentabilidad exigida por los inversores de capital no está influida por la política de dividendos y que, por tanto, el coste de capital tampoco es afectado por dicha política. En contraposición, Myron Gordon y John Lintner arguyen que el costo de capital aumenta cuando el pago de dividendos se reduce, porque los inversores están más seguros recibiendo un pago de dividendos, que esperando los ingresos de ganancias de capital que resultarían de la retención de beneficios. Por ello, su rentabilidad exigida es menor.

Puesto que la hipótesis del modelo de Gordon es que la distribución del beneficio entre dividendo y reservas se mantiene constante de un año para otro, podemos reformular la ecuación [1] en función del beneficio, en lugar de en función del dividendo. Aceptando que el ahorrador-inversor tipo del mercado puede tener dos puntos de vista para valorar una acción, uno atendiendo a los beneficios de la empresa, y otro atendiendo a los dividendos que espera percibir, utilizaremos dos rentabilidades exigidas, una para el beneficio [k_b], y otra para el dividendo [k_d]. A partir de este planteamiento podemos formular el valor de una acción en el mercado según dos formulaciones distintas:

a) En función del beneficio:

$$c_t = \frac{b_{t+1}}{k_b - g_b} \qquad [14]$$

b) En función del dividendo:

$$c_t = \frac{\delta b_{t+1}}{k_d - g_b} \qquad [15]$$

Lógicamente en el mercado de capitales la acción tendrá un solo precio. Igualando, pues, ambas expresiones, obtenemos los desarrollos siguientes:

$$\frac{b_{t+1}}{k_b - g_b} = \frac{\delta b_{t+1}}{k_d - g_b}$$

$$\frac{b_{t+1}}{k_b - g_b} = \frac{(1-\lambda) b_{t+1}}{k_d - g_b}$$

$$\frac{1}{k_b - g_b} = \frac{1-\lambda}{k_d - g_b}$$

$$\frac{k_d - g_b}{k_b - g_b} = 1 - \lambda$$

$$k_d - g_b = k_b(1-\lambda) - g_b(1-\lambda)$$

$$k_d = k_b(1-\lambda) + \lambda g_b$$

A partir de esta expresión podemos deducir la rentabilidad exigida al dividendo [k_d] y la rentabilidad exigida al beneficio [k_b] en función de la proporción de beneficio aplicado a reservas:

$$k_d = k_b\,(1 - \lambda) + \lambda g_b = k_b - \lambda k_b + \lambda g_b = k_b + \lambda\,(g_b - k_b) \qquad [16]$$

$$k_b = \frac{k_d - \lambda g_b}{1-\lambda} \qquad [17]$$

Estas ecuaciones expresan la relación entre las tasas de rentabilidad exigidas al dividendo y al beneficio. La ecuación [16] es una recta que tiene por ordenada en el origen el valor [k_b], y como coeficiente angular el valor [$g_b - k_b$]. La ecuación [17] es una curva exponencial. Ambas curvas se reproducen en la figura 5.

Si $\lambda = 0$, cuando se reparte todo el beneficio, $k_b = k_d$.
Si $\lambda = 1$, cuando no se reparten beneficios, k_d será igual a g_b, k_b será infinito.

En un estudio empírico[48] se afirma que en la práctica un dólar repartido como dividendo equivale a cuatro dólares retenidos por la empresa. Es decir, para estos autores, la relación entre los multiplicadores de dividendos y beneficios es de 4 a 1[49].

[48] GRAHAM y DOOD, *Security analysis*, Ed. Mac Graw-Hill, Nueva York, 1934.
[49] A. y J. PÉREZ-CARBALLO y E. VELA SASTRE, *Gestión financiera de la empresa*, Ed. Alianza, 1981, pp. 649-651.

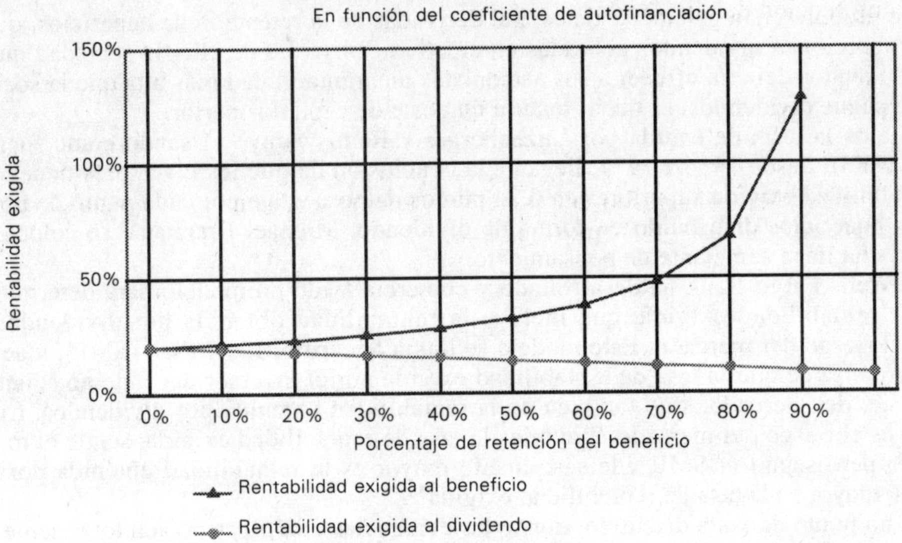

FIGURA 5. **Rentabilidad exigida**

A partir de la fórmula [1] deducen la rentabilidad exigida de una acción, que viene expresada en la fórmula [18]:

$$k = \frac{D_{t+1}}{C_t} + g_D \qquad [18]$$

En su opinión, los inversores valoran un dólar de dividendos más que un dólar de ganancias de capital, porque en la ecuación [18] el componente de la rentabilidad del dividendo $[D_{t+1}/C_t]$ es menos arriesgado que el componente $[g_D]$.

Por otro lado, Modigliani y Miller arguyen que el coste de capital es independiente de la política de dividendos, porque a su juicio los inversores son indiferentes entre $[D_{t+1}/C_t]$ y $[g_D]$. Modigliani y Miller llaman a la tesis de Gordon-Lintner la falacia del pájaro en mano, porque desde el punto de vista de Modigliani y Miller muchos, si no la mayoría de los inversores, reinvertirán los dividendos en la misma empresa o en otras parecidas. Y, en cualquier caso, el riesgo de los inversores está determinado, a largo plazo, por el riesgo de los negocios de la empresa, y no por su politica de dividendos[50].

5. El reparto de dividendos disminuye el valor de las acciones: Litzenberger-Ramiswamy

5.1. DEFINICIÓN DE LA TESIS

Las plusvalías de capital soportan una carga fiscal menor que los dividendos, dado que no son objeto de retención, y que no se pagan hasta que la acción es vendida a un tercero. Para poder aprovechar esta ventaja fiscal, el inversionista podría preferir los títu-

---

50 Eugene F. BRIGHAM y LOUIS C. Gapenski, *Financial management, theory and practice*, Ed. The Dryden Press, 1985, p. 541.

los que proporcionan ganancias de capital derivadas de la retención de beneficios, que los que proporcionan dividendos cobrados en efectivo. En virtud de ello, la sociedad que pague dividendos debería ofrecer a sus accionistas una rentabilidad más alta que la sociedad que no pague dividendos, es decir, tendría un coste de capital superior.

Esta es la tesis defendida por Litzenberger y Ramiswamy[51]. Usando como fuente el índice NYSE desde 1936 a 1977, llegan a la conclusión de que los inversores tienen tasas de rentabilidad exigida superiores en 0,24 puntos de porcentaje por cada punto de porcentaje de beneficios distribuido en forma de dividendo. Michael Brennan[52] se coloca también en una línea semejante de pensamiento.

El Wells Fargo Bank ha desarrollado y comercializado un modelo para determinar la tasa de rentabilidad exigida, que incluye la rentabilidad obtenida por dividendos, así como el riesgo del mercado. Este modelo se llama Security Model Plan (SMP), y se basa en la premisa de que la tasa de rentabilidad exigida por el inversor depende no solamente del riesgo del mercado, sino también de la rentabilidad obtenida por dividendos. Cuanto mayor es el riesgo del mercado, mayor es la tasa de rentabilidad exigida, según el modelo CAMP; pero según el SMP, además, cuanto mayor es la rentabilidad obtenida por dividendos, mayor es la tasa de rentabilidad exigida[53].

Es un punto de vista discutido, donde las evidencias empíricas no son totalmente consistentes[54].

5.2. Demostración de la tesis

La rentabilidad neta, después de impuestos, obtenida por los accionistas $[r_d\ C_t]$ es igual a la rentabilidad obtenida antes de impuestos $[r_a\ C_t]$ corregida por los tipos impositivos que cargan los dividendos $[s_d]$ y las ganancias de capital $[s_g]$.

Las ganancias después de impuestos son:

$$r_d C_t = r_a \delta C_t\,(1 - s_d) + r_a\,(1 - \delta)\,C_t\,(1 - s_g) \qquad [19]$$

$$\begin{aligned} r_d &= r_a \delta\,(1 - s_d) + r_a\,(1 - \delta)\,(1 - s_g) \\ &= r_a\,[\delta\,(1 - s_d) + (1 - \delta)\,(1 - s_g)] \\ &= r_a\,(\delta - \delta\,s_d + 1 - \delta - s_g + \delta\,s_g) \\ &= r_a\,(1 - \delta\,s_d - s_g + \delta\,s_g) \\ &= r_a\,[1 - s_g + \delta\,(s_g - s_d)] \end{aligned}$$

---

[51] Robert H. Litzenberger y Krishna Ramiswamy, «The effect of personal taxes and dividends on capital asset prices», *Journal of Financial Economics,* 7 (junio 1979), pp. 163-195. «Dividends, short selling restrictions, tax induced investor clienteles and market equilibriums», *Journal of Finance,* 35 (mayo 1980), pp. 469-82. «The effects of dividends on common stock prices: tax effects and information effects», *Journal of Finance,* 37 (mayo 1982), pp. 429-44.

[52] M.J. Brennan, «Taxes, market valuation and corporate financial policy», *National Tax Journal*, 23 (diciembre 1970) 417-427.

[53] Eugene F. Brigham y Louis C. Gapenski, *Financial management, theory and practice,* Ed. The Dryden Press, 1985, p. 543.

[54] James C. Van Horne, *Administración financiera,* Ed. Prentice-Hall Hispanoamericana, 1988, pp. 379-380. Richard Brealey y Stewart Myers, *Fundamentos de financiación empresarial,* Ed. McGraw-Hill, 1988, pp. 378-381. C.J. Higson, *Business finance,* Ed. Butterworths, 1986, pp. 271-272. Eugene F. Brigham y Louis C. Gapenski, *Financial management, theory and practice*, Ed. The Dryden Press, 1985, p. 546.

De donde se deduce que:

$$r_a = \frac{r_d}{(1 - s_g) + \delta(s_g - s_d)} \qquad [20]$$

Dando valores a las variables de la ecuación [20] podemos ver cómo el coste de capital para la empresa, que coincide con la rentabilidad obtenida por el accionista antes de impuestos [r_a], es tanto mayor cuanto mayor sea el porcentaje de beneficios distribuido en dividendos [δ].

Sea:

r_d, rentabilidad obtenida por los accionistas después de impuestos 16%
s_d, tipo impositivo sobre los dividendos 25%
s_g, tipo impositivo sobre las ganancias de capital.................... 18%
δ, porcentaje de beneficios distribuido en dividendo:

a) 25%
b) 50%
c) 75%

En el caso *a)* el costo de capital será:

$$r_a = \frac{0,16}{(1 - 0,18) + 0,25(0,18 - 0,25)} = 0,199377 = 19,94\%$$

En el caso *b)* el costo de capital será:

$$r_a = \frac{0,16}{(1 - 0,18) + 0,50(0,18 - 0,25)} = 0,203821 = 20,38\%$$

En el caso *c)* el costo de capital será:

$$r_a = \frac{0,16}{(1 - 0,18) + 0,75(0,18 - 0,25)} = 0,208469 = 20,85\%$$

La función $r_a = f(\delta \mid r_d, s_d, s_g)$, expresada en la fórmula es una recta creciente, la cual para los valores de rentabilidad esperada de los accionistas y tipos impositivos sobre dividendos y ganancias de capital, que acabamos de mencionar tiene la forma de la figura 6.

El hecho de que las acciones ex-dividendo pierdan menos valor que el correspondiente al dividendo recién cobrado por el vendedor, es una muestra de que los impuestos sobre dividendos influyen en la valoración que hacen los inversionistas de las acciones.

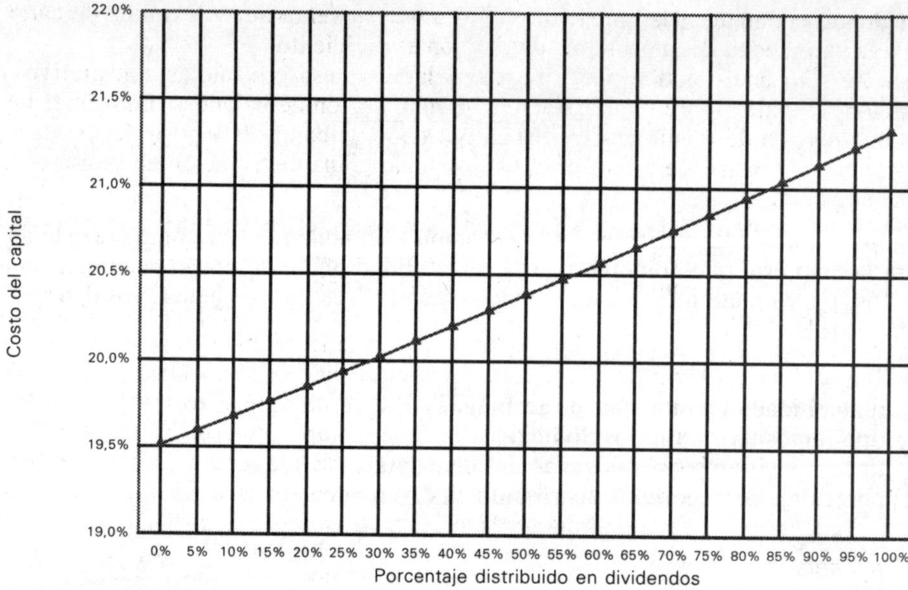

FIGURA 6. **Teoría de Litzenberger-Ramiswamy**

5.3. DISCUSIÓN DE LA TESIS

A juicio de Brigham, el problema más importante de estos estudios es que usan la tasa de rentabilidad obtenida como sustituto de la tasa de rentabilidad exigida, y con este débil sustituto, las comprobaciones están forzosamente obligadas a tener resultados mezclados[55].

Por otra parte si las empresas buscan el efecto clientela que hemos comentado más arriba, podrían ajustarse a las preferencias de un sector del mercado de capitales, manteniendo así la demanda hacia sus acciones. Como afirman Black y Scholes[56], si las empresas se acomodan en su oferta de acciones a los distintos sectores de inversionistas presentes en el mercado, incluso con impuestos diferenciales, el pago de dividendos no tendrá importancia[57]. Además no todos los inversionistas experimentan el mismo gravamen diferencial entre los dividendos y las ganancias de capital y, por tanto, la preferencia por éstas últimas no tiene por qué ser universal[58].

Al efecto de disminuir la carga fiscal de los dividendos algunas sociedades optan por sustituir la distribución de dividendos en metálico, por ampliaciones de capital con cargo a beneficios (LSA, art. 151.2). Esto da lugar a una distribución gratuita de acciones, que solamente dará lugar a un desembolso fiscal por parte de los accionistas si venden las acciones, y en el momento en que las vendan. Incluso puede mejorarse la ventaja fiscal si el aumento de capital se hace elevando el valor nominal de las acciones, en lugar de emitir acciones nuevas (LSA, art. 151.1). En este caso, puesto que la fecha de adquisición de la

---

[55] Eugene F. BRIGHAM y Louis C. GAPENSKI, *Financial management, theory and practice,* Ed. The Dryden Press, 1985, p.546.

[56] Fischer BLACK y Myron SCHOLES, «The effects of dividend yield and dividend policy on common stock prices and returns», *Jornal of Financial Economics,* 1 (mayo 1974) 1-22.

[57] James C. VAN HORNE, *Administración financiera,* Ed. Prentice-Hall Hispanoamericana, 1988, pp. 372-373. C.J. HIGSON, *Business finance,* Ed. Butterworths, 1986, p. 275.

[58] James C. VAN HORNE, *Administración financiera,* Ed. Prentice-Hall Hispanoamericana, 1988, p. 372.

acción permanece inalterada, puede dar lugar a que su venta quede eximida de cargas fiscales, si la antigüedad de la primera adquisición es suficiente.

Esta ha sido una práctica muy usada por las empresas españolas con motivo de las disposiciones legales sobre regularización y actualización de balances. En primer lugar se creaba una reserva de regularización y actualización de balances y posteriormente se procedía a la capitalización de esa reserva, dando lugar a una distribución de acciones gratuitas a los accionistas[59].

Con la misma finalidad en EEUU se utiliza, a veces, el sistema de recompra de acciones por la misma sociedad a sus accionistas[60]. Este sistema está muy restringido tanto por la legislación española, como por la legislación de la CEE.

Otro modo de eliminar el efecto de los impuestos es la argumentación de Miller y Scholes[61]. Consiste en que un accionista tome prestada la cantidad suficiente para producir un dólar de gastos por interés por cada dólar de utilidad por dividendos. El dinero tomado como préstamo se invierte en otros títulos. De esta forma los inversionistas transforman los dividendos en ganancias de capital cuyos impuestos son pospuestos. Incluso, si se quiere evitar el riesgo adicional de un mayor endeudamiento, se puede tomar una anualidad de seguros[62], o la aportación a un fondo de pensiones. Sin embargo, Feenberg[63] presenta dudas sobre la facilidad de esta inversión evasora de impuestos. Sólo es aplicable en situaciones especiales tan raras que su utilidad es limitada[64].

En conclusión el efecto de los impuestos sobre el dividendo no resulta claro, y se encuentra en un estado aún no definido[65].

6. Aspectos colaterales que influyen en la política de dividendos

En los párrafos anteriores hemos estudiado las teorías más importantes que tratan la influencia de la política de dividendos sobre el valor bursátil de la empresa. Desde un punto de vista más práctico, vamos a comentar ahora los aspectos que los directivos de las empresas suelen tener en cuenta para tomar la decisión de distribuir dividendos. Los factores que suelen tomarse en cuenta pueden agruparse en cuatro amplias categorías[66]:

6.1. Restricciones legales del pago de dividendos

6.1.1. *Protección de los acreedores*

La normativa contenida en la Ley de Sociedades Anónimas está orientada a impedir la descapitalización de la sociedad, disminuyendo así la garantía de los acreedores, en favor de los accionistas.

---

59 A. y J. Pérez-Carballo y E. Vela Sastre, *Gestión financiera de la empresa,* Ed. Alianza, 1981, pp. 662-664.

60 Richard Brealey y Stewart Myers, *Fundamentos de financiación empresarial,* Ed. McGraw-Hill, 1988, p. 368. James C. Van Horne, *Administración financiera,* Ed. Prentice-Hall Hispanoamericana, 1988, pp. 408-412.

61 Merton H. Miller y Myron S. Scholes, «Dividends and taxes», *Journal of Financial Economics,* 6 (diciembre 1978) 333-64.

62 Este es el caso de las primas únicas que han tenido gran notoriedad en el mercado financiero español de los últimos tiempos.

63 Daniel Feenberg, «Does the investment interest limitation explain the existence of dividends?», *Journal of Financial Economics,* 9 (verano 1981) 265-69.

64 James C. Van Horne, *Administración financiera,* Ed. Prentice-Hall Hispanoamericana, 1988, p. 375.

65 James C. Van Horne, *Administración financiera,* Ed. Prentice-Hall Hispanoamericana, 1988, p. 375 y 381.

66 Eugene F. Brigham y Louis C. Gapenski, *Financial management, theory and practice,* Ed. The Dryden Press, 1985, p. 557.

Equilibrio patrimonio/capital

Art. 213.2: Sólo pueden distribuirse dividendos con cargo al beneficio del ejercicio o a reservas de libre disposición, si el valor del patrimonio neto contable, no es o, a consecuencia del reparto, no resulta ser inferior al capital social.

Si existen pérdidas de ejercicios anteriores que hacen que el patrimonio neto sea inferior al capital, el beneficio se dedicará a compensar las pérdidas.

Esta limitación está igualmente recogida en las Directrices de la CEE.

La legislación norteamericana tal como la expone Brigham[67] se expresa en términos parecidos. Los pagos de dividendos no pueden exceder las partidas de reservas del balance. Esta restricción legal, que se conoce como regla del detrimento del capital, está pensada para proteger los intereses de los acreedores.

Reserva legal

Art. 214: en todo caso una cifra igual al 10% del beneficio del ejercicio se destinará a la reserva legal, hasta que ésta alcance, el menos el 10% del capital social.

Esta obligación está igualmente recogida en la normativa de la CEE.

Activo ficticio

Art. 194.3: Hasta que los gastos de establecimiento, los de investigación y desarrollo, y el fondo de comercio no hayan sido amortizados por completo, o el importe de las reservas disponibles iguale al importe de los gastos no amortizados, se prohíbe toda distribución de beneficios.

Esta limitación está recogida igualmente en la normativa de la CEE.

Los programas de emisión de obligaciones pueden restringir el pago de dividendos a una garantía del pago de los intereses. Incluso, algunos programas estipulan que no se pueden pagar dividendos a menos que el ratio de liquidez, el ratio *times-interest-earned,* y otros ratios de solvencia superen unos mínimos establecidos[68].

6.1.2. *Medidas antiinflacionarias*

En el Reino Unido hubo una limitación en el pago de dividendos a los accionistas durante los años 1973-1979 de gobierno laborista, como una medida más de la lucha contra la inflación, mediante el control de precios y de salarios. Durante estos años las sociedades solamente pudieron aumentar los dividendos en un porcentaje anual entre el 5 y el 12,5%, y en un 10% como media a lo largo de todo el período. Esta limitación no fue renovada por el gobierno conservador en 1979, y la mayoría de las sociedades respondieron no solamente elevando significativamente los dividendos del año corriente, sino incluso pagando los atrasos[69].

---

[67] Eugene F. BRIGHAM y Louis C. GAPENSKI, *Financial management, theory and practice,* Ed. The Dryden Press, 1985, p. 558.

[68] Eugene F. BRIGHAM y Louis C. Gapenski, *Financial management, theory and practice,* Ed. The Dryden Press, 1985, pp. 557-558. James C. VAN HORNE, *Administración financiera,* Ed. Prentice-Hall Hispanoamericana, 1988, p. 385.

[69] C.J. HIGSON, *Business finance,* Ed. Butterworths, 1986, p. 273.

6.1.3. *Liquidez*

La Ley española limita la distribución de los beneficios al equilibrio patrimonio-capital (PN > CS), en cambio no pone ninguna limitación que salvaguarde la liquidez de la empresa (AC/EC). En EEUU, algunos Estados prohíben el pago de dividendos cuando la empresa es insolvente. Tanto si se trata de una situación de quiebra técnica (ET > AT), como de una liquidez insuficiente (EC > AC). Como la capacidad de pagar sus deudas depende de su liquidez, más que de la situación neta, la restricción de la liquidez constituye una buena protección respecto de los acreedores[70].

6.2. La autofinanciación

6.2.1. *Expansión del activo*

El pago de dividendos representa un desembolso en efetivo, por lo que el estudio de la situación de liquidez de la sociedad constituye uno de los elementos que esencialmente han de ser integrados en la decisión sobre distribución del beneficio. Este estudio de la liquidez no sólo ha de contemplar las necesidades de la sociedad para atender a los gastos ordinarios de explotación, sino también a los proyectos de inversión para la expansión de la empresa. Una compañía en crecimiento, aun siendo rentable, puede carecer de liquidez para distribuir dividendos, porque necesita hacer inversiones en activos fijos y activos circulantes permanentes.

6.2.2. *La estructura financiera del pasivo*

Se refuerza la relevancia de la decisión sobre dividendos cuando se considera que éstos inciden también sobre el endeudamiento de la empresa y, por lo tanto, sobre su riesgo financiero. Un factor de retención pequeño impide consolidar la autofinanciación de la empresa, por lo que ésta tendrá que acudir probablemente a un mayor endeudamiento, alterando su relación de recursos propios y ajenos[71].

El poder de decisión que tienen los propietarios sobre la política financiera de la empresa, conduce en demasiados casos a una descapitalización de la empresa en beneficio de la propiedad. Se retiran de la empresa beneficios obtenidos en momentos de buena coyuntura del mercado, o incluso beneficios ficticios, que en realidad no son más que un excedente de tesorería transitorio, sin atender a la solidez financiera de la empresa para prevenir los momentos adversos que puedan ocurrir más tarde. Ello se debe a una deficiente mentalidad empresarial, donde la ventaja individual de la propiedad se antepone a las necesidades institucionales de la empresa. Es en este marco donde se han de comprender algunas de las reclamaciones sindicales cuando se producen regulaciones de empleo y cierres de empresas deficitarias.

6.3. Disponibilidad de fuentes externas de financiación

6.3.1. *Ampliacion de capital*

Si una empresa necesita financiar un nivel dado de inversión, puede hacerlo bien reteniendo beneficios, bien vendiendo acciones nuevas. Si los costes de emisión son altos, el coste de capital de las aportaciones será superior al coste de capital de la autofinancia-

---

[70] James C. Van Horne, *Administración financiera,* Ed. Prentice-Hall Hispanoamericana, 1988, p. 414. Richard Brealey y Stewart Myers, *Fundamentos de financiación empresarial,* Ed. McGraw-Hill, 1988, p. 366.

[71] A. y J. Pérez-Carballo y E. Vela Sastre, *Gestión financiera de la empresa,* Ed. Alianza, 1981, p. 652.

ción, y será mejor financiar mediante la retención de dividendos, que mediante la venta de acciones nuevas. Por el contrario si los costes de emisión son bajos, la política de dividendos tendrá menos importancia. Los costes de emisión difieren de una empresa a otra. Por ejemplo, son generalmentre elevados para las empresas pequeñas. Por tanto, la importancia de estos costes y, por consiguiente, la flexibilidad al establecer la política de dividendos, varía de una empresa a otra[72].

6.3.2. *Recursos ajenos*

Las empresas grandes y con poco endeudamiento, pueden tener fácil acceso al mercado crediticio de los bancos, o a la emisión de obligaciones. Ello mejora su situación de liquidez, y les permite pagar dividendos, aun a costa de financiar las nuevas inversiones con recursos ajenos[73]. En este caso serán las sociedades con mayor acceso al mercado crediticio las que pueden ser más flexibles en su política de dividendos[74].

6.4. Mantenimiento del control de la empresa

Si se pagan dividendos elevados, probablemente se precise reponer recursos propios en el futuro mediante ampliaciones de capital para financiar los procesos de inversión rentables. En este caso, puede suceder que los accionistas no suscriban las nuevas acciones, y prefieran o precisen vender sus derechos a nuevos accionistas. Esta situación puede conducir a una reestructuración del control de la empresa. Para evitarla, se podría optar por pagar un dividendo menor, y financiar las nuevas inversiones con beneficios retenidos.

Sin embargo, también existe el peligro contrario. Si una empresa paga un dividendo pequeño, los accionistas pueden estar descontentos, y propiciar la entrada de un grupo o empresa que prometa una rentabilidad mayor. Por ello es frecuente que las empresas con altos dividendos sean más difíciles de absorber por otras[75].

Si los directivos están preocupados por el mantenimiento del control de la sociedad, pueden ser reacios a emitir acciones nuevas y, por tanto, retendrán más beneficios, que si fuera de otra manera. Este factor es especialmente importante en la pequeñas y medianas empresas[76].

---

[72] Eugene F. Brigham y Louis C. Gapenski, *Financial management, theory and practice,* Ed. The Dryden Press, 1985, p. 558-559.

[73] A. y J. Pérez-Carballo y E. Vela Sastre, *Gestión financiera de la empresa*, Ed. Alianza, 1981, p. 658.

[74] James C. Van Horne, *Administración financiera,* Ed. Prentice-Hall Hispanoamericana, 1988, p. 383. Eugene F. Brigham y Louis C. Gapenski, *Financial management, theory and practice,* Ed. The Dryden Press, 1985, p. 558.

[75] A. y J. Pérez-Carballo y E. Vela Sastre, *Gestión financiera de la empresa,* Ed. Alianza, 1981, p. 658. James C. Van Horne, *Administración financiera,* Ed. Prentice-Hall Hispanoamericana, 1988, p. 384.

[76] Eugene F. Brigham y Louis C. Gapenski, *Financial management, theory and practice,* Ed. The Dryden Press, 1985, p. 559.

Capítulo 8

Evaluación de inversiones en horizonte cierto

1. Introducción

1.1. Razonamiento estático y dinámico

Los métodos de selección de inversiones tienen que comparar los flujos futuros generados por los proyectos con el importe de la inversión en el momento actual. Tanto la inversión actual como los flujos futuros se miden en unidades monetarias. Pero éstas por pertenecer a momentos muy distantes en el tiempo, tienen valores adquisitivos diferentes. Por ello se plantea el problema de la posibilidad de sumar y restar unidades monetarias que no tienen el mismo valor. Ante esta situación los modelos de selección de inversiones utilizan dos métodos de razonamiento: estático y dinámico.

El razonamiento estático supone que el valor del dinero no cambia a lo largo del tiempo. Se opera como si el dinero percibido en momentos diferentes tuviera el mismo valor.

El razonamiento dinámico tiene en cuenta el diferente valor del dinero según el momento en que se producen los flujos de caja, sean negativos o positivos. Para hacer comparable el valor de dos unidades monetarias de momentos distantes en el tiempo se descuentan los flujos futuros según la fórmula del valor actual de una cantidad futura.

En el capítulo 2, justificábamos la variación del valor dinero desde el punto de vista del inversionista, en la inflación, en la productividad del capital, y en el riesgo que comporta toda inversión. Al operar en la hipótesis de que las pesetas no cambian su poder adquisitivo con el paso del tiempo, prescindimos del fenómeno inflacionista, dando a la unidad monetaria el carácter de unidad física de medida. La unidad monetaria no se toma como una medida del *valor* de los factores de producción y de los productos, sino como una medida de la *cantidad* de factores de producción y de productos. Este punto de vista es teóricamente aceptable; pero hemos de hacer la salvedad de que la variación de los precios por la inflación no es igualmente proporcional para todos los factores y productos. Las relaciones de precios se alteran a lo largo del tiempo. Hecha esta salvedad, el razonamiento en pesetas de valor constante puede ser aceptado para algunos cálculos económicos a largo o medio plazo.

En cambio la productividad y el riesgo, las otras dos causas de que el dinero futuro valga menos que el dinero actual, no son en forma alguna tenidas en cuenta por el razonamiento estático. En este sentido hemos de afirmar que el razonamiento estático es una simplificación de la realidad, donde en favor de la sencillez de las operaciones, se desprecian aspectos significativos de la realidad financiera.

Por el contrario el razonamiento dinámico tiene la ventaja de que al actualizar los flujos futuros, según la fórmula del interés compuesto, incorporamos al análisis de inversiones la problemática del coste de capital. Los flujos futuros generados por los proyectos se descuentan, utilizando como tasa de descuento el coste medio ponderado del capital. Así se establece una secuencia coherente en el razonamiento: el valor descontado de los flujos futuros generados por el proyecto se iguala a la inversión. Luego con esos flujos la empresa podrá hacer frente al coste del capital, ya que el coste del capital es precisamente la tasa que iguala los pagos de intereses o dividendos futuros descontados a los fondos netos recibidos en la actualidad de parte de los oferentes de dinero en el mercado de capitales.

1.2. Clasificación de los modelos

En el presente capítulo vamos a exponer tres modelos de evaluación de inversiones:

—el modelo del *valor actual neto* (VAN);
—el modelo de la *tasa interna de rentabilidad* (TIR);
—el modelo del *período de recuperación* (PR).

Los tres son la aplicación de la misma fórmula. La variante consiste en que cada uno de ellos toma en la fórmula variables distintas como dato y como incógnita. La fórmula a que nos referimos es la del valor actual de flujos futuros de fondos, que para el caso que nos ocupa, la vamos a expresar de la forma siguiente:

$$VAN = \sum_{t=0}^{PR} \frac{F_t}{(1+TIR)^t} \qquad [1]$$

En el caso del *valor actual neto* la incógnita es el VAN, en cambio el TIR se considera un dato (el coste medio ponderado del capital), y PR también se considera un dato (el horizonte de vida del proyecto)

En el caso de la *tasa interna de rentabilidad* la incógnita es el TIR, en cambio el VAN se considera un dato (es cero), y PR también se considera un dato (el horizonte de vida del proyecto).

En el caso del *período de recuperación* la incógnita es PR, en cambio el TIR se considera un dato (el coste medio ponderado del capital), y el VAN también se considera un dato (es cero).

Supuesta esta vinculación lógica y matemática entre los tres modelos, cada uno de los modelos sirve para clarificar un aspecto distinto del problema, según la variable que constituye la incógnita:

Recuperación de la inversión................	valor actual neto
Rentabilidad interna del proyecto	tasa interna de rentabilidad
Liberación de los recursos empleados (liquidez).	período de recuperación

Sería un planteamiento ingenuo el pretender hacer un ránking entre los tres modelos, para seleccionar el mejor. Cada uno de ellos tiene su propia virtualidad. Deben ser usados complementariamente puesto que cada uno de ellos aclara un aspecto diferente del problema. Usados simultáneamente pueden dar una visión más completa de las distintas caras de la realidad.

La consideración del mismo problema desde ángulos de vista diferentes es lo que puede dar lugar a una visión más completa de la realidad. Porque en definitiva ningún modelo es capaz de aportar una solución que pueda aplicarse de forma automática. El juicio personal de los que han de tomar la decisión de invertir es siempre ineludible. Ningún modelo incorpora todas las variables que actúan en la realidad. El juicio de una persona nunca puede ser sustituido por una fórmula matemática; y si la fórmula matemática es muy sofisticada, menos todavía. Los modelos y las fórmulas que aportamos no pueden ser tomados más que como apoyos al razonamiento humano, no como sustitutivos de él.

2. **Valor actual neto (VAN)**

2.1. Definición

El valor actual neto de un proyecto de inversión es la suma algebraica del valor actualizado de todos los cobros y pagos que ya se han realizado o se han de realizar en el futuro, en relacion con él, durante un período predeterminado de tiempo.

La tasa de actualización que se emplea es el coste medio ponderado del capital, con objeto de verificar si el proyecto, *durante un período de tiempo prefijado*, es capaz de retornar unos flujos tales que permitan a la empresa recuperar la inversión y pagar a los aportantes del capital la renta que ellos exigen para quedar compensados por su aportación.

De acuerdo con el modelo del valor actual neto (VAN), si se trata de evaluar un solo proyecto de inversión, una empresa puede razonablemente emprender todo aquel cuyo valor actual neto sea positivo, o al menos igual a cero. Si se trata de elegir entre varios proyectos excluyentes entre sí, debería emprender aquel cuyo valor actual neto sea superior al de los demás.

En 1944 Schneider publicó en danés el libro *Inversión e interés* que contiene la casi totalidad del modelo, sin embargo su uso no se generalizó hasta la década de los años 60[1].

El modelo del valor actual neto reviste tres versiones:

—*El VAN absoluto*: da como resultado una cantidad en unidades monetarias expresión del importe en que el valor actual de los flujos futuros supera al valor de la inversión inicial. Lo hace con una cantidad que es total y única, comprimiendo toda la vida del proyecto en un punto indivisible.

---

1 Antonio M. Arroyo y Margarita Prat, *Dirección financiera*, Ed. ICAI, 1989, p. 302.

—*El VAN relativo*: tiene las mismas características de comprimir el tiempo en un punto, pero lo hace dando como resultado una cantidad relativa, es decir, cuantas unidades monetarias de flujos futuros actualizados se obtienen por una unidad monetaria de inversión inicial. Las medidas relativas tienen interés como complemento de las medidas absolutas. El beneficio es una cantidad absoluta: ingresos-costes. La rentabilidad es una cantidad relativa: beneficio / inversión. Ambas medidas son interesantes y se complementan. Un beneficio de 10 se puede obtener con una inversión de 50, lo cual da una rentabilidad de 20%. O bien con una inversión de 80, lo cual da una rentabilidad de 12,5%.

—*El VAN anualizado*: se expresa en unidades monetarias absolutas, no relativas. Pero lo hace estirando esa cantidad a lo largo del tiempo. La expresa en términos de una serie de anualidades constantes, prolongadas a lo largo de la vida del proyecto, y cuyo valor actual es el mismo que el de la inversión inicial.

Este último se usa en las ventas a plazo. Permite calcular cuál es el importe del pago mensual o anual que hay que cobrar al comprador que paga aplazadamente en anualidades constantes, por ejemplo, en la venta a plazos de pisos, vehículos, electrodomésticos, etc. Esta cantidad es el cobro equivalente, que expresamos con el símbolo C_E. El cobro equivalente ha de ser igual o superior al pago equivalente, P_E. A su vez el P_E representa para la empresa vendedora la recuperación del valor de la mercancía a su precio de venta al contado, más los intereses producidos por esa cantidad durante el tiempo que el comprador prolonga sus pagos aplazados.

2.2. Fórmulas

2.2.1. *Explicación de las variables que intervienen*

Inversión inicial [I_0]

La inversión inicial es el número de unidades monetarias que el inversor desembolsa en el momento inicial para poner en marcha el proyecto, o sea, antes de que la inversión comience su actividad productiva.

Por ejemplo, si el proyecto consiste en poner en riego una finca de secano, la inversión inicial estará constituida por:

a) los estudios previos sobre captación de aguas subterráneas, características edafológicas del suelo, nuevos cultivos a implantar, y comercialización de los mismos;
b) la realización de obras de nivelación, perforaciones, conducciones de agua, adquisición de equipos;
c) trámites administrativos a que hubiera lugar en la Delegación de Hacienda, Delegación de Agricultura, IARA, etc.

En resumen, la suma de pagos necesarios para conseguir que la instalación empiece a funcionar como tal.

Aunque el concepto de pago por inversión es claro, pueden surgir dudas en cuanto a su interpretación en casos concretos. Por ejemplo, en casos en que el pago de la inversión resulta fraccionado en diversos períodos sucesivos. Esto puede ocurrir:

—Por aplazamiento de pagos al proveedor de las instalaciones y equipos.
—Por financiación de la inversión mediante un crédito, cuya amortización se prolonga a lo largo de varios años.
—Por la necesidad de renovación parcial de la inversión dado que ciertos elementos de la misma tienen una vida más corta que otros.

En todos estos casos el concepto contable de inversión no coincide con el concepto de inversión que aplicamos en el modelo VAN. La contabilidad es un método de control económico a corto plazo: abarca un ejercicio económico. No tiene en cuenta el distinto valor del dinero en función del tiempo. La unidad monetaria que mide los gastos e ingresos del ejercicio, ya sean de enero o de diciembre, se considera que tiene un valor constante. Por el contrario en el modelo del VAN el tiempo es lo esencial y determinante, la naturaleza del motivo que da lugar a una salida o entrada de dinero no tiene relevancia. Así pues dentro del concepto de inversión inicial $[I_0]$ se comprenden todos los pagos que, por cualquier concepto, haya que realizar antes de que comience la actividad económica del proyecto.

Mientras que la contabilidad se rige por el principio del *devengo*, el modelo del VAN se rige por el principio de la *fecha*. El principio del devengo es enunciado por el Plan General de Contabilidad en los siguientes términos:

> «La imputación de ingresos y gastos deberá hacerse en función de la corriente real de bienes y servicios que los mismos representan, y con independencia del momento en que se produzca la corriente monetaria o financiera dependiente de ellos.»[2]

El modelo VAN razona con el criterio exactamente contrario: la imputación se hace de acuerdo con la corriente monetaria y financiera. Por ello no tiene sentido hablar de la amortización. Las inversiones no se consideran tales. Son meras salidas de efectivo, que se imputarán al período en el que tengan lugar, independientemente de que la operación que las motiva sea la adquisición de equipo duradero, de gastos de primer establecimiento, o de gastos de explotación.

Igualmente, si la inversión se ha financiado con un crédito, $[I_0]$ comprende solamente la cantidad de liquidez propia desembolsada en el momento 0, pues los recursos ajenos aportados al proyecto son una entrada y salida simultánea de dinero, y por tanto la salida neta es nula. Solamente en el momento en que venzan las amortizaciones e intereses del crédito contraído, será cuando se produzcan salidas netas de efectivo, y entonces será cuando tales aportaciones de recursos entren a formar parte de los flujos F_t $(t \geq 1)$ con signo negativo.

Flujos esperados $[F_t]$

A lo largo de su vida útil, la inversión generará una corriente de cobros.

Esta corriente corresponde a los ingresos atribuibles al proyecto: si la inversión consistió en adquirir un equipo, se tratará de las ventas de los productos que se fabrican con tal equipo; si la inversión consistió en la compra de una cartera de valores mobiliarios, se tratará de los dividendos, venta de derechos y del importe de la venta del título en el momento de la desinversión. Si la inversión consistió en comprar un solar para revenderlo más tarde, se tratará del importe neto de la venta. También se producirán cobros, por operaciones que la contabilidad tipifica como *ingresos extraordinarios*, pero de cuya tipificación contable el modelo VAN prescinde en absoluto, y los imputa atendiendo meramente al momento en que la corriente monetaria tiene lugar.

Al mismo tiempo se generará otra corriente de pagos inherentes al mismo proyecto, ya sea por el gasto en los factores de producción, por los gastos administrativos, o debido a los intereses del crédito eventualmente contraído para financiar la inversión. También habrá que tener en cuenta otras salidas de efectivo, cuya tipificación contable no es la de

---

[2] Plan General de Contabilidad, primera parte, «Principios contables».

gasto, pero de lo cual prescinde el modelo VAN: pagos aplazados correspondientes a la compra del equipo, reembolsos del principal del crédito contraído para su financiación, intereses del mismo.

Ejemplificando, en el caso de una inversión industrial tendríamos como gastos: la compra de materias primas, los salarios, energía, publicidad, etc. En general los gastos tipificados en el grupo 6 del Plan General de Contabilidad. En el caso de una inversión financiera tendríamos como gastos: los impuestos, comisiones, sueldos de personal administrativo, etc. En el caso de la compra del solar, tendríamos los gastos de administración, de formalización de la escritura pública, el pago de los derechos reales o de plusvalía, o cualquier impuesto o tasa fiscal.

La diferencia en cada ejercicio económico entre los pagos y los cobros esperados a lo largo de la vida del proyecto, constituye lo que hemos llamado el flujo neto esperado.

Horizonte considerado [n]

La variable [*n*], indica la longitud estimada de la vida del proyecto. Puede emplearse como criterio la vida útil de otras instalaciones efectuadas con anterioridad. Sin embargo es posible que la nueva inversión tenga una vida mucho más corta que otras similares más antiguas por efecto de la obsolescencia. La innovación tecnológica puede dejar fuera de uso equipos industriales que técnicamente se encuentran en perfecto estado.

El alargamiento excesivo del horizonte, introduce un alto grado de incertidumbre en el cálculo de los flujos futuros esperados. Cualquier resultado de la aplicación de las fórmulas tiene poca consistencia cuando se trabaja con previsiones de flujos que ocurrirán dentro de ocho o diez años.

Hay que tener en cuenta que el valor de [*n*] hace variar de manera muy significativa el valor del VAN de un proyecto de inversión. Tengamos, por ejemplo, un proyecto de inversión, cuyos flujos netos de fondos vienen representados en el cuadro 1.

El VAN de este proyecto tendrá valores muy diferentes según que consideremos un horizonte de 1, 2, ..., 10 años. La figura 1 representa los valores del VAN de este proyecto para cuatro costes medios ponderados del capital de 5%, 10%, 15% y del 20%, tomando en cada uno de los tres casos sucesivamente 1, 2, ..., 10 flujos. Puede apreciarse cómo para un mismo coste de capital, el VAN es tanto mayor cuanto mayor sea el horizonte considerado.

CUADRO 1

Año	Flujo
0	–1.000
1	200
2	200
3	200
4	200
5	200
6	200
7	200
8	200
9	200
10	200

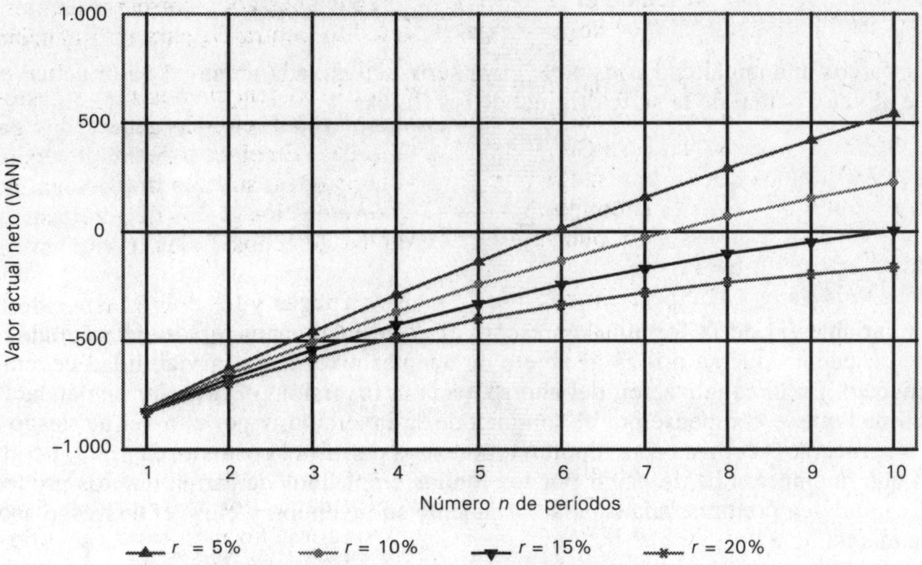

FIGURA 1. **VAN en función de *n***

2.2.2. *Expresión algebraica de la fórmula*

Siendo:

VAN_A = Valor actual neto, en unidades absolutas.
VAN_R = Valor actual neto, en unidades relativas.
VAN_L = Valor actual neto, en anualidades constantes.
I_0 = Inversión inicial en unidades monetarias.
F_t = Flujos netos esperados del proyecto al final del período t.
n = Horizonte considerado, es decir, número de años que se han de tomar en consideración.
t = número de orden de cada año dentro de los n años.
r = Coste medio ponderado del capital.

Valor actual neto absoluto

$$VAN_A = -I_0 + \sum_{t=1}^{n} \frac{F_t}{(1+r)^t} = \sum_{t=0} \frac{F_t}{(1+r)^t} \qquad [2]$$

Valor actual neto relativo

$$VAN_R = \frac{\sum_{t=1}^{n} \frac{F_t}{(1+r)^t}}{I_0} - 1 \qquad [3]$$

Valor actual neto anualizado

Buscamos una anualidad constante, cuya serie actualizada tenga un valor actual equivalente al valor actual de la serie original de los flujos:

$$VAN_L = \sum_{t=0}^{n} \frac{F_t}{(1+r)^t} \cdot \frac{r(1+r)^n}{(1+r)^n - 1} \quad [4]$$

La variable [*r*] de la fórmula representa el coste medio ponderado del capital. Es la tasa de descuento que se utiliza al objeto de aceptar o rechazar la viabilidad económica del proyecto. En la canalización del ahorro hacia la inversión, el inversor demandará una rentabilidad que le compense por el volumen de su inversión, y por el nivel de riesgo asociado a la misma. Aceptada esta hipótesis, podemos definir el coste del capital [*r*] como el precio que la empresa ha de pagar por los fondos empleados de forma que los proveedores de capital vean remunerada satisfactoriamente su inversión y el nivel de riesgo asociado a la misma[3].

2.3. EJEMPLO

Supongamos que una empresa considera dos proyectos. Cada uno de ellos requiere una inversión inicial de 1.000 unidades monetarias. El costo del capital para la empresa es el 10%.

El cuadro 2 recoge los flujos nominales de cada uno de los dos proyectos, el factor de actualización, y el valor actualizado de los flujos aplicando la fórmula [2].

CUADRO 2

Proyecto A				Proyecto B			
Año (t)	Flujos nominales	$1/(1+r)_t$ $r = 0{,}10$	Flujos descontados	Año (t)	Flujos nominales	$1/(1+r)^t$ $r = 0{,}10$	Flujos descontados
0	−1.000	1,0000	−1.000,0	0	−1.000	1,0000	−1.000,0
1	500	0,9091	454,5	1	100	0,9091	90,9
2	400	0,8264	330,6	2	200	0,8264	165,3
3	300	0,7513	225,4	3	300	0,7513	225,4
4	100	0,6830	68,3	4	400	0,6830	273,2
5				5	500	0,6209	310,5
6				6	600	0,5645	338,7
VAN_A			78,82				403,90
VAN_R			1,08				1,40
VAN_L			24,86				154,18

[3] Cfr. Bueno CAMPOS, *Economía de la empresa*, 1982, p. 363.

El VAN es función de [r], VAN = f(r): el VAN es la función, y [r] la variable independiente. Representando la función en un sistema de ejes de coordenadas se obtienen las curvas del VAN de cada uno de los dos proyectos para diferentes valores de [r]. La función VAN tiene la forma de una curva decreciente, convexa respecto al eje de abscisas. Cuando r tiende a –1, la función VAN tiende a +∞; y cuando r tiende a +∞, la función VAN tiende a $-I_0$. En la figura 2 representamos las funciones VAN de los dos proyectos en unidades absolutas para un intervalo de [r] verosímil, de 0,0 a 0,22. Finalmente en la figura 3, y con un objetivo meramente matemático, representamos las mismas funciones para un intervalo de r de –0,50 a 1,5, es decir de –50% a 150%.

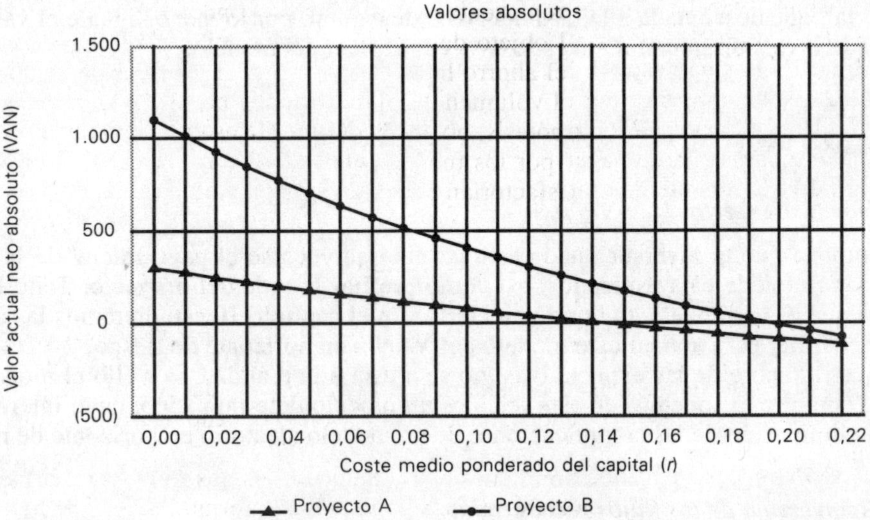

FIGURA 2. **Valor actual neto**

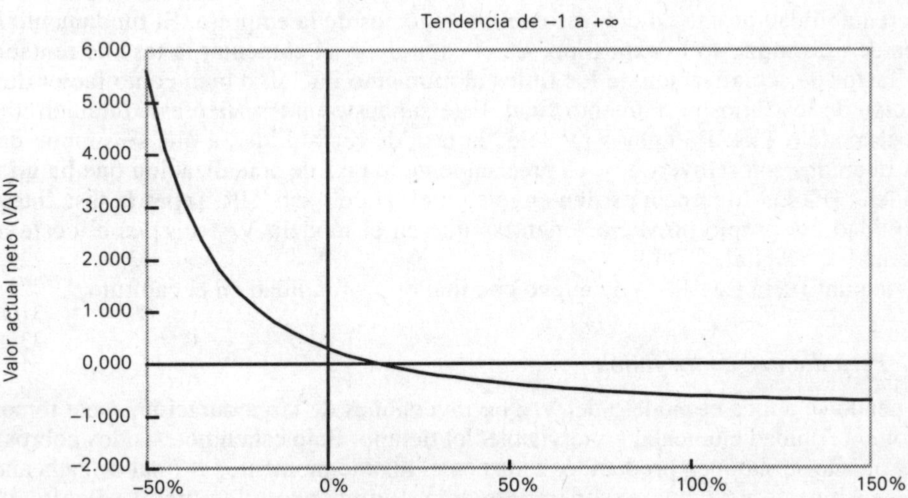

FIGURA 3. **Función VAN**

2.4. FUNDAMENTACIÓN TEÓRICA

Sabemos que todo capital actual, aun cuando a lo largo del tiempo mantenga su valor nominal, sin embargo pierde valor real: por razón de la inflación evidentemente, pero también por razón del supuesto de la productividad permanente del capital, y del riesgo asociado a toda inversión. Estos son principios esenciales y constitutivos del sistema capitalista. Cualquier capital invertido, ha de convertirse a lo largo del tiempo en un capital cuyo valor nominal sea de tal forma mayor, que al descontarlo a la tasa del coste del capital mantenga intacto su valor real original.

Puesto que la inversión inicial es un flujo negativo de fondos, la suma de flujos positivos de fondos generados por el proyecto a lo largo de su vida, debe alcanzar un valor nominal tal, que descontada a la tasa del coste de capital, por lo menos iguale el valor nominal de la inversión inicial. Esta es la base conceptual del modelo.

2.5. VALORACIÓN

2.5.1. *Horizonte cierto*

Se supone que el inversor puede estimar sin equivocarse el pago inicial de la inversión, y los flujos de caja esperados, así como prefijar la vida del proyecto. Todo lo cual significa que es un modelo en horizonte cierto. En el capítulo 10 estudiaremos las aportaciones de Hillier para aplicar este modelo del VAN a un horizonte de riesgo.

Tal certidumbre de las expectativas, no se ajusta a la realidad. Por ello el modelo del VAN tal como lo exponemos en este tema es un modelo determinístico, cuyo interés reside en la eliminación de las complicaciones de un modelo aleatorio en horizonte de riesgo.

2.5.2. *Reinversión de los flujos recuperados*

Los flujos positivos obtenidos de la inversión, se supone que son reinvertidos a medida que se van obteniendo, a la misma tasa de descuento utilizada, es decir, al coste medio ponderado del capital. Es decir, el dinero recuperado de la inversión, tiene para el inversor la rentabilidad promedio del resto de los negocios de la empresa. El fundamento matemático de este supuesto lo expusimos en el capítulo 4, al comentar la tasa de rentabilidad como factor de actualización de los flujos al momento inicial, o bien como factor de capitalización de los flujos al momento final. Este supuesto matemático está también implícito en el modelo TIR. En ambos modelos la tasa de rentabilidad a que se supone que los flujos liberados son reinvertidos, es precisamente la tasa de actualización que ha utilizado el modelo, [r]. La diferencia estriba en que en el modelo del TIR, [r] es la tasa interna de rentabilidad del propio proyecto; mientras que en el modelo VAN, [r] es el coste medio ponderado del capital.

Este punto será estudiado de nuevo con mayor profundidad en el capítulo 9.

2.5.3. *Periodicidad de los flujos*

Cuando se aplica el modelo del VAN a inversiones de larga duración, suele tomarse el año como la unidad elemental e indivisible del tiempo. Bajo esta hipótesis, los cobros y pagos de un año se suponen producidos todos en el mismo momento: al final de cada año.

Ese supuesto no tiene mayor importancia. Simplemente facilita el cálculo, evitando actualizaciones por períodos inferiores al año. Al suponer que los cobros y los pagos de un mismo año, son además simultáneos en el tiempo, reducimos el lapso de un año a un punto en el tiempo. Se acepta la hipótesis de que los cobros y pagos que se realizan en cualquier día dentro del mismo año son cantidades financieramente homogéneas entre sí.

Cuando se aplica el modelo VAN a inversiones de duración corta, o en caso en donde el tiempo (aun por períodos cortos) tiene una importancia determinante, como ocurre en las inversiones financieras, la secuencia de flujos suele tener una periodicidad subanual (semestre, trimestre, mes, etc.). En estos casos el valor de [r] que hemos de aplicar en la fórmula [2], es el costo de capital subanual equivalente (semestral, trimestral, mensual, etc.), siguiendo los principios expuestos en el capítulo 2.

3. Tasa interna de rentabilidad (TIR)

3.1. Definición

La tasa interna de rentabilidad de una inversión es definida por los autores como la tasa de descuento que iguala el valor actualizado de los flujos de fondos futuros netos generados por un proyecto, con la inversión inicial[4].

Según el criterio TIR la empresa puede acometer un proyecto de inversión, sólo cuando su tasa interna de rentabilidad sea igual o superior al costo medio ponderado del capital. El modelo, pues, busca un equilibrio entre el costo del capital y la rentabilidad interna del proyecto.

El apelativo «interno» de esta tasa de rentabilidad significa que es la rentabilidad del propio proyecto de inversión, y que puede coincidir o no con el costo del capital medio ponderado de la empresa. El *costo de capital*, es también una tasa de descuento: la que iguala los flujos futuros, que esperan recibir los oferentes de dinero en el mercado de capitales de la empresa a la cual entregan sus ahorros, con el importe de los fondos entregados. Por el contrario la *tasa interna de rentabilidad* de un proyecto es la tasa de descuento que iguala los flujos futuros de fondos generados por el propio proyecto con la inversión inicial. Cada una de las dos tasas de descuento se calculan independientemente; y, una vez calculadas, se comparan.

3.2. Fórmula

Siendo:

I_0 = La inversión incial.
F_t = El flujo neto de fondos percibido al final del año [t].
n = El horizonte de vida considerado del proyecto.
t = Número de orden de cada año dentro de los [n] años.
r = Tasa interna de rentabilidad del proyecto.

$$I_0 = \frac{F_1}{1+r} + \frac{F_2}{(1+r)^2} + \ldots + \frac{F_n}{(1+r)^n}$$

4 En el capítulo 9 haremos una revisión crítica de esta definición.

Pasando I_0 al segundo término, y considerando la inversión inicial un flujo más de la serie, aunque negativo:

$$0 = \sum_{t=0}^{n} \frac{F_t}{(1+r)^n} \quad [5]$$

En esta fórmula la serie de valores $[F_t]$ es un dato, también es un dato el valor de $[n]$, y $[r]$ es la incógnita que hay que despejar.

El cálculo de $[r]$ ha de hacerse por interpolación. Se aplica en primer lugar un valor de $[r]$, suficientemente grande como para que obtengamos un resultado cercano a 0, pero positivo. Se repite el cálculo con otro valor de $[r]$ un poco mayor, que nos dé otro resultado también cercano a 0, pero en este caso negativo. A continuación se calcula por interpolación el valor de $[r]$ que haga el resultado exactamente igual a 0. Esta interpolación da un resultado solamente aproximado, pues supone que la función [5] es una recta. El resultado no es exacto porque la función [5] no es una recta, sino una exponencial decreciente, figura 4.

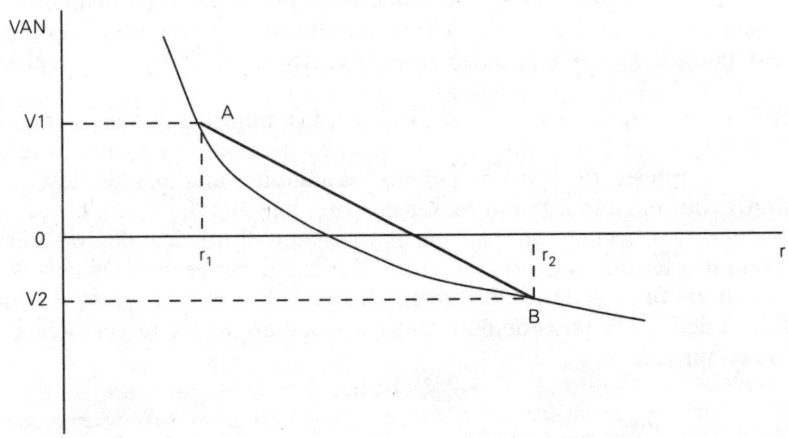

FIGURA 4. **Interpolación de la tasa interna de rentabilidad**

Suponiendo que fuese una recta, la interpolación se hace resolviendo la ecuación para dos valores de $[r]$, $[r_1]$ y $[r_2]$, lo que nos dará dos resultados $[v_1]$ y $[v_2]$ respectivamente. Haciendo:

$$r_1 = x_1 \qquad v_1 = y_1$$

$$r_2 = x_2 \qquad v_2 = y_2$$

habremos obtenido dos puntos $A\ (x_1, y_1)$ y $B\ (x_2, y_2)$. La ecuación de una recta que pasa por dos puntos es:

$$y\ (x_2 - y_1) = (x_2 y_1 - x_1 y_2) + x\ (y_2 - y_1) \quad [6]$$

Puesto que el valor que buscamos es el valor de x que hace $y = 0$, igualamos [y] a cero, y despejamos [x]:

$$x = \frac{x_1 y_2 - x_2 y_1}{y_2 - y_1} \qquad [7]$$

La forma de operar sería la siguiente:

1. Se resuelve la ecuación [2] para un primer valor [r_1], con lo cual obtenemos el primer punto A, cuyas coordenadas son [r_1], [v_1].
2. Se resuelve la ecuación [2] para un segundo valor [r_2], con lo cual obtenemos el segundo punto B, cuyas coordenadas son [r_2], [v_2].
3. Aplicamos la fórmula [7], sustituyendo valores:

$$r = \frac{r_1 v_2 - r_2 v_1}{v_2 - v_1} \qquad [8]$$

Puesto que se trata de un método que no es exacto, la solución será más aproximada si los valores [v_1] y [v_2] son uno positivo y otro negativo, y los valores [r_1] y [r_2] son lo más cercanos posibles. Dado que la curva es convexa respecto del eje de abscisas, la fórmula [8] nos dará siempre un resultado aproximado por exceso.

Existen numerosos paquetes de programas, tanto de ordenadores como de máquinas de calcular de bolsillo, que resuelven eficazmente la ecuación [5], por iteraciones.

3.3. Ejemplo

La litografía Guadalquivir, S.A. está considerando la adquisición de una impresora por valor de 4.100 unidades monetarias, con la serie de flujos de fondos netos futuros representada en el cuadro 3. El costo de capital es el 8%.

Con estos datos obtenemos por iteraciones una tasa interna de rentabilidad del proyecto = 0,0589 = 5,89%. Puesto que el coste del capital es el 8%, superior a la tasa de rentabilidad del proyecto, no procede la inversión.

Cuadro 3

Año	Flujo neto
0	–4.100
1	500
2	1.200
3	1.300
4	800
5	1.100

Si aplicamos la fórmula [8] llegamos al mismo resultado:

Para $r_1 = 5\%$, $v_1 = 107{,}66$
Para $r_2 = 6\%$, $v_2 = -13{,}14$

$$r = \frac{[0{,}05 \times (-13{,}14)] - (0{,}06 \times 107{,}66)}{-13{,}14 - 107{,}66} = \frac{-7{,}116}{-120{,}8} = 0{,}589 = 5{,}89\%$$

3.4. Fundamentación teórica

Cualquier capital recibido por la empresa no puede permanecer ocioso. Ha de generar recursos financieros que permitan atender a las expectativas de los ahorradores que confiaron sus ahorros a la empresa. Por lo tanto, si la empresa quiere mantener la buena disposición de los ahorradores en vista a futuras aportaciones de recursos, debe retornarles dinero en una cuantía tal que satisfaga sus expectativas, y esté en consonancia con las otras alternativas ofrecidas por la competencia en el mercado de capitales. Las sumas de dinero que retornarán a los ahorradores-inversores han de salir forzosamente de los proyectos de inversión donde aquellos ahorros fueron invertidos.

Este concepto fue denominado por Keynes eficiencia marginal de capital. Keynes lo relaciona con el interés del dinero. Pero la definición que da de la «eficiencia marginal del capital» coincide con la tasa interna de rentabilidad de un proyecto, que nosotros ponemos en relación con el coste medio ponderado del capital de una empresa.

Keynes definió la eficiencia marginal del capital como:

> «La tasa de descuento que lograría igualar el valor presente de la serie de anualidades dada por los rendimientos esperados del bien capital, en todo el tiempo que dure, a su precio de oferta.»

El precio de oferta, dice Keynes, no quiere decir el precio de mercado, sino el precio que bastaría exactamente para inducir a un fabricante a producir una nueva unidad[5].

3.5. Valoración

3.5.1. *La reinversión de los fondos recuperados*

La fórmula [5] incluye el supuesto de que los fondos recuperados del proyecto son reinvertidos, hasta el final del horizonte, año [n], a la misma tasa de rentabilidad [r], es decir, precisamente a la tasa interna de rentabilidad. Partiendo del planteamiento, que hemos formulado:

$$I_0 = \frac{F_1}{1+r} + \frac{F_2}{(1+r)^2} + \ldots + \frac{F_n}{(1+r)^n}$$

---

[5] Teoría general..., p. 135.

Multiplicando los dos términos de la ecuación por $(1 + r)^n$, obtenemos:

$$I_0 (1 + r)^n = F_1 (1 + r)^{n-1} + F_2 (1 + r)^{n-2} ... + F_n$$

Esto significa que el mismo valor de [r] que iguala el valor actual de los flujos con el valor de la inversión en [t_0], iguala también el valor final de los flujos, con el valor de la inversión en [t_n]. Lo que equivale a decir, que matemáticamente la misma tasa que resuelve la actualización de los flujos, resuelve igualmente la capitalización de los flujos. Luego en la actualización de los flujos está implícita la capitalización de los mismos hasta el año [n]: el flujo recuperado al final del año 1, se capitaliza a $(1 + r)^{n-1}$; y el flujo recuperado al final de año 2, se capitaliza a $(1 + r)^{n-2}$ y así sucesivamente. Y puesto que [r] es la tasa interna de rentabilidad del proyecto, lo que estamos suponiendo es que los flujos recuperados de un proyecto con una tasa interna de rentabilidad [r], a medida que se van recuperando, vuelven a reinvertirse en donde fuera, y que siguen retornando hasta el final del año [n], la misma rentabilidad, [r], que retornaban cuando todavía estaban vinculados al proyecto.

3.5.2. *Incomparabilidad de proyectos*

El supuesto anterior trae como consecuencia que la tasa interna de rentabilidad de un proyecto es aplicable para determinar la viabilidad del mismo en la medida en que su tasa interna de rentabilidad es igual o superior al coste de capital medio ponderado de la empresa. Podemos aceptar que si la tasa interna de rentabilidad es igual o superior al coste medio ponderado, los fondos todavía vinculados al proyecto tienen una rentabilidad igual o superior al coste del capital; y los fondos ya recuperados, si no son reinvertidos a la misma tasa de rentabilidad, tal como supone el modelo, al menos lo serán como el resto de los fondos de la empresa al coste de capital. Por esta razón un proyecto puede ser valorado en virtud de este criterio.

Ahora bien, cuando comparamos dos proyectos con tasas internas de rentabilidad distintas, ambas superiores al coste de capital, y declaramos la preferencia por el que tiene una tasa interna de rentabilidad más alta, estamos incurriendo en una falacia. Damos por supuesto que los fondos recuperados del proyecto que tiene una tasa interna de rentabilidad más alta son reinvertidos a continuación a esa tasa de rentabilidad alta; y que los fondos recuperados del proyecto que tiene una tasa interna de rentabilidad más baja, son reinvertidos a esa tasa de rentabilidad baja. Esta suposición no se atiene a la realidad de los hechos. Los fondos recuperados tanto de un proyecto como de otro serán reinvertidos en los negocios generales de la empresa, cuya rentabilidad en principio será la misma para todos los fondos vengan del proyecto que vinieren. Por ello la tasa interna de rentabilidad es aplicable para valorar un proyecto en sí mismo, pero no para declarar su preferencia respecto de otro proyecto.

3.5.3. *Multiplicidad de tasas internas de rentabilidad*

Cuando el criterio TIR se aplica a inversiones cuyos flujos futuros son todos positivos no plantea problemas para valorar su rentabilidad. Pero en el caso de proyectos donde se producen, posteriormente a la inversión inicial, nuevos flujos negativos, puede producirse una situación anómala. Puede aparecer más de una tasa interna de rentabilidad, si los flujos negativos tienen lugar hacia el final de la vida del proyecto. En estos casos es preciso hacer una interpretación financiera de la anomalía matemática. Analizamos esta anomalía en el capítulo siguiente.

4. **Período de recuperación**

4.1. Definición

El período de recuperación es el tiempo necesario para recuperar el importe de la inversión a través de los flujos netos de fondos originados por el proyecto[6].

Se supone que la empresa tiene una norma prefijada sobre el tiempo máximo que puede demorarse la recuperación de la inversión inicial. Esta norma sería el valor normativo de [n]. Aquellos proyectos cuya [n] calculada sea superior al valor de la [n] normativa, deberán ser excluidos, aquellos proyectos cuya [n] calculada sea igual o inferior a la [n] normativa pueden ser aceptados. Cabe incluso la posibilidad de fijar más de un valor normativo de [n]. Para proyectos más arriesgados el valor normativo de [n] sería más pequeño, para proyectos más seguros el valor normativo de [n] puede ser mayor.

4.2. Fórmulas

Podemos suponer que los flujos futuros van a ser iguales, o que van a ser desiguales. Propondremos, por tanto, dos fórmulas.

Siendo:

I_0 = La inversión inicial.
F_t = El flujo neto de fondos percibidos al final del año [t].
n = El período de recuperación medido en años.
t = El número de orden de cada año dentro de los [n] años.
r = El coste medio ponderado del capital en tanto por uno.

—*Flujos iguales:* los flujos futuros iguales de un proyecto de inversión son una anualidad constante. La fórmula 3.23 nos da el valor actual de una anualidad constante. Multiplicando [F], por la fórmula 3.23 e igualando a [I_0], tenemos,

$$I_0 = F\frac{(1+r)^n - 1}{r(1+r)^n} \qquad [9]$$

Se calcula por iteraciones el valor de [n] que verifica la igualdad.

—*Flujos desiguales*: siendo los flujos futuros desiguales, actualizamos cada uno de los flujos según la fórmula del valor actual de una cantidad futura:

$$0 = I_0 - \sum_{t=1}^{n} \frac{F_t}{(1+r)^t} \qquad [10]$$

Se calcula por iteraciones el valor de [n] que verifica la igualdad.

---

[6] Algunos autores suelen presentar este modelo como un modelo estático, donde los flujos futuros se comparan con la inversión inicial sin proceder a su previa actualización. Estimamos que este modo de razonar no es correcto, pues las pesetas que se recuperan en años sucesivos no son en modo alguno comparables con las pesetas que se invirtieron en el momento inicial.

4.3. EJEMPLO

La empresa XYZ debe decidir sobre la viabilidad de un proyecto de inversión, cuya inversión inicial es de 1.000 unidades monetarias. Los flujos monetarios vienen recogidos en el cuadro 4. El coste medio ponderado del capital es el 15%

Se han previsto unos flujos netos a lo largo de 23 años, todos ellos en pesetas corrientes. Y se ha resuelto el problema de dos maneras:

— Utilizando un flujo constante, que se ha calculado como el flujo promedio, y que en este caso es de 199 unidades monetarias. En la columna «Flujos iguales» se ha calculado el valor actual de una serie de anualidades de 199 unidades monetarias, extendida a lo largo de 1, 2, ..., 23 años.

— Utilizando los flujos previstos, que son diferentes cada año. En la columna «Flujos desiguales» se ha calculado el valor actual de una serie de flujos que se prolonga desde el año 1 hasta el año 1, 2, 3, ..., 23. Podemos observar que calculando sobre flujos iguales se recupera la inversión a los 10 años; calculando con flujos desiguales se recupera la inversión a los 20 años. Ello se debe a que puesto que los flujos de los últimos años son más importantes que los de los primeros años, al tomar como constante la media, hemos favorecido a esta hipótesis.

CUADRO 4

Inversión inicial	1.000
Flujo medio constante	199
Coste medio del capital	0,15

1	2	3	4
Año	Flujos	Flujos iguales	Flujos desiguales
1	100	173,3	87,0
2	150	324,1	200,4
3	175	455,2	315,4
4	120	569,1	384,1
5	140	668,2	453,7
6	190	754,4	535,8
7	165	829,4	597,8
8	130	894,5	640,3
9	120	951,2	674,4
10	170	1.000,5	716,5
11	185	1.043,3	756,2
12	205	1.080,6	794,5
13	220	1.113,0	830,3
14	250	1.141,2	865,6
15	260	1.165,7	897,6
16	240	1.187,0	923,2
17	235	1.205,5	945,1
18	220	1.221,6	962,8
19	245	1.235,6	980,1
20	250	1.247,8	995,3
21	265	1.258,4	1.009,4
22	270	1.267,6	1.021,9
23	280	1.275,6	1.033,1

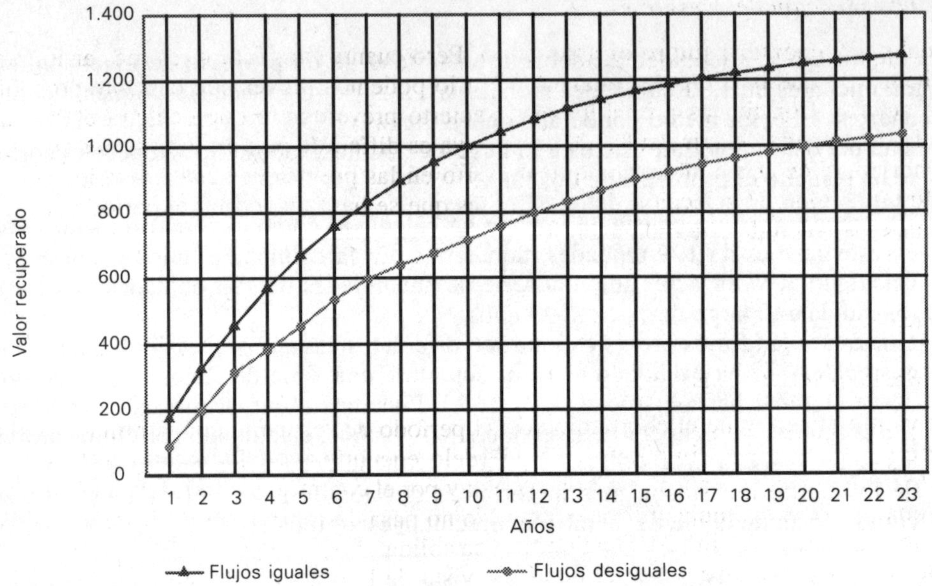

FIGURA 5. **Período de recuperación**

En la figura 5 encontramos la representación gráfica del modelo.

4.4. FUNDAMENTACIÓN TEÓRICA

4.4.1. *La preferencia por la liquidez*

Las empresas han de prestar especial atención a su posición de liquidez. Tanto el inmovilizado como el realizable son masas del activo insaciables en su demanda de recursos financieros. Cuando los negocios son prósperos la insaciabilidad aumenta: siempre hay motivos para aumentar los equipos, para emprender nuevos proyectos, para adquirir más materias primas que permitan aumentar la producción, para dar facilidades de pago a los clientes y así aumentar la cifra de ventas. Pero si no aumenta el pasivo, por ampliaciones de capital, por acumulación de reservas, o por nuevos endeudamientos, cualquier crecimiento del inmovilizado o del realizable, será en detrimento del disponible. Cuando hay pérdidas desde luego, pero también en situaciones de prosperidad las empresas incurren en insuficiencias de tesorería.

Además la liquidez ofrece una flexibilidad a la empresa para dar, en un momento dado, un giro a sus negocios. Si tiene todos sus recursos inmovilizados, no podrá emprender una nueva línea de producción sino cuando haya recuperado, a través de la amortización, las sumas invertidas en el activo fijo. Y eso puede tardar varios años en producirse. En situaciones en que los mercados son muy cambiantes, cuando la innovación tecnológica provoca la obsolescencia rápida de los productos, cuando la competencia obliga a una continua reconversión, las empresas se ven obligadas a no perder una flexibilidad que les permita reaccionar frente a los cambios coyunturales.

Esta es la razón por la que se justifica la exigencia de que los proyectos de inversión devuelvan los fondos a ellos dedicados dentro de un plazo que no sea excesivo: lo que hemos llamado el valor normativo de $[n]$.

4.4.2. *La reducción del riesgo*

Cualquier fenómeno futuro es arriesgado. Pero cuanto más futuro, es más arriesgado. No sabemos lo que puede pasar mañana, pero lo podemos prever con bastante probabilidad de acierto. Con menos probabilidad de acierto prevemos lo que ocurrirá el mes que viene. Lo que pueda ocurrir dentro de un año, ya es difícil de prever. Pero si nos situamos en un horizonte de cinco años, cualquier acierto en las previsiones es mera coincidencia. Por ello un método de selección de inversiones que se basa en acortar el período de recuperación, es un método que reduce el riesgo.

4.5. VALORACIÓN

4.5.1. *Reducción del riesgo*

Es válido afirmar que el acortamiento del período de recuperación disminuye el riesgo. Pero el razonamiento implícito en el modelo encubre una falacia teórica. Se da por supuesto que los flujos de años $t \leq n$ son ciertos; y por el contrario los flujos de los años $t > n$ tienen una probabilidad nula. Tal razonamiento no pasa de ser una simplificación pragmática de los hechos, pero sin justificación teórica sólida.

Por otra parte, incluso desde el punto de vista de la práctica, de tal forma el modelo atiende a la reducción del riesgo, que ignora la rentabilidad del proyecto. Ignora, más aún desprecia, la rentabilidad a largo plazo cuando de hecho son precisamente los proyectos que se hacen para un largo futuro los más rentables, y los que aseguran una larga vida a las empresas. No es raro que los proyectos más importantes tarden ocho o nueve años en producir beneficios.

4.5.2. *Incomparabilidad de proyectos*

Suelen también decir los autores que este método puede emplearse para elegir entre dos inversiones. Supuesto que dos proyectos de inversión tengan ambos una [*n*] calculada inferior al valor de la [*n*] normativa, se elegiría aquel proyecto cuya [*n*] calculada sea inferior. Disentimos de esta manera de razonar. La elección entre dos proyectos que cumplen la norma prefijada para la recuperación del capital debe hacerse con otro de los modelos propuestos, que consideran otros aspectos, como por ejemplo, la rentabilidad. Preferir una inversión a otra simplemente porque su período de recuperación es más corto, sin atender a otras consideraciones, llevaría a decisiones empresariales inadecuadas.

Capítulo 9

Análisis crítico del modelo VAN y TIR

1. Reducciones simplificadoras de los modelos de selección de inversiones

Entre los distintos modelos de evaluación de inversiones, han adquirido relevancia predominante el modelo del valor actual neto (VAN), de la tasa interna de rentabilidad (TIR), y del período de recuperación (PR). Los tres están estrechamente relacionados entre sí, pues el TIR es un punto de la función VAN (figura 1)[1], y el PR es el horizonte de vida del proyecto, tanto en el VAN como en el TIR.

La aplicación de los modelos VAN y TIR a la selección de inversiones, suele estar sujeta a dos simplificaciones, que resultan útiles en el ámbito académico para hacer más comprensible el modelo, pero que lo apartan del ámbito de la aplicabilidad empresarial, en la misma medida en que tales simplificaciones eluden incorporar al modelo las complejidades de la realidad.

La primera simplificación es considerar que el modelo se aplica en condiciones de certidumbre. En la realidad empresarial, ni el importe de los flujos futuros $[F_t]$[2], ni la duración de la vida productiva del proyecto $[n]$[3], son conocidas con certidumbre. Tanto una variable como otra son variables aleatorias. En consecuencia tanto el VAN como el TIR no tienen un único valor. Siendo variables aleatorias pueden tener diferentes valores con sus respectivas probabilidades asociadas; y han de ser definidos por su distribución de probabilidad.

---

[1] Más adelante someteremos a crítica esta definición del TIR.

[2] Frederik S. HILLIER, «The derivation of probabilistic information for the evaluation of risky investments», *Management Science,* abril 1963, pp. 443-457. Frederik S. HILLIER, «Supplement to the derivation of probabilistic information for the evaluation of risky investment», *Management Science,* enero 1965, pp. 485-487.

[3] La aleatoriedad del horizonte de vida del proyecto ha sido estudiada por J. Eduardo Bosó Blasco, «El riesgo en los parámetros temporales del análisis de inversiones», *Revista Española de Financiación y Contabilidad,* n.º 54, setiembre-diciembre, 1987.

La segunda simplificación consiste en considerar que los flujos futuros esperados $[F_t]$ (para $t \geq 1$) tienen todos el mismo signo, y diferente del signo de $[F_0]$. Es decir, si $[F_0]$ es negativo, todos los $[F_t]$ (para $t \geq 1$) son positivos. Y al contrario, si $[F_0]$ es positivo, todos los $[F_t]$ (para $t \geq 1$) son negativos.

En este capítulo nos vamos a ocupar solamente de esta segunda simplificación: aquellos casos, en que los flujos $[F_t]$ (para $t \geq 1$) varían de signo. Es bastante frecuente que los autores minimicen el alcance real de tales supuestos, afirmando que son casos excepcionales, poco corrientes y, por tanto, con un escaso interés teórico[4]. Incluso cuando se intenta poner algún ejemplo se refieren una y ota vez al caso de la bomba de pétroleo de Lorie y Savage[5], o al de una explotación minera[6].

Opinamos, por el contrario, que, tanto en proyectos de inversión como en proyectos de financiación, abundan los supuestos en que los $[F_t]$ (para $t \geq 1$) no son todos del mismo signo[7]. Operar sobre la hipótesis de que un proyecto de inversión ha de producir excedentes monetarios durante todos los años de su explotación, implica un optimismo alejado de la realidad. Dar por supuesto que, en proyectos de financiación, la captación de recursos financieros se hace de forma completa en el momento inicial, significa imaginarse un mercado de capitales muy distinto del que funciona en la realidad:

a) *Proyectos de inversión física:* son frecuentes los casos en que las inversiones se planifican en varias etapas, aumentando los equipos instalados a medida que el mercado absorbe volúmenes superiores de bienes o de servicios. Así mismo, la previsión de cobros y pagos futuros, no es extraño que nos obligue a introducir períodos deficitarios en la serie. Esta circunstancia es especialmente significativa, si los períodos deficitarios tienen lugar hacia el final del horizonte considerado.

b) *Proyectos de inversión financiera:* es frecuente que las inversiones financieras se hagan en plazos sucesivos. La suscripción de acciones en el mercado primario va fácilmente asociada a un desembolso inicial, que es solamente parcial, con dividendos pasivos ulteriores; las sociedades proceden con frecuencia a sucesivas ampliaciones de capital, de donde se genera que la compra de unas acciones sea ocasión de nuevas compras posteriores; o simplemente que el ahorrador-inversor considere atractivo aumentar el número de títulos que adquirió inicialmente. También existen operaciones financieras combinadas de captación de recursos y préstamos a terceros[8].

c) *Proyectos de financiación:* de forma simétrica a como los ahorradores-inversores no desembolsan la totalidad de su capital en un solo momento, igualmente las sociedades no captan todos los recursos necesarios para un proyecto en un solo momento, sino que lo subdividen en captaciones parciales.

---

[4] Siguiendo a Schneider, *Teoría de la inversión,* Ed. El Ateneo, 1956, p. 13-14.

[5] James H. Lorie y Leonard J. Savage, «Three problems in rationing capital», *The Journal of Business,* 28 (1955, oct), pp. 229-239.

[6] Por ejemplo, Ramesh K.S. Rao, *Financial management. Concepts and applications,* Ed. Macmillan Publishing Company, 1992, p. 263. Richard Brealey y Stewart Myers, *Fundamentos de financiación empresarial,* Ed. McGraw-Hill, 1988, p. 83.

[7] C.J. Higson, *Business finance,* Ed. Butterworths, 1986, p.95

[8] Eugene F. Brigham y Louis C. Gapenski, *Financial management, theory and practice,* Ed. The Dryden Press, 1985, p. 344.

2. Flujos y saldos de un proyecto de inversión

2.1. Los flujos del proyecto: actualización y capitalización

2.1.1. *Actualización de los flujos futuros al momento inicial*

El valor del dinero es función del tiempo, y, consecuentemente, de tres variables, que influyen sobre él tanto más, cuanto más tiempo tengan para ejercer su influencia: la inflación, la productividad, y el riesgo. Cualquier inversión se espera que retornará en el futuro unas cantidades monetarias, cuyo valor, para poder ser comparado con la inversión inicial, debe ser actualizado. Para ello empleamos la fórmula del valor actual de una cantidad futura, adaptándola a una sucesión de ingresos en el tiempo.

Siendo:

C_0 = Valor nominal de la inversión en el tiempo $[t_0]$.
F_t = Flujo neto de fondos percibido al final del período $[t]$.
n = Períodos de vida de la inversión.
t = Número de orden del período dentro de los $[n]$ períodos.
r = Tasa de rentabilidad.

$$C_0 = \sum_{t=1}^{n} \frac{F_t}{(1+r)^t} \qquad [1]$$

En la fórmula [1] la variable tiempo está expresada por los símbolos $[t]$ y $[n]$. Las tres causas que determinan la pérdida de valor del dinero con el transcurso del tiempo (inflación, productividad y riesgo) están incluidas en la variable $[r]$. Esto significa que la tasa de rentabilidad ha de ser considerada como la exigencia de que cualquier proyecto de inversión o financiación, ha de devolver más cantidad de unidades monetarias de las que consumió inicialmente, dado que las unidades monetarias que devolverá en el futuro tienen menor valor que las que absorbió al principio.

El factor de descuento, que utilizamos en la fórmula [1], desde el punto de vista operativo, es un mero coeficiente, desde el punto de vista financiero, es la tasa de rentabilidad. Una peseta actual, a medida que pasa el tiempo, está obligada por el sistema a producir nuevas pesetas en cantidad suficiente como para que al sumarlas a la inicial, den un valor nominal superior, pero que tendrá el mismo valor real que la peseta inicial.

Esta capacidad del dinero para reproducirse, creando más dinero, de forma que sumándola a la cantidad original, se mantenga el valor real, es la rentabilidad. Llamamos «renta» al dinero nuevo producido; llamamos «rentabilidad» al dinero nuevo producido por cada unidad monetaria de dinero inicial, es decir, la renta dividida por la inversión.

2.1.2. *Capitalización de flujos futuros al momento final*

Desde un punto de vista matemático, llegamos a los mismos resultados, actualizando los flujos a su valor inicial en el tiempo $[t_0]$, que capitalizando los flujos a su valor final en el tiempo $[t_n]$. En ambos casos, ya sea empleando un coeficiente de actualización, ya sea empleando un coeficiente de capitalización, el valor del coeficiente $[r]$, será el mismo.

Si multiplicamos ambos términos de la ecuación [1] por $(1 + r)^n$, tenemos que:

$$C_0(1+r)^n = \sum_{t=1}^{n} \frac{F_t(1+r)^n}{(1+r)^t} = C_n$$

De donde:

$$C_n = \sum_{t=1}^{n} F_t(1+r)^{n-t} \qquad [2]$$

Desde un punto de vista matemático, el actualizar los flujos a su valor inicial, o capitalizarlos a su valor final, conduce al mismo resultado. Dado un valor actual [C_0] conocido, y unos flujos futuros [F_t] también conocidos, el valor de [r] que verifica la igualdad de la fórmula [1], es el mismo que verifica la igualdad de la fórmula [2].

Desde el punto de vista financiero, ambos razonamientos, el de la actualización y el de la capitalización, son equivalentes. En el proceso de actualización corregimos el valor nominal de los flujos futuros para compararlos con el valor de [C] en el tiempo [t_0]. Ello se hace dividiendo cada flujo [F_t] por el factor [$(1 + r)^t$]. En el proceso de capitalización, calculamos primero el importe monetario en que se ha de convertir [C_0] al cabo de [n] años, $C_0 (1 + r)^n = C_n$. A partir de ahí, corregimos el valor nominal de los flujos futuros para compararlos con el valor de [C] en el momento [t_n]. Ello se hace multiplicando cada flujo [F_t] por el factor [$(1 + r)^{n-t}$].

Razonar sobre la capitalización hacia C_n, en lugar de razonar sobre la actualización hacia C_0, presenta ciertas ventajas de orden teórico, como veremos llegado el caso.

2.2. Los saldos del proyecto: capitalización

Para definir el concepto de *saldo del proyecto* hacemos la suposición de que un proyecto de inversión constituye una entidad financieramente distinta del resto de la empresa. Esta entidad es receptora de fondos en los momentos en que el flujo es negativo; y es devolvedora de fondos en los momentos en que el flujo es positivo. Estos flujos de fondos financieros que la empresa entrega al proyecto o recibe de él, dan lugar a un saldo. Tal saldo será negativo mientras el proyecto no haya devuelto la totalidad de los fondos recibidos, y será positivo cuando el proyecto haya devuelto más fondos de los que ha recibido.

Puesto que los flujos se producen a lo largo de varios años, se trata de un saldo interanual. Por tanto se ha de tener en cuenta el diferente valor de las unidades monetarias constitutivas de los flujos y de los saldos del proyecto. Debido a ello el saldo del proyecto no puede obtenerse sumando y restando meramente los flujos según su signo, sino que es preciso proceder a una actualización o a una capitalización de sus importes monetarios. Puesto que el saldo del proyecto en el momento [t] es el resultado de los flujos anteriores, la operación correcta es la capitalización, no la actualización.

La capitalización de los flujos para la obtención del saldo en el momento [t] puede hacerse de dos formas: capitalizando acumulativamente el saldo de cada momento al momento siguiente; o bien, capitalizando cada flujo desde el momento en que se produce hasta el momento [t].

Si procedemos a una capitalización acumulativa de los saldos, el saldo del proyecto en cada momento [t] será igual al saldo capitalizado del momento [t – 1] más el flujo del momento [t].

Siendo:

s_t = saldo del proyecto al final del año [t].
s_n = saldo del proyecto al final del año [n], o sea, saldo final.
F_t = flujo generado por, o entregado al, proyecto al final del año [t].
n = número de años de vida considerados para el proyecto.
t = número de orden de cada año dentro de los [n] años.
α = coeficiente de capitalización empleado.

$$s_t = s_{t-1}\,(1 + \alpha) + F_t \qquad [3]$$

Según la fórmula [3], la capitalización de los saldos se hace de la forma siguiente:

$$s_0 = F_0$$
$$s_1 = s_0\,(1 + \alpha) + F_1 = F_0\,(1 + \alpha) + F_1$$
$$s_2 = s_1\,(1 + \alpha) + F_2 = [F_0\,(1 + \alpha) + F_1]\,(1 + \alpha) + F_2 = F_0\,(1 + \alpha)^2 + F_1\,(1 + \alpha) + F_2$$
$$s_3 = s_2\,(1 + \alpha) + F_3 = [F_0\,(1 + \alpha)^2 + F_1\,(1 + \alpha) + F_2]\,(1 + \alpha) + F_3 =$$
$$= F_0\,(1 + \alpha)^3 + F_1\,(1 + \alpha)^2 + F_2\,(1 + \alpha) + F_3$$

Generalizando, podemos decir que:

$$S_t = F_0(1+\alpha)^t + F_1(1+\alpha)^{t-1} + F_2(1+\alpha)^{t-2} + \ldots + F_t \qquad [4]$$

Por último el saldo final del proyecto será:

$$S_n = F_0(1+\alpha)^n + F_1(1+\alpha)^{n-1} + F_2(1+\alpha)^{n-2} + \ldots + F_n = \sum_{t=0}^{n} F_t(1+\alpha)^{n-t} \qquad [5]$$

La fórmula [5] es la misma que la fórmula [3], pero procediendo a una capitalización de los flujos, en lugar de a una capitalización acumulativa de los saldos[9].

De las consideraciones anteriores podemos extraer seis conclusiones:

Primera: la fórmula [5] es equivalente a la fórmula más conocida del VAN, siempre que el factor de capitalización [α] sea el mismo que el factor de actualización empleado en el cálculo del VAN. En efecto, dividiendo ambos términos por $(1 + \alpha)^n$, tenemos que:

$$\frac{S_n}{(1+\alpha)^n} = \sum_{t=0}^{n} \frac{F_t(1+\alpha)^{n-t}}{(1+\alpha)^n} = \sum_{t=0}^{n} \frac{F_t}{(1+\alpha)^t} = \text{VAN}$$

[9] Algunos autores prescinden de la capitalización acumulativa de los saldos, y definen el saldo de un proyecto directamente como una capitalización de los flujos. Por ejemplo, Domínguez Machuca, Durbán Oliva y Martín Armario, *El subsistema de inversión y financiación de la empresa, problemas y fundamentos teóricos,* Ed. Pirámide, 1984, p. 101.

Si el valor de [α] es precisamente la tasa interna de rentabilidad, forzosamente el saldo final del proyecto [s_n] será igual a cero.

Segunda: el saldo final del proyecto [s_n] puede también denominarse valor futuro neto (VFN)[10], y ser empleado como alternativa al valor actual neto (VAN).

$$\mathrm{VAN} = \sum_{t=0}^{n} \frac{F_t}{(1+r)^t} \qquad \mathrm{VFN} = \sum_{t=0}^{n} F_t (1+r)^{n-t} = s_n$$

Tercera: la tasa interna de rentabilidad (TIR) se puede calcular hallando el valor de [α] que iguala a cero la suma de los flujos actualizados al momento [t_0]; o bien hallando el valor de [α] que iguala a cero la suma de los flujos capitalizados al momento [t_n], es decir, que iguala a cero el saldo final [s_n].

Cuarta: los modelos VAN y TIR incluyen una hipótesis matemáticamente implícita: los flujos monetarios procedentes del proyecto son reinvertidos a la misma tasa de rentabilidad del proyecto, durante todo el tiempo considerado como su horizonte de vida.

Quinta: por la misma razón que la reinversión de los flujos es una hipótesis matemáticamente implícita en los modelos VAN y TIR, también está matemáticamente implícita la reinversión de los saldos positivos. La fórmula [5], deducida de la fórmula [3], expresa tanto la capitalización de los flujos como de los saldos.

Sexta: la tasa interna de rentabilidad tiene el carácter de un coste de oportunidad. Los directivos de una empresa pueden optar entre invertir en un proyecto y obtener unos flujos de tesorería cuyo valor final sea igual a la inversión inicial capitalizada; o bien prescindir de tal inversión y colocar los fondos en una inversión financiera a plazo fijo, que al cabo de [n] años, con sus intereses acumulados, tenga el mismo valor futuro que la inversión inicial capitalizada[11].

3. **La función del valor actual neto (VAN)**

3.1. La forma típica de la función

La forma típica de la función [$\mathrm{VAN} = f(r)$] es monótona creciente o decreciente.

Es *decreciente* en los proyectos de inversión. En estos casos, es convexa hacia el eje de abscisas, corta al eje de abscisas en un solo punto, tiende a $+\infty$ cuando [r] tiende a -1[12], y a $-F_0$ cuando [r] tiende a ∞. Hay, un solo valor de [r] que iguala el VAN a cero. Suele admitirse que este valor de [r] es la tasa interna de rentabilidad[13] (ver figura 1).

---

[10] James C. T. Mao, *Análisis financiero*, Ed. Ateneo, 1974, p. 173.

[11] Alain Galesne, *Les décisions financières de l'entreprise*, Ed. Dunod, 1981, p. 121.

[12] Cuando [r] es igual a -1, el denominador del sumatorio es cero, por lo que este último será igual a infinito. Si [r] es menor que -1, el denominador de los flujos de los años pares será positivo, y el denominador de los flujos de los años impares será negativo, lo que carece de significación financiera.

[13] Intentaremos demostrar en las páginas siguientes que esta definición del TIR es incompleta, y que presenta dificultades conceptuales.

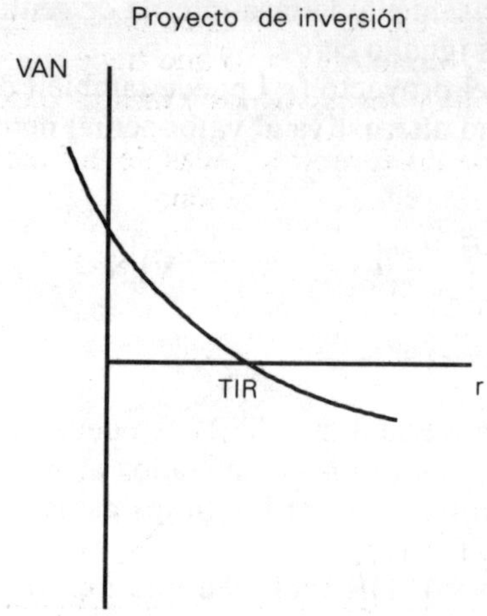

FIGURA 1. **Forma típica de la función VAN**

Es *creciente* en los proyectos de financiación. En estos casos, es cóncava hacia el eje de abscisas, también corta al eje de abscisas en un solo punto. En cambio tiende a $-\infty$ cuando [r] tiende a -1, y a $+F_0$ cuando [r] tiende a ∞. Hay un solo valor de [r] que iguala el VAN a cero. Este valor de [r] es el coste del capital (ver figura 2).

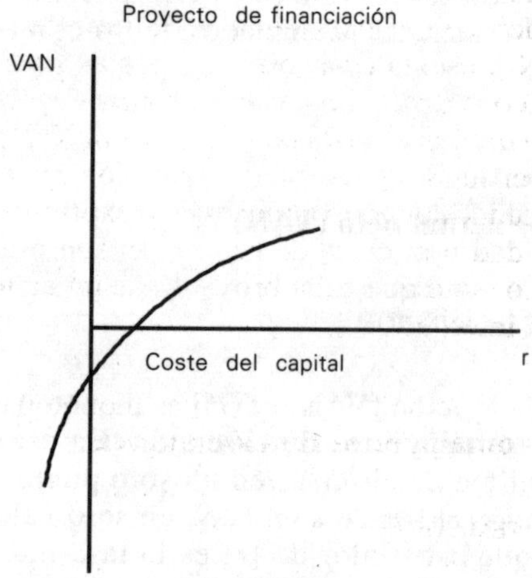

FIGURA 2. **Forma típica de la función VAN**

3.2. LA FORMA ATÍPICA DE LA FUNCIÓN

En algunos casos, la combinación de flujos positivos y negativos a lo largo de la vida de un proyecto da lugar a formas atípicas de la función VAN. La anomalía de tales formas atípicas puede revestir diversas manifestaciones.

a) La función VAN corta al eje de abscisas en más de un punto.
b) La función VAN no es monótona, sino que tiene tramos crecientes y decrecientes, con puntos de inflexión en los máximos y mínimos de la función.

La figura 3 muestra una de las formas atípicas de la función VAN. Más abajo estudiaremos éstos y otros desarrollos con más detención.

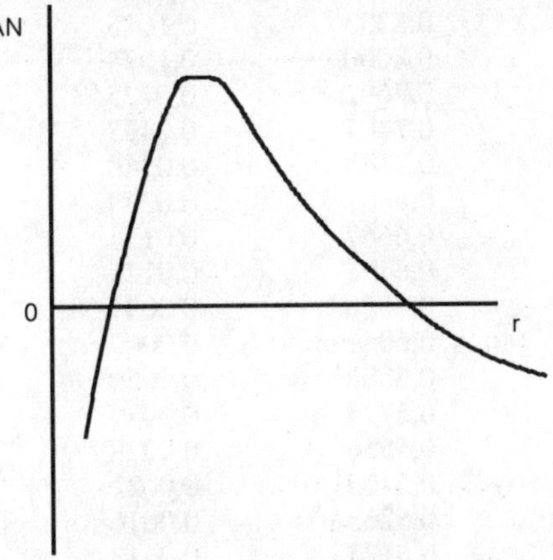

FIGURA 3. **Forma atípica de la función VAN**

En estos casos no es válida la afirmación de que la tasa interna de rentabilidad o el coste de capital coinciden con el punto en que la función VAN corta al eje de abscisas. Cuando la función VAN presenta esta forma atípica es preciso hacer una remodelización del algoritmo matemático. *Pero tampoco en los casos en que la función VAN reviste la forma típica es correcto definir el TIR como el valor de [r] que iguala el VAN a cero.*

Trataremos en primer lugar de dar una explicación matemática de la forma atípica de la función VAN. En segundo lugar, examinando la explicación financiera, veremos que la tasa interna de rentabilidad o el coste de capital no son precisamente el valor de [*r*] que hace el VAN igual a cero; sino que cada proyecto de inversión o financiación tiene infinitas tasas de rentabilidad internas.

4. Explicación de la anomalía de la función atípica

4.1. LA EXPLICACIÓN MATEMÁTICA

Los autores suelen citar la regla de Descartes para explicar estas formas atípicas de la función VAN[14]. Según dicha regla, un polinomio de grado [*n*] puede llegar a tener tantas raíces como cambios de signo haya en la sucesión de sus coeficientes. La explicación es correcta. Sin embargo quisiéramos explicar desde la matemática financiera la paradoja de

[14] La regla de Descartes no dice que haya tantas soluciones como cambios de signo, sino que el número de soluciones puede llegar a ser tan grande como los cambios de signos. Pero también puede tener menos. No es exactamente lo que dice Eduardo BUENO CAMPOS, *Economía de la empresa: análisis de decisiones empresariales,* Ed. Pirámide, 1989, p. 306.

CUADRO 1

r	$\frac{1}{(1+r)^1}$	$\frac{1}{(1+r)^{10}}$	Diferencia
0,00	1,0000	1,0000	0,0000
0,05	0,9524	0,6139	0,3385
0,10	0,9091	0,3855	0,5235
0,15	0,8696	0,2472	0,6224
0,20	0,8333	0,1615	0,6718
0,25	0,8000	0,1074	0,6926
0,30	0,7692	0,0725	0,6967
0,35	0,7407	0,0497	0,6910
0,40	0,7143	0,0346	0,6797
0,45	0,6897	0,0243	0,6653
0,50	0,6667	0,0173	0,6493
0,55	0,6452	0,0125	0,6327
0,60	0,6250	0,0091	0,6159
0,65	0,6061	0,0067	0,5994
0,70	0,5882	0,0050	0,5833
0,75	0,5714	0,0037	0,5677
0,80	0,5556	0,0028	0,5528
0,85	0,5405	0,0021	0,5384
0,90	0,5263	0,0016	0,5247
0,95	0,5128	0,0013	0,5116
1,00	0,5000	0,0010	0,4990

que aumente el VAN cuando crece la tasa de actualización de los flujos, o de que un proyecto de inversión haya de ser rechazado si la empresa opera con un coste de capital inferior a la tasa de rentabilidad del proyecto.

La explicación matemática del desarrollo atípico de la función VAN viene dada por el desarrollo de la función de la fórmula del interés compuesto $1/(1 + r)^t$.

A título de ejemplo desarrollamos dicha función para dos valores de [t], [$t = 1$] y [$t = 10$] (cuadro 1). Hemos recogido el valor del factor de actualización para distintos valores de [r] cuando operan sobre períodos de tiempo cortos [$t = 1$], y así mismo cuando operan sobre períodos de tiempo largos [$t = 10$].

La representación gráfica de ambas funciones la encontramos en la figura 4. Examinando la figura 4, observamos que el factor de actualización de 10 años [$t = 10$]:

a) tiene permanentemente un valor inferior al factor de actualización de un año [$t = 1$];
b) para valores pequeños de [r] tiene una pendiente más pronunciada que la curva correspondiente a [$t = 1$];
c) a partir del valor de [$r = 0,30$], la pendiente de la curva [$t = 10$] es menos pronunciada, con lo cual la diferencia entre ambas funciones empieza a disminuir. Tal diferencia se hará nula para un valor de [r] igual a infinito;
d) ello hace que la diferencia entre ambas curvas, al principio, vaya aumentando hasta la abscisa [$r = 0,30$], en donde ambas pendientes son iguales, y donde la diferencia entre ambas funciones es máxima;
e) la curva que representa el valor de las diferencias, parte del origen, puesto que para [$r = 0$] las dos funciones son igual a 1. Al principio es creciente, hasta alcanzar un máximo en [$r = 0,30$], y después es decreciente. Alcanza el valor 0, cuando [r] tiende a infinito.

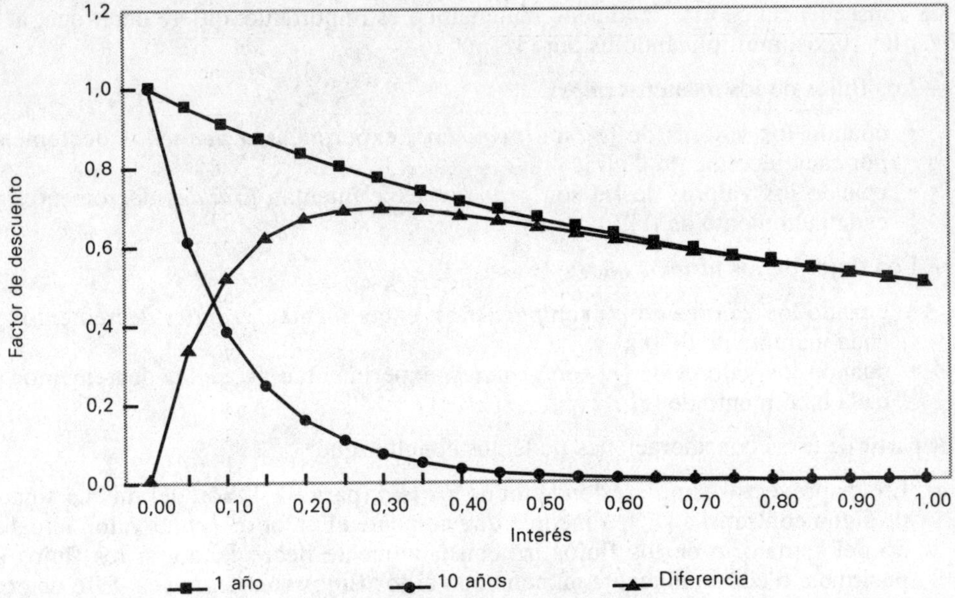

FIGURA 4. **Función del interés compuesto**

Resumiendo (cuadro 2):

—Para valores pequeños de [r] ($r < 0{,}30$):

- La curva [$t = 1$], tiene *pequeños* decrementos por cada incremento de [r].
- La curva [$t = 10$], tiene *grandes* decrementos por cada incremento de [r].

—Para valores grandes de [r] ($r > 0{,}30$):

- La curva [$t = 1$], tiene *grandes* decrementos por cada incremento de [r].
- La curva [$t = 10$], tiene *pequeños* decrementos por cada incremento de [r].

N.B.: el hecho de que la inflexión del ritmo de decrecimiento se produzca en el punto [$r = 0{,}30$] es una particularidad de este ejemplo; si hubiéramos escogido otros valores de [t], el punto de inflexión hubiera ocurrido para otro valor de [r].

CUADRO 2

		r	
		Pequeño	Grande
t	Pequeño	∇ Pequeño	∇ Grande
	Grande	∇ Grande	∇ Pequeño

La consecuencia de este fenómeno matemático es importante: quiere decir que, al actualizar los flujos, multiplicándolos por $(1 + r)^t$,

—Los flujos de los *primeros años*:

- cuando los valores de [r] son *pequeños*, experimentan *pequeños* decrementos por cada incremento de [r];
- cuando los valores de [r] son *grandes*, experimentan *grandes* decrementos por cada incremento de [r].

—Los flujos de los *últimos años*:

- cuando los valores de [r] son *pequeños*, experimentan *grandes* decrementos por cada incremento de [r];
- cuando los valores de [r] son *grandes*, experimentan *pequeños* decrementos por cada incremento de [r].

A partir de estas consideraciones podemos concluir que:

a) En los proyectos simples, donde todos los [F_t] (para $t \geq 1$) son del mismo signo, y de signo contrario a [F_0], a medida que aumente el valor de [r]: el valor actualizado del sumatorio de los flujos irá constantemente decreciendo, si los flujos son positivos; o constantemente aumentando si los flujos son negativos. Ello determina el desarrollo típico de la función VAN: una curva constantemente decreciente, o constantemente creciente que corta el eje de abscisas en un solo punto, precisamente cuando el valor actualizado del sumatorio de los flujos [F_t] (para $t \geq 1$) es igual al valor absoluto de [F_0].

b) Cuando el sumatorio de los flujos [F_t] (para $t \geq 1$) está compuesto de términos positivos y negativos, si los términos positivos están situados hacia el principio de la serie, y los negativos hacia el final de la serie, se va a producir el siguiente fenómeno matemático: al principio de la función, para valores pequeños de [r], y cada vez que aumenta [r], los primeros términos positivos perderán poco valor absoluto, mientras que los últimos términos negativos perderán mucho valor absoluto. Por lo tanto la suma algebraica de los flujos aumentará por cada incremento de [r].

Al contrario, hacia la cola de la función, para grandes valores de [r], y cada vez que aumenta [r], los primeros términos positivos perderán mucho valor absoluto, mientras que los últimos términos negativos perderán poco valor absoluto. Por lo tanto, la suma algebraica de los flujos disminuirá por cada incremento de [r].

Así pues, cuando en una serie de flujos de un proyecto de inversión o financiación existen al final de la serie términos negativos, éstos pueden dar lugar a una función VAN que es creciente al principio, y luego decreciente, y cortar al eje de abscisas en dos o más puntos, teniendo así dos o más valores nulos, tal como se representa en la figura 3.

4.2. La explicación financiera

La explicación financiera ha de ser construida a partir del fenómeno de la reinversión que hemos mencionado a propósito de las fórmulas [3] y [5][15].

---

15 Conclusiones cuarta y quinta.

4.2.1. *Clasificación de los proyectos*

Los proyectos se clasifican atendiendo al signo del flujo [F_0] y de los saldos; bien entendido que se trata de saldos capitalizados a la misma tasa de rentabilidad que iguala el VAN a cero[16]:

a) *proyectos puros de inversión:* cuando el flujo inicial es negativo [$F_0 < 0$], y todos los saldos del proyecto son también negativos o nulos [$s_t \leq 0$].
b) *proyectos puros de financiación:* cuando el flujo inicial es positivo [$F_0 > 0$], y todos los saldos del proyecto son también positivos o nulos [$s_t \geq 0$].
c) *proyectos mixtos de inversión y financiación:* cuando sea cual sea el signo del flujo inicial, los saldos del proyecto son unas veces positivos y otras negativos[17].

4.2.2. *Reinversión de los flujos*

En el caso de proyectos puros suelen decir los autores que el TIR es el factor de descuento que iguala el VAN a cero, o bien que iguala el sumatorio actualizado de los flujos futuros al importe monetario de la inversión inicial. En estos casos tal factor de descuento adquiere solamente un valor.

Esta definición incluye implícitamente la suposición de que los flujos [F_t] liberados del proyecto siguen manteniendo durante toda la vida del proyecto la misma rentabilidad que el proyecto mismo. Esta era la conclusión cuarta del comentario a las fórmulas [3] y [5]. Tal hipótesis matemática carece de verificación financiera. Los flujos [F_t] devueltos por el proyecto a la empresa se incorporan al activo fijo o circulante, y tendrán la rentabilidad del negocio donde sean reinvertidos, no precisamente la del proyecto que los ha generado.

La suposición matemática de la reinversión de los flujos [F_t] se puede aclarar financieramente si en lugar de razonar con un proceso de actualización, razonamos con un proceso de capitalización. En este caso definimos el TIR como *el factor de capitalización que iguala el saldo final del proyecto [s_n] a cero, o que iguala el sumatorio capitalizado de los flujos al valor capitalizado de la inversión.*

Así pues, hemos de tener en cuenta dos tasas de capitalización: la tasa interna de rentabilidad que la empresa exige al proyecto, que identificamos con el símbolo [r]; y la tasa de rentabilidad promedio del resto de los negocios de la empresa, que identificamos con el símbolo [k].

Partiendo de la fórmula [1], que es la fórmula clásica del VAN, y de su transformación en una operación de capitalización, fórmula [2], establecemos la fórmula [6][18].

Siendo:

C_0 = inversión inicial (en los proyectos de inversión), o captación inicial de recursos (en los proyectos de financiación).
r = tasa de rentabilidad exigida (en los proyectos de inversión), coste del capital (en los proyectos de financiación).
k = rentabilidad promedio de los demás negocios de la empresa.

---

16 Prescindimos de la clasificación según el signo de los flujos posteriores al inicial, pues tal circunstancia no es relevante.

17 James C. T. MAO elabora otro criterio para identificar los proyectos mixtos. Cfr. «An analysis of criteria for investment and financing decissions under certainty: comment», *Management Science,* noviembre 1966, pp. 289-291. También en *Análisis financiero,* Ed. Ateneo, 1974, p. 174. Aunque algunos autores lo prefieren, por ejemplo, Andrés S. SUÁREZ SUÁREZ, *Decisiones óptimas de inversión y financiación en la empresa,* Ed. Pirámide, 1981, p. 89, desde nuestro punto de vista es un criterio más opaco, y con un trabajo de cálculo suplementario.

18 Alain GALESNE, *Les décisions financières de l'entreprise,* Ed. Dunod, 1981, pp. 123-125.

n = horizonte de vida del proyecto.
t = número de orden de cada año, dentro de los [n] años.
F_t = flujo generado por el proyecto (en los proyectos de inversión), o flujo de remuneración al inversor (en los proyectos de financiación), al final de cada uno de los [t] años.

$$C_0(1+r)^n = \sum_{t=1}^{n} F_t(1+k)^{n-t}$$

$$r = \sqrt[n]{\frac{\sum_{t=1}^{n} F_t(1+k)^{n-t}}{C_0}} - 1 \qquad [6]$$

Aplicando la fórmula [6], para cada valor de [k], es decir, para cada posible rentabilidad promedio de los demás negocios de la empresa donde se reinvierten los flujos liberados del proyecto, obtendremos un valor distinto de [r]. Por tanto, incluso en las inversiones puras, el TIR no es único, sino que podrá tener infinitos valores, tantos como rentabilidades promedio del resto de los negocios se hayan de considerar[19].

También pudiera ocurrir, que aun siendo una inversión pura, es decir, que todos los saldos del proyecto son del mismo signo y de signo contrario a [F_0], sin embargo los flujos no sean todos del mismo signo, sino que unos sean positivos y otros negativos. En este caso la fórmula no sería aplicable, puesto que se apoya en la hipótesis de que todos los flujos han de ser capitalizados a la rentabilidad promedio de los negocios de la empresa [k].

En el caso pues de flujos positivos y negativos, el algoritmo a emplear sería diferente. Siendo:

I_t = Flujos negativos absorbidos por el proyecto al final del año [t].
F_t = Flujos positivos generados por el proyecto al final del año [t].

$$\sum_{t=0}^{n} I_t(1+r)^{n-t} = \sum_{t=1}^{n} F_t(1+k)^{n-t} \qquad [7]$$

Haciendo el segundo miembro de la igualdad igual a [Z], podemos decir que la tasa interna de rentabilidad [r] será la que verifique la igualdad:

$$0 = Z - \sum_{t=0}^{n} I_t(1+r)^{n-t} \qquad [8]$$

[19] Algunos autores prefieren mantener el nombre de TIR para el modo clásico de cálculo, y llamar a éste TIR integrado. Cfr. Alain GALENE, *Les décisions financières de l'entreprise*, Ed. Dunod, 1981, pp. 123-125. Sin embargo somos de la opinión de que lo correcto es redefinir el TIR teniendo en cuenta la reinversión de los flujos.

Este algoritmo puede resolverse mediante cualquiera de las rutinas incluidas en las calculadoras financieras, o en el software de los ordenadores. Evidentemente, para cada valor de [k] tendremos un valor de [Z] diferente y, consecuentemente, un valor de [r] también diferente. Luego cada proyecto tendrá tantas tasas internas de rentabilidad [r], como valores de [k] puedan considerarse. Es decir, $r = f(k)$.

4.2.3. *Reinversión de los saldos*

El modelo matemático del valor actual neto y de la tasa interna de rentabilidad supone que los saldos de un proyecto de inversión tienen durante toda la vida del proyecto la misma rentabilidad. Es así como la fórmula [3] utiliza la misma tasa de capitalización para todos los saldos, sean positivos o negativos. En el caso de proyectos puros, donde todos los saldos intermedios de un proyecto tienen el mismo signo, este supuesto no presenta mayores dificultades. En los proyectos de inversión, puesto que el capital continúa vinculado al proyecto, su rentabilidad es la del propio proyecto. En los proyectos de financiación, puesto que la posición del cedente de capital es continuamente acreedora, los fondos cedidos están sujetos a la tasa de rentabilidad exigida por el ahorrador-inversor. Pero si los saldos son unas veces positivos y otras negativos, tal como ocurre en los proyectos mixtos de inversión y financiación, ello significa que en algunos momentos:

a) Si se trata de un proyecto de inversión, no hay capital vinculado al proyecto, por lo que la rentabilidad del saldo no será la del proyecto mismo, sino la rentabilidad promedio del conjunto de los negocios de la empresa.
b) Si se trata de un proyecto de financiación, la posición del cedente de capital se torna deudora, por lo que los fondos cedidos, no están sujetos a la rentabilidad exigida por el ahorrador-inversor.

Por tanto, cuando se trata de un proyecto puro de inversión es correcto capitalizar los saldos negativos del proyecto a la tasa interna de rentabilidad, pues es un saldo de fondos todavía vinculado al proyecto y que, por tanto, genera una rentabilidad que es la misma rentabilidad interna del proyecto. Pero en las inversiones mixtas, los saldos positivos, representan unos fondos que ya no están vinculados al proyecto, y por lo tanto carece de realismo pensar que han de seguir generando la misma rentabilidad que generaban cuando estaban vinculados al proyecto. Los saldos positivos del proyecto se reinvierten en el resto de las actividades de la empresa, y tienen la rentabilidad no precisamente del proyecto que los ha proporcionado, sino del negocio en el que se han invertido, y esta nueva tasa de rentabilidad puede ser diferente de la del proyecto generador del saldo. Por lo tanto lo lógico es atribuirles la rentabilidad promedio del activo de la empresa[20].

Mientras el proyecto tenga un saldo negativo, la capitalización del saldo del año [t] para obtener el saldo del año [$t + 1$] se hará a la tasa interna de rentabilidad del propio proyecto. Pero cuando el saldo sea positivo, se ha de hacer a la tasa de rentabilidad promedio del resto de los negocios de la empresa. Esto nos lleva a la conclusión de que en el caso de existencia de saldos positivos la fórmula [5] ha de ser modificada de la forma que se expresa en la fórmula [9].

---

[20] En los proyectos puros de financiación ocurre la misma circunstancia, solamente que simétricamente contraria.

Siendo:

s_t = Saldo del proyecto al final del año [t].
F_t = Flujo generado por el proyecto al final del año [t].
r = Tasa interna de rentabilidad del proyecto.
k = Rentabilidad promedio de los demás negocios de la empresa.

$$s_0 = F_0$$

$$\begin{aligned} s_1 &= s_0 (1 + r) + F_1, \text{ si } s_0 \leq 0 \\ &= s_0 (1 + k) + F_1, \text{ si } s_0 > 0 \end{aligned}$$

$$\begin{aligned} s_2 &= s_1 (1 + r) + F_2, \text{ si } s_1 \leq 0 \\ &= s_1 (1 + k) + F_2, \text{ si } s_1 > 0 \end{aligned}$$

$$\begin{aligned} s_3 &= s_2 (1 + r) + F_3, \text{ si } s_2 \leq 0 \\ &= s_2 (1 + k) + F_3, \text{ si } s_2 > 0 \end{aligned}$$

Intentaremos formular un algoritmo que incorpore la particularidad de estos casos mixtos de inversión y financiación. Generalmente los autores proponen supuestos de proyectos donde [n] no supera el valor de 2 o 3, con lo cual la resolución del algoritmo es relativamente sencilla. Procuraremos instrumentar una solución, donde el valor de [n] pueda ser ilimitado[21].

Partiendo del principio expuesto en la fórmula [9], transformaremos la fórmula [5] en la fórmula [10].

Siendo:

n = Número de años de vida considerados del proyecto.
t = Número de orden de cada año dentro de los [n] años.
s_n = Saldo del proyecto.
F_t = Flujo de cada uno de los [t] años.
r = Tasa interna de rentabilidad del proyecto.
k = Rentabilidad promedio de los demás negocios de la empresa.
a = Número de saldos negativos que se producen desde el año [t] hasta el año [n – 1].
b = Número de saldos positivos que se producen desde el año [t] hasta el año [n – 1].

$$s_n = \sum_{t=0}^{n} F_t (1+r)^a (1+k)^b \qquad [10]$$

La fórmula [10] significa que [s_n] es igual a la suma de los flujos [F_t], capitalizado cada uno por un doble factor: $(1 + r)$ elevado a una potencia igual al número de saldos negativos que se producen desde [t] hasta [n – 1], y por $(1 + k)$ elevado a una potencia igual al número de saldos positivos que se producen desde [t] hasta [n – 1][22].

---

21 Los ejemplos que vamos a estudiar, y la hoja de cálculo que hemos programado, están pensados para un valor de $n \leq 8$. Pero igualmente es aplicable a casos en los que sea $n > 8$.

22 Cfr. Daniel Teichroew, Alexander A. Robichek y Michael Montalbano, «Mathematical analysis of rates of return under certainty», *Management Science,* enero 1965, pp. 395-403.

5. Resolución del algoritmo

La resolución del algoritmo de la fórmula [6] puede hacerse directamente. En cambio la resolución del algoritmo de la fórmula [10], ha de hacerse por iteraciones.

5.1. La tasa interna de rentabilidad de un proyecto mixto será la que iguale a cero el saldo final del proyecto

A la vista de la fórmula [9], la tasa interna de rentabilidad [r] dependerá del valor de [k], es decir, de la rentabilidad promedio del resto de los negoccios de la empresa. En términos matemáticos, [$r = f(k)$]. Más claramente la tasa interna de rentabilidad de dos proyectos mixtos de inversión y financiación, con la misma inversión inicial, y los mismos flujos de fondos subsiguientes, puede ser distinta no por razón del proyecto mismo, que ambos son iguales, sino porque, en un caso y otro, la rentabilidad promedio del resto de los negocios de la empresa es diferente. Más aún el mismo proyecto mixto cambiará su tasa interna de rentabilidad cuando cambien, no los flujos de fondos del proyecto mismo, sino la rentabilidad promedio del resto de los negocios de la empresa. Así pues, los proyectos mixtos tienen *infinitas* tasas internas de rentabilidad, tantas como rentabilidades promedio del resto de los negocios de la empresa puedan coexistir con el proyecto.

Veamos un ejemplo numérico para explicar el modo de procedimiento, y el método para deducir la fórmula [10].

Supongamos un proyecto de inversión cuyos flujos futuros esperados son los siguientes:

Año 0	–990
Año 1	1.000
Año 2	1.000
Año 3	1.000
Año 4	2.000
Año 5	–8.000
Año 6	2.000
Año 7	1.000
Año 8	1.000

La función VAN = $f(r)$ de este proyecto de inversión tiene tres ceros, para valores de [r] igual a 1,22%, 8,97% y 58,11%. Está representada en la figura 5.

Aplicamos la ecuación [9], tomando como valor de [r] uno cualquiera de estos sus tres valores, por ejemplo 8,97%, y como rentabilidad promedio del resto de los negocios de la empresa el 14%. Utilizando alternativamente estas dos tasas de capitalización, según que el saldo del poyecto sea negativo o positivo, calculamos todos los saldos del proyecto:

$$
\begin{aligned}
s_0 &= & F_0 &= & -990 &= & -990{,}00\\
s_1 &= & s_0(1+r)+F_1 &= & -990{,}00\,(1+0{,}089658)+1.000 &= & -78{,}76\\
s_2 &= & s_1(1+r)+F_2 &= & -78{,}76\,(1+0{,}089658)+1.000 &= & 914{,}18\\
s_3 &= & s_2(1+k)+F_3 &= & 914{,}18\,(1+0{,}140000)+1.000 &= & 2.042{,}16\\
s_4 &= & s_3(1+k)+F_4 &= & 2.042{,}16\,(1+0{,}140000)+2.000 &= & 4.328{,}06\\
s_5 &= & s_4(1+k)+F_5 &= & 4.328{,}06\,(1+0{,}140000)-8.000 &= & -3.066{,}01\\
s_6 &= & s_5(1+r)+F_6 &= & -3.066{,}01\,(1+0{,}089658)+2.000 &= & -1.340{,}90\\
s_7 &= & s_6(1+r)+F_7 &= & -1.340{,}90\,(1+0{,}089658)+1.000 &= & -461{,}12\\
s_8 &= & s_7(1+r)+F_8 &= & -461{,}12\,(1+0{,}089658)+1.000 &= & 497{,}53
\end{aligned}
$$

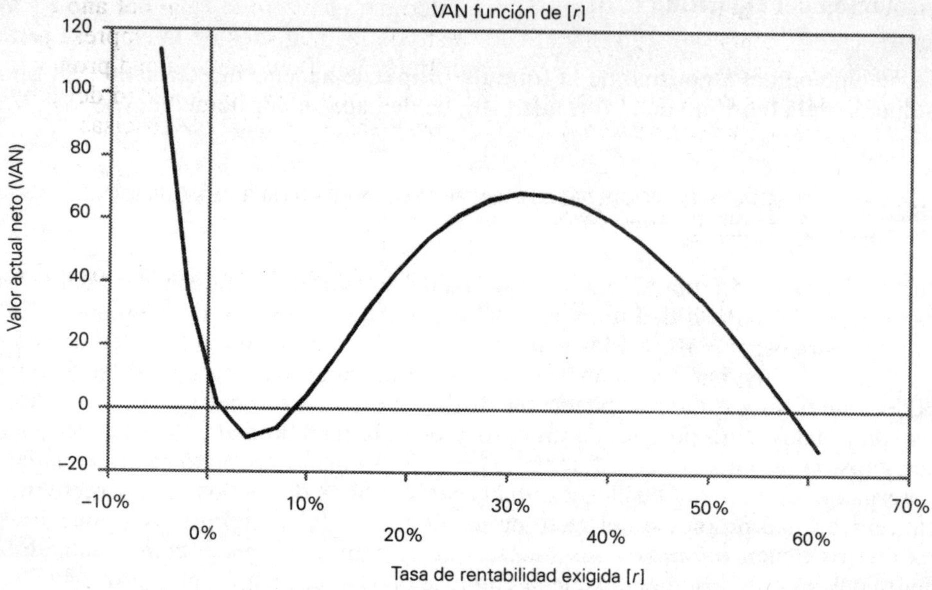

FIGURA 5. **Valor actual neto**

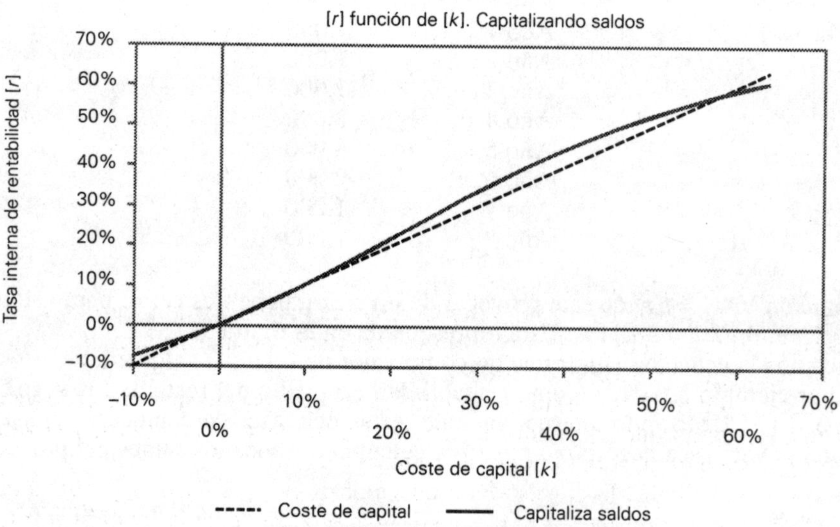

FIGURA 6. **Coste de capital y TIR**

El saldo final del proyecto, capitalizando los saldos posititivos de los años segundo, tercero y cuarto a la rentabilidad promedio del resto de los negocios de la empresa, 14%, en lugar de al valor de [r] que proporcionaba el segundo de los ceros de la función VAN, 8,97%, no es nulo. Si hubiéramos capitalizado todos los saldos del proyecto fueran positivos o negativos al 8,97%, hubiéramos obtenido un saldo del proyecto al final del año 8.º nulo. Pero utilizando la rentabilidad promedio del resto de los negocios de la empresa para los saldos positivos, el saldo final se hace positivo. Luego para una rentabilidad promedio del resto de los negocios de la empresa del 14%, la tasa interna de rentabilidad del proyecto no es 8,97%, aun cuando para ese valor la función VAN cruce el eje de abscisas.

5.2. Proceso lógico de resolución

1. Formulamos la ecuación del saldo final del proyecto, en función de los flujos. De acuerdo con los datos del ejemplo, tenemos:

$$
\begin{aligned}
S_8 &= S_7 (1 + r) + F_8 = \\
&= [S_6 (1 + r) + F_7] (1 + r) + F_8 = \\
&= S_6 (1 + r)^2 + F_7 (1 + r) + F_8 = \\
&= [S_5 (1 + r) + F_6] (1 + r)^2 + F_7 (1 + r) + F_8 = \\
&= S_5 (1 + r)^3 + F_6 (1 + r)^2 + F_7 (1 + r) + F_8 = \\
&= [S_4 (1 + k) + F_5] (1 + k)^3 (1 + r) + F_6 (1 + r)^2 + F_7 (1 + r) + F_8 = \\
&= S_4 (1 + k) (1 + r)^3 + F_5 (1 + r)^3 + F_6 (1 + r)^2 + F_7 (1 + r) + F_8 = \\
&= [S_3 (1 + k) + F_4] (1 + k) (1 + r)^3 + F_5 (1 + r)^3 + F_6 (1 + r)^2 + F_7 (1 + r) + F_8 = \\
&= S_3 (1 + k)^2 (1 + r)^3 + F_4 (1 + k) (1 + r)^3 + F_5 (1 + r)^3 + F_6 (1 + r)^2 + F_7 (1 + r) + F_8 = \\
&= [S_2 (1 + k) + F_3] (1 + k)^2 (1 + r)^3 + F_4 (1 + k) (1 + r)^3 + F_5 (1 + r)^3 + F_6 (1 + r)^2 + \\
&\quad + F_7 (1 + r) + F_8 = \\
&= S_2 (1 + k)^3 (1 + r)^3 + F_3 (1 + k)^2 (1 + r)^3 + F_4 (1 + k) (1 + r)^3 + F_5 (1 + r)^3 + F_6 (1 + r)^2 + \\
&\quad + F_7 (1 + r) + F_8 = \\
&= [S_1 (1 + r) + F_2] (1 + k)^3 (1 + r)^3 + F_3 (1 + k)^2 (1 + r)^3 + F_4 (1 + k) (1 + r)^3 + F_5 (1 + r)^3 + \\
&\quad + \ldots = \\
&= S_1 (1 + k)^3 (1 + r)^3 + F_2 (1 + k)^3 (1 + r)^3 + F_3 (1 + k)^2 (1 + r)^3 + \ldots = \\
&= [S_0 (1 + r) + F_1] (1 + k)^3 (1 + r)^4 + F_2 (1 + k)^3 (1 + r)^3 + \ldots = \\
&= S_0 (1 + k)^3 (1 + r)^5 + F_1 (1 + k)^3 (1 + r)^4 + F_2 (1 + k)^3 (1 + r)^3 + \ldots = \\
&= F_0 (1 + k)^3 (1 + r)^5 + F_1 (1 + k)^3 (1 + r)^4 + F_2 (1 + k)^3 (1 + r)^3 + F_3 (1 + k)^2 (1 + r)^3 + \\
&\quad + F_4 (1 + k) (1 + r)^3 + F_5 (1 + r)^3 + F_6 (1 + r)^2 + F_7 (1 + r) + F_8
\end{aligned}
$$

2. Damos un valor determinado a [k].

3. Por iteraciones calculamos el valor de [r] que hace s_n igual a cero. Esta es la tasa interna de rentabilidad (TIR) del proyecto que coexiste con una determinada rentabilidad del resto de los negocios de la empresa [k].

4. Para cada valor de [k] se ha de repetir el proceso, puesto que por cada valor de [k] que se considere, el número de saldos positivos y negativos será distinto, y el valor de [r] que haga [s_n] igual a cero, será también distinto.

5. A cada valor de [k] le corresponde un valor de [r] que hace [s_n] igual a cero. Esta correspondencia de valores de [k] y [r] constituyen precisamente la función [$r = f(k)$].

5.3. Proceso mecanizado de resolución con Quattro Pro

5.3.1. *La hoja de cálculo*

La hoja de cálculo tiene L columnas y 105 filas. Está dividida en tres zonas horizontales: la primera (filas 2-29) calcula el VAN, y los ceros de la función VAN. La segunda (filas 30-82) calcula la función [$r = f(k)$] tanto en la hipótesis de reinversión de saldos como de flujos. La tercera (filas 83-105) contiene una macroinstrucción para resolver el algoritmo de la fórmula [10].

Primera zona: la función VAN y sus ceros.

—En el recuadro [1] se contienen los flujos del proyecto.
—En el recuadro [2] se contienen los ceros de la función VAN.
—En el recuadro [3] se contiene la función VAN de distintos valores de [r].
—En el recuadro [4] se contienen los saldos del proyecto según los distintos valores de [r] que igualan el VAN a cero.

1	B	C	D	D	F	G	H	I	J	K
2										
3										
4					[4]					
5 [1]						*Saldo capitalizado según r_1*			*Saldo capitalizado según r_2*	
6	Año	Flujos	[3] r	VAN	St-1	Ft	St	St-1	Ft	St
7	0	–990	–5,00%	113,71		–990	(990,00)		–990	(990,00)
8	1	1.000	–2,00%	37,18	(1.002,1)	1.000	(2,11)	(1.078,8)	1.000	(78,76)
9	2	1.000	1,00%	1,51	(2,1)	1.000	997,86	(85,8)	1.000	914,18
10	3	1.000	4,00%	(9,48)	1.010,1	1.000	2.010,07	996,1	1.000	1.996,14
11	4	2.000	7,00%	(6,34)	2.034,7	2.000	4.034,66	2.175,1	2.000	4.175,11
12	5	–8.000	10,00%	4,12	4.084,0	–8.000	(3.915,97)	4.549,4	–8.000	(3.450,55)
13	6	2.000	13,00%	17,57	(3.963,9)	2.000	(1.963,88)	(3.759,9)	2.000	(1.759,93)
14	7	1.000	16,00%	31,31	(1.987,9)	1.000	(987,91)	(1.917,7)	1.000	(917,72)
15	8	1.000	19,00%	43,73	(1.000,0)	1.000	0,00	(1.000,0)	1.000	0,00
16			22,00%	53,95						
17 [2]			25,00%	61,54		*Saldo capitalizado según r_3*				
18	r_1	1,22%	28,00%	66,35	St-1	Ft	St	Año		
19	r_2	8,97%	31,00%	68,45		–990	(990,00)	0		
20	r_3	58,11%	34,00%	67,99	(1.565,26)	1.000	(565,26)	1		
21			37,00%	65,20	(893,72)	1.000	106,28	2		
22			40,00%	60,31	168,03	1.000	1.168,03	3		
23			43,00%	53,58	1.846,75	2.000	3.846,75	4		
24			46,00%	45,27	6.081,99	–8.000	(1.918,01)	5		
25			49,00%	35,59	(3.032,51)	2.000	(1.032,51)	6		
26			52,00%	24,77	(1.632,48)	1.000	(632,48)	7		
27			55,00%	13,00	(1.000,00)	1.000	(0,00)	8		
28			58,00%	0,46						
29			61,00%	(12,70)						

Segunda zona: función [$r = f(k)$]

—En el recuadro [5] se contienen los parámetros de la macroinstrucción. El operador puede definir según sus deseos, las siguientes variables:

- [k0'], valor mínimo que adoptará [k];
- [kI], incremento de la serie de valores de [k]
- DECLIM número de cifras significativas del valor de [r]

Las demás variables son utilizadas por la macroinstrucción, y no debe cambiarlas.

—En el recuadro [6] se hace la capitalización de los flujos siguiendo la fórmula [10]. Para cada valor de [k] se calculan los saldos positivos y negativos desde [t] a [n-1]. Luego por iteraciones se calcula el valor de [r] que hace [s_n] igual a cero.

—En el recuadro [7] se aloja el resultado, tanto del algoritmo de la fórmula [10] (reinversión de los saldos), como de la fórmula [6] (reinversión de los flujos).

1	B	C	D	D	F	G	H	I	J	K
30 [5]	k0	63,50%	r	61,02%	Dec	5	c	2		
31	k0'	–10,00%	rI	0,00%	Declim	5	f	22		
32	kI	3,50%	s	(0,33)	n	8				
33 [6]		*Capitalización de saldos según [k] y [r]*								
34	Año	Flujos	St-1	Ft	St	Positivos	Negativos			
35	0	–990		(990,00)	(990,00)	0	1			
36	1	1.000	(1.594,12)	1.000,00	(594,12)	0	1			
37	2	1.000	(956,66)	1.000,00	43,34	1	0			
38	3	1.000	70,86	1.000,00	1.070,86	1	0			
39	4	2.000	1.750,86	2.000,00	3.750,86	1	0			
40	5	–8.000	6.132,65	(8.000,00)	(1.867,35)	0	1			
41	6	2.000	(3.006,84)	2.000,00	(1.006,84)	0	1			
42	7	1.000	(1.621,24)	1.000,00	(621,24)	0	1			
43	8	1.000	(1.000,33)	1.000,00	(0,33)					
44					Total saldos	3	5			
45		*Capitalización de saldos según [k] y [r]*								
46	Año	Flujos	1 + k	1 + r	Flujos					
47			1,635	1,61022	capitalizados					
48	0	–990	3	5	(46.839,75)					
49	1	1.000	3	4	29.382,86					
50	2	1.000	3	3	18.247,73					
51	3	1.000	2	3	11.160,69					
52	4	2.000	1	3	13.652,22					
53	5	–8.000	0	3	(33.399,94)					
54	6	2.000	0	2	5.185,62					
55	7	1.000	0	1	1.610,22					
56	8	1.000			1.000,00					
57				Suma	(0,33)					

[7]

58		Capitalizado saldos		Flujos			
59	k	r	Saldo n	r			Saldo n
60	–10,00%	–7,618%	0,03	–6,059%	93,94%	600,4	0,00
61	–6,50%	–5,148%	0,07	–4,583%	95,42%	680,2	0,00
62	–3,00%	–2,424%	0,05	–2,317%	97,68%	820,7	(0,00)
63	0,50%	0,570%	–0,00	0,568%	100,57%	1.035,9	0,00
64	4,00%	3,845%	–0,08	3,875%	103,87%	1.341,9	(0,00)
65	7,50%	7,399%	–0,07	7,433%	107,43%	1.756,8	(0,00)
66	11,00%	11,213%	–0,05	11,118%	111,12%	2.300,9	(0,00)
67	14,50%	15,246%	–0,02	14,851%	114,85%	2.997,1	0,00
68	18,00%	19,436%	–0,07	18,583%	118,58%	3.870,9	0,00
69	21,50%	23,702%	–0,04	22,286%	122,29%	4.950,6	(0,00)
70	25,00%	27,958%	–0,09	25,946%	125,95%	6.267,6	(0,00)
71	28,50%	32,119%	–0,06	29,554%	129,55%	7.856,9	0,00
72	32,00%	36,115%	–0,03	33,110%	133,11%	9.756,9	(0,00)
73	35,50%	39,894%	–0,04	36,612%	136,61%	12.009,8	0,00
74	39,00%	43,423%	–0,08	40,062%	140,06%	14.662,1	0,00
75	42,50%	46,686%	–0,14	43,463%	143,46%	17.764,8	0,00
76	46,00%	49,680%	–0,08	46,818%	146,82%	21.373,4	0,00
77	49,50%	52,413%	–0,22	50,130%	150,13%	25.548,8	(0,00)
78	53,00%	54,896%	–0,03	53,401%	153,40%	30.357,0	(0,00)
79	56,50%	57,147%	–0,08	56,634%	156,63%	35.870,0	(0,00)
80	60,00%	59,183%	–0,17	59,833%	159,83%	42.165,7	0,00
81	63,50%	61,022%	–0,33	62,998%	163,00%	49.328,8	(0,00)
82							

5.3.2. *La macro de resolución*

Tercera zona: macroinstrucción de resolución del algoritmo en la hipótesis de reinversión de los saldos

```
 83
 84 {dejar I30;0}
 85 {dejar I31;0}
 86 {meter C60.D81;I30;I31;0}
 87 {dejar I31;I31+1}{si I31>21}{bifurcar B89}
 88 {bifurcar B86}
 89 {dejar I30;I30+1}{si I30<2}{bifurcar B85}
 90 {recalcfil C60.D81}{dejar I31;0}{dejar C30;C31}
 91 {dejar E30;0}{dejar G30;1}{dejar E31;.1}
 92 {recalcfil C30.H58}{si G44>=B43}{esc}{salir}
 93 {si F57<=0}{bifurcar B99}
 94 {si F57>0}{dejar E30;E30+E31}{recalcfil C30.H58}
 95 {si F57<=0}{bifurcar B97}
 96 {si F57>0}{bifurcar B94}
 97 {si G30>=G31}{meter C60.D81;0;I31;E30}{meter C60.D81;1;I31;F57}
    {dejar I31;I31+1}{recalcfil I31}{bifurcar B104}
 98 {si G30<=G31}{dejar E30;E30-E31}{recalcfil E30}{dejar E31;E31/10}
    {dejar G30;G30+1}{recalcfil C30.H58} {bifurcar B92}
 99 {si F57<0}{dejar E30;E30-E31}{recalcfil C30.H58}
100 {si F57>=0}{bifurcar B102}
101 {si F57<0}{bifurcar B99}
102 {si G30>=G31}{meter C60.D81;0;I31;E30}{meter C60.D81;1;I31;F57}
    {dejar I31;I31+1}{recalcfil I31}{bifurcar B104}
103 {si G30<=G31}{dejar E30;E30+E31}{recalcfil E30}{dejar E31;E31/10}
    {dejar G30;G30+1}{recalcfil C30.H58} {bifurcar B93}
104 {si I31>21}{esc}{salir}
105 {dejar C30;C30+C32} {recalcfil C30}{bifurcar B91}
```

5.4. Representaciones gráficas

Llevando la función [$r = f(k)$] a un sistema de coordenadas, en el que representamos la variable independiente [k] en el eje de abscisas; y la variable dependiente [r] en el eje de ordenadas, obtenemos la figura 6 (página 238).

La recta es la bisectriz de los ejes de coordenadas, lugar geométrico de los puntos que representan la igualdad entre la tasa interna de rentabilidad y el coste medio ponderado del capital. Para valores de $k = -0{,}2698$, $k = -0{,}0051$, y $k = 0{,}6530$, ambas curvas se cruzan. Ello indica que si el coste medio ponderado del capital coincide con alguno de los valores de [r] que igualan a cero la función VAN de esta inversión, la tasa interna de rentabilidad del proyecto, también coincide con esos valores.

Si el coste del capital se aparta de estos valores límites, la tasa interna de rentabilidad es superior o inferior al coste medio ponderado del capital: es superior en los intervalos en que la función [VAN $= f(r)$] es positiva; y es inferior al coste de capital en los intervalos en que la función [VAN $= f(r)$] es negativa.

6. Conclusiones sobre los proyectos mixtos

6.1. Capitalización de flujos o de saldos

La comparación de las fórmulas [2] y [5] sugieren que la hipótesis de reinversión de los flujos, es equivalente a la hipótesis de reinversión de los saldos. Ello sería cierto siempre que la tasa de capitalización de los [F_t] fuese la misma. Ello ocurre así en la fórmula [6]: la hipótesis de la reinversión de los flujos nos conduce a capitalizar éstos a la rentabilidad promedio de los negocios de la empresa [k]. Sin embargo en la hipótesis de reinversión de los saldos, aplicando la fórmula [10], los flujos se capitalizan según dos tasas diferentes [r] y [k], en función del número de saldos negativos desde [t] hasta [n-1]. Por tanto la tasa interna de rentabilidad de un proyecto en función de [k], será diferente según que adoptemos la hipótesis de reinversión de los flujos, o de reinversión de los saldos.

Consideremos el siguiente supuesto de una inversión mixta:

Año	Flujos
0	–500
1	400
2	300
3	200
4	200
5	200
6	–900

Los valores de [r] que hacen el VAN igual a cero son r_1 = 7,69%, y r_2 = 34,49%. La gráfica de la función VAN es:

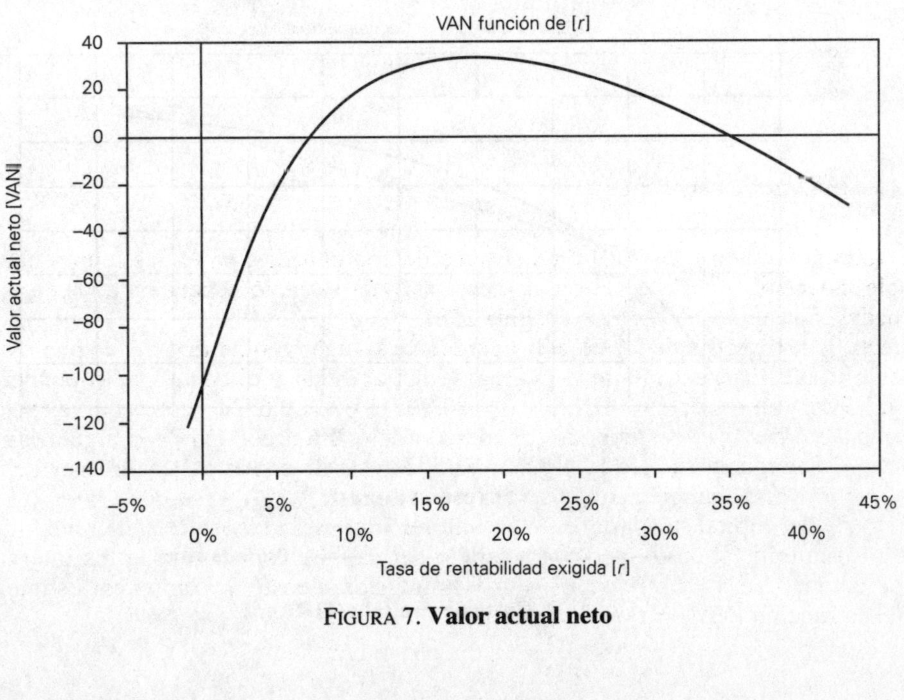

FIGURA 7. **Valor actual neto**

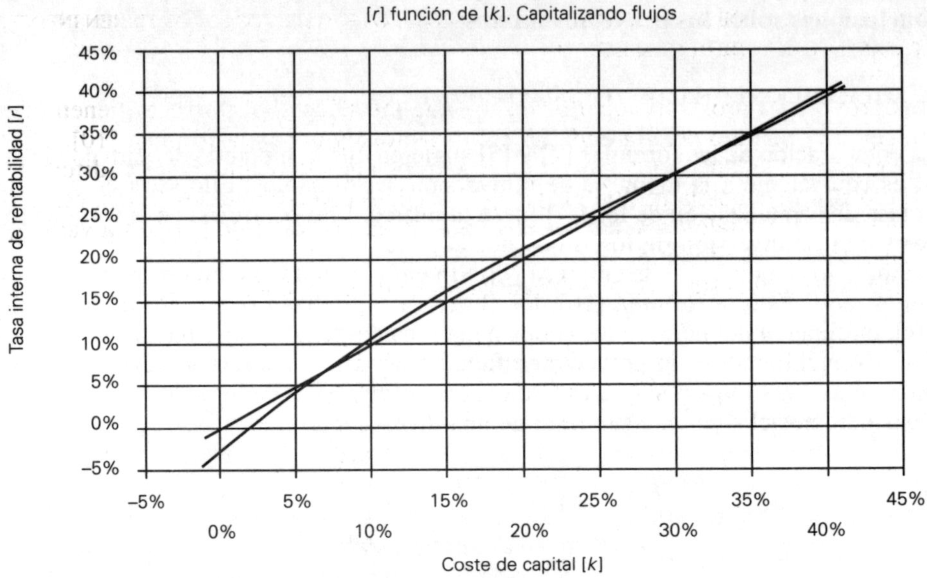

FIGURA 8. **Coste de capital y TIR**

La función [$r = f(k)$], resuelta según la fórmula [6], da lugar a la figura 8. En cambio resolviéndola según la fórmula [10] da lugar a la figura 9.

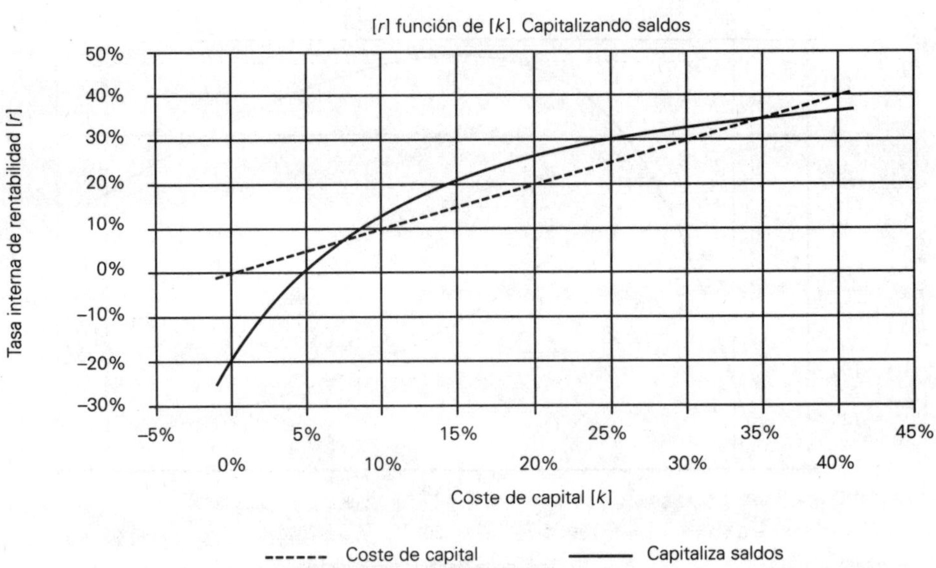

FIGURA 9. **Coste de capital y TIR**

6.2. EN LA HIPÓTESIS DE REINVERSIÓN DE LOS FLUJOS, LOS PROYECTOS PUROS TIENEN INFINITAS TASAS INTERNAS DE RENTABILIDAD

Los proyectos puros son aquellos en los que los saldos del proyecto tienen todos el mismo signo, y distinto del signo de [F_0]. Por tanto, siguiendo la fórmula [10], hipótesis de reinversión de saldos, no es preciso utilizar dos tasas de capitalización diferentes [r] y [k]. Pero si utilizamos la fórmula [6], hipótesis de reinversión de los flujos, éstos se capitalizan según [k], cualquiera que sea el signo del saldo. Por tanto para cada valor de [k], habrá un valor de [r] diferente.

Tengamos el supuesto siguiente de un proyecto de inversión:

Año	Flujos
0	–1.000
1	300
2	150
3	250
4	140
5	500
6	130
7	400
8	10

La función VAN, como es normal reviste la forma típica de la figura 10. En cambio la función [$r = f(k)$] toma dos formas diferentes. En la hipótesis de reinversión de los saldos es una horizontal, independiente. Mientras que en la hipótesis de reinversión de los flujos, es una recta creciente, expresión de que [r] adquiere un valor diferente para cada valor de [k].

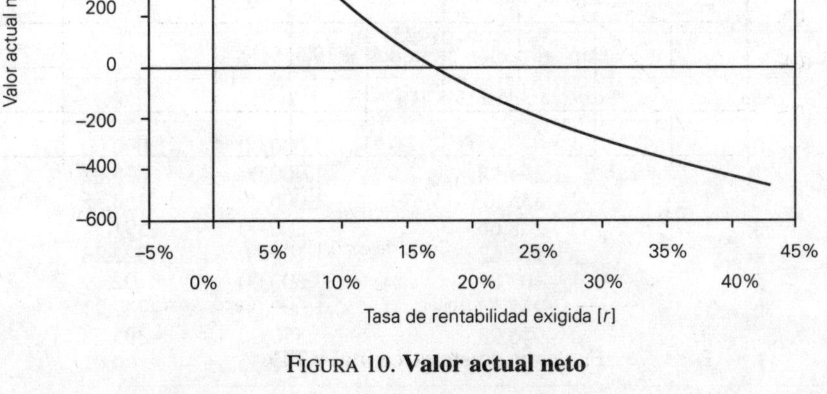

FIGURA 10. **Valor actual neto**

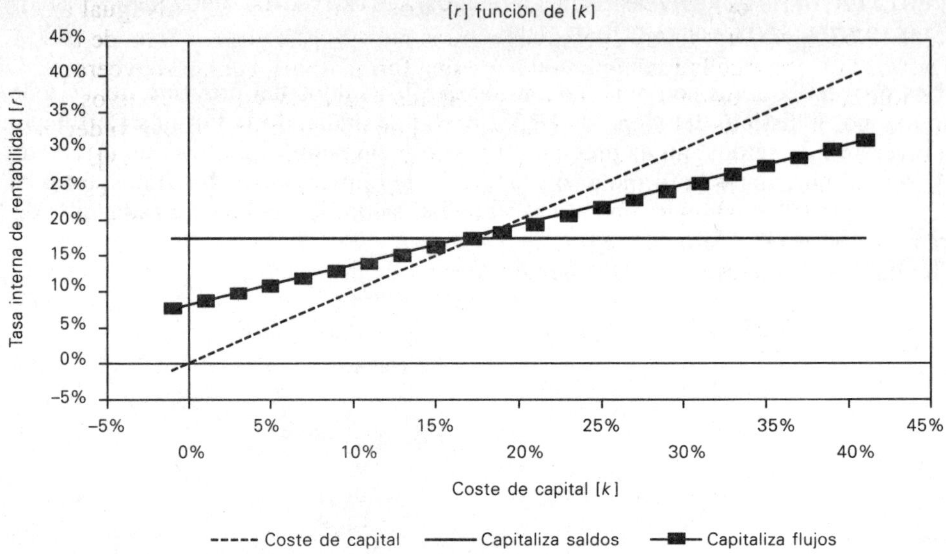

FIGURA 11. **Coste de capital y TIR**

6.3. LOS PROYECTOS MIXTOS PUEDEN TENER UNA SOLA SOLUCIÓN PARA LA FUNCIÓN VAN

Tengamos un proyecto de inversión con los flujos siguientes:

Año	0	1	2	3	4	5	6	7	8
Flujos	–1.000	1.900	–1.000	800	–1.100	600	–1.000	550	500

Los flujos representan una inversión en títulos-valores de una determinada sociedad. Esta sociedad hace ampliaciones de capital todos los años. El inversor ha concurrido a las ampliaciones en los años 2, 4 y 6. Los años 1, 3, 5, 7 y 8 ha vendido los derechos de suscripción. En cuanto a los dividendos, los ha cobrado todos los años. Debido a la concurrencia a las ampliaciones de capital, en los años 2, 4 y 6 se producen flujos negativos.

La función VAN = $f(r)$ tiene la forma típica: decreciente, convexa hacia el eje de abscisas, corta al eje de abscisas en un solo punto [r = 19,53].

Capitalización de saldos al 19,53%			
Año	S_{t-1} capitalizado a 19,53%	F_t	S_t
0		–1.000,00	–1.000,00
1	–1.264,98	1.900,00	635,02
2	835 ,05	–1.000,00	–164,95
3	–208,66	800,00	591,34
4	777,62	–1.100,00	–322,38
5	–407,81	600,00	192,19
6	252,73	–1.000,00	–747,27
7	–945,28	550,00	–395,28
8	–500,02	500,00	–0,02

Los saldos del proyecto capitalizados al valor de [r] que hace el VAN igual a cero, es decir, al 19,53%, son unas veces positivos y otras negativos. Luego se trata de una inversión *mixta*. Sin embargo la función VAN tiene una forma típica, con un solo cero.

Dado que los saldos del proyecto son una veces negativos y otras positivos, en el supuesto de reinversión de los saldos, el valor de [r] que hace [s_n] igual a cero depende del valor que se asigne a [k]. Habrá un valor de [r] para cada valor estimado de [k].

En el supuesto de reinversión de los flujos, la función [$r = f(k)$] también es creciente, pero con una pendiente y una ordenada en el origen diferente.

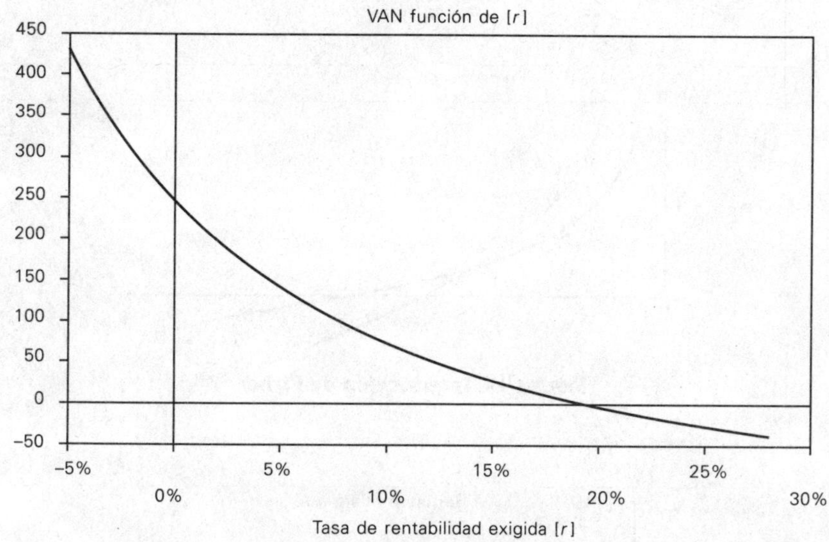

FIGURA 12. **Valor actual neto**

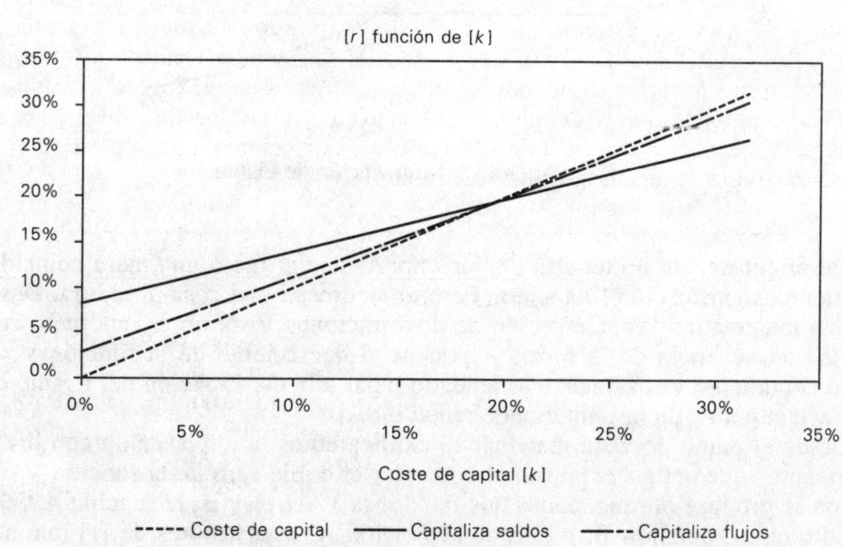

FIGURA 13. **Coste de capital y TIR**

7. La intersección de dos funciones VAN

7.1. La anomalía matemática

Normalmente dos funciones VAN no se cortan, sino que una discurre siempre por encima de la otra a lo largo de todo su desarrollo.

Sin embargo esta circunstancia no es universal. Hay ciertas funciones en que las curvas se cortan, ya sea por encima o por debajo del eje de abscisas, como se muestra en la figura 14 y la figura 15.

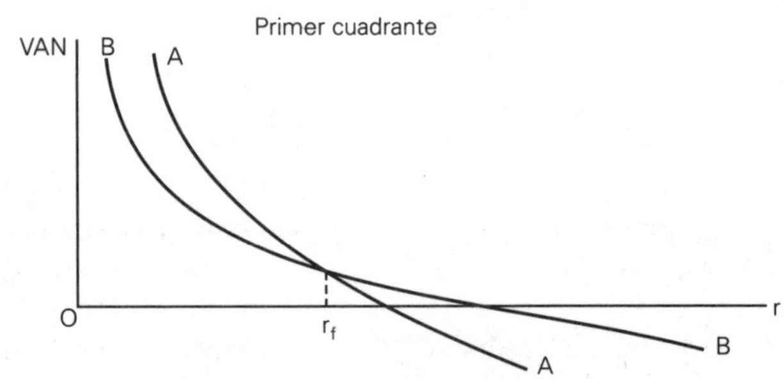

Figura 14. **Intersección de Fisher**

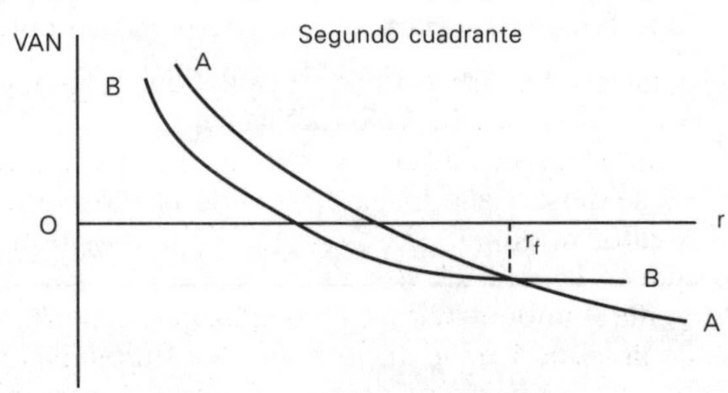

Figura 15. **Intersección de Fisher**

Tal circunstancia no tendría mayor importancia si fuera una mera coincidencia, y no tuviera una significación financiera. Pero no ocurre ni una cosa ni la otra. Desde el punto de vista matemático la intersección de dos funciones VAN no es una mera coincidencia, sino la consecuencia de la forma exponencial decreciente de la función $y = 1/(1 + r)^t$. Desde el punto de vista financiero ha dado lugar a la clarificación del mismo concepto de valor actual neto y de tasa interna de rentabilidad.

Desde el punto de vista matemático explicaremos la intersección con los mismos razonamientos que hemos expuesto al comentar el doble cero de la función VAN. La intersección se produce porque, dadas dos funciones VAN, A y B, la función A tiene el origen más alto que la función B, y porque la función A, para valores de [*r*] que no sean muy elevados, tiene una pendiente más pronunciada que la función B, cfr. figura 14.

Resumiendo:

—Hay intersección, si:

$$VAN_A(0) > VAN_B(0)$$

$$\frac{\delta VAN_A}{\delta r} > \frac{\delta VAN_B}{\delta r}$$

—No hay intersección, si:

$$VAN_A(0) > VAN_B(0)$$

$$\frac{\delta VAN_A}{\delta r} < \frac{\delta VAN_B}{\delta r}$$

El que la ordenada en el origen de la función *A* sea más alta que la de la función *B*, se debe a que el sumatorio de los flujos sin actualizar, VAN = $f(r = 0)$, es mayor en la función *A* que en la función *B*.

El que la pendiente de la función A sea más pronunciada que la de la función B se debe al orden y a la longitud de la serie de flujos:

—Al orden, si la serie *A* tiene al principio los flujos más ligeros, y hacia el final los flujos más pesados; mientras que por el contrario, la serie *B* tiene al principio los flujos más pesados, y hacia el final los flujos más ligeros.

—A la longitud, si la serie *A* es más larga, y la serie *B* es más corta.

En el cuadro 3 presentamos dos parejas de proyectos que responden a estas características:

Respecto a la ordenada en el origen, en ambas parejas, $VAN(0)_A > VAN(0)_B$ y $VAN(0)_{A'} > VAN(0)_{B'}$. Ello se debe a que los F_t $(t \geq 1)$ de las dos series de cada pareja tienen, sumados, el mismo valor nominal. Sin embargo F_0 es mayor en la serie *A* que en la serie *B*, y en la serie *A*' que en la serie *B*'.

Respecto de la pendiente, también la de *A* es mayor que la de *B*. Y la de *A*' mayor que la de *B*'. Observamos que la serie *A* tiene al principio los flujos más ligeros, y hacia el final los flujos más pesados. Por el contrario la serie *B* tiene al principio los flujos más pesados y al final los flujos más ligeros. En la otra pareja, la serie A' es más larga que la serie *B'*, lo cual en definitiva viene a resultar equivalente: los flujos pesados de *A*' son posteriores a los flujos pesados de *B*'. Esta circunstancia es la causa de que las pendientes de *A* y *A'* sean respectivamente más pronunciadas que las de *B* y *B'*.

Atendiendo a las consideraciones que hacíamos entorno a la función $1/(1 + r)^t$ (cfr. figura 4), para valores pequeños de [*r*], y por cada incremento de [*r*], los flujos situados hacia el final de la serie pierden más valor que los flujos situados al principio de la serie. Las series *A* y *A'* que tienen los flujos pesados al final de la serie, experimentarán en su VAN mayor pérdida de valor por cada incremento de [*r*] que las series *B* y *B*': luego las pendientes de las funciones VAN_A y $VAN_{A'}$ serán más pronunciadas que las pendientes de las funciones VAN_B y $VAN_{B'}$. Se dan pues las condiciones para que haya intersección entre ambas funciones.

El punto de intersección tiene lugar cuando la diferencia entre $VAN_A - VAN_B$ es igual a cero para un determinado valor de [*r*].

Siendo:

A_t = flujos del proyecto *A* al final del año [*t*].
B_t = flujos del proyecto *B* al final del año [*t*].
r_f = valor de [*r*] que cumple las condiciones de intersección.

$$0 = \sum_{t=0}^{n} \frac{A_t - B_t}{(1 + r_f)^t} \qquad [11]$$

7.2. Ejemplo

La empresa XYZ tiene que hacer dos inversiones, y para cada una de ellas tiene que elegir entre dos proyectos alternativos. Para la primera inversión le han presentado los proyectos A y B; para la segunda inversión los proyectos A' y B'.

Los flujos monetarios de cada proyecto vienen representados en el cuadro 3.

Cuadro 3

Año	Proyecto A	Proyecto B	Proyecto A'	Proyecto B'
0	–800	–1.000	–800	–1.000
1	100	600	0	400
2	200	400	0	500
3	300	300	0	600
4	400	200	400	
5	600	100	500	
6			600	
TIR	21,29%	25,28%	13,14%	21,65%
r_f	12,49%		5,54%	

7.3. Explicación financiera de la anomalía matemática

Pudiera pensarse que entre dos proyectos de inversión será preferible aquel que tenga un TIR más elevado. Esta afirmación no es correcta si tenemos en cuenta que los flujos recuperados de la inversión son reinvertidos a medida que se van obteniendo a la misma tasa de rentabilidad que se haya utilizado como interés calculatorio. El modelo TIR supone que los fondos recuperados son reinvertidos a la tasa de rentabilidad de cada proyecto. Lo cual no es verosímil, pues de hecho entrarán a formar parte de los recursos generales de la empresa, y tendrán la rentabilidad no del proyecto que los generó, sino la rentabilidad promedio de la empresa.

El modelo VAN utiliza como interés calculatorio el coste medio ponderado del capital. Puesto que se ha de suponer que la rentabilidad promedio de la empresa es igual o superior al coste medio ponderado del capital, en este caso sí que es verosímil que los fondos recuperados del proyecto de inversión sean reinvertidos al menos a una tasa de rentabilidad igual a la que se ha empleado para descontar el valor de los flujos. Y esta tasa no será única para un proyecto, sino común a todos los proyectos de la empresa.

Esta duplicidad en el planteamiento del problema del modelo VAN y del modelo TIR, queda bien puesta de manifiesto en la figura 14. Cuando las funciones VAN de dos proyectos se interseccionan, el criterio TIR no es válido para cualquier coste de capital, debido al supuesto de la reinversión de los fondos recuperados del proyecto.

En cambio en el criterio VAN el supuesto de reinversión de los flujos debe ser formulado de la forma siguiente: el ordenamiento de los proyectos por sus VAN implica que los fondos liberados de los proyectos se reinvierten al costo del capital.

También es teóricamente aceptable que si la empresa tiene posibilidades limitadas de inversión, el VAN se calcule descontando los flujos de fondos esperados de acuerdo con la rentabilidad de la inversión marginal. Por consiguiente, el ordenamiento de los proyectos de acuerdo con su VAN implica que los fondos liberados de los proyectos pueden reinvertirse con una rentabilidad por lo menos igual a la rentabilidad de la inversión marginal (RIM) de la empresa[23].

[23] MAO, *Análisis financiero,* Editorial Ateneo, 1974, p. 202.

Capítulo 10

Modelos de selección de inversiones en situación de riesgo

1. Análisis probabilista de una inversión arriesgada (Hillier)

1.1. Introducción

El modelo está diseñado para resolver el VAN de una inversión en horizonte de riesgo, es decir, cuando los flujos futuros de una inversión no son considerados variables determinadas, sino variables aleatorias. La hipótesis de certidumbre que hemos aceptado en el capítulo anterior, no pasa de ser una simplificación ingenua. Los flujos futuros que pueden recuperarse de una inversión no son nunca conocidos con certidumbre. En todo caso se puede tener de ellos una previsión aproximada. Es por ello que hemos de cuantificarlos en términos de variables aleatorias, con su distribución de probabilidad. La probabilidad asociada a cada uno de los posibles valores de la variable aleatoria, puede ser una probabilidad empírica, o una probabilidad subjetiva.

Será una *probabilidad empírica*, cuando podamos pensar que los flujos futuros del nuevo proyecto de inversión constituyen una población homogénea con otros flujos de otra inversión similar que hayamos podido observar y constatar en el pasado. Por ejemplo, si proyectamos construir y explotar un hotel en la zona del Brillante, podemos pensar que el grado de ocupación y las tarifas del nuevo hotel pueden ser semejantes al grado de ocupación y tarifas de otros hoteles similares instalados en la misma zona.

Será una *probabilidad subjetiva*, cuando los flujos futuros del nuevo proyecto de inversión solamente puedan ser estimados a partir del *grado de creencia* que una persona conocedora del mercado turístico pueda sospechar, procurando objetivar lo más posible sus estimaciones.

Dado, pues, que los flujos netos de fondos futuros de una inversión son variables aleatorias, su suma actualizada, también es una variable aleatoria. Es decir, el VAN de una inversión no es un valor cierto, sino un valor aleatorio, con su respectiva probabilidad asociada.

Como toda variable aleatoria, el VAN habrá de ser, pues, identificado por su valor esperado (medida de la tendencia central) y su desviación típica (medida de la dispersión). Los principios teóricos y métodos operativos que exponemos se basan en los dos artículos de Frederick S. Hillier[1].

1.2. Valor esperado del VAN

Consideremos una inversión con un flujo de fondos futuros netos F_0, F_1, ... F_n al final de cada uno de los años 0, 1, ..., n respectivamente, donde cada una de las $[F_t]$ (para $t = 0$, 1, ..., n) es una variable aleatoria con un valor esperado $[E(F_t)]$, y una desviación típica $[\sigma_F]$.

En *situación de certidumbre*, el VAN de la inversión sería:

$$VAN = F_0 + \frac{F_1}{(1+r)} + ... + \frac{F_n}{(1+r)^n} = \sum_{t=0}^{n} \frac{F_t}{(1+r)^t}$$

En *situación de riesgo*, puesto que todos los $[F_t]$ son variables aleatorias, también el VAN será una variable aleatoria cuyo valor esperado será igual a la suma de los valores esperados de las variables aleatorias de las cuales es función:

$$E(VAN) = E(F_0) + \frac{E(F_1)}{(1+r)} + \frac{E(F_2)}{(1+r)^2} + ... + \frac{E(F_n)}{(1+r)^n} = \sum_{t=0}^{n} \frac{E(F_t)}{(1+r)^t} \qquad [1]$$

Aplicamos la fórmula de la esperanza de la suma de variables aleatorias expuesta en el capítulo 4.

$$E(X + Y) = E(X) + E(Y)$$

1.3. Desviación típica del VAN

Sabemos que la covarianza de dos variables aleatorias se expresa por la fórmula:

$$Cov(X, Y) = \sum_{j=1}^{n} \sum_{k=1}^{m} [x_j - E(X)][y_k - E(Y)]\, f(x_j, y_k) \qquad [2]$$

Luego para conocer la desviación típica del VAN, tendríamos que aplicar probabilidades subjetivas no solamente a cada uno de los flujos futuros de la inversión, sino también

[1] Frederik S. Hillier, «The derivation of probabilistic information for the evaluation of riscky investments», *Management Science,* abril 1963, pp. 443-457. «Supplement to the derivation of the probabilistic information for the evaluation of riscky investments», *Management Science,* enero 1965, pp. 485-487.

a la probabilidad conjunta de cada uno de los posibles valores que pueda tener el flujo en un año, con cada uno de los posibles valores que puedan tener los flujos de todos los demás años. La primera de las tareas ya encierra alguna dificultad, y contiene un margen de error. La segunda tarea no pasa de ser mera ciencia ficción.

Con objeto de resolver esta aporía, el modelo de Hillier adopta un subterfugio: sustituye la asignación de una probabilidad conjunta a cada valor de cada flujo con cada valor de cada uno de los demás flujos, por la desagregación de los flujos en dos bloques con correlaciones extremas: nula y perfecta. El caso de situaciones intermedias, donde las flujos de cada año con los flujos de los demás años no son ni totalmente independientes ni perfectamente correlacionados se resuelve mediante flujos mixtos, en los cuales una parte de ellos se considera independiente, y otra perfectamente correlacionada.

Esta solución nos lleva a considerar tres supuestos diferentes para el cálculo de la varianza del VAN: que los flujos netos de fondos de un proyecto de inversión sean entre sí independientes, perfectamente correlacionados, o una mezcla de ambos.

1.3.1. *Flujos netos de fondos independientes*

Entendemos que los flujos de fondos son independientes cuando los valores de la variable aleatoria $[F_t]$ no están influenciados por los valores de la variable aleatoria $[F_{t-1}]$, o por cualquier otro de la serie. Es decir, cuando el hecho de que el flujo de un año sea grande, no influye en que sea grande o pequeño el flujo de los años subsiguientes.

Puesto que los $[F_t]$ son todos ellos, por hipótesis, independientes entre sí, la Cov entre los mismos es igual a 0. En consecuencia, la desviación típica de la variable suma de dos variables aleatorias será:

$$\sigma_{X+Y} = \sqrt{V(X) + V(Y)}$$

Luego la desviación típica del VAN vendrá dada, en este caso, por la fórmula:

$$\sigma_{VAN} = \sqrt{\sigma^2_{F_0} + \frac{\sigma^2_{F_1}}{(1+r)^2} + \frac{\sigma^2_{F_2}}{(1+r)^4} + \ldots + \frac{\sigma^2_{F_n}}{(1+r)^{2n}}} = \sqrt{\sum_{t=0}^{n} \frac{\sigma^2_{F_t}}{(1+r)^{2t}}} \qquad [3]$$

Es decir que, en el caso de flujos netos futuros de fondos independientes unos de otros, la desviación típica del VAN se obtiene sumando las varianzas de cada uno de los flujos $[\sigma^2_{F_t}]$, divididas por el cuadrado del correspondiente coeficiente de descuento: $(1 + r)^{2t}$, y extrayendo la raíz cuadrada.

1.3.2. *Flujos netos de fondos perfectamente correlacionados*

El segundo supuesto a considerar es aquel en que los flujos netos futuros de fondos, es decir los valores de cada variable aleatoria $[F_t]$, están perfectamente correlacionados entre sí, es decir, el valor de la variable aleatoria $[F_t]$ está condicionado por el valor de la variable aleatoria $[F_{t-1}]$, o por cualquier otro de la serie. El hecho de que el flujo de un año sea grande, influye en que el flujo de los años subsiguientes sean grandes o pequeños.

La correlación lineal perfecta entre dos variables aleatorias es medida por su coeficiente de correlación, que será igual a + 1 o –1 según que la correlación perfecta sea positiva o negativa. Sabemos por las fórmulas expuestas en el capítulo 4 que en el caso de correlación perfecta:

$$\rho = \frac{\text{Cov}(F_j, F_k)}{\sigma_{F_j}\sigma_{F_k}} = \begin{cases} +1 \\ -1 \end{cases} \qquad [4]$$

donde [ρ] es el coeficiente de correlación. De la fórmula [4] se deduce que cuando [ρ = 1]:

$$\text{Cov}(F_j, F_k) = \sigma_{F_j}\sigma_{F_k} \qquad [5]$$

A la vista de los desarrollos anteriores establecemos la fórmula de la desviación típica del VAN en la hipótesis de flujos netos futuros de fondos perfectamente correlacionados. Supongamos un flujo de fondos que termina al final del año segundo.

Según la fórmula de la varianza de una variable suma de varias variables aleatorias:

$$\text{V(VAN)} = \sigma_{F_0}^2 + \frac{\sigma_{F_1}^2}{(1+r)^2} + \frac{\sigma_{F_2}^2}{(1+r)^4} + \frac{2\text{Cov}(F_0, F_1)}{(1+r)} + \frac{2\text{Cov}(F_0, F_2)}{(1+r)^2} + \frac{2\text{Cov}(F_1, F_2)}{(1+r)^3}$$

Puesto que estamos tratando el supuesto de flujos perfectamente correlacionados, es decir, con coeficiente de correlación [ρ = 1], según la fórmula [5], $\text{Cov}(F_i, F_j) = \sigma_{F_i}\sigma_{F_j}$ y por lo tanto:

$$\sigma_{VAN} = \sqrt{\sigma_{F_0}^2 + \frac{\sigma_{F_1}^2}{(1+r)^2} + \frac{\sigma_{F_2}^2}{(1+r)^4} + \frac{2\sigma_{F_0}\sigma_{F_1}}{(1+r)} + \frac{2\sigma_{F_0}\sigma_{F_2}}{(1+r)^2} + \frac{2\sigma_{F_1}\sigma_{F_2}}{(1+r)^3}}$$

$$\sigma_{VAN} = \sqrt{\left(\sigma_{F_0} + \frac{\sigma_{F_1}}{(1+r)} + \frac{\sigma_{F_2}}{(1+r)^2}\right)^2} = \sigma_{F_0} + \frac{\sigma_{F_1}}{(1+r)} + \frac{\sigma_{F_2}}{(1+r)^2} \qquad [6]$$

Es decir, que para calcular la σ_{VAN} en el supuesto de flujos perfectamente correlacionados, dividimos la desviación típica, [σ_t] de cada flujo [F_t], por el coeficiente de descuento.

La fórmula [6] puede generalizarse al caso de un flujo de fondos de *n* términos, obteniendo la fórmula [7] que expresa la desviación típica del VAN de flujos perfectamente correlacionados:

$$\sigma_{VAN} = \sigma_{F_0} + \frac{\sigma_{F_1}}{(1+r)} + \frac{\sigma_{F_2}}{(1+r)^2} + \ldots + \frac{\sigma_{F_n}}{(1+r)^n} = \sum_{t=0}^{n} \frac{\sigma_{F_t}}{(1+r)^t} \qquad [7]$$

1.3.3. *Flujos netos de fondos mixtos*

Normalmente los flujos netos de fondos de una inversión no son ni independientes ni perfectamente correlacionados. En la mayoría de los casos una inversión se encuentra en un punto intermedio entre estos dos supuestos extremos. Los factores que influyen en la magnitud de cada uno de los elementos de la serie de flujos netos de fondos es compleja. Por ello construimos un modelo que nos resuelva el cálculo del valor esperado del VAN, E(VAN), y su desviación típica, σ_{VAN}.

Desagreguemos cada flujo neto de fondos $[F_t]$ de una inversión en dos componentes, $[F_t']$ (parte de $[F_t]$ que varía independientemente), y $[F_t'']$ (parte de $[F_t]$ que está perfectamente correlacionada con los demás elementos de la serie de flujos). En el caso de una inversión que termina al final del año segundo:

—El *valor esperado* del VAN vendrá dado por la expresión:

$$E(VAN) = E(F_0') + \frac{E(F_1')}{(1+r)} + \frac{E(F_2')}{(1+r)^2} + E(F_0'') + \frac{E(F_1'')}{(1+r)} + \frac{E(F_2'')}{(1+r)^2} =$$

$$= \sum_{t=0}^{n} \frac{E(F_t') + E(F_t'')}{(1+r)^t} = \sum_{t=0}^{n} \frac{F_t}{(1+r)^t} \quad [8]$$

—La *desviación típica* usará la fórmula [3] para la parte de flujos independientes, $[F_t']$, y la fórmula [7] para la parte de flujos perfectamente correlacionados, $[F_t'']$. Así obtendremos la expresión:

$$\sigma_{VAN} = \sqrt{\sigma_{F_0'}^2 + \frac{\sigma_{F_1'}^2}{(1+r)^2} + \frac{\sigma_{F_2'}^2}{(1+r)^4} + \left(\sigma_{F_0''} + \frac{\sigma_{F_1''}}{(1+r)} + \frac{\sigma_{F_2''}}{(1+r)^2}\right)^2} \quad [9]$$

Es decir, para calcular la desviación típica del VAN, calculamos por separado la varianza de los componentes independientes y de los componentes perfectamente correlacionados de los flujos, y obtenemos la raíz cuadrada de la suma de ambas varianzas. La fórmula [9] puede generalizarse para una inversión que tenga una vida de *n* años, transformándola en la expresión siguiente:

$$\sigma_{VAN} = \sqrt{\sigma_{F_0'}^2 + \frac{\sigma_{F_1'}^2}{(1+r)^2} + \ldots + \frac{\sigma_{F_n'}^2}{(1+r)^{2n}} + \left(\sigma_{F_0''} + \frac{\sigma_{F_1''}}{(1+r)} + \frac{\sigma_{F_n''}}{(1+r)^n}\right)^2} =$$

$$= \sqrt{\sum_{t=0}^{n} \frac{\sigma_{F'}^2}{(1+r)^{2t}} + \left(\sum_{t=0}^{n} \frac{\sigma_{F_t''}}{(1+r)^t}\right)^2} \quad [10]$$

Debe observarse que la fórmula [10] se reduce a la [3] si todos los $[F_t]$ son completamente independientes (es decir, si todos los $F_t'' = 0$). E igualmente se reduce a la [7] si todos los $[F_t]$ están perfectamente correlacionados (es decir, si todos los $F'_t = 0$). Por consiguiente la fórmula [10] es una expresión general que abarca las fórmulas [3] y [7] como casos especiales.

1.4. EJEMPLO NUMÉRICO

La empresa XYZ, dedicada a la producción de equipos musicales de alta fidelidad, debe decidir si invertirá 400 millones en una nueva planta para ampliar la producción de tocadiscos compactos de rayo láser. La dirección de la empresa prevé que la nueva inversión originará una serie de flujos netos de fondos, $[F_t]$ (para $t = 1, 2, ... ,5$), donde cada uno de los $[F_t]$ es una variable aleatoria.

Los flujos de fondos aleatorios previstos para los próximos cinco años son los que se indican en el cuadro 1. La suma de las probabilidades de los valores del flujo de cada año debe ser igual a 1.

CUADRO 1

Distribución de probabilidad de los flujos anuales

Año	Hipótesis 1		Hipótesis 2		Hipótesis 3		Hipótesis 4		Hipótesis 5		$E(F)$	$s(F)$
	Flujos	p	Flujos	p	Flujos	p	Flujos	p	Flujos	p		
0	–400		–400		–400		–400		–400		–400,0	0,0
1	100	10%	120	20%	110	30%	135	20%	150	20%	124,0	16,7
2	120	20%	135	35%	115	20%	145	15%	175	10%	133,5	17,3
3	135	10%	110	20%	125	35%	150	25%	190	10%	135,8	22,8
4	115	10%	90	20%	140	40%	165	20%	170	10%	135,5	27,5
5	98	15%	80	30%	110	40%	50	10%	100	5%	92,7	18,9

Si operásemos en situación de certidumbre, es decir, si tomásemos la esperanza matemática del flujo de cada año $[E(F_t)]$ como cierta, y no como probable, el VAN de esta inversión para un coste de capital del 16% sería 12, y la TIR de la inversión 0,1732 = 17,32%. Puesto que el VAN resulta ser superior a cero y el costo del capital para la empresa resulta ser inferior al TIR, la inversión es razonable.

Sin embargo, debemos operar reconociendo que los $[F_t]$ son variables aleatorias, con una medida de concentración que es la media, y una medida de dispersión que es la desviación típica. Siendo los flujos $[F_t]$ variables aleatorias, también lo será el VAN, que es una función suma de los $[F_t]$ actualizados.

1.4.1. *Flujos independientes*

Operamos, en primer lugar, suponiendo que los flujos de los cinco años son independientes entre sí.

Calculamos la *esperanza del VAN* aplicando la fórmula [1]:

$$E(\text{VAN}) = -400 + \frac{124,0}{1,16} + \frac{133,5}{1,16^2} + \frac{135,8}{1,16^3} + \frac{135,5}{1,16^4} + \frac{92,7}{1,16^5} = 12,0$$

Calculamos la *desviación típica* del VAN aplicando la fórmula [2]:

$$\sigma_{VAN} = \sqrt{0^2 + \frac{16,7^2}{1,16^2} + \frac{17,3^2}{1,16^4} + \frac{22,8^2}{1,16^6} + \frac{27,5^2}{1,16^8} + \frac{18,9^2}{1,16^{10}}} = 29,9$$

Hemos establecido el valor de la E(VAN) y de la σ_{VAN} para un determinado valor de $r = 0,16$. Es más ilustrativo si consideramos el valor de ambos estadísticos para diferentes valores de r, desde $r = 0$ a $r = 0,50$, y desarrollamos la funcion VAN $= f(r)$ en varias versiones: la función promedio, dos funciones superiores a la promedio (para $\mu + \sigma$ y $\mu + 2\sigma$), y dos funciones inferiores a la promedio (para $\mu - \sigma$ y $\mu - 2\sigma$). Si la distribución de probabilidad de los flujos se ajusta a una distribución normal podríamos definir el valor del VAN con un 68,27% de probabilidad, y con un 95,45% de probabilidad.

El cuadro 2 nos da los valores promedios del VAN para distintos valores de [r], la [σ_{VAN}] para cada uno de estos valores de [r], y en consecuencia, los valores del [VAN $\pm\sigma$] y [VAN $\pm 2\sigma$], en el caso de flujos independientes.

CUADRO 2

Flujos independientes						
r	E(VAN)	σ	E(VAN) $+2\sigma$	E(VAN) $+\sigma$	E(VAN) $-\sigma$	E(VAN) -2σ
0,00	221,5	47,0	315,5	268,5	174,4	127,4
0,02	186,9	44,1	275,1	231,0	142,9	98,8
0,04	155,4	41,4	238,2	196,8	113,9	72,5
0,06	126,4	39,0	204,5	165,4	87,3	48,3
0,08	99,7	36,9	173,5	136,6	62,9	26,0
0,10	75,2	34,9	144,9	110,0	40,3	5,4
0,12	52,5	33,1	118,7	85,6	19,4	–13,7
0,14	31,5	31,4	94,4	62,9	0,0	–31,4
0,16	12,0	29,9	71,9	42,0	–17,9	–47,8
0,18	–6,0	28,6	51,1	22,6	–34,6	–63,1
0,20	–22,8	27,3	31,8	4,5	–50,1	–77,4
0,22	–38,4	26,1	13,8	–12,3	–64,6	–90,7
0,24	–53,0	25,0	–3,0	–28,0	–78,1	–103,1
0,26	–66,7	24,0	–18,6	–42,6	–90,7	–114,8
0,28	–79,5	23,1	–33,2	–56,3	–102,6	–125,7
0,30	–91,4	22,3	–46,9	–69,2	–113,7	–135,9
0,32	–102,7	21,5	–59,7	–81,2	–124,1	–145,6
0,34	–113,2	20,7	–71,8	–92,5	–133,9	–154,6
0,36	–123,1	20,0	–83,1	–103,1	–143,2	–163,2
0,38	–132,5	19,4	–93,8	–113,1	–151,9	–171,3
0,40	–141,3	18,8	–103,8	–122,6	–160,1	–178,9
0,42	–149,7	18,2	–113,3	–131,5	–167,9	–186,1
0,44	–157,6	17,7	–122,2	–139,9	–175,2	–192,9
0,46	–165,0	17,2	–130,7	–147,9	–182,2	–199,4
0,48	–172,1	16,7	–138,7	–155,4	–188,8	–205,5
0,50	–178,8	16,2	–146,3	–162,9	–195,1	–211,3
TIR	0,1732		0,2365	0,2053	0,1408	0,1056

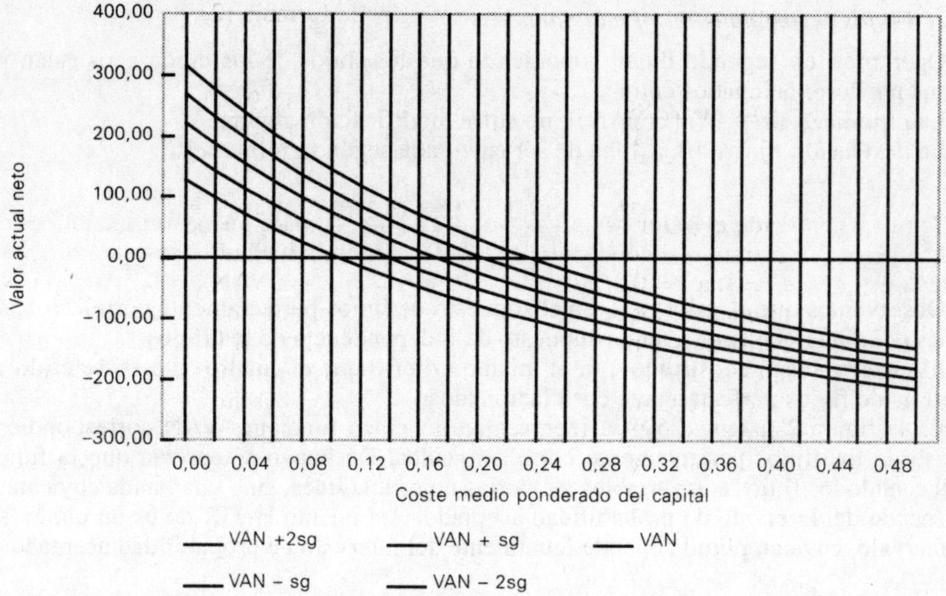

FIGURA 1. **Flujos independientes**

Las cinco funciones del VAN aludidas se representan en la figura 1. Como puede apreciarse en esta figura, la función VAN en situación de riesgo, en lugar de ser una curva, es una banda más o menos ancha, según que ampliemos más o menos el intervalo de probabilidad. La TIR no es un punto del eje de abscisas, sino un intervalo que será así mismo más ancho o más estrecho según el grado de probabilidad aceptado.

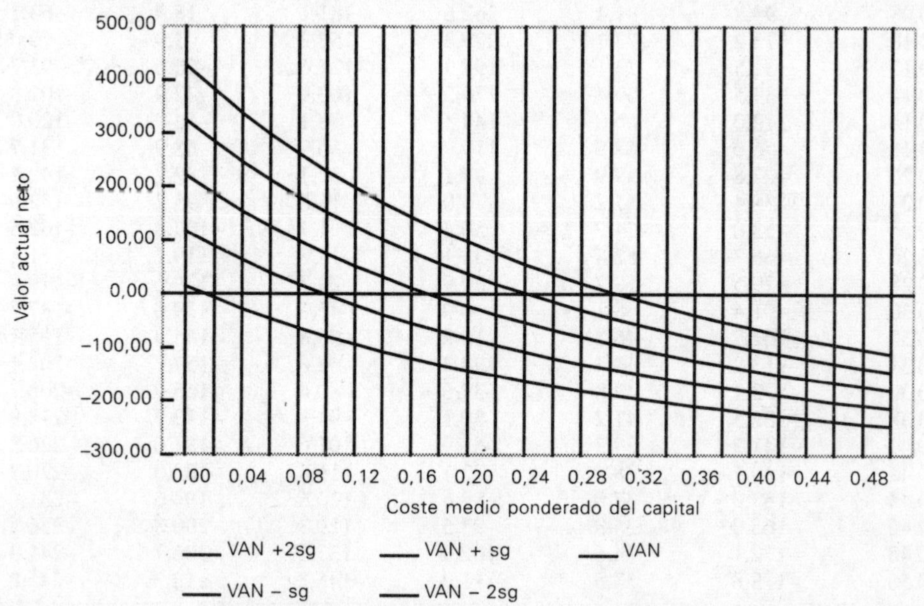

FIGURA 2. **Flujos perfectamente correlacionados**

1.4.2. *Flujos perfectamente correlacionados*

Operamos, en segundo lugar, suponiendo que los flujos de los cinco años están perfectamente correlacionados entre sí.

La *esperanza del VAN*, [E(VAN)], no sufre modificación alguna.

La *desviación típica*, [σ_{VAN}], ha de ser calculada según la fórmula [6]:

$$\sigma_{VAN} = 0 + \frac{16,7}{1,16} + \frac{17,3}{1,16^2} + \frac{22,8}{1,16^3} + \frac{27,5}{1,16^4} + \frac{18,9}{1,16^5} = 66$$

Observamos que el valor σ_{VAN} en el supuesto de flujos perfectamente correlacionados, es más del doble que la σ_{VAN} en el supuesto de independencia de los flujos.

El cuadro 3 está construido con el mismo criterio que el cuadro 2, pero referido a la hipótesis de flujos perfectamente correlacionados.

En la figura 2 (página 259) se representan las cinco funciones VAN correspondientes al caso de los flujos perfectamente correlacionados. De nuevo se aprecia que la función VAN cuando los flujos son variables aleatorias no es una línea, sino una banda cuya anchura depende del intervalo de probabilidad aceptado. Así mismo la TIR no es un punto, sino un intervalo, cuya amplitud depende igualmente del intervalo de probabilidad aceptado.

CUADRO 3

Flujos perfectamente correlacionados

r	VAN promedio	σ	VAN +2σ	VAN +σ	VAN −σ	VAN −2σ
0,00	221,5	103,1	427,7	324,6	118,3	15,2
0,02	186,9	97,0	380,9	283,9	90,0	–7,0
0,04	155,4	91,3	338,0	246,7	64,0	–27,3
0,06	126,4	86,2	298,7	212,5	40,2	–45,9
0,08	99,7	81,4	262,6	181,1	18,3	–63,1
0,10	75,2	77,1	229,3	152,2	–1,9	–79,0
0,12	52,5	73,1	198,7	125,6	–20,6	–93,7
0,14	31,5	69,4	170,3	100,9	–37,9	–107,3
0,16	12,0	66,0	144,1	78,1	–54,0	–120,0
0,18	–6,0	62,9	119,7	56,9	–68,9	–131,7
0,20	–22,8	59,9	97,1	37,1	–82,7	–142,7
0,22	–38,4	57,2	76,0	18,8	–95,7	–152,9
0,24	–53,0	54,7	56,4	1,7	–107,8	–162,5
0,26	–66,7	52,4	38,1	–14,3	–119,1	–171,4
0,28	–79,5	50,2	20,9	–29,3	–129,6	–179,8
0,30	–91,4	48,1	4,9	–43,3	–139,6	–187,7
0,32	–102,7	46,2	–10,2	–56,4	–148,9	–195,1
0,34	–113,2	44,4	–24,3	–68,8	–157,7	–202,1
0,36	–123,1	42,8	–37,6	–80,4	–165,9	–208,7
0,38	–132,5	41,2	–50,1	–91,3	–173,7	–214,9
0,40	–141,3	39,7	–61,9	–101,6	–181,0	–220,8
0,42	–149,7	38,3	–73,1	–111,4	–188,0	–226,3
0,44	–157,6	37,0	–83,6	–120,6	–194,6	–231,6
0,46	–165,0	35,8	–93,5	–129,3	–200,8	–236,5
0,48	–172,1	34,6	–102,9	–137,5	–206,7	–241,3
0,50	–178,8	33,5	–111,9	–145,3	–212,3	–245,8
TIR	0,1732		0,3065	0,2421	0,0981	0,0137

1.4.3. *Flujos mixtos*

Ninguna de las dos suposiciones anteriores responde a las circunstancias de la realidad. Recurrimos, pues, a la hipótesis de flujos mixtos, considerando que los flujos sean independientes en un 40%, y perfectamente correlacionados en un 60%. Es decir, $[F_t]$ (para t = 1, 2, ..., 5) está formado por un componente $[F_t']$ que varía independientemente a lo largo del tiempo, y que representa un 75% de la inversión y de los flujos; más un segundo componente $[F_t'']$, perfectamente correlacionado, que representa un 25% de la inversión y de los flujos.

El cuadro de flujos sería el contenido en el cuadro 4.

CUADRO 4

Parte independiente: 40%

Año	Hipótesis 1		Hipótesis 2		Hipótesis 3		Hipótesis 4		Hipótesis 5		E (F)	σ (F)
	Flujos	p1	Flujos	p2	Flujos	p3	Flujos	p4	Flujos	p5		
0	160,0		160,0		160,0		160,0		160,0		160,0	0,0
1	40,0	10%	48,0	20%	44,0	30%	54,0	20%	60,0	20%	49,6	6,7
2	48,0	20%	54,0	35%	46,0	20%	58,0	15%	70,0	10%	53,4	6,9
3	54,0	10%	44,0	20%	50,0	35%	60,0	25%	76,0	10%	54,3	9,1
4	46,0	10%	36,0	20%	56,0	40%	66,0	20%	68,0	10%	54,2	11,0
5	39,2	15%	32,0	30%	44,0	40%	20,0	10%	40,0	5%	37,1	7,6

Parte perfectamente correlacionada: 60%

Año	Hipótesis 1		Hipótesis 2		Hipótesis 3		Hipótesis 4		Hipótesis 5		E (F)	σ (F)
	Flujos	p1	Flujos	p2	Flujos	p3	Flujos	p4	Flujos	p5		
0	240,0		240,0		240,0		240,0		240,0		240,0	0,0
1	60,0	10%	42,0	20%	66,0	30%	81,0	20%	90,0	20%	74,4	10,0
2	72,0	20%	81,0	35%	69,0	20%	87,0	15%	105,0	10%	80,1	10,4
3	81,0	10%	66,0	20%	75,0	35%	90,0	25%	114,0	10%	81,5	13,7
4	69,0	10%	54,0	20%	84,0	40%	99,0	20%	102,0	10%	81,3	16,5
5	58,8	15%	48,0	30%	66,0	40%	30,0	10%	60,0	5%	55,6	11,3

Obtenemos el valor E(VAN) aplicando la fórmula [1]:

$$E(VAN) = -160 + \frac{49,6}{1,16} + \frac{53,4}{1,16^2} + \frac{54,3}{1,16^3} + \frac{54,2}{1,16^4} + \frac{37,1}{1,16^5} =$$

$$= -240 + \frac{74,4}{1,16} + \frac{80,1}{1,16^2} + \frac{81,5}{1,16^3} + \frac{81,3}{1,16^4} + \frac{55,6}{1,16^5} = 12$$

Obtenemos el valor de σ_{VAN} aplicando la fórmula [10]:

$$\sigma_{VAN} = \sqrt{0+\frac{6,7^2}{1,16^2}+\frac{6,9^2}{1,16^4}+\frac{9,1^2}{1,16^6}+\frac{11,0^2}{1,16^8}+\frac{7,6^2}{1,16^{10}}+\left(0+\frac{10,0}{1,16}+\frac{10,4}{1,16^2}+\frac{13,7}{1,16^3}+\frac{16,5}{1,16^4}+\frac{11,3}{1,16^5}\right)^2} =$$

$$= 41,4$$

Con el mismo criterio que en los cuadros anteriores, recogemos en el cuadro 5 las funciones VAN para el caso de flujos mixtos.

CUADRO 5

Flujos mixtos						
r	VAN promedio	σ	VAN +2σ	VAN +σ	VAN –σ	VAN –2σ
0,00	221,5	64,7	350,8	286,1	156,8	92,1
0,02	186,9	60,8	308,5	247,7	126,2	65,4
0,04	155,4	57,2	269,8	212,6	98,1	40,9
0,06	126,4	54,0	234,4	180,4	72,4	18,4
0,08	99,7	51,0	201,8	150,7	48,7	–2,3
0,10	75,2	48,3	171,8	123,5	26,8	–21,5
0,12	52,5	45,8	144,1	98,3	6,7	–39,1
0,14	31,5	43,5	118,5	75,0	–12,0	–55,5
0,16	12,0	41,4	94,8	53,4	–29,3	–70,7
0,18	–6,0	39,4	72,8	33,4	–45,4	–84,8
0,20	–22,8	37,6	52,4	14,8	–60,4	–98,0
0,22	–38,4	35,9	33,3	–2,5	–74,3	–110,2
0,24	–53,0	34,3	15,6	–18,7	–87,4	–121,7
0,26	–66,7	32,9	–1,0	–33,8	–99,6	–132,4
0,28	–79,5	31,5	–16,5	–48,0	–111,0	–142,5
0,30	–91,4	30,2	–31,0	–61,2	–121,7	–151,9
0,32	–102,7	29,0	–44,6	–73,6	–131,7	–160,7
0,34	–113,2	27,9	–57,4	–85,3	–141,1	–169,1
0,36	–123,1	26,9	–69,4	–96,3	–150,0	–176,9
0,38	–132,5	25,9	–80,7	–106,6	–158,4	–184,3
0,40	–141,3	25,0	–91,4	–116,4	–166,3	–191,3
0,42	–149,7	24,1	–101,4	–125,6	–173,8	–197,9
0,44	–157,6	23,3	–111,0	–134,3	–180,9	–204,2
0,46	–165,0	22,5	–120,0	–142,5	–187,6	–210,1
0,48	–172,1	21,8	–128,5	–150,3	–193,9	–215,7
0,50	–178,8	21,1	–136,6	–157,7	–199,9	–221,0
TIR	0,1732		0,2576	0,2171	0,1261	0,0757

La figura 3 representa las tres funciones VAN correspondientes a esta tercera hipótesis, con las mismas características que hemos visto en los casos de flujos independientes y perfectamente correlacionados: anchura en el caso de la función VAN e intervalo en el caso de la TIR, ambas en función de la probabilidad aceptada.

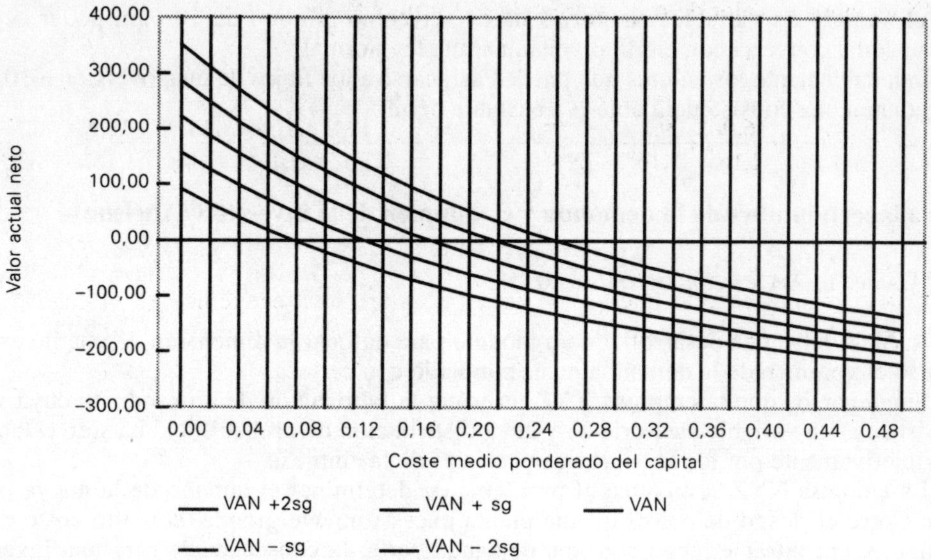

FIGURA 3. **Flujos mixtos**

1.5. CRÍTICA DEL MODELO DE HILLIER

1.5.1. *Imperfección estadística*

El procedimiento de sustituir la covarianza de un flujo con todos los demás, por un reparto proporcional de la independencia y la correlación perfecta en cada flujo, no es un método estadístico depurado. Puede sin embargo aceptarse como una solución pragmática de problemas de previsión. Dado el carácter de mera aproximación que tienen los datos de partida, se puede concluir que este modo de procedimiento conducirá a valores tan válidos como los de modelos estadísticos más sofisticados. No se puede olvidar que la sofisticación estadística de un modelo de cálculo no subsana la imperfección de los datos de partida.

1.5.2. *Reducción del ámbito del riesgo*

La aleatoriedad del valor del VAN es función de la aleatoriedad de tres variables: el valor de los flujos [F_t], el horizonte de la inversión [n], y la tasa de descuento que se emplee [r].

El modelo propuesto por Hillier permite dar carácter aleatorio solamente a los flujos del proyecto. Pero no tiene en cuenta la aleatoriedad de los otros dos parámetros como son la vida del proyecto y el tipo de descuento, que sigue considerándolos variables determinadas.

1.5.3. *Teorema del límite central*

El modelo de Hillier se apoya en el teorema del límite central del cálculo de probabilidades. Este teorema dice que la suma de n variables aleatorias, distribuyéndose todas ellas de la misma manera e independientemente las unas de las otras converge, cuando n tiende a ∞, a una variable aleatoria que sigue una distribución normal, y que tiene por media y varianza la suma de las medias y las varianzas de las n variables aleatorias. Esta condición, en nuestro caso equivale a exigir que el número de flujos de caja, y, por tanto, la vida de la inversión sea muy grande. Desde un punto de vista práctico puede admitirse que el número de variables aleatorias ha de ser como mínimo de 10 para poder aceptar que su suma converja con cierta precisión a una ley normal.

Indudablemente los valores que puedan asignarse a los flujos de una inversión a 10 años vista tienen una consistencia objetiva bastante débil.

2. La incertidumbre de la demanda y el volumen de la inversión (Adelson)

2.1. Campo de aplicación del modelo

R. M. Adelson ha desarrollado un modelo para enfocar la dimensión de una inversión, cuando el volumen de la demanda no es conocido con certeza.

Supongamos que la empresa XYZ proyecta la fabricación de un producto cuya venta prevista es una variable aleatoria X, y cuya distribución de probabilidad ha sido establecida subjetivamente por los servicios comerciales de la empresa.

La empresa XYZ se plantea el problema de determinar el tamaño de la nueva inversión. Corre el riesgo de construir una planta excesivamente grande, con alto costo de inversión, y encontrarse luego con una demanda corta: la consecuencia será una inversión sobredimensionada, flujos netos futuros escasos, que dejen desocupada la inversión inicial. Por el contrario, pudiera construir una planta reducida, con menor inversión inicial, pero corriendo el riesgo de no poder atender a la demanda del mercado: la consecuencia sería entonces la privación de ganancias futuras. A partir de la distribución de probabilidad prevista para la demanda, la empresa se plantea el problema de minimizar el perjuicio derivado de la inversión excesiva o escasa.

2.2. Modo de operar

Adelson sugiere un modo de procedimiento subdividido en tres etapas:

1. Se establece para cada uno de los años la *matriz de flujos netos* teniendo en cuenta las combinaciones cruzadas de volúmenes probables de demanda, y tamaños posibles de la inversión. Utilizando la distribución de probabilidad prevista de la demanda se calcula el *valor esperado de los flujos y su desviación típica* para cada uno de los tamaños posibles de la inversión.

Para cada uno de los años futuros se establece una matriz de flujos como la del cuadro 6.

CUADRO 6

Matriz de los flujos netos del año t

Distribución de probabilidad de la demanda							
Demanda Probabilidad	$D(1)$ $p(1)$	$D(2)$ $p(2)$	$D(3)$ $p(3)$	... ...	$D(q)$ $p(q)$	$E(Ft)$	$\sigma(Ft)$
Capacidad física							
$I(1)$	$F(1,1)$	$F(1,2)$	$F(1,3)$	...	$F(1,q)$	$E[F(1)]$	$\sigma[F(1)]$
$I(2)$	$F(2,1)$	$F(2,2)$	$F(2,3)$	...	$F(2,q)$	$E[F(2)]$	$\sigma[F(2)]$
$I(3)$	$F(3,1)$	$F(3,2)$	$F(3,3)$	...	$F(3,q)$	$E[F(3)]$	$\sigma[F(3)]$
...	...	...	...	...	...	...	...
$I(m)$	$F(m,1)$	$F(m,2)$	$F(m,3)$	...	$F(m,q)$	$E[F(m)]$	$\sigma[F(m)]$

2. La $E(F)$ y $\sigma(F)$ calculada en el paso anterior se toman como los estadísticos de los flujos probables para cada uno de los años de vida de la inversión. Obtenemos una segunda matriz (cuadro 7), en la cual a cada volumen de inversión se le asigna una secuencia de flujos aleatorios, identificada en cada uno de los años por su $E(F)$ y su $\sigma(F)$.

CUADRO 7

Secuencia de los flujos aleatorios

Inversión	$I(1)$		$I(2)$		$I(3)$		...	$I(m)$	
Flujos del año									
1	$E(F1,1)$	$\sigma(F1,1)$	$E(F2,1)$	$\sigma(F2,1)$	$E(F3,1)$	$\sigma(F3,1)$	...	$E(Fm,1)$	$\sigma(Fm,1)$
2	$E(F1,2)$	$\sigma(F1,2)$	$E(F2,2)$	$\sigma(F2,2)$	$E(F3,2)$	$\sigma(F3,2)$	...	$E(Fm,2)$	$\sigma(Fm,2)$
...	...	...	...	...	...	...	...	...	...
n	$E(F1,n)$	$\sigma(F1,n)$	$E(F2,n)$	$\sigma(F2,n)$	$E(F3,n)$	$\sigma(F3,n)$	...	$E(Fm,n)$	$\sigma(Fm,n)$

3. Llegamos así a establecer en el cuadro 8 para cada volumen de inversión tanto la *E(VAN) como la* σ*(VAN)*. Para cumplimentar este cuadro hemos de elegir una de las tres hipótesis: que los flujos sean entre sí independientes, perfectamente correlacionados, o mixtos.

Finalmente conociendo la función de utilidad del inversor, que incluye su preferencia por la ganancia y su aversión al riesgo, podemos establecer también la $E(U)$ de cada volumen de inversión.

CUADRO 8

Estadísticos del VAN aleatorio

Inversión	$I(1)$	$I(2)$	$I(3)$	...	$I(m)$
E(VAN)					
σ(VAN)					
$E(U)$					

2.3. EJEMPLO NUMÉRICO

Supongamos que la empresa XYZ se propone construir un nuevo modelo de automóvil. Estudia el mercado y considera que la posible demanda aleatoria, medida en unidades monetarias, tiene la distribución de probabilidad, que se recoge en el cuadro 9. Se han hecho cinco hipótesis para tres años.

CUADRO 9

Previsiones de demanda

Año	Hipótesis 1 Muy mala		Hipótesis 2 Mala		Hipótesis 3 Normal		Hipótesis 4 Buena		Hipótesis 5 Muy buena	
	Flujo	p	Flujo	p	Flujo	p	Flujo	p	Flujo	p
1	0	0,05	200	0,15	400	0,40	600	0,25	800	0,15
2	50	0,05	250	0,10	450	0,50	650	0,25	850	0,10
3	100	0,05	300	0,15	500	0,40	700	0,30	900	0,10

A su vez dispone de tres proyectos de inversión, grande, mediano y pequeño, cada uno de los cuales representa un costo de inversión y una capacidad productiva anual diferente, tal como muestra el cuadro 10.

CUADRO 10

Tamaño	Costo	Capacidad productiva
Grande	700	700
Mediana	500	400
Pequeña	200	100

CUADRO 11

Año 1.º							
Flujos netos	0	200	400	600	800		
Probabilidad	0,05	0,15	0,40	0,25	0,15	1,00	
Capacidad	*P*(*F*)	*P*(*F*)	*P*(*F*)	*P*(*F*)	*P*(*F*)	*E*(*F*)	*s*(*F*)
100	0,00	15,00	40,00	25,00	15,00	95,00	21,79
400	0,00	30,00	160,00	100,00	60,00	350,00	107,24
700	0,00	30,00	160,00	150,00	105,00	445,00	188,35
Año 2.º							
Flujos netos	50	250	450	650	850		
Probabilidad	0,05	0,10	0,50	0,25	0,10	1,00	
Capacidad	*P*(*F*)	*P*(*F*)	*P*(*F*)	*P*(*F*)	*P*(*F*)	*E*(*F*)	*s*(*F*)
100	2,50	10,00	50,00	25,00	10,00	97,50	10,90
400	2,50	25,00	200,00	100,00	40,00	367,50	85,55
700	2,50	25,00	225,00	162,50	70,00	485,00	164,39
Año 3.º							
Flujos netos	100	300	500	700	900		
Probabilidad	0,05	0,15	0,40	0,30	0,10	1,00	
Capacidad	*P*(*F*)	*P*(*F*)	*P*(*F*)	*P*(*F*)	*P*(*F*)	*E*(*F*)	*s*(*F*)
100	5,00	15,00	40,00	30,00	10,00	100,00	0,00
400	5,00	45,00	160,00	120,00	40,00	370,00	71,41
700	5,00	45,00	200,00	210,00	70,00	530,00	170,59

Año	Valor esperado de los flujos		
	Pequeña	Mediana	Grande
0	(200,0)	(500,0)	(700,0)
1	95,0	350,0	445,0
2	97,5	367,5	485,0
3	100,0	370,0	530,0
E(VAN)	18,42	311,88	383,60
σ(VAN)	20,46	121,17	230,72
TIR	21,50%	51,07%	46,30%
E(U)	0,41	164,69	145,38

Finalmente en el cuadro 11 se recogen los cálculos a hacer según el modelo que estamos estudiando.

Primero: la distribución de probabilidad de los flujos netos de fondos para cada uno de los tres años próximos. El flujo de cada año será igual a la demanda × la probabilidad, siempre que la demanda sea inferior o igual a la capacidad productiva. En el caso de que la demanda sea superior a la capacidad productiva, el flujo anual probable será igual a la capacidad productiva × la probabilidad. De esta distribución de probabilidades, se obtiene, el valor esperado y la desviación típica del flujo esperado para cada año y para cada nivel de inversión.

Segundo: a partir del valor esperado y de la desviación típica de los flujos de cada año, calculamos el valor esperado del VAN y su desviación típica. Hemos utilizado como factor de actualización un coste del capital de $r = 0{,}16$, y hemos supuesto que se trata de flujos perfectamente correlacionados.

Tercero: atribuimos al inversor una función de utilidad,

$$E(U) = 0{,}8\ E(\text{VAN}) - 0{,}7\ \sigma(\text{VAN})$$

llegando así a estableder la utilidad esperada para el inversor de cada uno de los niveles de inversión.

La figura 4 representa gráficamente la evolución de las tres variables E(VAN), σ(VAN) y $E(U)$.

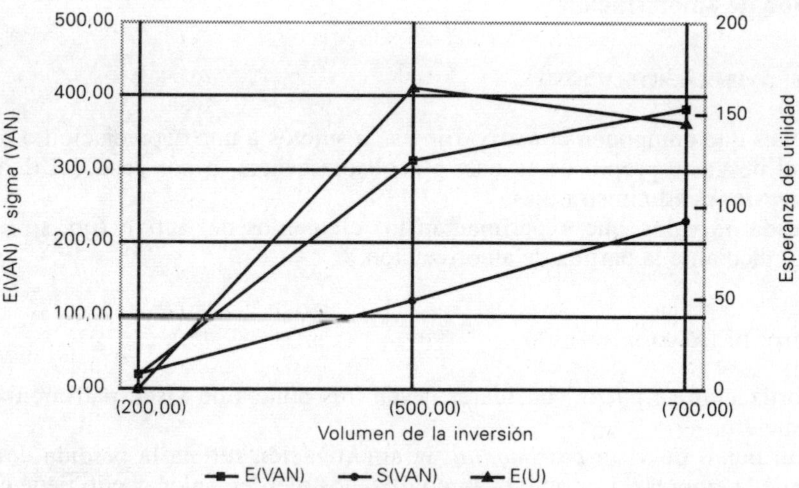

FIGURA 4. **Modelo de Adelson**

Capítulo 11

La amortización

1. Definición de amortización

1.1. Concepto de amortización

Los bienes que componen el activo fijo están sujetos a una depreciación o pérdida de valor: por el desgaste propio de su uso, por obsolescencia, o por paso del tiempo en el caso de concesiones administrativas.

La pérdida de valor, que experimentan los elementos del activo fijo, se registra en contabilidad mediante la partida de amortización.

1.2. Aspectos de la amortización

La amortización se puede considerar desde tres puntos de vista: patrimonial, económico y financiero.

Desde el punto de vista *patrimonial*, la amortización refleja la pérdida de valor del patrimonio de la empresa. Los activos inmovilizados pierden valor, y ello tiene como consecuencia la disminución del patrimonio de la empresa.

Desde el punto de vista *económico*, la amortización distribuye en varios ejercicios el importe de la inversión en activo inmovilizado. En realidad la inversión constituye uno de los «inputs» del proceso productivo, lo mismo que la materia prima, la energía o la mano de obra. La única diferencia entre unos y otros es que el flujo financiero negativo de la inversión no es sincrónico con el flujo financiero positivo de las ventas. Aquellos factores de producción que se consumen íntegramente en el mismo ejercicio en que su importe es recuperado a través de las ventas, los consideramos gastos del ejercicio. En cambio aquellos factores de producción cuyo consumo se extiende a lo largo de varios ejercicios, aun cuando su importe se haya desembolsado de una sola vez, son objeto de distribución de dicho importe a lo largo de esos ejercicios económicos. Es un fenómeno equivalente a la activación de los gastos de establecimiento, o de los gastos financieros diferidos, a distribuir en varios ejercicios.

En el análisis de inversiones hemos aplicado un criterio diferente. Cuando queremos evaluar un proyeto a lo largo de toda su vida productiva, se considera la inversión inicial íntegra como un «input» del momento en que tiene lugar la inversión, y no se computa la amortización anual entre los gastos del proyecto

Desde el punto de vista *financiero*, la amortización se concibe como un origen de recursos. Su finalidad es acumular disponibilidades líquidas suficientes para renovar el inmovilizado al término de su vida productiva[1].

2. **Métodos de amortización**

Exponemos diversas fórmulas para calcular la amortización de un inmovilizado. En ellas utilizaremos las variables siguientes:

V_0 = Valor de adquisición.
V_R = Valor residual.
n = Vida productiva del equipo a amortizar, medido en unidades de tiempo (años), de producción, etc.
n_t = Parte de la vida productiva del equipo consumida realmente durante el ejercicio [t], medida igualmente en unidades de tiempo, unidades de producción, etc. Usaremos esta variable solamente en la fórmula de la amortización proporcional.
i = Interés fijo a aplicar a la cantidad no amortizada. Usaremos esta variable solamente en la fórmula de la amortización de un porcentaje fijo sobre cantidad no amortizada.
r = Coste del capital en tanto por uno. Usaremos esta variable solamente en la fórmula de la amortización sobre el valor de reposición.
I = Tasa de inflación anual. Utilizaremos esta variable solamente en la fórmula de la amortización sobre el valor de reposición.

Para la aplicación de las distintas fórmulas vamos a emplear el mismo ejemplo: la amortización de una máquina, cuyo costo de adquisición es de 7.500.000 ptas., que ha de ser amortizada en cinco años, con un valor residual nulo. Solamente en el primero de los métodos, por exigencias del cálculo, tomamos como valor residual el 1 por mil de la inversión.

A efectos de calcular la amortización proporcional supondremos que la utilización de la máquina medida en horas es la siguiente:

Año 1.º................	2.550
Año 2.º................	1.900
Año 3.º................	1.400
Año 4.º................	2.000
Año 5.º................	2.150
Total..................	10.000

A efectos de calcular la amortización sobre el valor de reposición, suponemos una tasa anual acumulativa de inflación del 5%.

Para calcular el valor actual de las cuotas anuales de amortización, supondremos un coste medio ponderado de capital, que sabemos es precisamente la tasa de rentabilidad exigida, del 14%.

---

[1] PEUMANS, *Valoración de proyectos de inversión,* Ediciones Deusto, 1977, p. 129.

En cada uno de los métodos obtendremos un cuadro de amortización que comprenda la cuota anual de amortización de cada uno de los 5 años, según distintos métodos de amortización.

2.1. Amortización decreciente: porcentaje fijo sobre la cantidad no amortizada

Siendo:

a = Porcentaje fijo de amortización.
V_R = Valor residual.
V_0 = Valor de adquisición.

$$a = 1 - \sqrt[n]{\frac{V_R}{V_0}} \qquad [1]$$

Para que la fórmula tenga validez matemática, V_R no puede ser nulo, por ello aplicamos un valor residual del 1 por mil. En el ejemplo que estamos manejando, el valor de adquisición es 7.500.000 ptas.; por tanto el valor residual será 7.500 ptas.

$$i = 1 - \sqrt[n]{\frac{V_R}{V_0}} = 1 - \sqrt[5]{\frac{7.500}{7.500.000}} = 0,748811 = 74,88\%$$

El cuadro 1 es el cuadro de amortizaciones de acuerdo con este método.

Cuadro 1

Porcentaje fijo sobre cantidad no amortizada
Método matemático

Año	Valor inicial	Amortización anual	Valor final	Amortización acumulada
1	7.500.000	5.616.085	1.883.915	5.616.085
2	1.883.915	1.410.697	473.218	7.026.782
3	473.218	354.351	118.867	7.381.133
4	118.867	89.009	29.858	7.470.142
5	29.858	22.358	7.500	7.492.500

La aplicación de este método de amortización decreciente está permitida desde el punto de vista fiscal. Sin embargo el Reglamento del Impuesto sobre Sociedades fija algunas restricciones en su aplicación. El cálculo de la cuota de amortización tal como prescribe dicho reglamento obedece a otros criterios matemáticos que no son exactamente los expuestos.

El art. 54 del Reglamento del Impuesto sobre Sociedades dice:

«Los sujetos pasivos del Impuesto sobre Sociedades podrán aplicar el sistema de amortización degresiva según uno de los siguientes métodos:

a) Aplicando un porcentaje constante sobre el valor pendiente de amortización de los elementos amortizables acogidos a este sistema.

b) Aplicando el sistema denominado suma de dígitos.

Los porcentajes constantes a que se refiere la letra a) del apartado anterior se determinarán ponderando el coeficiente de amortización por los siguientes coeficientes:

a) Si el elememento del activo tiene un período de amortización inferior a 5 años: 1,5.
b) Si el elemento del activo tiene un período de amortización igual o superior a 5 años e inferior a 8 años: 2.
c) Si el elemento del activo tiene un período de amortización igual o superior a 8 años: 2,5.

En ningún caso el porcentaje constante podrá ser inferior al 11%.

Cuando el saldo pendiente de amortización antes del cierre del ejercicio sea inferior al importe de una cuota lineal, dicho saldo podrá amortizarse en el mencionado ejercicio.»

La aplicación de esta normativa implica que el porcentaje fijo a aplicar sobre el saldo residual no amortizado, no se calcule según la fórmula [1], sino según la fórmula [2].

$$
\begin{aligned}
i &= \frac{1}{n}\cdot 1{,}5 && \text{si } n<5 \\
i &= \frac{1}{n}\cdot 2{,}0 && \text{si } 5\le n<8 \\
i &= \frac{1}{n}\cdot 2{,}5 && \text{si } 8\le n
\end{aligned}
\qquad [2]
$$

Puesto que, en nuestro ejemplo, los años de vida son 5:

$$i=\frac{1}{5}\cdot 2=0,40$$

El cuadro de amortizaciones del cuadro 1 está construido aplicando estrictamente la fórmula [1]. Si se aplica la normativa del Impuesto sobre Sociedades que viene contenida en la fórmula [2] y en el cuadro 2, el cuadro de amortizaciones sería el que se recoge en el cuadro 3.

CUADRO 2. **Coeficientes fijos de amortización según el Reglamento del Impuesto sobre Sociedades**

Años de vida (n)	Coeficiente de amortización lineal ($1/n$)	Coeficiente de corrección	Porcentaje constante
2	0,5000	1,5	0,7500
3	0,3333	1,5	0,5000
4	0,2500	1,5	0,3750
5	0,2000	2,0	0,4000
6	0,1666	2,0	0,3332
7	0,1428	2,0	0,2856
8	0,1250	2,5	0,3125
9	0,1111	2,5	0,2778
10	0,1000	2,5	0,2500
11	0,0909	2,5	0,2273
12	0,0833	2,5	0,2083
13	0,0769	2,5	0,1923
14	0,0714	2,5	0,1785
15	0,0667	2,5	0,1667

CUADRO 3

Porcentaje fijo sobre cantidad no amortizada
Según el Reglamento del Impuesto sobre Sociedades

Año	Valor inicial	Amortización anual	Valor final	Amortización acumulada
1	7.500.000	3.000.000	4.500.000	3.000.000
2	4.500.000	1.800.000	2.700.000	4.800.000
3	2.700.000	1.080.000	1.620.000	5.880.000
4	1.620.000	648.000	972.000	6.528.000
5	972.000	972.000	0	7.500.000

2.2. AMORTIZACIÓN DECRECIENTE: PROPORCIONAL A LA SERIE DE NÚMEROS NATURALES

Siendo S la serie de números naturales en orden decreciente, es decir, una progresión aritmética cuyo primer término es n, cuyo último término es 1, y cuya diferencia es –1:

$S = n, (n-1), ..., 3, 2, 1 \qquad (d = -1)$
$x_1 = n$
t = número de orden de cada año
d = diferencia de la progresión geométrica = –1
$x_t = x_1 + d(t-1) = n - t + 1$
$x_n = 1$

$$\sum_{t=1}^{n} x_i = \frac{(x_1 + x_n)n}{2} = \frac{(n+1)n}{2}$$

$$a_t = \frac{V_0 - V_R}{\sum_{t=1}^{n} x_t} x_t = (V_0 - V_R) \frac{n-t+1}{\frac{(1+n)n}{2}}$$

$$a_t = (V_0 - V_R) \frac{2(n-t+1)}{(1+n)n} \qquad [3]$$

El cuadro de amortización se contiene en el cuadro 4.

CUADRO 4

Amortización decreciente
Según la serie de números naturales

Año	Valor inicial	Amortización anual	Valor final	Amortización acumulada
1	7.500.000	2.500.000	5.000.000	2.500.000
2	5.000.000	2.000.000	3.000.000	4.500.000
3	3.000.000	1.500.000	1.500.000	6.000.000
4	1.500.000	1.000.000	500.000	7.000.000
5	500.000	500.000	0	7.500.000

2.3. Amortización lineal

$$a = \frac{V_0 - V_R}{n} \qquad [4]$$

En nuestro caso, la cuota anual de amortización será:

$$a_t = \frac{V_0 - V_R}{n} = \frac{7.500.000}{5} = 1.500.000$$

El cuadro de amortización se contiene en el cuadro 5.

Cuadro 5

Amortización lineal				
Año	Valor inicial	Amortización anual	Valor final	Amortización acumulada
1	7.500.000	1.500.000	6.000.000	1.500.000
2	6.000.000	1.500.000	4.500.000	3.000.000
3	4.500.000	1.500.000	3.000.000	4.500.000
4	3.000.000	1.500.000	1.500.000	6.000.000
5	1.500.000	1.500.000	0	7.500.000

2.4. Amortización creciente: proporcional a la serie de números naturales

Siendo S la serie de números naturales en orden creciente, es decir, una progresión aritmética cuyo primer término es 1, cuyo último término es n, y cuya diferencia es +1:

$S = 1, 2, ..., (n-1), \text{n} \qquad (\text{d} = 1)$
$x_1 = 1$
t = número de orden del año
$x_t = t$
$x_n = n$
$\sum_{t=1}^{n} = \frac{(x_1 + x_n)n}{2} = \frac{(1+n)n}{2}$

$$a_t = \frac{V_0 - V_R}{\sum_{t=1}^{n} x_t} x_t = (V_0 - V_R)\frac{t}{\frac{(1+n)-n}{2}}$$

$$a_t = (V_0 - V_R)\frac{2t}{(1+n)n} \qquad [5]$$

El cuadro de amortización se contiene en el cuadro 6.

CUADRO 6

Amortización creciente
Según la serie de números naturales

Año	Valor inicial	Amortización anual	Valor final	Amortización acumulada
1	7.500.000	500.000	7.000.000	500.000
2	7.000.000	1.000.000	6.000.000	1.500.000
3	6.000.000	1.500.000	4.500.000	3.000.000
4	4.500.000	2.000.000	2.500.000	5.000.000
5	2.500.000	2.500.000	0	7.500.000

2.5. AMORTIZACIÓN CONSTANTE SOBRE VALOR DE REPOSICIÓN

El problema fundamental del cálculo de la cuota de amortización sobre el valor de reposición es la indeterminación de este último. En la amortización sobre el valor de adquisición tenemos ya una variable indeterminada: los años de vida productiva del equipo. Pero, si tomamos como base el valor de reposición, a la indeterminación de la duración de la vida del equipo, se añade una nueva indeterminación, la cuantía del valor de reposición.

Una forma de resolver esta indeterminación, con alguna verosimilitud estimativa, es la corrección del precio actual mediante un coeficiente expresivo de la tasa anual de inflación futura.

Siendo:

VF = Valor futuro de reposición.
VA = Valor actual de adquisición.
n = Años de vida del activo en cuestión.
I = Tasa de inflación anual acumulativa prevista.
r = Coste medio ponderado del capital.

Si se considera una tasa de inflación constante:

$$VF = (V_0 - V_R)\,(1 + I)^n \qquad [6]$$

Si se considera una tasa de inflación distinta para cada año:

$$VF = (V_0 - V_R)\prod_{t=1}^{n}(1 + I_t)^t \qquad [7]$$

Una vez definido el valor futuro de reposición [VF], hemos de calcular una cuota de amortización constante durante los años de vida, tal que capitalizada al coste medio ponderado del capital tenga al final de ellos un valor igual al de reposición. Para ello utilizamos la fórmula financiera del valor futuro de una anualidad constante:

$$VF = a\frac{(1+r)^n - 1}{r} \qquad [8]$$

Puesto que buscamos una anualidad constante, cuyo valor capitalizado a lo largo de los [n] años, iguale al valor futuro de reposición, igualamos ambos valores futuros, y despejamos [a]:

$$(V_0 - V_R)(1+I)^n = a\frac{(1+r)^n - 1}{r}$$

$$a = (V_0 - V_R)\frac{r(1+I)^n}{(1+r)^n - 1} \qquad [9]$$

Según los datos de nuestro ejemplo:

$$a = 7.500.000\frac{0,14(1+0,05)^5}{(1+0,14)^5 - 1} = 1.448.103$$

CUADRO 7

Año	Valor inicial	Amortización anual	Valor final	Amortización acumulada
Amortización sobre valores de reposición				
1	9.572.112	1.448.103	7.811.933	1.448.103
2	7.811.933	1.448.103	6.135.573	2.896.206
3	6.135.573	1.448.103	4.539.040	4.344.309
4	4.539.040	1.448.103	3.018.531	5.792.412
5	3.018.531	1.448.103	1.570.428	7.240.515

Una anualidad de 1.448.103 capitalizada durante 5 años al 14%, tiene un valor final de 9.572.112, que es precisamente el valor estimado de reposición, suponiendo que el valor actual de adquisición de 7.500.000 sufra una inflación anual acumulativa del 5%.

2.6. AMORTIZACIÓN PROPORCIONAL

En este caso la amortización es variable, proporcional al uso que se hace en cada período del equipo en cuestión. Dividimos el valor a amortizar por las unidades totales de tiempo en que se estima la vida productiva del equipo [n]; y en cada período se multiplica este cociente por el uso efectivo que se ha hecho de ella medido en la misma unidad de tiempo [n_t].

$$a_t = \frac{V_0 - V_R}{n} \cdot n_t \qquad [10]$$

CUADRO 8

Amortización proporcional

Año	Valor inicial	Amortización anual	Valor final	Amortización acumulada	Utilización anual
1	7.500.000	1.912.500	5.587.500	1.912.500	2.550
2	5.587.500	1.425.000	4.162.500	3.337.500	1.900
3	4.162.500	1.050.000	3.112.500	4.387.500	1.400
4	3.112.500	1.500.000	1.612.500	5.887.500	2.000
5	1.612.500	1.612.500	0	7.500.000	2.150

3. Análisis financiero de la amortización

Desde un punto de vista financiero, interesa conocer en qué medida la aplicación de uno u otro método de amortización favorece la desinversión de los capitales empleados en el activo fijo. La amortización decreciente representa el ritmo más acelerado de esta desinversión. La amortización creciente el ritmo más lento. La amortización lineal es el ritmo intermedio. La amortización proporcional queda fuera de esta consideración, puesto que no se rige por un plan financiero preestablecido, sino por la marcha coyuntural de la actividad de la empresa.

Desde el punto de vista de la doctrina financiera, la amortización decreciente reúne las siguientes ventajas:

—*La pérdida de valor* de un equipo, en el primer año, es importante, se produce casi inmediatamente después de su instalación.

—*Los gastos* de mantenimiento y mano de obra aumentan con la edad de los equipos. Por tanto, es conveniente que la amortización sea mayor en los primeros años, y menor en los últimos, de forma que la compensación de unos con otros asegure la estabilidad de los costes.

—*Le recuperación de la liquidez* es conveniente hacerla lo antes posible a efectos de poder sustituir equipos obsoletos. Tales equipos conservan su capacidad productiva, pero se hace necesario sustituirlos para mantener la competitividad de la empresa.

La figura 1 muestra la evolución del ritmo de la desinversión. Todas las curvas parten de cero, y terminan en el valor de adquisición.

La amortización lineal está representada por una recta. Por encima de ella discurren tres curvas de amortización decreciente. Puesto que las dotaciones del ejercicio para la amortización son mayores los primeros años, y menores en los últimos años, las pendientes de estas curvas son, al principio, mayores que las de la amortización lineal, y luego menores. Exactamente lo contrario ocurre con la amortización creciente.

De los tres métodos de amortización decreciente:

—El % fijo según la fórmula matemática, es el más contundente. En los dos primeros años se ha amortizado el 94% del valor de adquisición. Queda un 6% para los tres años restantes de vida productiva.

—Los otros dos métodos, el % fijo según el Reglamento del Impuesto sobre Sociedades y el sistema de la serie de números naturales, dan un resultado muy parecido entre ellos.

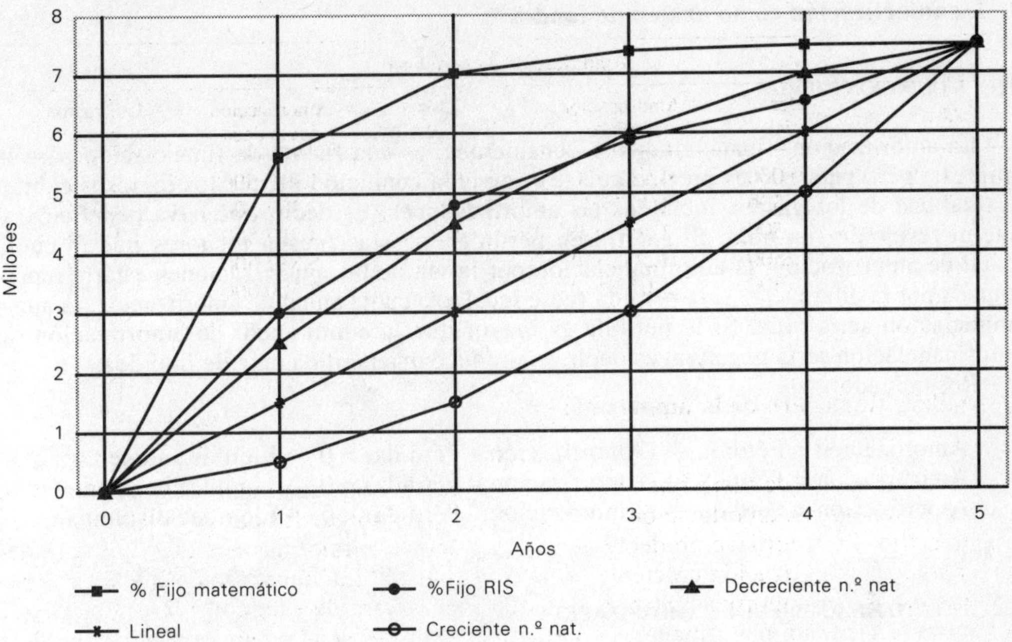

FIGURA 1. **Amortización acumulada**

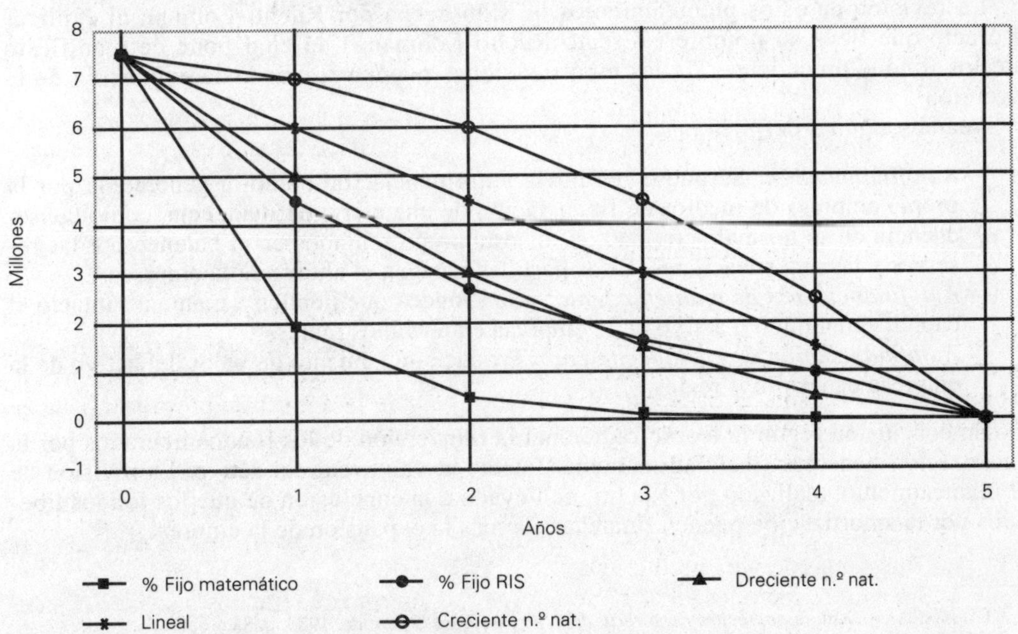

FIGURA 2. **Capital vinculado**

4. La amortización como origen de fondos

4.1. Condición previa

La amortización, financieramente considerada, es una fuente de financiación para la empresa; pero para ello es preciso que se cumpla la condición de que los ingresos cubran la totalidad de los gastos, incluidas las amortizaciones. Es decir, que haya beneficios, o que el resultado sea nulo. Si existiesen pérdidas, y éstas fuesen menores que la cuota anual de amortización, la autofinanciación por la vía de las amortizaciones estaría representada por la diferencia. Si la pérdida fuese igual a la cuota anual de amortización, la autofinanciación sería nula. Si la pérdida es mayor que la cuota anual de amortización, la autofinanciación sería negativa, es decir, se produce una pérdida neta de liquidez.

Resumiendo:

Amortizacion > Pérdida → (Amortización – Pérdida) > 0 → Liquidez aumenta
Amortizacion = Pérdida → (Amortización – Pérdida) = 0 → Liquidez constante
Amortizacion < Pérdida → (Amortización – Pérdida) < 0 → Liquidez disminuye

4.2. Efecto finaciero de la amortización

La teoría tradicional sobre la amortización ha defendido que las cantidades liberadas por la amortización constituían lo que algunos autores han dado en llamar «autofinanciación de mantenimiento». Por ello los fondos liberados deberían invertirse en activos fácilmente liquidables, de tal forma que, llegado el momento de la renovación, fuese fácil e inmediata su conversión en dinero, y poder atender así a la reposición del bien totalmente depreciado.

La revisión de estos planteamientos ha sido hecha por Ruchti-Lohman al explicar el efecto que lleva su nombre («Efecto Ruchti-Lohman»), el cual pone de manifiesto que los fondos procedentes de las amortizaciones pueden financiar la expansión de la inversión[2].

Veamos algunas definiciones:

- *Autofinanciación*: Se puede definir la autofinanciación como la generación por la propia empresa de medios de financiación de una cierta permanencia, como consecuencia de su normal actividad. Éstos están representados en el balance por las reservas y las amortizaciones. Estas partidas recogen el ahorro de la empresa[3].
- *Autofinanciación de mantenimiento*: «Son fondos que tienden a mantener intacto el capital económico o activo de la empresa en términos reales»[4].
- *Autofinanciación de enriquecimiento*: Produce un aumento de valor del activo de la empresa en términos reales.

En conclusión según la teoría tradicional la reinversión de los fondos liberados por la amortización tiene por finalidad mantener intacto el valor real del activo. La revisión de tal planteamiento, realizado por Ruchti, ha llevado a la conclusión de que los fondos liberados por la amortización pueden financiar además la expansión de la empresa.

---

[2] Cfr. Cañibano, *Autofinanciación y tesorería de la empresa,* Ed. Pirámide, 1983, p. 88.
[3] Cfr. *Diccionario económico de la empresa,* Ed. Pirámide, 1977.
[4] Cfr. Rivero, *Contabilidad financiera,* Ed. ICE, 1973, p. 321.

4.3. Empleo de los fondos de amortización

Los fondos de amortización están destinados al reemplazo de las inversiones fijas, pero transitoriamente se emplean en el activo circulante, esperando el momento de destinarlos a financiar la reposición para la que fueron establecidos. Varias alternativas se presentan a la empresa para buscar empleos a los fondos liberados por la amortización.

4.3.1. *Materialización financiera*

La empresa recupera a través de la función de venta el importe de las cuotas de amortización, las cuales pueden materializarse en activos financieros circulantes, seleccionando títulos que reúnan condiciones de seguridad, liquidez y rentabilidad, precisamente por este orden. Llegado el momento de la reposición de los activos inmovilizados, se podrá financiar su adquisición realizando la cartera de valores.

4.3.2. *Materialización económica*

En situaciones de expansión, la empresa necesita aumentar su activo circulante: existencias de materias primas, productos semiterminados, productos terminados, clientes, efectos a cobrar, etc. Para ello utilizará los fondos procedentes de la amortización recuperados a través de las ventas. El destinar estos fondos a la expansión del activo circulante, plantea un problema que puede ser grave: cuando llegue el momento de proceder a la reposición de los elementos del activo inmovilizado, será difícil descongelar los fondos materializados en la expansión del activo circulante, porque implicará una reducción de la actividad económica.

4.3.3. *Expansión del equipo fijo*

Suponemos que la empresa se encuentra en una fase de crecimiento, y, por ello, con la necesidad de aumentar su capacidad instalada. Según la teoría tradicional, las nuevas inversiones de crecimiento habrían de financiarse con nuevas aportaciones de capital, con beneficios no distribuidos, o con crédito. Mientras que los fondos liberados por la amortización financiarían la reposición de los equipos agotados.

Frente a esta concepción, pretendemos demostrar que los fondos liberados por la amortización pueden financiar tanto la reposición de equipos agotados, como la expansión. No en su totalidad, pero sí en una proporción significativa. La cuantía de esta proporción depende del método de amortización empleado[5].

4.4. Explicación del efecto de expansión

Supongamos una empresa en un mercado en expansión, y que mantiene una política de crecimiento, al objeto de mantener su cuota de mercado. Durante cuatro años va a seguir una política expansionista, haciendo sucesivas inversiones de 7.500.000 ptas. cada año. Suponemos una tasa de inflación cero, y un coste medio ponderado del capital del 14%.

---

[5] Cfr. Cañibano, *Autofinanciación y tesorería de la empresa,* Ed. Pirámide, 1983, pp. 88-90. Peumans, *Valoración de proyectos de inversión,* Ed. Deusto, 1977, pp. 136-37. Serra Ramoneda, Antonio, «La amortización como factor de coste y fuente transitoria de disponibilidades», *Técnica Económica,* 7(1962), pp. 47-55.

Los cuadros de las páginas 280-282, indican el porcentaje de las nuevas inversiones que cada año se puede financiar con las cuotas de amortización de los equipos ya instalados previamente. Para cada uno de los métodos de amortización establecemos un cuadro de amortizaciones, similar al indicado más arriba. A continuación cuantificamos, en tanto por ciento y en ptas., la parte de la nueva inversión que se autofinancia con las amortizaciones.

Como *inversión anual* indicamos la que se hace de nuevo cada año. Como *inversión acumulada* la inversión total existente al final de cada año. Al término de los cuatro años, y después de haber aumentado progresivamente la capacidad instalada, las inversiones al precio de adquisición, tendrán el valor de I_n = 30.000.000. Las nuevas inversiones que se harán durante el año 5.º y sucesivos, ya no representarán una expansión, sino una reposición, puesto que suponemos una vida productiva de estos equipos de 5 años.

Estos cuadros nos muestran la inversión anual y acumulada, la amortización anual y acumulada y, en consecuencia, la financiación procedente de la amortización (autofinanciación) y la que ha de proceder de otras fuentes (aportaciones de capital, beneficios no distribuidos o crédito). Como puede observarse, las cantidades tanto de autofinanciación como de otros recursos son diferentes según el método de amortización empleado.

Financiación de la expansión con las amortizaciones

Año	Inversión	1. Amortización decreciente: porcentaje fijo. Según fórmula matemática									
		0	1	2	3	4	5	6	7	8	9
0	7.500.000		5.616.085	1.410.697	354.351	89.009	22.358	0	0	0	0
1	7.500.000			5.616.085	1.410.697	354.351	89.009	22.358	0	0	0
2	7.500.000				5.616.085	1.410.697	354.351	89.009	22.358	0	0
3	7.500.000					5.616.085	1.410.697	354.351	89.009	22.358	0
4	7.500.000						5.616.085	1.410.697	354.351	89.009	22.358
Inversión anual		7.500.000	7.500.000	7.500.000	7.500.000	7.500.000					
Inversión acumulada		7.500.000	15.000.000	22.500.000	30.000.000	37.500.000	37.500.000	37.500.000	37.500.000	37.500.000	37.500.000
Amortización anual			5.616.085	7.026.782	7.381.133	7.470.142	7.492.500	1.876.415	465.718	111.367	22.358
Amortización acum.			5.616.085	12.642.867	20.024.000	27.494.142	34.986.642	36.863.057	37.328.775	37.440.142	37.462.500
Otros recursos anual.		7.500.000	1.883.915	473.218	118.867	29.858	(7.492.500)	(1.876.415)	(465.718)	(111.367)	(22.358)
Otros recursos acum.		7.500.000	9.383.915	9.857.133	9.976.000	10.005.858	2.513.358	636.943	171.225	59.858	37.500
Autofinanciación %		0,00%	37,44%	56,19%	66,75%	73,32%	93,30%	98,30%	99,54%	99,84%	99,90%
Otros recursos %		100,00%	62,56%	43,81%	33,25%	26,68%	6,70%	1,70%	0,46%	0,16%	0,10%

Año	Inversión	2. Amortización decreciente: porcentaje fijo. Según el Reglamento del Impuesto sobre Sociedades									
		0	1	2	3	4	5	6	7	8	9
0	7.500.000		3.000.000	1.800.000	1.080.000	648.000	972.000	0	0	0	0
1	7.500.000			3.000.000	1.800.000	1.080.000	648.000	972.000	0	0	0
2	7.500.000				3.000.000	1.800.000	1.080.000	648.000	972.000	0	0
3	7.500.000					3.000.000	1.800.000	1.080.000	648.000	972.000	0
4	7.500.000						3.000.000	1.800.000	1.080.000	648.000	972.000
Inversión anual		7.500.000	7.500.000	7.500.000	7.500.000	7.500.000					
Inversión acumulada		7.500.000	15.000.000	22.500.000	30.000.000	37.500.000	37.500.000	37.500.000	37.500.000	37.500.000	37.500.000
Amortización anual			3.000.000	4.800.000	5.880.000	6.528.000	7.500.000	4.500.000	2.700.000	1.620.000	972.000
Amortización acum.			3.000.000	7.800.000	13.680.000	20.208.000	27.708.000	32.208.000	34.908.000	36.528.000	37.500.000
Otros recursos anual.		7.500.000	4.500.000	2.700.000	1.620.000	972.000	(7.500.000)	(4.500.000)	(2.700.000)	(1.620.000)	(972.000)
Otros recursos acum.		7.500.000	12.000.000	14.700.000	16.320.000	17.292.000	9.792.000	5.292.000	2.592.000	972.000	0
Autofinanciación %		0,00%	20,00%	34,67%	45,60%	53,89%	73,89%	85,89%	93,09%	97,41%	100,00%
Otros recursos %		100,00%	80,00%	65,33%	54,40%	46,11%	26,11%	14,11%	6,91%	2,59%	0,00%

Año	Inversión	3. Amortización decreciente: números naturales 0	1	2	3	4	5	6	7	8	9
0	7.500.000		2.500.000	2.000.000	1.500.000	1.000.000	500.000	0	0	0	0
1	7.500.000			2.500.000	2.000.000	1.500.000	1.000.000	500.000	0	0	0
2	7.500.000				2.500.000	2.000.000	1.500.000	1.000.000	500.000	0	0
3	7.500.000					2.500.000	2.000.000	1.500.000	1.000.000	500.000	0
4	7.500.000						2.500.000	2.000.000	1.500.000	1.000.000	500.000
Inversión anual		7.500.000	7.500.000	7.500.000	7.500.000	7.500.000					
Inversión acumulada		7.500.000	15.000.000	22.500.000	30.000.000	37.500.000	37.500.000	37.500.000	37.500.000	37.500.000	37.500.000
Amortización anual			2.500.000	4.500.000	6.000.000	7.000.000	7.500.000	5.000.000	3.000.000	1.500.000	500.000
Amortización acum.			2.500.000	7.000.000	13.000.000	20.000.000	27.500.000	32.500.000	35.500.000	37.000.000	37.500.000
Otros recursos anual.		7.500.000	5.000.000	3.000.000	1.500.000	500.000	(7.500.000)	(5.000.000)	(3.000.000)	(1.500.000)	(500.000)
Otros recursos acum.		7.500.000	12.500.000	15.500.000	17.000.000	17.500.000	10.000.000	5.000.000	2.000.000	500.000	0
Autofinanciación %		0,00%	16,67%	31,11%	43,33%	53,33%	73,33%	86,67%	94,67%	98,67%	100,00%
Otros recursos %		100,00%	83,33%	68,89%	56,67%	46,67%	26,67%	13,33%	5,33%	1,33%	0,00%

Año	Inversión	4. Amortización lineal 0	1	2	3	4	5	6	7	8	9
0	7.500.000		1.500.000	1.500.000	1.500.000	1.500.000	1.500.000	0	0	0	0
1	7.500.000			1.500.000	1.500.000	1.500.000	1.500.000	1.500.000	0	0	0
2	7.500.000				1.500.000	1.500.000	1.500.000	1.500.000	1.500.000	0	0
3	7.500.000					1.500.000	1.500.000	1.500.000	1.500.000	1.500.000	0
4	7.500.000						1.500.000	1.500.000	1.500.000	1.500.000	1.500.000
Inversión anual		7.500.000	7.500.000	7.500.000	7.500.000	7.500.000					
Inversión acumulada		7.500.000	15.000.000	22.500.000	30.000.000	37.500.000	37.500.000	37.500.000	37.500.000	37.500.000	37.500.000
Amortización anual			1.500.000	3.000.000	4.500.000	6.000.000	7.500.000	6.000.000	4.500.000	3.000.000	1.500.000
Amortización acum.			1.500.000	4.500.000	9.000.000	15.000.000	22.500.000	28.500.000	33.000.000	36.000.000	37.500.000
Otros recursos anual.		7.500.000	6.000.000	4.500.000	3.000.000	1.500.000	(7.500.000)	(6.000.000)	(4.500.000)	(3.000.000)	(1.500.000)
Otros recursos acum.		7.500.000	13.500.000	18.000.000	21.000.000	22.500.000	15.000.000	9.000.000	4.500.000	1.500.000	0
Autofinanciación %		0,00%	10,00%	20,00%	30,00%	40,00%	60,00%	76,00%	88,00%	96,00%	100,00%
Otros recursos %		100,00%	90,00%	80,00%	70,00%	60,00%	40,00%	24,00%	12,00%	4,00%	0,00%

Año	Inversión	5. Amortización creciente: números naturales 0	1	2	3	4	5	6	7	8	9
0	7.500.000		500.000	1.000.000	1.500.000	2.000.000	2.500.000	0	0	0	0
1	7.500.000			500.000	1.000.000	1.500.000	2.000.000	2.500.000	0	0	0
2	7.500.000				500.000	1.000.000	1.500.000	2.000.000	2.500.000	0	0
3	7.500.000					500.000	1.000.000	1.500.000	2.000.000	2.500.000	0
4	7.500.000						500.000	1.000.000	1.500.000	2.000.000	2.500.000
Inversión anual		7.500.000	7.500.000	7.500.000	7.500.000	7.500.000					
Inversión acumulada		7.500.000	15.000.000	22.500.000	30.000.000	37.500.000	37.500.000	37.500.000	37.500.000	37.500.000	37.500.000
Amortización anual			500.000	1.500.000	3.000.000	5.000.000	7.500.000	7.000.000	6.000.000	4.500.000	2.500.000
Amortización acum.			500.000	2.000.000	5.000.000	10.000.000	17.500.000	24.500.000	30.500.000	35.000.000	37.500.000
Otros recursos anual.		7.500.000	7.000.000	6.000.000	4.500.000	2.500.000	(7.500.000)	(7.000.000)	(6.000.000)	(4.500.000)	(2.500.000)
Otros recursos acum.		7.500.000	14.500.000	20.500.000	25.000.000	27.500.000	20.000.000	13.000.000	7.000.000	2.500.000	0
Autofinanciación %		0,00%	3,33%	8,89%	16,67%	26,67%	46,67%	65,33%	81,33%	93,33%	100,00%
Otros recursos %		100,00%	96,67%	91,11%	83,33%	73,33%	53,33%	34,67%	18,67%	6,67%	0,00%

Año	Inversión	6. Amortización constante sobre valor de reposición Inflación prevista: 5,00% 0	1	2	3	4	5	6	7	8	9
0	7.500.000		1.448.103	1.448.103	1.448.103	1.448.103	1.448.103	0	0	0	0
1	7.875.000			1.520.508	1.520.508	1.520.508	1.520.508	1.520.508	0	0	0
2	8.268.750				1.596.534	1.596.534	1.596.534	1.596.534	1.596.534	0	0
3	8.682.187					1.676.360	1.676.360	1.676.360	1.676.360	1.676.360	0
4	9.116.297						1.760.178	1.760.178	1.760.178	1.760.178	1.760.178
Inversión anual		7.500.000	7.875.000	8.268.750	8.682.187	9.116.297					
Inversión acumulada		7.500.000	15.375.000	23.643.750	32.325.937	41.442.234	41.442.234	41.442.234	41.442.234	41.442.234	41.442.234
Amortización anual			1.448.103	2.968.611	4.565.145	6.241.505	8.001.683	6.553.580	5.033.072	3.436.539	1.760.178
Amortización acum.			1.448.103	4.416.714	8.981.859	15.223.364	23.225.047	29.778.627	34.811.699	38.248.238	40.008.416
Otros recursos anual.		7.500.000	6.426.897	5.300.139	4.117.043	2.874.792	(8.001.683)	(6.553.580)	(5.033.072)	(3.436.539)	(1.760.178)
Otros recursos acum.		7.500.000	13.926.897	19.227.036	23.344.079	26.218.870	18.217.187	11.663.607	6.630.535	3.193.996	1.433.818
Autofinanciación %		0,00%	9,42%	18,68%	27,79%	36,73%	56,04%	71,86%	84,00%	92,29%	96,54%
Otros recursos %		100,00%	90,58%	81,32%	72,21%	63,27%	43,96%	28,14%	16,00%	7,71%	3,46%

Según el método de amortización empleado, tal autofinanciación se mueve en torno a los siguientes valores:

—33 % si se practica la amortización creciente.
—50 % si se practica la amortización lineal.
—66 % si se practica la amortización decreciente.

Puede oscilar generalmente entre el 31% y el 64%. Si se emplease el método de amortización decreciente de un % fijo sobre la cantidad no amortizada, la autofinanciación llegaría incluso al 80%.

Capítulo 12

Las existencias

1. Introducción

1.1. Definición

Las existencias son bienes materiales:

a) poseídos por la empresa para ser vendidos en el curso ordinario de la explotación;
b) en proceso de elaboración para su venta posterior;
c) para ser consumidos en la producción de los bienes y servicios que después se venderán al exterior[1].

También pensamos que es válida la siguiente definición: bienes adquiridos por la empresa, en proceso de elaboración o terminados en la misma, susceptibles de ser vendidos o de ser transformados, y con capacidad de ser almacenados[2].

1.2. Clasificación

A parte de la clasificación que la contabilidad hace de las existencias, para los efectos que nos ocupan en este capítulo, las clasificamos por su cadencia de entrada-salida.

Elemento fundamental de la minimización de los costes en la gestión de stocks es la sincronización de las entradas con las salidas de forma que no se produzcan rupturas de «existencias», ni tampoco volúmenes excesivos que encarezcan inútilmente los costes de

---

[1] Cfr. *Normas internacionales de contabilidad de la IASC,* Ed. Instituto de Censores Jurados de España, 1989, Norma 2.ª, n.º 4.

[2] *Diccionario económico de la empresa,* Ed. Pirámide, 1977.

almacenamiento. Se estudiarán dos tipos de «existencias» con un comportamiento en las entradas y en las salidas diferente. Tomaremos como representantes característicos de estos dos tipos de «existencias» las materias primas y los productos terminados. Las demás clases de existencias que se han enumerado, responden a uno de estos dos tipos:

Existencias	Entrada	Salida
Materias primas	Compras (a golpes)	Producción (gradual)
Productos terminados	Producción (gradual)	Ventas (gradual)

1.3. Razón de ser de las existencias

Las existencias hacen posible un sistema racional de producción. Sin ellas no podría lograrse un flujo de producción continuo, conseguir una alimentación sin rupturas de las máquinas, o aspirar a dar un servicio razonable a los consumidores de los centenares de objetos que constituyen las «existencias». En cada fase, tanto de la fabricación como de la distribución, las existencias desempeñan la función esencial de permitir la desagregación de las diversas operaciones sucesivas, comenzando por la compra de las materias primas, pasando por todas las operaciones de fabricación, y terminando por el almacenamiento de productos terminados. Entre cada dos de las fases de esta secuencia, las existencias facilitan que cada operación sea independiente de las demás, de forma que se consiga un abaratamiento de las mismas[3].

Se señalan dos clases de nivel en la cantidad de existencias inventariadas:

—Nivel activo: el suficiente para hacer frente a las necesidades normales en la hipótesis de funcionamiento normal de la empresa.

—Nivel de seguridad: el suficiente para hacer frente a las alteraciones aleatorias que puedan producirse en el funcionamiento normal de la empresa, ya sea por problemas de abastecimiento, ya sea por problemas de demanda.

1.4. Problemas planteados

1.4.1. *Minimización de la función de costes*

En definitiva se trata de resolver un problema de asignación racional de recursos escasos. El almacenamiento de las existencias es una función necesaria en la empresa, que lleva asociados costes de compra, de pedido, de almacenamiento y financieros. Puesto que los recursos económicos de la empresa se suponen escasos se tratará de ver la forma de conseguir la minimización de los costes.

1.4.2. *Stock de seguridad*

Los procesos de entrada y salida de «existencias» tienen un componente de aleatoriedad, no solamente en el caso de las ventas. Igualmente en los procesos de compras y de producción, pueden sufrir alteraciones accidentales las previsiones «normales» de la cadencia de las entradas y salidas. Por ello, partiendo de la probabilidad de tales alteraciones, estudiaremos el nivel de seguridad que hay que mantener para estar cubiertos con un determinado grado de probabilidad contra las posibles rupturas de stock.

[3] Elwood Buffa, *Basic production management,* Ed. John Wiley, 1975, pp. 450-452.

2. El volumen óptimo de pedido

El modelo resuelve la minimización de la función de costes, en el caso de existencias del tipo «materias primas», es decir, de entradas «a golpes» y salida gradual.

2.1. Variables a utilizar en el modelo

2.1.1. *Variables de inventario*

M = Cantidad máxima almacenada.
μ = Cantidad media almacenada.
m = Cantidad mínima almacenada (stock de seguridad).

2.1.2. *Variables de flujo*

S = Salidas totales: demanda o consumo durante el período total.
E = Entradas totales: compras o producción durante el período total.
Q = Cantidad de un pedido de compra, o de un lote de producción.
c = Consumo previsto por unidad de tiempo (día, semana, mes).
c' = Consumo real por unidad de tiempo (día, semana, mes).
P = Punto de pedido: cantidad prevista a consumir durante el período de reaprovisionamiento.
P' = Cantidad realmente consumida durante el período de reaprovisionamiento.
n = Número de pedidos o de lotes de producción, durante el período total.

2.1.3. *Variables de tiempo*

T = Tiempo total del período medido en días, semanas o meses. Se toma en cuenta el año laboral, no el año natural.
T_i = Duración de un subperíodo o intervalo en que se divide T.
t = Tiempo previsto de reaprovisionamiento.
t' = Tiempo real de aprovisionamiento.
D = Día límite de pedido, o tiempo de pedido: el día en que el nivel de existencias en almacén es igual al punto de pedido.

2.1.4. *Variables de coste*

F = Coste fijo de un pedido, o de preparación de un lote de producción.
V = Coste variable unitario anual de almacenamiento.
r = Coste medio ponderado del capital invertido en «existencias».
p = Precio de compra del producto, o costo unitario de producción.

2.1.5. *Relaciones entre las variables*

$M = Q + m$
$\mu = Q/2 + m$
$m = P - ct$
$S = Tc$
$E = Qn$
$Q = M - m = E/n$

$c = S/T = Q/T_i$
$c' =$ dato original
$P = ct + m$
$P' =$ dato original
$n = E/Q = T/T_i$
$T = \sum T_i = T_1 + T_2 + ... + T_n$
$T_i = T/n = T/(E/Q) = T(Q/E) = Q/c$
$t = T_i - D$
$t' =$ dato original
$D = T_i - t$
$F =$ dato original
$V =$ dato original
$r =$ dato original
$p =$ dato original

2.2. Planteamiento del problema

Trataremos un tipo de existencias, cuyo exponente más característico serán las materias primas. Las notas que definen este tipo de «existencias» son las siguientes:

—Las entradas se producen intermitentemente, como quien dice, «a golpes». En determinados puntos de la corriente del tiempo hay una entrada simultánea de unidades; y luego no vuelve a producirse otra entrada hasta transcurrido un determinado intervalo, momento en el que vuelve a producirse otra entrada simultánea de unidades.

—Las salidas se producen de forma gradual, a un ritmo constante, atendiendo a la demanda diaria periódica del taller de producción si se trata efectivamente de materias primas, o de la venta a clientes si se trata de mercaderías o productos terminados.

Como consecuencia de ello las existencias en almacén adquieren la representación gráfica de dientes de sierra de la figura 1.

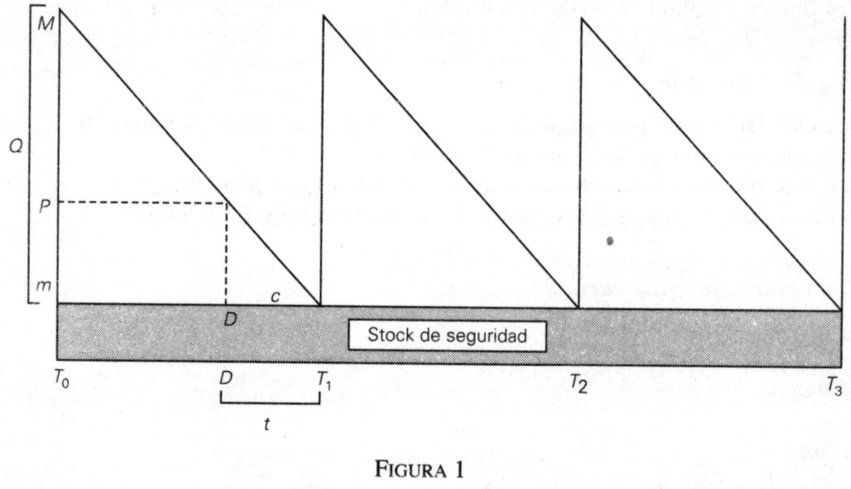

Figura 1

En el eje de abscisas hemos situado la variable tiempo:

—T_i (i = 1, 2, ..., n) constituyen los distintos períodos subanuales (día, semana, mes, trimestre, etc), en que se divide el período total [T], que podemos estimar, por ejemplo, en un ejercicio económico anual.
—t, representa el tiempo previsto de reaprovisionamiento, es decir, el tiempo que se estima transcurrirá desde que se detecta la necesidad de realizar un pedido por el encargado del almacén in situ, hasta que la entrada de las nuevas existencias tiene lugar. Durante este tiempo [t], se realizan los procesos de comunicación interna en la empresa desde el encargado del almacén al departamento de compras, la toma de contacto del departamento de compras con el proveedor, la comunicación interna en la empresa proveedora desde el departamento de ventas al de expedición, el transporte de la mercancía desde la empresa proveedora a la compradora, y, finalmente, el desembarque en la empresa compradora de la mercancía.
—D, representa el día en que debe iniciarse el proceso de pedido en su fase cero, es decir, por el encargado de la supervisión de las existencias in situ. Puesto que durante todo el período [t], se supone que las salidas de almacén continúan, el día [D] debe colocarse con una antelación suficiente en el tiempo [T_1] para que la reposición de las nuevas mercancías esté sincronizada con el agotamiento de las antiguas.

En el eje de ordenadas hemos situado la variable cantidad, es decir, el número de unidades en existencias almacenadas en cada momento de la sucesión temporal:

—M, representa el número máximo de unidades almacenadas, que evidentemente coincide en el tiempo con el momento en que se verifican las entradas. A partir de ese momento comienza el proceso continuo de salidas y, consiguientemente, el descenso del número de unidades almacenadas.
—m, cantidad mínima almacenada o nivel de seguridad, representa el número de unidades por debajo del cual no deben descender las existencias, si no queremos incurrir en peligro de ruptura de stock
—Q, representa las unidades de que constan cada una de las entradas. Hemos considerado en la figura que cada entrada contiene el mismo número de unidades.
—P, representa el punto de pedido, es decir, la cantidad de unidades almacenadas el día [D], cuando ha de desencadenarse el proceso de pedido.
—c, pendiente de la línea inclinada que representa las salidas, es decir, el consumo previsto por unidad de tiempo. En el mismo momento en que el número de unidades almacenadas alcanza el nivel m de seguridad, ha de producirse la nueva entrada [Q], con lo cual el nivel de existencias se repone al nivel [M].

2.3. La función de coste total de inventario

La función de coste total de inventario, C_I, se descompone en cuatro funciones elementales. Suponemos que cada una de estas funciones comprende el coste anual:

—coste de compra, C_c;
—coste de pedido, C_p;
—coste de almacenamiento, C_a;
—coste financiero, C_f;

de forma que:

$$C_I = C_c + C_p + C_a + C_f$$

Coste de compra: expresa el coste anual de todas las unidades compradas o producidas:

$$C_c = pE \qquad [1]$$

Coste de pedido: expresa el coste anual de realizar los pedidos. Su coste se entiende que es *independiente de la cantidad pedida*. Está constituido por todos los gastos asociados al pedido: emisión de la orden de compra, comunicaciones, desplazamientos, etc. El coste anual será igual al coste fijo de un pedido multiplicado por el número de pedidos que se hacen en un año:

$$C_p = Fn = F\frac{E}{Q} \qquad [2]$$

Coste de almacenamiento: expresa el coste anual de mantener en existencias el total de unidades consumidas. Es un coste variable de la cantidad almacenada. Está constituido por los gastos del local, iluminación, mano de obra, mantenimiento, climatización, etc.:

$$C_a = V\mu = V\left(\frac{Q}{2} + m\right) \qquad [3]$$

Coste financiero: expresa el coste anual medio ponderado del capital invertido en existencias. Es un gasto variable, función del valor de las existencias almacenadas:

$$C_f = r\,p\mu = r\,p\left(\frac{Q}{2} + m\right) \qquad [4]$$

Luego el coste global de inventario, C_I, será:

$$C_I = pE + F\left(\frac{E}{Q}\right) + V\left(\frac{Q}{2} + m\right) + rp\left(\frac{Q}{2} + m\right) = pE + F\left(\frac{E}{Q}\right) + \left(\frac{Q}{2} + m\right)(V + rp) =$$

$$C_I = pE + F\left(\frac{E}{Q}\right) + \frac{Q}{2}(V + rp) + m(V + rp) \qquad [5]$$

En todas las funciones de coste, componentes de las de inventario, la variable coste es la función o variable dependiente; y la cantidad de unidades que se encarga en cada pedido es la variable independiente. Por lo tanto, en el eje de ordenadas se representan las funciones de coste [C], y en el eje de abscisas, se representa la cantidad que se ha de pedir [Q].

La función de coste de inventario, $[C_I]$, es la suma de varias funciones:

—*Coste de compra*: pE, es una función independiente de Q. Es, pues, una constante. En los desarrollos posteriores no la tendremos en cuenta.

—*Coste de pedido*: $F\ (E/Q)$, es una hipérbola equilátera.

—*Coste de almacenamiento más financiero*: $m\ (V + Pr) + Q/2\ (V + pr)$, es la ecuación de una recta con una ordenada en el origen $[a_0 = m\ (V + pr)]$, que representa el coste de almacenamiento y financiero del nivel de existencias de seguridad; y una pendiente $[a_1 = (V + pr)/2]$, que representa el coste de almacenamiento y financiero del nivel de existencias activo.

Las funciones de coste de almacenamiento y de coste financiero, son funciones lineales crecientes de $[Q]$, mientras que la función de coste de pedido es función decreciente de $[Q]$, cuya expresión analítica es la de una hipérbola equilátera.

La suma de la hipérbola equilátera y de la recta da lugar a una función de 2.º grado, que tiene forma de U. Al principio es decreciente, para pequeños valores de Q; pasa por un mínimo; finalmente es creciente, para valores grandes de $[Q]$. El objetivo del modelo matemático será hallar el valor de $[Q]$ que minimiza la función $[C_I]$.

La función $[C_I]$, aparece en la figura 3 como la suma de las funciones de coste de almacenamiento, $[C_a]$, coste financiero, $[C_f]$, y coste de pedido, $[C_p]$. No tenemos en cuenta la función de coste de compra $[C_c]$, puesto que no es función de $[Q]$.

2.4. Solución algebraica del mínimo de la función

Se ha de calcular el volumen de pedido $[Q]$, que minimiza la función de coste de inventario $[C_I]$. Seguimos el modelo determinista de Wilson, elaborado en 1916. Supuesto que $[C_I = f(Q)]$, derivamos $[C_I]$ respecto de $[Q]$ en la fórmula [5], y hallamos el valor de $[Q]$ que hace la derivada igual a cero.

$$\frac{\delta C_I}{\delta Q} = -\frac{FE}{Q^2} + \frac{2(V + rp)}{4} = 0$$

$$\frac{V + rp}{2} = \frac{FE}{Q^2}$$

$$Q = \sqrt{\frac{2FE}{V + rp}} \qquad [6]$$

Desde el punto de vista gráfico, en la representación de la función de costes que se hace en la figura 3, buscamos el punto del eje de abscisas en el cual la pendiente de la función $[C_I]$ es nula, o dicho de otro modo, su tangente es horizontal y paralela al eje de abscisas.

2.5. Ejemplo numérico

Sea una empresa que adquiere sus materias primas a un coste unitario de 25 ptas. por kilogramo. La empresa necesita anualmente 140.000 kilogramos. Por cada pedido realizado, la empresa estima en concepto de gastos administrativos, transporte y descarga un coste fijo de 10.000 ptas., y el tiempo promedio en recibir el pedido, desde que se efectúa, es de 15 días. Así mismo con los datos de la contabilidad se calcula que cada kilogramo supone un coste anual de almacenamiento de 2 ptas. Sabiendo que el coste medio ponderado del capital en la citada empresa es del 12%, que la empresa trabaja 300 días laborables al año, y que el stock de seguridad puede cifrarse en 12.000 unidades, se desea conocer:

1. El volumen óptimo del pedido.
2. Cada cuánto tiempo se debe realizar un pedido.
3. Cuál es el punto de pedido.
4. Cuál es el día de pedido.
5. El coste de inventario.

Variables que intervienen:

m = 12.000 unidades
E = 140.000 unidades
T = 300 días
t = 15 días
F = 10.000 ptas.
V = 2 ptas.
r = 0,12
p = 25 ptas/kg.

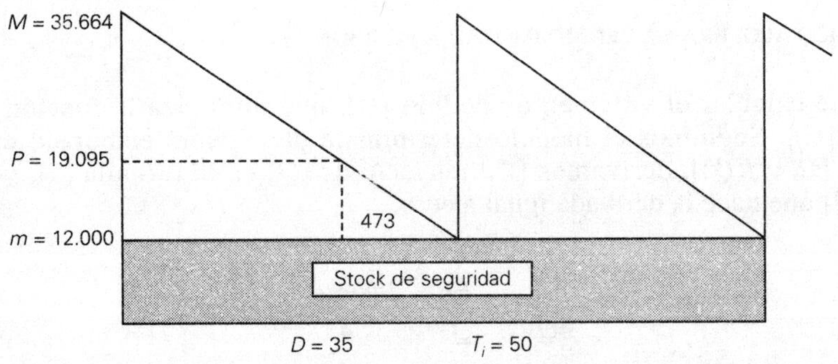

FIGURA 2. **Diagrama de los flujos previstos de stocks**

1. *Volumen óptimo de pedido*

Aplicando la fórmula [6]:

$$Q = \sqrt{\frac{2FE}{V + rp}} = \sqrt{\frac{2 \times 140.000 \times 10.000}{2 + (0,12 \times 25)}} = 23.664,32$$

2. *Cada cuánto tiempo debe realizarse un pedido*

$$n = \frac{E}{Q} = \frac{140.000}{23.664} = 5,92 \approx 6$$

$$T_i = \frac{T}{n} = \frac{300}{6} = 50$$

3. *Punto de pedido*

$$c = \frac{Q}{T_i} = \frac{23.664}{50} = 472{,}88 \approx 473$$

$$P = ct + m = (473 \times 15) + 12.000 = 19.095$$

4. *Día de pedido*

$$D = T_i - t = 50 - 15 = 35$$

35 días después de haber entrado el pedido anterior.

5. *Coste de inventario*

Aplicando la fórmula [5]:

$$C_I = pE + F\left(\frac{E}{Q}\right) + \left(\frac{Q}{2} + m\right)(V + rp) =$$

$$= (25 \times 140.000) + \left[10.000\left(\frac{140.000}{23.664}\right)\right] + \left(\frac{23.664}{2} + 12.000\right) \times [2 + (0{,}12 \times 25)] =$$

$$= 3.500.000 + 59.162 + 119.160 = 3.678.322$$

Dando valores diferentes a Q, obtenemos la representación de la función de coste de inventario de la figura 3. En ella hemos prescindido del coste de compra, que representa 3.500.000, y que es una cantidad independiente de [Q].

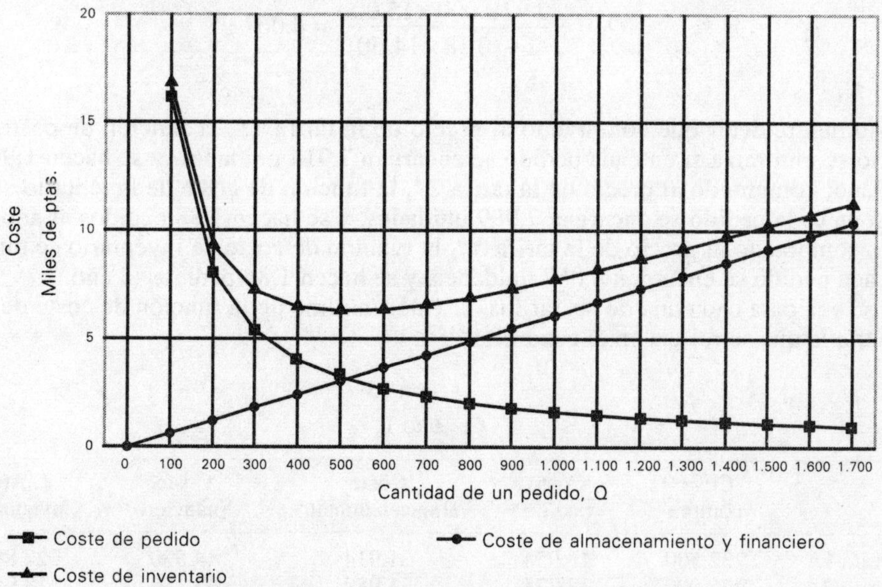

FIGURA 3. **Función de coste de inventario**

2.6. Compra a precios diferenciales

Pretendemos estudiar en este apartado el caso en que un proveedor ofrece precios diferenciales para distintos volúmenes de pedido. En el caso de que los pedidos sean de un número reducido de unidades aplica un precio [p_1]; y en el caso de que el número de unidades que constituyen el pedido sea grande aplica otro [p_2], más reducido; y así sucesivamente.

Supongamos, por ejemplo, que un proveedor ofrece la siguiente tarifa de precios:

—para pedidos inferiores a 10.000 unidades .... 15,50 ptas.
—para pedidos entre 10.000 y 19.999 unidades .... 15,00 ptas.
—para pedidos a partir de 20.000 unidades .... 14,50 ptas.

Las demás variables de la función de inventario son las siguientes:

m = 12.000 unidades
E = 15.000 unidades
T = 300 días
t = 15 días
F = 10.000 ptas.
V = 2 ptas.
r = 0,18

Según cada uno de los precios de la tarifa, los valores de [Q] que minimizan la función [C_I] son:

$$Q_1 = \sqrt{\frac{2 \times 10.000 \times 15.000}{2 + (0{,}18 \times 15{,}50)}} = 7.914$$

$$Q_2 = \sqrt{\frac{2 \times 10.000 \times 15.000}{2 + (0{,}18 \times 15{,}00)}} = 7.989$$

$$Q_3 = \sqrt{\frac{2 \times 10.000 \times 15.000}{2 + (0{,}18 \times 14{,}50)}} = 8.067$$

Esto quiere decir que comprando al precio de la tarifa 1.ª, la función de coste de inventario se minimiza si en cada pedido se encargan 7.914 unidades, y se hacen 1,90 pedidos al año; comprando al precio de la tarifa 2.ª, la función de coste de inventario se minimiza si en cada pedido se encargan 7.989 unidades, y se hacen 1,88 pedidos al año; y, por último, comprando al precio de la tarifa 3.ª, la función de coste de inventario se minimiza si en cada pedido se encargan 8.067 unidades, y se hacen 1,86 pedidos al año.

A su vez para cada una de las tarifas, el valor mínimo de la función de coste de inventario sería la que se refleja en el cuadro 1.

Cuadro 1

	Coste compra	Coste pedido	Coste almacenamiento	Coste financiero	Coste inventario
Tarifa 1.ª	232.500	18.954	31.914	44.520	327.888
Tarifa 2.ª	225.000	18.775	31.989	43.186	318.950
Tarifa 3.ª	217.500	18.594	32.067	41.847	310.009

En conclusión, la forma de abaratar al máximo el coste de inventario es comprar al precio de la tarifa 3.ª, y encargar 8.067 unidades en cada pedido. Pero esta solución no es posible en las condiciones en que está formulada la oferta del proveedor. La tarifa 3.ª, que tiene un precio de 14,50 ptas. por unidad, se ofrece para pedidos superiores a 20.000 unidades.

Esta situación está reflejada en la figura 4. Cada uno de los precios de la tarifa da lugar a una de las tres funciones de coste de inventario. De hecho, de acuerdo con la tarifa del proveedor, solamente un tramo de cada una de las tres funciones tiene valor real. Siguiendo el trazado de los tramos reales de cada función, obtenemos un trazado atípico, que cambia de función cada vez que rebasamos el tope de cada tarifa. Siguiendo este trazado atípico, pero que es el único que representa la realidad, el coste mínimo real ocurre para pedidos de 10.000 unidades, al precio de la tarifa 2.ª, es decir, 15,00 ptas. por unidad.

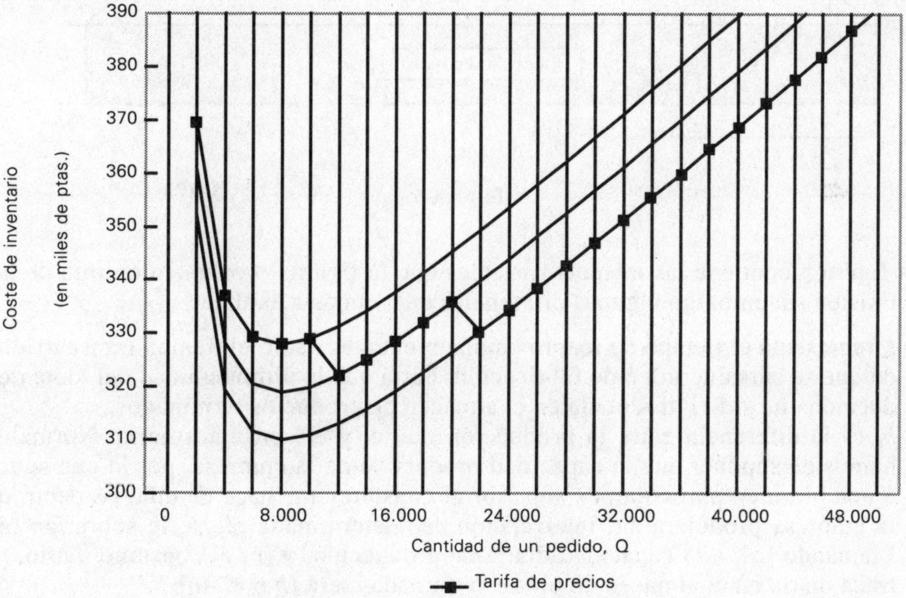

FIGURA 4. **Coste de inventario con precios diferenciales**

3. Volumen óptimo de un lote de producción

Este segundo modelo resuelve la minimización de la función de coste de inventario, en el caso de existencias que siguen el modelo de «productos terminados», es decir, de entradas «graduales», y salidas también graduales.

3.1. PLANTEAMIENTO

El modelo de la cantidad óptima de un lote de producción se basa en los mismos principios que el modelo de la cantidad óptima de un pedido. Sin embargo existe una diferencia que introduce ciertas variantes: la entrada de las existencias en el almacén no se produce de forma simultánea, sino gradual. Un «lote de producción» (una orden de fabricación), necesita tiempo para ser ejecutada. Puede tardar días, semanas o meses. Ello hace que las unidades fabricadas vayan entrando poco a poco en el almacén de productos terminados.

Esta circunstancia hace que la representación gráfica deba ser modificada, según la figura 5.

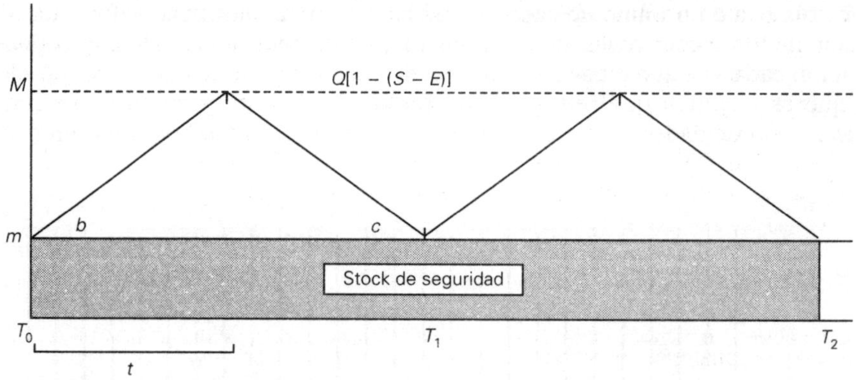

FIGURA 5

La figura 5 contiene las mismas variables que la figura 1 (volumen óptimo de un pedido). Existen sin embargo algunas diferencias que vamos a explicar:

—*t,* representa el tiempo de reaprovisionamiento, es decir, el tiempo transcurrido desde que se cursa la orden de fabricación, hasta que la última unidad del «lote de producción» ha sido introducida en el almacén de productos terminados.

—*b,* es la diferencia entre la producción diaria, y el consumo diario. Normalmente hemos de suponer que la capacidad productiva de la empresa, por lo que se refiere a una pieza en particular, es superior al consumo que hace de ella. Es decir, que si la empresa produjera sin interrupción esa determinada pieza, le sobrarían piezas. Llamando [*a*], a la capacidad diaria de producción, y [*c*] al consumo diario, la entrada diaria en el almacén de piezas terminadas será [$b = a - c$].

El modelo supone que mientras que el consumo (es decir, las salidas) tiene lugar todos los días del año laboral ininterrumpidamente, la producción (es decir, las entradas) tiene lugar por intervalos con soluciones de continuidad. Cuando hemos dicho que [*b*], en la figura 5, representa la diferencia entre la producción diaria y el consumo diario, hemos de pensar que expresa la producción neta que entra en almacén durante el período de reaprovisionamiento [*t*].

Durante el tiempo que se está produciendo, también se está consumiendo. Si la capacidad diaria de producción, [*a*], es de 10 unidades, y el consumo diario, [*c*], es de 3 unidades, las entradas netas diarias, [*b*], durante el período de reaprovisionamiento serán de 7 unidades, el exceso de producción sobre el consumo. Si la producción fuera ininterrumpida, alcanzaríamos un nivel de almacenamiento de productos terminados que crecería indefinidamente. Por ello se supone que una vez alcanzado un nivel de almacenamiento máximo [*M*], se interrumpe la producción de esa pieza; durante un tiempo se sigue consumiendo al ritmo previsto de [$c = 3$] unidades diarias, y cuando las existencias se han reducido hasta llegar al nivel de seguridad [*m*], se reinicia un nuevo «lote de producción», que con un exceso [*b*], de 7 unidades diarias (siendo la producción real de [$a = 10$] unidades) sube de nuevo el nivel de existencias hasta [M]. Entonces se interrumpe de nuevo la producción, para iniciar un nuevo ciclo.

Estas consideraciones nos llevan a tener en cuenta que [E] y [S] en este caso no tienen el mismo valor[4]. [E] indica la capacidad anual total de producción, siendo [$E = aT$], es decir que, la capacidad diaria de producción multiplicada por el número de días del año será igual a la capacidad anual total de producción. Por otro lado, [$S = cT$], el consumo diario multiplicado por el número de días del año, será el consumo total anual. Por último [$Q = at$]; la capacidad diaria de producción multiplicada por los días del período de reaprovisionamiento. Así como en el modelo de entrada simultánea de las mercancías en almacén, del cual hemos tomado como representativas las existencias de materias primas [$M = Q + m$], en este caso [$M < (Q + m)$]. Dado que la producción de [Q] dura un determinado período de tiempo, y durante él se siguen consumiendo unidades, al final del período [t], no estarán almacenadas las [$Q + m$] unidades, sino una cantidad menor.

El valor de M, en este modelo, se deduce de las igualdades siguientes:

$$E = aT \qquad \text{luego } a = E/T$$
$$S = cT \qquad \text{luego } c = S/T$$
$$Q = at \qquad \text{luego } t = Q/a$$

Podemos deducir, pues, el valor de M:

$$M = m + (Q - ct) = m + Q - \left[\frac{S}{T}\cdot\frac{Q}{a}\right] = m + Q - \left[\frac{S}{T}\,\frac{Q}{E/T}\right] = m + Q - \left[\frac{S}{T}\,\frac{QT}{E}\right] =$$

$$= m + Q - \frac{SQ}{E} = m + Q\left[1 - \frac{S}{E}\right]$$

Igualmente las existencias medias serán:

$$\mu = m + \frac{Q}{2}\left[1 - \frac{S}{E}\right]$$

3.2. Solución algebraica

Si sustituimos el nuevo valor de μ en las funciones de coste de almacenamieto y de coste financiero, éstas quedarán de la forma siguiente:

$$C_a = V\mu = V\left[\frac{Q}{2}\left(1 - \frac{S}{E}\right) + m\right] \qquad [7]$$

$$C_f = rp\mu = rp\left[\frac{Q}{2}\left(1 - \frac{S}{E}\right) + m\right] \qquad [8]$$

---

[4] En el modelo del *óptimo de pedido* E y S tienen el mismo valor o distinto según que la empresa tenga el propósito de mantener igual o variar el volumen de las existencias en almacén. Sin embargo en este modelo del *lote de producción*, E y S son diferentes por la misma concepción y planteamiento del problema.

Luego la función $[C_I]$ adoptará la forma siguiente:

$$C_I = C_c + C_p + C_a + C_f = pS + F\frac{S}{Q} + V\left[\frac{Q}{2}\left(1 - \frac{S}{E}\right) + m\right] + rp\left[\frac{Q}{2}\left(1 - \frac{S}{E}\right) + m\right] =$$

$$= p\overline{S} + \overline{F}\left(\frac{S}{Q}\right) + \left[\frac{Q}{2}\left(1 - \frac{S}{E}\right) + m\right](\overline{V} + rp)$$

y derivando respecto de Q:

$$\frac{\delta C_I}{\delta Q} = \frac{-FS}{Q^2} + \frac{V + rp}{2}\left(1 - \frac{S}{E}\right) = 0$$

$$\frac{FS}{Q^2} = \frac{V + rp}{2}\left(1 - \frac{S}{E}\right)$$

$$Q = \sqrt{\frac{2FS}{(V + rp)\left(1 - \frac{S}{E}\right)}} \qquad [9]$$

3.3. EJEMPLO NUMÉRICO

Sea una empresa de producción de automóviles que trabaja 250 días al año, y que posee una maquinaria con una capacidad de producción de 400.000 cajas de cambio anuales. Su producción se obtiene con un coste unitario de 2.000 ptas.

Se estima que el coste de almacenar una caja de cambio durante un año es de 5 ptas. El coste del capital es del 15%, y los costes inherentes al inicio de cada serie de producción (preparación y ajuste de la maquinaria) se pueden evaluar en 80.000 ptas. El número de vehículos que se fabrican cada año es de 280.000. No se considera el stock de seguridad. Con estos datos la empresa quiere conocer:

1. el volumen económico de producción o lote óptimo,
2. el máximo de cajas de cambio almacenadas,
3. la cadencia de entradas y salidas en almacén,
4. la duración del período de reaprovisionamiento,
5. el número de lotes que se han de fabricar cada año,
6. el tiempo que durará la fabricación de cada uno de ellos,
7. el valor de la función de coste de inventario.

Variables:

T = 250 días
E = 400.000 cajas de cambio
S = 280.000 vehículos
m = 0
F = 80.000 ptas.
V = 5 ptas.
r = 0,15
p = 2.000 ptas.

1. *Volumen óptimo de un lote de producción*

$$Q = \sqrt{\frac{2FS}{(V+rp)\left(1-\dfrac{S}{E}\right)}} = \sqrt{\frac{2 \times 80.000 \times 280.000}{[5+(0{,}15 \times 2.000)]\left[1-\dfrac{280.000}{400.000}\right]}} = 22.127$$

2. *Existencias máximas*

$$M = m + Q\left(1-\frac{S}{E}\right) = 0 + 22.127\left[1-\left(\frac{280.000}{400.000}\right)\right] = 6.638$$

3. *Cadencia de las entradas y las salidas*

$$a = \frac{E}{T} = \frac{400.000}{250} = 1.600$$

$$c = \frac{S}{T} = \frac{280.000}{250} = 1.120$$

$$b = a - c = 1.600 - 1.120 = 480$$

4. *Duración del período de reaprovisionamiento*

$$t = \frac{Q}{a} = \frac{22.127}{1.600} = 13{,}83$$

5. *Número de lotes de producción al año*

$$n = \frac{S}{Q} = \frac{280.000}{22.127} = 12{,}65$$

6. *Duración de la fabricación de un lote*

$$T_i = \frac{T}{n} = \frac{250}{12{,}65} = 19{,}76$$

7. *Coste de inventario*

$$C_I = pS + F\left(\frac{S}{Q}\right) + \left[\frac{Q}{2}\left(1-\frac{S}{E}\right) + m\right](V+rp) =$$

$$= (2.000 \times 280.000) + \left[80.000\left(\frac{280.000}{22.127}\right)\right] + \left[\left(\frac{22.127}{2}\right)\left(1-\frac{280.000}{400.000}\right)\right][5+(0{,}15 \times 2.000)] =$$

$$= 560.000 + 1.012.338 + (3.319 \times 305) = 562.024.648$$

4. Stock de seguridad

4.1. Justificación del planteamiento

En todo el tratamiento anterior hemos conceptualizado el problema de los almacenes más de lo que permiten razonablemente los límites de la realidad. Este es el método generalmente seguido por los modelos matemáticos de decisión: se hace una simplificación conceptual de la realidad, esquematizándola en unas cuantas variables que puedan ser introducidas en una ecuación algebraica; y se supone que aquellas que no se han introducido, no tienen mayor influencia en el curso de los acontecimientos. En el caso que nos ocupa, hemos prescindido del hecho de que el gestor de un almacén de productos terminados desconoce el comportamiento que van a tener sus clientes en los meses, incluso semanas, venideras. Hemos supuesto que el consumo por unidad de tiempo [c] es constante, que también es constante el tiempo de reaprovisionamiento [t], y que igualmente es constante la tasa diaria de producción [a]. Pero en realidad, ninguna de estas suposiciones tienen una verificación real. Aunque las ventas anuales sean de 2.500 unidades, la venta diaria puede no ser precisamente 2.500/250 = 10 unidades por día laboral, sino estar incluso muy lejana de ese promedio. Hoy podemos no tener ningún pedido, mañana podemos tener 100, ninguno durante la semana siguiente, y luego durante tres días consecutivos tener 20, 50, y 5 respectivamente.

Son los consumidores los que determinan la demanda diaria, y nadie se ha inventado todavía la forma de obligar a los consumidores a cursar sus órdenes de pedido en la fecha que le conviene al proveedor, y en la cantidad que el proveedor prefiere. Igualmente los plazos de reaprovisionamiento tampoco son constantes. Puede ocurrir que el proveedor tarde en atender el pedido más de lo corriente porque él también ha caído en ruptura de stock, por averías del equipo industrial, por conflictos laborales, o por otras razones. El plazo de transporte desde el proveedor a nuestra empresa también está sometido a incidencias aleatorias.

El resultado de todo ello es que las hipótesis de certidumbre en que se basan los modelos estudiados no responden a la realidad[5].

4.2. Causas del riesgo de la ruptura de stock

La ruptura de stock se debe fundamentalmente a la presencia de dos variables aleatorias: la demanda diaria de los clientes, y el plazo de entrega de los proveedores. En ambas variables hemos de considerar la posibilidad de ocurrencia del suceso:

—Oscilaciones de la demanda $P(c' > c)$
—Retrasos en las entregas $P(t' > t)$

En el modelo del volumen óptimo de pedido (figura 1), hemos supuesto que desde el momento en que se producen las entradas, hasta el final del subperíodo [T_i], las salidas se producen regularmente, siguiendo una función lineal decreciente del tiempo. En realidad no se trata de una recta, sino de una gráfica empírica, con desarrollo aleatorio.

Los sucesos [$c' > c$] o [$t' > t$] conducen a una ruptura de stock solamente cuando tales sucesos tienen lugar después del día D. Si ocurrieran antes, bastaría con adelantar el día D respecto de la fecha prevista. Sólo cuando ocurren después del día D, la empresa ya no tiene posibilidad de reacción. Esta particularidad es la que representamos en las figuras: todo puede ocurrir como estaba previsto (figura 6); puede haber un incremento del consumo [c] a partir del día D (figura 7); puede haber un incremento del tiempo de reaprovisionamiento [t] (figura 8).

---

[5] Cfr. Elwood Buffa, *Basic production management,* Ed. John Wiley, 1975, p. 469.

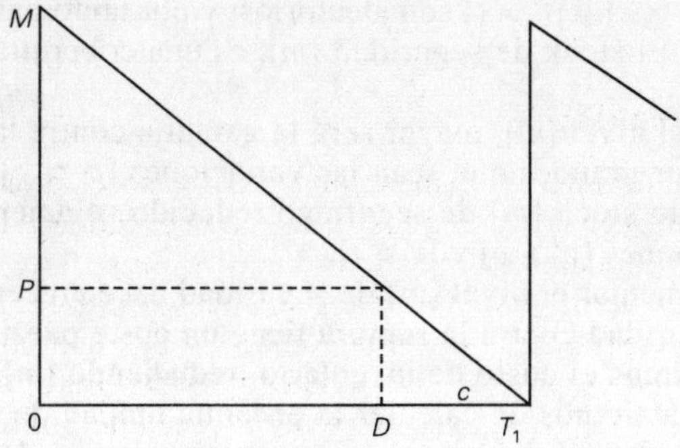

FIGURA 6. **Realidad conforme a las previsiones**

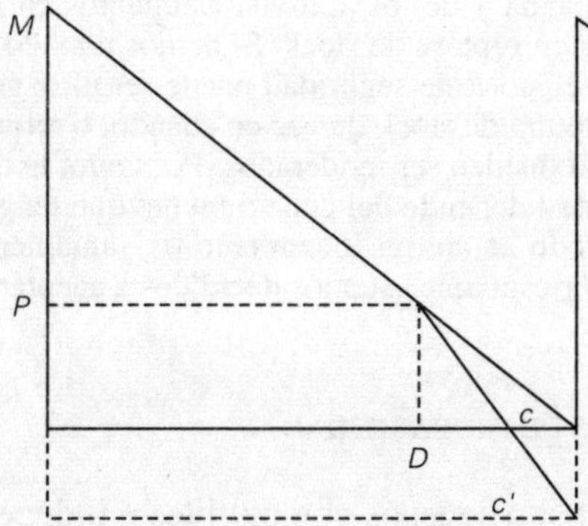

FIGURA 7. **Hipótesis c' > c**

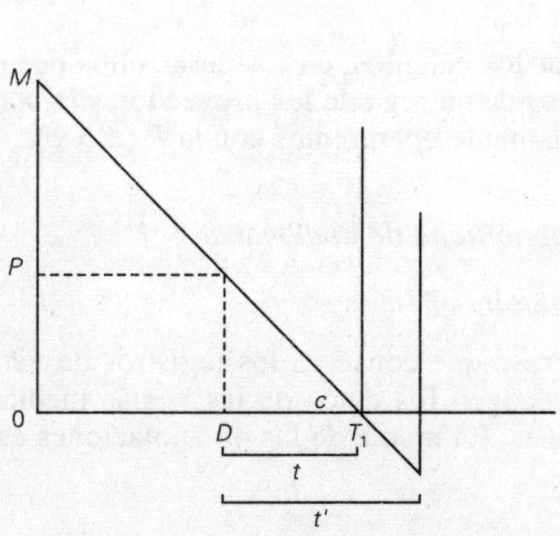

FIGURA 8. **Hipótesis t' > t**

Los dos sucesos $[c' > c]$ y $[t' > t]$ son aleatorios, y por tanto han de ser tratados en términos de probabilidad. El stock de seguridad $[m]$, es una cobertura contra la aleatoriedad de tales sucesos.

Cuanto mayor sea el nivel $[m]$, mayor será la garantía contra la ruptura de stock. Con un $[m]$ muy elevado, por grandes que sean las variaciones $[c' > c]$ y $[t' > t]$, jamás habrá ruptura de stock. Con un stock $[m]$ de seguridad reducido solamente estaremos cubiertos contra pequeñas variaciones $[c' > c]$ y $[t' > t]$.

Sin embargo, el aumentar el nivel [m] de seguridad hace crecer la función de coste de inventario $[C_I]$. La seguridad contra la ruptura tiene un coste puesto que aumenta el coste de inventario. Si reducimos el costo de inventario, reduciendo $[m]$, aumentamos el riesgo de ruptura de stock. Trataremos de calcular la enésima unidad de stock de seguridad que iguala el incremento marginal del coste de inventario, con el decremento marginal del coste provocado por la ruptura de stock.

El siguiente texto de Buffa[6] aclara bien el concepto de nivel de seguridad como garantía contra las rupturas de stock aleatorias:

> «Las variaciones en la demanda y en el plazo de aprovisionamiento, normalmente son absorbidas por el stock de seguridad. La magnitud de estos stocks suplementarios depende de la estabilidad de la demanda y de los aprovisionamientos en relación con la firmeza de nuestra voluntad de no caer en ruptura de stock. Si hemos tomado la decisión de no caer casi nunca en ruptura de stock, el stock de seguridad puede ser muy grande. Si nuestra organización nos permite caer en ruptura de stock de vez en cuando, o retrasar las órdenes de la clientela, los stocks de seguridad pueden ser moderados. Por tanto, la determinación de la magnitud de los stocks de seguridad depende del conocimiento que tengamos de la distribución de la demanda durante el período de aprovisionamiento $[t]$, juntamente con la decisión que hayamos tomado respecto del riesgo que estamos decididos a aceptar de caer en ruptura.»

4.3. PLANTEAMIENTO EN TÉRMINOS DE PROBABILIDAD

Los sucesos $[c' > c]$ y $[t' > t]$ son sucesos compatibles e independientes. La ruptura de stock puede producirse por la ocurrencia tanto de uno como de otro. Luego la probabilidad de ruptura $[P(R)]$ será:

$$P(R) = P\,(c' > c \cup t' > t) - P\,(c' > c \cap t' > t) = P\,(c' > c) + P\,(t' > t) - P\,(c' > c) \cdot P\,(t' > t)$$

Al objeto de no alargar los cálculos, en los desarrollos posteriores prescindiremos de la aleatoriedad de los plazos de entrega de los proveedores $[t' > t]$. Consideraremos que su probabilidad es nula, y solamente operaremos con la $P\,(c' > c)$.

4.3.1. *Distribución de probabilidad de la demanda [c]*

La media y la desviación típica

Supongamos una empresa que conserva los registros de ventas de los cuatro últimos años. En el cuadro 2 se recogen los datos de las ventas medias diarias de cada mes de cada año, en unidades físicas. La media de las 48 anotaciones es 3,6, y la desviación típica 1,0863.

---

[6] BUFFA, *Basic production management,* Ed. John Willey, 1975 pp. 469-470.

CUADRO 2

	Ene.	Feb.	Mar.	Abr.	May.	Jun.	Jul.	Ago.	Set.	Oct.	Nov.	Dic.
Año 1	2,8	1,6	3,6	3,2	3,6	5,6	2,0	3,6	4,4	6,4	3,2	2,8
Año 2	2,4	3,6	3,6	2,8	3,2	4,0	3,6	3,2	3,2	6,0	4,0	3,6
Año 3	4,4	4,8	3,6	2,4	4,0	3,2	1,6	2,8	5,6	3,6	2,0	5,2
Año 4	2,8	3,6	4,0	3,6	2,4	3,2	3,6	4,0	4,4	4,8	5,2	2,0

Distribución normal (campana de Gauss)

A partir de estos datos construimos la distribución de las ventas de la figura 9.

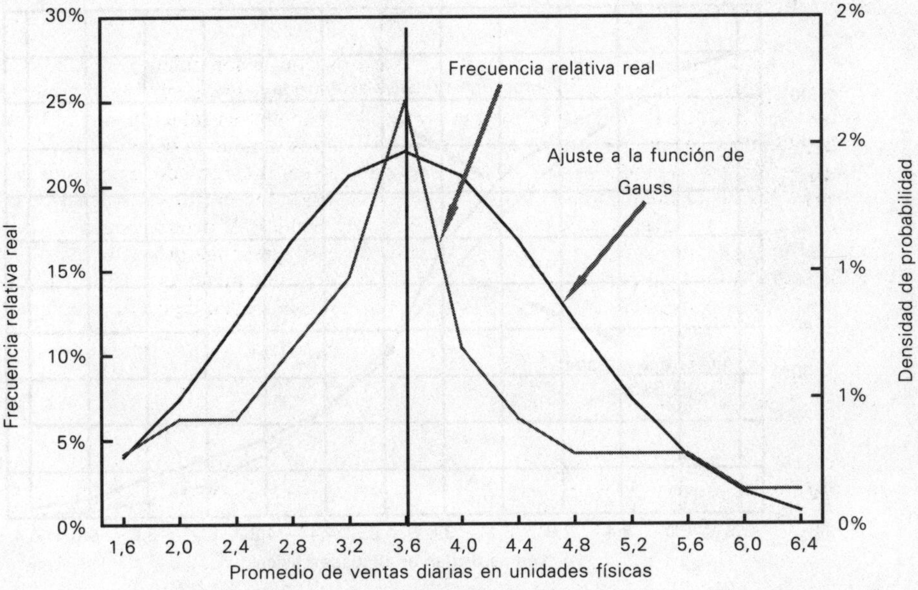

FIGURA 9. **Distribución de las ventas**

La figura 9 representa tanto la distribución de la frecuencia relativa real de las ventas (sobre el eje de ordenadas izquierdo), como el ajuste de esta distribución a la función de la campana de Gauss (sobre el eje de ordenadas derecho). Esta distribución nos permite apreciar el volumen de ventas diario que por término medio se puede esperar, y cuál es su riesgo o variabilidad.

Los valores representados en la ordenada de la derecha, son los valores de la función de Gauss, los cuales no expresan probabilidades, sino la densidad de la probabilidad.

La función analítica de esta función es:

$$y = \frac{e^{\frac{-(x-\mu_x)^2}{2\sigma^2}}}{\sigma\sqrt{2\pi}} \qquad [10]$$

La función de probabilidad acumulada

La probabilidad acumulada permite estimar la probabilidad de que las ventas sean iguales o mayores que un valor dado. Está representada en la figura 10. En la figura 10 se representa tanto la frecuencia relativa acumulada, a partir de datos empíricos, como su ajuste a la ecuación de la integral de Gauss. La expresión analítica de esta ecuación es la siguiente:

$$F(z) = \frac{1}{\sqrt{2\pi}} \int_0^x e^{\frac{-x^2}{2}} \qquad [11]$$

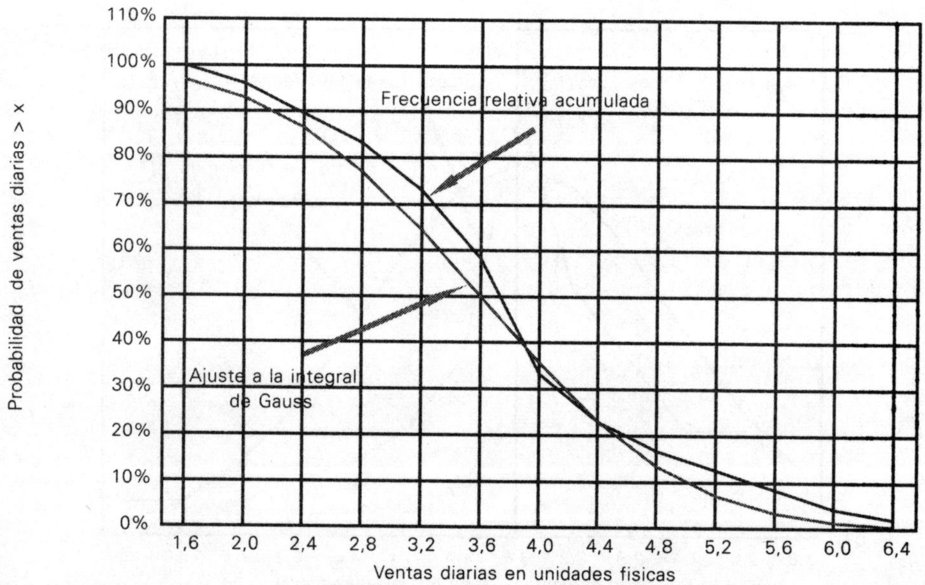

FIGURA 10. **Probabilidad acumulada decreciente de las ventas**

La observación de las figuras 9 y 10 permiten suponer que las ventas responden a una distribución normal gaussiana. Si la distribución de las ventas no siguiese la ley normal, los cálculos subsiguientes de la probabilidad habría que hacerlos a partir de la distribución correspondiente.

Suele estimarse que la distribución normal es en efecto la ley de distribución que suele darse a nivel de la industria manufacturera. A nivel de ventas al por mayor se estima más adecuado utilizar la distribución exponencial negativa; y a nivel de ventas al por menor la distribución de Poisson[7].

Tanto la figura 9 como la figura 10, son la representación gráfica de los datos contenidos en el cuadro 3.

[7] BUFFA, *Basic production management*, Ed. John Willey, 1975 p. 471.

CUADRO 3

Distribución de probabilidades de las ventas

Venta diaria	Frecuencia absoluta	Frecuencia relativa	Densidad de probabilidad	Frecuencia absoluta acumulada	Probabilidad relativa acumulada	Integral de Gauss
1,6	2	4,17%	0,0027	48	100,00%	0,967200
2,0	3	6,25%	0,0050	46	95,83%	0,929613
2,4	3	6,25%	0,0080	43	89,58%	0,865353
2,8	5	10,42%	0,0112	40	83,33%	0,769274
3,2	7	14,58%	0,0137	35	72,92%	0,643649
3,6	12	25,00%	0,0147	28	58,33%	0,500001
4,0	5	10,42%	0,0137	16	33,33%	0,356351
4,4	3	6,25%	0,0112	11	22,92%	0,230726
4,8	2	4,17%	0,0080	8	16,67%	0,134647
5,2	4	4,17%	0,0050	6	12,50%	0,070387
6,0	1	2,08%	0,0013	2	4,17%	0,013574
6,4	1	2,08%	0,0005	1	2,08%	0,004974

4.3.2. *Planificación de la gestión de stocks*

Conocida la distribución de las ventas diarias, y la probabilidad de que excedan una determinada cifra, se han de determinar las demás variables del modelo de Wilson. Construimos un ejemplo con los datos siguientes:

Variables económicas:

F = Costo fijo de pedido 3.500
V = Costo variable unitario anual de almacenamiento 5.000
r = Costo medio ponderado del capital........ 0,15
p = Precio de compra del producto 5.000
b = Ganancia comercial sobre precio de compra 0,15

Variables físicas:

T = Tiempo total del período en días laborales........ 300
c = Ventas promedio diarias 3,6
$c_{\text{máx}}$ = Ventas máximas diarias........ 6,4
σ = Desviación típica de las ventas diarias........ 1,0863
E = Consumo anual = $T\,c = 300 \times 3{,}6 =$ 1.080
Q = Cantidad óptima de pedido........ 36,26

$$Q = \sqrt{\frac{2 \times 1.080 \times 3.500}{5.000 + (5.000 \times 0{,}15)}} = 36{,}2599$$

n = Número de períodos al año = E/Q = 1.080 / 36,26........ 29,7850
T_i = Duración de un subperíodo = T/n = 300 / 29,78........ 10,0722
t = Tiempo de reaprovisionamiento 7
P = Punto de pedido = $t \times c = 7 \times 3{,}6$ 25,20
D = Día de pedido = $T_i - t = 10{,}07 - 7$ 3,07

Puesto que el tiempo de reaprovisionamiento son 7 días, y la duración de un subperíodo son 10,07, el día 3,07.º de cada subperíodo, que es el día [D] de pedido, se ha de cursar la orden de compra al proveedor. Razonando en horizonte cierto, ese día deberán quedar en el almacén 25,20 unidades. Este es el punto de pedido [P]: durante los 7 días de reaprovisionamiento, a razón de 3,6 unidades diarias, se consumirán 25,20 unidades. Véase la figura 11.

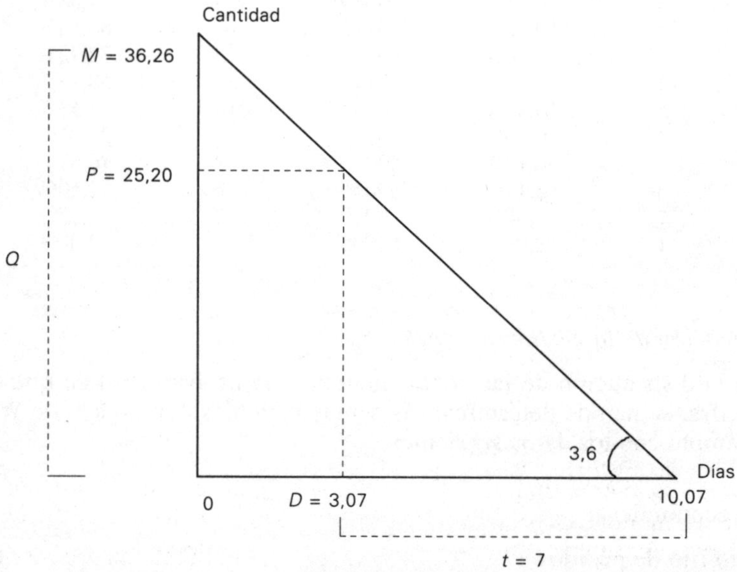

FIGURA 11

Pero normalmente las cosas no suceden con esta regularidad. Tal como se puede apreciar de los datos del cuadro 3, ha habido meses donde las ventas no han pasado de 1,6 unidades diarias; y meses donde las ventas han llegado a 6,4 unidades diarias.

Si la empresa no quiere tener problemas frecuentes con sus clientes, deberá cubrirse contra la aleatoriedad de las ventas. Esta es precisamente la razón de ser del stock de seguridad.

El día 3,07.º de cada subperíodo deberá tener en stock, no las 25,20 unidades justas, sino algunas más, que le permitan servir sin problemas las órdenes de sus clientes, aunque sean superiores a la media diaria de 3,6.

El stock de seguridad es la cantidad excedentaria que el día 3,07.º supera las 25,20 unidades, punto de pedido en horizonte cierto. ¿De cuántas unidades debe constar el stock de seguridad? Si la empresa quiere cubrirse contra todo riesgo, dado que en el historial de cuatro años las ventas diarias nunca han superado 6,4 unidades, deberá tener en almacén 6,4 × 7 = 44,80 unidades. Véase figura 12. Con un criterio de máxima seguridad el punto de pedido no serán 25,20 unidades, sino 44,80, de las cuales 19,60 constituyen el stock de seguridad [m].

$$P = c\,t + m = (3{,}6 \times 7) + 19{,}60 = 44{,}80$$

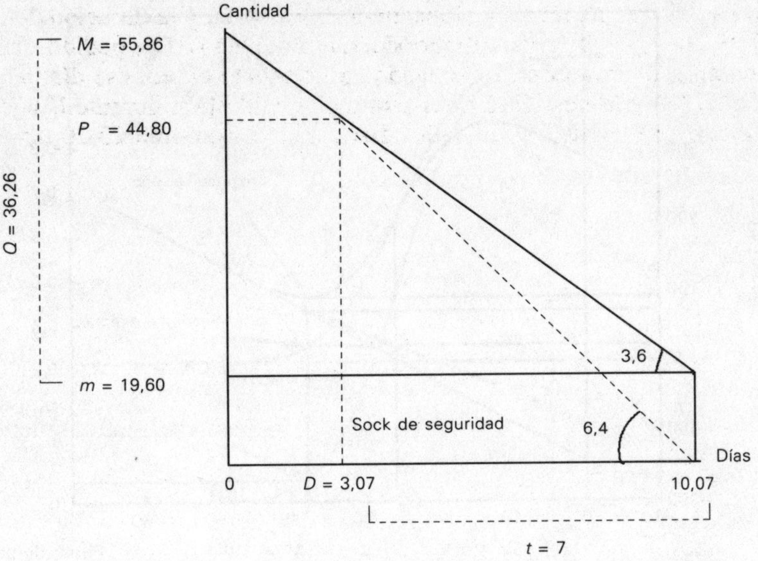

FIGURA 12

Las existencias máximas [*M*], ya no serán 36,26 unidades, sino 55,86. Esta decisión es sumamente eficaz para evitar la ruptura de stock, pero es cara. El hecho de mantener permanentemente en almacén 19,60 unidades suplementarias para cuando hagan falta, encarece los gastos de posesión compuestos de los de almacenamiento y financieros. Hemos de buscar un punto de equilibrio, que abarate los costes de ruptura, y, al mismo tiempo, no encarezca demasiado los costes de posesión.

4.4. LA FUNCIÓN DEL COSTE DE POSESIÓN

Llamamos coste de posesión al coste que representa el tener en existencias una determinada cantidad de unidades de producto cumpliendo la función de stock de seguridad. El coste de posesión es la suma del coste de almacenamiento más el coste financiero, y lo designaremos con el símbolo [*CP*].

El coste de posesión del stock de seguridad es una función lineal creciente de [m], que pasa por el origen:

$$CP = m\,(V + pr) \qquad [12]$$

En nuestro caso:

$$CP = m\,[5.000 + (5.000 \times 0{,}15)] = 5.750\,m$$

Esta recta está representada en la figura 13 por la recta [*CP*].

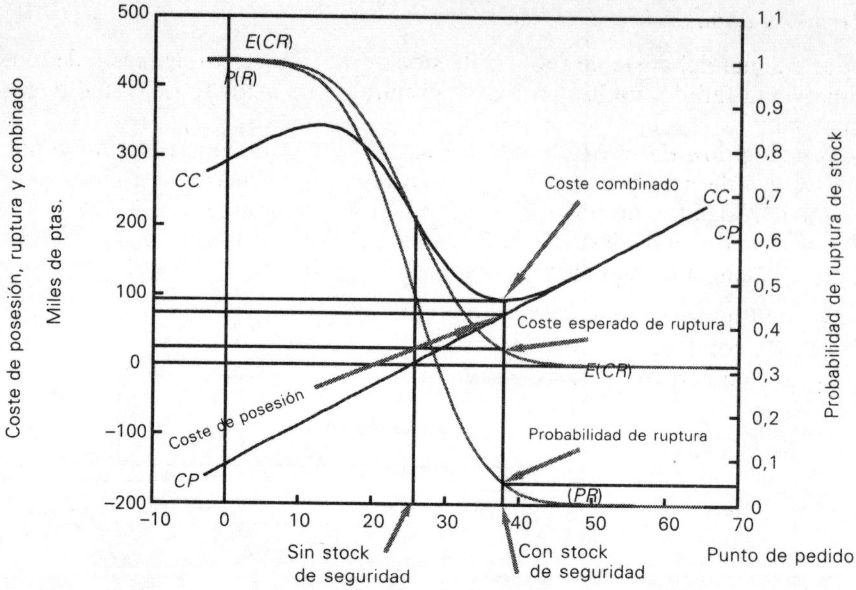

FIGURA 13. **Coste combinado del stock de seguridad = coste de posesión + esperanza de coste de ruptura**

4.5. LA FUNCIÓN DEL COSTE DE RUPTURA DE STOCK

4.5.1. *Componentes del coste de ruptura*

El coste de ruptura de stock no es fácil de cuantificar. Contiene elementos imponderables, como son la pérdida de imagen, la fuga de clientes hacia otros proveedores más serios y cumplidores, la caída de la moral del personal de la empresa, testigos de informalidades repetidas. Valorar en ptas. este tipo de costes, no pasa de una aproximación subjetiva.

Estos elementos imponderables del coste de ruptura, en algunos casos pueden considerarse de coste virtualmente infinito, y, por tanto, decisivo: bajo ningún concepto, ni con ninguna excusa se puede incurrir en ruptura de stock, por ejemplo, en un hospital cuando se trata de las reservas de oxígeno, o de plasma sanguíneo. Pero en toda hipótesis, por decisorios que puedan ser, los elementos imponderables del coste de ruptura no son susceptibles de ser incorporados a una ecuación matemática.

Tomaremos, pues, en cuenta solamente los elementos cuantificables del coste de ruptura. Como tales elementos cuantificables podemos mencionar los siguientes[8]:

1. Las indemnizaciones eventualmente debidas al cliente por omisión o por retraso de suministro.
2. Los salarios del personal que queda inactivo por falta de material.
3. El suplemento de precio derivado de la compra de un artículo de reposición más costoso.
4. Los gastos de un transporte especial urgente.
5. El aumento de precio de coste provocado por el empleo de un material de sustitución menos idóneo, etc.
6. El margen de ganancia no percibida dado que el acto de venta fue frustrado.

---

[8] RAMBAUX, Albert, *Gestión económica de stocks, introducción a los métodos modernos,* Ed. Hispanoeuropea, 1980, p. 105.

4.5.2. *El importe anual del coste de ruptura*

El importe anual del coste de ruptura de stock está compuesto del coste de ruptura de cada acto de venta fallido, multiplicado por el número de actos fallidos que puedan producirse en el año.

—*Coste de ruptura de cada acto de venta fallido*: estará compuesto tanto por la ganancia que se deja de percibir, como por los costes suplementarios que conlleva el tener que encontrar una sustitución por medios extraordinarios y urgentes. En el ejemplo que estamos desarrollando, consideramos que el coste de ruptura de stock está compuesto solamente por la ganancia no percibida. Siendo:

γ = coste de ruptura de un acto de venta fallido.
p = precio de compra.
b = ganancia comercial sobre compra.

$$\gamma = p\, b \qquad [13]$$

En nuestro caso:

$$\gamma = 5.000 \times 0{,}15 = 750$$

—*Número máximo de actos de venta fallidos en el año*: está compuesto por el número máximo de unidades que pueden dejar de venderse en cada subperíodo, multiplicado por el número de subperíodos.

Si el día [D] de pedido, el punto de pedido [P] se sitúa en la cantidad [$c \cdot t$], está asegurada una venta diaria de [c] unidades durante los [t] días que dura el período de aprovisionamiento. Puesto que el máximo de ventas diarias es [$c_{\text{máx}}$], el número máximo de ventas sin atender, en cada subperíodo, es [$(c_{\text{máx}} - c)\, t$]. Es así como podemos establecer la fórmula [14].

Siendo:

λ = Número máximo de actos de venta fallidos en el año.
t = Días de un período de aprovisionamiento.
n = Número de subperíodos de aprovisionamiento.
$c_{\text{máx}}$ = Ventas máximas diarias.

$$\lambda = (c_{\text{máx}} - c)\, t\, n \qquad [14]$$

En nuestro caso:

$$\lambda = (6{,}4 - 3\text{-}6) \times 7 \times 29{,}7850 = 583{,}7838$$

Finalmente el coste de ruptura [CR] será:

$$CR = \lambda\, \gamma = p \cdot \mathrm{b} \cdot (c_{\text{máx}} - c) \cdot t \cdot n \qquad [15]$$

En nuesto caso:

$$CR = 5.000 \times 0{,}15 \times (6{,}4 - 3{,}4) \times 7 \times 29{,}7849 = 437{,}838$$

4.5.3. *Coste esperado de ruptura*

No es seguro que se produzcan al cabo del año 583,78 rupturas: las ventas diarias son una variable aleatoria. Este número de rupturas lo hemos calculado en la hipótesis de que las ventas diarias sean las máximas que jamás han sido, y ello tiene una probabilidad cercana a cero. Hemos de calcular la probabilidad de que las ventas se sitúen, durante los [t] días de aprovisionamiento de los [n] subperíodos, entre las ventas promedio [c], y las ventas máximas [$c_{máx}$]; esta es la probabilidad de ruptura [$P(R)$]. Multiplicando el coste de ruptura [CR] por esa probabilidad, obtendremos el *coste esperado de ruptura* [$E(CR)$]. Suponemos que todas las rupturas de stock tienen la misma probabilidad de ocurrencia.

$$E(CR) = CR \cdot P(R) \qquad [16]$$

En nuestro caso:

$$E(CR) = 437.838 \cdot P(R)$$

Dado que 3,6 es la media diaria de ventas, éstas pueden ser con la misma probabilidad superiores o inferiores a la media. Sin stock de seguridad la probabilidad de ruptura es del 50%. Manteniendo algunas unidades en el stock de seguridad, la probabilidad de ruptura disminuye. La probabilidad de ruptura, $P(R)$, depende, pues, de la cantidad de existencias que constituyan el stock de seguridad:

$$P(R) = f(m) \qquad [17]$$

Trataremos de formular explícitamente la ecuación [17]. Para ello procedemos en dos pasos sucesivos:

Primero: nos interesa conocer cuántas unidades pueden llegar a venderse diariamente sin que haya ruptura de stock, por cada unidad adicional de stock de seguridad.

Siendo:

Δ_c = Volumen de ventas diarias sin ruptura de stock. Es un valor que se situará entre [c] y [$c_{máx}$].

$$\Delta_c = \frac{P}{t} = \frac{m + ct}{t} c + \frac{1}{t} m \qquad [18]$$

En nuestro caso:

$$\Delta_c = 3{,}6 + 1/7\ m = 3{,}6 + 0{,}1429\ m$$

Segundo: qué probabilidad hay de que las ventas diarias [Δ_c] alcancen un determinado nivel. Esto lo hacemos usando los valores de la integral de la variable tipificada [z][9].

---

[9] Trabajamos en la hipótesis de que las ventas se distribuyen normalmente.

Siendo:

z = variable tipificada de la distribución normal.
c = ventas diarias promedio.
Δ_c = Volumen que pueden adquirir las ventas diarias sin que haya ruptura de stock.

$$z = \frac{\Delta_c - c}{\sigma} = \frac{c + \frac{1}{t}m - c}{\sigma} = \frac{1}{t\sigma}m \qquad [19]$$

En nuestro caso:

$$z = \frac{1}{7 \cdot 1{,}0863}m = 0{,}131508\, m$$

La fórmula [19] ha de ser usada de la siguiente manera: a cada valor de [m] corresponde un valor de [z]. Las tablas de la integral de la variable tipificada nos dan la probabilidad de que [$Z \geq z$]. Esa misma será la probabilidad de ruptura de stock para cada valor de [m]. Esta probabilidad está representada en la curva [$P(R)$] de la figura 13.

Poniendo en relación la fórmula [16] con la [19] podemos establecer la fórmula [20].

Siendo:

$E(CR_m)$ = Valor esperado del coste de ruptura para [m] unidades de stock de seguridad.
CR = Importe anual del coste de ruptura.
$F(z)$ = Probabilidad de que $Z \geq z$.

$$E(CR_m) = CR \cdot P(R) = CR \cdot F\left(\frac{1}{t\sigma}m\right) \qquad [20]$$

En nuestro caso:

$$E(CR_m) = 437.838 \cdot F\,(0{,}131508\, m)$$

Puesto que el punto de pedido es [$ct + m$], el coste esperado de ruptura manteniendo un stock de seguridad de [m] unidades, se corresponde a un punto de pedido [P] de [$ct + m$] unidades. Este coste esperado de ruptura para cada cifra de coste de pedido esta representado en la curva [$E(CR)$] de la figura 13.

4.6. La función de coste combinado

El coste combinado es la suma del coste de posesión y del coste de ruptura. Está representado en la curva [CC] de la figura 13:

—tiene forma de U en el tramo a la derecha del punto de pedido sin stock de seguridad;
—en ese tramo, pasa por un mínimo;

—para $m = 0$ (punto de pedido sin stock de seguridad), coincide con el coste esperado de ruptura, puesto que en este caso el coste de posesión del stock de seguridad es igual a cero;

—para valores de [m] grandes coincide con el coste de posesión, puesto que el coste de ruptura en estos casos es igual a cero, ya que $P(R) = 0$;

—para un punto de pedido igual a cero, es decir, si no se hace el pedido hasta que las existencias están agotadas, la probabilidad de ruptura es igual a 1 (es cierta), en cambio el coste de almacenamiento de [m] es negativo, puesto que durante los [t] días del período de aprovisionamiento no habrá ninguna existencia en stock, ni siquiera las [$c \cdot t$] unidades que cubren las ventas durante esos días, con un 50% de probabilidad de que no haya ruptura de stock. Por ello para puntos de pedido inferiores a [$c \cdot t$] unidades el coste combinado [CC] es inferior al coste esperado de ruptura [$E(CR)$].

La minimización de los costes del almacén de seguridad nos conduce a hallar el valor de [m] que minimiza la función de coste combinado [CC]. Ello ocurrirá cuando su derivada respecto de [m] sea igual a cero. Puesto que [CC] es la suma de dos funciones, coste de posesión [CP] y coste esperado de ruptura [$E(CR)$], su derivada será la suma de la derivada de cada una de las dos funciones.

La función coste de posesión [CP] es una recta, función lineal de [m], por tanto, su derivada es [$V + pr$], la pendiente de la recta.

El cálculo de la derivada de la función coste esperado de ruptura [$E(CR)$] requiere hacer las siguientes consideraciones:

—[CR] es una constante, por lo que el problema se reduce a encontrar la derivada de [$P(R)$].

—$P(R)$ se expresa por la siguiente función:

$$P(R) = \left(1 - \frac{1}{\sqrt{2\pi}} \int_0^z e^{-\frac{z^2}{2}}\right)$$

La derivada de 1 es cero, luego el problema se reduce a encontrar la derivada de la integral. Sabemos por la fórmula [19] que [z] es función de [m], luego,

$$\frac{\delta\left(\int_0^z e^{-\frac{z^2}{2}}\right)}{\delta m} = e^{-\frac{z^2}{2}} \cdot \frac{\delta z}{\delta m} = e^{-\frac{z^2}{2}} \cdot \frac{1}{\sigma t} = e^{-\frac{m^2}{2(\sigma t)^2}} \cdot \frac{1}{\sigma t}$$

Una vez obtenida la derivada de $P(R)$ respecto de [m], podemos establecer la derivada de [CC] respecto de [m], e igualarla a cero para conocer el valor de [m] que minimiza la función [CC].

$$\frac{\delta CC}{\delta m} = \frac{\delta CP}{\delta m} + \frac{\delta E(CR)}{\delta m} = \frac{\delta}{\delta m}(V + rp)m + \frac{\delta}{\delta m} CR \cdot P(R) =$$

$$= \frac{\delta}{\delta m}(V + rp)m + \frac{\delta}{\delta m} CR\left(1 - \frac{1}{\sqrt{2\pi}}\right)\int_0^z e^{-\frac{z^2}{2}} = (V + rp) - \frac{CR}{\sqrt{2\pi}} e^{-\frac{m^2}{2(\sigma t)^2}} \cdot \frac{1}{\sigma t}$$

Igualamos a cero y despejamos [*m*]:

$$e^{-\frac{m^2}{2(\sigma t)^2}} = \frac{\sqrt{2\pi}\,(\sigma t)(V+rp)}{CR}$$

$$-\frac{m^2}{2(\sigma t)^2} = \ln\left(\frac{\sqrt{2\pi}\,(\sigma t)(V+rp)}{CR}\right)$$

$$m^2 = -2(\sigma t)^2 \ln\left(\frac{\sqrt{2\pi}\,(\sigma t)(V+rp)}{CR}\right)$$

$$m = \sqrt{-2(\sigma t)^2 \ln\left(\frac{\sqrt{2\pi}\,(\sigma t)(V+rp)}{CR}\right)} \qquad [21]$$

En nuestro caso, el valor de [*m*] que minimiza la función [*CC*] es el siguiente:

$$m = \sqrt{-2\cdot(1{,}0863\cdot 7)^2 \ln\left[\frac{\sqrt{2\cdot 3{,}1416}(1{,}0863\cdot 7)(5.000+0{,}15\cdot 5.000)}{437.838}\right]} = 12{,}6559$$

Con un stock de seguridad de 12,66 unidades, lo cual sitúa el punto de pedido en [(3,6 · 7 + 12,66 = 37,86], la empresa soporta una probabilidad de ruptura de F[z ≥ (0,1315 · 12,66)] = 4,80%; y garantiza el servicio a los clientes con una probabilidad del 95,20%. Esta es la solución más barata dados los datos del problema, y buscando un compromiso entre el coste de posesión y el coste de ruptura.

Apéndice. Trazado de la integral de Gauss

Los valores de $F(z)$ se pueden conocer en las tablas de valores de la integral de Gauss. Sin embargo, a efectos de su trazado, utilizando una hoja electrónica, por ejemplo, no resulta un recurso operativo. Hemos empleado el cálculo numérico de Hastings.

Siendo:

P = 0,231641900 $\qquad C_3$ = 1,781479370
C_1 = 0,319381530 $\qquad C_4$ = −1,821255978
C_2 = −0,356633782 $\qquad C_5$ = 1,330274429

$$t = 1\frac{1}{P\cdot z} = \frac{1}{P\cdot\dfrac{x-\mu_x}{\sigma_x}}$$

$$P(R) = F(Z \geq z) = 1 - \int_0^z \frac{e^{-\frac{z^2}{2}}}{\sqrt{2\pi}} = 1 - f\left(\frac{e^{\frac{(x-\mu_x)^2}{2\sigma_x^2}}}{\sqrt{2\pi}}\right)(c_1t + c_2t^2 + c_3t^3 + c_4t^4 + c_5t^5)$$

Capítulo 13

Los clientes y proveedores

1. **Las cuentas a cobrar**

Incluimos en esta masa financiera todos los derechos de cobro sobre terceros, cualquiera que sea la operación en la que tienen su origen, o el tipo de documento que lo justifique. Incluye tanto los clientes por operaciones de tráfico, los deudores por operaciones financieras, o por ventas ajenas a la actividad normal de la empresa, los efectos a cobrar, los dividendos pasivos, etc. Sin embargo, las cuentas que desde el punto de vista de la gestión del activo circulante revisten mayor importancia son las cuentas de clientes y de efectos a cobrar.

Los derechos de cobro endosables o negociables, que, pueden ser convertidos en liquidez de forma inmediata o cuasi inmediata, deberían ser catalogados como disponible, y, por tanto, ser incluidos en el grupo tesorería[1].

2. **Problemática de las cuentas a cobrar**

Las empresas prefieren realizar sus ventas con pago al contado y cuando pueden lo llevan a efecto. Sin embargo, la competencia por la captación de clientes les obliga a ofrecer facilidades de pago. El cliente no solamente se siente motivado por la calidad y precio del producto o servicio, sino también por la posibilidad de aplazar el pago. Esta circunstancia del mercado ha llevado a muchas empresas a realizar toda o gran parte de su actividad mediante ventas a plazo.

---

[1] El Plan General de Contabilidad clasifica los efectos a cobrar en el grupo Deudores, atendiendo más a una clasificación mercantil, que a una clasificación financiera.

Las cuentas por cobrar constituyen un importante empleo de los recursos a corto plazo. De la misma manera que las empresas hacen inversiones en activos inmovilizados, invierten también parte de sus recursos en cuentas por cobrar con la intención de ofrecer a los clientes un aliciente, y así aumentar las ventas. Las cuentas por cobrar han de ser contempladas como una inversión productiva, y evaluadas con criterios de rentabilidad como los demás activos. La gestión de tales activos, se basa en buscar un *equilibrio entre los costes y los beneficios* que generan para la empresa:

—Los beneficios consisten en el incremento de la ganancia por el aumento de las ventas derivado de dar facilidades de pago a los clientes.
—Los costes están representados por el gasto asociado a la cobranza, por las pérdidas de cuentas incobrables y morosas, y por los costes financieros de oportunidad al no invertir estos recursos en otros empleos alternativos.

De este planteamiento se pueden deducir *dos políticas de crédito a clientes*:

—otorgar facilidades generosas a los clientes, con lo cual la empresa venderá más, pero sus gastos administrativos y financieros serán también más altos; o bien,
—adoptar una política rigurosa en la concesión de créditos a clientes, con lo cual los costes administrativos y financieros serán mínimos, pero las ventas serán menores.

> «El nivel de relación entre sección de créditos y ventas debe ser estrecho. Se debe evitar la situación, que puede producirse, y que de hecho ocurre con cierta frecuencia, en la cual un departamento o responsable del área comercial aduzca un fracaso en su presupuesto de ventas por la aplicación de una política de créditos excesivamente rígida. A su vez, hay que evitar también la justificación de un incremento de incobrables o devoluciones por una ligereza en la clasificación y selección de los clientes por parte del departamento comercial.»[2]

Los objetivos, pues, de la gestión de cuentas por cobrar son[3]:

— Establecer condiciones de crédito.
— Otorgar crédito a los clientes.
— Vigilar las conductas de pago de los clientes.
— Poner en práctica los necesarios procedimientos de cobro.

3. El coste financiero de las cuentas de clientes

El *establecimiento de las condiciones de crédito* se hace a partir de un cálculo del coste financiero de los recursos invertidos en cuentas de clientes.

3.1. FINANCIADAS POR LOS PROVEEDORES

3.1.1. *Características de la financiación por los proveedores*

Los proveedores prefieren vender al contado, pero el actual sistema económico está basado en el crédito, con pago aplazado entre empresas, al igual que entre éstas y las economías domésticas. Por ello nos hemos de interesar por las compras a crédito[4].

---

[2] SANTANDREU, Eliseo, *Gestión de crédito a clientes*, Ed. Eada Gestión, 1988, p. 21-22.
[3] SMITH, Keith V., *Guía del capital circulante*, Ediciones Deusto, 1984, p. 112.
[4] SMITH, Keith V., *Guía del capital circulante*, Ediciones Deusto, 1984, p. 171.

Muchas empresas nunca hubieran podido iniciar su actividad de no ser por sus proveedores. Las empresas industriales serían incapaces de obtener fondos en otras fuentes, para pagar al contado sus compras de materias primas y elementos utilizados en el proceso de producción.

Las empresas comerciales, mayoristas y minoristas, no podrían pagar en efectivo los productos y mercancías que adquieren para su posterior venta.

Las grandes empresas podrían, según parece razonable pensar, financiar su compras con otras fuentes de fondos, pero de hecho tienden a no actuar así.

Ciertamente, las cuentas de proveedores representan un elevado porcentaje del crédito a corto plazo utilizado por las empresas.

Los proveedores constituyen una fuente espontánea de financiación. Cuando las ventas crecen, la empresa necesariamente adquiere más materias primas y piezas, y por tanto los saldos de los proveedores se elevan. Inversamente, cuando las ventas se contraen, también se reducen los saldos de las cuentas de proveedores. En otras palabras, las fluctuaciones en el volumen de ventas van acompañadas por ajustes al alza y a la baja en la cantidad de financiación aportada por este canal espontáneo de financiación a corto plazo[5]. Lógicamente el volumen de financiación se incrementa con el período de pago, y con el crecimiento de las ventas, según éste vaya repercutiendo sobre las compras[6].

Los créditos concedidos por los proveedores a las empresas toman la denominación de crédito comercial o crédito de funcionamiento. Cuando estos créditos se formalizan en un título-valor, aparecen los efectos a pagar, para distinguirlos claramente de la cuenta de proveedores[7].

La financiación a corto también se canaliza a través de las cuentas de «Otros acreedores a corto plazo», que incluyen los sueldos y salarios al personal, así como los impuestos y otros tributos. Suponen también otro porcentaje de los recursos a corto plazo[8].

3.1.2. *Posición crediticia neta de la empresa*

Entendemos por posición crediticia neta, la diferencia entre los saldos de las cuentas de clientes y de proveedores. La diferencia neta es positiva, cuando los saldos de clientes son mayores que los de los proveedores; es negativa cuando los saldos de los clientes son menores que los de los proveedores (figura 1).

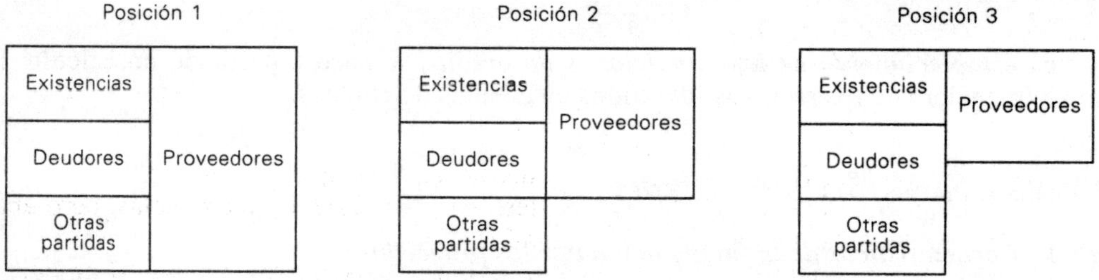

FIGURA 1. **La financiación de los proveedores**

[5] SMITH, Keith V., *Guía del capital circulante,* Ed. Deusto, 1984, p. 168.

[6] PÉREZ CARBALLO, *Gestión financiera de la empresa,* Ed. Alianza Universidad, 1981, pp. 825-827.

[7] Cfr. RIVERO, *Contabilidad financiera,* Ed. ICE, 1973, p. 304. BUENO CAMPOS, *Economía de la empresa,* Ed. Pirámide, 1982, pp. 335-336.

[8] Keith V. SMITH, *Guía del capital circulante,* Ed. Deusto, 1984, p. 167.

—Posición 1: de exceso, los proveedores cubren la totalidad de las existencias y los clientes, e incluso un exceso destinado a financiar la tesorería y el inmovilizado. El crédito comercial se utiliza en este caso como fuente general de financiación de otras partidas del activo circulante, o incluso fijo[9].
—Posición 2: de equilibrio, los proveedores cubren exactamente la totalidad de las existencias y los deudores, pero no otras partidas que no tienen relación con ellos.
—Posición 3: de déficit, los proveedores no llegan a cubrir la suma de existencias más deudores, la empresa debe aportar la diferencia en forma de fondo de maniobra[10].

La posición respectiva clientes-proveedores se compara también a través de los ratios de circulación y de maduración de clientes y proveedores.

No puede establecerse ninguna regla de tipo general sobre si es mejor o peor tener una posición crediticia neta positiva o negativa. Depende, en cada caso, de la capacidad de la empresa de financiar su fondo de maniobra con otras fuentes de recursos, y del coste financiero de cada una de ellas.

Puede ser ilustrativo el conocer la posición crediticia neta de algunas empresas. El cuadro 1 nos ofrece algunos casos concretos.

CUADRO 1. **Posición crediticia neta de algunas empresas norteamericanas. Año 1976**

Empresa	Fecha del balance	Clientes	Proveedores	Crédito neto
Firestone Tire & Rubber	31-X-76	682.600.000	274.800.000	497.800.000
Caterpillar Tractor	31-XII-76	597.100.000	481.600.000	115.500.000
Gillete	31-XII-76	294.400.000	100.100.000	194.300.000
Heublein	30-VI-76	221.900.000	60.300.000	161.600.000
Campbell Soup	31-VIII-76	103.000.000	110.800.000	–7.800.000
Memorex Corporation	31-XII-76	56.100.000	43.900.000	12.200.000
Melville Corporation	31-XII-76	17.900.000	109.200.000	–91.300.000
Host International	31-XII-76	6.811.000	14.251.000	–7.440.000
American Precision Instrument	31-XII-76	2.397.000	2.999.000	–602.000

Fuente: Moody's Industrial Manual, 1977.
Citado por Keyth V. Smith, *Guía del capital circulante,* Ed. Deusto, 1984, p. 169.

3.1.3. *Modalidades del crédito de los proveedores*[11]

Pago anticipado

CBD, *Cash Before Delivery:* el pago es anterior al embarque de mercancías.

COD, *Cash On Delivery:* el pago es posterior al embarque de mercancías, pero anterior a la posesión de las mismas por el comprador.

Existen, efectivamente, proveedores que exigen el pago previamente al embarque de la mercancía. Son formas de pago que se usan con clientes de alto riesgo o poco conocidos.

---

[9] Afredo BACHILLER CACHO, *Gestión económico-financiera del circulante,* Ed. Pirámide, 1987, p. 163.

[10] SANTANDREU, Eliseo, *Gestión de crédito a clientes,* Ed. Eada Gestión, 1988, p. 37-39.

[11] Alfredo BACHILLER CACHO, *Gestión económico-financiera del circulante,* Ed. Pirámide, 1987, p. 168. Keyth V. SMITH, *Guía del capital circulante,* Ed. Deusto, 1984, pp. 172-174.

Contado comercial

La factura se paga en un plazo inferior a los diez días. El «factura a factura» supone que el pago de una factura es simultáneo o anterior al envío de la siguiente remesa.

Se usa en el caso de productos de carácter perecedero, como alimentos frescos.

Términos ordinarios

Se establecen dos períodos sucesivos: uno primero que podemos denominar «período de descuento», y que puede comprender, por ejemplo los diez primeros días a continuación de la expedición de la factura; y otro segundo, que podemos denominar «período de vencimiento», que comenzaría, por ejemplo el dia 11.° y se extendería hasta el día 30.°. El pago dentro del período de descuento da lugar a un descuento. El pago dentro del período de vencimiento de la factura no da lugar a ningún descuento.

Facturación mensual

Las facturas emitidas por compras efectuadas hasta el final del mes (EOM, *end of month*), que a estos efectos se considera el día 25, son pagadas en el transcurso del mes siguiente. Si lo fueran dentro de los 10 primeros días, daría lugar a un descuento por pronto pago.

Se usa en los negocios en los que es normal la emisión de varias órdenes de pedido dentro de un mismo mes.

Facturación estacional

Se comienza por establecer una fecha que indica el término final de la estación de ventas de la mercancía en cuestión. El pago de todas las mercancías embarcadas antes de esa fecha debe ser realizado en los siguientes 30 días. Un descuento por pronto pago puede acompañar a la fórmula de pago.

Se usa en el caso de ventas estacionales: como juguetes, libros de texto, prendas de baño, etc.

Facturación en cuenta abierta

La empresa compradora efectúa adquisiciones que paga en una fecha posterior. El momento exacto del desembolso, y por tanto de conclusión de la transacción, depende de cómo y cuándo presente el proveedor su factura, y cómo responda el adquirente a esa petición de pago.

Esta figura se usa también en el caso de consumidores finales que obtienen alimentación, alojamiento, transporte u otros servicios mediante tarjeta de crédito. El usuario abona estos servicios al pagar la factura mensual.

La emisión de facturas por la empresa vendedora puede hacerse individualmente para cada transacción; o bien de forma periódica (normalmente mensual) y recoge todas las transacciones registradas en el período correspondiente.

Crédito rotatorio

Dirigido a los consumidores finales. Es una modalidad asociada a las tarjetas de crédito emitidas por los bancos, grandes almacenes, etc. (p.e. la tarjeta Creusa). Su rasgo distintivo es que el usuario tiene opción de escoger qué parte de la factura mensual va a satisfacer, desde un mínimo especificado, hasta el importe debido. Los gastos de financiación se calculan a partir del saldo medio diario y, por ello, reflejan los pagos efectuados por el consumidor durante el mes.

Consignación

El pago de las mercancías es posterior a su venta realizada por la empresa compradora. El proveedor retiene el título de propiedad de las mercancías hasta la venta efectiva de éstas por el cliente. Éste tiene un derecho de devolución sobre las mercancías no vendidas. Puesto que la propiedad de las mercancías no pasa a propiedad del distribuidor, no se origina ningún cambio en su balance, ni en existencias ni en proveedores. Las mercancías recibidas en consignación serán registradas en cuentas de orden.

Se usa en el caso de revistas, artículos de fotografía, y, en general, en el caso de productos nuevos.

3.1.4. *El coste financiero de las cuentas de proveedores*

El crédito comercial es aparentemene gratuito, puesto que los proveedores no suelen cargar intereses financieros, cuando las facturas se pagan dentro del plazo normal de su vencimiento. Sin embargo, si los proveedores ofrecen *descuentos por pronto pago*, y no se hace uso de él, se genera un costo de oportunidad. Tal costo de oportunidad no aparece en la cuenta de resultados, pero sin embargo es necesario tenerlo en cuenta para estimar el auténtico costo de los recursos financieros obtenido de los proveedores[12].

A veces se ofrece un descuento por pronto pago, cuando el comprador, en lugar de pagar en la fecha de vencimiento de la factura, 30, 60 o 90 días, lo hace antes, dentro de los 10 o 15 días inmediatos. Supongamos que el proveedor tiene establecido un plazo normal de pago de 60 días, y un descuento por pronto pago del 2%, si se efectúa el pago dentro de los 10 primeros días. Hay una forma abreviada de expresar estas condiciones para comunicaciones telegráficas:

2/10 neto 60

Otras veces, el precio al contado de los artículos es inferior al precio en caso de compras a crédito.

Los descuentos que se aplican por pronto pago para un periodo subanual, representan normalmente tipos anuales elevados, para incentivar su aprovechamiento; son generalmente superiores a las tasas de interés del mercado para los créditos a corto plazo[13].

Para hacer esta comparación hemos de convertir el interés subanual ofrecido por el proveedor a una tasa anual de interés. Hay dos formas de razonar: la hipótesis del interés simple y la hipótesis del interés compuesto. Tanto en la teoría como en la práctica se utilizan ambos razonamientos.

Siendo:

r = tasa anual nominal de interés.

r' = tasa subanual de interés ofrecida por el proveedor.

m = número de períodos subanuales comprendidos en el año comercial (360 días).

---

[12] Alfredo Bachiller Cacho, *Gestión económico-financiera del circulante,* Ed. Pirámide, 1987, p. 162.

[13] Pérez Carballo, *Gestión financiera de la empresa,* Ed. Alianza Universidad, 1981, p. 827.

—Hipótesis del interés simple:

$$r = r' m \qquad [1]$$

—Hipótesis del interés compuesto:

$$r = (1 + r')^m - 1 \qquad [2]$$

Ejemplo: supongamos que el proveedor ofrece dos posibilidades, obtener un descuento del 5% si se paga a los 10 días de la fecha de la factura; o en caso de pagar a los 60 días abonar el importe total de la factura.

Pagar el día 60.° en lugar del día 10.° supone un aplazamiento del pago de 50 días. Esta es la duración del período subanual. Luego el número de períodos subanuales comprendidos en el año comercial son:

$$m = \frac{360}{50} = 7,2$$

Sobre un nominal de 100 ptas., si pagamos el día 10.° pagamos 95 ptas.; si pagamos el día 60.° pagaremos 100 ptas. Luego el hecho de disponer durante 50 días de 95 ptas. nos ha costado 5 ptas. Por tanto la tasa subanual ofrecida por el proveedor es:

$$r' = \frac{5}{95} = 0,0526 = 5,26\%$$

La tasa anual de interés será:

—en la hipótesis de interés simple:

$$r = r' m = 0,0526 \times 7,2 = 0,3787 = 37,87\%$$

—en la hipótesis de interés compuesto:

$$r = (1 + r')^m - 1 = (1 + 0,0526)^{7,2} - 1 = 0,4464 = 44,64\%$$

3.2. Financiadas por entidades de crédito

3.2.1. *Definición de crédito bancario*

El crédito bancario se puede definir como una operación en virtud de la cual el banco, a la vista de la confianza que le merece el solicitante, concede a éste el poder de disposición de fondos, con la condición de la devolución del principal más los intereses pactados, dentro de un plazo máximo fijado con anterioridad. El banco estudia la concesión del crédito y, caso de otorgarlo, utliza los documentos oportunos para formalizarlo[14],

---

[14] Alfredo Bachiller Cacho, *Gestión económico-financiera del circulante,* Ed. Pirámide, 1987, p. 169.

que suele ser mediante alguna modalidad de contrato de crédito, o bien mediante el descuento de efectos de comercio.

3.2.2. *Modalidades del crédito bancario a corto plazo*

Créditos de prefinanciación

Son aquellos que se conceden:

— A cuenta de un crédito oficial cuyo trámite está en curso.
— En espera de una ocasión propicia para la emisión y colocación de sus títulos-valores en el mercado.
— Hasta que la empresa cobre el importe de una venta que, por su naturaleza, exija un largo plazo de cobro. Es un caso corriente en operaciones con la Administración Pública, la cual con demasiada frecuencia retrasa abusivamente los pagos.

El reembolso se efectúa mediante:

— La concesión del crédito definitivo por el Banco de Crédito Industrial, u otro banco oficial, o de un banco privado.
— Con los recursos captados en el mercado de capitales por la emisión de títulos.
— Por el cobro de la venta efectuada anteriormente.

Suelen designarse también créditos «puente», al proporcionar recursos mientras dura la tramitación y percepción de los fondos previstos.

Créditos de campaña y tesorería

Tienen como finalidad cubrir las necesidades de efectivo que las empresas requieren coyunturalmente.

Cuando las necesidades se experimentan con una cierta regularidad ligada al ciclo económico de la empresa se habla de créditos de campaña. Los créditos de tesorería cubren necesidades más generales.

El crédito suele formalizarse mediante letras aceptadas, que son descontadas —descuento financiero—. La amortización de las letras se produce cuando las características estacionales de la campaña lo permiten, o bien cuando la liquidez de la empresa recupera su nivel habitual.

Descuento comercial[15]

Se puede definir el descuento como la operación mediante la cual una entidad financiera pone a disposición de su cliente el importe de un efecto comercial antes de su vencimiento, previa deducción de una serie de gastos (tipo de interés, comisión, etc.).

Tiene por objeto permitir a la empresa contar con el importe de las ventas materializadas en letras de cambio. Los bancos suelen fijar un límite de descuento y plazo, según la calidad de los efectos y los riesgos que presente, reservándose, normalmente, el derecho de no descontar todas las letras que componen cada remesa.

Tiene el carácter de cesión del crédito hecha por la empresa vendedora a la entidad financiera y realizada «salvo buen fin», es decir, en caso de impago por el consumidor final, la entidad financiera puede actuar contra la empresa que le cedió el efecto.

---

[15] PÉREZ CARBALLO, *Gestión financiera de la empresa,* Ed. Alianza Universidad, 1981, pp. 837-839. Alfredo BACHILLER CACHO, *Gestión económico-financiera del circulante,* Ed. Pirámide, 1987, pp. 178-180.

Descubierto en cuenta corriente

Se entiende por descubierto aquella cantidad de la que los bancos permiten disponer a sus clientes mediante talones, cheques y demás órdenes de pago admitidas, cantidad que excede a los depósitos en efectivo en cuenta corriente. Su característica fundamental es que no está respaldado por póliza de crédito o letra financiera.

A los descubiertos en cuenta corriente se les denomina «facilidades de caja», ya que financian necesidades momentáneas de tesorería[16].

3.2.3. *Coste financiero del crédito bancario*

El balance de compensación

Los bancos exigen algunas veces que los clientes inmovilicen una cierta proporción de la cantidad que les es prestada. Ello representa un encarecimiento del crédito. Estas partidas inmovilizadas se conocen como balances de compensación. El balance de compensación puede establecerse como depósito mínimo indisponible o como una media mensual. Esta última resulta más favorable para el prestatario.

Ejemplo: un crédito bancario de 12.000 u.m. al 10%, con un balance de compensación de 3.000 u.m. devenga un interés efectivo de:

$$\text{Interés efectivo} = \frac{1.200}{12.000 - 3.000} = 0{,}1333 = 13{,}33\%$$

Pago de los intereses por adelantado

A veces el banco requiere el pago de los intereses por adelantado. En el argot financiero, reciben el nombre de intereses de «tirón». Por ejemplo, un préstamo que asciende a 12.000 u.m. con interés anual del 10%, devengaría unos intereses de 1.200 u.m. por año. Si los intereses se exigen por anticipado el interés efectivo sería el siguiente:

$$\text{Interés efectivo} = \frac{1.200}{12.000 - 1.200} = 0{,}1111 = 11{,}11\%$$

Interés financiero

Consiste en exigir el pago de intereses, sobre la totalidad del principal durante toda la vida del préstamo, aunque una parte del mismo haya sido ya amortizada. Por ejemplo, sea un préstamo de 12.000 u.m., a amortizar 1.000 u.m. por mes durante un año, con un interés nominal del 10% sobre la totalidad del crédito.

El interés efectivo sería:

$$\text{Interés efectivo} = \frac{\text{Interés nominal}}{\text{Saldo medio}} = \frac{12.000 \times 0{,}10}{\frac{\sum \text{saldos}}{12}} = \frac{1.200}{6.000} = 0{,}20 = 20\%$$

[16] Alfredo BACHILLER CACHO, *Gestión económico-financiera del circulante*, Ed. Pirámide, 1987, p. 169.

Descuento comercial

Al objeto de calcular el interés efectivo del descuento, hemos de tener en cuenta las siguientes variables:

C importe nominal de la remesa.
L líquido de la remesa.
r interés anual aplicado al descuento, expresado en tanto por uno.
r' interés subanual equivalente.
r''_s interés efectivo anual, en la hipótesis de interés simple.
r''_c interés efectivo anual, en la hipótesis de interés compuesto.
t tiempo de descuento expresado en días.
T número de días del año comercial.
c comisión aplicada al nominal del efecto, expresada en tanto por uno.
g gastos totales de la remesa, expresados en tanto por uno.
m número de períodos subanuales.

$$r' = \frac{r}{m}$$
$$g = r' + c$$
$$L = C(1-g)$$
$$r''_s = \left(\frac{Cg}{L}\right)m$$
$$r''_c = \left[1 + \left(\frac{Cg}{L}\right)\right]^m - 1$$

Veamos un ejemplo numérico[17]: se descuenta una letra de 12.000 ptas., a 60 días, al 10% de interés, y una comisión del 0,7%.

Las variables que intervienen en la fórmula tienen los valores siguientes:

C = 12.000
r = 0,10
t = 60 días
c = 0,007
m = 360 / 60 = 6

$$r' = \frac{r}{m} = \frac{0{,}10}{6} = 0{,}0167$$
$$g = r' + c = 0{,}0167 + 0{,}007 = 0{,}0237$$
$$L = C(1-g) = 12.000(1 - 0{,}0237) = 11.716$$
$$r''_s = \left(\frac{Cg}{L}\right)m = \left[\frac{12.000 \times 0{,}237}{11.716}\right] \times 6 = 0{,}1456 = 14{,}56\%$$
$$r''_c = \left[1 + \left(\frac{Cg}{L}\right)\right]^m - 1 = \left[1 + \frac{12.000 \times 0{,}0237}{11.716}\right]^6 - 1 = 0{,}1548 = 15{,}48\%$$

17 Alfredo BACHILLER CACHO, *Gestión económico-financiera del circulante*, Ed. Pirámide, 1987, pp. 181-183 y 198-206.

3.3. Financiadas por los propios clientes

Por último, una forma de financiar las cuentas por cobrar es repercutir el costo de esta financiación a los propios clientes. Esta forma de financiación admite varias modalidades:

— Cargar al cliente los costes financieros de la operación, ya sea en el propio precio de venta, ya sea como elemento adicional incorporado en la factura.
— Ofrecer un descuento por pronto pago, dando así un aliciente al cliente para que pague al contado, y nos ahorre los costes financieros.
— Ofrecer tarifas diferenciales para pagos al contado y para plazos aplazados.

La elección entre estas modalidades de repercutir el costo financiero sobre el cliente, o incluso la de utilizar la financiación de los proveedores o de las entidades de crédito, estará en función de las circunstancias del mercado financiero y de las prácticas usuales de la competencia.

3.4. Evaluación del coste financiero de las cuentas de clientes

La concesión de crédito a los clientes implica la presencia en el activo circulante, grupo deudores, de las cuentas por cobrar. Constituyen, por tanto, una inversión financiera. Puesto que forman parte del activo circulante, hemos de considerarlas una inversión financiera temporal. Pero dado que su existencia está indisolublemente vinculada a la actividad comercial de la empresa, y que ésta se ve obligada a practicar una política de crédito a clientes para mantener su competitividad en el mercado, constituyen una inversión financiera permanente. La finalidad de tal inversión es la promoción de las ventas.

A esta inversión se le han de aplicar los mismos criterios de rentabilidad que a otra inversión cualquiera, sea del activo fijo o del activo circulante. Es decir, debe tener una rentabilidad igual o superior al coste medio ponderado del capital.

Al objeto de formarnos un juicio sobre la oportunidad de una ampliación de las condiciones de crédito a los clientes, de la cual se puede esperar un aumento de las ventas, hemos de razonar en términos de marginalidad.

Se compara el ingreso marginal con el coste marginal:

—Ingreso marginal: incremento previsto de las ventas, multiplicado por el margen comercial.
—Coste marginal: incremento del saldo de la cuenta de clientes, multiplicado por el coste medio ponderado del capital.

Así comparamos el incremento marginal del beneficio ocasionado por las ventas adicionales, con el incremento marginal del coste financiero ocasionado por el aumento de la masa de clientes deudores.

Por ejemplo, supongamos que en el momento actual la empresa tiene unas ventas anuales de 60 millones y que mantiene un saldo medio de las cuentas de clientes de 5 millones. Ello significa que las cuentas de clientes experimentan 60/5 = 12 rotaciones al año, y que tienen un período de maduración de 360/12 = 30 días. La dirección comercial de la empresa estima que si se amplía el plazo de venta a los clientes a 90 días, las ventas podrán aumentar a 80 millones de ptas. El margen comercial es el 20% de las ventas, y el coste medio ponderado del capital, el 18%.

Si se cumplen las previsiones, las ventas pasarán a 80 millones; y al pasar el período de maduración de 30 a 90 días, las rotaciones disminuyen de 12 a 4, y, consecuentemente, el saldo medio de la cuenta de clientes pasará de 5 a 20 millones[18].

Razonando en términos de marginalidad:

—Ingreso marginal = Incremento de las ventas × margen comercial = (80.000.000 – – 60.000.000) × 0,20 = 4.000.000.

—Coste marginal de la operación = Incremento del saldo de la cuenta de clientes × coste medio ponderado de capital = (20.000.000 – 5.000.000) × 0,18 = 2.700.000.

La operación da como resultado un beneficio marginal de 4.000.000 – 2.700.000 = = 1.300.000. Pero si las nuevas condiciones de crédito a clientes aumentasen las ventas solamente a 70 millones, el resultado de la operación sería perjudicial. En efecto, el saldo de la cuenta de clientes sería 70.000.000/4 = 17.500.000, y el razonamiento en términos de marginalidad arrojaría los resultados siguientes:

—Ingreso marginal = Incremento de las ventas × margen comercial = (70.000.000 – – 60.000.000) × 0,20 = 2.000.000.

—Coste marginal de la operación = Incremento del saldo de la cuenta de clientes × coste medio ponderado de capital = (17.500.000 – 5.000.000) × 0,18 = 2.250.000.

En este caso el beneficio marginal sería negativo: 2.000.000 – 2.250.000 = –250.000.

4. **Análisis del crédito a clientes**

La decisión de *otorgar o no crédito a un cliente* en particular se apoya en el estudio que se ha hecho previamente de su solvencia y garantía.

4.1. Información sobre los clientes[19]

4.1.1. *El Registro Mercantil*

El Registro Mercantil es una oficina pública, donde se pueden hallar en los libros constituidos al efecto, los comerciantes o empresarios individuales y las sociedades mercantiles, con expresión de las fechas, personas, actas, y contratos que sean inscribibles según Ley. Todas las empresas están obligadas a especificar en sus documentos los datos identificativos de su inscripción.

Los datos que se pueden encontrar referenciados son:

—Nombre, objeto y domicilio social.
—Capital social y estatutos sociales.
—Nombre de los administradores y auditores.
—Cuentas anuales.
—Informe de gestión.

4.1.2. *El Registro de la Propiedad*

El Registro de la Propiedad es igualmente un registro público. Su consulta es útil para verificar la situación patrimonial de los bienes activos declarados por un cliente.

---

[18] Clientes = Ventas / Rotación = 80.000.000 / 4 = 20.000.000

[19] Santandreu, Eliseo, *Gestión de crédito a clientes,* Ed. Eada Gestión, 1988, pp. 6-16. Roig Sancho, Luis, *Cómo eliminar los impagados,* Ed. Deusto, 1983, pp. 23-26.

En él se pueden obtener los siguientes datos:

—Ubicación del bien.
—Descripción e identificación: extensión, superficie, delimitación.
—Circunstancias de la adquisición: compra, herencia, valor de adquisición, fecha de la adquisición.
—Nombre del propietario y circunstancias de la propiedad: compartida con otros titulares, restricciones en la disposición del mismo, existencia de usufructos o servidumbres, etc.
—Existencia de cargas hipotecarias.

4.1.3. *Informe bancario*

El cliente puede aportar el nombre de las entidades de crédito con las que suele operar. Se pueden obtener informes de las entidades bancarias, sobre todo en el sentido de si aceptarían o no papel comercial girado al informado sin ponerle condiciones restrictivas.

4.1.4. *La relación de aceptaciones impagadas (RAI)*

El RAI es una lista de orden interno entre la banca, que contiene una relación nominal de todos los efectos que, habiendo sido aceptados en su forma, no han sido pagados a su vencimiento, ni a la reclamación en el plazo y forma que en su día exigió el notario, y, por ello, han sido protestados.

Existen algunas publicaciones de información comercial que publican periódicamente:

—Nuevas empresas que se establecen con expresión del capital social.
—Demandas judiciales con expresión del demandante, demandado y el importe objeto de la demanda.
—Relación de empresas que han presentado suspensión de pagos.
—Relación de efectos impagados, con mención del nombre del librado, domicilio del librado, nombre del librador, importe del efecto impagado.

4.2. Criterios de clasificación

El enfoque tradicional consiste en estudiar el cliente potencial en función de cuatro factores, y luego sintetizar los resultados en orden a adoptar una decisión positiva o negativa de concesión. Los cuatro factores son conocidos entre los profesionales de este campo como «las cuatro ces del crédito»: carácter, capacidad, capital, coyuntura[20].

Carácter: se refiere a la honestidad, la integridad, el espíritu de equidad y otras cualidades humanas, que llevan a un cliente a desear o intentar pagar una compra en la fecha de vencimiento estipulada. Aunque puede obtenerse una evaluación de esta característica por medio de entrevistas personales o a través de los datos contenidos en la solicitud, la prueba más evidente la da el historial previo de pagos de ese mismo cliente.

Capacidad: denota la facultad o aptitud para hacer frente al pago en la fecha convenida. Los datos acerca de la misma provienen fundamentalmente de la información financiera del cliente potencial, y en particular de sus ingresos y gastos periódicos. En otras palabras, la capacidad está vinculada a la cuenta de resultados[21]. Cuando el cliente no es una empresa, sino un consumidor, la capacidad se mide examinando la nómina mensual

---

20 Smith, Keith V., *Guía del capital circulante,* Ed. Deusto, 1984, p. 116.

21 Es más importante conocer la capacidad del cliente de generar recursos en el futuro (esto es lo que revela la cuenta de resultados), que conocer su actual situación de solvencia o liquidez (dato que se revela en el balance de situación).

del interesado, si es un trabajador por cuenta ajena; o los ingresos de su despacho, consulta o laboratorio, si es un profesional libre. También tiene que ver con la capacidad el modo en que la nueva obligación, contraída por el cliente con la compra actual, va a ser tratada en el conjunto de obligaciones financieras ya existentes de antemano, y otras compras a crédito hechas por el cliente durante igual período. Los estados financieros proporcionados por el mismo, o por empresas de información financiera son fuente primaria de información al respecto.

Capital: tiene también que ver con los recursos financieros del cliente, pero se refiere en particular a su soporte financiero, para el caso de que la capacidad resulte a la postre inadecuada. Se mide por el valor de su activo, o más precisamente por los fondos propios. En otras palabras, está en estrecha relación con el balance. Aquí es preciso hacer una importante distinción entre crédito a consumidores y crédito a empresas, puesto que los primeros en la mayor parte de los casos tienen un escaso patrimonio con el que la empresa pueda resarcirse de una factura impagada. Los estados financieros, personales o empresariales, son una fuente de información básica.

Coyuntura: se refiere al entorno político y económico en el que se toma la decisión sobre la concesión del crédito. El cliente potencial no tiene ninguna capacidad de control sobre este último factor. Aunque las condiciones a nivel nacional pueden ofrecer alguna perspectiva útil, el responsable de crédito a clientes debe prestar particular atención a la coyuntura local. En el caso de crédito a empresas, normalmente el enfoque se dirigiría a la coyuntura existente en el sector de actividad en que opera el cliente potencial.

4.3. Clasificación de los clientes

El análisis discriminante multivariante emplea un conjunto de variables para clasificar a las personas o a las cosas en dos o más grupos distintos. Esta técnica estadística se emplea en la clasificación de los clientes para dividirlos en grupos según la buena, mediana o mala calidad del riesgo[22].

Por ejemplo una gran empresa de distribución minorista disponía de información histórica de 200 clientes que pagaron puntualmente, y de otros 200 que no lo hicieron. A partir de los datos de estos 400 clientes se efectuaron análisis discriminantes multivariantes para determinar el conjunto particular de variables que mejor distinguían al grupo de buenos pagadores del de malos pagadores. El análisis discriminante multivariante permitió identificar las siguientes ocho variables, asignarles sus correspondientes valores, y determinar la ponderación que se les habría de asignar (cuadro 4).

Cuadro 4

Variable	Valor	Ponderación
1. Edad	En años	0,4
2. Estado civil	Casado = 1; soltero = 0	20,0
3. Profesión	Codificada de 1 a 5 según un catálogo	4,3
4. Tiempo que lleva en el último empleo	En años	0,9
5. Ingresos anuales	En millones de ptas.	1,4
6. Lugar de residencia	Codificado de 1 a 5 según distritos postales	4,6
7. Propiedad de la vivienda	Propia = 20; alquiler = 10	1,2
8. Teléfono	Sí = 1; No = 0	15,0

22 Cfr. Smith, Keith V., *Guía del capital circulante,* Ed. Deusto, 1984, p. 120-122; y Santandreu, Eliseo, *Gestión de crédito a clientes,* Ed. Eada Gestión, 1988, p. 16-19.

Según esta tabla, un cliente con 42 años de edad, casado, jefe de contabilidad de una empresa, con 16 años de antigüedad en el empleo, que gana 4,5 millones anuales, tiene su domicilio en la zona residencial, el piso es de su propiedad, y tiene instalado teléfono en su domicilio, obtendría la clasificación que se contiene en el cuadro 5.

CUADRO 5

Variable	Valor	Ponderación	Total
1. Edad	42	0,4	16,8
2. Estado civil	1	20,0	20,0
3. Profesión	5	4,3	21,5
4. Antigüedad en el empleo	16	0,9	14,4
5. Ingresos anuales	4,5	1,4	6,3
6. Lugar de residencia	5	4,6	23,0
7. Propiedad de la vivienda	20	1,2	24,0
8. Teléfono	1	15,0	15,0
Total			141,0

Las técnicas discriminantes proporcionan también información a la dirección acerca de la relación entre los índices de clasificación del riesgo, y la conducta probable de pago de los clientes. Mediante esta técnica se podría, por ejemplo, adoptar una solución como la siguiente:

Puntuación	*Decisión*
Menos de 80	Denegar el crédito
Entre 80 y 100	Ampliar la información
Más de 100	Otorgar el crédito

De todas formas se ha de tener en cuenta que la aplicación de estas técnicas de análisis discriminante multivariante, no sustituye al ejercicio del juicio personal, sino que ayuda a objetivarlo, ahorra tiempo de investigación, y permite así dedicarlo a la valoración de otros aspectos más imponderables.

5. **Control de las cuentas de clientes**

La *vigilancia de las cuentas* de los clientes se hace mediante su control permanente.

5.1. PREVISIÓN DE COBRO A CLIENTES

Presentamos en el cuadro 6 un modelo de previsión de cobro a clientes, y de evolución de los saldos de cuentas a cobrar.

CUADRO 6

Ventas	Anterior 183.000	Período 1 250.000	Período 2 150.000	Período 3 260.000	Pendientes
Anterior		(70.385)	(70.385)	(42.231)	0
Período 1		(87.500)	(62.500)	(62.500)	37.500
Período 2			(52.500)	(37.500)	60.000
Período 3				(91.000)	169.000
Total cobros		(157.885)	(185.385)	(233.231)	266.500
Saldo período		92.115	(35.385)	26.769	
Saldo acumulado	183.000	275.115	239.731	266.500	
Clientes	73.200	110.046	95.892	106.600	
Efectos	109.800	165.069	143.838	159.900	

Los parámetros para hacer la previsión son los siguientes:

1. Condiciones de crédito:
   Al contado 35%
   1 período de plazo 25%
   2 períodos de plazo 25%
   3 períodos de plazo 15%
2. Previsiones de ventas
   Pendiente del ejercicio anterior...... 183.000
   Durante el primer período 250.000
   Durante el segundo período.......... 150.000
   Durante el tercer período........... 260.000
3. Distribución de las cuentas a cobrar:
   Cuenta de clientes 40%
   Cuenta de efectos a cobrar......... 60%

La estructura del cuadro 6 es la siguiente:

a) Se divide verticalmente en los períodos subanuales considerados a efectos de la planificación financiera de las cuentas de clientes. En nuestro caso hemos dividido el año en tres períodos. Van precedidos de una columna donde se recogen los saldos pendientes del ejercicio anterior, y seguidos de una última columna donde se recogen los saldos aplazados al ejercicio siguiente.

b) La primera zona horizontal recoge las previsiones de ventas a realizar en cada uno de los períodos subanuales. En la primera columna figuran las ventas realizadas en el ejercicio anterior, y todavía no cobradas. Contablemente representan cargos en las cuentas de clientes.

c) La segunda zona horizontal recoge los pagos que previsiblemente realizarán los clientes en cada uno de los períodos subanuales. Se distribuyen de acuerdo con la política de crédito a clientes prefijada. Estas cantidades, contablemente, representan abonos en las cuentas de clientes. Por ejemplo, las ventas realizadas en el período 1 se espera cobrar:

—Al contado, en el propio período 1: 250.000 × 0,35 = 87.500
—En el período 2: 250.000 × 0,25 = 62.500
—En el período 3: 250.000 × 0,25 = 62.500
—Pendiente para el ejercicio siguiente: 250.000 × 0,15 = 37.500

El saldo pendiente del ejercicio anterior, se supone, por hipótesis, que ha sido cobrado ya en un 35%; que por tanto las 183.000 u.m. restantes corresponden al 25, 25 y 15% aplazado.

d) La tercera zona horizontal recoge el movimiento mensual neto de las cuentas de clientes, y su saldo al día de la fecha.

e) La cuarta zona horizontal hace una distribución del saldo acumulado entre cuentas de clientes y cuenta de efectos a cobrar, de acuerdo con los propósitos de la planificación financiera realizada.

5.2. Los ratios de las cuentas de clientes

El seguimiento de las cuentas de clientes puede hacerse eficazmente aplicando algunos ratios, que permitan poner de relieve las circunstancias anómalas que se vayan produciendo.

—Rotación de clientes	Ventas a crédito / Saldo de clientes
—Período de maduración de clientes ...	Año comercial / Rotación de clientes
—Control de impagados	Impagados / Ventas realizadas a crédito
—Costes de gestión.................	Gastos de gestión de cobro / Cobros

Otros autores presentan ratios similares, o proponen la sectorización de estos ratios por grupos de clientes o de productos[23].

6. Transferencia del riesgo

Existen medios de transferir a empresas especializadas el riesgo de cobros. Tales empresas reciben el nombre de empresas de *factoring*. El factoring puede definirse como una técnica por medio de la cual, y sobre la base de un convenio establecido entre las partes, un organismo especializado se encarga del cobro y de la concesión de créditos de las empresas que forman su clientela, y de quienes toma sus deudas a su cargo, a medida que se van produciendo, y que, si su cliente lo desea, puede financiar toda su cartera de deudas[24].

Las empresas de factoring no solamente ofrecen el servicio de financiar las cuentas a cobrar. Ofrecen gran cantidad de servicios, destacando como más importantes[25]:

— Investigación y clasificación de la clientela.
— Contabilidad de ventas.
— Gestión de cobro de las cuentas que le son cedidas.
— Financiación de las cuentas cedidas.
— Cobertura de los riesgos de impago.

---

23 Santandreu, Eliseo, *Gestión de crédito a clientes,* Ed. Eada Gestión, 1988, p. 66-68; Roig Sancho, Luis, *Cómo eliminar los impagados,* Ed. Deusto, 1983, p. 136-139; Smith, Keith V., *Guía del capital circulante,* Ed. Deusto, 1984, pp. 122-125.

24 Rolin, Serge, *El factoring,* Ed. Pirámide, 1972, p. 10.

25 Santandreu, Eliseo, *Gestión de crédito a clientes,* Ed. Eada Gestión, 1988, pp. 99-101.

El *seguro de riesgos*[26] es un servicio prestado por algunas compañías de seguros. Su base es una póliza de seguros en virtud de la cual, en el caso de producirse el siniestro de un impago, la compañía de seguros indemniza al asegurado. Se fija un tipo de prima que suele ser inferior al 1%, y se abona sobre la declaración mensual de operaciones realizadas. Si el asegurado no logra cobrar una deuda por sus mecanismos ordinarios de recobro en un plazo que oscila, según los casos, entre 3 y 6 meses, se declara el siniestro a la compañía. La compañía aseguradora se compromete a reembolsar al asegurado entre el 75 y el 80% del importe del siniestro: de esta cantidad un 50% lo abona en un plazo de 6 meses, y el otro 50% en un plazo que oscila entre 18 meses desde la presentación del siniestro y un par de años, según los casos.

En ocasiones, ante una operación de gran envergadura, o que entraña mucho riesgo, se puede proponer al cliente la presentación de un *aval bancario*. Mediante dicho documento, en caso de mal fin de la operación, el banco avalista se responsabiliza de la misma, por lo que la garantía del cobro es la aportada por el banco.

También se puede transferir al propio cliente mediante una *factura pro-forma*. Una vez preparada la mercancía, pero antes de su envío se extiende la factura pro-forma, que se remite al comprador. Cuando paga el importe de la misma, se le expide la mercancía.

[26] ROIG SANCHO, Luis, *Cómo eliminar los impagados,* Ed. Deusto, 1983, pp. 120-126.

Capítulo 14

El fondo de maniobra

1. El ciclo financiero

En el inicio de la actividad empresarial, por ejemplo en la constitución de una sociedad anónima, el primer acto es el desembolso total o parcial del capital social, que afluye a la tesorería de la empresa. A continuación se adquiere un equipo fijo y unas instalaciones, que constituyen el activo inmovilizado de la empresa. Finalmente comienza el proceso productivo con la compra de materias primas, pago de gastos directos de fabricación y de gastos generales, venta de productos terminados y cobro de los mismos. El proceso productivo, pues, es alimentado por un flujo financiero. Las disponibilidades líquidas salen de la tesorería para remunerar los factores de producción, y regresan de nuevo a la tesorería a través de las operaciones de venta de productos y cobro de tales importes.

Supongamos una empresa con el balance de situación y cuenta de pérdidas y ganancias, que se recoge en el cuadro 1.

El ciclo financiero de esta empresa está representado en la figura 1. La figura pone de manifiesto:

- *Un ciclo largo* a través del cual las disponibilidades, mediante la *inversión*, se inmovilizan con carácter permanente en el *activo inmovilizado*, y a través de la *amortización* se incorporan al valor de los *productos en curso*.
- *Un ciclo corto* que consta de tres canales a través de los cuales circula el flujo financiero. Por el primer canal circula el dinero destinado a la *compra* de *materias primas*. Por el segundo canal circula el dinero con el que se pagan los *gastos directos de fabricación*, los cuales se incorporan directamente al valor de los *productos en curso*. Finalmente, por el tercer canal circula el dinero con que se pagan los *gastos generales*, los cuales se incorporan directamente al valor de los *productos terminados*.

CUADRO 1

Balance de situación

Inmovilizado		10.000.000	Fondos propios		15.000.000
Existencias		14.300.000	Capital social	10.000.000	
Materias primas	4.000.000		Reservas	5.000.000	
Productos en curso	1.800.000		Acreedores a L.P.		10.000.000
Productos terminados	8.500.000		Acreedores por tráfico		2.800.000
Deudores		2.500.000	Proveedores	800.000	
Clientes	1.000.000		Efectos a pagar	2.000.000	
Efectos a cobrar	1.500.000				
Disponible		1.000.000			
Caja	300.000				
Bancos	700.000				
		27.800.000			27.800.000

Cuenta de pérdidas y ganancias

Compras	5.000.000	Ventas	13.000.000
Gastos directos de fabricación	3.000.000		
Gastos generales	1.500.000		
Amortizaciones	2.000.000		
Total gastos	11.500.000	Total ingresos	13.000.000

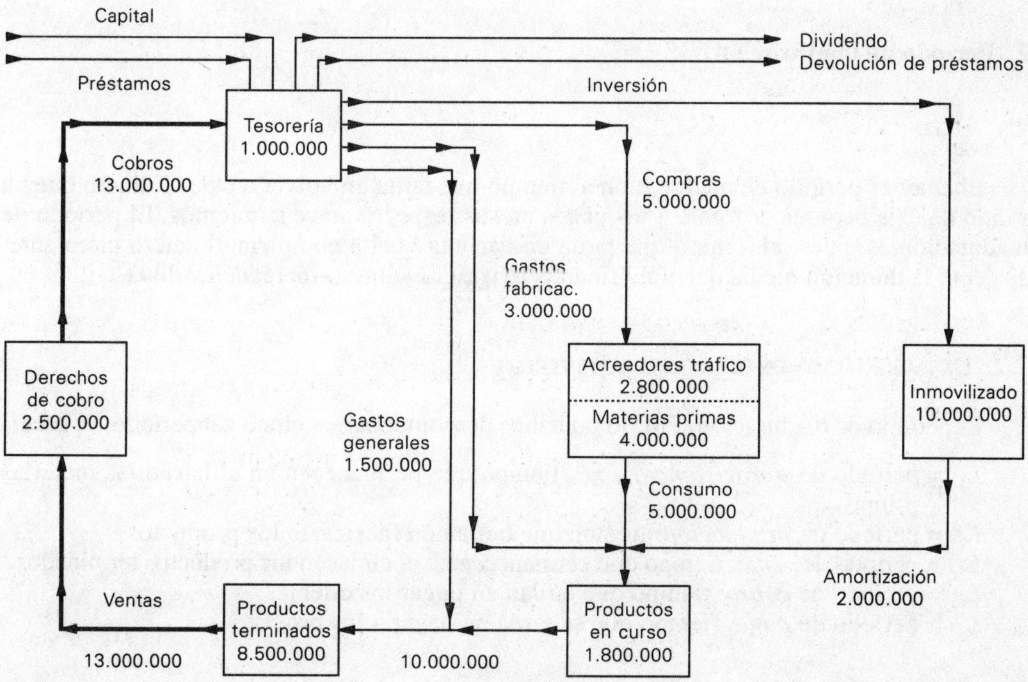

FIGURA 1

A partir de los *productos terminados* los dos ciclos se funden en uno solo. El flujo financiero, a través del proceso de *venta*, se inmoviliza transitoriamente en las cuentas de *derechos de cobro*. Finalmente, mediante el último tramo del ciclo, el proceso de *cobro*, regresa a la *tesorería*.

En esta última parte del ciclo el fluido financiero experimenta, por así decir, un efecto térmico de dilatación. En el proceso de venta se aumenta el valor de los productos terminados. Las existencias de productos terminados están valoradas a precio de adquisición, mientras que en las cuentas de derechos de cobro, los mismos están valorados a precios de venta. Este fenómeno es el que hemos querido representar con un trazo más grueso en las dos últimas etapas.

El fluido financiero no es estanco, sino que tiene transfusiones provenientes del exterior, y fugas hacia el exterior. Las transfusiones de fluido pueden venir ya sea de aportaciones de los propietarios del negocio (*capital*), o bien de terceros en forma de *préstamo*. A su vez las fugas, o pérdidas de fluido financiero están representadas por los *dividendos* pagados a los accionistas, así como por las *devoluciones del principal* de los préstamos.

El esquema que hemos representado en la figura 1 tiene su verificación en masas contables. Los cinco rectángulos, tesorería, materias primas, productos en curso, productos terminados y derechos de cobro responden a los subgrupos 57, 31, 33, 35 y 43 del Plan General de Contabilidad.

En el caso de adquisición de las materias primas a crédito, hay que tener en cuenta el plazo concedido por los proveedores. Efectivamente aun cuando la estancia de las mercancias en el almacén dure un tiempo [*T*], la inmovilización de recursos financieros será solamente [$T - D$], siendo [*D*] el aplazamiento de pago a los proveedores. En realidad la salida de dinero de la tesorería se produce [*D*] días después de la entrada de las mercancías en el almacén.

2. Período de maduración

2.1. Definición

Llamamos período de maduración al tiempo que tarda en volver a caja el dinero que ha salido de caja para hacer frente a los pagos en sus respectivos vencimientos. El período de maduración es, pues, el tiempo que tarda en dar una vuelta completa el activo circulante; es decir, la duración media del ciclo financiero o ciclo «dinero-mercancías-dinero»[1].

2.2. Desagregación en períodos elementales

El período de maduración, PM, lo podemos descomponer en cinco subperíodos, a saber:

L_1 = período de *aprovisionamiento*: tiempo que permanecen en almacén las materias primas.
L_2 = período de *producción*: tiempo que tardan en fabricarse los productos.
L_3 = período de *venta*: tiempo que permanecen en el almacén los productos terminados.
L_4 = período de *cobro*: tiempo que tardan en pagar los clientes.
L_5 = período de *pago*: tiempo que se tarda en pagar a los proveedores.

---

[1] *Diccionario económico de la empresa*, Ed. Pirámide, 1977.

De aquí resulta que el período de maduración es:

$$PM = L_1 + L_2 + L_3 + L_4 - L_5$$

2.3. Cálculo del período de maduración

El proceso de cálculo consiste en calcular primero el número de rotaciones en cada una de las etapas elementales en que hemos subdividido el ciclo financiero. Una vez calculado el número de rotaciones, se calcula el tiempo que dura cada una de las rotaciones.

2.3.1. *Cálculo del número de rotaciones*

Para determinar el número de rotaciones en una etapa interanual empleamos el ratio:

$$\text{Rotación} = \frac{\text{Flujo total del período (TAM)}}{\text{Existencia media del período (MM)}}$$

En cada uno de los puntos o fases del ciclo financiero mediremos el flujo midiendo las entradas:

F_1 = flujo de *materias primas*: las entradas coinciden con las compras.
F_2 = flujo de *productos en curso de fabricación*: las entradas serán igual a la suma de los gastos directos de fabricación + el consumo de materias primas[2] + la amortización.
F_3 = flujo de *productos terminados*: las entradas serán igual al costo directo de producción de los productos terminados, más los gastos generales incorporados al producto.
F_4 = flujo de *derechos de cobro*: las entradas serán igual al total de las ventas. Si consideramos las ventas totales, significa que tomamos en consideración también las ventas al contado asignándoles una duración en el cobro igual a cero. Esta alternativa es más conveniente si queremos conocer el período de maduración del activo circulante completo. También podemos excluir las ventas al contado, y considerar solamente las ventas a crédito, en este caso estaremos midiendo el período de maduración del subconjunto de las ventas que se hacen a plazos.
F_5 = flujo de *proveedores*: las entradas serán igual a las compras. Lo mismo que en el caso de los derechos de cobro pueden considerarse las compras totales, o solamente el subconjunto de las compras a plazo. En el primer caso estaremos midiendo el período de maduración del pasivo circulante completo, en el segundo caso mediremos solamente el período de maduración de aquellos proveedores que cobran con vencimiento aplazado.

En los cinco casos mencionados, el período de referencia es un año. Para el cálculo de los *flujos* se deberán, pues, tomar datos de los doce meses anteriores, aunque el período esté cabalgando sobre dos ejercicios económicos consecutivos. Así se evitan las deformaciones introducidas por la estacionalidad. Al flujo acumulado de los doce meses anteriores se le llama TAM = total anual móvil.

---

[2] El consumo de materias primas es igual a las compras más las existencias iniciales menos las existencias finales.

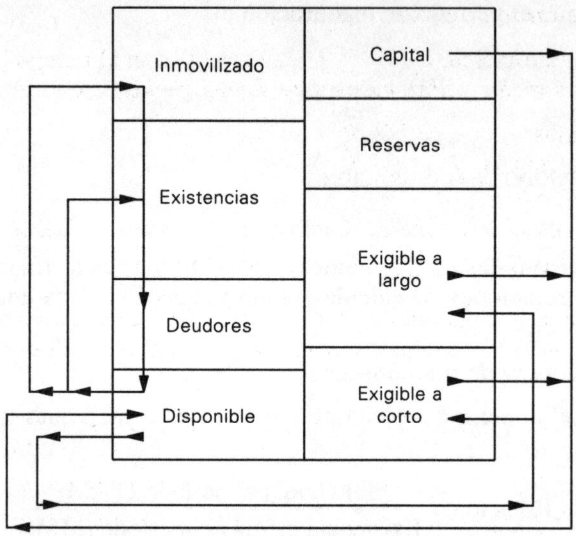

FIGURA 2. **El ciclo financiero en el balance de situación**

Las *existencias* deben calcularse utilizando la media aritmética de los saldos inicial y final de cada una de las masas consideradas: existencias de materias primas, existencias de productos en curso de fabricación, existencias de productos terminados, saldos de las cuentas de derechos de cobro y proveedores.

$$\frac{\text{Saldo inicial} + \text{saldo final}}{2}$$

Sin embargo, esta aproximación solamente es significativa en el caso de que el volumen de los saldos no esté afectado por la estacionalidad. Para corregir las oscilaciones estacionales, se utilizará la media móvil (MM) de los últimos doce meses, cabalgando, cuando sea preciso, sobre dos ejercicios económicos:

$$\text{Saldo medio} = \frac{\sum_{i=1}^{12} S_i}{12}$$

Llamando E_1, E_2, ..., E_5 a las existencias medias de cada una de las masas consideradas, se calculan las *rotaciones*:

$$R_i = \frac{F_i}{E_i} \qquad (i = 1, 2, ..., 5)$$

2.3.2. *Cálculo de la duración de una rotación*

La duración de una rotación, L_i ($i = 1, 2, ..., 5$), será igual al tiempo [T], dividido por [R_i]. El tiempo lo podemos medir ya sea en días, semanas, meses, etc.:

—midiendo en días: $L_i = 365/R_i$[3]
—midiendo en semanas: $L_i = 52/R_i$
—midiendo en meses: $L_i = 12/R_i$

2.4. EJEMPLO NUMÉRICO

Partiendo del balance y cuenta de pérdidas y ganancias que presentamos al comienzo de este tema, extraemos las variables necesarias para calcular el número de rotaciones de cada etapa elemental.

—ventas del ejercicio	13.000.000
—compras del ejercicio	5.000.000
—gastos directos de fabricación	3.000.000
—gastos generales	1.500.000
—dotaciones del ejercicio para la amortización	2.000.000
—existencias[4] de materias primas	4.000.000
—existencias de productos en curso	1.800.000
—existencias de productos terminados	8.500.000
—saldo de derechos de cobro	2.500.000
—saldo de proveedores	2.800.000

Según estos datos las rotaciones serían las siguientes:

$$R_i = \frac{5.000.000}{4.000.000} = 1,25$$

$$R_2 = \frac{3.000.000 + 5.000.000 + 2.000.000}{1.800.000} = 5,56$$

Numerador: gastos de fabricación (3.000.000) + consumo de materias primas (5.000.000) + amortización (2.000.000).

$$R_3 = \frac{3.000.000 + 5.000.000 + 2.000.000 + 1.500.000}{8.500.000} = 1,35$$

Numerador: las mismas cantidades que en el ratio anterior + los gastos generales (1.500.000).

$$R_4 = \frac{13.000.000}{2.500.000} = 5,20$$

$$R_5 = \frac{5.000.000}{2.800.000} = 1,79$$

[3] Según los casos se puede tomar el año natural, 365 días; el año comercial, 360 días; o el año laboral, alrededor de 300 días según la legislación laboral correspondiente.

[4] Hacemos el supuesto de que las existencias no aumentan ni disminuyen de volumen a lo largo del ejercicio económico, es decir, que las existencias finales son iguales a las existencias iniciales y que, por tanto, las compras son iguales al consumo. En las demás masas financieras hacemos la misma suposición.

Los subperíodos de maduración calculados en dias serían[5]:

L_1 = 300 / 1,25 = 240 (año laboral)
L_2 = 300 / 5,56 = 54 (año laboral)
L_3 = 300 / 1,35 = 222 (año laboral)
L_4 = 360 / 5,20 = 69 (año comercial)
L_5 = 360 / 1,79 = 201 (año comercial)

Y el período de maduración [PM], total sería:

$$PM = L_1 + L_2 + L_3 + L_4 - L_5 = 240 + 54 + 222 + 69 - 201 = 384 \text{ días}$$

3. El fondo de rotación

3.1. Nomenclatura

El fondo de rotación admite diversas denominaciones según los autores. Los términos de «fondo de maniobra», «capital en giro», «working capital», «capital de trabajo», «capital circulante», se refieren todos ellos a la misma realidad financiera[6].

3.2. Definición

El fondo de rotación está constituido por los recursos permanentes, sean propios o acreedores a largo plazo, en la parte que exceden al activo inmovilizado. Está constituido, pues, por los recursos permanentes materializados en el activo circulante.

También podemos definirlo como la diferencia entre el activo circulante menos el pasivo circulante. Ambas definiciones conducen al mismo resultado, pero creemos que desde la teoría financiera es más correcta la primera forma de expresarse. En la figura 3 hacemos una representación de este concepto.

El fondo de rotación es el montante de recursos permanentes con que se financian las operaciones de carácter circulante. En la empresa coexisten dos ciclos financieros, el del capital fijo o a largo plazo y el del capital circulante o a corto plazo. Ambos transcurren a través del proceso dinero-bienes-dinero; *el fondo de rotación es el volumen de recursos financieros permanentes que habrá que mantener materializados en inversiones circulantes para que el ciclo corto pueda desarrollarse sin problemas*. Cuanto más larga sea la duración de este ciclo, el fondo de rotación tendrá que ser más elevado. Por el contrario si la fluidez del ciclo fuera de grado tal que no resultara preciso hacer acopio de materias primas o productos terminados para poder llevar a cabo la producción y la venta, entonces el ciclo se reduciría enormemente: más aún, si la mayoría de las ventas fueran al contado se acortaría sensiblemente el plazo de conversión en liquidez de los derechos de cobro. Pero, naturalmente, lo contrario es lo más normal, y las operaciones de aprovisionamiento, de producción, venta y cobro necesitan un stock de materias primas, de productos en curso, de productos terminados, así como de derechos de cobro, parte de cuya financiación se ha de hacer mediante el fondo de rotación.

---

[5] Computamos el año laboral (300 días) para medir la duración del período de aprovisionamiento, producción y venta; y el año comercial (360 días) para los períodos de cobro y de pago.

[6] José Álvarez López, *Análisis de balances*, San Sebastián, 1972, p. 175.

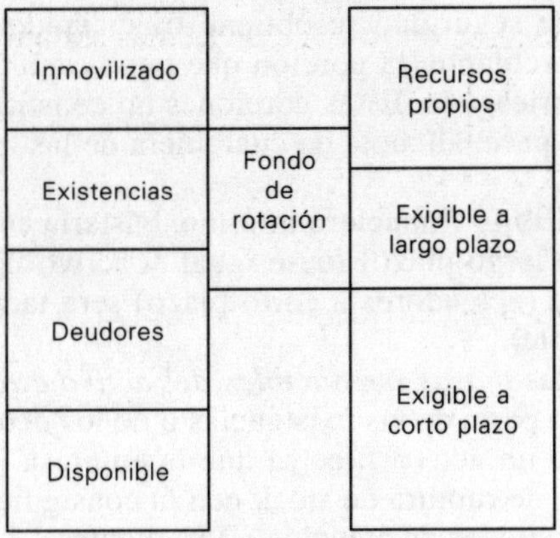

FIGURA 3. **Fondo de rotación**

Se trata, por tanto, de un *fondo* y no de un *flujo*, es decir, tiene un carácter estático. El fondo de rotación bajo este prisma estático, será una porción del activo de la empresa, que podremos identificar con las inversiones circulantes: existencias, derechos de cobro, y dinero, menos los pasivos financieros a corto plazo.

3.3. IMPORTANCIA DEL FONDO DE ROTACIÓN

El fondo de rotación pone de manifiesto el modo de financiación del activo circulante, es decir, de las inversiones que hace una empresa en activos a corto plazo.

La importancia de administrarlo correctamente queda puesta de relieve si se consideran los siguientes aspectos de la cuestión:

a) La mayor parte del tiempo de un director financiero se dedica a operaciones relacionadas con la administración del activo circulante.

b) El activo circulante representa más de la mitad del activo total de muchas de las empresas.

c) La inversión en activo fijo puede reducirse por medio de alquileres, pero resulta imposible la reducción del activo circulante[7].

d) Las nuevas inversiones en activos fijos suelen ser objeto de estudios económicos de rentabilidad; el crecimiento del activo fijo es aparente y tangible. Por el contrario el activo circulante crece de forma invisible a medida que aumenta la actividad productiva y comercial de la empresa. El crecimiento de las inversiones en activos circulantes tiene un carácter espontáneo. Pero ello no evita que su crecimiento demande financiación y aumento de recursos de la misma manera que lo requieren los activos fijos.

4. **Equilibrio financiero del fondo de rotación**

4.1. LAS ZONAS DE RIESGO DEL ACTIVO CIRCULANTE

El fondo de rotación tiene la misión de proporcionar a la empresa un margen de seguridad contra posibles riesgos de pérdida de valor o de alargamiento del período de maduración en el proceso de conversión de las existencias en derechos de cobro, y de éstos en

[7] ARROYO, *Dirección financiera,* Ed. ICAI, 1989, p. 243.

disponible. Este margen de seguridad se obtiene financiando con recursos permanentes dos porciones del activo circulante: la porción que tiene carácter de permanencia, por ser irreducibles y la porción arriesgada. Estas porciones no constituyen un área específica del activo circulante, sino una parte alícuota de cualquiera de las masas financieras que lo integran.

Según la regla del equilibrio financiero mínimo, bastaría con que el pasivo fijo (recursos propios + acreedores a largo plazo) fuese igual al activo inmovilizado. Consiguientemente, el pasivo circulante (acreedores a corto plazo) será también igual al activo circulante (realizable + disponible).

Por lo que respecta a las *masas irreducibles del activo circulante*, aun cuando contablemente se registran como parte de las existencias o de los deudores, financieramente deben ser consideradas como un activo fijo, ya que la empresa jamás puede deshacerse de ellas sin incurrir en peligro de ruptura de stock con la consiguiente paralización de la actividad productiva o en dificultades de atención a los clientes.

En cuanto a la *porción arriesgada*, constituida por una parte alícuota de las existencias y de los deudores, hemos de tener en cuenta que la realización de estas masas puede incurrir en riesgo de demoras o de pérdidas, que hagan insuficiente la regla del equilibrio mínimo para garantizar la liquidez de la empresa. Cuando todo ocurre normalmente, los almacenes se vacían con regularidad, y los clientes pagan a sus vencimientos, y consecuentemente no se producen problemas financieros. Pero puede ocurrir que disminuyan los pedidos, que ciertos productos se vendan con pérdidas por incidencias del mercado, o que ciertos clientes se conviertan en morosos o insolventes. En estos casos, si esa parte del activo circulante no está financiada con recursos financieros propios, o acreedores a largo plazo, la empresa tendrá dificultades de liquidez para hacer frente a la situación adversa.

4.2. Distintas posiciones del fondo de rotación

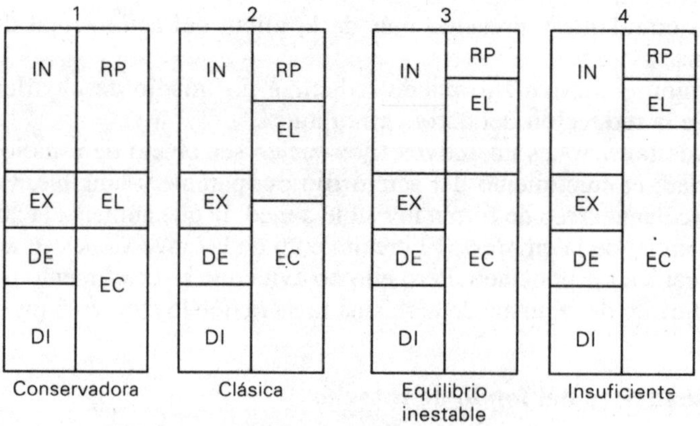

FIGURA 4. **Posiciones de liquidez de la empresa**

4.2.1. *Posicion conservadora*

Todo el activo inmovilizado se financia con recursos propios. Las existencias, consideradas como la zona más arriesgada del activo circulante, se financian con exigible a largo. El exigible a corto cubre los deudores y el disponible.

4.2.2. *Posicion clásica*

El pasivo fijo (recursos propios más exigible a largo) financia la totalidad del activo inmovilizado y parte del circulante, en previsión de una ralentización del ciclo financiero, o de pérdidas de valor del activo circulante. El resto del activo circulante se financia con exigible a corto.

4.2.3. *Posición de equilibrio inestable*

El pasivo fijo (recursos propios más exigible a largo) es exactamente igual al activo fijo (activo inmovilizado), mientras que el pasivo circulante (exigible a corto) es igual al activo circulante. Es una posición meramente teórica de equilibrio, pues no se hace ninguna previsión de alteraciones aleatorias en el ciclo financiero.

4.2.4. *Posición insuficiente*

El pasivo fijo es menor que el activo inmovilizado. Lo cual quiere decir que parte del activo fijo se está financiando con exigible a corto plazo. Previsiblemente se producirán problemas por falta de liquidez.

Sin embargo con una elevada rotación del activo circulante se puede compensar la falta de un fondo de rotación equilibrado. Esta es la forma como muchas empresas compensan su deficiente financiación con recursos permanentes. Otra forma de proceder es convertir en la práctica el exigible a corto plazo en exigible a largo plazo, mediante continuas renovaciones de los préstamos recibidos a corto plazo, cada vez que llega su vencimiento.

4.3. Repercusiones de la distribución de beneficios en el fondo de rotación

En el balance antes de la distribución de beneficios, el saldo acreedor de la cuenta 129, «pérdidas y ganancias», se incluye en el grupo recursos propios. Pero este balance es un balance meramente provisional hasta tanto que la junta general de accionistas se pronuncie sobre el destino que deba darse a los beneficios.

Después de la distribución de beneficios, la parte destinada a reservas incrementa de forma permanente los recursos propios, mientras que los dividendos aumentan el exigible a corto plazo. Con ello disminuirá el fondo de rotación, tanto más cuanto mayor sea la parte destinada a dividendo.

5. **Planificación del fondo de rotación**

La planificación financiera de la empresa incluye como uno de sus aspectos esenciales la determinación del volumen conveniente del fondo de rotación. Esta es una de las condiciones necesarias para salvaguardar a la empresa de problemas de liquidez, y para asegurar un equilibrio financiero a corto plazo.

Vamos a exponer cuatro métodos que pueden emplearse para resolver este problema. No son cuatro métodos que puedan usarse indiferentemente, en el sentido que son cuatro caminos equivalentes de llegar al mismo resultado. El volumen necesario o conveniente del fondo de rotación no es el mismo para todas las empresas, ni siquiera para la misma empresa en todas las situaciones. Es preciso tener en cuenta tanto la situación interna de la empresa (estructura financiera actual, perspectivas de expansión), como la situación externa (solvencia y liquidez de los clientes habituales, coyuntura económica general).

Cada uno de los métodos que vamos a exponer plantean el problema y lo resuelven desde un ángulo de vista diferente. Habrá pues que adoptar aquel que se adapta a los objetivos que la dirección financiera de la empresa se propone en cada circunstancia.

Estudiaremos los métodos siguientes:

Método	*Situación a la que se adapta*
Comparación interempresas	Gestión de grupo
Función de las ventas....................	Expansión del negocio
Función de las masas financieras	Reestructuración del balance
Función del riesgo del activo circulante.....	Seguridad a corto plazo

5.1. Comparación interempresas

5.1.1. *Definición*

Estudio estadístico de un número de empresas pertenecientes a una población homogénea, a partir de una muestra suficientemente significativa. La homogeneidad de la población hará referencia tanto a la actividad empresarial como al tamaño y al entorno socioeconómico.

5.1.2. *Fundamento teórico*

El método se basa en el principio de la gestión de grupo[8]. Dado que en la gestión financiera no existen normas teóricas que puedan aplicarse universalmente a todos los casos, se adopta la hipótesis de que los parámetros de otras empresas prósperas del mismo sector que operan en condiciones equivalentes, pueden ser una norma válida de evaluación.

El método supone que el exigible a corto plazo es un dato; no pretende redimensionar los acreedores a corto plazo. Igualmente acepta como un dato que no ha de ser redimensionado la cifra del activo total. Partiendo de estos datos pretende definir cuál debe ser la estructura del activo: la proporción conveniente de empleos fijos y circulantes.

La aplicación del método requiere determinadas condiciones:

- —Es preciso que la muestra que se tome como base contenga un número significativo de individuos.
- —Habría que eliminar de la muestra las empresas que puedan considerarse aberrantes.
- —Además, debería procurarse que en la muestra solamente entren las empresas cuyos resultados económicos y situación financiera se consideren prósperos, de lo contrario se toman como norma situaciones financieras débiles.

---

[8] En los años 60 este método de gestión fue muy aplicado en Francia en el sector agrario. Los centros de gestión franceses pusieron en práctica las ideas de Chombart de Lauwe. La Ley de Reforma Agraria de la Junta de Andalucía se basa igualmente en la suposición de que lo que puede hacer una empresa próspera de un sector, lo pueden hacer igualmente las demás empresas del mismo sector que se encuentran en condiciones equivalentes.

5.1.3. *Procedimiento*

Calcular el porcentaje promedio que supone el activo circulante en la población de empresas que se toma como referencia:

$$\alpha = \frac{\sum_{i=1}^{n} \frac{AC_i}{AT_i}}{n} \qquad [1]$$

Conociendo en la propia empresa el activo total y el exigible a corto, el fondo de rotación será:

$$FR = \alpha\, AT - EC \qquad [2]$$

5.1.4. *Ejemplo*

La encuesta del Ministerio de Industria y Energía sobre las grandes industrias en España 1979-1980, da los siguientes porcentajes del activo circulante sobre el activo total:

Grupo de empresas	*% AC*
20. Maquinaria agrícola	73,7
32. Calzado y cuero	73,3
25. Automóviles	70,7
16. Química para la agricultura	7,3
8. Siderurgia no integral (aceros especiales)	39,6
10. Metalurgia no férrea	34,1
34. Papel y cartón	34,0
4. Otras industrias de energía y agua	28,4
11. Cementos	23,6
3. Electricidad	10,8
Media	35,7

Utilizando los porcentajes promedios de la industria automovilística española, vamos a aplicar el método de la estadística interempresas a la Seat y a la Renault.

El coeficiente α para la industria automovilística española, según los datos anteriores, es 0,707.

Por lo que respecta a la *SEAT* (cuadro 2) siendo α = 0,707, y llamando *FR'* al fondo de rotación actual, y *FR* al fondo de rotación que debería tener para acomodarse al promedio del sector:

$$FR' = 73.607{,}6 - 92.455{,}4 = -18.848$$

$$FR = \alpha\, AT - EC = (0{,}707 \times 159.978{,}4) - 92.455{,}4 = 20.649$$

CUADRO 2. **Balance de la Seat. Año 1980 (millones de ptas.)**

Activo	Pesetas	%	Pasivo	Pesetas	%
Inmovilizado material	146.793,2	92	Capital social	27.396,7	17
Inmovilizado inmaterial	1.541,1	1	Reservas	12.394,9	8
Inmovilizado financiero	4.811,3	3	Regularizaciones	31.165,6	19
			menos Pérdidas	–46.165,6	–29
Inmovilizado bruto	153.145,5	96			
menos Amortizaciones	–66.774,8	–42	Recursos propios	24.644,0	15
Inmovilizado neto	86.370,8	54	Obligaciones y bonos	6.937,9	4
			Deudas largo plazo	35.941,1	22
Existencias	49.219,8	31			
Deudores y disponible	17.432,0	11	Exigible a largo	42.879,0	27
Otras cuentas	6.955,8	4			
			Deudas a corto plazo	87.832,2	55
Circulante	73.607,6	46	Otras cuentas	4.623,2	3
			Exigible a corto	92.455,4	58
Activo total	159.978,4	100	Pasivo total	159.978,4	100

Por lo que respecta a la *Renault* (cuadro 3), el fondo de rotación, actual y conveniente, sería el siguiente:

$$FR' = 66.045{,}7 - 55.947{,}7 = 10.098$$

$$FR = \alpha\, AT - EC = (0{,}707 \times 103.258{,}2) - 55.947{,}7 = 17.055{,}85$$

CUADRO 3. **Balance de la Renault. Año 1980 (millones de ptas.)**

Activo	Pesetas	%	Pasivo	Pesetas	%
Inmovilizado material	84.254,7	82	Capital social	11.390,6	11
Inmovilizado inmaterial	83,5		Reservas	5.770,8	6
Inmovilizado financiero	1.443,8	1	Regularizaciones	19.978,5	19
Inmovilizado bruto	85.782,0	83	Recursos propios	37.139,9	36
menos Amortizaciones	–48.569,5	–47			
			Exigible a largo	10.170,6	10
Inmovilizado neto	37.212,5	36			
Existencias	62.444,2	22	Deudas a corto	53.126,7	51
Deudores y disponible	41.975,2	41	Otras cuentas	2.821,0	3
Otras cuentas	1.626,3	2			
			Exigible a corto	55.947,7	54
Circulante	66.045,7	64			
Activo total	103.258,2	100	Pasivo total	103.258,2	100

5.2. Función de las ventas[9]

5.2.1. *Definición*

Este método parte de la hipótesis de que las partidas del activo circulante y del pasivo circulante son función de las ventas, y que esta función se mantendrá en el futuro.

Establecida esta hipótesis, y aplicando esta función a un crecimiento previsto de las ventas, quedarán determinadas las variaciones de las partidas del activo circulante y del exigible a corto relacionadas con las ventas, y, consiguientemente, la variación resultante del fondo de rotación. El objetivo del método consiste en determinar el fondo de rotación requerido en el caso de que las previsiones de aumento de las ventas tengan lugar.

Para cada una de las masas del activo y del pasivo se establece un análisis de regresión que pueda, por extrapolación, fijar el valor de dichas masas en el caso de un incremento de las ventas. La función, que relaciona las masas financieras del activo y del pasivo con las ventas, puede adoptar diversas formulaciones.

La más elemental es un mero coeficiente. Se estima que las masas actuales del activo circulante y del exigible a corto, mantendrán la misma proporción respecto de las ventas, que tienen en la actualidad. Por lo tanto si las ventas crecen un x%, cada una de las masas relacionadas con las ventas crecerán igualmente un x%. Gráficamente equivale a señalar un punto en el plano de coordenadas, cuya abscisa serán las ventas y cuya ordenada será una de las masas del activo circulante. Este punto se une con el origen dando lugar a una recta. La pendiente de esa recta es justamente la proporción que cada masa del activo circulante representa respecto de las ventas. La prolongación de la recta indica el valor que adquirirá la masa respectiva del activo circulante que se corresponde con cada volumen previsto de las ventas (figura 5).

Otra forma más perfeccionada es ajustar una recta, que no ha de pasar forzosamente por el origen, sino que tendrá un módulo y un coeficiente angular. Para establecer la función de esta recta se utiliza la técnica estadística del análisis de regresión lineal. En lugar de tomar solamente la situación actual como punto de referencia, se establece la relación que ha habido a lo largo de varios años entre la cifra de ventas y las partidas del activo y del pasivo afectadas por ella. En el primer caso, apoyamos toda la previsión sobre un solo punto, que representa un solo ejercicio; en el segundo caso se ajusta una función a varios puntos, que representan varios ejercicios (figura 2).

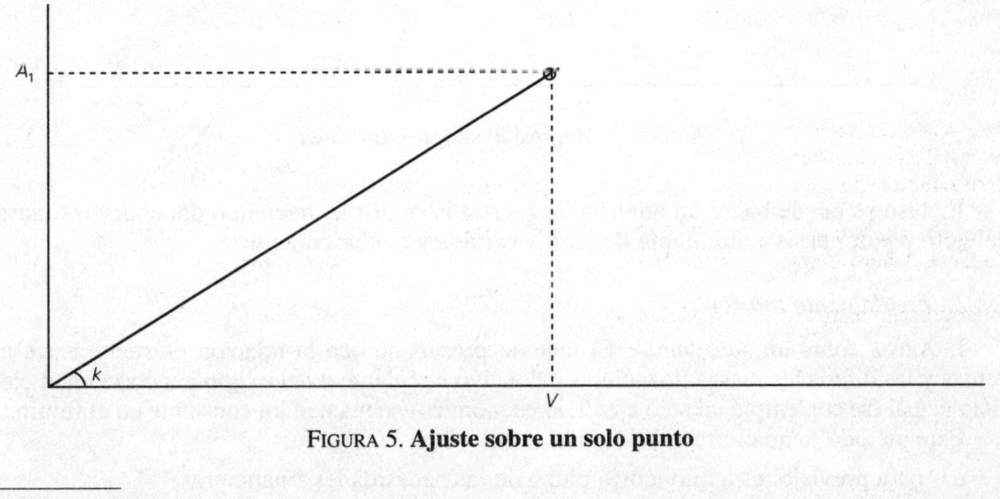

FIGURA 5. **Ajuste sobre un solo punto**

[9] WESTON, *Fundamentos de administración financiera,* Ed. Interamericana, 1982, pp. 114-118.

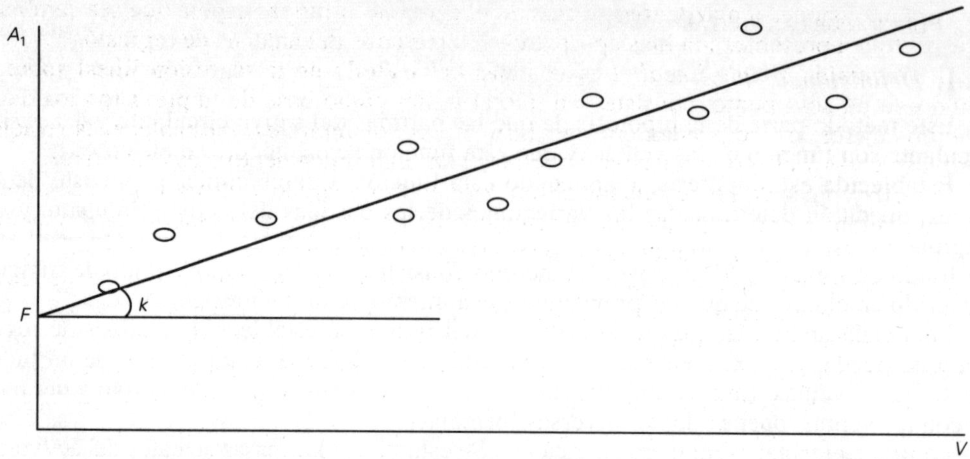

FIGURA 6. **Regresión simple lineal**

Todavía se puede perfeccionar más el modelo y en lugar de ajustar una recta, investigar otros ajustes curvilíneos que tengan un coeficiente de correlación con los datos empíricos mayor (figura 7).

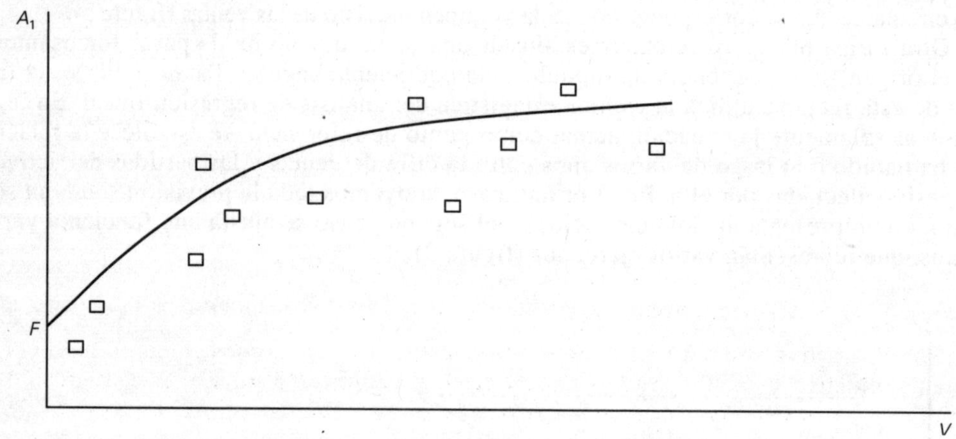

FIGURA 7. **Regresión simple curvilínea**

Incluso se puede hacer un análisis de regresión múltiple, haciendo depender las masas del activo y del pasivo circulante de varias variables conjuntamente.

5.2.2. *Fundamento teórico*

I. *Ajuste sobre un solo punto:* El método presupone que la relación existente entre las ventas y las diferentes masas financieras del activo circulante y del exigible a corto en el ejercicio actual (se contempla un solo ejercicio económico) se mantendrá constante en el futuro.

Este método tiene cierta validez en dos entornos:

a) para previsiones a muy corto plazo de las necesidades financieras;
b) cuando el incremento previsto de las ventas no es grande.

Para previsiones a plazo largo, y cuando el próximo futuro se espera que sea cambiante respecto del presente, son más apropiados los métodos del análisis de regresión[10].

II. *Regresión simple lineal:* Las ventajas del método de la regresión lineal sobre el método de un solo punto, consisten en que al tomar como base de la previsión los datos de varios ejercicios, se pueden corregir influencias coyunturales, y establecer la relación entre las ventas y el activo o pasivo circulante sobre un fundamento más estructural.

Las diferencias de los resultados obtenidos entre un método y otro son de poca importancia, cuando se prevén pequeños incrementos de las ventas. Pero esta diferencia se amplía, y se abulta el error, cuando las variaciones previstas de las ventas son importantes.

III. *Regresión simple curvilínea:* Las regresiones lineales, suponen que la pendiente de la línea de regresión es constante. Esta condición tiene lugar frecuentemente, pero no es una regla universal. La curva parabólica con incrementos marginales decrecientes, asume una relación marginal decreciente entre las ventas y las respectivas masas del circulante.

En los métodos de regresión lineal se supone que las masas del activo y del pasivo circulante son función lineal de las ventas. En realidad gran parte de las teorías sugieren que aumentan según la raíz cuadrada de las ventas. Esta característica hace que la línea de regresión entre las masas del circulante y las ventas tenga un perfil parabólico. Sin embargo, las aplicaciones del método de regresión aplicadas a centenares de compañías, indican que las relaciones lineales frecuentemente representan la línea del mejor ajuste para previsiones a corto plazo o, en el peor de los casos, suponen sólo un pequeño error. Si la línea se curvara realmente, tendría mayor significación ajustar a los datos una línea curva y usarla para fines de previsión del fondo de rotación.

IV. *Regresión múltiple:* Un enfoque más complicado del pronóstico del fondo de maniobra de una empresa exigiría el uso del análisis de regresión múltiple. En la regresión simple, se supone que las masas del activo y del pasivo circulante son función de una sola variable: las ventas; en la regresión múltiple, se reconoce que las masas del activo y del pasivo circulante dependen de varias variables. Por ejemplo:

— La previsión de las dificultades que puedan tener los proveedores para servir nuestros pedidos.
— Las tarifas de precios de los proveedores.
— La política de crédito aplicada a los clientes.
— El producto nacional bruto, y la coyuntura económica general.
— La conflictividad laboral, sea en la propia empresa, sea en la de los proveedores.

No entraremos ahora en detalles sobre el uso del análisis de regresión múltiple. No obstante, muchas instalaciones de ordenadores han «enlatado» programas de regresión incorporados a sus sistemas, haciendo así extraordinariamente fácil el uso de técnicas de regresión múltiple; la regresión múltiple es usada ampliamente por lo menos por las grandes empresas.

5.2.3. *Procedimiento*

I. Se *seleccionan en el balance las masas financieras* o cuentas cuyo volumen esté relacionado con el volumen de las ventas. Normalmente serán las masas financieras pertenecientes al activo circulante, y al exigible a corto, pero no se excluye que puedan quedar afectadas también las del activo fijo.

A_i $(i = 1, 2, ..., n)$ = Partidas del activo circulante y del exigible a corto plazo que se ha estimado son función de las ventas.

---

[10] WESTON, *Fundamentos de administración financiera,* Ed. Interamericana, 1982, p. 118.

II. Se calcula para cada una de estas masas la *función analítica* que las relaciona con las ventas.

Parámetros de la función:

—Ajuste sobre *un solo punto*: k_i = tanto por uno de la masa i del activo o del pasivo en relación con las ventas:

$$k_i = \frac{A_i}{V}$$

—Ajuste de una *recta*: a_{0i}, a_{1i} = término independiente y coeficiente angular de la recta que relaciona cada una de las masas del activo circulante o del exigible a corto con las ventas.

—Ajuste de una *parábola*: a_{0i}, a_{1i}, a_{2i} = párametros de la parábola que relaciona cada una de las masas del activo circulante o del exigible a corto con las ventas.

—Ajuste de una *superficie*: se adopta la hipótesis de que las partidas interesadas del balance, tales como las existencias, los deudores o el disponible, no son solamente función de las ventas, sino también de otras variables. En este caso se ajustará una función de varias variables, $A_i = F(V, x_1, x_2, ..., x_n)$ para establecer los parámetros de regresión de cada una de las masas del activo, respecto de un conjunto de variables.

III. Suponiendo la validez para el tiempo futuro de la función ajustada sobre el tiempo pasado, se calcula cuál será el *valor futuro de las respectivas masas financieras* al aumentar las ventas.

—V = las ventas medidas en unidades monetarias.
—ΔV = incremento previsto de las ventas, en tanto por uno.

Ajuste sobre un punto: $A_i = k_i\,[V(1 + \Delta V)]$
Ajuste de una recta: $A_i = a_{0i} + a_{1i}\,[V(1 + \Delta V)]$
Ajuste de una parábola: $A_i = a_{0i} + a_{1i}\,[V(1 + \Delta V)] + a_{2i}\,[V(1 + \Delta V)]^2$

IV. A partir de los valores futuros de las masas del activo circulante y del exigible a corto, estimadas según las funciones ajustadas, se calcula el *futuro fondo de rotación* exigido por el aumento de las ventas.

Siendo:

NFR = nuevo fondo de rotación requerido por el incremento de las ventas.
n = número de masas del activo circulante y del exigible a corto que se tienen en cuenta.
i = número de orden de cada una de las masas financieras, dentro de las [n] masas consideradas.
A = nombre de cada una de las masas financieras. Las correspondientes al activo circulante tendrán signo positivo; mientras que las correspondientes al exigible a corto tendrán signo negativo.

$$NFR = \sum_{i=1}^{n} A_i \qquad [3]$$

V. Por último se calcula la *financiación del incremento del fondo de rotación*, que procederá de una de estas fuentes:

a) autofinanciación: beneficios no distribuidos, sino incorporados a reservas.
b) nuevos recursos: ampliación de capital, o préstamos a corto o largo plazo.

—ΔFR = $NFR - FR$ = Incremento del fondo de rotación, es igual al nuevo fondo de rotación menos el fondo de rotación actual.
—AUT = Fondos autogenerados por los beneficios no distribuidos y que se emplean para financiar la expansión del fondo de rotación.
—B = Beneficio antes de impuestos sobre ventas estimado en tanto por uno.
—DV = Dividendo distribuido, en tanto por uno del beneficio del ejercicio.
—IS = Impuesto sobre sociedades, en tanto por uno del beneficio.
—NR = Nuevos recursos procedentes de aportaciones o de exigible a largo.

$$AUT = B\,(V \cdot (1 + \Delta V)) \cdot (1 - IS) \cdot (1 - DV) \qquad [4]$$

$$NR = \Delta\, FR - AUT \qquad [5]$$

5.2.4. *Ejemplo*

Las ventas de la empresa Guadalquivir S.A. han sido, en el año 1987, 4 millones de ptas., en 1988, 5 millones de ptas., y en 1989, 6 millones y medio. Pretende hacer una previsión de su fondo de rotación en el caso en que las ventas aumenten un 20, un 30, ..., hasta un 80%. El beneficio puede estimarse en un 18% de las ventas. El impuesto sobre sociedades es el 35%, del resultado antes de impuestos. Tiene la costumbre de distribuir como dividendo el 35% del beneficio del ejercicio.

CUADRO 4

	1987	1988	1989	*k*	Incremento de las ventas						
					1,20	1,30	1,40	1,50	1,60	1,70	1,80
Inmovilizado inmaterial	2.500	3.500	4.000		4.000	4.000	4.000	4.000	4.000	4.000	4.000
Inmovilizado material	1.200	1.330	1.000		1.000	1.000	1.000	1.000	1.000	1.000	1.000
Inmovilizado financiero	570	200	120		120	120	120	120	120	120	120
Amortización acumulada	(800)	(950)	1.250		(1.250)	(1.250)	(1.250)	(1.250)	(1.250)	–1.250	–1.250
Total activo inmovilizado	3.470	4.080	3.870		3.870	3.870	3.870	3.870	3.870	3.870	3.870
Materias primas	450	600	900	13,85%	1.080	1.170	1.260	1.350	1.440	1.530	1.620
Productos en curso	500	600	720	11,08%	864	936	1.008	1.080	1.152	1.224	1.296
Productos terminados	300	500	800	12,31%	960	1.040	1.120	1.200	1.280	1.360	1.440
Clientes	400	800	900	13,85%	1.080	1.170	1.260	1.350	1.440	1.530	1.620
Efectos a cobrar	300	500	600	9,23%	720	780	840	900	960	1.020	1.080
Deudores varios	100	170	280	4,31%	336	364	392	420	448	476	504
Caja y bancos	150	200	250	3,85%	300	325	350	375	400	425	450
Total activo circulante	2.200	3.370	4.450	68,46%	5.340	5.785	6.230	6.675	7.120	7.565	8.010
Total activo	5.670	7.450	8.320		9.210	9.655	10.100	10.545	10.990	11.435	11.880
Capital social	4.200	2.250	2.650		2.650	2.650	2.650	2.650	2.650	2.650	2.650
Reservas	50	1.400	1.700		1.700	1.700	1.700	1.700	1.700	1.700	1.700
Autofinanciación					593	643	692	741	791	840	890
Nuevos recursos					(97)	101	300	499	697	896	1.094
Préstamos		1.050	1.200		1.200	1.200	1.200	1.200	1.200	1.200	1.200
Empréstitos	420	1.150	800		800	800	800	800	800	800	800
Total pasivo fijo	4.670	5.850	6.350		6.846	7.094	7.342	7.590	7.838	8.086	8.334
Proveedores	400	600	800	12,31%	960	1.040	1.120	1.200	1.280	1.360	1.440
Efectos a pagar	450	800	900	13,85%	1.080	1.170	1.260	1.350	1.440	1.530	1.620
Acreedores	150	200	270	4,15%	324	351	378	405	432	459	486

El cuadro 4 muestra los balances de la empresa Guadalquivir S.A. durante los tres años pasados y las previsiones de la evolución de su activo y pasivo circulante, en la hipótesis de que estas masas financieras mantengan respecto de las ventas la misma proporción que han tenido en 1989. Muestra así mismo la evolución del fondo de rotación.

El cuadro 5 muestra en qué medida la financiación del incremento del fondo de rotación es previsible que se haga mediante autofinanciación o mediante otros recursos procedentes de ampliaciones de capital o de deudas.

CUADRO 5

	1987	1988	1989	Incremento de las ventas						
				1,20	1,30	1,40	1,50	1,60	1,70	1,80
Ventas	4.000	5.000	6.500	7.800	8.450	9.100	9.750	10.400	11.050	11.700
Gastos de explotación	3.280	4.100	5.330	6.396	6.929	7.462	7.995	8.528	9.061	9.594
Resultado antes de impuestos	720	900	1.170	1.404	1.521	1.638	1.755	1.872	1.989	2.106
Impuesto de sociedades (35%)	252	315	410	491	532	573	614	655	696	737
Beneficio del ejercicio	468	585	761	913	989	1.065	1.141	1.217	1.293	1.369
Dividendo (35%)	164	205	266	319	346	373	399	426	452	479
Autofinanciacion	304	380	494	593	643	692	741	791	840	890
Nuevos recursos				(97)	101	300	499	697	896	1.094

5.3. FUNCIÓN DE LAS MASAS FINANCIERAS

5.3.1. *Definición*

En el método anterior, al hacer el fondo de rotación función de las ventas, suponemos que las masas del activo circulante y del exigible a corto varían proporcionalmente a las variaciones de las ventas, pero mantienen entre sí la misma proporción, antes y después de la variación de las ventas. El activo circulante y el exigible a corto constituirían un sistema que orgánicamente crece, u orgánicamente disminuye, pero como tal organismo mantiene la misma estructura financiera. Como el cuerpo humano puede ser más alto o más bajo, pero la proporción entre los miembros se mantiene.

En este método, en el que planificamos el fondo de rotación en función de las masas financieras hacemos el supuesto de que puede cambiar la proporcionalidad estructural del activo circulante y del exigible a corto. No solamente crecen y disminuyen las masas financieras, sino que se reestructuran. Siguiendo con el símil del cuerpo humano, no pensamos solamente en una persona más alta o más baja, sino en una persona con la cabeza más grande, con los brazos más cortos, con los pies más pequeños.

5.3.2. *Fundamento teórico*

I. Frente a los dos métodos anteriores, tiene la ventaja de incorporar al cálculo los objetivos de reestructuración financiera de la empresa.

II. No se basa solamente en datos históricos, ya sea de la rama industrial a que pertenece la empresa (comparación interempresas), o de la misma empresa (función de las ventas), sino aporta además los objetivos marcados por la dirección. Estos objetivos se pueden referir tanto a la eficiencia interna, como a la actividad productiva y comercial.

5.3.3. *Procedimiento*

Sabemos que, siendo:

FR = Fondo de rotación
EX = Existencias
DE = Deudores
VM = Valores mobiliarios
DI = Disponible

$$FR = EX + DE + VM + DI - EC$$

Mediante esta fórmula, y tomando los datos de la contabilidad obtenemos el fondo de rotación que actualmente tiene la empresa. Si sustituimos alguna o todas las variables independientes de la ecuación por cifras presupuestadas establecidas a partir de los objetivos de reestructuración financiera de la empresa, obtendremos un fondo de rotación, que no es el actualmente existente, sino el que la empresa desearía tener.

La planificación del volumen que hayan de tener las masas del activo circulante y del exigible a corto plazo la hacemos a partir de la ecuación [6].

Siendo:

F_i = el flujo de entrada en la masa financiera [*i*] (cfr. figura 1)
E_i = el saldo medio de la masa financiera [*i*]
R_i = el número de rotaciones de la masa financiera [*i*]

$$R_i = \frac{F_i}{E_i} \qquad [6]$$

En la ecuación [6], [R_i] es la incógnita, que se deduce de [F_i] y de [E_i] que son datos tomados de la contabilidad. Por tanto, el número de rotaciones, [R_i], son las rotaciones que se están dando en la actualidad. Cuando del examen de la realidad actual, pasamos a la planificación del futuro, sustituimos una o las dos variables independientes por datos presupuestados, con lo cual las rotaciones serán un objetivo presupuestario. Incluso podemos pasar [R_i] a la derecha del =. En este caso la planificación se hará a partir de las rotaciones presupuestadas, y las masas [E_i], o los flujos [F_i], serán la incógnita resultante.

$$E_i = \frac{F_i}{R_i} \qquad [7]$$

O bien,

$$F_i = E_i \cdot R_i \qquad [8]$$

Por ejemplo, supongamos que los datos reales de la contabilidad proporcionan la información siguiente:

—Compras de materias primas 7.000.000
—Existencias medias de materias primas 1.250.000

Luego las rotaciones, y el período de maduración de las materias primas serán:

$$R_1 = \frac{7.000.000}{1.250.000} = 5,6$$

$$L_1 = \frac{300}{5,6} = 53,57 \text{ días}$$

Esta velocidad de circulación se considera insuficiente y consiguientemente el período de maduración se considera excesivo por la dirección de la empresa. En vista de ello se pretende aumentar el número de rotaciones a 12, y acortar el período de maduración a 25 días laborables. Ello se puede conseguir redimensionando ya sea el flujo de compras [F_1], ya sea el stock de materias primas [E_1]:

$$E_1 = \frac{7.000.000}{12} = 583.333 \qquad F_1 = 1.250.000 \times 12 = 15.000.000$$

Redimensionar [E_1] significa que se mantiene la misma actividad comercial (7.000.000 de compras), pero se mejora sustancialmente la eficacia interna de la empresa en la gestión del stock de materias primas, acortando su período de maduración. El objetivo de la planificación es mantener el mismo nivel de producción, pero atendiéndola con un stock de materias primas mucho más reducido: 583.333 unidades, en lugar de 1.250.000 unidades, y logrando que a pesar de ello no se incurra en ruptura de stock.

Redimensionar [F_1] significa que además de mejorar la eficacia de la gestión de stocks de materias primas, se hará una ampliación de la actividad comercial, pasando de comprar 7 millones a comprar 15 millones.

Hacemos el mismo proceso de cálculo con las otras cuatro masas financieras implicadas en el fondo de rotación y calculamos el fondo de rotación resultante de la planificación, aplicando la fórmula [9]:

$$NFR = \frac{F_1}{R_1} + \frac{F_2}{R_2} + \frac{F_3}{R_3} + \frac{F_4}{R_4} - \frac{F_5}{R_5} \qquad [9]$$

5.3.4. *Ejemplo numérico*

Los datos de la contabilidad de la empresa ZZZ ofrecen las cifras siguientes:

Flujos tomados de la cuenta de resultados:

—Ventas	10.000.000
—Compras de materias primas	7.000.000
—Gastos directos de fabricación	2.000.000
—Consumo de materias primas[11]	7.000.000
—Dotaciones del ejercicio a la amortización	500.000
—Gastos generales	800.000

[11] Seguimos el mismo criterio de que cada masa financiera mantiene inalterado su volumen, es decir, que en cada una de ellas las salidas son iguales a las entradas.

Existencias tomadas del balance de situación:

—Existencias medias de materias primas. 1.200.000
—Existencias medias de productos en curso 650.000
—Existencias medias de productos terminados 2.500.000
—Saldo medio de las cuentas de clientes y efectos 2.000.000
—Saldo medio de las cuentas de proveedores y efectos . . 600.000

A partir de estos datos de la contabilidad, y siguiendo el esquema de la figura 1, establecemos el número de rotaciones y el período de maduración para cada una de las masas del activo circulante y del exigible a corto plazo, tal como aparece en el cuadro 6.

CUADRO 6. **Situación actual del fondo de rotación**

Etapas del ciclo financiero	Flujo	Cantidad en cta. resultados	Existencias Balance	Rotaciones	Período madur.
1. Período de aprovisionamiento	Compras MP	7.0 00.000	1.200.000	5,83	51,46
2. Período de producción	Gastos directos fabricac.	2.000.000	650.000	14,62	20,52
	Consumo de mat. primas	7.000.000			
	Amortización	500.000			
3. Período de venta	Costo prod. fabricados	9.500.000	2.500.000	4,12	72,82
	Gastos generales	800.000			
4. Período de cobro a clientes	Ventas	10.000.000	2.000.000	5,00	72,00
5. Período de pago a proveedores	Compras	7.000.000	–600.000	11,67	–30,85
Total			5.750.000	1,61*	185,95

* 300/185,95 = 1,61

La empresa pretende planificar su fondo de rotación mejorando la gestión de los stocks y redimensionando las masas financieras del activo circulante y del exigible a corto plazo. Para ello fija como objetivo las siguientes rotaciones para cada una de las masas respectivas:

	Rotaciones	Período de maduración
1. Materias primas	7,5	40,00 días
2. Productos en curso.	18,0	16,67 días
3. Productos terminados.	6,0	50,00 días
4. Clientes	6,0	60,00 días
5. Proveedores	4,0	90,00 días

Con estos objetivos presupuestados se redimensionan las masas del activo circulante y del exigible a corto, manteniendo la misma actividad productiva y comercial. Los resultados aparecen el cuadro 7.

Si la mayor eficacia en la gestión del activo circulante consiguiese sus objetivos el fondo de rotación pasaría de 5.750.000 a 3.094.445; el período medio de maduración pasaría de 185,95 días a 76,67 días; y las rotaciones totales del circulante pasarían de 1,61 a 3,91.

CUADRO 7. **Redimensionamiento del fondo de rotación**

Etapas del ciclo financiero	Flujo	Cantidad en cta. resultados	Existencias balance	Rotaciones	Período madur.
1. Período de aprovisionamiento	Compras MP	7.0 00.000	933.333	7,50	40,00
2. Período de producción	Gastos directos fabricac.	2.000.000	527.778	18,00	16,67
	Consumo de mat. primas	7.000.000			
	Amortización	500.000			
3. Período de venta	Costo prod. fabricados	9.500.000	1.716.667	6,00	50,00
	Gastos generales	800.000			
4. Período de cobro a clientes	Ventas	10.000.000	1.666.667	6,00	60,00
5. Período de pago a proveedores	Compras	7.000.000	–1.750.000	4,00	–90,00
Total			3.094.445	3,91*	76,67

* 300/76,67 = 3,91

5.4. FUNCIÓN DEL RIESGO

5.4.1. *Definición*

El método de la cuantificación del riesgo se basa en la hipótesis de que la porción arriesgada del activo circulante debe ser cubierta por el fondo de rotación, mientras que la porción no arriesgada puede ser cubierta con el exigible a corto plazo.

La porción arriesgada del activo circulante pertenece al realizable (existencias más deudores). La forma de estimarla es asignando un coeficiente de riesgo [t_i] a cada una de las cuentas o grupos de cuentas que componen el activo realizable. La suma de todas estas subporciones, darán el activo realizable arriesgado total. La forma de proceder es la de la fórmula [10].

Siendo:

R_i = cada una de las cuentas o grupos de cuentas del activo realizable.
t_i = la porción arriesgada de cada una de las cuentas o grupos de cuentas del activo realizable.
T = coeficiente medio ponderado de riesgo de la totalidad del activo circulante.

$$T = \frac{\sum R_i t_i}{\sum R_i} \qquad [10]$$

El coeficiente T representa la porción del activo realizable que, por causas diversas (alargamiento del período de maduración, pérdidas de valor por depreciación o insolvencia), puede generar dificultades al flujo normal del ciclo financiero dinero-stocks-clientes-dinero. Nos referimos, pues, a la parte del realizable que tiene asociado un riesgo de ruptura de pago de las obligaciones expresadas en los pasivos a corto.

5.4.2. *Procedimiento*

El coeficiente [t_i] de cada cuenta del activo realizable, se calcula utilizando la información estadística procedente de los datos, tanto contables como extracontables, y aplicando las técnicas de estimación de la probabilidad para llegar a un valor cuantitativo de [t_i] que nos dé el riesgo calculado de cada partida.

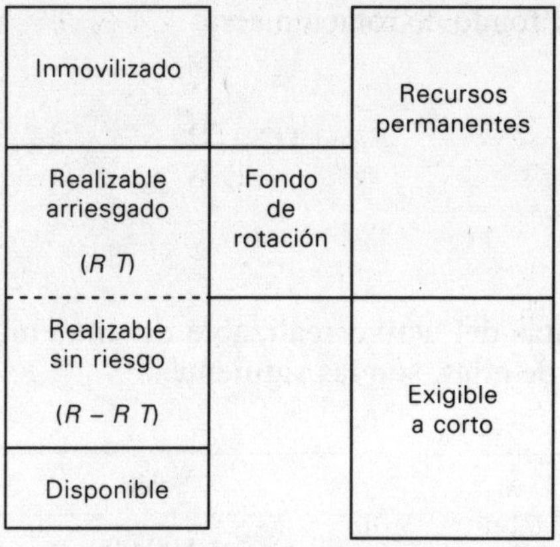

FIGURA 8. **Fondo de rotación en función del riesgo**

Llamamos [n] a la relación realizable/disponible y [α] al índice de liquidez [AC/EC]. Vamos a calcular cuál debe ser el valor de [α] en función de los valores de [T] y de [n], y partiendo de la suposición de que el pasivo fijo [PF] debe cubrir el activo inmovilizado y la parte arriesgada del activo circulante [$R \cdot T$]; mientras que el exigible a corto [EC] debe cubrir solamente el disponible [D], y la parte no arriesgada del realizable [$R - RT$], tal como queda expresado en la figura 8.

Siendo:

D = Disponible
R = Realizable (existencias + deudores)
n = R/D
EC = Exigible a corto plazo
T = Coeficiente medio ponderado de riesgo en tanto por uno
α = Coeficiente de liquidez, AC/EC

$$\alpha = \frac{D+R}{EC} = \frac{D+R}{D+(R-RT)} = \frac{D+R}{D+R(1-T)} = \frac{D+nD}{D+nD(1-T)}$$

Luego:

$$\alpha = \frac{1+n}{1+n(1-T)} \qquad [11]$$

Con lo cual α resulta ser una función de n y T, es decir, de la proporción R/D y del tanto por uno del realizable que constituye su porción arriesgada.

Una vez obtenido el coeficiente α, y partiendo de la hipótesis de que el activo circulante es el dato, y el exigible a corto plazo la incógnita, aplicamos la fórmula para determinar el volumen adecuado del exigible a corto plazo que puede financiar un activo circulante con el nivel de riesgo [T]:

$$EC = \frac{AC}{\alpha} \qquad [12]$$

Y consiguientemente el fondo de rotación será:

$$FR = AC - \frac{AC}{\alpha}$$

5.4.3. *Ejemplo numérico*

Los saldos de las cuentas del activo realizable de una empresa, y la probabilidad de riesgo asociada a cada una de ellas, son las siguientes:

Cuenta = R_i	Saldo	t_i	$R_i\,t_i$
310. Materias primas	1.500.000	0,25	375.000
330. Productos en curso	2.300.000	0,15	345.000
350. Productos terminados	600.000	0,12	72.000
430. Clientes y efectos a cobrar	900.000	0,20	180.000
431. Clientes, efectos comerciales a cobrar	650.000	0,08	52.000
57x. Caja y bancos	150.000	0,00	0
Total	6.100.000	0,17	1.024.000

$$n = \frac{R}{D} = \frac{5.300.000}{150.000} = 35{,}33$$

$$\alpha = \frac{1+n}{1+n(1-T)} = \frac{1+35{,}33}{1+35{,}33(1-0{,}17)} = 1{,}2$$

$$EC = \frac{AC}{\alpha} = \frac{6.100.000}{1{,}20} = 5.083.333$$

$$FR = AC - \frac{AC}{\alpha} = 6.100.000 - \frac{6.100.000}{1{,}20} = 1.016.667$$

Capítulo 15

Análisis del balance mediante ratios financieros

1. Concepto de ratio y su utilización

1.1. Definición de ratio

«Ratio» es una palabra latina que significa «razón», es decir, un quebrado, que consta de un numerador y de un denominador, y que proporciona un cociente. La palabra castellana más apropiada es la de coeficiente, y concretamente en nuestro caso, la de coeficiente financiero.

1.2. Utilidad de los ratios

Los ratios constituyen un instrumento de análisis del balance. Permiten cuantificar la relación financiera existente entre dos magnitudes y, de esta manera, formular un *juicio objetivo* sobre la solidez, suficiencia o debilidad de esta relación.

> «La planeación es la clave del éxito del administrador financiero. Los planes financieros pueden asumir muchas formas, pero un buen plan debe tomar en cuenta los puntos fuertes y débiles de la empresa. Hay que conocer sus puntos fuertes para sacarles provecho, e identificar sus puntos débiles para poder adoptar medidas correctivas. Por ejemplo, ¿son adecuados los inventarios para satisfacer el nivel proyectado de ventas? ¿Tiene la empresa una inversión demasiado grande en cuentas por cobrar? ¿Refleja esta situación una deficiente política de cobranza? El administrador puede planear sus futuras necesidades financieras tomando como base los procedimientos de pronóstico, que se exponen en capítulos posteriores, pero su plan debe comenzar con el tipo de análisis que ofrecemos a continuación» (es decir, el análisis mediante ratios)[1].

---

[1] Cfr. WESTON, *Fundamentos de administración financiera,* Ed. Interamericana, 1982, p. 55.

Al expresar una medida de la relación entre dos magnitudes, los ratios permiten la comparación interempresas, y la de una empresa con normas u objetivos predeterminados. Este objetivo no podría conseguirse con las cifras absolutas de la contabilidad. Los ratios, en cambio, puesto que miden el valor relativo de una magnitud respecto de otra, permiten el *análisis comparativo*.

Para que los ratios tengan una verdadera utilidad en el análisis económico-financiero de la empresa, debe conocerse previamente la naturaleza de la relación financiera entre las dos magnitudes comparadas entre sí.

Solamente cuando se conoce a priori, o sea teóricamente, la *naturaleza de la relación funcional* entre dos magnitudes del balance, o entre una del balance y otra de la cuenta de resultados, es válido el uso del ratio como expresión cuantitativa de esta función[2].

El *empleo abusivo* que ha podido hacerse de los ratios, ha llevado a algunos autores a formular reservas sobre su empleo indiscriminado[3].

1.3. Reglas a tener en cuenta en la elaboración de los ratios

1.3.1. *Disposición de las magnitudes*

Es aconsejable disponer el numerador y el denominador de forma que un valor más alto del cociente signifique una situación más próspera de la empresa.

1.3.2. *Corrección del efecto inflación*

La información ofrecida por los ratios puede estar falseada en el caso en que los datos se hayan tomado en tiempos diferentes, y su valor esté afectado por la inflación. Tal incidencia tiene lugar en la valoración del activo fijo. Cuando se comparan ratios de fechas distantes en el tiempo, será conveniente actualizar los valores monetarios a la misma fecha, utilizando como factor de descuento la tasa acumulada de inflación.

1.3.3. *Corrección del efecto estacionalidad*

La estacionalidad de la actividad empresarial puede alterar las comparaciones entre períodos diferentes de un mismo año. Para corregir las variaciones estacionales, es aconsejable utilizar el total anual móvil (TAM), si se trata de cuentas de gestión; o la media móvil (MM), si se trata de cuentas de situación.

El total anual móvil (TAM) es la suma de los importes de una partida de gastos o de ingresos durante los 12 últimos meses, aun cuando este período de 12 meses esté a caballo entre dos ejercicios económicos.

La media móvil (MM) es la media de los saldos de una cuenta de situación correspondientes a los 12 últimos meses, aun cuando estén a caballo entre dos ejercicios económicos.

1.3.4. *Normas de comparación*

Solamente cuando existen normas, puede juzgarse si el valor del ratio es excesivamente alto o bajo, y desvelar los puntos fuertes o débiles de la empresa. Las normas pueden establecerse según diferentes criterios:

— *Teóricamente*: la teoría financiera de la empresa establece criterios generales de aplicación universal sobre el valor de ciertos ratios. Por ejemplo, el ratio activo

---

[2] Cfr. Lauzel-Cibert, *De los ratios al cuadro de mandos,* Ed. Casanovas, 1967, p. 231.
[3] Ferria Contin, *Gestión financiera de la empresa,* Ed. Deusto, 1960, p. 69.

total/exigible total, debe ser mayor que uno, de lo contrario, la empresa estaría en situación de quiebra.

—*Estadísticamente*: por la comparación de empresas homogéneas, es decir, pertenecientes a la misma rama industrial y con características estructurales parecidas. Estos son los que llamaríamos ratios o normas interempresas. Este es el método utilizado por Chombart de Lauwe en el Análisis de grupo. También se basa en este método la calificación de fincas rústicas en la Ley de Reforma Agraria de la Junta de Andalucía. Esta es también la línea de investigación e información puesta en práctica por la Central de Balances del Banco de España.

—*Experimentalmente*: por la experiencia que tiene la empresa de sí misma, obtenida en ejercicios anteriores. De esta forma puede hacerse un seguimiento de su evolución hacia posiciones mejores o peores.

—*Presupuestariamente*: se pueden, igualmente, formular las normas de comparación de los ratios, mediante la elaboración de objetivos que la empresa se propone a sí misma como meta a conseguir. La comparación posterior de la realidad con los objetivos propuestos, y el análisis de las desviaciones, permitirá formular un juicio crítico sobre la gestión realizada.

2. **Clasificación de los ratios**

2.1. RATIOS TÉCNICOS

2.1.1. *Definición*

Representan relaciones entre magnitudes expresadas en unidades físicas.

2.1.2. *Clasificación*

1. Relaciones producto-factor, por ejemplo:

$$\frac{\text{Producción}}{\text{Horas de trabajo}}$$

$$\frac{\text{Producción}}{\text{Kw de energía}}$$

2. Relaciones factor-factor, por ejemplo:

$$\frac{\text{Kw de energía}}{\text{Horas de trabajo}}$$

3. Relaciones producto-producto, por ejemplo:

$$\frac{\text{Producto 1}}{\text{Producto 2}}$$

2.2. Ratios económicos

2.2.1. *Definición*

Representan relaciones entre magnitudes expresadas en unidades monetarias, tomando tanto el numerador como el denominador, de las cuentas de los grupos 6 y 7 del Plan General de Contabilidad.

2.2.2. *Clasificación*

1. Relaciones producto-factor, por ejemplo:

$$\frac{\text{Ventas}}{\text{Gastos de personal}}$$

$$\frac{\text{Ventas}}{\text{Gastos de electricidad}}$$

2. Relaciones factor-factor, por ejemplo:

$$\frac{\text{Gastos de electricidad}}{\text{Gastos de personal}}$$

3. Relaciones producto-producto, por ejemplo:

$$\frac{\text{Ventas del producto 1}}{\text{Ventas del producto 2}}$$

2.3. Ratios financieros

2.3.1. *Definición*

Representan relaciones entre magnitudes expresadas en unidades monetarias procedentes de las cuentas del balance, entre sí mismas, o de éstas con las de la cuenta de pérdidas y ganancias.

2.3.2. *Clasificación*

1. *Rentabilidad*

Comparación del resultado con distintas partidas del balance o de la cuenta de pérdidas y ganancias.

2. *Rendimiento*

Comparación de la cifra de ingresos de explotación o cifra de negocios con las distintas partidas del balance.

3. *Circulación*

Medición del número de rotaciones por período de tiempo. Tienen en el numerador un valor de *flujo* (p.e. ventas, compras); y en el denominador un valor de *fondo* (p.e. existencias, deudores).

4. *Período de maduración*

Miden la duración del tiempo que el flujo financiero está detenido en las diferentes masas del activo. El numerador es el tiempo medido en días, semanas o meses. Es conveniente tomar el año comercial (360 días) en el caso de los clientes y los proveedores: y el año laboral (alrededor de 300 días dependiendo de la legislación laboral) en el caso de las materias primas, productos terminados y productos semiterminados. El denominador está constituido por las rotaciones calculadas en los ratios de circulación.

5. *Estructura*

Miden la estructura porcentual tanto del activo como del pasivo. Para ello se divide cada una de las masas del activo y del pasivo por el activo total y el pasivo total respectivamente.

6. *Solvencia*

Capacidad de la empresa para hacer frente a sus obligaciones, ya sea a corto o a largo plazo. Para ello se comparan entre sí las masas financieras del activo con las del pasivo.

7. *Cobertura*

Compara entre sí dos magnitudes, de las cuales la situada en el numerador por lógica financiera tiene como destino prioritario cubrir el importe de la magnitud situada en el denominador.

3. **Ratios financieros**

Clasificación	Nomenclatura	Definición
1 Rentabilidad	1. Rentabilidad de la empresa	$\dfrac{\text{Beneficio bruto del ejercicio } t}{\text{Activo total neto del ejercicio } t-1}$
	2. Rentabilidad del capital	$\dfrac{\text{Beneficio neto del ejercicio } t}{\text{Recursos propios del ejercicio } t-1}$
	3. Rentabilidad de las ventas	$\dfrac{\text{Beneficio bruto del ejercicio } t}{\text{Ventas del ejercicio } t}$
2 Rendimiento	4. Rendimiento del activo total	$\dfrac{\text{Cifra de negocios del ejercicio } t}{\text{Activo total neto del ejercicio } t-1}$
	5. Rendimiento del activo inmovilizado material	$\dfrac{\text{Cifra de negocios del ejercicio } t}{\text{Activo inmovilizado material neto } t-1}$

Clasificación	Nomenclatura	Definición
3 Circulación	6. Rotación de materias primas	$\frac{\text{Compra de materias primas (TAM)}}{\text{Existencias de materias primas (MM)}}$
	7. Rotación de productos semiterminados	$\frac{\text{Gastos dir. + Cons. de MP + Amort. (TAM)}}{\text{Existencias de productos semiter. (MM)}}$
	8. Rotación de productos terminados	$\frac{\text{Costo directo PT + Gastos generales (TAM)}}{\text{Existencias de productos terminados (MM)}}$
	9. Rotación de clientes	$\frac{\text{Ventas [a plazo] (TAM)}}{\text{Clientes + Efectos a cobrar (MM)}}$
	10. Rotación de proveedores	$\frac{\text{Compras [a plazo] (TAM)}}{\text{Clientes + Efectos a cobrar (MM)}}$
4 Período de maduración	11. Período de aprovisionamiento	$\frac{\text{Días de trabajo (año laboral)}}{\text{Rotación de materias primas}}$
	12. Período de producción	$\frac{\text{Días de trabajo (año laboral)}}{\text{Rotación de productos semiterminados}}$
	13. Período de venta	$\frac{\text{Días de trabajo (año laboral)}}{\text{Rotación de productos terminados}}$
	14. Período de cobro	$\frac{\text{Días de trabajo (año comercial)}}{\text{Rotación de clientes}}$
	15. Período de pago	$\frac{\text{Días de trabajo (año comercial)}}{\text{Rotación de proveedores}}$
5 Estructura	16. Inmovilización	$\frac{\text{Activo inmovilizado neto}}{\text{Activo total neto}} \approx 0{,}50$
	17. Circulabilidad	$\frac{\text{Activo circulante neto}}{\text{Activo total neto}} \approx 0{,}50$
	18. Independencia financiera	$\frac{\text{Fondos propios}}{\text{Pasivo total}} > 0{,}50$
	19. Endeudamiento	$\frac{\text{Exigible total}}{\text{Pasivo total}} < 0{,}50$
6 Solvencia	20. Situación neta	$\frac{\text{Activo total}}{\text{Exigible total}} > 1$
	21. Liquidez	$\frac{\text{Activo circulante}}{\text{Exigible a corto}} > 1$
	22. Prueba ácida	$\frac{\text{Deudores + disponible}}{\text{Exigible a corto}}$
	23. Tesorería	$\frac{\text{Disponible}}{\text{Pagos en los próximos 30 días}}$

Clasificación	Nomenclatura	Definición
7 Cobertura	24. Cobertura del inmovilizado	$\frac{\text{Recursos propios}}{\text{Activo inmovilizado neto}}$
	25. Cobertura de gastos financieros	$\frac{\text{Beneficio bruto}}{\text{Gastos financieros}}$
	26. Cobertura de alquileres	$\frac{\text{Beneficio bruto + Alquileres}}{\text{Gastos financieros + Alquileres}}$

3.1. RATIOS DE RENTABILIDAD

1. *Rentabilidad de la empresa*

El *numerador* está constituido por el beneficio de explotación (ingresos de explotación menos gastos de explotación) que es el auténtico beneficio de la empresa. Este es, con otra denominación el beneficio antes de gastos financieros e impuestos.

El *denominador* será el activo deducidas las amortizaciones y provisiones, es decir, el activo neto. Se ha de tomar el activo inicial del ejercicio que coincide con el activo final del ejercicio anterior.

Mide la rentabilidad del negocio empresarial en sí mismo.

2. *Rentabilidad del capital*

El *numerador* está constituido por el beneficio del ejercicio t (beneficio después de impuestos) que es el beneficio del capital.

El *denominador* por los fondos propios del ejercicio $t - 1$. Se han de tomar los recursos propios iniciales del ejercicio que coinciden con los recursos propios finales del ejercicio anterior.

Mide la rentabilidad del patrimonio propiedad de los accionistas, tanto del aportado por ellos, como del generado por el negocio empresarial.

3. *Rentabilidad de las ventas*

El *numerador* está constituido por el beneficio de explotación.

El *denominador* por las ventas.

Mide la relación entre precios y costes.

3.2. RATIOS DE RENDIMIENTO

4. *Rendimiento del activo total*

El *numerador* lo compone la cifra de negocios[4].

El *denominador* el activo total neto, es decir, deducidas las amortizaciones y las provisiones. Se ha de tomar el activo inicial del ejercicio que coincide con el activo final del ejercicio anterior.

Mide la actividad o subempleo de la empresa.

[4] «El importe neto de la cifra de negocios comprenderá los importes de la venta de los productos y de la prestación de servicios correspondientes a las actividades ordinarias de la sociedad, deducidas las bonificaciones y demás reducciones sobre las ventas, así como el Impuesto sobre el Valor Añadido, y otros impuestos directamente relacionados con la mecionada cifra de negocios» (Ley de Sociedades Anónimas, art. 191).

5. *Rendimiento del activo inmovilizado*

El *numerador* está constituido por la cifra de negocios.

El *denominador* lo componen todos los elementos inmovilizados, materiales, inmateriales y financieros, menos las amortizaciones. Se ha de tomar el activo inicial del ejercicio que coincide con el activo final del ejercicio anterior.

Mide la intensidad del uso o el subempleo de las inversiones fijas.

3.3. Ratios de circulación

6. *Rotación de materias primas*

El *numerador* está constituido por la compra de materias primas.

El *denominador* por las existencias de materias primas.

Mide la rotación de las materias primas. Detecta el almacenamiento excesivo o insuficiente de materias primas.

7. *Rotación de productos semiterminados*

El *numerador* está constituido por el coste incorporado a los productos en curso: gastos directos de fabricación + consumo de materias primas + amortización. A su vez el consumo de materias primas está constituido por las compras + las existencias iniciales de materias primas – las existencias finales de materias primas.

El *denominador* está constituido por las existencias de productos semiterminados a coste de producción.

Mide la rotación de las existencias de productos semiterminados.

8. *Rotación de productos terminados*

El *numerador* está constituido por el valor de la producción final más los gastos generales. A su vez el valor de la producción final está constituido por el costo incorporado a los productos en curso + las existencias iniciales de productos semiterminados – las existencias finales de productos semiterminados.

El *denominador* está constituido por las existencias de productos terminados a coste de producción.

Mide la rotación de las existencias de productos terminados.

9. *Rotación de clientes*

El *numerador* está constituido por las ventas. Se puede discutir la oportunidad de incluir también las ventas al contado, considerándolas homólogas con las ventas a plazo, pero con un plazo 0. El fondo de la cuestión reside si al objeto de analizar el plazo de pago promedio concedido a los clientes, debemos tomar en cuenta o no a los que pagan al contado, con lo que el promedio evidentemente será menor, o si solamente hemos de tener en cuenta las cuentas de los clientes que disfrutan de un pago aplazado.

El *denominador* está constituido por la totalidad de los derechos de cobro procedentes de operaciones de tráfico (clientes + efectos a cobrar).

Mide las rotaciones de las cuentas por cobrar, así puede evaluarse las condiciones de pago que la empresa concede a sus clientes.

10. *Rotación de proveedores*

El *numerador* está constituido por las compras. Se plantea el mismo problema que en el caso de las ventas respecto de si se han de considerar todas las compras, o solamente aquellas que disfrutan de un pago aplazado. El fondo del problema es el mismo, si a efectos de analizar el plazo promedio que nos conceden los proveedores hemos de tener en cuenta también a aquellos proveedores que exigen un pago al contado, o solamente a los que permiten un pago aplazado. En cualquier hipótesis, la solución que se adopte ha de ser la misma en el ratio de circulación de la cuenta de clientes que en el de circulación de la cuenta de proveedores.

El *denominador* está constituido por las obligaciones de pago procedentes de las operaciones de tráfico (proveedores + efectos a pagar).

Mide las rotaciones de las cuentas a pagar, así pueden evaluarse las condiciones en que la empresa compra a sus proveedores, y establecer una comparación entre la política que la empresa sigue con sus clientes, y la que consigue de sus proveedores.

3.4. Ratios de período de maduración

11. *Período de aprovisionamiento*

El *numerador* está constituido por el número de días del año laboral.

El *denominador* está constituido por el número de rotaciones de las materias primas.

Mide el número de días que por término medio están las materias primas almacenadas, es decir el tiempo que transcurre desde su compra hasta su utilización en el proceso productivo.

12. *Período de producción*

El *numerador* está constituido por el número de días del año laboral.

El *denominador* está constituido por el número de rotaciones de los productos semiterminados.

Mide el número de días que por término medio dura el proceso productivo.

13. *Período de venta*

El *numerador* está constituido por el número de días del año laboral.

El *denominador* está constituido por el número de rotaciones de los productos terminados.

Mide el número de días que por término medio están los productos terminados en el almacén, es decir el tiempo que transcurre desde que se termina su producción hasta su venta.

14. *Período de cobro*

El *numerador* está constituido por el número de días del año comercial.

El *denominador* está constituido por el número de rotaciones de los derechos de cobro por operaciones de tráfico.

Mide el número de días que por término medio tardan los clientes en pagar, es decir el tiempo que transcurre desde la venta hasta el cobro.

15. *Período de pago*

El *numerador* está constituido por el número de días del año comercial.
El *denominador* está constituido por el número de rotaciones de las obligaciones de pago por operaciones de tráfico.
Mide el número de días que por término medio se tarda en pagar a los proveedores, es decir el tiempo que transcurre desde la compra hasta el pago.

3.5. Ratios de estructura

16. *Inmovilización*

Tanto por ciento o tanto por uno que representa el activo inmovilizado neto respecto del activo total.
El *numerador* está constituido por el inmovilizado neto.
El *denominador* está constituido por el activo total.
Mide el peso de los equipos, instalaciones y demás inversiones permanentes en el conjunto del activo. No es posible fijar a priori el valor conveniente de este ratio, depende del tipo de empresa. Con bastante frecuencia oscila alrededor del 50%.

17. *Circulabilidad*

Tanto por ciento o tanto por uno que representa el activo circulante sobre el activo total.
El *numerador* está constituido por el activo circulante neto.
El *denominador* está constituido por el activo total.
Mide la capacidad del activo de una empresa para convertirse en disponibilidades financieras.

18. *Independencia financiera*

Tanto por ciento o tanto por uno en que la propiedad es realmente dueña de la empresa.
El *numerador* está constituido por los fondos propios. El beneficio del ejercicio, en el balance antes de la distribución de beneficios constituyen todavía una partida cuyo carácter financiero está pendiente de catalogación. Por ello el ratio de independencia financiera debe ser obtenido a partir del balance después de la distribución de beneficios.
El *denominador* está constituido por el pasivo total[5].
Mide la autonomía de la empresa respecto de terceros. Normalmente debe ser mayor que el 50 %, pues de lo contrario tendríamos una empresa que en su mayor parte está en manos de terceros.

19. *Endeudamiento*

Tanto por ciento o tanto por uno que representan las aportaciones de terceros en el total de recursos financieros de la empresa.
El *numerador* está constituido por los acreedores a largo plazo + los acreedores a corto plazo.

---

[5] Otros autores definen este ratio de forma diferente: dividen los recursos propios por el exigible total.

El *denominador* está constituido por el pasivo total.

Mide el grado en que la empresa es financieramente dependiente de terceros.

Los acreedores prefieren un tanto por ciento moderado, porque cuanto menor sea el valor del ratio, mayor es la protección que tienen contra la posible insolvencia de la empresa. Por el contrario los propietarios buscan a veces un valor alto del ratio: 1) para aumentar el beneficio si la rentabilidad de la empresa (B/AT) es superior a la tasa de interés del pasivo exigible; y 2) porque la captación de más capital incorporando nuevos accionistas puede significar que los antiguos pierdan el control de la sociedad. Si el negocio tiene éxito, un alto endeudamiento puede significar una alta rentabilidad de los recursos propios (B/RP); si el negocio no tiene éxito, los propietarios experimentarán una pérdida moderada, ya que su inversión es pequeña[6].

3.6. Ratios de solvencia

20. *Situación neta*

El *numerador* está constituido por el activo total neto.

El *denominador* está constituido por el exigible total, ya sea a largo o a corto plazo.

Mide lo que podríamos llamar la solvencia jurídica, según la cual la empresa es solvente, si sus activos son superiores a su endeudamiento. Dado que la solvencia ha de calcularse a partir de los valores reales que se obtendrían por la venta del activo total, este ratio no puede obtenerse directamente de la contabilidad. Según el principio del precio de adquisición del Plan General de Contabilidad:

> «Como norma general todos los bienes y derechos se contabilizarán por su precio de adquisición o coste de producción.
>
> El principio del precio de adquisición deberá respetarse siempre, salvo cuando se autoricen, por disposición legal, rectificaciones al mismo; en este caso, deberá facilitarse cumplida información en la memoria.»

Consecuentemente el valor contable del activo total no refleja el valor de realización de los bienes y derechos de la empresa. Esta circunstancia está expresamente reconocida por el Plan General de Contabilidad en el principio de la empresa en funcionamiento:

> «Se considerará que la gestión de la empresa tiene una duración prácticamente ilimitada. En consecuencia, la aplicación de los principios contables no irá destinada a determinar el valor del patrimonio a efectos de su enajenación global o parcial, ni el importe resultante en caso de liquidación.»

Por tanto, aun cuando el balance de situación nos puede dar unas cifras de dónde deducir una situación neta, ésta ha de calcularse después de una valoración a precios de mercado de las distintas partidas del activo. El ratio de situación neta, evidente y forzosamente, deberá tener un valor > 1. Lo contrario significaría una situación de quiebra.

21. *Liquidez*

El *numerador* está constituido por el activo circulante: existencias, deudores, inversiones financieras temporales y disponible.

---

[6] Weston, *Fundamentos de administración financiera,* Ed. Interamericana, 1982, p. 40.

El *denominador* está constituido por los acreedores a corto plazo, más los vencimientos en el ejercicio de los créditos a largo plazo. En contra de Weston[7], no incluiría los gastos de funcionamiento comprometidos de forma inmediata (sueldos y otros gastos fijos). Estas cantidades las dejaría para el ratio de tesorería.

Mide el grado en que los derechos de los acreedores a corto plazo están cubiertos por activos que pueden convertirse en efectivo en un período correspondiente aproximadamente al vencimiento del exigible.

En todo caso debe valer > 1, lo contrario significaría una situación de suspensión de pagos. Su valor aconsejable dependerá de la salud financiera de los deudores, y de la velocidad de circulación de las existencias.

22. *Prueba ácida*

El *numerador* es igual que el del anterior, pero suprimiendo las existencias. El motivo de esta eliminación reside en que las existencias suelen ser la parte menos líquida del activo circulante, y además es la parte del activo donde pueden producirse pérdidas con mayor facilidad en caso de liquidación.

El *denominador* está constituido por los acreedores a corto plazo.

Mide la capacidad de la empresa para pagar obligaciones a corto plazo sin tener que recurrir a la venta de las existencias[8].

23. *Tesorería*

El *numerador* está constituido por el disponible: caja, bancos, efectos a cobrar (que puedan ser negociados de forma inmediata), inversiones financieras temporales (inmediatamente liquidables). Estas dos últimas masas financieras, se incluyen con la condición de que realmente puedan ser consideradas como disponible, por el hecho de ser convertibles en dinero de forma cuasi inmediata.

El *denominador* está constituido por las cantidades a pagar antes de 30 días. Tal exigible en parte se encuentra en el balance: parte del exigible a corto plazo; y parte hay que deducirlo de la cuenta de pérdidas y ganancias: son los gastos periódicos comprometidos en el proceso de producción, tales como sueldos, alquileres, electricidad, teléfono, y demás gastos que se devengan durante el mes y se pagan al final de mes.

Mide la holgura de la tesorería para hacer frente a los vencimientos inmediatos, con independencia de cualquier riesgo en la circulación financiera.

3.7. Ratios de cobertura

24. *Cobertura del inmovilizado*

El *numerador* está constituido por los fondos propios.

El *denominador* está constituido por el inmovilizado neto.

Mide el riesgo de la empresa a largo plazo. Su capacidad de resistir una degeneración de la coyuntura, puesto que al emplear el exigible, tanto a largo como a corto plazo, para financiar solamente el circulante, este último puede acomodarse a la situación coyuntural. La empresa no estará agobiada por las obligaciones derivadas de las inversiones fijas financiadas con acreedores.

---

[7] Weston, *Fundamentos de administración financiera,* Ed. Interamericana, 1982, p. 38.
[8] Weston, *Fundamentos de administración financiera,* Ed. Interamericana, 1982, p. 39.

25. *Cobertura de gastos financieros*

El *numerador* está constituido por el beneficio de explotación (beneficio antes de gastos financieros e impuestos).

El *denominador* está constituido por los gastos financieros.

Mide el grado en que pueden disminuir los beneficios sin producir dificultades financieras, por la incapacidad de la empresa para pagar los intereses anuales. Efectivamente, si el beneficio es nulo, el ratio será igual a 1.

26. *Cobertura de alquileres*

El *numerador* está constituido por el beneficio de explotación más los alquileres. Entendemos por alquileres los gastos derivados del arrendamiento de activos, cuando se ha elegido esta fórmula de financiación, en lugar de la compra.

El *denominador* está constituido por los gastos financieros, más los alquileres, entendidos en el mismo sentido que en el numerador[9].

Mide el grado en que pueden disminuir los beneficios sin producir dificultades financieras. Es un ratio parecido al anterior, pero de mayor alcance. Los alquileres pueden ser interpretados como un gasto financiero, porque la fórmula de alquiler tiene la finalidad de evitar el desembolso del importe de la inversión. En cierta forma sustituye al interés financiero, que habría que pagar si se hubiera contraído un préstamo para la adquisición en propiedad del equipo. Esta fórmula de financiación de los equipos fijos es corriente emplearla en el caso de terrenos, edificios o locales, maquinaria, vehículos, ordenadores, fotocopiadoras, etc.

4. **Pirámide de ratios**

4.1. Justificación

Los ratios ponen de manifiesto la relación existente entre distintas magnitudes del balance y de la cuenta de resultados. Tales relaciones adquieren nombres específicios, tales como rentabilidad, rendimiento, circulación, etc. Pero a su vez existen relaciones funcionales entre los ratios mismos. Por ejemplo, la rentabilidad de la empresa es el producto de la rentabilidad de las ventas por la circulación del activo total neto:

$$\frac{\text{Beneficio bruto}}{\text{Activo total neto}} = \frac{\text{Beneficio bruto}}{\text{Ventas}} \times \frac{\text{Ventas}}{\text{Activo total neto}}$$

El poner de relive este tipo de relaciones entre los ratios permite explicar el valor de un ratio cuando éste es función del valor de otros ratios determinantes: la alta o baja rentabilidad de la empresa se explica por la alta o baja rentabilidad de las ventas —relación de precios y costos— y por la alta o baja velocidad de circulación —volumen de operaciones—; y así el órgano decisor de la empresa podrá tomar decisiones sobre las líneas de actuación para modificar el valor del ratio determinado, influyendo sobre los ratios determinantes.

---

[9] Weston, p. 42, entiende que deben tenerse en cuenta solamente los alquileres a largo plazo, es decir, por un período igual o superior a tres años.

4.2. La pirámide de Dupont

El sistema de análisis financiero de Dupont ha alcanzado amplia aceptación en la industria norteamericana. Lo representamos en el cuadro 1[10].

Cuadro 1

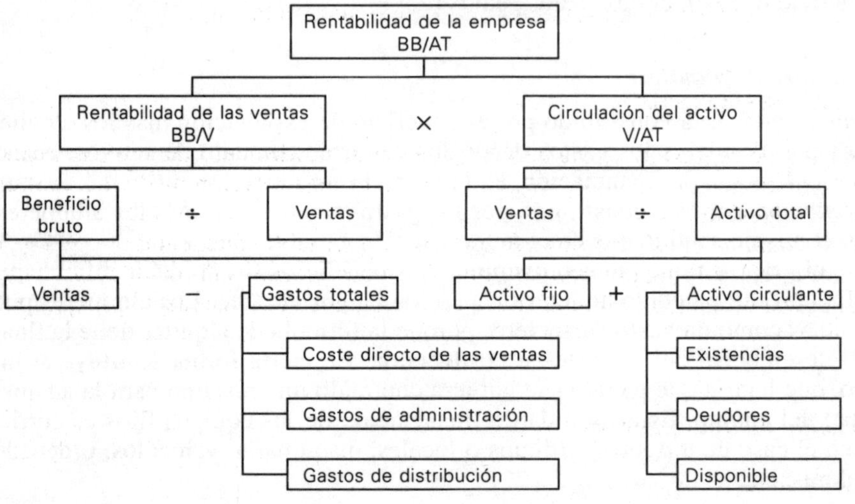

En el lado derecho de la pirámide se desarrolla la rotación de la inversión. Procediendo desde la base de la pirámide, se muestra cómo el activo circulante se constituye por la suma de las existencias, los deudores y el disponible. La suma del activo circulante más el activo fijo, dan el activo total. Las ventas divididas por el activo total, representan la rotación del activo.

En el lado izquierdo se desarrolla la rentabilidad de las ventas. Procediendo, igualmente, desde la base de la pirámide, las partidas individuales de gastos sumadas, constituyen los gastos totales. Se ha empleado la clasificación de los gastos según el esquema de la cuenta de explotación funcional, que es el esquema generalmente empleado en Estados Unidos. Igualmente hubiera podido emplearse el esquema de clasificación de los gastos por naturaleza que emplea el Plan General de Contabilidad español. Los gastos totales se restan de las ventas para obtener el beneficio bruto[11]. Dividiendo el beneficio bruto por las ventas se obtiene la rentabilidad de las ventas. Finalmente multiplicando la rentabilidad de las ventas por la rotación del activo se obtiene la rentabilidad de la empresa[12].

5. **Análisis de tendencias**

5.1. Análisis cronológico

El valor aislado de un ratio tomado sobre un año solamente, tiene un significado puramente estático. Nos dice cuál es la situación actual de la empresa, pero no representa cuál

---

[10] Cfr. Burton A. Kolb, *Principles of financial management,* Ed. Business Publications Inc., 1983, p. 54.

[11] Obsérvese que entre los gastos no se han tenido en cuenta los gastos financieros.

[12] Cfr. Weston, *Fundamentos de administración financiera,* Ed. Interamericana, 1982, pp. 69-70.

es la evolución de la empresa, si es ascendente o descendente. Y es precisamente esta evolución lo más importante que interesa conocer en un análisis financiero.

Por ello debe seguirse la evolución del valor experimentado por un ratio a lo largo de los años, en diferentes ejercicios económicos. Tal seguimiento puede hacerse de forma gráfica, en un sistema de ejes de coordenadas, donde el tiempo venga representado en el eje de abscisas, y el valor del ratio en el eje de ordenadas.

Igualmente sería interesante hacer un análisis estadístico de la tendencia seguida por el ratio a través del tiempo, ajustando, por ejemplo, una recta.

5.2. Análisis de regresión

El análisis de regresión se plantea entre dos magnitudes del balance que tengan entre sí una relación financiera, con objeto de cuantificar dicha relación mediante una función o ecuación de regresión.

La magnitud que consideramos determinante, o variable independiente, se colocará en el eje de abscisas; y la magnitud que consideramos determinada, o función, la colocaremos en el eje de ordenadas. El análisis de regresión nos dará la ecuación analítica que expresa su relación.

6. **Valoración de una empresa por ratios**

6.1. Procedimiento

Cada ratio, tomado aisladamente nos permite valorar la solidez o debilidad económico-financiera de una empresa en un aspecto particular. Si seleccionamos un conjunto de ratios que abarquen una visión de la empresa suficientemente completa, y calculamos una media ponderada de todos ellos, podremos establecer una medida única de la situación de la empresa globalmente considerada.

El modo de proceder es el siguiente:

a) Selección de un *conjunto de ratios* significativos que contemplen los aspectos más importantes de la situación económico-financiera de la empresa. Por ejemplo: rentabilidad de las ventas, rendimiento del activo, rotación de existencias, situación neta, liquidez.

b) Establecimiento de las *normas* que han de alcanzar dichos ratios por alguno de los métodos que hemos indicado en el número 1 de este tema: teórico, estadístico, experimental o presupuestario.

c) Establecimiento de unos *índices de ponderación* para cada uno de los ratios, que sean expresión de la importancia significativa de cada uno de ellos. La suma de todos los índices de ponderación ha de ser igual a la unidad.

d) Cálculo numérico:

Siendo:

$R(i)$ $(i = 1, 2, ..., n)$ el valor de cada uno de los ratios seleccionados.
$N(i)$ $(i = 1, 2, ..., n)$ el valor de la norma asignada a cada uno de estos ratios.
$p(i)$ $(i = 1, 2, ..., n)$ el coeficiente de ponderación asignado a cada ratio.
V el valor de la valoración efectuada.

$$V = \frac{R(1)}{N(1)}p(1) + \frac{R(2)}{N(2)}p(2) + ... + \frac{R(n)}{N(n)}p(n)$$

6.2. Ejemplo numérico

El balance de la sociedad Fasa-Renault S.A., correspondiente al año 1980, nos da los valores siguientes en miles de ptas.:

— Beneficio bruto	3.804,0
— Ingresos totales	135.417,4
— Ventas	133.851,2
— Activo total	103.758,2
— Existencias	22.444,2
— Recursos propios	37.139,9
— Exigible total	66.118,3
— Activo circulante	66.045,7
— Activo inmovilizado	37.212,5
— Exigible a corto	30.656,8

Partiendo de estas magnitudes del balance y de la cuenta de resultados hemos calculado los ratios de la empresa Fasa-Renault para el año 1980. Las normas de tales ratios las hemos calculado sacando la media de los valores de esos mismos ratios en varias empresas españolas de fabricación de automóviles: SEAT, Motor Ibérica, Citroen, Land Rover Santana, y la misma Fasa-Renault. Así mismo les hemos asignado un coeficiente de ponderación según nuestro criterio personal:

Ratios seleccionados	Valores	Valor del ratio %	Valor de la norma	Coeficiente de ponderación
Rentabilidad de las ventas	$\frac{3.804,0}{133.851,2}$	2,84	1,0	0,25
Rendimiento del activo	$\frac{135.417,4}{103.758,2}$	130,51	130,0	0,08
Rotación de las existencias	$\frac{133.851,2}{22.444,2}$	596,37	536,0	0,10
Independencia financiera	$\frac{37.139,9}{103.758,2}$	35,79	36,0	0,18
Situación neta	$\frac{103.758,2}{66.118,3}$	156,93	156,0	0,20
Liquidez	$\frac{66.045,7}{30.656,8}$	215,44	133,0	0,11
Cobertura del inmovilizado	$\frac{37.139,9}{37.212,5}$	99,80	99,0	0,08

$$V = \frac{2,84}{1,0}\,0,25 + \frac{130,51}{130,0}\,0,08 + \frac{596,37}{536,0}\,0,10 + \frac{35,79}{36,0}\,0,18 + \frac{156,93}{156,0}\,0,20 + \frac{215,44}{133,0}\,0,11 + \frac{99,80}{99,0}\,0,08 = 1,54$$

Lo cual representa una cuantificación de la mejor posición de la empresa Fasa-Renault respecto de las restantes empresas del sector automovilístico español.

Capítulo 16

Umbral de rentabilidad

1. Análisis conceptual del gasto

1.1. Definiciones

En la ciencia financiera la terminología para denominar los conceptos no siempre es de aceptación universal. Por ello es importante precisar el concepto a que nos referimos cuando se emplea un determinado término. Sobre todo en los casos en que los términos empleados son de uso común, es decir, no sólo se usan en el lenguaje científico, sino también en el lenguaje vulgar. Por ello vamos a definir los términos que empleamos a lo largo de este tema.

—*Gasto:* Valor monetario de los factores de producción *adquiridos* por la empresa. Se contabilizan en el grupo 6 del Plan General de Contabilidad, y hacen alusión a las relaciones de la empresa con el exterior.

—*Coste:* Valor monetario de los factores de producción *incorporados* al producto. Se contabilizan en el grupo 9 del Plan General de Contabilidad, y hacen alusión a las relaciones internas entre las secciones de la empresa.

—*Pago:* Salida de dinero de la empresa. Todo movimiento de dinero en efectivo o mediante otro activo financiero que sale de la empresa hacia el exterior[1].

—*Ingreso:* Valor monetario de la producción de la empresa.

—*Cobro:* Entrada de dinero en la empresa.

1.2. Clasificación de los costes

1.2.1. *Clasificación por naturaleza*

Responde a una clasificación lógica de los costes o inputs de la empresa, agrupándolos por su homogeneidad física. Es la clasificación que adopta el cuadro de cuentas del Plan General de Contabilidad.

---

[1] Cfr. *Diccionario económico de la empresa,* Ed. Pirámide, 1977, p. 275.

El empleo del concepto de *coste general* en esta clasificación por naturaleza no es correcto, puesto que por hipótesis, en una clasificación por naturaleza, donde no se atiende al *destino* de los costes, *todos* los costes son generales, es decir, todos se consideran destinados a la empresa en su conjunto. El concepto de *coste general* es un concepto privativo de la clasificación de costes por destino.

1.2.2. *Por su contribución a la formación de la renta*

El Plan General de Contabilidad de 1990 ha diseñado una estructura de la cuenta de pérdidas y ganancias adaptada a la 4.ª Directriz Comunitaria, al artículo 35 del Código de Comercio y al art. 189 de la Ley de Sociedades Anónimas. Es así como distingue los resultados de explotación, los resultados financieros y los resultados extraordinarios. Establece para ello una clasificación de los gastos según esta triple categoría[2].

1.2.3. *Clasificación por destino*

La clasificación por destino supone una previa departamentalización de la empresa en «centros de coste», es decir, talleres, secciones, divisiones, etc. Cada uno de estos centros de coste se considera destinatario o consumidor de un input o factor de producción, y de su coste asociado. Tales centros de coste se clasifican a su vez en:

—*Principales*: los que están en relación directa con el producto.

—*Auxiliares:* son aquellos centros de coste que no incrementan directamente el valor del producto, sino que lo hacen a través de los centros de coste principales. Sus costes son cargados al producto *indirectamente*, a través de los centros de coste principales, pero existiendo un criterio objetivo de reparto, mediante la asignación de unidades de obra.

—*Estructurales*: son así mismo centros de coste que sólo indirectamente contribuyen al valor del producto. Pero tal reparto indirecto, a través de los centros de coste principales y auxiliares, se realiza mediante criterios de asignación *subjetivos* o estimados.

En correspondencia con esta clasificación de los centros de coste, o secciones, los costes mismos adquieren la siguiente clasificación terminológica[3]:

—costes directos: los asociados a los centos de coste principales,
—costes indirectos: los asociados a los centros de coste auxiliares,
—costes generales: los asociados a los centros de coste estructurales.

1.2.4. *Clasificación por función*

En este caso tomamos como criterio de clasificación la función de costes de la teoría económica, que los distribuye en costes fijos, costes semifijos y costes variables.

Siendo:

CT = Costes totales.
F = Costes fijos y la parte fija de los costes semifijos.
V = Costes variables unitarios y la parte variable de los semifijos.
x = Variable independiente que mide la actividad de la empresa.

$$CT = F + xV \tag{1}$$

[2] Cfr. capítulo 1.
[3] Cfr. ARANA, *Contabilidad de empresas,* Ed. Deusto, 1971, p. 188 ss.

1. *Costes fijos*

Los costes fijos [*F*], son aquellos que son independientes de la actividad de la empresa. Alcanzan un volumen determinado, aun cuando la producción sea nula; no aumentan ni disminuyen, aun cuando la producción aumente o disminuya. Constituyen la remuneración de los factores fijos.

Esta constancia no debe interpretarse rígidamente, ya que es poco probable que los costes fijos permanezcan invariables al pasar de una producción extremadamente pequeña a una producción extremadamente grande. Cuando el aumento o la disminución de la producción es muy grande, no basta con utilizar más intensamente el mismo equipo industrial, sino que se hace necesario cambiar de equipo industrial. Esto sucede cuando se rebasa la capacidad física del equipo. Sin embargo, a corto plazo, es decir para variaciones de la producción que no requieran transformaciones estructurales, los costes fijos son constantes. Ello se representa en la figura 1 mediante la recta escalonada: cada vez que se alcanza un nivel de producción x_1, x_2, x_3, los costes fijos aumentan su importe. Aun no siendo una regla de aplicación universal, los costes fijos pueden identificarse a los «costes de estructura»[4].

Son ejemplos de costes fijos: la amortización cuando es función del tiempo, los seguros, alquileres, licencia fiscal, costes de investigación, sueldos del personal directivo y de oficinas, etc.

Desde el punto de vista de su desarrollo temporal, se devengan regularmente por períodos mensuales, pero están comprometidos para todo el ejercicio económico. En cierta forma deben considerarse como un exigible a corto plazo, puesto que es una cantidad global comprometida para todo el ejercicio, con vencimiento mensual por duodécimas partes. Aunque desde el punto de vista financiero son pagos mensuales, desde el punto de vista económico, el importe anual debe considerarse como un coste devengado desde el inicio del ejercicio.

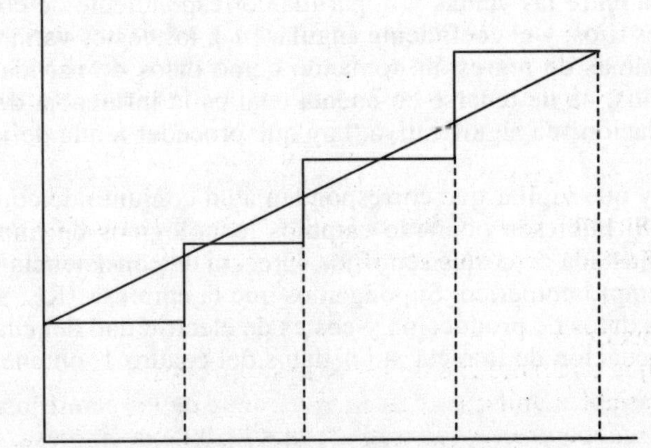

FIGURA 1. **Evolución de los costes fijos**

---

[4] Cfr. LORING, «Los gastos de estructura en la gestión de empresas», ASPA, n.º 124, julio-agosto, 1974.

La calificación de un coste determinado como fijo o como variable, depende del horizonte empleado. Ciertos costes fijos a corto plazo pueden convertirse a largo plazo en costes variables: la mano de obra de plantilla, la superficie, los alquileres. En la planificación de un aumento de producción es preciso tener en cuenta si el planteamiento es a corto o a largo plazo, para determinar cuáles son los factores fijos, y cuáles los variables. Alargando el plazo suficientemente, todos los factores, y por tanto los costes asociados a ellos, se convierten en variables. Ello se representa mediante la recta oblicua de la figura 1.

> «Por ejemplo, la amortización de una planta suele considerarse como coste fijo; pero si la empresa decide ampliar su capacidad, la amortización crecerá proporcionalmente al volumen de dicha ampliación. Por el contrario, si una máquina se avería durante un tiempo corto de días por ejemplo, los sueldos de sus operarios, que suelen considerarse como costes variables, con toda probabilidad permanecerán constantes.»[5]

Así mismo ciertos factores fijos para la empresa son en cambio variables para un producto o una sección de la empresa, en cuanto que pueden ser aplicados a un producto para aumentar su producción, o retirarlos de él y aplicarlos a otro. Tales costes forman parte de los que hemos llamado costes de estructura de la empresa en su conjunto, pero que en un momento dado pueden ser costes directos de un producto.

2. *Costes semifijos*

Son costes que varían en función de la actividad de la empresa, pero no con un aumento estrictamente proporcional. Ejemplos de este tipo podemos considerar: la electricidad, costes de limpieza, repuestos, etc.

La falta de esta proporcionalidad estricta es debida a la mezcla, en cada partida de costes, de una parte fija y de una parte variable. Esto es habitual en el caso de servicios sometidos a tarifas binomias: una parte fija (por alquiler, en el caso de los teléfonos; por potencia instalada, en el caso de la energía eléctrica) y una parte proporcional a la utilización (tiempo y distancia de las llamadas, en el caso de los teléfonos; energía consumida, en el caso de la electricidad)[6].

Cuando la tarifa binomia no es conocida previamente, puede ponerse de relieve la parte fija y la variable de cada partida de costes semifijos mediante el análisis de regresión, ajustando una recta entre las ventas y la partida correspondiente de coste: el módulo [a_0], expresará los costes fijos; y el coeficiente angular [a_1], los costes variables unitarios.

Al hacer el análisis de regresión, tomando como datos de partida valores correspondientes a varios años, ha de tenerse en cuenta cuál es la influencia de la inflación. En el caso en que la inflación sea significativa, hay que proceder a una deflación de los importes monetarios.

Igualmente hay que vigilar que correspondan a un conjunto de condiciones tecnológicas equivalentes. Si hubiesen ocurrido cambios tecnológicos de importancia durante el período, la curva ajustada de costes semifijos carecerá de consistencia[7].

Veamos un ejemplo numérico. Supongamos que la empresa JKL, a lo largo de 14 meses ha recogido los datos de producción y costes de electricidad del cuadro 1.

Ajustando la ecuación de la recta, a los datos del cuadro 1, obtenemos los parámetros siguientes:

$$a_0 = 174{,}57$$
$$a_1 = 0{,}11$$

---

[5] PÉREZ CARBALLO, *Gestión financiera de la empresa,* Ed. Alianza, 1981, p. 277.
[6] PÉREZ CARBALLO, *Gestión financiera de la empresa,* Ed. Alianza, 1981, p. 277.
[7] BUFFA, *Basic production management,* Ed. John Willey, 1975, pp. 125-126.

CUADRO 1

Producción	Costes electricidad
500	150
1.000	220
1.200	500
1.600	300
2.000	270
2.500	600
2.950	370
3.300	620
3.650	520
3.950	840
4.500	720
4.900	580
5.600	680
6.000	890

La función de costes totales será, pues:

$$CT = 174{,}57 + 0{,}11\ x$$

es decir, que la parte de costes fijos incluidos en la partida de electricidad serán 174,57; y los costes variables de electricidad por unidad producida serán 0,11. La figura 2 representa la recta de regresión lineal de los gastos reales de electricidad, que se comportan como costes semifijos.

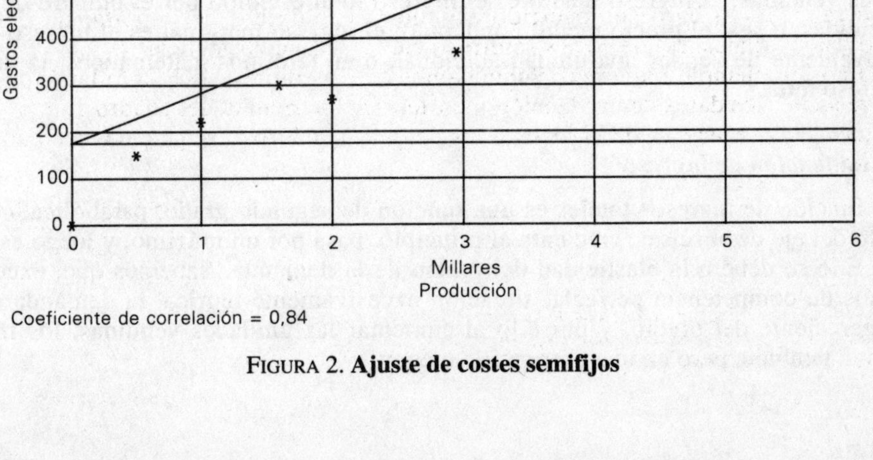

FIGURA 2. **Ajuste de costes semifijos**

3. *Costes variables*

Son aquellos que dependen de la actividad de la empresa. Se suele admitir que son proporcionales a la cantidad de producto, y por ello se representan como una recta. En realidad no es así. Debido a la ley de la productividad marginal decreciente, su desarrollo corresponde a una curva de tercer grado. Están destinados a la remuneración de los factores variables. Ejemplos de estos costes variables pueden ser, la mano de obra directa, la materia prima, las comisiones por ventas, los costes de embalaje, etc.

2. El umbral de rentabilidad

Son varios los términos que se usan con sentido equivalente: punto muerto, umbral de rentabilidad, punto de equilibrio. También se emplea la expresión «análisis coste-volumen-beneficio», porque es un tipo de análisis que permite relacionar estas tres magnitudes fundamentales de la empresa: el coste, el volumen de ventas y el beneficio. El umbral de rentabilidad o punto muerto es el volumen de ventas o de producción para el cual los ingresos totales son iguales a los costes totales, es decir, a la suma de costes fijos más costes variables.

2.1. Las funciones del modelo

El modelo de umbral de rentabilidad incluye dos funciones: la función de costes totales y la función de ingresos totales. Empleamos el adjetivo *total* tanto en costes como en ingresos, no en el sentido de que se incluyan todas las partidas de coste y todas las partidas de ingresos. Solamente se tienen en cuenta los costes e ingresos de explotación. Quedan fuera los costes e ingresos financieros y extraordinarios. Restando los costes totales de los ingresos totales se obtiene el resultado ordinario de explotación, tal como está definido en el Plan General de Contabilidad. En términos menos contables, y más económicos, adquiere también la denominación de beneficio bruto, o beneficio antes de costes financieros e impuestos.

El adjetivo *total* se emplea como contrapuesto a «medio» y a «marginal». Ambos conceptos se estudian en la teoría microeconómica. El coste total es el que corresponde al coste de la totalidad de la producción. El coste medio, es igual al coste total dividido por el número de unidades producidas. El coste marginal es el coste adicional de producir una unidad adicional, o en términos matemáticos, la derivada del coste total. A su vez, en el caso de los ingresos, el ingreso total es el correspondiente al importe de la totalidad de las unidades vendidas; el ingreso medio es el ingreso total dividido por el número de unidades vendidas, o sea, el precio medio ponderado; el ingreso marginal es el ingreso adicional proveniente de vender una unidad adicional, o en términos matemáticos, la derivada del ingreso total.

2.1.1. *La función de ingreso*

La función de ingresos totales es una función de segundo grado, parabólica, cóncava respecto del eje de abscisas, creciente al principio, pasa por un máximo, y luego es decreciente. Ello se debe a la elasticidad del precio de la demanda. Sabemos que, excepto en los casos de competencia perfecta, situación excesivamente teórica, la demanda es función decreciente del precio, y por ello al aumentar las unidades vendidas, los ingresos aumentan también, pero en una proporción menor.

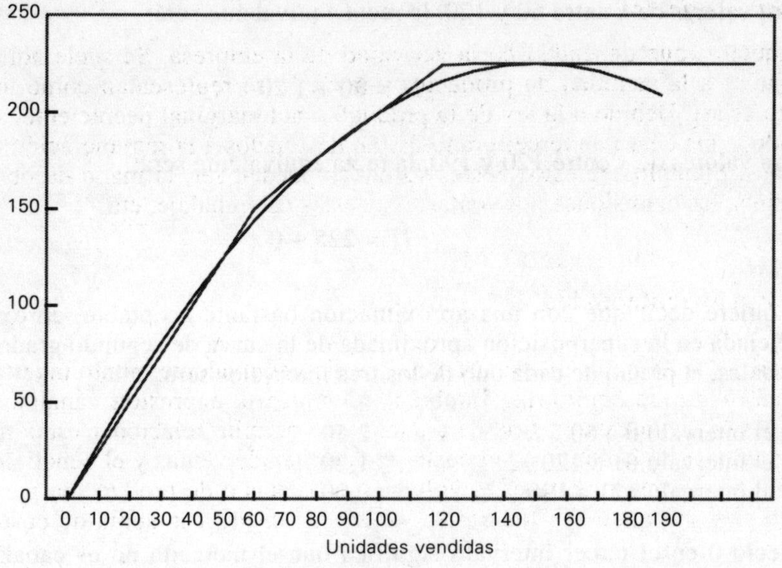

FIGURA 3. **Adaptación lineal de la función de ventas**

La forma típica de la función de ingresos totales, responde, pues, a la siguiente expresión:

$$IT = a_0 + a_1x + a_2x^2 \quad [2]$$

Sin embargo, si tomamos en consideración el corto plazo, podemos sustituir la curva de ingresos de segundo grado por una función lineal. En efecto en un intervalo de la parábola que no sea excesivamente largo, la diferencia entre la parábola y la recta es de poca importancia.

La figura 3 muestra esta aproximación.

La parábola representa una función de costes totales, que responde a la formulación explícita:

$$IT = 3\,x - 0{,}01\,x^2$$

Sin embargo, con bastante aproximación, tal y como se representa en la figura 3, esta parábola puede ser sustituida por varias funciones lineales, que adoptan la expresión:

$$IT = a_0 + a_1x \quad [3]$$

—para valores de *x* entre 0 y 60, la recta equivalente será:

$$IT = 0 + 2{,}5\,x$$

—para valores de x entre 60 y 120, la recta equivalente será:

$$IT = 80 + 1{,}20\ x$$

—para valores de x entre 120 y 190, la recta equivalente será:

$$IT = 225 + 0\ x$$

Esto quiere decir que con una aproximación bastante aceptable, aproximación que queda reflejada en la superposición aproximada de la curva de segundo grado con las funciones lineales, el precio de cada uno de los tres intervalos será:

—en el intervalo 0 a 60 2,50
—en el intervalo 61 a 120 1,20
—en el intervalo 121 a 190 0,00

El precio 0 en el tercer intervalo significa que el mercado no es capaz de absorber más de 120 unidades. El mercado está saturado.

Esta simplificación algebraica, supone aceptar la hipótesis de que el producto o productos se venden a un precio constante, mientras nos mantengamos en un intervalo limitado. Tal hipótesis que no es verosímil para variaciones muy grandes de la ventas, puede ser aceptada para intervalos reducidos. Esta es la hipótesis de linealidad de los ingresos que hemos representado en la figura.

2.1.2. *La función de coste*

Los costes se componen de costes fijos y costes variables. Los costes fijos son independientes de la cantidad producida, no aumentan cuando aumenta la producción (mientras no se exceda un determinado techo de capacidad), y tienen el mismo valor aun cuando la producción sea nula. En un sistema de coordenadas están representados por una paralela al eje de abscisas. A los costes fijos hay que añadir los costes variables, que evolucionan siguiendo una función de tercer grado, que no parte del origen, sino de la recta de costes fijos. Sólo en el caso en que representásemos exclusivamente los costes variables, éstos partirían del origen.

La función de costes totales, que es la suma de ambas, es igualmente una función de tercer grado, con una doble inflexión. Al principio es una función creciente cóncava respecto del eje de abscisas; pasa por una inflexión; y luego se convierte en convexa respecto del eje de abscisas. Esta forma geométrica se debe a que los costes variables, si bien crecen en función directa de la actividad de la empresa, tal crecimiento no es estrictamente proporcional. Al principio, para una actividad empresarial reducida, cuando podemos suponer que el equipo industrial se encuentra en situación de subactividad, los costes variables aumentan proporcionalmente menos que la actividad empresarial; en cambio para una actividad intensa, cuando podemos suponer que el equipo industrial se encuentra en una situación de superactividad, los costes variables crecen proporcionalmente más que la actividad empresarial.

La forma típica de la función de costes totales responde a la expresión:

$$CT = a_0 + a_1x + a_2x^2 + a_3x^3 \qquad [4]$$

Esto quiere decir que hay una proporción óptima en la combinación de factores fijos y factores variables, que podemos denominar situación de equilibrio. Esta proporción óptima coincide con el punto geométrico de la inflexión de la curva; el punto donde la pendiente de la curva es mínimo. Por debajo de esta situación, la empresa se encuentra en situación de subactividad; por encima de la posición de equilibrio, la empresa se encuentra en situación de superactividad. Cuando la empresa se encuentra en situación de *subactividad*, y aumenta su actividad se va acercando al equilibrio entre factores fijos y factores variables y, por tanto, a medida que aumenta la actividad, el incremento marginal de los costes variables es menor que el incremento marginal de la producción. Es una situación de rendimientos marginales *crecientes*. Por el contrario, cuando la empresa se encuentra en situación de *superactividad*, y aumenta su actividad más todavía, se va alejando del equilibrio entre factores fijos y factores variables. La consecuencia es que el incremento marginal de los costes variables es mayor que el incremento marginal de la producción. Es una situación de rendimientos marginales *decrecientes*.

Igual que con la curva de ingresos, también suele hacerse una adaptación lineal de la curva de costes, sustituyéndola por rectas, cuya formulación algebraica es la de la fórmula [3]. Tal simplificación parte de la hipótesis de que en un pequeño intervalo de producción no tiene presencia la ley de los rendimientos marginales crecientes o decrecientes; y que por ello mismo el crecimiento de los costes variables es estrictamente proporcional al crecimiento de la producción.

En la figura 4 representamos tanto la función de costes básica, es decir, la función de tercer grado, como la simplificación lineal de dicha función para tres intervalos sucesivos.

La función básica de costes totales, en su desarrollo completo, que abarca conjuntamente las tres situaciones de subactividad, equilibrio, y superactividad, es una función de tercer grado cuya formulación responde a la fórmula [4]. La curva de tercer grado representada en la figura 4 tiene la siguiente función:

$$CT = 50 + 2{,}2\,x - 0{,}024\,x^2 + 0{,}0001\,x^3$$

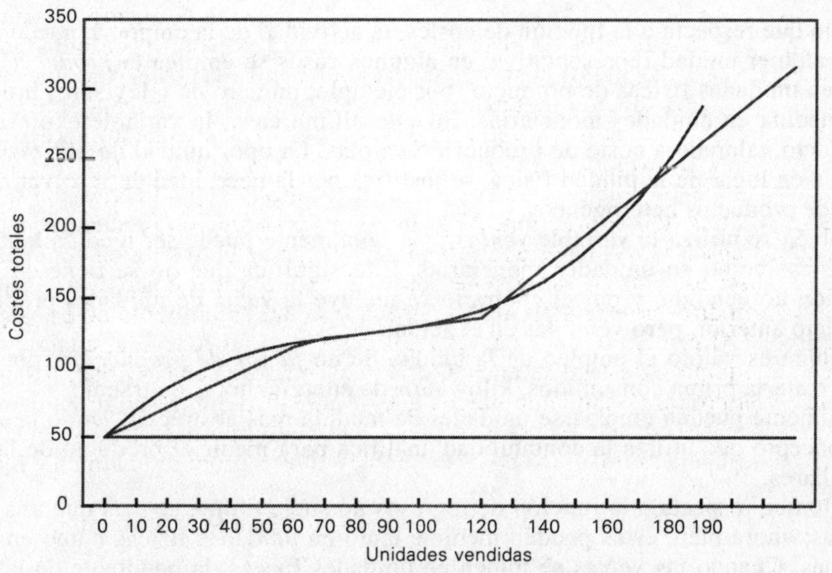

FIGURA 4. **Adaptación lineal de la función de costes**

Esta función de tercer grado puede ser sustituida con bastante aproximación, por las tres funciones lineales siguientes:

—para el intervalo de x, de 0 a 60, la recta equivalente será:

$$CT = 50 + 1{,}07\,x$$

—para el intervalo de x, de 60 a 120, la recta equivalente será:

$$CT = 100 + 0{,}30\,x$$

—para el intervalo de x, de 120 a 190, la recta equivalente será:

$$CT = -80 + 1{,}8\,x$$

Esto quiere decir, que con un aproximación bastante aceptable, aproximación que queda reflejada en la superposición aproximada de la curva de tercer grado con las funciones lineales, el coste variable en cada uno de los tres intervalos será:

—en el intervalo de subactividad 1,07
—en el intervalo de equilibrio 0,30
—en el intervalo de superactividad...... 1,80

2.2. Las variables del modelo

2.2.1. *La variable independiente (eje de abscisas)*

Por lo que respecta a la función de costes, la actividad de la empresa, puede ser medida en cualquier unidad representativa: en algunos casos se emplea la *producción*, ya sea medida en unidades físicas de producto (por ejemplo, número de televisores producidos); ya sea medida en unidades monetarias. En este último caso, la variable expresa el valor del producto valorado a coste de producción en ptas. La oportunidad de utilizar la unidad monetaria en lugar de la unidad física, se justifica por la necesidad de resolver el caso de la suma de productos heterogéneos.

También se utiliza la variable *ventas*, que igualmente puede ser medida tanto en unidades físicas como en unidades monetarias. Ello significa que no se tiene en cuenta la producción no vendida, y por el contrario se incluye la venta de unidades producidas en un ejercicio anterior, pero vendidas en el actual.

También es válido el empleo de la unidad de un *factor de producción*, por ejemplo, kilos de materia prima consumidos, kilowatios de energía, horas de trabajo.

Igualmente pueden emplearse unidades de medida más abstractas, como la *unidad de obra*, concepto que utiliza la contabilidad analítica para medir el producto de las secciones auxiliares.

Por lo que respecta a la función de ingresos no suele utilizarse más que una variable: las ventas; ahora bien, éstas pueden medirse tanto en unidades físicas como en unidades monetarias. Cuando las ventas se miden en unidades físicas, la pendiente de la curva de ingresos representa el precio medio ponderado. Cuando las ventas se miden en unidades monetarias, la pendiente es forzosamente la unidad y la función de ingresos coincide con la bisectriz del plano de coordenadas.

En consecuencia, cuando hemos de calcular el umbral de rentabilidad, modelo en el que intervienen tanto la función de ingresos como la función de costes, suele utilizarse como variable independiente las ventas, sea en unidades físicas sea en unidades monetarias, puesto que es la variable común a ambas funciones. Sin embargo cabe también emplear alguna de las otras variables reseñadas como posibles variables independientes de la función de costes, siempre que pueda hacerse de alguna forma la equivalencia entre las ventas y la variable elegida.

2.2.2. *Variable dependiente (eje de ordenadas)*

En el eje de ordenadas se representan las dos funciones que intervienen en el modelo del umbral de rentabilidad: los ingresos totales, y los costes totales. Los costes totales se descomponen en costes fijos y costes variables.

Otra forma de representar el umbral de rentabilidad es considerar solamente la función de costes fijos, que será una recta paralela al eje de abscisas; y la función de margen, que será la resta de los ingresos menos los costes variables.

2.3. El modelo monoproducto

Vamos a exponer el umbral de rentabilidad sucesivamente según dos modelos: el monoproducto y el pluriproducto. Hablamos de modelo monoproducto en el sentido de que sobre el eje de abscisas se representa una sola variable homogénea. Esto tiene lugar siempre que efectivamente se considere un solo producto; o aunque se consideren varios productos físicamente heterogéneos, sin embargo, al ser medidos en unidades monetarias, los homogeneizamos en una única variable que puede ser, tanto la producción medida en unidades monetarias, como las ventas medidas igualmente en unidades monetarias.

En cambio en el modelo pluriproducto representaremos sobre el eje de abscisas varios productos, sumándolos vectorialmente. Ello dará como consecuencia que el eje de abscisas estará segmentado en tramos sucesivos, y cada uno de ellos será la expresión de uno de los productos considerados.

2.3.1. *El caso general*

La figura 5 es una representación del punto muerto o umbral de rentabilidad. Existen dos volúmenes de venta para los cuales los ingresos totales son iguales a los costes totales, para 41,39 unidades vendidas, y para 169,77 unidades vendidas. Para ventas inferiores a 41,39 unidades la empresa tendrá pérdidas. A partir de 41,39 unidades comienza a tener beneficios. Este es el umbral de rentabilidad, es decir, donde empieza la empresa a percibir beneficios. La zona de beneficio se prolonga hasta unas ventas de 169,77 unidades. Más allá de este límite la empresa tendrá también pérdidas. Podríamos llamarle «techo» de rentabilidad.

La solución algebraica exige la resolución de una ecuación de tercer grado. En efecto:

—La funcion de costes totales es: $CT = 50 + 2{,}2\,x - 0{,}024\,x^2 + 0{,}0001\,x^3$

—La función de ingresos totales es: $IT = 3\,x - 0{,}01\,x^2$

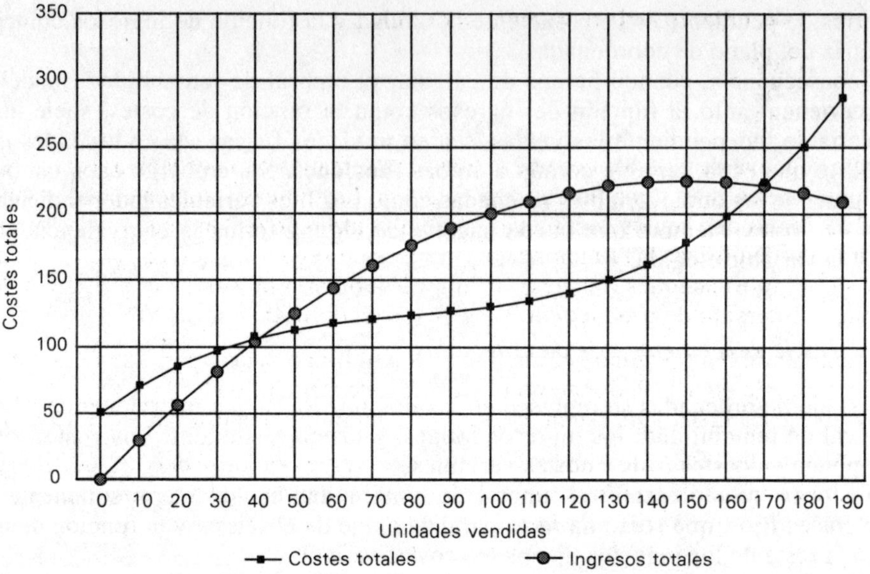

FIGURA 5. **Umbral de rentabilidad no lineal**

Para buscar el valor de x que iguale los costes totales a los ingresos totales, hacemos $CT = IT$, y resolvemos la ecuación:

$$50 + 2{,}2\,x - 0{,}024\,x^2 + 0{,}0001\,x^3 = 3\,x - 0{,}01\,x^2$$

$$0 = 50 - 0{,}8\,x - 0{,}014\,x^2 + 0{,}0001\,x^3$$

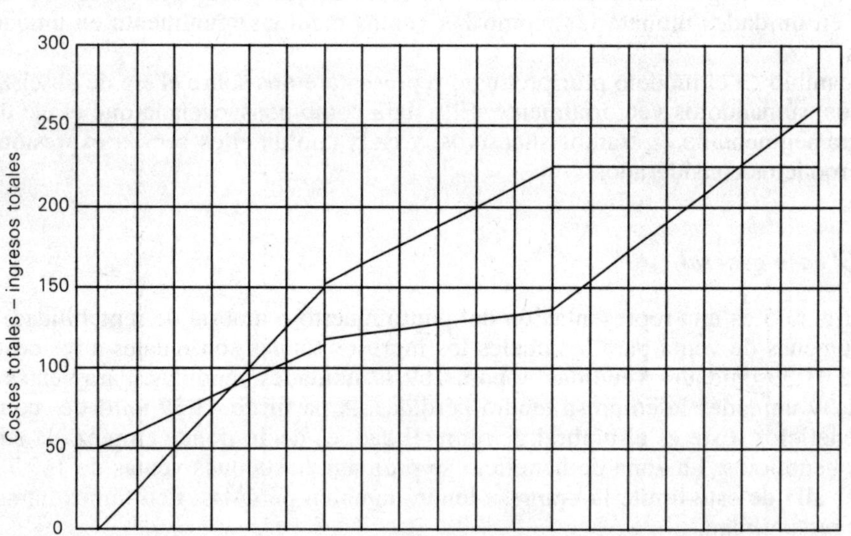

FIGURA 6. **Umbral de rentabilidad lineal**

Las raíces de x que resuelven esta ecuación son:

$x_1 = -71{,}1607$
$x_2 = \ \ 41{,}3864$
$x_3 = 169{,}7743$

La raíz negativa de x, si bien es una solución matemática de la ecuación, carece de sentido real, pues representaría una producción negativa. Las únicas soluciones reales son, pues, 41,39 y 169,77, las que hemos denominado umbral y techo de rentabilidad respectivamente.

Si en lugar de utilizar las funciones curvilíneas de segundo y tercer grado, las sustituimos por sus simplificaciones lineales, la figura 5 adoptaría la forma de la figura 6. En ella vemos que el intervalo de producción 0 a 190, queda dividido en tres tramos:

—Tramo 1: de 0 a 60, donde el umbral de rentabilidad ocurre para $x = 34{,}9650$.
—Tramo 2: de 60 a 120, donde no hay umbral de rentabilidad.
—Tramo 3: de 120 a 190, donde el techo de rentabilidad ocurre para $x = 169{,}44$

La solución algebraica del modelo lineal, se resuelve por el mismo método que hemos seguido para el modelo curvilíneo, igualando la ecuación de costes a la de ingresos, y hallando el valor de x que verifica la igualdad:

—Tramo 1:

$$CT = 50 + 1{,}07x$$
$$IT = 0 + 2{,}50x$$
$$50 + 1{,}07x = 2{,}50x$$
$$50 = 1{,}43x$$
$$x = \frac{50}{1{,}43} = 34{,}9650$$

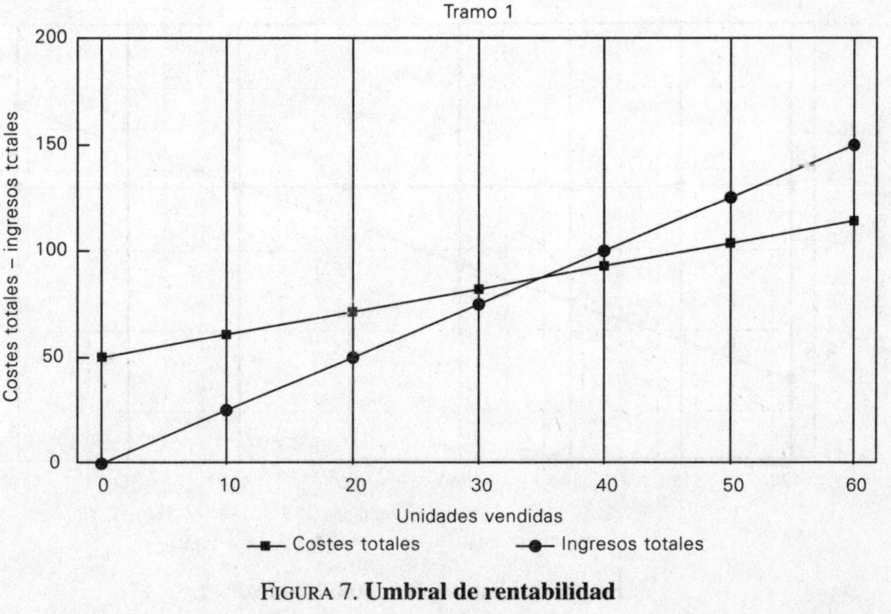

FIGURA 7. **Umbral de rentabilidad**

La representación gráfica de este umbral de rentabilidad se encuentra en la figura 7.

—Tramo 2:

$$CT = 100 + 0{,}3x$$
$$IT = 80 + 1{,}2x$$
$$100 + 0{,}3x = 80 + 1{,}2x$$
$$20 = 0{,}9x$$
$$x = \frac{20}{0{,}9} = 22{,}2222$$

Pero x = 22,22 no se encuentra en el intervalo del tramo 2 sino en el intervalo del tramo 1. Quiere decir que no hay umbral de rentabilidad en el tramo 2, sino que siempre que aumenten las ventas a lo largo del tramo 2, aumentará el beneficio.

—Tramo 3:

$$CT = -80 + 1{,}8x$$
$$IT = 225 + 0{,}0x$$
$$-80 + 1{,}8x = 225$$
$$305 = 1{,}8x$$
$$x = \frac{305}{1{,}8} = 169{,}4444$$

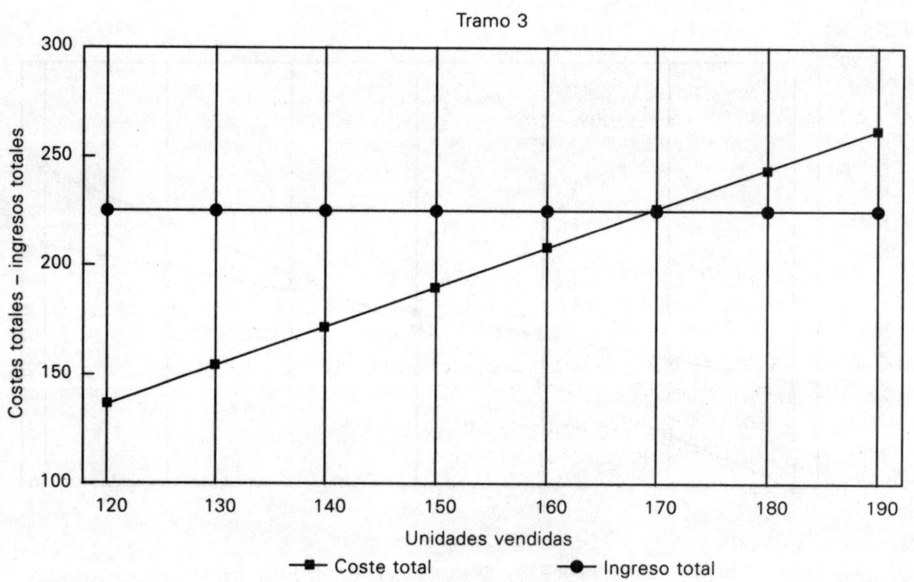

FIGURA 8. **Umbral de rentabilidad**

La representación gráfica de este «techo» de rentabilidad se encuentra en la figura 8.
Generalizando la situación diremos que:
Siendo:

F = costes fijos.
V = costes variables unitarios.
p = precio.
x = unidades vendidas.

$$CT = F + V x$$

$$IT = p x$$

El valor de x que resuelve la igualdad es:

$$F + Vx = px$$

$$x = \frac{F}{p - V} \qquad [5]$$

Si en el eje de abscisas, en lugar de medir las ventas en unidades físicas, las medimos en unidades monetarias, la fórmula [5] sufrirá una pequeña modificación.
Siendo:

p = 1
V = Costes variables de producir y vender una peseta, es decir, costes variables totales/ventas totales.

Y la fórmula será:

$$x = \frac{F}{1 - V} \qquad [6]$$

2.3.2. *La función margen*

El modelo del umbral de rentabilidad puede tener una expresión alternativa. En lugar de intervenir las funciones de costes totales y de ingresos totales, como hemos hecho en el «caso general», intervienen la función de costes fijos y la función de margen.

En el eje de abscisas (variable independiente) seguimos expresando la misma variable, las ventas, ya sea medidas en unidades físicas o en unidades monetarias. En nuestro ejemplo empleamos las unidades físicas.

En el eje de ordenadas (variable dependiente) se expresa:

a) Por una parte los costes fijos. Éstos están constituidos por el término independiente de la función de costes totales [a_0]. Gráficamente adquieren la forma de una recta horizontal, paralela al eje de abscisas.
b) El margen que está constituido por la diferencia ingresos totales menos costes variables totales. En la adaptación lineal del modelo, será una recta que parte del origen, y cuya pendiente será el margen unitario, es decir, el precio menos el coste variable unitario.

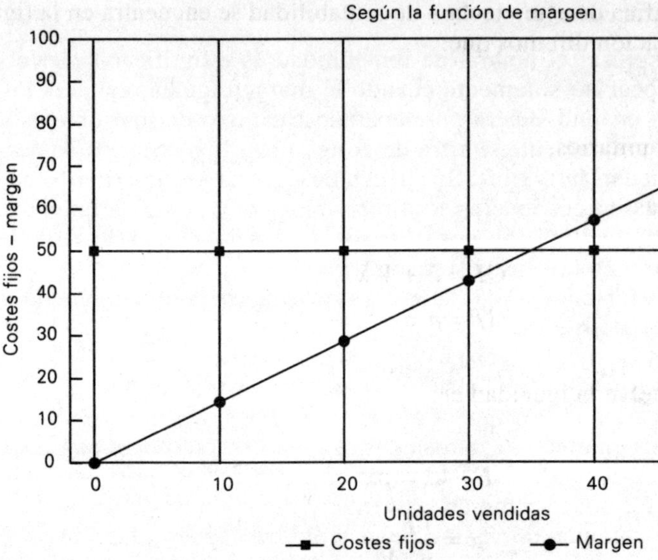

FIGURA 9. **Umbral de rentabilidad**

El umbral de rentabilidad según esta alternativa está representado en la figura 9. El umbral de rentabilidad tiene lugar para el valor de *x* que iguala el margen con los costes fijos. El sentido de esta manera de concebir el umbral de rentabilidad es que cada unidad vendida por debajo del umbral contribuye con su margen unitario a compensar los costes fijos. Por el contrario cada unidad vendida por encima del umbral de rentabilidad contribuye con todo su margen unitario a aumentar el beneficio.

La solución algebraica de esta alternativa de concebir el umbral de rentabilidad, se resuelve de forma equivalente a como hemos hecho en el caso general:

$$CF = F$$
$$M = (p - V)\,x$$

Igualando ambos:

$$F = (p - V)x$$

$$x = \frac{F}{p - V}$$

Con los datos de nuestro ejemplo, será,

$$x = \frac{50}{2{,}50 - 1{,}07} = 39{,}9650$$

2.3.3. *Estratificación de los costes fijos*

Otra modalidad de expresar el umbral de rentabilidad es estratificando los costes fijos, con el objeto de conocer no solamente cuándo el margen iguala o supera los costes fijos en su totalidad, sino cuándo supera por separado cada uno de los subtotales en los cuales se ha desagregado previamente la cifra de costes fijos. Los criterios de desagregación de los costes fijos pueden ser varios. Se pueden desagregar según criterios de clasificación por naturaleza, por su contribución a la formación de la renta de la empresa, por destino, o financieros. La clasificación por criterios de funcionalidad no tiene lugar en este caso, pues por definición todos los costes son fijos.

La desagregación clasificándolos por naturaleza, podría ser, por ejemplo, costes fijos de personal, costes fijos de alquileres, etc.

La desagregación clasificándolos por destino, podría ser, por ejemplo, costes fijos de fabricación, costes fijos de distribución, costes fijos de administración.

La desagregación clasificándolos por criterios financieros, sería la siguiente: costes fijos que representan pagos en efectivo, y costes fijos que no representan pagos en efectivo. Una determinada empresa puede tener un volumen tal de costes fijos que, en períodos de poco negocio, debido a la contracción de las ventas tiene pérdidas. Y en períodos prósperos, en que aumenta el volumen de ventas, se generan beneficios. Dado que los costes fijos se componen de unas partidas que representan salida de efectivo, y otras, como por ejemplo la amortización, que no representan salida de efectivo, la empresa puede asumir transitoriamente estas pérdidas, sin incurrir en problemas financieros, siempre que las ventas superen el punto de equilibrio de efectivo[8].

La figura 10 representa el umbral de rentabilidad según este modelo de estratificación de los costes, tomando como criterio de desagregación el financiero. Este modelo permite conocer cómo el margen unitario de las ventas va sucesivamente cubriendo cada una de

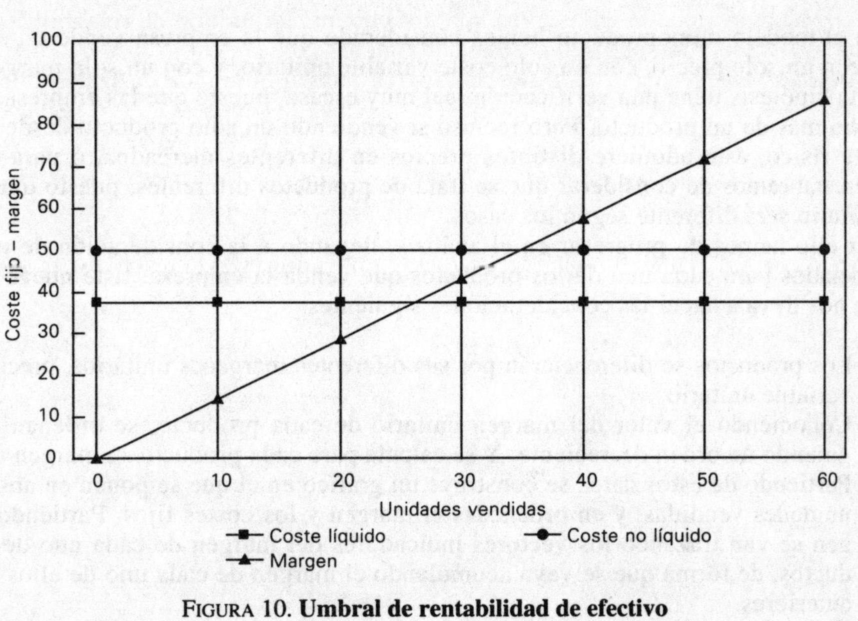

FIGURA 10. **Umbral de rentabilidad de efectivo**

[8] WESTON, *Fundamentos de administración financiera,* Ed. Interamericana, 1982, pp. 102-104.

las desagregaciones de los costes fijos. En el caso de la figura 10 podemos ver cómo el margen unitario de las ventas cubre los costes fijos que representan pagos al exterior para un volumén de x igual a 26,22 unidades, mientras que para cubrir la totalidad de los costes fijos es preciso que el valor de x alcance 34,96 unidades.

La solución algebraica del modelo utiliza la misma fórmula que en el modelo del margen, pero sustituyendo F por F_1, F_2, F_3, ... según las distintas desagregaciones efectuadas. En nuestro caso:

Costes fijos con salida de efectivo:	37,5
Costes fijos sin salida de efectivo:	12,5
Costes fijos totales:	50,0

Luego:

Umbral de rentabilidad de efectivo	UR_1: 37,5 / (2,5 – 1,07) = 26,2238
Umbral de rentabilidad total	UR_2: 50,0 / (2,5 – 1,07) = 34,9650

Cuando las ventas son iguales a UR_2, superan el auténtico umbral de rentabilidad, y por lo mismo hay beneficios. Si las ventas se reducen a UR_1, en período de recesión, se producen pérdidas. Sin embargo puesto que UR_1 es el punto de equilibrio de efectivo, la empresa puede resistir transitoriamente esta situación sin problemas de liquidez.

2.4. El modelo pluriproducto

En el modelo monoproducto hemos considerado que la empresa vende un solo producto con un solo precio, con un solo coste variable unitario, y con un solo margen unitario. Esta hipótesis tiene una verificación real muy escasa, puesto que las empresas venden de hecho más de un producto. Pero incluso si vendiendo un solo producto desde el punto de vista físico, éste adquiere distintos precios en diferentes mercados, o para distintos clientes, habremos de considerar que se trata de productos diferentes, puesto que el margen unitario será diferente según los casos.

Por ello hemos de progresar en el análisis, llegando a la consideración de márgenes diferenciados para cada uno de los productos que venda la empresa. Este nuevo planteamiento nos lleva a hacer las consideraciones siguientes:

- Los productos se diferenciarán por sus diferentes márgenes unitarios, precio / coste variable unitario.
- Conociendo el valor del margen unitario de cada producto, se ordenan éstos siguiendo un orden decreciente. Y se calcula para cada producto su margen total.
- Partiendo de estos datos se construye un gráfico en el que se ponen en abscisas las unidades vendidas, y en ordenadas el margen y los costes fijos. Partiendo del origen se van trazando los vectores indicadores del margen de cada uno de los productos, de forma que se vaya acumulando el margen de cada uno de ellos al de los anteriores.

Partiendo del mismo ejemplo que nos está sirviendo de base para explicar el modelo del umbral de rentabilidad, vamos a exponer la modalidad pluriproducto del mismo. Supongamos que las ventas totales de la empresa se desagregan en tres productos, A, B y C, y que respectivamente cada uno de ellos participa en las ventas totales con un peso diferente: el producto A constituye el 25% de las ventas; el producto B el 60%; y el producto C, el 15%.

A su vez cada uno de estos tres productos tiene un precio distinto, y un coste variable también distinto. En el cuadro 2 se recogen los datos de cada uno de estos tres productos. En las columnas 1 y 2 se recogen los datos del análisis monoproducto: unidades vendidas y margen total. En las columnas 2 a 8 se desagregan los datos globales para cada uno de los tres productos A, B y C. Las unidades globales de la columna 1, se desagregan en las columnas 3, 5 y 7, en función de los % correspondientes. Supuestas estas cantidades vendidas de cada producto, y teniendo en cuenta el precio y coste variable unitario de cada producto se calcula el margen que corresponde a cada producto para cada nivel de ventas en las columnas 4, 6 y 8.

CUADRO 2. **Modelo pluriproducto**

		Producto A		Producto B		Producto C	
Unidades vendidas en %		0,25		0,60		0,15	
Precio		3,15		4,05		2,50	
Coste variable unitario		0,25		2,95		2,20	
Margen unitario		2,90		1,10		0,30	
1 Unidades totales	2 Margen total	3 Unidades A	4 Margen A	5 Unidades B	6 Margen B	7 Unidades C	8 Margen C
0	0,00	0,00	0,00	0,00	0,00	0,00	0,00
10	14,30	2,50	7,25	6,00	6,60	1,50	0,45
20	28,60	5,00	14,50	12,00	13,20	3,00	0,90
30	42,90	7,50	21,75	18,00	19,80	4,50	1,35
40	57,20	10,00	29,00	24,00	26,40	6,00	1,80
50	71,50	12,50	36,25	30,00	33,00	7,50	2,25
60	85,80	15,00	43,50	36,00	39,60	9,00	2,70
Total de A, B, C		15,00	43,50	51,00	83,10	60,00	85,80

La última línea identificada como «Total de A, B, C» expresa la suma de las unidades de B a las de A, y de las unidades de C a las de A y B. Igualmente hace con los márgenes.

De esta forma se obtiene la representación del umbral de rentabilidad de la figura 11. Al tener en cuenta que las unidades vendidas no tienen el mismo margen unitario, vemos cómo el umbral de rentabilidad se adelanta a 20,91 unidades vendidas, 15 del producto A, y 5,91 del producto B; en lugar de 34,96 unidades, compuestas por un 25% de unidades del grupo A, un 60% de unidades del grupo B, y un 15% de unidades del grupo C.

La solución algebraica se hace trasladando el origen de coordenadas al inicio del vector que corta la horizontal de los costes fijos: en nuestro caso, el vector B.

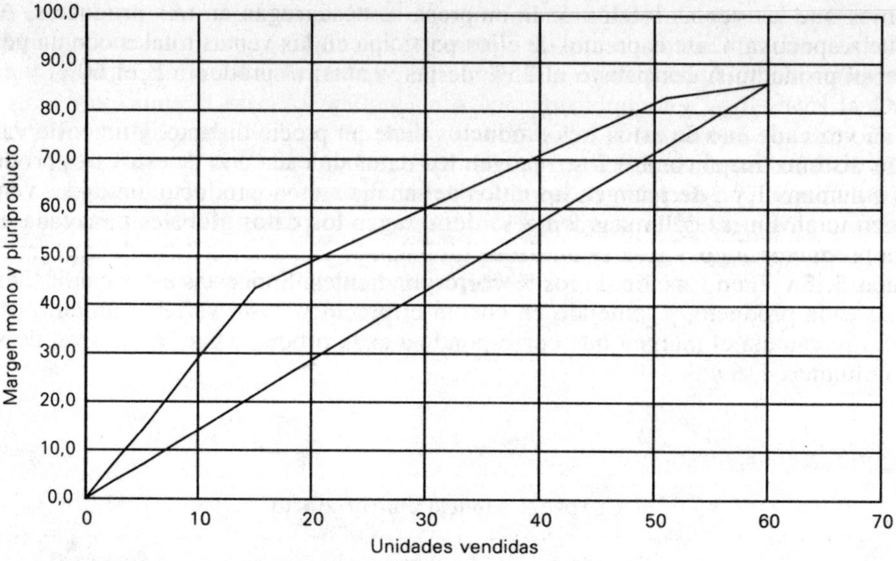

FIGURA 11. **Modelo pluriproducto**

Siendo:

x = Unidades que realizan el umbral de rentabilidad.
F = Costes fijos.
n = Número de productos cuyo margen total no llega a cubrir los costes fijos.
i = Cada uno de los productos comprendidos en los [*n*].
Mi = Margen total de cada uno de los *i* productos.
Vi = Coste variable unitario de cada uno de los *i* productos.
pi = Precio de cada uno de los *i* productos.
Ui = Unidades vendidas de cada uno de los *i* productos.

$$x = \frac{F - \sum_{i=1}^{n} M_i}{p_{n+1} - V_{n+1}} + \sum_{i=1}^{n} U_i \qquad [7]$$

En nuestro caso:

$F = 50$
$n = 1$
$M_1 = 43{,}50$
$V_2 = 2{,}95$
$p_2 = 4{,}05$
$U_1 = 15$

$$x = \frac{50 - 43{,}50}{4{,}05 - 2{,}95} + 15 = 20{,}9090$$

El modelo pluriproducto ilumina una interesante conclusión sobre la política de precios de la empresa. Ciertos precios de venta que calculados a partir del modelo monoproducto serían inadmisibles puesto que el margen unitario medio ponderado no llegaría a cubrir los costes fijos, en cambio pueden ser beneficiosos para la empresa (aumentan el beneficio total de la misma) si razonamos a partir del modelo pluriproducto. Para ciertos pedidos podrían aceptarse precios especialmente reducidos.

Sin embargo una decisión de admitir precios reducidos para pedidos especiales tiene también inconvenientes: la segmentación del mercado puede traer reclamaciones de los clientes no favorecidos. Será pues admisible cuando dicha segmentación esté basada en una separación real de las áreas (por ejemplo, mercado interior y exportación)[9].

---

[9] BUFFA, *Basic production management,* Ed. John Willey, 1975. p. 126. SUÁREZ, *Economía financiera de la empresa,* Ed. Pirámide, 1983, p. 126-128.

Capítulo 17

El apalancamiento

1. El apalancamiento operativo

La palanca se define como una máquina constituida por una barra y un punto de apoyo cuya utilización permite vencer una resistencia grande ejerciendo una fuerza pequeña. Al accionar la palanca, el recorrido de un brazo es menor que el recorrido del otro (figura 1).

En la terminología de los negocios, el apalancamiento significa que una variación pequeña de las ventas, da lugar a una variación grande de los beneficios. Se distinguen dos tipos de apalancamiento: el operativo y el financiero. El *apalancamiento operativo* relaciona las variaciones del *beneficio bruto* con las variaciones de las *ventas*: se refiere al hecho de que un peso proporcional importante de los costes fijos en los costes totales,

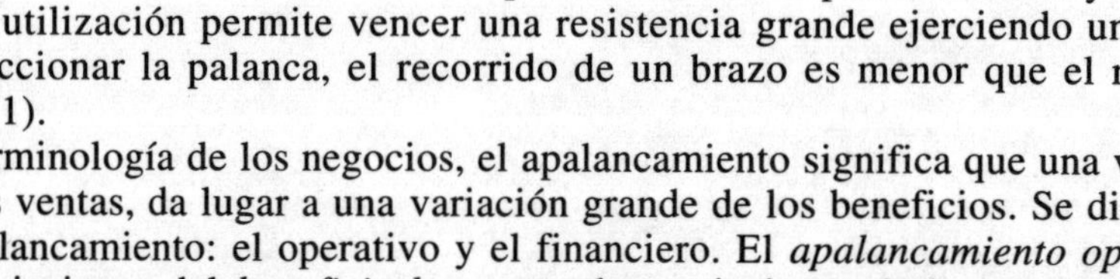

FIGURA 1. **Efecto palanca**

hace que, cuando varían las ventas, el *beneficio bruto* varíe también, pero en mayor proporción que las *ventas*. El *apalancamiento financiero* relaciona las variaciones del *beneficio neto* con las variaciones del *beneficio bruto*: se refiere al hecho de que un peso proporcional importante de los acreedores en el pasivo total, hace que el *beneficio neto* varíe cuando varía el beneficio bruto, pero en mayor proporción que el *beneficio bruto*.

El *beneficio bruto* es el beneficio *antes de* intereses e impuestos: coincide con el *resultado de explotación* de la cuenta de pérdidas y ganancias. El *beneficio neto* es el beneficio *después de* intereses e impuestos: coincide con el *resultado del ejercicio*.

La ecuación del beneficio bruto, en general, es una ecuación lineal, que responde al tipo siguiente:

$$BB = -F + V(1 - a)$$

Siendo:

BB = Beneficio bruto.
F = Costes fijos.
V = Ventas en ptas.
a = Costes variables unitarios.

Donde los costes fijos $[-F]$ son la ordenada en el origen, y el margen unitario $[1 - a]$ es la pendiente de la recta, tal como se representa en la figura 2.

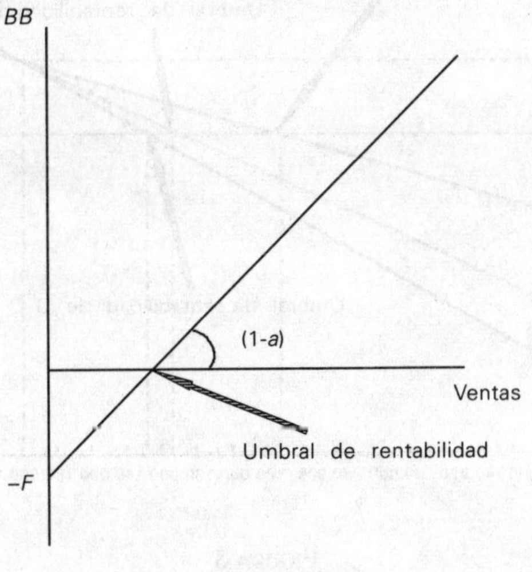

FIGURA 2

Supongamos tres empresas con distintas estructuras de costes. La empresa A tiene unos costes fijos pequeños, 24.500; menos que otras empresas de la misma rama industrial, puesto que no dispone de un equipo automatizado. Por el contrario, los costes variables unitarios son elevados en relación con los de las otras dos empresas, 0,75 por peseta de ventas.

$$BB = -24.500 + V\,(1 - 0,75)$$

La empresa B tiene unos costes fijos intermedios, 50.000. Usa un equipo automatizado equivalente al que es común en la empresa media de la misma rama industrial. Sus costes variables unitarios representan igualmente el promedio corriente de la industria, 0,60.

$$BB = -50.000 + V\,(1 - 0{,}60)$$

La empresa C es la que tiene los costes fijos más elevados, 67.000. Está mucho más mecanizada que el promedio de la industria. Usa costosas máquinas y muy rápidas que exigen poca mano de obra por unidad de producto. Por esta razón los costes variables unitarios son reducidos, 0,50.

$$BB = -67.000 + V\,(1 - 0{,}50)$$

La ecuación del *BB* de cada una de las tres empresas está representada en la figura 3.

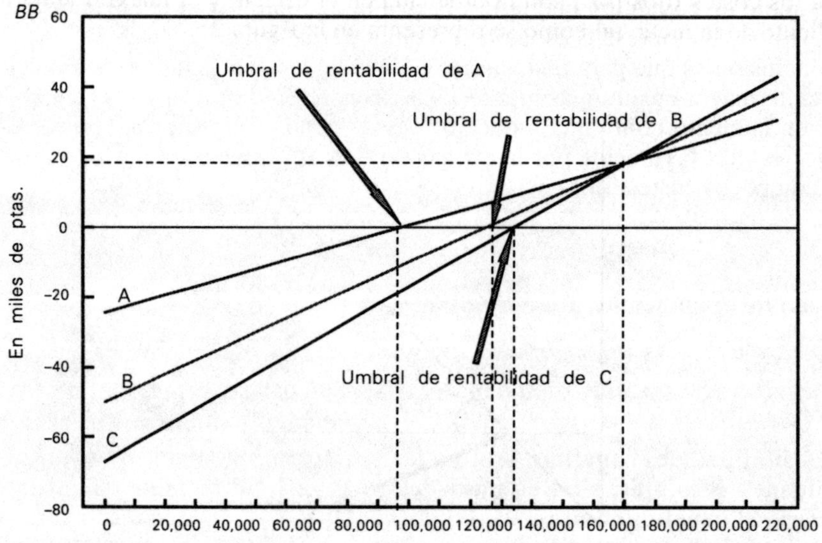

FIGURA 3

Estas distintas estructuras empresariales dan lugar a un doble efecto: por una parte a medida que el peso de los costes fijos es más importante, se requiere mayor cantidad de ventas para alcanzar el umbral de rentabilidad.

Umbral de rentabilidad de la empresa A:

$$V = \frac{24.500}{1 - 0{,}75} = 98.000$$

Umbral de rentabilidad de la empresa B:

$$V = \frac{50.000}{1 - 0,60} = 125.000$$

Umbral de rentabilidad de la empresa C:

$$V = \frac{67.000}{1 - 0,50} = 134.000$$

En segundo lugar, a medida que los costes fijos son más importantes la variación del beneficio bruto en ptas., por cada peseta de variación de las ventas, es también mayor. El punto límite de ventas, en el cual las tres empresas obtienen el mismo beneficio bruto es 170.000. Con unas ventas de 170.000, las tres empresas obtienen el mismo beneficio bruto, 18.000. Si a partir de este punto límite las ventas aumentan, la empresa C se beneficia más del cambio de coyuntura que la B y la A. Por el contrario, si la coyuntura experimenta una regresión, la empresa C es también la más perjudicada.

La conclusión es que para una variación dada de las ventas, la variación del beneficio bruto es tanto mayor cuanto más grande es la proporción de costes fijos. Y esto, lo mismo si ocurre un aumento como una reducción de las ventas. La empresa, pues, con grandes costes fijos es más favorecida por la expansión, y más perjudicada por la regresión que la empresa con pocos costes fijos.

2. El grado de apalancamiento operativo

2.1. Concepto y fórmula del grado de apalancamiento operativo

La sensibilidad del beneficio bruto a las variaciones de las ventas no suele medirse en unidades absolutas, sino en unidades relativas. No se mide calculando cuántas pesetas varía el beneficio bruto, cuando las ventas varían en una peseta; sino en qué % varía el beneficio bruto, cuando las ventas varían en un 1%. Es una medida de elasticidad.

$$\text{Grado de apalancamiento operativo} = \frac{\dfrac{\Delta\ \text{Beneficio bruto}}{\text{Beneficio bruto}}}{\dfrac{\Delta\ \text{Ventas}}{\text{Ventas}}}$$

De la misma forma que en microeconomía se habla de la elasticidad-precio y de la elasticidad-renta de la demanda, en este caso hablaríamos de la elasticidad-ventas del beneficio bruto.

La fórmula del apalancamiento puede simplificarse siguiendo las deducciones siguientes[1].

Siendo:

GAO = Grado de apalancamiento operativo.
BB = Beneficio bruto.
V = Ventas.
A = Costes variables totales.
a = Costes variables unitarios.

$$GAO = \frac{\frac{\Delta BB}{BB}}{\frac{\Delta V}{V}} = \frac{\frac{V \cdot \Delta BB}{\Delta V}}{BB} = \frac{\frac{V(\Delta V - \Delta A)}{\Delta V}}{BB} = \frac{V - V\frac{\Delta A}{\Delta V}}{BB} = \frac{V(1-a)}{BB}$$

$$GAO = \frac{\text{Margen}}{\text{Beneficio bruto}} \qquad [1]$$

2.2. LA FUNCIÓN DEL GRADO DE APALANCAMIENTO OPERATIVO

La figura 4 representa el grado de apalancamiento operativo de las tres empresas, en función de las ventas. En el eje de abscisas se representan las ventas en miles de ptas. En el eje de ordenadas el grado de apalancamiento operativo. Como puede observarse se trata de una función discontinua. Ello es debido a que siendo el denominador de la función el *BB*, cuando éste está cercano a cero (umbral de rentabilidad), pero es aún positivo, el *GAO* está cercano a infinito. Pero cuando el beneficio bruto es una pérdida también cercana a cero, entonces el grado de apalancamiento operativo está cercano a menos infinito.

A un lado y otro el umbral de rentabilidad de cada una de las empresas, hay dos zonas diferenciadas: la zona de la izquierda (ventas escasas), donde las tres empresas A, B y C tienen pérdidas; y la zona de la derecha (ventas abundantes), donde las tres, tienen beneficios. El umbral de rentabilidad de cada una de las tres empresas está desplazado hacia ventas mayores, a medida que sus costos fijos son también mayores.

En ambas zonas, el grado de apalancamiento operativo es siempre mayor en la empresa que tiene mayor carga de costes fijos: en la empresa C mayor que en la empresa B, y en la B mayor que en la A.

En la zona de la derecha, zona de beneficios, cuando nos encontramos cerca del umbral de rentabilidad, un aumento porcentual de las ventas provoca un aumento porcentual del beneficio bruto grande. Mientras que cuando estamos situados muy a la derecha, donde se representan las ventas más elevadas, y consiguientemente los beneficios más cuantiosos, el mismo aumento porcentual de las ventas provoca un aumento porcentual del beneficio bruto pequeño.

En la zona de la izquierda, zona de pérdidas, el comportamiento de las curvas es equivalente, aunque de signo contrario. Cuando estamos cerca del umbral de rentabilidad, un aumento porcentual de las ventas provoca una disminución porcentual de la pérdida grande. Cuando estamos alejados del umbral de rentabilidad, el mismo aumento porcentual de las ventas provoca una disminución porcentual de las pérdidas pequeño.

---

[1] WESTON, *Fundamentos de administración financiera,* Ed. Interamericana, 1982, pp. 100-102.

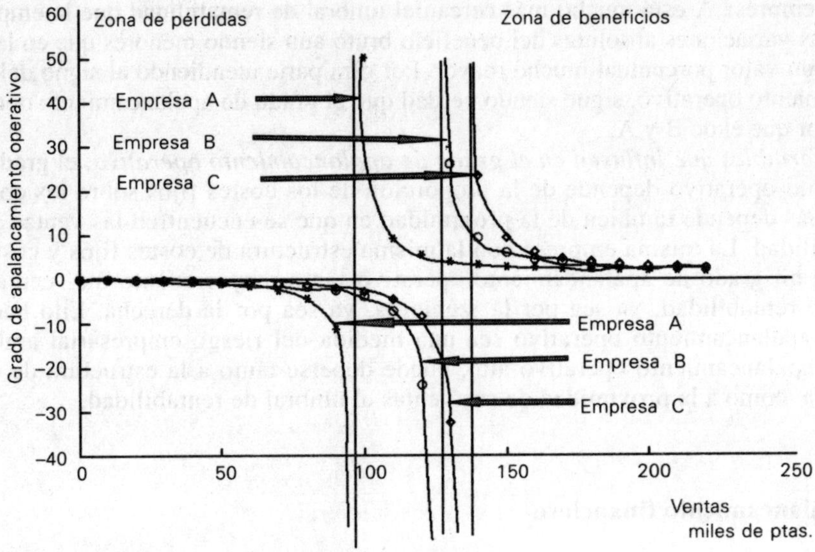

FIGURA 4

En la frontera entre ambas zonas, en el propio umbral de rentabilidad, donde el beneficio bruto es cero, el crecimiento porcentual del beneficio bruto pasa de $-\infty$ a $+\infty$.

Podemos, pues, establecer las siguientes conclusiones:

I. *En la zona de beneficios*: las empresas con una gran estructura inmovilizada y unos costes variables de menor cuantía, son más favorecidas por la expansión, que las empresas con una estructura ligera, y grandes costes variables. A su vez, las empresas con una gran estructura inmovilizada son más perjudicadas por la regresión, que las empresas con una estructura ligera. Este es el sentido que tiene que en la zona de beneficios, para la misma variación porcentual de las ventas, la variación porcentual del beneficio bruto, y por ello su grado de apalancamiento operativo, sea mayor en la empresa C que en las empresas B y A.

Si en lugar de considerar las variaciones porcentuales, tanto de las ventas como del beneficio bruto, consideramos las variaciones absolutas (figura 3) la conclusión es la misma.

II. *En la zona de pérdidas*: si las ventas crecen, la empresa con poca estructura inmovilizada (empresa A) reduce sus pérdidas mucho más rápidamente, que la empresa muy cargada con una pesada estructura (empresa C). Ahora bien, si las ventas se reducen, la empresa con pocos costes fijos (empresa A) verá que sus pérdidas aumentan porcentualmente más que los de la empresa muy cargada de inmovilizado (empresa C). Exactamente al contrario de lo que ocurre en la zona de beneficios.

En cambio, si en lugar de considerar las variaciones porcentuales, tanto de las ventas como del beneficio bruto, consideramos las variaciones absolutas (figura 3) el postulado inicial se mantiene. Para una misma variación de las ventas en unidades absolutas, la variación del beneficio bruto en ptas. seguirá siendo mayor en la empresa C que en la empresa A.

La razón de la diferencia de comportamiento de las variaciones del beneficio bruto medido en unidades absolutas y relativas, cuando estamos en la zona de pérdidas, estriba en que tomando la misma vertical en la zona de pérdidas, por ejemplo, unas ventas de 40 unidades: la empresa A está mucho más cerca del umbral de rentabilidad que la empresa C; y por ello las variaciones absolutas del beneficio bruto aun siendo menores que en la empresa C, tienen un valor porcentual mucho mayor. Por otra parte atendiendo al signo del grado de apalancamiento operativo, sigue siendo verdad que el grado de apalancamiento operativo de C es mayor que el de B y A.

III. *Variables que influyen en el grado de apalancamiento operativo*: el grado de apalancamiento operativo depende de la proporción de los costes fijos sobre los costes totales. Además depende también de la proximidad en que se encuentren las ventas al umbral de rentabilidad. La misma empresa con la misma estructura de costes fijos y costes variables tiene un grado de apalancamiento operativo tanto mayor cuanto más cerca esté del umbral de rentabilidad, ya sea por la izquierda, ya sea por la derecha. Ello hace que el grado de apalancamiento operativo sea una medida del riesgo empresarial ambigua: un grado de apalancamiento operativo alto, puede deberse tanto a la estructura de costes de la empresa, como a la proximidad de sus ventas al umbral de rentabilidad.

3. El apalancamiento financiero

Hemos estudiando cómo la sensibilidad del beneficio bruto a la variación de las ventas depende de la importancia relativa que los costes fijos tengan en el conjunto de los costes totales. Al peso relativo de los costes fijos le hemos llamado *apalancamiento operativo*; y a la sensibilidad del beneficio bruto para responder con mayor o menor significación a las variaciones de las ventas, *grado de apalancamiento operativo*.

A su vez, la variación del beneficio bruto, hará variar el beneficio neto; y la sensibilidad del beneficio neto a las variaciones del beneficio bruto será tanto mayor cuanto mayor sea el endeudamiento de la empresa, es decir, la importancia relativa del exigible total en el pasivo total (*ET/PT*). Con terminología equivalente, llamamos *apalancamiento financiero* al peso relativo del exigible total en el pasivo total, y *grado de apalancamiento financiero* a la sensibilidad con que el beneficio neto responde a las variaciones del beneficio bruto.

¿Cómo afecta la diferente estructura financiera del pasivo al beneficio neto percibido por los accionistas? La relación entre el beneficio bruto y el beneficio neto es una función lineal, del tipo de la que aparece en la figura 5, donde el beneficio neto es función lineal del beneficio bruto[2]. En efecto, siendo:

BB = Beneficio bruto.
BN = Beneficio neto.
GF = Gastos financieros.
w = Tipo del impuesto sobre sociedades en tanto por uno.
N = Número de acciones.

$$BN = (BB - GF)\,(1 - w) = -GF\,(1 - w) + BB\,(1 - w)$$

Dado que hemos considerado el *BN total*, la función $BN = f\,(BB)$ tendrá siempre la misma pendiente, cualquiera que sea el apalancamiento financiero [*ET/PT*]. Dicha pendiente será $[1 - w]$.

---

[2] No tomamos en consideración los gastos extraordinarios, dado su carácter eventual.

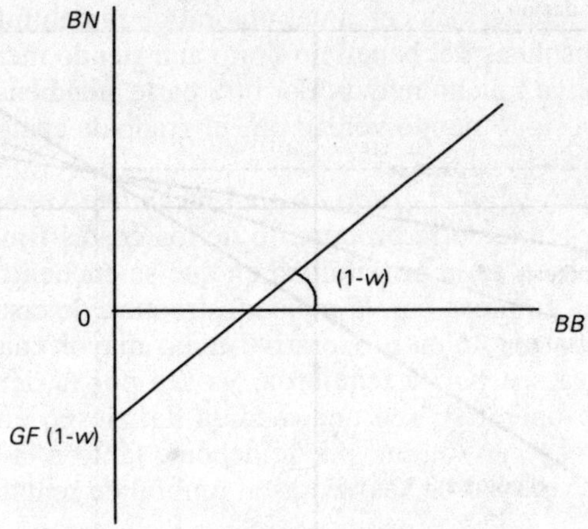

FIGURA 5. **Apalancamiento financiero**

Pero al hablar del apalancamiento financiero, hemos de considerar no el *BN total* sino el *BN por acción* [*BN/N*], es decir, que consideramos el beneficio neto de un accionista individual, no el beneficio neto de la sociedad. La ecuación se convierte, pues, en:

$$\frac{BN}{N} = \frac{-GF(1-w)}{N} + \frac{1-w}{N} BB$$

y, en este caso, la pendiente será tanto menor cuanto mayor sea el número de acciones.

Expondremos el apalancamiento financiero, continuando con el mismo ejemplo numérico. En principio habríamos de suponer para cada una de las tres empresas, A, B y C distintos grados de endeudamiento. Y si supusiéramos un endeudamiento mínimo, otro medio, y otro máximo para cada una de las tres, llegaríamos a manejar nueve situaciones diferentes. Para simplificar la exposición, nos limitaremos a la empresa A, y manejaremos, en consecuencia, solamente tres hipótesis.

Supongamos que la empresa A tiene un pasivo total de 300.000 unidades monetarias, y que el valor nominal de las acciones es de 1.000 u.m. Hagamos tres hipótesis de estructura financiera:

		%	u.m.	N.º acciones
Hipótesis 1.ª:	Recursos propios	100%	300.000	300
	Recursos ajenos	0%	—	
Hipótesis 2.ª:	Recursos propios	50%	150.000	150
	Recursos ajenos	50%	150.000	
Hipótesis 3.ª:	Recursos propios	25%	75.000	75
	Recursos ajenos	75%	225.000	

Esta es la razón de que en la figura 6 la pendiente sea mayor en la hipótesis 3.ª que en la hipótesis 2.ª; y en la hipótesis 2.ª que en la hipóteis 1.ª

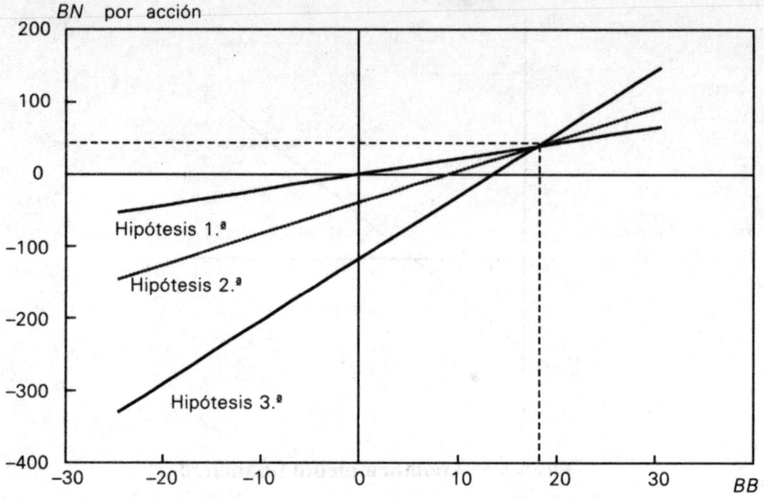

FIGURA 6. **Apalancamiento financiero**

En nuestro ejemplo las tres ecuaciones serán:

Hipótesis 1.ª:

$$\frac{BN}{N}=\frac{0(1-0,35)}{300}+\frac{1-0,35}{300}BB=0+0,002167\ BB$$

Hipótesis 2.ª:

$$\frac{BN}{N}=\frac{-9.000(1-0,35)}{150}+\frac{1-0,35}{75}BB=-39+0,004333\ BB$$

Hipótesis 3.ª:

$$\frac{BN}{N}=\frac{-13.500(1-0,35)}{75}+\frac{1-0,35}{75}BB=-117+0,008667\ BB$$

En la 1.ª hipótesis, puesto que no existen recursos ajenos, tampoco hay gastos financieros. Por ello la recta pasa por el origen, a un BB nulo corresponde un *BN/N* también nulo. En cambio en las hipótesis 2.ª y 3.ª, puesto que existen gastos financieros, a un *BB* nulo corresponde un *BN/N* negativo.

Con un *BB* de 18.000, en las tres hipótesis el *BN/N* es el mismo, 39. En el caso de que aumente el *BB*, en la hipótesis de mayor endeudamiento es en la que más aumenta el *BN/N*. Por el contrario si disminuye el *BB* la hipótesis de mayor endeudamiento resulta ser también la más perjudicada.

4. El grado de apalancamiento financiero

4.1. Concepto y fórmula del grado de apalancamiento financiero

De igual forma que hemos hecho en el apalancamiento operativo, tampoco en el apalancamiento financiero medimos la variación del resultado del ejercicio en cantidades absolutas: cuántas ptas. varía el beneficio neto por acción, cuando el beneficio bruto de la sociedad varía en 1 pta.; sino que tomamos variaciones porcentuales: en qué % varía el beneficio neto por acción cuando el beneficio bruto de la sociedad varía en 1%.

Es también una medida de elasticidad, y la podríamos llamar la elasticidad-BB del beneficio neto.

La fórmula para su cálculo es la [2].

Siendo:

GAF = Grado de apalancamiento financiero.
BN/N = Beneficio neto por acción en ptas.
BB = Beneficio bruto de la sociedad en ptas.
w = Tipo del impuesto sobre sociedades en tanto por uno.
GF = Gastos financieros en ptas.

$$GAF = \frac{\dfrac{\Delta \dfrac{BN}{N}}{\dfrac{BN}{N}}}{\dfrac{\Delta BB}{BB}} = \frac{\dfrac{\Delta \dfrac{BB}{N}(1-w)}{\dfrac{(BB-GF)}{N(1-w)}}}{\dfrac{\Delta BB}{BB}} = \frac{BB(1-w)}{(BB-GF)(1-w)} = \frac{BB}{BB-GF}$$

$$GAF = \frac{\text{Beneficio antes de intereses e impuestos}}{\text{Beneficio antes de impuestos}} \qquad [2]$$

4.2. La función del grado de apalancamiento financiero

Está representada en la figura 7. El perfil de las curvas es análogo al de las curvas de la figura 4. Son también funciones discontinuas, por la misma razón que explicábamos entonces. La discontinuidad se produce cuando el beneficio antes de impuestos, pero después de gastos financieros, es nulo. En la hipótesis 1.ª, puesto que no hay endeudamiento tampoco hay gastos financieros, y por ello la discontinuidad de la función tiene lugar para un BB nulo. En las otras dos hipótesis la discontinuidad tiene lugar cuando el beneficio bruto iguala a los gastos financieros.

En la zona en que el beneficio antes de impuestos es positivo (zona de la derecha), en la hipótesis 3.ª de mayor apalancamiento financiero, los aumentos porcentuales del beneficio neto por acción son mayores que en la hipótesis 1.ª de menor apalancamiento financiero.

En la zona en que el beneficio antes de impuestos es negativo (zona de la izquierda), en la hipótesis 3.ª de mayor apalancamiento financiero, las reducciones porcentuales de la pérdida por acción son mayores en valores algebraicos pero menores en valores absolutos, que en la hipótesis 1.ª de menor apalancamiento financiero.

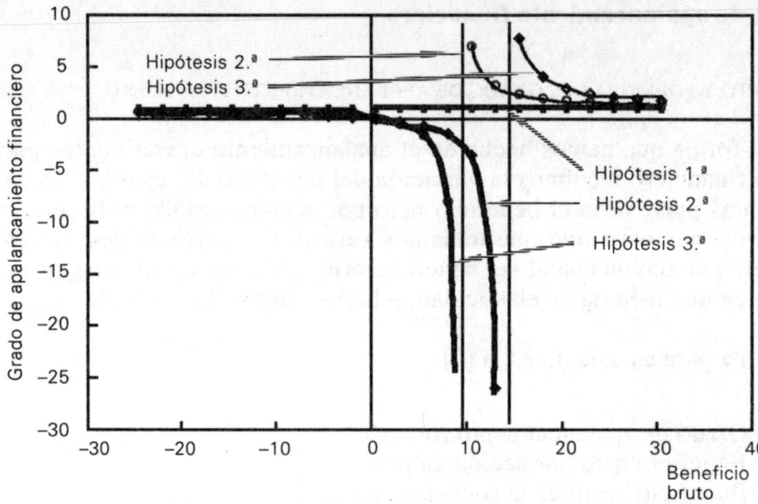

FIGURA 7. **Grado de apalancamiento financiero**

5. El grado de apalancamiento combinado

El apalancamiento operativo afecta a las ganancias de la empresa antes de intereses e impuestos (beneficio bruto), mientras que el apalancamiento financiero afecta a las ganancias del accionista después de intereses e impuestos (beneficio neto). El apalancamiento financiero comienza cuando ha terminado el apalancamiento operativo. Por esta razón el apalancamiento operativo se conoce a veces como apalancamiento de primer grado, y el apalancamiento financiero, como apalancamiento de segundo grado[3].

El apalancamiento operativo hace que una fluctuación en el volumen de las ventas ejerza un efecto amplificado en el beneficio bruto de la sociedad. Y si el apalancamiento financiero se superpone al apalancamiento operativo, los cambios en el beneficio bruto de la sociedad tendrán, a su vez, un efecto ampliado en el beneficio neto por acción. Por tanto si una empresa usa una cantidad considerable tanto de apalancamiento operativo como de apalancamiento financiero, aun pequeñas fluctuaciones en el volumen de las ventas producirán amplias fluctuaciones en el beneficio neto por acción. Esto es lo que llamamos grado de apalancamiento combinado, cuya fórmula es la [3][4].

$$GAC = GAO \times GAF = \frac{\text{Margen}}{BB} \times \frac{BB}{\text{Beneficio antes de impuestos}}$$

$$GAC = \frac{\text{Margen}}{\text{Beneficio antes de impuestos}}$$

---

[3] WESTON, *Fundamentos de administración financiera,* Ed. Interamericana, 1982, pp. 73-77 y 374-393. BUENO CAMPOS, *Economía de la empresa,* Ed. Pirámiode, 1983, pp. 308-309.

[4] WESTON, *Fundamentos de administración financiera,* Ed. Interamericana, 1982, pp. 386-387. BUENO, *Economía de la empresa,* Ed. Pirámide, 1983, p. 311.

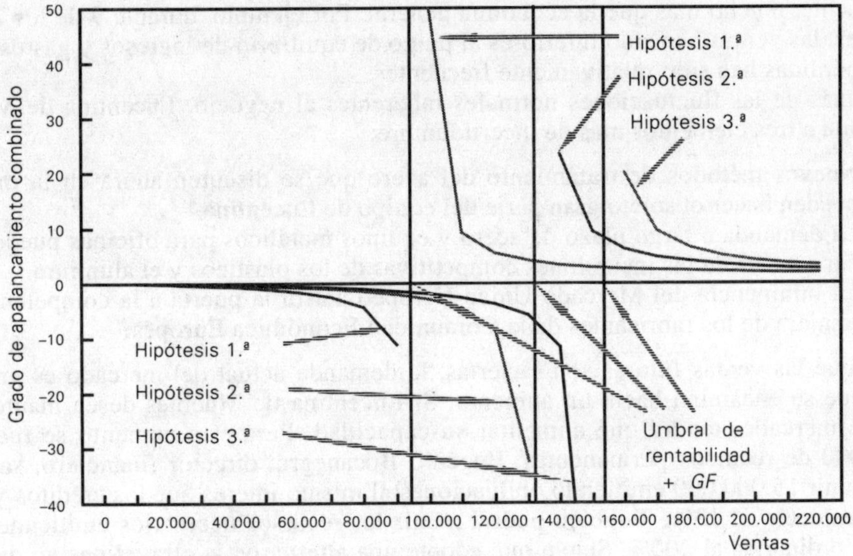

FIGURA 8. **Grado de apalancamiento combinado**

En la figura 8 representamos el grado de apalancamiento combinado para cada una de las tres hipótesis de endeudamiento de la empresa A.

6. Ejemplo numérico

6.1. Planteamiento del problema de expansión

Los efectos del apalancamiento financiero pueden aclararse más con un ejemplo. La Lucentina de Muebles cuyo último balance general aparece en el cuadro 1, fabrica mobiliario para oficinas, a base de una aleación de acero. Como sucede frecuentemente en la hipótesis de productores de activo de capital durable, las ventas de la compañía fluctúan

CUADRO 1. **Balance de Lucentina de Muebles**

Activo		Pasivo	
221. Construcciones	22.200.000	100. Capital social	25.000.000
225. Instalaciones	12.800.000	11x. Reservas	12.500.000
300. Existencias	11.500.000	170. Exigible a largo	15.000.000
430. Clientes	3.800.000		
570. Caja y bancos	2.200.000		
Total	52.500.000	Total	52.500.000

El capital social está representado por 25.000 acciones de 1.000 ptas. nominales.
Exigible a largo: paga un interés del 16%.

ampliamente, mucho más que la economía general. Por ejemplo, durante 9 de los 25 años anteriores, las ventas han sido inferiores al punto de equilibrio de ingresos y gastos, por lo que las pérdidas han sido relativamente frecuentes.

Además de las fluctuaciones normales inherentes al negocio, Lucentina de Muebles hace frente a tres elementos más de incertidumbre:

a) Nuevos métodos de tratamiento del acero que se discuten ahora en la industria pueden hacer obsoleto gran parte del equipo de Lucentina.
b) La demanda a largo plazo de acero y equipos metálicos para oficinas puede declinar a causa de las incursiones competitivas de los plásticos y el aluminio.
c) La inminencia del Mercado Único Europeo abrirá la puerta a la competencia extranjera de los fabricantes de la Comunidad Económica Europea.

Aunque las ventas futuras son inciertas, la demanda actual del mercado es grande y parece que se encamina hacia un aumento. Si Lucentina de Muebles desea mantener su cuota de mercado, tendrá que aumentar su capacidad. Para este aumento se requieren 15.000.000 de recursos permanentes. Eugenio Bocanegra, director financiero, sabe que puede reunir 15.000.000 emitiendo obligaciones al mismo interés que los créditos ya contraídos, es decir, al 13%. También podría reunir los recursos necesarios emitiendo 7.500 acciones ordinarias al 200%. Según que adopte una alternativa u otra, el pasivo de la sociedad quedará estructurado tal como indica el cuadro 2.

CUADRO 2. **Nueva estructura del pasivo después de la expansión**

Financiación por *obligaciones*			Financiación por *acciones*		
	Pesetas	%		Pesetas	%
100. Capital social	25.000.000	37	100. Capital social	32.500.000	48
			110. Prima emisión	7.500.000	11
11x. Reservas	12.500.000	19	11x. Reservas	12.500.000	19
170. Exigible	30.000.000	44	170. Exigible	15.000.000	22
Total pasivo	67.500.000	100	Total pasivo	67.500.000	100

En los últimos cinco años, las ventas de Lucentina han fluctuado entre 15 y 30 millones de ptas.; en el volumen más alto, la empresa está operando a plena capacidad y tiene que desatender pedidos. Con la expansión adicional de la planta, la capacidad de producción aumentará lo suficiente como para no tener que rechazar pedidos en los próximos años. Los costes fijos después de la expansión planeada y excluidos los costes financieros correspondientes al exigible, serán 3.000.000 al año, y los costes variables serán 40 % de las ventas.

6.2. CUANTIFICACIÓN PROBABILÍSTICA DE LAS PREVISIONES

Aunque la opinión de Bocanegra tendrá mucho peso, la decisión final en cuanto al método de financiación queda a cargo del consejo de administración de la sociedad. Como procedimiento, el director financiero analizará la situación del mercado, evaluará las alternativas de financiación de la expansión, llegará a una conclusión y, finalmente, propondrá sus recomendaciones al consejo. Para su comprensión personal del problema, y también para la presentación al consejo, Bocanegra prepara los materiales que aparecen en el cuadro 3.

CUADRO 3

Lucentina de Muebles							
Probabilidad de ventas	1,0%	2,0%	15,0%	35,0%	25,0%	16,0%	6,0%
Ventas en pesetas	15.000.000	17.500.000	20.000.000	22.500.000	25.000.000	27.500.000	30.000.000
Gastos fijos	3.000.000	3.000.000	3.000.000	3.000.000	3.000.000	3.000.000	3.000.000
Gastos variables	6.000.000	7.000.000	8.000.000	9.000.000	10.000.000	11.000.000	12.000.000
Beneficio bruto	6.000.000	7.500.000	9.000.000	10.500.000	12.000.000	13.500.000	15.000.000
Margen	9.000.000	10.500.000	12.000.000	13.500.000	15.000.000	16.500.000	18.000.000
Grado apal. operativo	1,50	1,40	1,33	1,29	1,25	1,22	1,20
Beneficio neto por acción financiando con emisión de obligaciones							
Gastos financieros	3.900.000	3.900.000	3.900.000	3.900.000	3.900.000	3.900.000	3.900.000
Beneficio antes impuestos	2.100.000	3.600.000	5.100.000	6.600.000	8.100.000	9.600.000	11.100.000
Impuesto sociedades	735.000	1.260.000	1.785.000	2.310.000	2.835.000	3.360.000	3.885.000
Beneficio neto	1.365.000	2.340.000	3.315.000	4.290.000	5.265.000	6.240.000	7.215.000
Benefico neto /N	54,60	93,60	132,60	171,60	210,60	249,60	288,60
E (BN/N)	192,27						
σ (BN/N)	47,27						
Coef. var .	0,25						
Grado apal.financiero	2,86	2,08	1,76	1,59	1,48	1,41	1,35
Grado apal.combinado	4,29	2,92	2,35	2,05	1,85	1,72	1,62
Beneficio neto por acción financiando con emision de acciones							
Gastos financieros	1.950.000	1.950.000	1.950.000	1.950.000	1.950.000	1.950.000	1.950.000
Beneficio antes impuestos	4.050.000	5.550.000	7.050.000	8.550.000	10.050.000	11.550.000	13.050.000
Impuesto sociedades	1.417.500	1.942.500	2.467.500	2.992.500	3.517.500	4.042.500	4.567.500
Beneficio neto	2.632.500	3.607.500	4.582.500	5.557.500	6.532.500	7.507.500	8.482.500
Benefico neto /N	81,00	111,00	141,00	171,00	201,00	231,00	261,00
E (BN/N)	186,90						
σ (BN/N)	36,36						
Coef. var.	0,19						
Grado apal.financiero	1,48	1,35	1,28	1,23	1,19	1,17	1,15
Grado apal.combinado	2,22	1,89	1,70	1,58	1,49	1,43	1,38

En el *primer cuerpo* incluye las previsiones de venta que le ha facilitado el departamento comercial, donde se ha llevado a cabo un estudio de mercados. Dichas previsiones están formuladas en términos de una distribución de probabilidad.

En el *segundo cuerpo* se calcula el *beneficio bruto* para cada uno de los niveles de ventas previstos que varían de 15 a 30 millones de ptas. Se calcula igualmente el margen (ventas – costes variables), y el grado de apalancamiento operativo.

En el *tercer cuerpo* se muestra el *beneficio neto por acción* que se produce en los distintos niveles de venta financiando la expansión con *obligaciones*. Primero los costes financieros devengados por un pasivo exigible de 30.000.000: 15.000.000 de deuda ya existente, más los 15.000.000 procedentes de la nueva emisión de obligaciones. Puesto que la totalidad de la deuda devenga el mismo interés del 13%, resultan unos gastos financieros de 3,9 millones de ptas. Estos gastos financieros se deducen del beneficio bruto, para obtener el beneficio antes de impuestos. Luego, se deduce el impuesto de sociedades, que hemos estimado en el 35% del beneficio antes de impuestos, para obtener el beneficio neto. Finalmente, el beneficio neto se divide entre las 25.000 acciones para obtener la rentabilidad por acción.

Las distintas cifras de rentabilidad por acción se multiplican por sus correspondientes estimaciones de probabilidad para obtener una rentabilidad esperada por acción de 192,27 por cupón, con una desviación típica de 47,27, y un coeficiente de variación de 0,25. Así obtenemos una medida de la ganancia esperada y de su riesgo.

Finalmente obtenemos el grado de apalancamiento financiero y combinado para cada uno de los volúmenes de ventas.

En el *cuarto cuerpo* se calcula el *beneficio neto por acción* que se obtiene financiando la expansión por medio de la emisión de *acciones*. El beneficio neto se calcula de la misma forma que en el caso anterior. Los costes financieros no son nada más que 1,95 millones, puesto que el exigible permanece en la cantidad original de 15.000.000. Una vez calculado el beneficio neto, éste ha de dividirse entre las 32.500 acciones que habrá en circulación después de la ampliación de capital: 25.000 acciones antiguas, y 7.500 acciones nuevas. La rentabilidad esperada por acción, la desviación típica de esa rentabilidad y el coeficiente de variación se calculan de igual modo que para la financiación por obligaciones. Así mismo el grado de apalancamiento financiero y combinado.

En esta segunda hipótesis, la rentabilidad esperada por acción es 186,90 ptas. por cupón, con una desviación típica de 36,36, y un coeficiente de variación de 0,19. La ganancia por acción es menor, pero por el contrario es más segura.

La figura 9 muestra la evolución del grado de apalancamiento operativo y combinado en ambas hipótesis de financiación. La figura 10 muestra cómo varía el beneficio neto por acción, cuando varían las ventas.

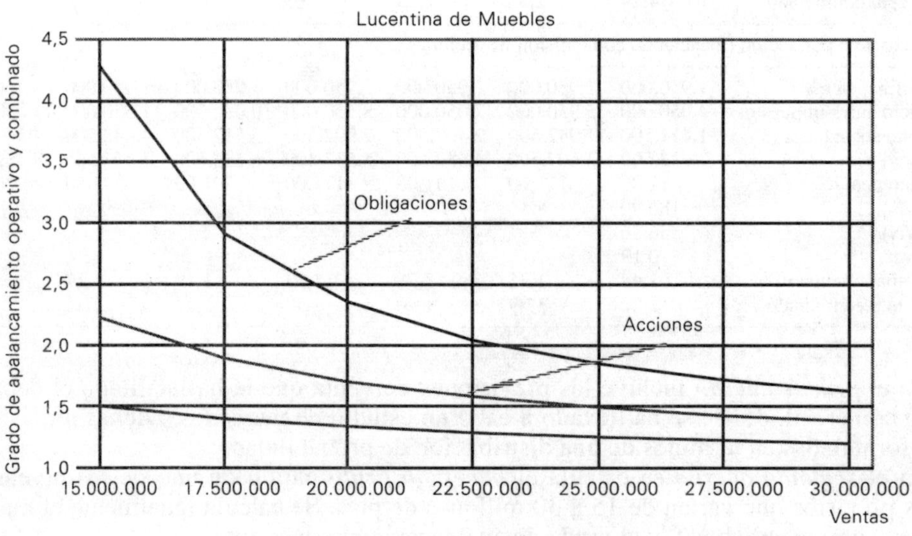

FIGURA 9. **Grado de apalancamiento**

6.3. COMENTARIO Y CONCLUSIONES

La utilidad del concepto de grado de apalancamiento combinado reside en el hecho de que nos permite especificar la influencia que un cambio en el volumen de las ventas tendrá sobre la rentabilidad del capital.

El concepto puede usarse para mostrar cómo una decisión de adquirir un nuevo equipo industrial y financiarlo con obligaciones producirá una situación en la que una disminución del 10 % de las ventas puede provocar una disminución del 50 % de la rentabilidad de las acciones, mientras que utilizando recursos propios, una disminución del 10 %

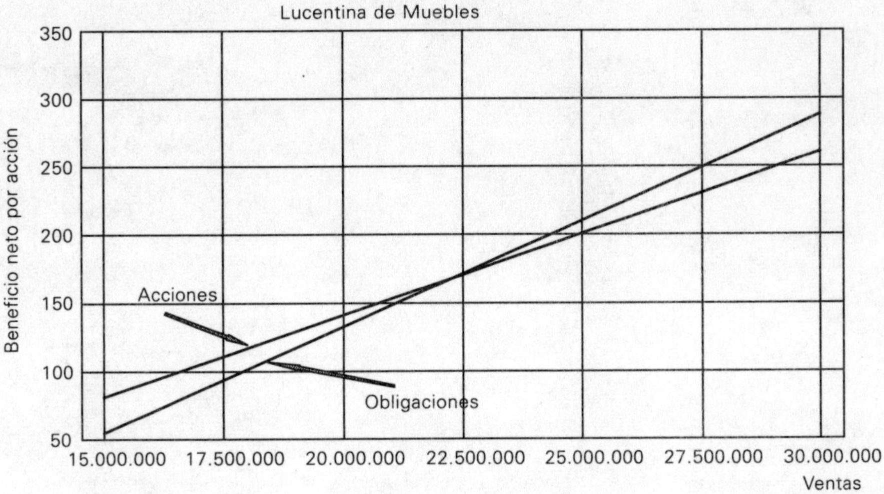

FIGURA 10. **Apalancamiento combinado**

de las ventas haría que la rentabilidad de las acciones disminuya solamente un 20 %. Expresando las alternativas de financiación de este modo, la persona encargada de tomar las decisiones obtiene una mejor idea de las consecuencias de sus opciones financieras[5].

En el ejemplo que estamos comentando de Lucentina de Muebles, donde la futura demanda es aleatoria, la cuantificación de la ganancia esperada y riesgo dejan la decisión a expensas de cuál sea la actitud frente al riesgo del consejo de administración (cuadro 4).

CUADRO 4

	Acciones	Obligaciones
E(BN/N)	186,90	192,27
σ (BN/N)	36,36	47,27
Coeficiente de variación	0,19	0,25

La financiación con acciones ofrece unas perspectivas de rentabilidad de las acciones inferiores, pero más seguras frente a los posibles cambios en la coyuntura del mercado.

El grado de apalancamiento combinado es una medida del riesgo complementaria de la información que nos dan los estadísticos, desviación típica y coeficiente de variación de las ganancias futuras.

Si, por ejemplo, partimos de un volumen de ventas medio, que además es la moda, correspondiente a 22,5 millones, el beneficio neto por acción es prácticamente igual en ambos casos. El grado de apalancamiento combinado nos dice que para una variación de las ventas del 1%, tanto en el sentido de una expansión como en el sentido de una regresión de las ventas, si financiamos el nuevo equipo industrial con obligaciones, la rentabilidad por acción variará 2,05%; mientras que si financiamos con acciones, la rentabilidad por acción variará 1,58%.

---

5 WESTON, *Fundamentos de administración financiera,* Ed. Interamericana, 1982, p. 388.